講座 生存基盤論　第1巻

歴史のなかの熱帯生存圏
― 温帯パラダイムを超えて ―

杉原　薫・脇村孝平・藤田幸一・田辺明生　編

京都大学学術出版会

本講座の刊行によせて

　アジア・アフリカの熱帯地域には，現在世界人口の約半分が住んでおり，その比率は今後さらに上昇するものと考えられる．資源・エネルギー価格の激変や地球温暖化によって最も深刻な影響を受けるのも，発展途上国の多いこの地域である．かれらのつくる地域社会にとって，どうしても欠かせない「生存基盤」とは何か．また，人類は地球環境の持続性を維持できるような生存基盤をどのようにつくっていけばよいのか．本講座は，これまでの開発研究の中心的話題だった1人当たり所得，教育，健康などの「人間開発」の側面に加え，大地，空気，熱，水などから成る生存のための環境を与えるとともに，化石資源を供給し，地震，津波や噴火によって人間圏をおびやかす「地球圏」，生命のつながりを人間と共有し，生物多様性や生態系の持続性への考慮をわれわれに求めている「生命圏」の二つの圏を視野に入れた「生存圏」の概念を提起することによって，こうした問題に新しい光を当てようとするものである．

　これまでのアジア・アフリカ研究の多くは，欧米や日本の歴史的経験に基づいた，したがってアジア・アフリカ地域全体からみればバイアスのかかった認識枠組から自由ではなかった．認識の偏りは，地域研究や開発研究に限らず，多くの研究者や知識人に共有されている．本講座では，そうした傾向を克服するために，これまで「地表」から人間の眼で見てきた世界を，より二次元的で複眼的な「生存圏」から捉え直すことを提案する．そして，現在なお広く共有されていると思われる二つの見方の根本的な転換を示唆する．

　その第一は，「生産」から「生存」への視座の転換である．産業革命以降の世界で「先進国」となった欧米や（戦後の）日本のような国では，社会の目標が「生産」，とくに1人当たり所得で測った生活水準の上昇に結びつく「生産性の向上」に集約されることが多かった．技術も制度も生産力の上昇を念頭において発達してきた．そうした社会では「労働」，とくに「公共圏」における労働のあり方が社会の価値を集中的に表現してきた．しかし，より

長期のタイムスパンをとり，先進国だけではなく世界を分析単位とするなら，このような「生産」への関心の集中は，限られた時期に，一部の地域で有力になった現象にすぎない．現生人類が20万年以上にわたって生き延びてきたのは，生産も含めた，しかしより根源的な，「生存」の力を鍛えてきたからである．そして，その主たる鍛錬の場は公共圏というよりは，家族や隣人のつながりから構成され，再生産を担う「親密圏」であり，それは，生命圏や地球圏からもたらされる疾病や災害に対処する場でもあった．そこでの価値を表現するのは労働というよりは広い意味における「ケア」のあり方である．現在必要とされているのは，生産性の向上や労働の尊さといった価値を否定することなく，しかしその意味を，もう一度この「生存」の観点から捉え直すことではないだろうか．

　第二は，「温帯」から「熱帯」への視座の転換である．熱帯は地球が得る太陽エネルギーの大部分を吸収し，大気や海流の動きをつうじて，温帯などにその一部を配分している．つまり，地球の物質・エネルギー循環の中心は熱帯である．また，それとも関連して，生物相（動植物，細菌など）の活動は熱帯において最も活発である．生物多様性の問題に挑み，地球全体の生命圏の力を引き出すには，熱帯を中心に考えなければならない．そればかりではない．人類は1万年以上にわたる作物化，家畜化，耕地の拡大をつうじて，自然をみずからの必要にあわせて改変してきたが，それは決して温帯の，資源の稀少な環境で始まったのではない．熱帯の自然の圧倒的な力に跪き，戦いながらもそれとの共生を求めて，人間社会の側から自然を「ケア」する努力が積み重ねられてきたのである．にもかかわらず，過去2世紀にわたる技術，制度の革新は，ほとんどが温帯で生み出されてきた．工業化の論理は生命圏との共生の論理ではない．現在人類が消費するエネルギーは，生活用のそれを含めても，じつに7割以上が化石エネルギーである．われわれは，地球環境における熱帯の本質的な基軸性と，技術や制度の発達における温帯の主導性との間に大きなミスマッチをみる．これを矯正しなければ，人類が地球環境を理解し，それと共生していくことはできない．温帯に住む人々も，熱帯を中心とした地球「生存圏」の全体と正しく共鳴しなければ生きていけなくなるのではないだろうか．

本講座の課題は，このような問題意識から，人類の生存基盤が持続する条件をできるだけ幅広く探ることである．人間環境の持続性を分析する基本単位として「生存圏」を設定し，そこで個人が生きるために，あるいは地域社会が自己を維持するために必要な物質的精神的諸条件を「生存基盤」と呼ぶとすれば，われわれの最終目標は，ローカルな，リージョナルな，あるいはグローバルな文脈で，持続型の生存基盤を構築する可能性を具体的に明らかにすることである．生存基盤論は，そのための分析枠組として構想された．

　本講座は，京都大学グローバルCOE「生存基盤持続型発展を目指す地域研究拠点」(2007-2012年)の最終成果報告であり，中間報告として刊行した『地球圏・生命圏・人間圏 —— 持続的な生存基盤を求めて』(杉原薫・川井秀一・河野泰之・田辺明生編，京都大学学術出版会，2010年)を継承，発展させたものである．

2012年3月
編者を代表して

杉原　薫

目　次

本講座の刊行によせて　i

序章　熱帯生存圏の歴史的射程
杉原　薫

1　問題の提起　1
2　熱帯生存圏パラダイム　4
　2-1　生存圏とは何か　4
　2-2　生存基盤とは何か　5
　2-3　熱帯パラダイムとは何か　7
3　地域生存圏の形成と展開　9
　3-1　生存基盤の形成と展開　9
　3-2　熱帯文明とその北漸　11
　3-3　生産性志向型発展径路の形成　14
4　「化石資源世界経済」の興隆と地域生存圏の再編　17
　4-1　「化石資源世界経済」の興隆　17
　4-2　「大分岐」と東アジア型発展径路の役割　19
　4-3　モンスーン・アジアの径路依存性　21
5　熱帯生存圏の復権　24

第1編　生存基盤の歴史的形成
―生産の人類史から生存の人類史へ―

第1章　エネルギー
―人類最大の依存症―

A. W. クロスビー（脇村　孝平 訳）

1　はじめに　33
2　旧石器時代と新石器時代　35
3　人類世時代　43

第2章　人類史における生存基盤と熱帯
―湿潤熱帯・半乾燥熱帯・乾燥亜熱帯―

脇村孝平

1　はじめに　53
2　生存基盤と熱帯　55
　2-1　太陽と水　55
　2-2　ミクロ寄生　57
3　湿潤熱帯 —— 熱帯雨林を中心に　58
　3-1　環境と生業　58
　3-2　ミクロ寄生　60
4　半乾燥熱帯 —— サバンナを中心に　64
　4-1　環境と生業　64
　4-2　ミクロ寄生　65
5　乾燥亜熱帯 —— 文明の形成にいたるまで　67
　5-1　環境と生業　67
　5-2　乾燥地域論　69
　5-3　ミクロ寄生　70

6 おわりに ──「熱帯」認識の問題　74

第3章　人類史における最初の人口転換
──新石器革命の古人口学──

斎藤　修

1 はじめに　79
2 新石器革命と人口変化　80
3 方法論　84
4 多産多死へ　86
  4-1 レヴァント　86
  4-2 アメリカ大陸　91
5 転換局面とそのパターン　93
6 解釈の試み　99

第4章　人間の生存基盤と疾病
──生物進化と適応の視点から──

松林公蔵

1 はじめに　109
2 パワーズ　オブ　テン ── 10 のべき乗（10^n）　110
  2-1 ミクロ・マクロ空間の階層構造　110
  2-2 さまざまな時間の尺度　111
  2-3 遺伝子デザインの妙　113
3 生命圏の進化と適応のあらすじ　114
  3-1 創世期の地球　114
  3-2 原始生命体の誕生　115
  3-3 真核細胞からカンブリアの大爆発へ　116
  3-4 哺乳類から霊長類の誕生　117

4 人間圏の進化と適応 ── すべてはアフリカから始まった　119
　4-1　直立歩行と脳の拡大　119
　4-2　農業革命の明暗　122
　4-3　20世紀の寿命革命　124
5 「適応」と「疾病」　126
　5-1　生命の「適応」と「競争」のデザイン　126
　5-2　ゲノムと生物時計 ── 地球圏，生命圏，人間圏を結ぶもの　127
　5-3　病気の分類　128
　5-4　病気の概念　130
6 **21世紀人類の生存基盤の課題**　131
　　── 非感染性疾患（Non-Communicable Diseases）と老化
　6-1　人口増加と人口構造の変化　131
　6-2　生活習慣病の進化論的意義　132
　6-3　新たな枠組み　134
　6-4　ニューギニアの高血圧　135
　6-5　アジアに蔓延する糖尿病　138
7 おわりに　139

第2編　近代世界システムと熱帯生存圏

第5章　「化石資源世界経済」の興隆とバイオマス社会の再編
杉原　薫

1 はじめに　149
2 化石資源世界経済の形成と展開　152
　2-1　エネルギー転換　152
　2-2　資本・エネルギー集約型工業化　155
　2-3　エネルギー節約型径路への収斂　157

  2-4 東アジアの役割 159
  2-5 オイル・トライアングル 161
 3 熱帯バイオマス社会の再編 164
  3-1 第一次産品輸出経済の発展とその帰結 164
  3-2 開発主義と資源・エネルギー戦略 166
  3-3 バイオマス・エネルギー供給量の推計 168
  3-4 熱帯アジア・アフリカの3類型 174
  3-5 石油危機以降の変化 176
 4 おわりに 179

第6章 生存基盤持続型発展径路を求めて
——「アジア稲作圏」の経験から——

田中耕司

 1 課題の提示 185
  1-1 食料安全保障と「アジア稲作圏」 185
  1-2 世界の「食事パターン」と「アジア稲作圏」 186
 2 世界の3大穀類と熱帯・温帯 188
  2-1 3大穀類のもつ特徴 188
  2-2 熱帯における生存基盤の確保と稲作 190
 3 温帯から熱帯へ ——「アジア稲作圏」の近現代 193
  3-1 台湾における日本の稲作開発 194
  3-2 蘭領東インドにおける稲作開発 196
  3-3 「緑の革命」の技術協力 199
 4 再び熱帯から温帯へ ——「アジア稲作圏」の未来 203
  4-1 「アジア稲作圏」の持続的な生存基盤としての水田多毛作体系 203
  4-2 「生命圏」と「人間圏」をつなぐ水田農業 206
 5 おわりに 209

第7章　大ヒマラヤ分水界
―中国，インド，東南アジアの水不足，巨大プロジェクト，環境政治―

K. ポメランツ（杉原　薫・甲山　治・石坂　晋哉　訳）

1　はじめに　215
2　中国の水問題と南西部への進出　218
3　ヒマラヤにおける国づくりとダムづくり　229
4　チベットとチベット人への影響　233
5　山脈の反対側　234
　　――パキスタン，インド，ネパール，ミャンマー，ベトナム
6　気候変動，氷河の消滅，そのほかの悪夢　256
7　おわりに　258

第3編　モンスーン・アジアの発展径路と日本
―発展を支えた農村制度に着目して―

第8章　モンスーン・アジアの発展径路
―その固有性と多様性―

藤田幸一

1　はじめに　271
2　モンスーン・アジアにおける「伝統社会」の形成と変容　272
3　モンスーン・アジアの発展径路 ―― 固有性　281
4　モンスーン・アジアの多様性　288
5　結論に代えて ―― モンスーン・アジアが抱える問題と展望　293

第9章　日本における小農社会の共同性
　　　　―「家」・自治村落・国家―

大鎌邦雄

1　はじめに　303
2　「家」と自治村落の形成過程 ── 中世から近世へ　305
　2-1　惣村社会と領主　305
　2-2　検地・兵農分離・大開墾　306
　2-3　小農の自立　309
3　自治村落と「家」の構造・規範　310
　3-1　自治村落の構成員としての家　310
　3-2　自治村落の領域と権限　312
　3-3　自治村落の機能　314
　3-4　「家」・自治村落・国家　317
4　資本主義化と自治村落　318
　4-1　明治国家と自治村落　318
　4-2　戦間期における行政村と自治村落　320
　4-3　小作争議・自治村落・国家　322
5　戦後の経済社会と自治村落の変容　324
　5-1　農地改革と農業政策の強化　324
　5-2　高度成長と農業基本法　325
　5-3　兼業化・混住化と自治村落の変容　326
6　おわりに　328

第10章　熱帯アジアの森林管理制度と技術
　　　　―現地化と普遍化の視点から―

生方史数

1　はじめに ── ウエスタン・インパクトと森林管理　333

2 森林管理と土地制度　336
　2-1 農地制度における普遍化と現地化　337
　2-2 「残余地」としての森林　338
3 熱帯林と資源管理　342
　3-1 伐採権管理と天然林での林業技術　342
　3-2 造林技術の「現地化」── タウンヤ造林法の変遷　344
4 森林管理制度の強化と在来社会の反応　347
　4-1 「開発の時代」と森林管理　347
　4-2 森林管理と在来社会　350
5 おわりに ── 近代化径路の特徴と背景　354

第11章　日本の森林管理制度と林業技術

岩本純明

1 課題　359
2 歴史的前提 ── 近世日本の森林荒廃と森林保全　363
3 明治初期の森林荒廃と森林犯罪　366
4 林野政策の展開と林業技術　369
　4-1 初期林政　369
　4-2 森林法の整備と国有林経営事業の展開　371
　4-3 国有林の地元開放　373
　4-4 林業技術　376
5 おわりに　379

第4編　熱帯における生存基盤の諸相
―植民地支配・脱植民地化・石油依存―

第12章　豊饒，瘴癘，そして貧困
―熱帯アジアへの眼差し―

籠谷直人・脇村孝平

1　はじめに ―― 熱帯アジアはいかに認識されたのか　387
2　豊饒と専制 ―― 近世　388
3　支配と瘴癘 ―― 19世紀　392
4　脱植民地化と熱帯認識 ―― 20世紀前半　397
5　南洋と熱帯認識 ―― 20世紀前半（日本）　401
6　開発と熱帯認識 ―― 20世紀後半，そして21世紀　408

第13章　アフリカの農家世帯の脆弱性をどう捉えるか

島田周平

1　はじめに　415
2　脆弱性（vulnerability）の定義　417
3　脆弱性をみる単位 ―― 世帯か拡大家族か　418
4　生計（livelihood）研究の重要性 ―― 出来事の継起性　419
5　調査地の特徴　420
6　出来事の事例（1）：森林保護区の破壊　422
7　出来事の事例（2）：村民の追放　424
8　出来事の事例（3）：「過剰な死」の影響　427
9　新しい出来事（1）：小規模金融の簇生　430
10　新しい出来事（2）：賃耕（booking）の拡大　432
11　脆弱性の変化に関する考察　433

第14章　現代中東・イスラーム世界の生存基盤
　　　　　―石油依存の帰結と属人性原理の復興―

　　　　　　　　　　　　　　　　　　　　　　　　　　　　小杉　泰

1　はじめに ―― 近代文明の反省からイスラーム復興の実験へ　439
2　イスラーム文明の形成と歴史的遺産　442
　2-1　イスラームの誕生　442
　2-2　イスラーム的パラダイムの特質　445
3　現代における「中東」の成立と産油国の勃興　447
　3-1　列強の領土争奪戦と「中東」の生成　447
　3-2　中東の産油地帯の成立　448
　3-3　アラブ民族主義からアラブ連帯へ　451
　3-4　産油国の勃興　453
4　イスラーム復興 ―― 属人性原理の現代的再編成　456
　4-1　突如として生じたイスラーム復興　456
　4-2　イスラーム金融の進展　460
　4-3　ポスト資本主義への眺望　463
5　おわりに ―― 熱帯型パラダイムへの寄与　466

終　章　多様性のなかの平等
　　　　　―生存基盤の思想の深化に向けて―

　　　　　　　　　　　　　　　　　　　　　　　　　　　　田辺明生

1　はじめに　471
2　人権と人間開発を再考する　474
　2-1　生存権という考え方　474
　2-2　生存権から生存基盤へ ―― 人間開発と潜在能力を支えるもの　476
　2-3　近代の生存秩序としての客観的合理性 ―― その効用と限界　478
3　人間的な生とは ―― 関係性の豊かさへ　482

 3-1 生のかたちと生存秩序 482
 3-2 人間とは 484
   ── 自己と「同じようなもの」をめぐる問いの絶えざる更新
 3-3 自我と共感 ── 人間の社会性/共同性の基盤 485
 3-4 地球大のコンヴィヴィアリティ 487

4 温帯パラダイムから熱帯パラダイムへ 491
 4-1 自然と親密圏をどうとり込むか ── 生存基盤持続型発展へ 491
 4-2 熱帯の自然とどうつきあうか ── 余剰性と多元性 493
 4-3 多様性を活かす ── 参加と分有 497
 4-4 植民地化,そしてポストコロニアルへ ── 自律と所有 501
 4-5 新たな生存秩序のための知とは ── 植民地主義を超えて 503

5 多様性のなかの平等/平等のなかの多様性 505
  ──〈存在の賑わい〉のために
 5-1 存在の平等と多自然主義 505
 5-2 多様性の意味を再考する ── 地球圏・生命圏・人間圏に照らして 507
 5-3 多元的な声を活かす ── ヴァナキュラー・デモクラシー 512
 5-4 存在の賑わいへ 514

執筆者紹介 523
索引 529

序章

熱帯生存圏の歴史的射程

杉原　薫

1　問題の提起

　本書の課題は，持続型生存基盤論の基礎となる長期の歴史的パースペクティブを示すとともに，それによって熱帯生存圏の新しい理解を提示することである．その主たる関心は，人類史の比較的新しい時期，とくに工業化，近代化が進行した過去2世紀に，それまでの長い発展径路がどのように変化し，いま，何が問われているかという点に定められている．しかし，この問いに答えるにはきわめて長いタイムスパンのなかでものを考える必要があるというのが本書のスタンスである．

　図序-1は，生存圏を構成する地球圏，生命圏，人間圏の三つの圏の歴史的な形成の順序を示す．地球圏は約46億年前に成立し，その数億年後に地球に生命が誕生して，生命圏ができた．人類は700万年前，現生人類は20万年前に現れたにすぎない．すなわち，人類史の背後には地球圏，生命圏の長い歴史があり，過去2世紀の急速な変化の背後には長い人類史がある．われわれはそれらのすべてを背負って現代の生存圏を生きているのである．本書ではこうした，近代の人間圏に先行する長期の径路依存性に着目し，それを地域の発展径路の視点から捉えようとする．そして，この地平から「生産

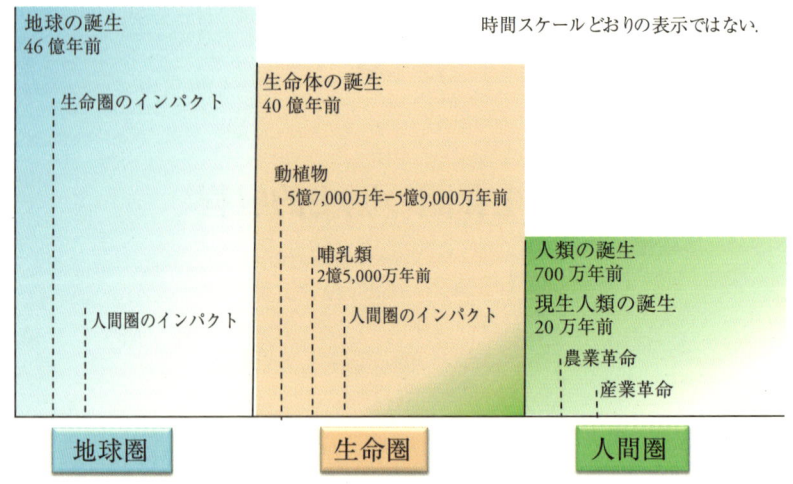

図序-1　生存圏の歴史的射程
出典：筆者作成.

から生存へ」,「温帯から熱帯へ」というパラダイム転換の基礎となる新しい歴史理解を構想する.

　あらかじめ結論を述べれば, 過去2世紀にわれわれが発展させてきた資本主義を支える技術や制度は, 世界的な資源配分を進めることによって経済成長と人口増加に大きく貢献したが, 同時にそれは, 人類社会の生存基盤が, それまで地域のレベルで自然に維持されてきた三つの圏の論理のバランスに依存するのではなく, 適切な環境モニタリング機能を内蔵しない, グローバルな市場メカニズムに依存するようになったことを意味した. 生存基盤の持続的発展を構想するためには, 人類史の本来の発展径路に戻って, 世界の諸地域における生存圏の形成の特質を把握し, 地域の多様性を生かした径路の交錯としてのグローバルな発展径路の構築を目指す必要がある.

　図序-2は, 人間圏の拡大の三つの段階を示す. 本章では, 人類史を狩猟採集社会, 農業社会, 産業社会といった生産に関わる指標だけで区別する従来の方法をやや相対化し, むしろ地球圏, 生命圏に対する人間圏の影響が質的にも空間的にも拡大し,「火の使用」によるローカルな生存基盤の確保の

序章　熱帯生存圏の歴史的射程

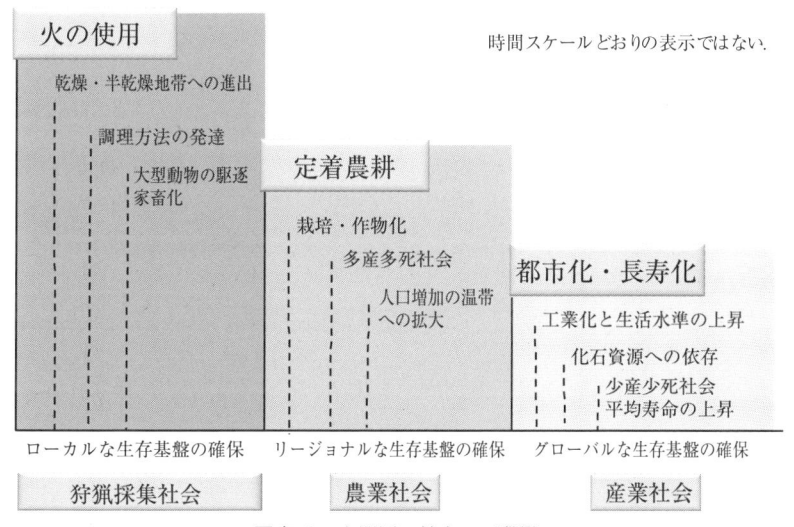

図序-2　人間圏の拡大の三段階
出典：筆者作成.

時代から，定着農耕を軸とするリージョナルな人口扶養力の漸次的拡大を経て，工業化によって人間を地域の「生存基盤の足枷」から解放し，グローバルな生産の飛躍的拡大と都市化，長寿化を実現する「人間圏優位」の時代へと進んできたことを示唆する．そして，地球環境の持続のためには，温帯の主導する人間圏の化石資源依存と地球圏，生命圏における森林伐採・環境劣化の傾向に歯止めをかけ，「熱帯生存圏」（詳しくは後述）の復権によって，地球圏，生命圏，人間圏の総合的共生を図らなければならないことを主張する．

　本書は，歴史的接近という限定をつけてではあるが，ある程度まで本講座全体の構想を示す役割を担っている．そこで次節では，まず本講座の基本概念とパラダイム転換の方向性について簡単に説明する．第3節では，世界の諸地域における生存圏の形成と展開の過程を，人間圏の空間的拡大と生存基盤の質の変遷を念頭に置いて素描する．第4節では，工業化と資源配分の世界化によって，人類社会がそれまでの発展径路から大きく逸脱したことを，西洋型発展径路と東アジア型発展径路の両方の役割を視野に入れて論ずる．最後に，その本来の発展径路への回帰の可能性を展望する．

2 熱帯生存圏パラダイム[1]

2-1 生存圏とは何か

　本講座では,「生存圏」という言葉を,「地球圏」,「生命圏」,「人間圏」の三つの「圏」によって構成されるものと捉える[2].

　狭義の「地球圏」とは地圏(地殻,マントル,核)のことであるが,上部に岩石圏,土壌圏,水圏,大気圏ができて,生物が生息する環境が成立した.これを広義の地球圏と呼ぶ.地球は,太陽系の一部としてそのエネルギーを受け取るという,非循環的で一方向的な運動の論理をもっている.ただし,地球内部では,大気や水の循環によって熱帯に吸収された太陽エネルギーが高緯度地域に輸送されるという「循環」のメカニズムが成立しており,それによって広汎な地域での人類の生息が可能になった.人間の体内時計への影響からもわかるように,このような地球圏の論理が生命圏,人間圏の運動を深部で規定していることは明らかである.火山の噴火や地震・津波は,通常狭義の地球圏の論理で生ずると理解される.災害を人類がどのように受けとめ,人間圏のなかに「内生化」してきたか,それが社会の構造をどう規定しているかの研究はまだ始まったばかりである.その探求は,人類にとって生存基盤の確保とは何か(後述)という問題領域に照明を与えるだろう(本講座第 2, 3, 5 巻所収の関連論文を参照).

　「生命圏」は生命体の再生産,変異の論理,すなわち進化の論理を内包する.生産者(植物),消費者(動物),分解者(バクテリア・カビ)からなる生命体の活動が,地球圏の表層に生態系を形成すると同時に,地球圏の運動にも影響を及ぼす.多くの「種」は何度も絶滅の危機に遭うか,実際に絶滅した.現在われわれが「生物多様性」(詳しくは神崎・山田 2010 参照)と呼んでいるも

---

1) 本節は,杉原(2010a)の関係部分に加筆したものである.
2) 環境史家による地球圏,生命圏の歴史として,Christian (2004) を参照.本講座で地球圏に含めた岩石圏(lithosphere),土壌圏(pedosphere),水圏(hydrosphere),大気圏(atmosphere)については,McNeill (2000) がある.

のは，その意味では生命圏の壮絶な歴史を生き抜いてきた生命体の集合だとも言える．自然科学的な生態系の研究は，地球圏の表層部分を生命圏の視点を取り入れて考察することによって，さまざまな偶然が重なってできたある地域の「自然」の構造を取り出してみせる．歴史的に再編されてきた地形や食物連鎖が驚くべき均衡を保って存在することが示されることもあれば，生物多様性が急速に失われている現実が照らし出されることもある．本講座第2巻の主たる関心の一つは，こうした歴史をふまえて，生命圏と人間圏との相互作用をどのように理解し，その持続性をいかに構想するかにある．

「人間圏」は，地球圏，生命圏に支えられて存在しつつ，二つの圏に大きな影響を与えている．人類社会の生成，発展の論理には，人間の目的意識的な活動が内包されており，それによっていわば生命圏の論理から「逸脱」した，独自の論理を形成してきた．もちろん，現実には，人類が二つの圏に及ぼした影響は，人口の増加や生活水準の向上といった目的を達成するための意図的な環境の改変によるものだけではない．環境への影響は，たとえば地球温暖化のように，「意図せざる帰結」であることも少なくない．にもかかわらず，人間の活動の独自性はその目的意識性，知識の集積力，それらに基礎づけられた判断力にある．生存圏が人間活動のもつ独特の危うさを内包していることは，圏全体の性格に本質的な不安定性を賦与しているように思われる．

2-2 生存基盤とは何か

こうして三つの圏は，それぞれ独自の生成，発展（そしておそらく消滅）の論理をもっている．したがって，人類の生存基盤を確保するためには，これらの三つの圏のすべてを視野に入れ，その関係を総合的に考察しなければならない．人間圏の維持に必要な環境上の「基盤」は，決して人間がアクセスできる自然や，人間が理解している自然だけを問題にしていればよいというようなものではない．異なる論理をもつ三つの圏からなる生存圏の全体が生存基盤の舞台である．とくに，科学の限界，したがって災害予知の限界，あるいは「圏」間の論理の交錯・重畳などから生じる不確実性などを考えれ

ば，なおわれわれの知が及ばない部分への人間の対応力は，生存基盤の確保にとってきわめて重要な要素である．

　これまでの認識枠組では，自然環境は，しばしば「資源」，とくに「土地（地表）」に代表させて理解されてきた．本講座では，「地表から生存圏へ」の視野の転換・拡大を図ることによって，環境，技術，制度の相互関係についての理解をより総合的なものにしようと試みる．本講座第5巻では，人間圏に焦点を当てた人間開発指数に代わる，より総合的な指数，「生存基盤指数」の作成を試みている．ここでは人類史を振り返りつつ，「生存」，「生存基盤」という言葉に含まれる内容の概略を描いてみよう．

　第一に，個体の維持（survival に対応する）という意味での生存が，人類史を通底する側面として考えられる．人間である以上，なんらかの目的意識的な生存戦略はあったと考えられるが，狩猟採集社会における人間の活動は，生産とそれ以外の活動が分化しているというよりは，太陽エネルギーと水（とそれらを利用して得られる食糧など）の確保とともに，感染症などの病気から身を守るための工夫が生存戦略の中心的内容だったように思われる．

　第二に，再生産（reproduction）による「個体を超えた生存」の側面が重要である．子どもを産み，育てるために，個体の維持だけなら必要とされないさまざまな技術（出産，育児に関わるもの）や制度（家族に当たるもの）が発達した．それによって食糧の確保も個体の維持もライフサイクルの異なる家族構成員の全体を考慮した，より計画的で複雑なものになり，体系的な社会性を帯びることになった．そしてそこで必要とされるお互いの存在の承認やケアの実践が，その社会性に人間らしい価値を付与した．

　第三に，subsistence，つまり必要生活手段としての食糧や住居の確保が，上記の二つの生存動機のための手段として独自の領域を構成する．消費の複雑化が生産のかたちに共鳴し，社会的分業が広がった．開発経済学でsubsistence と言えば，生存に必要な最低限の生活水準を指すことが多い．しかし，「最低」水準の内容は，歴史的文化的に多様であり，長期的には大きく変化してきたことが知られている．社会的分業もそれに対応して深化し，統治や交換の契機が生存のための考慮要因として内生化されていった．ただし，「生存基盤の確保」という観点からすれば，「必要生活手段の確保」は，

あくまで経済，とくに生産と消費の視点からその一部を切り取った，部分概念にすぎない．

　これら三つの側面はすべて「生存」概念の本質的な構成要素である．そして，それらすべての意味における生存を保証する条件が「生存基盤」である．

　20世紀の政策思想の一つの核として登場した「生存権」という概念は，人間に健康で文化的な生活を保障しようとするが，そのねらいは，人類史を貫く生存の三つの側面を，現代の技術，制度と常識に照らして，十分に実現しようとするところにあると考えられる．しかし，われわれが現在有する技術，制度は決してこの理念を十分に反映したものではない．私的所有権制度に基づいた資本主義社会と，代議制民主主義を中心にして展開してきた近代の公共圏は，いずれも自然や生命としての人間を，社会の発展や統治の必要性の側から切り取り，抽象化して制度化したものである．現実の人間は，法律や規則を忘れて自然と触れあい，子育てに夢中になることで倫理や社会性を学ぶ．公共圏の論理は，決してそうした人間の本性から独立して存在しうるものではない．それは，地球圏，生命圏，人間の親密圏の論理をふまえ，「圏」の交錯や矛盾に対応できるようなものにつねに鍛え直されなければならない性質のものである．

　これらの論点は，本講座全体をつうじてさまざまな視点から取り上げられる．自然との共生の問題については第2巻で，公共圏の基礎にある親密圏の重要性については第3巻で，それぞれ詳しく検討される．本書でも，多くの地域が長期間にわたって植民地化された経験をもつ熱帯生存圏の制度が温帯にどのような影響を受け，それが現代にいたる長期発展径路をどう規定してきたかを展望する．

2-3　熱帯パラダイムとは何か

　本講座のもう一つの主張は，地球環境の持続にとっての熱帯生存圏の決定的重要性である．この点についても，簡単に歴史を振り返りつつコメントしておこう．

　これまでの近代世界史は温帯中心の歴史だった．熱帯は，第一次産品の供

給基地として位置づけられ，温帯にある宗主国の制度が熱帯の植民地に移植された．これまでの熱帯認識は，19世紀中葉以降にヨーロッパ列強がアジア・アフリカを植民地化する過程で生まれた，母国と植民地との環境の違いの認識に大きな影響を受けている．当初は，マラリアなどの熱帯病，雨期と乾期の交替現象，気温，植生などがおもな話題であった．「文明対野蛮」という構図が「温帯対熱帯」という構図に重ねられることもあった．

実際に熱帯の自然環境のなかで行われたことは，現地の社会による資源の利用方法とは切れた文脈で，特定の物産を大量に獲得する試みであった．自然は，欧米先進国の需要の性格によって，文字どおり「切り取られる」か，あるいは新しく商品作物の生産基地がつくり出された．鉱山やプランテーションが開発され，そこに資本と労働力が投入され，その作業現場や交通手段の整備のための整地や森林伐採が進んだ．そこでの労働者の食糧を供給するために，耕地が拡大したのも，地域経済の発展を目指したというよりは，第一次産品輸出経済の連関効果だったという側面が強い．

しかし，「本講座の刊行によせて」でも指摘したように，地球圏・生命圏の中核は，温帯ではなく，熱帯である．それでは，現実の熱帯はどのような生存圏をつくり出しているのか．

近年，地球大のスケールでの水・熱循環が解明されるとともに，各地域における「大気－降雨－植生」の相互連関も明らかになってきた．それにしたがって，湿潤から乾燥まで，きわめて多様な相貌をもつ熱帯の自然環境が，地球圏と生命圏の論理にどのように規定されて生じているのかを整合的に理解する条件も整えられつつある．すなわち，熱帯雨林の豊かな資源をベースにつくられた「バイオマス社会」[3]から，水やわずかな植生にあわせて移動する乾燥地帯の牧畜社会にいたる，多様な熱帯・亜熱帯の社会を「熱帯生存圏」として捉え，その類型化をつうじて地球圏・生命圏の中核としての熱帯における人間圏の多様性と，技術・制度の発展の可能性に迫ることが可能になってきたのである．

近年の世界人口の成長を支えてきたのは熱帯であり，その趨勢は今後も当

---

[3] 通常の農耕社会よりも森林に存在する大量のバイオマスとの関係が深い社会のこと．本講座第4巻でスマトラ・リアウ州を事例として詳しく検討される．

分維持されるという意味で，熱帯生存圏が 21 世紀の地球における生存圏の中心となるのは確実である．そうなれば，熱帯地域は，温帯のための第一次産品の供給基地ではなく，熱帯に住む人たちによる，熱帯のための生存圏の確立を実現しようとするであろう．「温帯から熱帯へ」という視座の転換は，自然との共生の方法を生産性の向上やそのための科学技術の発達だけに依存しがちな温帯的理解を克服し，工業化，都市化によって「失われた世界」の価値や感性を取り戻し，生存圏の総合的な論理により密着した人間圏の再構築を図ろうとする点で，既存のパラダイムの根本的な見直しを含意している．

3 地域生存圏の形成と展開

3-1　生存基盤の形成と展開

　さて，本書のテーマに進もう．はじめに，図序-2 に戻って，人類社会の生存基盤の長期的変化をごく簡単にみておこう．本書第 2 章によれば，人類は，おそらく熱帯雨林などの湿潤熱帯で発生したが，「ミクロ寄生」[4] が起こす感染症の脅威などからそれほどの人口増加は経験せず，より乾燥度の高い，サバンナなどの半乾燥地帯へ移動し，そこで生存基盤を形成することによってはじめて相対的に安定した社会を形成することができた．人間による自然の改変はまだ限られていたので，人間が対峙する自然の多くは「二次自然（人間の手の加わった自然）」ではなく，「原自然」だった．したがって，人間の自然への対応は，人間の営為とは関係のないところで生じた地球圏的・生命圏的現象（水不足，疫病の脅威）に対するものを中心とした．

　だが，火の使用は，本書第 1 章で論じるように，調理方法を発達させることによってミクロ寄生の脅威を減らし，食糧の確保を容易にするとともに，人類に地表で他の動物を圧倒するさまざまな力を与えた．狩猟採集社会にお

---

[4]　ウイルスやバクテリアなどの微小な生物体．人体に入り込み，食物を得ようとする活動状態で，W. H. マクニール（William Hardy McNeill）が歴史概念として使用した．McNeill（1977: 5-13，訳 30-43）参照．

いて，一定の地域（移動するものも定住的なものもあった）を生存圏とするところの「生存基盤の確保」が実現したのである．本書第4章の用語法にしたがえば，この時期に，それ以前の二足歩行，脳の拡大といった「遺伝的適応」だけではなく，「文化的適応」が決定的に重要な意味をもちはじめたとも言えよう．

　こうしたローカルな生存基盤の確保は，どのような径路で諸地域に拡大していったのか．生存基盤の確保には，生存に必須であるエネルギーと水の確保とともに，乾燥度が高まることと加熱処理によってミクロ寄生の脅威が減少したことが重要だった．生物の多様性と豊饒性はむしろ生存には不利だったのである．したがって，人類社会は，熱帯のなかでも，湿潤熱帯から，より乾燥度の高い，サバンナなどの半乾燥地帯へ，さらに文明の発生をもたらした「肥沃な三日月地帯」のような乾燥亜熱帯へと広がっていった．つまり，この段階での人類の生存基盤を構成する地域は，主として太陽エネルギー，水，ミクロ寄生の三つの要因のバランス，すなわち生産よりも生存の観点から選択されていった側面が大きい．

　定着農耕の開始は，扶養人口を飛躍的に拡大させることによって，生存基盤の確保の新しい局面を切り開いた．牧畜はそれをさらに進めた．移動運搬手段としての家畜の利用は広域文明の形成に貢献した（嶋田 2009）．本書第3章では，定住と農業の開始という生存基盤上の大きな変革が，出生率の上昇と，集住による感染症の影響，つまり死亡率の上昇，要するに「多産多死社会」の形成を意味したことを論じる．狩猟採集社会との対比では，それは「中産中死から多産多死へ」の転換であり，近代の「少産少死」への転換に比すべき「第一の人口転換」だった．作物の栽培と家畜の利用によって，乳幼児の食事が容易に確保できるようになり，平均母乳哺育期間が短縮されたことは，出生率を上昇させた．と同時に，集住社会は，人獣共通の感染症も含めて，疫病プールを抱え込むことを意味したので，死亡率もある程度上昇した．文明間接触が活発になり，交易によって富が蓄積され，技術や制度が発展すると，風土病が定着する一方で，広域を覆う疫病も発生するようになった．このように，農業革命による自然の人為的改変のなかで，人間圏の論理が生命圏の論理に一定の修正を加えつつ，少しずつ人口が増加し，それに応じて

耕地が拡大するという漸進的な発展径路が形成された．これが「生存基盤確保型発展径路」である．

3-2 熱帯文明とその北漸

　生存基盤確保型径路は，人間の安全（自然災害，疫病，外敵などからの防御）と食糧の確保の二つの課題を適切に配合した戦略を取らねばならなかった．農業革命やその後の耕地の拡大にみられる生産の技術変化はこの過程の重要な一側面である．と同時に，とくにアフリカ，ラテンアメリカでは，長期の人口趨勢は，奴隷貿易の影響，疫病の蔓延，その他の生命圏の大陸間接触によって大きな影響を受けた（McNeill 1978; Crosby 1994; 杉原 1999）．アジアにおいても，移動，移民（とくに自然災害や気候変動への対応としての）や「鎖国」（とくに疫病のメインルートからの切断の試みとしての）は，ローカルな，あるいはリージョナルな生存圏の維持のための重要な工夫だった．

　18世紀末の段階での比較的信頼できる人口推計から判断するかぎり，定着農耕，なかでもモンスーン・アジアの稲作農耕は，きわめて大きな人口を扶養することができたという点では，圧倒的な勝者だった．後述するように，近世以降の稲作農耕技術は東アジア地域の主導で発展した．けれども，タイムスパンをより長くとるならば，われわれは16世紀後半以降の南アジアの人口増加をどう説明するかにも関心をもつべきであろう．この時代（とそれ以前）の人口推計に18世紀のそれほどの信頼を置くことはできないが，それでも図序-3に示したように，1700年ころには熱帯は世界人口のなかできわめて大きなシェアを占めていたことはたしかであろう．なかでも世界人口に占めるインドのシェアの推計は27％，GDPシェアは24％で，いずれも中国のそれを上回っていたとされる．細かい比率はともかく，これはおおよその傾向を示していると考えられる．そして，当時のインド社会が，たんに大きな人口を扶養するだけの生産能力を有していただけでなく，生産と安全の二つのニーズを適切に組み合わせていたことを示唆している．高度に発達した商業網，強い徴税能力をもった中央集権国家，文化や生態の特徴に応じてヒエラルキー化された社会（水などの自然資源へのアクセス権が重要な意味を

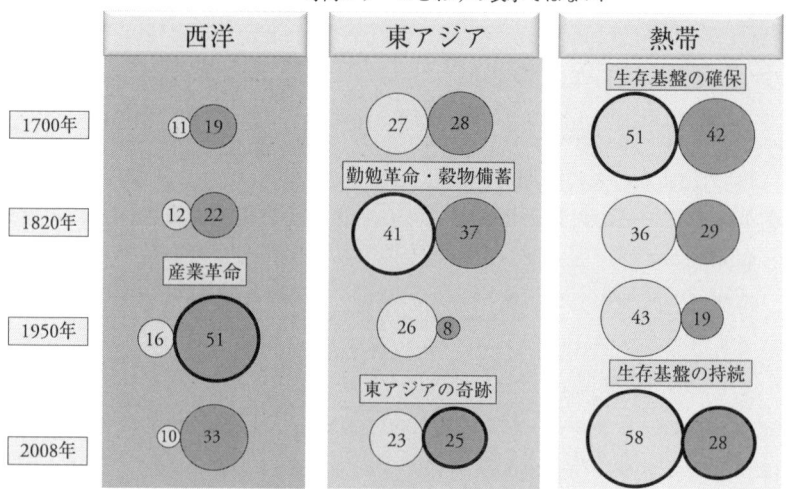

図序-3 発展径路の三類型

註：「西洋」は，西ヨーロッパ12ヵ国とアメリカ合衆国．「東アジア」は日本，韓国，北朝鮮，中国，モンゴルの5ヵ国（マディソンの定義とは異なる）．「熱帯」はラテンアメリカ（アルゼンチン，チリ，ウルグアイを除く），アジア（上記の「東アジア」，ネパールを除く），アフリカ（南アフリカ，スワジランドを除く）．1700年のデータについては温帯の小国8ヵ国（GDPは9ヵ国）を欠くので，他の年よりわずかに熱帯の比重が大きくなっているはずである．

出典：http://www.ggdc.net/maddison/（2011年9月20日アクセス）．

もったカースト制度など）は，すべてこの組み合わせの確立に寄与していたように思われる．そして，動植物との共生関係を維持しつつ，たとえば多種の薬草の利用にみられるような，生物間の共生に関わる深い知識を発達させたことが，この発展径路を支えていたに違いない．それは，熱帯・亜熱帯における「生存基盤確保型径路」が17世紀末になっても，強い競争力をもっていたことを意味するであろう[5]．もっとも，この径路はイギリスによる植民地化によって大きく改変されていった．ちなみに上述の人口シェア，GDP

---

[5] 以上の推論は，主として18世紀から現代にいたる時期を意識した筆者の南アジア型発展径路論をさらに前の時代に拡張したもので，十分な市民権を得ている見解ではない．杉原（2010c）を参照．18世紀までのインドの競争力を強調する最近の見解として，Parthasarathi (2011) も参照．

シェアは，1820年にはそれぞれ20％と16％，1950年には18％と5％へと低下し，2008年には22％と8％に回復した．インド亜大陸の動向は，熱帯全体のシェアにも依然として大きく影響していると言えよう．

このようにみてくると，L.シャッファー（Lynda Shaffer）が「文明の北漸」（原語はsouthernization）として描いた過程は，インドを軸とする熱帯型の径路と並行して生じた新しい普及径路の形成を捉えた議論として理解できよう（Shaffer 1994）[6]．それは，われわれの用語法に直せば，古代南・東南アジアにおける文明の亜熱帯・温帯への本格的な普及という現象である．普及した技術，制度には，冶金，医学，数学の知識，読み書きの能力，熱帯・亜熱帯のスパイスの生産と販売，新しい交易ルートの創設，砂糖，棉花などの熱帯作物の栽培，加工，販売，および関連する技術の発達が含まれていた．それは，グプタ朝がインドを支配した5世紀には始まっており，その影響はすでに中国にも伝わって，東アジア文明の興隆に貢献していた．他方，8世紀には，「北漸」のさまざまな要素はイスラーム世界でもあらわれはじめた．ここでもこの過程は中国へのルートに匹敵する変化をもたらし，1200年ころまでにはキリスト教世界にも影響を及ぼしはじめた．

米，砂糖，棉花などの主要な商業作物は，農学的，工学的技術の移転によって，亜熱帯，温帯の肥沃でない土地でも生産されるようになった．社会の目的が生存基盤の確保なのであれば，低い生産性は，論理的には環境の安定性のために不確実性が減ることによって，あるいは（疫病にかかりにくい環境がもたらす）より低い死亡率によって，相殺される可能性があった．もちろん，集住と人口増加にともなう「中産中死から多産多死へ」の転換は温帯でも生じたであろう．そのかぎりでは，マクニールの議論は熱帯にも温帯にも当てはまる．しかし，生存基盤の観点からみた「比較優位」は，文明の「北漸」とともに徐々に熱帯から亜熱帯・温帯に移ったのではないだろうか．そこから近代を主導する二つの発展径路（西洋型径路と東アジア型径路）が成立することになる．とはいえそれが明確に人口扶養力や生活水準に反映されるのは19世紀を待たなければならなかった．

---

6) シャッファーの議論もそれほど知られた見解ではない．今後，近年の研究を総合した，より精緻な議論が必要である．

3-3　生産性志向型発展径路の形成

　図序-3からもうかがえるように，東アジア，とくに中国は18世紀に急速な人口増加をみせ，1820年までに世界人口の41％，世界GDPの37％を占める地域に発展した．揚子江下流の先進地域や日本では，稀少な土地に労働力を多投することによって土地生産性の向上を志向する，労働集約的技術と労働吸収的制度が発達した．前者は二毛作化，小規模灌漑，肥料の投入，農具の改善などからなる経験的知識の体系であり，後者は稲作と商品作物，プロト工業を組み合わせた小農経済にふさわしい家族労働の吸収を可能にする家族や村の制度である．制度のほうは，中国と日本では大きな違いがあるが，上に述べた特徴は共有していた．

　こうした発展径路の背景には，比較的安定した自然環境（氾濫などの災害が少なく，疫病もあまりみられない状態）がある．中国の先進地域では北方から肥料が，南方から水牛がもち込まれて土地を肥沃にし，豊富な水と森林，海に囲まれた日本では，変化に富んだ気候や地理的環境的多様性が国内の交易を盛んにした．労働集約的技術の発達とともに年間労働日数は長くなり，女性が農業だけでなく副業としてのプロト工業にも従事するなど，家族労働の吸収も進んで，いわゆる「勤勉革命」(the Industrious Revolution)が成立した（杉原 2004）．

　これを西ヨーロッパと比較すると，最大の違いとして浮かび上がってくるのは，東アジアでは農耕と牧畜の組み合わせがほとんどみられないのに対し，近世以降のヨーロッパではイングランドからロシアにいたるほとんどの地域で農耕と牧畜を組み合わせた有畜農業が成立していたことである．後者においては，通常家畜の飼養や家畜をコントロールする柵などに代表される，相当な額の「資本」が必要であり，しかも，農耕のみの発展径路に比べて，一年では投資の効果があらわれない「固定資本」が無視できない額にのぼった．羊が病気になれば，その経済的影響は何年にも及んだであろう．したがって，西ヨーロッパの農業は，東アジアのそれに比べれば「資本集約的」であり，必要なら小作人や労働者を追い出しても羊を守ることが農場経営にとって自然であった．そこで追求されたのは，土地も含めた資本に対する収益で

あり，それを支える労働生産性の向上であった．

　ヨーロッパのプロト工業化に関する議論では，たとえば肥沃な土地に恵まれた穀作地域と，山間僻地における牧畜やプロト工業，あるいはその結合との間に地理的分業が進んだ場合，とくに後者の地域において人口が増加した可能性が論じられた（Mendels 1972）．海へのアクセス，（あまり氾濫を起こさない）河川や馬を使った交通，周辺の森林など，いくつかの環境的な条件が整えば，化石資源を使わない「高度有機経済」（Wrigley 1988）のもとでも広汎な地域市場の発達が可能となり，都市のネットワークや消費需要の増加を介して人口増加と経済成長の好循環をもたらすことができる．それが，西ヨーロッパの経済を世界の他の地域よりも成長させたメカニズムだった（de Vries 1984; de Vires 2008）．これが「スミス型成長」（前工業化期の成長）のイメージである．

　現在の科学的知識に照らせば，西洋型径路が選んだ穀作と牧畜の結合は，稲作と（綿織物をつくるための）棉花栽培を組み合わせた東アジア型径路に比べると，動物を経由しているだけに1単位の土地から得られる食糧・衣料の総量は少なく，そのぶん人口扶養力も限られていたと考えられる．資源利用としてみたときには，家畜を介する物質・エネルギー転換の方法は相対的に効率が悪かったとも言えよう．

　これに対し，土地の稀少性を背景として技術，制度の発展径路を形成した東アジアの先進地域では，むしろ土地生産性の向上が目標とされた．その結果，労働集約的な技術や制度は発達したが，土地の集積や大規模投資のチャンスは少なく，公債・株式などを売買して大量の資金を動員する資本市場の発達もみられなかった．市場の発達がみられたことは広く認識されているが，それをうながす交通網などへのインフラ投資は相対的には限られていた．

　ところで，ローカルな資源制約は，気候変動，疫病，自然災害の脅威などにも規定されるが，西洋と東アジアの比較史の文脈ではこの点はあまり議論されてこなかった．ここでは，これら二つの異なる生産性志向型発展径路が古典派経済学の言う生産要素，すなわち土地，労働，資本以外の，広義の環境要因によって影響を受けた側面に言及しておこう．

　ローカルな資源制約が市場の発達によって緩和されることは明らかである

が，西ヨーロッパではそれに加えて，国家による災害への対応が注目される(Jones 1981: 22-41)．ヨーロッパの国家は産業革命以前から建物や道路などの社会共通資本の蓄積をうながしたのに対し，東アジアでは気候変動，氾濫，地震，火災などが起こす頻繁なインフラの破壊・劣化に苛まれた．自然災害への対応は，ヨーロッパの投資を人的資本よりも物的資本への投資に向ける一つの要因であった．それはまた，動力の使用を目指す科学実験の実施に有利な環境を醸成した．

言うまでもなく産業革命は，イングランドをさまざまな資源・エネルギー制約から一挙に解放するような資源集約技術を発達させた．E. A. リグリー(Edward Anthony Wrigley)が強調したように，石炭が利用可能かどうかはローカルな生存基盤の観点からはいわば「偶然」であった(Wrigley 1988: 114-15)．19世紀初頭のイングランドの炭鉱地帯における石炭の価格はきわめて安価で，石炭を利用する産業への特化をうながすに十分だった．他の地域とのエネルギー価格の差は，イングランドの優位を説明する有力な要因である(Allen 2009: 80-105)．と同時に，石炭のとれない地域では練炭などの資源・エネルギー節約的技術が発達することも少なくなかった．西ヨーロッパでなぜ産業革命が起こったかを説明するには，「偶然」の契機とともに，その結果としての近代技術と在来技術の並行的発展にも留意すべきであろう(Sugihara forthcoming)．

他方，疫病のコントロールについては，西ヨーロッパの対応は，世界の他の地域との接触が多かっただけに，いささか遅れたかもしれない．鎖国下の日本は，17-18世紀には疫病の防圧に成功した(Jannetta 1987)．中国でも飢饉が大きな疫病に発展することは少なかった(Li 2007)．これらのすべてのことは，西ヨーロッパの発展径路をますます資本・資源集約的にし，東アジアのそれをますます労働集約的にした．両地域で性格の異なる生産性志向型発展径路が形成されたことは，19世紀以降2世紀にわたってこの径路が世界経済を主導するにいたる大きな前提となったように思われる．

4 「化石資源世界経済」の興隆と地域生存圏の再編

4-1 「化石資源世界経済」の興隆

　もし，環境の持続性という概念を，人類社会が地球圏，生命圏の論理と整合的な発展径路にある状態と定義するならば，18世紀までの生産性志向型発展径路の形成は，これを決定的に阻害するような方向には向かわなかった．自然は基本的には地球圏の論理（物質・エネルギー循環，水や大気の動きなど，循環のメカニズムがスムーズに維持されている状態）と生命圏の論理（生態系や食物連鎖が人間の介入によって編成されるのではなく，むしろ人間の介入をみずからのシステムに統合している状態）によって統治されていたからである．人間は，その食糧を耕作地におけるみずからの労働に依存し，必要なエネルギーを，人力，畜力，水力，風力とともに，（主として森林にある）バイオマスに依存してきた．バイオマスの利用は調理，暖房，照明のための基本的な技術でもあった．16-18世紀の世界は，人口の増加を反映して未開地が開拓され，世界中で森林と生物多様性の減少を招くという「限りなき耕地拡大と生命資源の稀少化の時代」だった (Richards 2003: 4-13)．しかし，1人当たりの食糧，エネルギー消費量の上昇のスピードは概して緩慢であり，人為的な環境破壊の危機がグローバル化することはなかったように思われる．

　ところが，産業革命以降の化石燃料（とくに石炭と石油）の大量の使用は，地球圏・生命圏と人間圏の関係を根本的に変えてしまった（厳密に言えば石炭も石油も本来は生命圏起源であるが，ここでは人類社会の「ライフスパン」のうちに再生が不可能と考えられているものは，地球圏由来と考える）．すなわち，動力機械の使用によって人間による自然の改変力が一挙に強まるとともに，交通革命によって化石燃料を世界各地に運ぶことができるようになり，これまでの径路で前提されていたローカル，リージョナルな生産にとっての資源・エネルギー面の制約は打破された．もちろん，すべての地域社会が不足する資源やエネルギーを輸入できたわけではないが，逆に安価で競争力のある資源・エネルギーがその地域にもち込まれる可能性は世界中に存在するよ

うになった．地域を単位として長い間培われてきた人間と自然の相互作用系は生存圏の自立性，持続性を保証する基本的なメカニズムだったが，いわばその「統治権」が失われ，グローバルな市場メカニズムが，環境の持続性についての適切なモニタリング機能を内蔵しないまま，それに取って代わったとも解釈できよう．そして，商品，資本，労働力の自由な移動が国際的な資源配分を効率的にし，人口増加と経済成長に貢献した．この変化の原動力となったのが工業化の世界的普及である．増加した人口の多くは都市に住み，農業よりも工業やサービス部門の雇用に吸収されるようになった．資本主義は，その資源基盤を地域の生存基盤から分離することによって，生産を「生存の足枷」から解放したのである．

こうして地球圏由来のエネルギー資源と生命圏由来のそれとのバランスは，劇的に変化した（詳しくは本書第5章を参照）．今日では，世界貿易額のレベルでみるかぎり，農林水産物の総額は化石燃料資源の総額よりも少なくなってしまった．バイオマスは発展途上国ではいまでも重要な燃料資源であり，しばしば現地社会の生活の維持に欠かせないものであるが，歴史的にみるならば，それが2世紀前に比べて主要なエネルギー源でなくなっただけでなく，低く評価されるようになったのは明らかである．世界はこの意味において，以前よりもはるかに「有機経済」的でなくなった．近代人の生存基盤は都市的になり，人工的な素材でつくったモノ，交通，インフラに支えられたグローバルなつながりに依存するようになった．人間圏の論理が地球圏・生命圏の論理から相対的に独立し，自己運動を始めたといっても良い．その結果，人類社会の発展径路はこれまでの径路から大きく逸脱し，先進国で公害問題を起こすとともに，熱帯における森林伐採，環境劣化を加速させたり，地球温暖化の問題を深刻にしたりした．化石燃料の大量使用の世界経済の構造へのインパクトはあまりにも大きかったので，人間圏と生命圏との直接の相互作用をどう維持するかは，われわれが今日，世界経済の運営の観点からグローバルな資源，エネルギー問題と認識している政策課題にとっては周辺的な話題となってしまった．

4-2 「大分岐」と東アジア型発展径路の役割

それでは，前節でみた二つの径路は「化石資源世界経済」の興隆のなかでどのような役割を演じたのか．19世紀に戻って，西洋型径路からみていこう．K. ポメランツ（Kenneth L. Pomeranz）は『大分岐（*The Great Divergence*）』において，18世紀末から19世紀前半にかけて，石炭と北アメリカの膨大な資源が西ヨーロッパ経済圏へ組み込まれ，それによって西洋型発展径路が，それまでの「スミス型成長」の時代に比べて大きく資本集約型・資源集約型の発展径路の方向に「逸脱」したことを強調した（Pomeranz 2000）．そして，従来のようにこれを，科学革命を背景として起こった技術革新と産業革命の必然の結果とだけ捉えるのではなく，むしろほとんど突然に，膨大な資源（石炭や北米大陸の土地）が西ヨーロッパの経済を潤したという「偶然」にも起因していたと論じた．

本章の視点から重要なのは，「大分岐」が世界の資源配分を著しく西洋に偏ったものにし，これが西洋とそれ以外の地域における発展径路を大きく分岐させたということである．すなわち，大西洋経済は，資本集約的・資源集約的な技術（たとえば大量生産）やそれに対応する制度（たとえば「規模の経済」を十分に追求できるような制度）を他の地域よりもはるかに急速に発達させたのに対し，東アジアは高所得国への移民を制限され，資本輸入も比較的少ない要素賦存状況のなかで，製造業における労働集約的技術と労働吸収的制度を発達させた（そしてそれと同時に，大西洋経済の興隆は，欧米列強が軍事力と植民地支配によって熱帯地域の資源を独占し，熱帯地域の発展径路を低賃金労働による第一次産品輸出経済に固定化する傾向もつくり出した）．

こうして日本は非ヨーロッパ世界で初めての工業国家となり，労働力の効率的利用と労働の質の向上を内蔵する労働集約型工業化を推進した．要素賦存の観点からみると，西ヨーロッパでは労働が資本によって代替されたのに対し，日本では代替は逆方向に生じた．すなわち，資本集約的な西洋の技術がもち込まれ，そのうえで資本を労働で代替できるところはできるだけ代替するように調整されつつ根づいたのである．この労働集約型径路は，両大戦間期の他の東アジア諸国や第二次世界大戦後の東アジア，東南アジア諸国で

も工業化の主要な径路として定着した．それは，日本の経験が参考になったとか，実際に技術や制度が移転されたとかいうこともあるが，より根本的にはこれらの諸国の要素賦存状況の共通性を反映したものである．また，労働集約型工業化はたんなる低賃金を武器とするものではない．工業が国際競争力をもつには，賃金格差を上回るほどの生産性格差が出ない程度には労働者の大量生産や近代的な制度への対応力がなければならない．勤勉革命を経た日本や中国の先進地域の農村の労働力の質は当初から高かったが，それでもプロト工業化地域の大部分は没落し，ほんのわずかな地域だけが西洋の技術を受容することで再生した．そして，成功した地域が他の地域に影響を与え，みずからの経済圏に統合することによって，労働集約型径路が編成されていった．そこには稲作型径路の普及と同じくらいの「飛躍」がみられる．飛躍を可能にした背景には，生産性向上型発展径路が培った労働力の質，自治村落を含めたミクロからマクロにいたる統治力，それらをつなぐ市場の発達とスミス型成長があったように思われる．

　第二次世界大戦後になると，初期条件がこれほど高くない地域でも教育水準が上昇し，先進国からの技術や制度の受容がより容易になり，開発主義イデオロギーも定着して，工業化のための条件が整っていった．今日では，資本よりも質の良い労働のほうが豊富な要素賦存状況は，熱帯地域の多くの発展途上国にもみられるようになった．世界の製造業雇用の大部分は先進国ではなく，発展途上国に存在しているし，この傾向は今後も続くであろう（Sugihara 2003, 2007）．

　他方，日本の資源制約は両大戦間期にきわめて深刻となり，工業化の急速な遂行のために帝国主義的な拡張が図られた．これが第二次世界大戦にいたる道の経済的背景となったのは，周知のとおりである．と同時に，日本経済のエネルギー集約度（1単位のGDPを産出するのに必要なエネルギー消費量）はきわめて低い水準を維持し，しかもエネルギー節約的技術も，1920年代以降（とくに1950年代以降）独自の発展をみた（小堀2010）．工業化を遂行している時点でのエネルギー集約度は他の東アジア・東南アジア諸国の場合も（毛沢東期の中国という大きな例外はあるが）概して低く，東アジア型径路はこの点でも西洋とは明確に異なる技術・制度の発展径路をたどった．言い換え

れば，工業化の世界的普及は，地域生存圏の初期条件を反映して，異なる技術・制度の発展径路を生み出したのである．

　もっとも，欧米諸国も，1970年代以降，エネルギー消費への関心を増大させた．それまでの重化学工業化では，米ソを中心とする多くの先進国はエネルギー集約度を増加させた．一方，労働集約型径路にあった国の集約度は安定的だった．だが，こうした二極構造は，二度の石油危機を契機に急速に収斂しはじめ，資本集約型径路と労働集約型径路の区別はある程度まであいまいになった．

　それゆえ，世界の工業化径路はエネルギー集約型からエネルギー節約型に変化したとみることもできる．そのことをふまえて過去2世紀の工業化を振り返ると，西洋型径路の卓越は，よりバランスのとれた，環境的に持続可能な径路からの「大いなる逸脱」だったとも言える．世界径路の魂は，西ヨーロッパで生じた生産性志向型発展径路のなかに胚胎し，「大分岐」にもかかわらず，東アジア型径路による修正によって生き残り，現在世界規模での修正の途についたと言えよう（詳しくは本書第5章を参照）．

　もちろん，エネルギー集約度の改善傾向は，生存基盤持続型発展径路の世界的形成という観点からみれば，その第一歩にすぎない．後者について語るには，地球圏由来の化石エネルギー資源と生命圏由来のそれ（およびいわゆるクリーン・エネルギー）との相対的重要性の再転換，地球圏の論理と生命圏の論理に対するより深い考察と対応（たとえば科学技術の発展の方向はもっと持続性のほうに向かなければならない），および地球圏，生命圏のニーズに合わせた人間圏の再構築が必要である．人類社会がこれらの課題に総合的に答えることができたとき，工業化は世界史における真にポジティヴな力とみなされるようになるだろう．

4-3　モンスーン・アジアの径路依存性

　以上のように，近世東アジアで始まった生産性志向型発展径路は，現在，世界の発展径路に大きな影響を及ぼしつつある．そして，それが工業化に結びついた過程は，とりあえずは19世紀後半以降のウェスタン・インパクト

と東アジアの要素賦存状況から説明できる．しかし，本章の本来の立場に立ち戻って初期条件をもう少し広くとると，かつてH. オーシマ（Harry Oshima）が指摘したとおり，その背後にモンスーン・アジアの生態的特徴があることに気づく（Oshima 1987）．そこで次に，分析を具体化するために，温帯と熱帯という本講座の枠組を部分的に相対化し，この二分法を修正する役割を果たしてきたとも言えるモンスーン・アジアの生態的まとまりの意義を考えてみよう．

　本書第8章の説明を借りれば，約3,500万年前にゴンドワナ大陸の一部が北上してユーラシア大陸にぶつかり，約1,000万年前にヒマラヤ山脈とチベット高原が十分隆起したとき，地球圏の本来の大気と水の循環が大きく変わり，環境上の「まとまり」としての「モンスーン・アジア」が出現した．夏にはインド洋高気圧から大陸低気圧に向かって南西の風が吹き，多量の雨を降らし，冬には大陸高気圧からインド洋低気圧に吹き出す北東の風が卓越し，乾燥する．それは，熱帯と温帯という区分を修正し，通常の水熱循環では考えられないほど豊富な水に恵まれた土地をヒマラヤ水系から流れ出す大河川の下流地域につくり出し，稲作を可能にし，世界に先駆けて人口稠密な文明を育てるための生態的基礎を提供した．

　もちろん，モンスーン・アジア域内の多様性を見逃してはならない．温帯と熱帯との違いだけではない．ベンガル（現在の西ベンガルおよびバングラデシュ）のように歴史的に河川の氾濫が繰り返されてきた地域では，氾濫への適応が重要だったし，東南アジアの大陸部では長い間天水農業が最も合理的な選択肢だった．にもかかわらず，生態的なまとまりを背景とした稲作文化の共通性もまた，発展径路の理解という文脈において十分に認知されるべきであろう．

　現在，世界人口の約6割がモンスーン・アジアに居住している．膨大な人口の生存基盤がそこで確保できるようになったことは，インドと中国の二大文明を生み出したにとどまらず，それ以外のアジア地域も含めた広域アジアに発展径路上の共通性を付与した．それは，19世紀以降の欧米列強が温帯で創出された技術と制度を全く異なる環境上の特性をもつ熱帯に移植したのとは根本的に異なる，はるかに深いレベルでの技術や制度の移転・交流の可

能性をアジアがもっていることを潜在的に示唆するものである．

　本書第6章は，こうした可能性を「アジア稲作圏」という視点から論じている．小麦に比べて要水量が高く，かつ単位面積当たりの生産性が高い稲は，モンスーン・アジアの生態的まとまりを生かし，工業化以降も水田農業の集約化によって増加する人口を域内で養うことに大きく貢献した．そればかりではない．アジアにおいて温帯から熱帯に広がった多毛作化，水田開発，「緑の革命」などの技術は，いまや西アフリカなど，アジア以外の地域の持続型生存基盤の形成にも貢献しはじめている．

　それだけに，起点となる水の問題も奥が深い．本書第7章は，中国における水資源の窮迫が，チベットにおける河川の付け替えを招き，ヒマラヤ山地とチベット高原の水源における環境の改変につながると警告している．それは，中国だけでなく，この水源から発する大河川に水資源を頼る南アジアや東南アジアの数多くの諸国にも死活の影響を与えるかもしれない．ここには，技術革新によって，文明が生まれる前からの生態的なまとまりが現代の政治，経済，国際関係に大きな影響を及ぼす一つのルートが示されている．

　これらの諸章が技術革新にともなう可能性や危険を指摘するのに対し，第3編の諸章はモンスーン・アジアの生命圏を支える制度を歴史的に考察し，その固有性と多様性を総合的に明らかにしようとしている．本書第8章は，東アジアの小農社会における労働吸収力や土地生産性上昇志向が近現代の工業化にも大きな影響を与えてきたことをふまえ，それを支えた一つの制度としての「自治村落」の役割を強調する．日本における自治村落の歴史は，この視点からは決定的に重要なので，本書第9章ではさらに日本のケースを他の東アジア諸国との対比を念頭に置いて詳述する．他方，本書第8章は，現在の東南・南アジアにおける農業の近代化の問題に言及し，農村金融が機能するかどうかの検討に，東アジア史における自治村落の役割やそこでの地主の行動との比較が有益であると主張する．本章は，長期の発展径路論を開発経済学のフロンティアに結びつけた雄編であり，第9章の比較史的議論とも共鳴した今後の展開が期待される．

　第3編のもう一つの主張は，従来のように人間圏の中心をなす農業だけを軸にモンスーン・アジアを論じるのではなく，生命圏の中心をなす森林の歴

史を発展径路論に取り込んでいくべきだという点にある．本書第10章は，東南アジアを中心とした熱帯アジアにおけるヨーロッパの森林管理制度や技術の導入過程を取り上げ，全体としては画一的・単線的な近代化モデルが現地の生態環境や社会慣習と摩擦を起こし，在来社会の抵抗を招いたとする通説を大筋で承認しつつ，そのなかで生じたいくつかの技術の「現地化」の動きに注目している．その参照点は，やはり日本におけるヨーロッパ林業の受容と「現地化」の経験である．本書第11章は，それを受けて，日本の経験を詳述する．日本では，森林の荒廃を防ぎ，森林を保全することの重要性が近世においても広く共通認識となっていたこと，森林管理の制度設計が地元住民を巻き込んだ柔軟なものだったことが指摘されている．ここにも，同時代比較ではなく，たとえば近世の日本と現代の東南アジア，南アジアの比較といった，時空間の多面的な比較が有効なことが示唆されているように思われる．そしてそれを正当化する最大の根拠がモンスーン・アジアの生態的まとまりなのである．

5 熱帯生存圏の復権

こうして本書でわれわれが目指すのは，従来の工業化径路を前提とした環境の持続性を志向する「温帯パラダイム」の克服である．そこで最後に，これまで触れてこなかった論考に触れつつ，本章の主要な論点と今後の課題をまとめておこう．

第一に，本章では歴史的な径路依存性の人類社会にとっての重要性を強調した．生存基盤確保型の径路は，農業革命前後の時期から推進されてきた人間の環境への介入・制御のなかでつくり出された，不安定だが主要な成長径路だった．近世以降の生産性向上を目指す社会の成立（生産性志向型発展径路）は現代にいたる発展径路の原型を生み出したとも言えるが，なお資源利用が地域の資源制約に規定され，地域の生態のガバナンスに依存して行われていたという意味では確保型と同様の健全さがあった．しかし，産業革命後の「化石資源世界経済」の興隆によって，確保型径路の要諦であった地域生存圏の

論理はグローバルな発展径路のなかで従属的な地位に後退した．生存基盤持続型の発展径路を構想するには，先進国の発展径路の部分的修正ではなく，地域生存圏の論理に基づく発展径路を復権させ，そこに先端技術や効率的な制度を吸収する方向性を見いだす必要がある．これが，本章の議論の骨格であった．

しかし，以上の歴史はなお，いわば資源制約やミクロ寄生による感染症の克服，さらにそれらを支える人間社会の性格などを物差しとした人類社会の歴史である．生存の歴史の径路依存性を全面的に射程に入れるのであれば，20万年に及ぶ現生人類の歴史，あるいは700万年に及ぶ人類の歴史，さらには40億年に及ぶ生命そのものの歴史の径路依存性にも思いを馳せなければならない．本書第4章は，本書の諸章のなかでは最も長いタイムスパンで人間の生存基盤を考察し，人類の環境への対応が長い時間をかけて「遺伝的適応」から「文化的適応」へと進んできたこと，しかし，過去50年間の平均寿命の上昇と再生産を終えた人口（本来生物学的には80年の寿命は想定されていなかった）の増加は，遺伝的適応ではまったく対応できないスピードで生じたので，今後，人類社会は，狭義の高齢者医療だけではなく，文化的適応，とくに生存の意味や喜びを考えることによってこれに対応しなければならないことを指摘している．このように生存基盤は，人間圏内部の径路依存だけでなく，生命圏の歴史の文脈においても理解されなければならない．

第二に，本書では，温帯と熱帯の対照を強調する本書の立場を具体的な分析の場で修正する枠組としてモンスーン・アジアの生態的「まとまり」の世界史的意義を論じた．それは1,000万年前に起きた地殻変動に端を発する特殊な「まとまり」であって，それによって地球圏の本来の論理，たとえば温帯と熱帯の区別がなくなるような性質のものではない．にもかかわらず，モンスーン・アジアに固有な発展径路の存在は，一方では温帯・熱帯という単純な二分法の克服の必要性を示唆すると同時に，温帯と熱帯の径路が「分裂」してしまったようにみえるグローバルな発展径路を，克服する可能性を示しているようにみえる．つまり，モンスーン・アジアにおける技術と制度の温帯から熱帯への移転の可能性は，たとえば西洋からアフリカへの移転の可能性よりも大きいかもしれない．そして，熱帯アジアの生存基盤の持続的発展

が実現すれば，それが他の熱帯地域に普及する可能性も大きくなろう．

　本書第13章は，現代アフリカの農家世帯を「脆弱性」という概念を使って具体的に分析し，生存基盤の確保のための条件を鮮明に描いている．その一つ一つの論点は，もしそれを「脆弱性の克服」と読み替えるならば，ほとんどすべてが本章で描いてきた生存基盤の歴史的形成の叙述にあらわれる論点であり，またモンスーン・アジアに固有の利点とされる点とも重なる．われわれはこうした論点の重なりのなかに，熱帯生存圏の再建を展望する作業を続けていきたい．

　第三に，本書には，熱帯生存圏を支える制度とそれを支える思想，価値観の長期的変化を論じた論考も収録した．本書第12章は，ヨーロッパと日本の熱帯認識の数世紀にわたる変遷を吟味しつつ，近現代においては温帯の側からみた熱帯が「住みにくい」地域としてネガティヴに認識されてきたことの意味を論じている．もし，それが温帯バイアスを含んでいて，今日の科学的知識に照らして必ずしも正しいものではなかったとすれば，温帯から熱帯への技術や制度，あるいはそれを支える価値観の移転もまた，同様の問題をはらんでいた可能性があることになる．

　これに対し，本書第14章は，中東，北アフリカの乾燥地域で生まれたイスラーム文明の思想が現代の中東，イスラーム世界にどのように刻印され，化石資源に依存した経済にどのような制度革新の可能性を付与しているのかを論じている．そして，イスラーム経済の理念や制度には，属人性原理への回帰という側面があり，人間の生活世界と密接につながった経済活動を取り戻そうとする契機があるとする視点から，イスラーム金融の試みとその国際的普及を評価しようとする．熱帯・亜熱帯からはいくつかの大文明が生まれたが，そこではぐくまれた思想や制度が現代にどのように適応し，展開を遂げているかの研究は，熱帯生存圏の復権には欠かせない作業である．

　最後に，本書終章は，熱帯生存圏の新しい理解をふまえ，生存基盤の持続的発展に対応する「生存基盤の思想」を，「多様性のなかの平等」という角度から論じている．その基本的なスタンスは，諸宗教や神話的世界にみられる「存在の平等」という原理である．宇宙のすべての存在に人格と行為主体性を認めるこの立場は，人間圏（まずは親密圏）における「配慮の平等」が，

公共圏における「権利の平等」を経て,「生存の平等」を実現するための出発点になりうるのではなかろうか.そしてそれは,地球圏,生命圏,人間圏のすべての圏における多様性を守り,かつ豊かにしていくための包括的な生存基盤の思想となる可能性をもっているように思われる.

参考文献

Allen, R. C. 2009. *The British Industrial Revolution in Global Perspective*, Cambridge: Cambridge University Press.

Christian, D. 2004. *Maps of Time: An Introduction to Big History*, Berkeley: University of California Press.

Crosby, A. W. 1994. *Germs, Seeds, and Animals: Studies in Ecological History*, New York: M. E. Shape.

de Vries, J. 1984. *European Urbanization, 1500–1800*, London: Methuen.

—— 2008. *The Industrious Revolution: Consumer Behavior and the Household Economy, 1650 to the Present*, Cambridge: Cambridge University Press.

Jannetta, A. B. 1987. *Epidemics and Mortality in Early Modern Japan*, Princeton: Princeton University Press.

Jones, E. L. 1981. *The European Miracle: Environments, Economies and Geopolitics in the History of Europe and Asia*, Cambridge: Cambridge University Press(安元稔・脇村孝平訳『ヨーロッパの奇跡——環境・経済・地政の比較史』名古屋大学出版会,2000 年).

小堀聡 2010.『日本のエネルギー革命——資源小国の近代史』名古屋大学出版会

Li, L. M. 2007. *Fighting Famine in North China: State, Market, and Environmental Decline, 1690s-1990s*, Stanford: Stanford University Press.

Maddison, A. 2010. "Statistics on World Population, GDP and Per Capita GDP, 1–2008 AD (Horizontal file)" http://www.ggdc.net/maddison/ (2010 年 2 月 27 日アクセス).

McNeill, J. R. 2000. *Something New Under the Sun: An Environmental History of the Twentieth-century World*, New York: W. W. Norton.

McNeill, W. H. 1977. *Plagues and Peoples*, New York: Doubleday(佐々木昭夫訳『疫病と世界史』(上・下)中公文庫,2007 年).

—— 1978. "Human Migration: A Historical Overview", in W. H. McNeill and R. S. Adams (eds), *Human Migration: Patterns and Policies*, Bloomington: Indiana University Press, pp. 3-19.

Mendels, F. 1972. "Proto-Industrialization: The First Phase of the Industrialization Process", *Journal of Economic History*, 32(1): 241–261.

Oshima, H. 1987. *Economic Development in Monsoon Asia: A Comparative Study*, University of Tokyo Press(渡辺利夫ほか訳『モンスーンアジアの経済発展』(渡辺利夫他訳),勁草書房,1989 年).

Parthasarathi, P. 2011. *Why Europe Grew Rich and Asia Did Not: Global Economic Divergence, 1600-1850*, Cambridge: Cambridge University Press.

Pomeranz, K. 2000. *The Great Divergence: China, Europe, and the Making of the Modern World Economy*, Princeton: Princeton University Press.

Richards, J. F. 2003. *The Unending Frontier: An Environmental History of the Early Modern World*, Berkeley: University of California Press.

嶋田義仁 2009.「砂漠が育んだ文明 ── アフロ・ユーラシアの乾燥地」池谷和信編『地球環境史からの問い ── ヒトと自然の共生とは何か』岩波書店，104-122 頁.

Shaffer, L. 1994. "Southernization", *Journal of World History*, 5(1): 1-21.

杉原薫 1999.「近代世界システムと人間の移動」『岩波講座世界歴史 19　移動と移民 ── 地域を結ぶダイナミズム』岩波書店，3-61 頁.

── 2004.「東アジアにおける勤勉革命径路の成立」『大阪大学経済学』54(3): 336-361.

── 2010a.「持続型生存基盤パラダイムとは何か」杉原薫・川井秀一・河野泰之・田辺明生編『地球圏・生命圏・人間圏 ── 持続的な生存基盤を求めて』京都大学学術出版会，1-22 頁.

── 2010b.「グローバル・ヒストリーと複数発展径路」杉原薫・川井秀一・河野泰之・田辺明生編『地球圏・生命圏・人間圏 ── 持続的な生存基盤を求めて』京都大学学術出版会，27-59 頁.

── 2010c.「南アジア型経済発展径路の特質」『南アジア研究』22: 170-184.

Sugihara, K. 2003. "The East Asian Path of Economic Development: A Long-term Perspective", in Giovanni Arrighi, Takeshi Hamashita and Mark Selden (eds), *The Resurgence of East Asia: 500, 150 and 50 Year Perspectives*, London: Routledge, 78-123.

── 2007. "The Second Noel Butlin Lecture: Labour-Intensive Industrialisation in Global History", *Australian Economic History Review*, 47(2): 121-154.

── forthcoming. "The European Miracle in Global History: An East Asian Perspective", in Maxine Berg (ed.), *Writing the History of the Global: Challenges for Historians in the Twenty-First Century*, Oxford: Oxford University Press.

Wrigley, E. A. 1988. *Continuity, Chance, and Change: The Character of the Industrial Revolution in England*, Cambridge: Cambridge University Press.

第 1 編

生存基盤の歴史的形成
― 生産の人類史から生存の人類史へ ―

第1編のねらい

　本編が目指すのは,「生産の人類史」から「生存の人類史」への歴史叙述の書き換えである.これまでの人類史(主として現生人類史)では,「狩猟・採集」の時代から「農業(と家畜使用)」の時代,さらには「産業」の時代へといったように,生業を基軸にして時代区分やそれぞれの時代の特徴が叙述されてきた.しかし本編では,「生存」を規定する諸条件に着目する「生存の人類史」を目指している.「生存の人類史」とは何か.それは,人類史すなわち「人間圏」の歴史を,「地球圏」および「生命圏」の論理との強い連関のなかで理解することにある.

　第1章「エネルギー —— 人類最大の依存症」では,「太陽エネルギー史観」とでも称すべき視角から「生存の人類史」が雄渾に描かれている.人類史の大半において,人類は,太陽から降り注がれるエネルギーのごく一部,すなわち人類は食物として利用しうる植物性および動物性の物質を摂取するかたちでしか太陽エネルギーを利用し得なかった.しかし,約10万年前に火を利用するようになり,さらに約1万年前の「新石器革命」によって,人類は太陽エネルギーの利用を徐々に高度化させていった.さらに18世紀後半以降,化石燃料の利用の開始によって,人類による太陽エネルギーの利用の程度は爆発的に増加していった事実については,ここで繰り返すまでもない.このように,人類によるエネルギーの利用の歴史をすべて太陽エネルギーの利用に還元するという意味で,人類史を「地球圏」の論理に引きつけて理解するところに本章の最大の意義がある.

　第2章「人類史における生存基盤と熱帯」では,「生存の人類史」は,主として「生命圏」の論理に引きつけて叙述される.太陽エネルギーが豊富に降り注ぎ,水も豊富であった湿潤熱帯が,もともと人類の「故郷」であったにもかかわらず,なぜ人類の「生存」にとって不利な場所とみなされるようになったのか.これが第2章の問いである.それを解く鍵は,湿潤熱帯における「ミクロ寄生」(微生物の人間への寄生.W.H.マクニールの用語)の多様性と豊饒性という問題である.湿潤熱帯は「ミクロ寄生」という点で,人類の「生存」にとって必ずしも有利な場所ではなかった.第2章では,このような視角から,「湿潤熱帯」,「半乾燥熱帯」,「乾燥亜熱帯」の三つの気候区分(気候帯)の比較・検討がなされ,初期の文明史においては,「熱帯から温帯へ」という移行とともに,「湿潤から乾燥へ」という移行が重要であったことが示唆される.

　これまでの「生産の人類史」において,「新石器革命」論は花形の存在であった.農業の始まりが食糧生産の拡大を可能にし,人口の増大ひいては社会の複雑化を可能にしたという意味で,人類史の巨大な分水嶺と考えられたからである.しかし,実証的なデータの不足もあって,「新石器革命」の人口史的な意義は十分に問われてこな

かった．第3章「人類史における最初の人口転換」は，近年大きく進展をみた古人口学の知見をふまえつつ，「新石器革命」が人類史における「最初の人口転換」であったことを明らかにする．「新石器革命」は，「中産中死」から「多産多死」への移行を引き起こしたという意味で，「多産多死」から「少産少死」へという周知の「近代の人口転換」に対して，まさに「最初の人口転換」ということになる．マルサス主義的な理解が説くように，「多産多死」は，生物としての人間にもともとそなわる性質ではなく，定住農耕の開始が生み出した歴史的な事態にほかならないと指摘される．人類史を，「再生産」(reproduction)という「生命圏」の論理に引きつけて叙述するところに第3章の真骨頂がある．

　第4章「人間の生存基盤と疾病」は，人類史すなわち「人間圏」の歴史を，まさに「地球圏」および「生命圏」の両者の歴史のなかへ位置づける壮大な試みである．前半において，はじめに地球史および生命史の展開が一筆書きで明解に叙述され，続いて人類史が「進化と適応」という視角から鳥瞰される．こうした超マクロの歴史叙述をふまえたうえで，後半では，疾病に焦点を合わせたかたちで，さらに人類史が敷衍される．第2章と第3章で感染性疾患の問題が論じられたが，第4章は，疾病の問題として非感染性疾患と老化の問題を主題的にとりあげている点が特徴的である．ここでは，これらの問題こそ，21世紀の人類が直面する生存基盤の最重要課題として捉えられている．人類史の非常に長いスパンのなかでは，非感染性疾患と老化の問題は，ごく最近になって浮上した未曾有の課題であるがゆえに，非常に困難な課題であることが示唆されている．

[脇村孝平]

第1章

エネルギー
── 人類最大の依存症 ──

A. W. クロスビー
（脇村　孝平　訳）

1　はじめに

「アジア，アフリカにおける持続可能な生存基盤の構築を目指して」というテーマを掲げる本講座に対して，一人の歴史家が貢献できることはありうるのだろうか．この本講座が扱うのは未来であって，筆者が専門とする過去ではない．筆者は，もう終わってしまって元に戻しようのない過去を研究対象としているが，それでもなお，自分なりに貢献できることがあるはずだと考える．そうした思いを正当化する根拠を簡潔に示しているのが，詩人のW. H. オーデン（Wystan Hugh Auden）が「過去のみが現在である」と詠う詩の一節である．未来という時は，まだ到着していない．一方，時の流れのなかの，針先で突いたような一点である「今」について理解しようとすると，頼りになるのはつねに過去の経験から得たもの以外にはない．意識しているか否かにかかわらず，われわれの誰もが歴史家なのである．そうである以上，歴史

本章は，2008年12月12-14日に開催された京都大学グローバル COE プログラム「生存基盤持続型の発展を目指す地域研究拠点」の第1回国際会議 "In Search of Sustainable Humanosphere in Asia and Africa: The First International Conference"（於京都大学）に提出された論文 "Energy, Humanity's Greatest Addiction" を著者の了解を得て翻訳したものである．訳者の質問に丁寧に答えていただいた著者に感謝する．

家であるのにそうと知らないままでいるよりも，われわれのすべてが歴史家なのだとわきまえている方が，ましというものだろう．

　話の筋道をはっきりさせるために，本章の構成についてあらかじめ説明しておきたい．本章のねらいは，人類の歴史を，大急ぎで駆け抜けながら素描することである．出発点となるのは，今から何万年，いや，何十万年も前に，われわれの直接の祖先たちが，本講座のテーマと関わるような特徴を身につけたころのことである．それに続いて，筆者は，人類の歴史におけるより馴染み深いいくつかの章を，全力疾走しながら垣間見る．まずは，新石器時代とそれに続く長い時期，ついで蒸気機関と人類が地球のエコシステムに多大な影響を及ぼすにいたった「人類世」（アントロポセン；Anthropocene）時代について触れ，最後に，われわれがこの瞬間もふらふらしながらさまよっている「今」について述べたい．

　人類の過去の総体を前にするとき，われわれのほとんどは，過去があまりにも膨大で，あまりにもデータが多いことに圧倒される．過去が「量」的にあまりにも大きすぎるというこの問題に関して，本章では，過去のある一つの特徴，すなわちエネルギーに焦点を合わせて検討することによって対処したい．ここで問題にするエネルギーは，本章の最後の部分で言及するものを除くと，すべて太陽に由来する．マニトバ大学の V. スミル（Vaclav Smil）教授[i]は，エネルギーについて次のように指摘している．

> 基本的に，地球上のあらゆる文明は，太陽のエネルギー放射の流れに依拠することによって，生存可能な生命圏の維持と，すべての高等生物の物質的基盤である光合成の活性化とを実現しているという意味で，「太陽」社会以外の何物でもない（Smil 1994: 157）．

　植物は，太陽光を利用し，いわゆる光合成を行うことによって，葉，根などを形成する．光合成の産物である植物組織を直接食べたり，あるいは植物を食べた他の動物を捕食したりすることによって，われわれは生命を維持している．その意味で，われわれはすべて太陽の赤子である．そして，筆者がエネルギーについて検討するに当たって，「持続可能な生存基盤」というテー

マとの関わりで一貫して問いつづけるのは,「ある特定の社会が自由に使いこなしていた,植物繊維,肉,筋肉,バイオマス,化石燃料等のさまざまなかたちの太陽エネルギーの量は,どの位だったのか」という問いである.

以下では,以上のような問題についての検討に加えて,各時代に人類が新たなエネルギーを手に入れて力をつけることによって生じた,いくつかの悲惨な環境災害について紹介したい.

2 旧石器時代と新石器時代

今から約 700 万年前,アフリカには猿の仲間の種が多数生息していた.そのうちの一つが,15 万年から 20 万年前に人類へと進化した[ii]. 人類が出現した当初の 7 万 5,000 年から 10 万年の期間に彼らが利用できた太陽エネルギーは,自らが食物として咀嚼しかつ接取し消化する植物性および動物性の物質に含まれるエネルギーだけに限られていた.

これらの生き物はサバンナの主人公ではなかったが,一つの特別な利点をもっていた.それは,脳がより大きく,より優れていたということだろうか.間違いではないが,それだけでは曖昧すぎる.ここでは,より多くの太陽エネルギーを利用するために,彼らが優秀な脳をどのように活かしたのか,が問われなければならない.その点で重要なのが,彼らが火を利用したことである(より正確には,「使いこなした」というべきだろうか).私見では,火を使いこなしたことこそが,人類にとって最重要の技術進歩であったし,現にありつづけている.火のおかげで,われわれの祖先は,夜道を歩いたり,洞窟の奥深くに立ち入ったりできるようになった.火のおかげで,大型哺乳類による襲撃をかわせるようになった.火のおかげで,熱帯以外の土地で冬の夜をしのげるようになった.火をもちいることによって,木製の槍の穂先を硬化させることも可能になった.どんなに大きく危険な動物でも,火を使うことによって狩猟の対象にすることが可能になった.われわれの祖先は,火をもちいて森を焼き払ってつくり出した草地で,狩猟の対象となる獲物が近づいたり,恐ろしい動物が近づいたりするのを容易に見張れるようになった.

火は，古い灌木や，枯れ草，枯葉を焼き払って，鹿などのおいしい動物をおびき寄せるのをはじめとするさまざまな目的のために活かせる，柔らかい緑の植生を芽吹かせる力を，われわれの祖先に付与した．そして，火はわれわれの祖先にとって，植物と動物を相手に，また全世界を相手に，他の生き物がかつてふるったことのないような絶大な力を与える武器となったのである．

火を使いこなすことによって得られた最大の利点は日常的な慣行 ── 世界をゆるがすほどの重要性をもっているなどと普段われわれが考えもしないような慣行 ── のなかに組み込まれている．ここで言わんとするのは，われわれが食べる物を安全かつ衛生にし，われわれの身体を健康に保つために不可欠な高熱処理の効果，すなわち調理の重要さである．

われわれの祖先は，消化が可能でかつ利用可能な有機物質を，量的にも質的にも増やすことによって，自分たちの筋肉を動かすエネルギー源を増やす ── それも大々的に ── ，という方向に進んだ．彼らは，消化という重要な過程の一部を体外で行う手段，すなわち調理を生み出した．植物性であれ動物性であれ，食材は，高熱で処理することによって，歯や消化器で摂取しやすいように変わる，いわば単純化される．調理には，動物の皮や植物の殻を柔らかくする，細胞をはじけさせて消化しやすい液状にする，タンパク質やデンプンの分子を人体内の酵素によって分解しやすくする，大きくて消化しにくい分子構造をより小さく消化しやすい分子構造へと変える，バクテリアを殺す，多くの毒素を無毒化する等の効果がある．一般的に，調理することによって，生のままでは食べてもまずかったり，消化しにくいか消化不可能であったり，健康によくなかったり，さらには命とりになったりするようなさまざまな有機物質が，滋養もあり味のよい食べ物へと変わる．調理は，人間にとって作業をこなすための唯一の手段だった筋力を動かすためのエネルギー源を，じつに多様化したのである．

調理は人類にとって普遍的な行為である．調理を行わない人間社会は一つも見つかっていない．他の動物と比較しても，調理は，言語以上に人類に特有な特徴である．他の動物たちも，吠える，唸る，さえずる，あるいは少なくとも音を立てて合図をすることはあるが，煮たり，焼いたり，炒めたり，油で揚げたりするのはヒト（ホモ・サピエンス＝現生人類）だけである．ハー

バード大学の人類学教授 R. ランガム（Richard Wrangham）は，猿の一種が調理を修得したときをもって人類が誕生したとみなすべきだ，と主張している．ヒトは肉食性動物，草食性動物のいずれだったこともないし —— 現にいずれでもないが ——，一貫して「調理をして食べる動物」（cookivores）としてありつづけている，というわけである．

ヒトがいつから火を使いこなすようになったのかについては，これからも決して特定されることはないだろうが，火が人類にとって不可欠になったのはいつのころかというのは，ほぼ確実に推定可能である．およそ4万年から5万年前の各地の遺跡から，炉が見つかっている．大量の炉の存在は，人類の後期旧石器時代（4万年から10万年前）における一つの —— おそらくは最大の —— 転換点を示唆する．後期旧石器時代の特徴は，道具をはじめとする人工物の種類が増え，それ以前と比較して地域ごとに文化が多様化する兆しがあらわれたことであり，加えて，変化が加速化したことである．以前には1万年，2万年，あるいはそれ以上の時間を要した同じ変化が，2,000-3,000年，ことによるとわずか200-300年で起きるようになった．

言い換えると，人類は，真に新しい種類の生物として，つまり，たんなる利口な猿にとどまるのでなく，漠然とした意味での文明を創り出す可能性と，エコシステム全体に対する支配を確立する可能性とをもった種として，登場したのである．人類は，他の種を混乱に陥れたり，さらには絶滅させたりしかねない力も，新たに手に入れたと思われる．後期旧石器時代，マンモス，マストドン，ジャイアント・ナマケモノ，ジャイアント・バイソンをはじめ，地球上に生息していた陸生の大型哺乳動物（成獣の体重が44 kg以上の哺乳動物）のうち，半数を下らない種が姿を消してしまった．C. R. ダーウィン（Charles R. Darwin）の同時代人である偉大な博物学者 A. R. ウォレス（Alfred Russel Wallace）が記したように，「現在，われわれは，最も巨大な，最もどう猛な，そして最も強い動物たちのすべてがさほど遠くない過去に絶滅した，動物学的に貧しい世界に住んでいる」ということになるのであろうか．

大型動物たちはどのようにして絶滅したのか．気候の変化も一因だったと思われる．たしかに，当時，大陸の氷河が前進と後退を繰り返していたが，大型動物たちは以前にもそうしたたび重なる氷河の前進・後退を乗り切った

ことがあったので，ほかにも何らかの要因が一つないし複数働いたに違いない．この点についてはさまざまな人たちが発言しているが，なかでもアリゾナ大学のP. S. マーティン（Paul S. Martin）[iii]は，ヒトによる狩猟活動が決定的な要因だったと示唆している．たとえヒトが大型動物を狩猟する際自由に操って狙った獲物に向けることのできるエネルギーが，体内の筋肉に蓄えられるだけのものだったとしても，である．

この推論を馬鹿げている，と決めつける向きもある．大体，貧相な二足歩行動物であるヒトに，何百万頭もの大型動物を殺せるはずはない，というのがその論拠である．だが，ここで考慮すべきは，通常は大型動物の出生率が非常に低いことである．つまり，大型動物を一挙に皆殺しにせずとも，数世紀の間，これらの動物の死亡率を出生率よりもほんの少しだけ高く保ちつづけるだけで，これら大型動物を簡単に絶滅に追い込めるはずなのである．

ヒトが狩猟をするにあたって，槍，アトゥラートゥル（槍投げ器），時代が下ってからは弓矢といった，優れた飛び道具を使ったことも考慮されるべきである．また大型動物たちには，それ以前には飛び道具によって殺されるという経験がなかったことも考慮されるべきである．動物たちは，灌木の茂みのなかを敏捷に動く二足歩行動物の恐ろしさを，それまでに十分に経験していなかったのである．

さらにまた，最近も，つまり旧石器時代以降も，ヒトが数度にわたって大型動物を絶滅させたことがある，ということが想起されるべきである．マダガスカルとニュージーランドでは，2,000年前に人類が登場してからほどなく，身長3 m，体重200 kg以上の大型の鳥類が絶滅した．あるいはまた，帆船しかなかった時代に捕鯨を行ったヒトは，この巨大な獲物の近くまで小舟を漕いで接近し，その身体に何本もの銛を打ち込んで——人間の身体で言えば，何本もの縫い針を突き刺して——仕留めた，ということも想起されるべきである．鯨たちは，ヒトがどんなに危険な存在となりうるかを知らなかったし，今も多くの鯨は知らないままでいる．実際，貧相な二足歩行動物が，環境に対していかにひどい危害を加える可能性があるのかということを，われわれ自身がまだ十分に認識するにいたっていないのである．

以上ではヒトの狩猟能力について概観してきたが，ここでは，そうした狩

猟能力が殺人的な要素をともなうものであったという可能性についても，付言しておくべきだろう．大半の種について複数の枝分かれが一般的にみられるように，一時期は，複数のヒト属の種，ないしヒト科の種が存在していた．ヒトと近縁関係にある種のなかで最もよく知られているのはネアンデルタール人であるが，ほかにもヒト科の種はいくつか存在していた．後期旧石器時代の終わりには，そうした種はことごとくすでに絶滅してしまったか，絶滅寸前となり，人類は，枝分かれした近縁種をもたない特異な種となった．そうした近縁種はわれわれの祖先によって絶滅に追いこまれてしまったのだろうか．その可能性はないわけではない．なかには，それが事実だった確率がかなり高い，と見る向きもあるが，今後も真相が明らかになることはないだろう．

　人類の祖先は，アフリカに出現した後，氷河期に深刻な人口の激減を何度も経験したが，減少分を回復し，さらに増加した．もちろん，人口統計はないが，彼らがアフリカからはるばるオーストラリアまで，またアフリカからはるばる北米大陸，ついで南米大陸まで生息地を拡大したことはわかっており，人口が増えたことをうかがい知ることができる．

　われわれの祖先が南アメリカにたどり着いたころ，東半球におけるそれ以前からの人類の生息地では，人口圧力が明らかに強まりつつあった．その結果，非常に長期にわたる，きわめて込み入った現象を思い切って省略していうと，人類は農業を発明し，その発祥地は，西アジアだと目されている．大型哺乳動物の絶滅期の最終段階で，われわれの祖先は，農耕というそれまでとは打って変わった新しい生き方に向かって前進を開始した（あるいは，よろよろと進みはじめた，というべきか）．小麦，稲，大麦，ライ麦その他が人間の生活を支える主要食糧となり，筋肉を動かすためのエネルギー源として利用可能な食物の量を飛躍的に拡大することが可能になった．新石器時代の同じ数千年間に，人類は，牛，羊，山羊などわれわれが今も食物として依拠しているおとなしい哺乳動物と，馬，水牛など今でも主として役畜としてもちいている動物を，家畜化した．

　旧世界[iv]の土壌に含まれる種子，骨，道具の破片には，農業のいくつかの起源を物語る膨大な証拠がとどめられているが，いうまでもなく，まだ謎に

包まれていることも多い．そうした謎の一つに，とうもろこし，甘藷，馬鈴薯など数多くの重要作物の原産地である南北のアメリカ大陸では家畜化された動物が非常に少なく，犬，ラマ，テンジクネズミ，数種の家禽類程度でしかないのはなぜか，という疑問がある．絶滅した大型動物は旧世界よりも新世界の方が多かったが，新世界での絶滅種には家畜化に最適な候補となるはずの動物も含まれていた，と考えるべきなのだろうか．

　ここで話をしばし中断して，農業がもたらした結果がよいことずくめではなかった，ということにも触れておかなければならない．農耕民たちの食事は穀物主体の単調なものとなり，タンパク質その他の必須要素が不足することがしばしば生じた．後期旧石器時代の終わりごろにギリシャとトルコに住んでいた成人の平均身長は，男子が5フィート9インチ（約175 cm），女子が5フィート5インチ（約165 cm）だったが，農耕への転換が生じた後には，同じ地域に住んでいた平均身長は，男子については6インチ（約15 cm），女子については5インチ（約13 cm）ずつ低くなり，男女ともに虫歯が多くなった．

　狩猟・採取から農耕への転換が起こった結果，世界中で人々の身長が低くなった．虫歯，貧血症，栄養失調によるその他の疾患も増えた．さらに加えて，定住生活するようになって人口密度も高まり，犬，馬，牛，豚などの家畜との日常的な接触によって寄生虫や病原菌に感染する機会が増えたことなどにより，天然痘，はしか，赤痢，コレラといった感染症への罹患率が高まる，という負の効果も生じた．農業を選んだことを人類が犯した最悪の間違いだとする論者は，1人ならずいる．

　とはいえ，そうした負の面があったにもかかわらず，農業は単位面積当たりの扶養能力が高いため，急速に広まった．農耕民の方が狩猟・採取民よりも壊滅的な飢餓に襲われることが多い年もあったかもしれないが，ほとんどの年には農業の方がより多くのカロリーを産出したため，農耕民の人口増加率の方が高かった．それに加えて，農耕は定住型の活動であるため，母親たちは，かつてのように一つの場所から別の場所へと子どもを運ぶ必要がなくなり，体内の炭水化物と脂肪を燃やし尽くさなくても済むようになった．その結果，母親たちはより多くの子どもを産むようになると同時に，間引きその他をもちいて養うべき家族の人数を制限する必要も，以前と比較して少な

くなった．

　人口の増加は，社会を複雑化させ，いわゆる文明が生まれる基盤を生み出した．人々が集中し社会の人口密度が高まることによって，作業をこなすために利用できる —— 人間と動物の筋力を合計した —— 筋力の総量が増えた．現代のわれわれにとってのフットボール競技場や高層ビルに相当する古代メソポタミアのジッグラトやエジプトのピラミッドは，人間や動物から引き出したエネルギーを集中的に投入することによって建造された．

　当然ながら，農耕の進展は環境に対する負荷の増加をともなった．環境からより多くのエネルギーを引き出し活用することは，環境の単純化，そして多くの場合，環境の質的低下につながりうるし，実際につながるのが一般的である．また，その結果が，そこに生息する生物にとって，ということは，そうした生物の一員である人間にとっても，良いものである，という保証はない．例として，南部メソポタミア，現在のイラク，かつてのシュメールについてみてみよう．

　教科書や一般向けの百科事典では，通常，文字の利用，冶金，階層分化，官僚制，寺院，軍隊，都市といった文明のさまざまなしるしは，人類史上シュメールで最初にあらわれた，とされている．今ではシュメールのほとんどは，砂漠と，湿地と，過去数千年にわたって積もったがれきと粘土に覆われた古代の運河や都市の廃墟と化しているが，このシュメールの歴史は，注目に値する．

　シュメールで消費される食料の多くを供給した農民たちは，降雨量に季節的なばらつきがあって地元で降る雨水には頼れないので，代わりに北部の山地に水源をもつチグリス川とユーフラテス川の水に頼った．ここで問題になるのが，人類が最も早い時代に犯した間違いの一つ，森林破壊である．

　農耕によってかつてないほど大量の食物の供給が可能になると，現在のイラクに住んでいた人々の人口は，かつての数倍に膨れ上がった．人口増にともなって，燃料用，建物を建てる建材用，その他あれこれの用途のためにより多くの木材が必要となった．人類はそれ以前からも木を切っていたが，森林破壊が壊滅的なレベルに達したのは中東が最初だったと思われる．人々はアッシリア，北部イラク，レバノンその他の山地の森を切り払った．ユダヤ

教とキリスト教がともに経典とする旧約聖書にはその証拠が記されている．すなわち，ソロモンの神殿は，石造だったが内壁にはレバノン杉が張られていた．しかしその杉の産地であるレバノンでは，ソロモンの時代からすでに，今あるような禿げ地へと向かって森林が消え失せつつあったという．

　山地での森林伐採に続いて浸食が生じ，ほどなくチグリス川，ユーフラテス川には大量の沈泥が堆積した．沈泥は，灌漑システムの用水路と排水路を塞いで，それ以後地元民を悩ませ続けることになる塩類集積という問題の発生に寄与した．

　塩類集積は，5,000年前のシュメール時代から今日にいたるまで，乾燥地や半乾燥地を流れる河川の流域に住んで灌漑農業を営む農民たちにとって，悩みの種となってきた．植物は好んで水を吸収するが，水に含有されることの多い塩類は受けつけない．そのため，水の塩分濃度が高まる．灌漑農業を営む農民たちは，別の場所から人工的に水を導水するが，水が水路を運ばれてくる間の蒸発も，塩類濃度を高める要因となる．もしも農民たちが（農民ならば誰しも収穫を増やしたいとの思いから，よくやることであるが）過剰に水を利用すると，地下水面は乾燥した地表の土壌からあまり離れていない水準にまで上昇する．乾燥した地表の土壌は，地下1.5 mの深さからでも水分を吸い上げるため，5,000年前のシュメールであろうと，現在の北アメリカであろうと，水分は蒸発しつづけ，蒸発した後の地表には塩類が残されるのである．やがて，塩類濃度が高くなりすぎた土壌は —— 考古学者のJ.マーシャル（John Marshall）卿が「悪魔がつくった偽物の雪」と呼んだように —— 真っ白になり，耕地は不毛の地と化してしまう．

　今から5,500年前，シュメール文明の発祥当初には，塩類に対する耐性が弱い小麦と，塩類への耐性が強い大麦は，ほぼ同量ずつ生産されていた．それから1,000年後には，小麦は全収穫高の15％しかつくられなかった．そのこと以上に深刻なのは，穀物の種類の如何を問わず，穀物の収量が，4,400年前から4,100年前にいたる間に42％，3,700年前の時点までにさらに65％も減少するというように，激減したことである．農業と灌漑が，それらが発明された基盤である土壌を破壊し不毛にしてしまったと断言してしまうと，過度な単純化になるが，全くの的外れではない．

かかるイノベーションは，人類が手にするエネルギーの量，つまりは食物の量を大幅に増加させた．その結果，死亡率の低下と出生率の上昇，つまりは人口増加が加速化された．その人口増加は爆発な増加ではなく，緩やかに，しばしば中断を挟みながら断続的に進行する増加だった．その結果，人類の絶対数は新たな上限へと押し上げられた．しかし，その上限を突き破って増加するような奇跡はもたらされなかった．

なぜかといえば，新石器時代に生み出されたイノベーションに匹敵するようなことが，その後数千年間一切生じなかったためである．たしかに，人類は水車や風車など，太陽エネルギーを利用する巧妙な新しい手段をいくつか編み出したが，それらの新手段は，重要さの点では，火を使いこなすようになったことや農業を生み出したことと比べるべくもない．歴史の標準的な教科書を書き直して，「新石器時代」を石と無関係な呼び方に改め，文明の誕生期を18世紀まで延長してはどうだろうか．

3 人類世時代

P. J. クルッツェン（Paul J. Crutzen）[v] は，おおよそ18世紀に始まって現在もわれわれが生きている時代について，身の毛もよだつような現実を直視し，地質学者たちがこの時代の名称としてもちいてきたあれこれの呼び方を捨てて，人類中心の時代，「人類世」と呼ぶべきだ，と提唱している．彼はその理由として，人類によるエネルギー利用が飛躍的に増加した結果，人類が生命圏の動向を左右する一大要因となってしまったことを挙げている．

まず，人類世が始まる直前，もしくは新石器時代の末期に，人類による太陽エネルギーの利用がいかに哀れなほど微々たるものだったかを振り返っておきたい．1586年，D. フォンターナ（Domenico Fontana）の指揮のもと，900人の男たちと75頭の馬が，37台の巻き上げ機に吊るした312 tもあるエジプトのオベリスクを，全力を振り絞って土台もろとも吊り上げて，バチカンの皇帝ネロの競技場から同じくバチカンのサン・ピエトロ寺院前の広場へと移動させた．あっぱれなことである！　人間であれ動物であれ，個体生物の

筋力はわずかであって，数人以上あるいは数頭以上の筋力を特定の作業に集中させるのはきわめて難しいことだから，生物の筋力を結集してこれ以上の作業を成し遂げるのは，ほぼ不可能といってよい．

人類には，別の，新たな奇跡が必要だった．そこで，フォンターナの偉業から1-2世紀後，人類は，最近まで生きていたバイオマス ── 木材，草，干し草 ── に蓄えられた太陽エネルギーを動力源とする筋力への依存から，地中から掘り出した石炭，石油，天然ガスを動力源とする機械への依存へと転換した．これらの化石燃料は，大昔に動植物のかたちをとっていた太陽エネルギーが，地中に埋まり，地下で圧縮され，高温で焼かれて形成された，何百万年前からの遺産である．

繰り返しになるが，1700年ごろ，そしてその後も，人類は畑を耕したり，鯨を銛で仕留めたりするなどの大半の作業を，食物を動力源とする筋力でこなしていた．家畜を碾き臼につないで延々と輪を描いて歩かせて穀物を粉にひかせるなど，一部の作業を行うために馬，牛，ロバ，水牛，その他の家畜をもちいることもあった．また，同じような目的のために人力が投入されることも非常にしばしばあった．たとえば，踏み車の上を延々と歩いて，鎖の輪に数珠つなぎにしたバケツを次々と引き揚げて行う揚水作業や，大きな空洞のある車輪の中に入って，ハムスターのように歩きながら車輪を回転させて，木をのこぎりで挽いたり，ふいごを動かしたり，パン生地をこねたりする作業などである．18世紀は，大西洋の奴隷貿易がピークに達した世紀だった．ヨーロッパ人たちは，アメリカ大陸のプランテーションを十分に活用するために旧世界が供給できるよりも多くの労働力を必要としたため，筋力を調達するためにアフリカ大陸に向かった．より多くのエネルギーを求めた者たちのうちの一部は奴隷商人となり，一部は機械技師となった．

1800年ごろまでに，人類は奇跡を実現した．それまでに無視されてきたより優れた燃料と，新しいより優れた機関とを組み合わせることによって，産業革命がすでに動き出していた．産業革命の進行にともない，かつてない急激な速度での技術革新，経済・政治の再編および強化，そして人口増加と移民が進んだ．

そうした技術革新の花形は，過去何千年もの間炉の上で湯を煮えたぎらせ

てきたポットの直系の子孫ともいうべき熱機関だった．熱機関はバイオマスを燃焼させて，そこに閉じ込められている太陽エネルギーを利用する機械である．大半の炉で燃やす燃料に含まれるエネルギーと，新しい熱機関で燃やす燃料のエネルギーの差は，両者のエネルギー密度の違いと両者が形成された時期の違いにあった．伐採したか刈り取ったばかりの木材，葉，草の単位重量ないし単位体積あたりのエネルギー密度は，わずかでしかない．この問題を解決する一つの方法は，バイオマスを濃縮すること，つまり，かさばって扱いにくい木材を，何とかして重量だけを減らして潜在エネルギー量が変わらない新しい形態の燃料へと変えることである．18世紀に世界中で行われたこの種の作業は，ほぼ空気を絶った条件下で木材をゆっくりと燃やして炭をつくる，というものだった．ところが，この方法では重量や体積を十分に減らすことはできなかったし，長い間炭をつくりつづけられるだけの木材を供給できるほど森林資源は豊かではなかった．それに加えて，炭は，人間が熱機関に期待する作業のほとんど，ないしすべてをこなすには適切でもなかった．

そこで人類が頼ったのが，体積・重量を減らす最大の還元装置ともいうべき，「時間」がつくりだした産物だった．この地球に何十億年もの昔に生命体が誕生して以来，何十億世代にもわたって植物や動物が生き，命を終え，遺体を残した．偶然にそうした遺体のごく一部が地中に埋まり，そのまたごく一部が，特殊な条件のもとに置かれることによって，われわれの文明の原動力となった泥炭，石炭，石油，天然ガスという化石燃料へと転換を遂げた．

化石燃料は，膨大な量の植物性物質の残留物である．1ガロンのガソリンは，約90 tの植物性物質に，つまり，40エーカー（約16万2000 km^2）分の小麦の種子，根，茎などの総重量に，相当する．石炭，石油，天然ガスは，大陸プレートの地殻変動を測るのと同じ時間尺度で測るような，膨大な時間にわたって太陽光を利用した結果生まれた産物なのである．われわれは現在，人類は言うに及ばず恐竜たちが出現するよりもはるか以前の太古の昔からの遺産として残されてきた化石燃料を消費しながら，生活しているのである．近代の産業革命は，石炭とともに始まった．

化石燃料を利用する工業生産の革命的な躍進が始まる前に，少なくとも2

度にわたる失敗，ないしは前史があった．1度目はユーラシア大陸の東部で，2度目は西部で起きた．宋代の中国の鉄商人たちと鉄鉱石採掘業者たちは，西ヨーロッパ人が産業革命に着手するよりも700年から800年も前に，独自の産業革命に取り掛かった．1078年の時点で，中国は膨大な木炭をもちいて鉄鉱石から12万5,000 tの鉄を生産したが，これは400年後にロシアを除くヨーロッパが生産することになる量の2倍に相当するものだった．ところがその後，木材不足という不可避の問題に行き当たって，中国における産業革命は行き詰まった．鉄商人たちは，中国のとくに北部と北西部に大量に埋蔵されている石炭への転換をはかりはじめた．

石炭への転換は問題の半分を解決したものの，それに蓄えられた太陽エネルギーをより効率的に利用するための新しい機関は発明されなかった．おそらくこれは，多くの歴史家がしぶしぶ認めるよりもはるかに多く歴史で重要な役割を演じることのある，偶然のなせる業にすぎなかったのかもしれない．おそらく，真相は，中国北部を襲った，異民族のたび重なる侵入や，凄惨な内戦や，黄河の氾濫などの大惨事に原因があったのかもしれない．中国の政治と経済の重心は，石炭の埋蔵量が最も豊富な北部から南部へと移動した．20世紀になるまで，中国でバイオマスに代わる代替燃料として石炭が広範に採用されることはなかった．

17世紀に —— 現在のニューヨークがニューアムステルダムと呼ばれ，ケープタウンとマラッカがオランダ領だったころ ——，オランダは，国内で伐採可能な樹木がなくなり，輸入しないかぎり石炭への転換をはかれない状態に追い込まれた．そこでとられたのは，オランダに大量に埋蔵している泥炭の利用という道だった．家の暖房用，調理用，ビールの醸造，砂糖の精製，煉瓦の製造などの工業生産用に，泥炭がもちいられた．しかし，中国の場合と同様に，オランダでも革命的な機関は生み出されなかった．オランダは化石燃料文明への道を歩み始めはした．しかし，泥炭は，当面の燃料の必要を満たすことはできたものの，その体積ないし重量当たりの火力が十分に高くなかったため，産業革命を引き起こすにはいたらなかった．

永続的な，そしておそらくは永久に続く産業革命の発祥地となったのは，イギリスだった．イギリスの産業革命が一つないし複数のどのような原因に

よって引き起こされたにせよ，イギリスの大地のもとに大量の石炭が埋蔵されていたことが，不可欠な要因の一つだったことはたしかである．イングランド，ウェールズ，スコットランドの場合も，太陽エネルギーの主要な供給源としてバイオマスから石炭への転換をうながしたのは，中国やオランダと同様に，森林資源が枯渇しかかっていたという事情があったというだけにすぎなかった．イギリス国内における薪の価格は，1500年から1630年にいたる間に，インフレ率を大きく上回り700％も高騰した．1608年に行われたイギリス国内で最も大きな七つの森の「材木用樹木」の個体数の全調査では，23万2,011本の樹木が確認された．1783年の調査では，これが5万1,500本へと減少した．バルト海沿岸や北アメリカから材木が輸入されたが，イギリスにとって燃料問題解決策の柱となったのは，国内でより多くの石炭を産出することだった．

イギリス国内には石炭が大量に埋蔵されていたものの，地表に露出した炭層はまたたく間に掘り尽くされ，1700年の時点では縦坑の深さは200フィート（約60 m）以上に達していた．縦坑が深くなると，地下の切羽ではガスの発生や出水などの問題が生じた．イギリスのように降水量の多いところで深さ200フィート（約60 m）もの穴を掘れば，底が水浸しになるのは避けられない．炭鉱経営者たちは縦坑の壁面に羊の皮を張って水漏れを食い止めようと試みたが，無駄だった．坑内の水を排水するためのトンネルも掘られたが，この方法は，山地などの傾斜面に掘られている縦坑からさらに下の谷に向けて水を自然落下で排水できる場合にしか有効ではなかった．坑内の水をかき出すために人間や動物の筋力，そして時には水車や風車の動力も動員されたが，そうした1700年ごろの技術では，いつまでたっても防水対策はおぼつかなかった．

この問題を解決したのは，石炭紀に蓄えられた太陽熱の遺産である石炭だった．石炭は熱機関を駆動させるに十分な火力をもっている．ここでいう「機関」とは，手元の百科事典の定義によると，「不規則な熱活動を，規則的で，有用な，機械的作業へと転換する装置」である（Crystal 1990: 554）．今日の原子炉にまで連なるこの種の装置に関する物語の出発点となったのは，18世紀の蒸気機関だった．

T. ニューコメン (Thomas Newcomen) は 1712 年に，カウリーないしはコーリーという名の配管工の協力を得て，スタッフォードシャー州ダドレー・キャスルの深さ約 51 ヤード（約 47 m）の炭鉱縦抗の側に揚水機関を建造した．この機械は，容量約 673 ガロン（約 3 m³）のボイラーと，直径 21 インチ（約 53 cm），長さ 7 フィート 10 インチ（約 2.4 m）の垂直のシリンダーをそなえていた．

ニューコメンが最初につくった揚水機関は，1 分間に 12 ストローク作動し，1 ストロークあたりの揚水量は 10 ガロン（約 45 リットル）だった．推定出力は 5.5 馬力で，今の基準に照らせば微々たるものだが，当時「火力機関」(fire engine) と称されたこの機械は，強大なパワーを渇望していたイギリスやヨーロッパで大きな反響を呼んだ．間もなく多くのニューコメン機関が登場したが，大半はイギリスの炭鉱の坑口に設置されて揚水用にもちいられた結果，炭鉱の縦抗はそれ以前の 2 倍の深さにまで掘削されるようになった．1700 年には 270 万トンだったイギリスの年間産炭量は，1815 年には 2,300 万 t へと増えた．この量は，エネルギー換算すると当時イギリス国内に残っていた森林地帯が年間に生み出す木材の 20 倍に相当した．

少なくとも 1,500 基のニューコメン蒸気機関が 18 世紀中に建造された．われわれの感覚からみれば近代よりもまだ中世に近かった時代に，これほどの勢いで広がったということは，この機械がいかに必要とされていたかを物語っている．ユーラシア大陸では 1722 年にケーニヒスベルクで建造されたのが最初だった．新世界では，1753 年，ニュージャージー州ノース・アーリントンのベルビル通りとスカイラー通りの交差点に設置されたニューコメン蒸気機関が最初だった．

ニューコメンが発明した機械は，筋力，水力，風力では得られないような，これまでになく大量のエネルギーを供給できる最初の機械だった．それは，天然のエネルギーである火をもちいて水を温め，蒸気を発生させて作業をこなすものであり，（砲身内に弾丸というピストンを移動させる大砲を，シリンダーとみなさなければの話ではあるが）シリンダー内のピストン移動を最初に実用化した機械だった．ニューコメンの蒸気機関は 18 世紀にイギリスの石炭作業を救い，イギリスにおける産業革命の続行を可能にした．凝縮され化石化

された太陽エネルギーである石炭の供給が増えなかったならば，イギリスの産業革命は，中国の産業革命と同様に失敗に終わっていたはずだった．

　蒸気機関の影響を挙げれば切りがないので，輸送の領域におけるその影響の程度を一瞥することで済ますことにしよう．線路上を走る初期の蒸気機関車は，19世紀初めには実用化が始まった．1830年に，リヴァプール・アンド・マンチェスター鉄道が開通し，ロケット号と名づけられた蒸気機関車が列車を引っ張った．それから10年後，イギリス国内の鉄道線路の総延長は2,400 km，大陸ヨーロッパのそれも1,500マイル（約2,400 km），アメリカ合衆国のそれは広大な大陸の各地に広がり4,600マイル（約7,400 km）となった．1869年，大西洋岸と太平洋岸に人口が集中し，大陸内部のほとんどは人口がまばらだったアメリカで，大陸を横断する最初の鉄道が開業した．同じころ，世界の他の地域でも，政治的な影響力や大量の資本をもっている者たちが，ケープタウンとカイロを結ぶアフリカ縦断鉄道，シベリア横断鉄道，その他の壮大な鉄道建設計画を構想していた．

　蒸気機関が海上交通にもたらした革命も，陸上におけるのと同様に目覚ましかった．1838年，2隻の外輪船シリウス号とグレート・ウェスターン号が，蒸気の力だけで大西洋を横断する最初の船となる栄誉を目指して，イギリスの港からニューヨーク市までのレースを行った．勝ったのはシリウス号だったが，その理由は競争相手のグレート・ウェスターン号よりも10日早く出港したからにすぎなかった．しかもシリウス号は，ニュージャージー沖に差し掛かったところで石炭を使いきってしまったため，客室の家具，予備の帆桁，マストの1本を，320馬力の蒸気機関のボイラーの下で燃やして，競争相手よりも4時間前にニューヨークにたどり着いたのだった．シリウス号が大西洋横断に要した時間は18日と10時間，平均速度は6.7ノットだった．一方，グレート・ウェスターン号は平均速度8ノット，15日で横断を完了した．2隻の船はいずれも，従来帆船が大西洋横断に要していた時間を，約半分に短縮した．

　蒸気機関を主役とした産業革命は，世界を変えた．それは，未曾有の人口増加をもたらした唯一の原因ではなかったとしても，大きな原因の一つだったことに変わりはない．1750年の時点で7億9,100万人だった世界人口は，

1850年には12億6,200万人へと増えた．人類は今日まで続く人類史上最大の人口爆発に踏み出したのである．

　産業革命によって世界経済が大きく変容したのにともなって，権力政治における勢力の均衡と個々の国々の影響力にも大きな変化が生じた．たとえば，イングランドの工場で効率と生産量が高まったことによって，インドの伝統的な繊維産業は大きな打撃を受けて絶滅の危機に瀕し，この産業で働く何万もの人々の生活が混乱に陥った．18世紀における世界の国内総生産のうち，インド，中国，ヨーロッパが約70%を占め，三者それぞれのシェアは（ごく）大雑把にいうと3分の1ずつだった．ところが1900年の時点になると，世界の工業生産に占める中国とインドの比率はそれぞれ7%と2%に落ち込み，ヨーロッパとアメリカ合衆国の比率はそれぞれ60%と20%になった．

　ヨーロッパから海外の植民地やアメリカ合衆国に向かった移民も，1850年から1900年の期間には年間40万人，1900年から1914年の期間には年間100万人にものぼった．

　同じ時期，インドと中国からも何百万人もの移民労働者が，プランテーションでの仕事や，港湾施設，道路，鉄道などの建設作業に従事するために，南北のアメリカ大陸，南部および東アフリカ，モーリシャス，太平洋諸島その他へと向かった．彼らの多くは，故郷に残した家族に仕送りを続け，やがて帰国したが，なかには，移住先に故郷から家族を呼び寄せて定住したり，あるいは移住先で配偶者を得て新たに家庭を築いたりする者も少なくなかった．これらの移民たちの大半は，出身地の如何にかかわらず，蒸気船で海を渡った．1830年から1914年までの期間に海を渡って移住した，蒸気機関の恩恵による移民の総数は，1億人という驚くべき数に達した．

　人間および環境にとって，歴史の進行を変えてしまったという点で，石器時代の祖先たちが火を利用する能力と，飛び道具を操る能力とを活かすことによって，ユーラシアの生まれ故郷から世界各地への大規模な移住を成し遂げて以来，同様の規模の移住は起こっていない．かつての移住は，何千年もの年月をかけて行われた．蒸気機関でそれに相当する移動時間は，かつての移住のように千年単位で測られるものではなく，まさに瞬間的なものだった．

　この蒸気機関が誘発した産業革命のもたらす究極的な帰結はまだ訪れてい

ないかもしれない．50億人強に達する人類のなかの貧困層は，アメリカ並みの生活水準に憧れている．もし仮に発展途上諸国の人々が今すぐにでもアメリカ並みのの食料・衣料・住宅を消費するとするならば，地理学者であり歴史家のJ. M. ダイアモンド（Jared M. Diamond）によると，あたかも世界人口が720億人に跳ね上がるのと同じことになる．

人類の可能性のなかにあるのは，われわれを湧き立たせ，興奮させる ── そのような奇跡である．しかし，エネルギーの獲得における重大な進歩は，大型哺乳類の絶滅のような生態学的な損失をともなってきたことを忘れてはならない．18世紀から20世紀にかけて，新しい化石燃料による奇跡と新しいレベルの生産性が達成されたが，エコシステムの略奪と無数の生物および人類の消滅をもたらしたのである．

人類のエネルギー獲得上の奇跡は，無数の楽園の地を破壊してきた．「それがどうした」と楽観主義者は言うかもしれない．たしかに，開発しうる楽園の地はいつも存在してきたし，将来も存在するであろう．しかし，現在の環境危機は，何と重苦しいことに，われわれが有する唯一つの惑星全体に影響を与えていることも事実なのである．

参考文献

Crystal, D. (ed.) 1990. *The Cambridge Encyclopedia*, Cambridge: Cambridge University Press.
Diamond, J. M. 2005. *Collapse: How Societies Choose to Fail or Succeed*, New York: Viking（楡井浩一訳『文明崩壊 ── 滅亡と存続の命運を分けるもの（上・下）』草思社，2005年）．
Smil, V. 1994. *Energy in World History*, Boulder: Westview Press.

訳註

i エネルギーの歴史や中国の環境問題の専門家．なお，マニトバ大学はカナダにある大学．
ii 初期人類（early man）の起源は約700万年前に遡り，現生人類（Homo sapiens）の起源は約20万年前に遡るというのが現在の定説である．
iii 地球科学者．更新世の終わりころに始まる大型動物の絶滅が，現生人類による乱獲によるものであったとする説を主張したことで有名．
iv 旧世界とは，おもにユーラシア大陸を指す．他方，新世界は，アメリカ大陸を指す．

第 1 編 ──● 生存基盤の歴史的形成

v 1995 年にノーベル化学賞を受賞したドイツ人の大気科学者で，オゾンホールの研究で知られる．

第2章

人類史における生存基盤と熱帯
―― 湿潤熱帯・半乾燥熱帯・乾燥亜熱帯 ――

脇 村 孝 平

1 はじめに

　本章は,「なぜ人類の「故郷」としての熱帯が,生存にとって不利な場所とみなされるようになったのか」という逆説的な問いかけへの解答を見いだす試みである．人類の「故郷」としての熱帯とはどういう意味か．現在のところ,700-600万年前と推定されるサヘラントロプス・チャデンシスの化石が人類系統樹の最古のものとされているが,いわゆる初期人類の化石の多くがアフリカ(サハラ以南のアフリカ)で発見されている．初期人類が,アフリカのサバンナに起源したのか,熱帯雨林に起源したのかの問題については,いまだに決着がついていない．東アフリカ大地溝帯の東側(サバンナ地帯が広がっている)で初期人類の化石の多くが発見されているという事実から,「サバンナ説」に些か理がある．しかし,人骨化石からの推測によって,初期人類は樹上生活を送っていたらしいこと,あるいは現在の生態人類学の成果(後に,詳しく触れる)からも,「熱帯雨林説」には十分な根拠がある．いずれにしても,熱帯アフリカが初期人類の「故郷」であったことは間違いない．そして,初期人類は,180万年以降,アフリカから他大陸へ拡散していったと推定されている(第一回目の出アフリカ)．また,現生人類もまた,アフ

第1編 ──● 生存基盤の歴史的形成

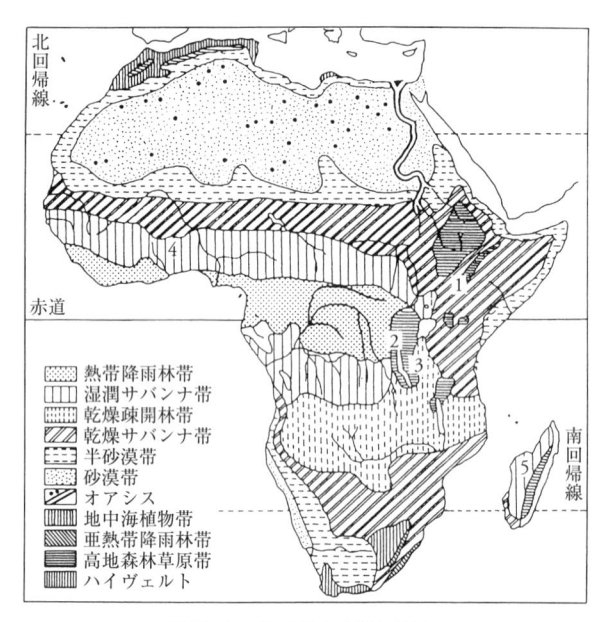

図2-1 アフリカ大陸の植生
出典：農耕文化研究振興会（1995: 2）.

リカ起源であるとされており，初期人類と同様に10万年前に他大陸に拡散していったと考えられる（第二回目の出アフリカ）．

　さて，人類の起源はアフリカ，しかも熱帯アフリカであったとするならば，その後人類史の中心がなぜ熱帯から温帯へと移り変わっていったのかという問いは，問題設定としてありうる．しかし，本章でむしろ問いたいのは，湿潤から乾燥へという移行の問題である．詳しくは第2節以下の議論で述べるが，初期的な文明の形成史においては，この移行の方が重要であったと考えるからである．以下の行論は，次の順序で進められる．そもそも熱帯が初期人類の「故郷」であった理由を探るために，人類の生存基盤とは何かを考えることから始めたい．そこで，本論のはじめに熱帯における人類の生存基盤の問題を論じることにしたい．その考察では，太陽エネルギーと水という二つの条件に注目し，人類の「生存基盤」の基底にはこの二条件が存在すると論じる．人類は，この二条件に基づいて物質代謝過程を営むが，他方で，本

章では人類の体内に寄生する微生物の存在にも注目する．マクニールは，これを「ミ・ク・ロ・寄・生・」(microparasite) と称するが，本章ではこの条件を重視する．以下，人類の生存基盤としてのこれら三条件に留意しつつ，「湿潤熱帯」(Humid Tropics)・「半乾燥熱帯」(Semiarid Tropics)・「乾燥亜熱帯」(Arid Subtropics) が，それぞれ人類史にとっていかなる意味を有していたのかを論じる．これら三つの気候帯に関して，アフリカを基軸に論じるが，「半乾燥熱帯」では南アジアを含めて，「乾燥亜熱帯」では主として中東を念頭に置いた叙述になる予定である．なお，「湿潤熱帯」ではアフリカの熱帯雨林を，「半乾燥熱帯」ではアフリカのサバンナに焦点を合わせることになろう（図2-1）．

「湿潤熱帯」，「半乾燥熱帯」，「乾燥亜熱帯」と順番に論じるが，必ずしもこれらの時間的な変化を示すために，各節が配列されている訳ではない．したがって，本章は必ずしも年代的変化を示す歴史記述を目指してはいない．むしろ，これらの節では，いわば「理念型」を提出することを意図している．このような理念型の提示を通して，人類史における「熱帯」の位置づけを鮮明にし，同時に私たちの「熱帯」認識の基底に存在する問題を明らかにし得ればと思う．

2 生存基盤と熱帯

2-1 太陽と水

「生存」(subsistence) とは何か，を問うことから始めたい．ここでは，「経済的」という言葉を実体的 (substantive) な意味[1]から定義した K. ポランニー (Karl Polanyi) を手がかりにすることにしよう．ポランニーは，「経済的という言葉の実体的な意味は，人間が生活のために自然とその仲間たちに依存することに由来する．それは，結局において，人間に物質的欲求充足の手段を

---

[1] ちなみに，ポランニーは，「経済的」という言葉の形式的 (formal) な意味として，目的のための手段を支配する合理的な行為を指すものとしている（ポランニー 1975）．

与えるかぎりでの，人間と自然環境および社会環境との間の代謝を指すものである」と述べる（ポランニー 1975: 259）．本章では，このようなポランニーによる「経済」についての実体的な定義を参考にして，「生存」概念を捉えることとする．その場合，社会環境との関係をひとまず措くならば，人類の「生存」とは，人類が自然環境との間で取り結ぶ物質代謝過程ということになる．それでは，「生存基盤」とは何を意味するものと考えればよいのか．人類が自然環境との間に取り結ぶ生物学的な物質代謝過程を根底で規定する条件であると規定することができる．このような一連の思考をふまえつつ，本章では，太陽エネルギーと水という二つの条件を，人類の「生存基盤」と考えることにしよう．地球上に存在するあらゆる生物の「生存」は，なんらかのかたちで，これら二つの条件の恩恵を受けている．

　このように考えるならば，熱帯，とくに湿潤熱帯（熱帯雨林）が，これら二つの条件に恵まれた場所であることは明らかである．結論的に言うならば，太陽エネルギーの高度な利用が不可能であった段階において，湿潤熱帯が人類の生存にとって有利な場所であったことは疑いないであろう．事実，生物の生存にとって，熱帯雨林は有利な場所だったのだ．

　豊富な太陽エネルギーと水の存在が，熱帯雨林地域において，生物の多様性と豊饒性を可能にしている．とくに，生物の多様性の側面に関して，次の指摘がある．森林のなかに存在する樹木種数は，年間の「実蒸発散速度」に対して増加関数となるとされている．実蒸発散速度とは，生物圏表層から蒸発あるいは植物の蒸散として大気に放出される水の流れを示すもので，純放射エネルギーと降水量の関数であるとされている．熱帯雨林における生物多様性の高さを示す証左として，次のような例が挙げられうる．「現在，地球上で種名がついている生物の総数は 141 万種とされている．このうち，昆虫が 75 万種，被子植物などの維管束植物が 25 万種を占めている．これらの種の半分以上は，全地表面積の 3％を占めているにすぎない熱帯雨林に分布しているとされている」（湯本 1999: 72）．名前が与えられていない種を含めるとなると，昆虫だけで 3,000 万種も存在するのではないかという途方もない推測もある．

2-2 ミクロ寄生

このように，熱帯雨林における生物の多様性と豊饒性は，同時に微生物の世界にも同様に当てはまる．このような微生物世界の多様性は，人類の「生存」にいかなる影響を与えるのであろうか．すでに述べたように，W. H. マクニール（William H. McNeill）の「ミクロ寄生」という概念を参考にして，この問題を考えてみよう（McNeill＝佐々木訳 2007）．マクニールによると，ミクロ寄生とは，多細胞生物の場合もあるが，多くはウイルスやバクテリアなどの微小な生物体が，人体に入り込み食物を得ようとする様相を指す．この結果，ある種の寄生生物は，人類に重い疾病を引き起こす場合もあるが，逆に免疫反応によって駆逐される場合もある．あるいは，人体との間に安定した関係を確立する場合もある．いずれにしても，微生物のうち，複数の種は，人類に寄生する．そうであるとするならば，熱帯雨林地域の微生物の多様性と豊饒性は，次のような帰結をもたらすはずである．すなわち，「氷点下の気温や低い湿度には耐えることのできない微小な生物体が多数，熱帯雨林に繁殖している．そしてこの高温多湿の環境の中では，しばしば，単細胞の寄生生物も宿主の体の外で長期間生命を保つことが可能となる．つまり，寄生体となる潜在的可能性を持った生物が，独立した生物体の形で，かなり長い間生存することができるのである．これは，別の面から見れば，宿主となるべき生物体は，たとえポピュレーションがひどく希薄であっても，広範な感染と汚染を経験しうるということである．人類が熱帯雨林を征服することを妨げている主な障害は，侵入者を待ち構えている多種多様の寄生生物の存在なのである」（McNeill－佐々木訳 2007a, 49-50）．

このように，熱帯雨林は，ミクロ寄生生物の多様性と豊饒性という特徴を有するが，このことは人類の「生存」にとって必ずしも有利な条件ではないということも確認しなければならない．ミクロ寄生は，時には疾病をもたらすかたちで，人類の「生存」を危機にさらす．したがって，ミクロ寄生の可能性の増大は，「生存」を危機にさらす確率を高める．

しかしながら，熱帯雨林において人類は，低い人口密度を維持し，他の個体への感染を抑えるかたちで，ミクロ寄生生物との間にある種の均衡を保っ

第1編 ──● 生存基盤の歴史的形成

てきたのではないか，とも考えられる．この湿潤熱帯におけるミクロ寄生の問題は，次の節で詳しく取り上げる．

さらにもう一点，マクニールによる重要な指摘を紹介しておきたい．人類は，熱帯から温帯へ，さらには寒帯へとその活動の場所を移すにつれ，ミクロ寄生の影響が小さくなっていった．逆に言うと，熱帯から温帯へという人類史の舞台の中心が大きく移り変わっていった理由が，このミクロ寄生の問題であったということになる．このマクニールの図式では，熱帯から温帯への移行は，太陽エネルギーの大きさに反比例する形で説明されうる．

しかしながら，すでに述べたように以下の議論では，むしろ湿潤から乾燥へという移行に注目する．すなわち，先の移行とは異なって，水資源（降水量）の大きさに反比例するかたちで説明されうる．この移行にしたがって，やはりミクロ寄生の影響が小さくなったと考えられる．この移行になぜ注目するのかと言うと，初期的な文明の形成史においては，この移行の方が重要であったと考えるからである．熱帯に対する温帯の優位という事態が決定的になったのは，長期の人類史のスケールで考えるならば，ごく最近のことにすぎない．化石燃料によるエネルギー革命が始まった19世紀以降のことであるとさえ言える．それ以前の時代においては，湿潤から乾燥への移行の方が重要であった可能性は高い．以下では，湿潤度の高い状態から低い状態へ（乾燥度の低い状態から高い状態へ）の順序で叙述を進めていくが，それぞれ「環境と生業」および「ミクロ寄生」にいかなる変化が起こるのかをみていくことにしよう．

3 湿潤熱帯 ── 熱帯雨林を中心に

3-1　環境と生業

本節では，前節の後半で論じた湿潤熱帯（熱帯雨林[2]）における人類の生存

---

2) 熱帯雨林は，中部アフリカ，東南アジア，中南米，西南インド，北東オーストラリアなどに存在するが，多くの場合，年間の降水量が1,000 mm以上，最寒月気温が18℃以上という気候条件を有する．

の問題を，具体的な事例を参照しつつ，さらに踏み込んで考えてみることにしよう．先に初期人類の起源が，サバンナにあるのか熱帯雨林にあるのか決着がついていないという指摘をしたが，この問題を考えることから始めよう．

初期人類とは別に，いわゆる類人猿（ゴリラ，チンパンジー，オランウータン）の生息地が熱帯雨林であるという事実に目を向ける必要があろう．類人猿は，熱帯雨林のいわゆる林冠（樹上の部分）に生息し，果実・葉・昆虫を食している．このような類人猿の生活が，立体視や精密把握の能力を高め，ひいては脳の発達につながったのではないかと推測されている（山極 2008）．

このような類人猿から一筋の進化過程を経て初期人類にいたった訳では必ずしもないかもしれないが，初期人類と熱帯雨林の関係を問う場合，類人猿の生活にかんする情報は参考になる．たしかに，初期人類は，乾燥化によって森林が縮小したところに取り残されたという説もあるようだ（市川 2010）．この意味で，サバンナ（半乾燥熱帯）が初期人類の「故郷」であるという説もありうる．しかしながら，今から 700 万年前と推定されるサヘラントロプス・チャデンシスから 390–290 万年前のアウストラロピテクス・アファレンシスにいたるまで，幾多の初期人類人骨の化石とみられるものから，初期人類が直立二足歩行をしていたこと，そして樹上生活をしていたことなどが推定されている（河合 2010）．したがって，初期人類は，熱帯雨林に起源するという説は，十分なる根拠がある．また，熱帯雨林は，初期人類にとって必ずしも疎遠な「緑の砂漠」ではなかったとも推定されうる．市川光雄等による生態人類学な調査は，西アフリカの熱帯雨林（コンゴ盆地）で生活をする狩猟採集民（カメルーン東部州のバカ・ピグミーの例）の観察から，彼らが熱帯雨林の内部だけで十分に食糧を調達しうることを明らかにしている．果実などの食糧供給量が少ない乾季においても，農耕民の集落や耕地がない遠隔地で，狩猟と採集の産物だけに依存した生活を営んでいるという．その際，野生ヤムが乾季の食糧源として非常に重要な役割を果たしているという（市川 2010；安岡 2010）．

これは現在の状況であるが，熱帯雨林において，農耕以前の段階に，狩猟採集生活のみによって，一年をとおして十分に食糧供給をまかなえたであろうという推測が成り立つ．ただし，現実の歴史において，コンゴ盆地を中心

とする熱帯雨林地域には，紀元前3000年以降，バントゥ語系住民が移入してきたことはよく知られている．彼らは，熱帯雨林において，焼畑農耕を中心とした生業を営んだ．したがって，コンゴ盆地を中心とする熱帯雨林地域において，狩猟採集とは異なる，農耕という生業が重要な位置を占めるにいたったことは認識する必要がある[3]．

3-2 ミクロ寄生

ここで注目したいのは，熱帯雨林地域においては，狩猟採集民（ピグミー）にしても農耕民（バントゥ）にしても，その居住様式がきわめて特徴的なことである．すなわち，彼らは少数で分散し，かつ移動を旨としていたという点である．たとえば，農耕民であるバントゥも，せいぜい数十人からなる村を基本単位とし，村落連合が形成されたにしても，集団が大きくなると，広大な森に向かって拡散したようである．移動と分散という居住パターンを崩さなかったのはなぜだろうか．

たしかに，熱帯雨林では高い人口密度を可能にするほどの食糧の確保は困難であったらしい．しかし，それとは別に，次の問題もあったであろう．すでに述べたように，熱帯雨林（湿潤熱帯）は，ミクロ寄生生物の多様性と豊饒性という問題を抱えている．言うまでもなく，このこと自体，太陽エネルギー（高温）と水（高湿度）という二つの条件の豊富さによっている．このようなミクロ寄生の状況にもかかわらず，その地域に居住する人間との間に，一定の共生関係が成立したことはたしかであろう[4]．疾病が慢性化（風土病化）し，安定化する傾向が存在したからこそ，狩猟採集民（バカ・ピグミー）にせよ，バントゥ語系住民にせよ，熱帯雨林地域に適応できたのではないか．ただし，そのためには必須条件が存在したと考えられる．先に述べたバントゥ語系住民のように，低人口密度を保ちつつ，「移動と分散」という居住パター

---

[3] 作物としては，ギニアヤム，アブラヤシ，バナナ（アジアから伝えられた），雑穀と豆（サバンナ起源）などが挙げられる（市川 2010）．牛も飼育した（Diamond＝倉骨訳 2000）．
[4] 熱帯雨林に存在するミクロ寄生生物の多く（原虫など）は，人間の体内で免疫反応を引き起こさない（Burnet＝新井訳 1966）．

ンを維持する必要があったと考えられる.

　熱帯雨林に存在したミクロ寄生生物は，必ずしも人間に依存しないで，植物，動物，土壌に依存して生きることができたはずである．そのうち最も重要だったのが動物だったと考えられるが，たまたま動物から人間に感染し，その人間に症状を引き起こすが，人口密度が低いならば，他の人間に感染することはない．動物から人間への感染は，動物を食する場合，人間や動物を噛む媒介生物（蚊や蝿など）が関わる場合などが考えられるが，とくに後者が重要であった可能性は高い．

　熱帯雨林地域におけるミクロ寄生の豊饒性という現象が，人間の健康にいかなる影響を及ぼすかという問題を示す一つのエピソードとして，19世紀に西アフリカに駐兵したヨーロッパ人部隊の異常なる死亡率の高さを挙げることができる．P. カーティン（Philip Curtin）は，この死亡率を「移住コスト」（relocation cost）と呼んだ．彼が示すところによると，シエラレオネに駐兵したヨーロッパ人部隊の死亡率（1819-36年）は，483.00‰に達した．また，セネガルの場合（1819-38年）では164.66‰であった（Curtin 1989）．同時期における他の熱帯植民地の数値と比べても，アフリカの熱帯雨林地帯における移住コストは，圧倒的に高かったと言える（図2-2）．ただし，この場合，「開発コスト」[5]という問題が絡まっていたと推測されるので，単純に熱帯雨林地域に移動したことによってもたらされた死亡率の高さとは言えない．すなわち，この地域にもたらされた開発による地表の変化，都市化の影響などが，ミクロ寄生による被害を増幅した可能性は高いので，単純に元々存在したミクロ寄生の豊饒性によるものとは結論し得ない．しかしながら，ミクロ寄生の豊富な熱帯雨林地域においては，このような「開発コスト」も必然的に大きくなるということは，推測しうる．たとえば，焼畑農耕にせよ何にせよ，熱帯雨林において，森林にギャップが生じると，マラリアを媒介するアノフェレス蚊が増殖しやすい環境が生まれ，マラリアの流行が悪化するという現象が起こりうる．このような現象が，植民地期の開発にともなって起こった可能性は高く，シエラレオネやセネガルにおけるヨーロッパ人部隊の高い死亡

---

[5]　カーティンの「移住コスト」という用語にヒントを得て，使用した造語であるが，「開発原病」という言い方も可能であろう（見市 2001; 斎藤 2001）．

第 1 編 ──● 生存基盤の歴史的形成

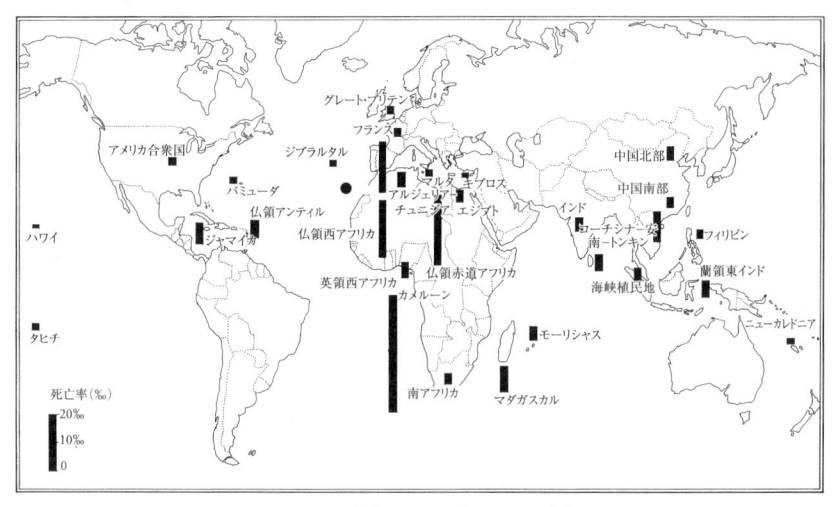

図 2-2　移住コスト（1817-38 年）

出典：Curtin (1989: 19).

率は，かかる状況の帰結であった可能性は高い．この点については，後に敷衍したい．

　このような推論を前提にすると，なぜ湿潤熱帯（熱帯雨林）において，小人口でかつ移動・分散という居住形式が選択されたのかという問題は，ミクロ寄生の豊饒性という問題からも説明しうる．たしかに，湿潤熱帯では，かつてはそもそも開発そのものが，技術的に困難であった．同様に，交通も技術的に発達しがたい状況であった．しかしながら，この地域において，ミクロ寄生による影響を増幅する可能性が高いということからも，開発や交通の発達が困難であったということも言えるであろう．嶋田義仁は，図 2-3 を示しつつ，アフリカ大陸において，伝統王国を形成しえたのは，湿潤熱帯ではなく，半乾燥熱帯（サバンナ）であったことを指摘しているが，湿潤熱帯においては，文明，すなわち都市あるいは国家の形成が困難であったということになる (嶋田 2010)．

　なお，湿潤熱帯の概念図は，図 2-4 に示すとおりである．

第 2 章　人類史における生存基盤と熱帯

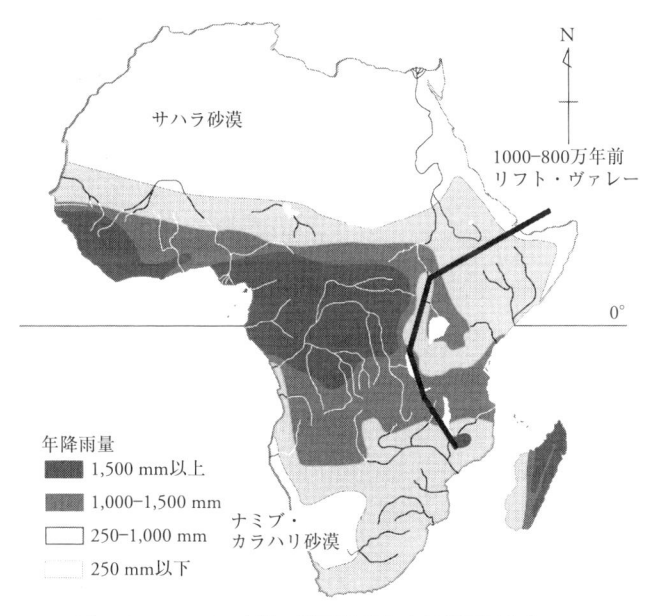

図 2-3　アフリカ大陸の降雨量分布と伝統王国分布
出典：嶋田（2009: 105）.

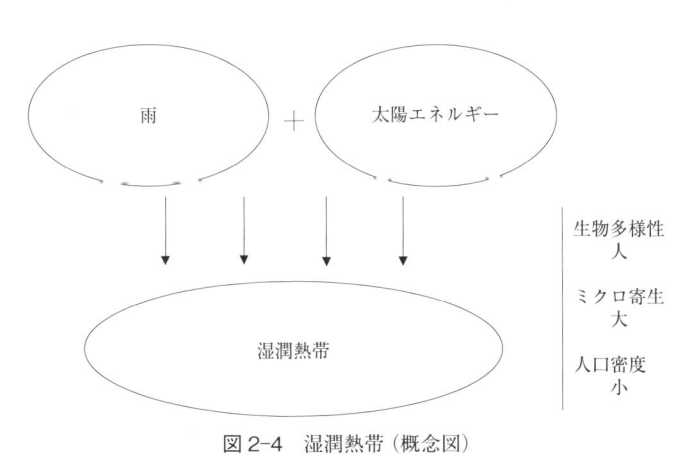

図 2-4　湿潤熱帯（概念図）
出典：筆者作成.

4 半乾燥熱帯 ── サバンナを中心に

4-1 環境と生業

　東アフリカの大地溝帯の東側が，初期人類の「故郷」であったという説をすでに紹介したが，半乾燥熱帯（サバンナ）が，狩猟採集生活を生業とする初期人類の生存にとって有利な生態環境であった可能性は存在する．この節では，その問題を考えてみたい．有利性の第一は，動物相（fauna）である．季節的降雨および少雨のため，半乾燥熱帯（サバンナ）における植物相（flora）は草本や灌木が中心である．その結果，草食の哺乳類が豊富に存在するという動物相がみられる．初期人類がこの地域で狩猟を中心的な生業として生きていったことは十分に推測できる（嶋田 2010）．

　現生人類の時代になると，次第に人口密度が高まり，さらに狩猟対象となる動物が減少するという，資源制約が起こったに違いない．その結果，牧畜という生業が始まったのは，草食哺乳類の生息場所である半乾燥熱帯だった可能性が高い[6]．「家畜は近代以前の人間が自由にし得る最大のエネルギー源であった」（嶋田 2010: 585）という指摘にもあるように，家畜の利用は，農耕とは別のかたちで，太陽エネルギーの高度な利用を可能にした．とりわけ，移動手段としての家畜の意義は非常に大きかった．また，軍事戦闘手段としての家畜の意義も小さくない．このような家畜利用の優位性は，都市や国家の形成を可能にしたであろう．

　世界にいくつかある農耕の起源の一つとして数えられている，いわゆる「サバンナ農耕文化」は，アフリカ大陸の熱帯雨林地域の北側に位置するサバンナ地域で始まったとされている．考古学的な証拠によると，紀元前9000年から紀元前4000年にかけて，現在のサハラ地域は，今よりも湿潤な地域であった．このころに，家畜の飼育や農耕が始まったという推定がある（Diamond＝倉骨訳 2000）．サバンナ農耕文化の中心作物は，「雑穀」（millet）で

6）　ただし，アフリカに存在する野生の草食哺乳類が家畜化された例はなかった．

ある．モロコシ・トウジンビエ・シコクビエなどが，この地域に起源する作物である．これらの作物は，この地域の野生祖先種の中から一年生のものが栽培化されたと推定されている．雑穀は，この地域で一定の降水量がある夏季に作付けされ，そのために除草の必要性が生じる．家畜は利用されず，鍬を使用する人力の農耕であった（中尾 1993）．

ところで，モロコシ・トウジンビエ・シコクビエは，紀元前2000年前後に，アラビア半島を経由して，インダス川流域に伝播したと推測されている．ここからデカン高原南部の西半分に当たる地域に拡がっていったと考えられる．（応地 2010）．アフリカのサバンナ地帯と同様に，気候的には半乾燥熱帯に当たるこの地域において，雑穀栽培は独自の発展を遂げた．夏作で天水のみに依存し，除草が重要な農作業となる点は同じであったが，家畜を利用して整地－播種－中耕・除草が行われた点は，アフリカの場合とは全く異なっていた（応地 1985）．

このように，半乾燥熱帯では，牧畜・農耕の展開によって，一定の人口密度が可能となり，都市や国家の形成のための前提条件が可能になった．しかしながら，人類史において真に文明の形成が可能となったのは，乾燥亜熱帯という場においてであった．

4-2 ミクロ寄生

次に，このような半乾燥熱帯（サバンナ）におけるミクロ寄生について考えてみよう．熱帯雨林に比べると，降水量の低下に応じて，ミクロ寄生生物の多様性も豊饒性も大きく低下したに違いない．したがって，ミクロ寄生という視点から見ると，人類にとって，半乾燥熱帯は湿潤熱帯より有利な環境ということが言える．

しかしながら，新たな問題が出現する．それは，動物の家畜化にともなって，動物との距離が近くなることによって，人獣共通感染症の可能性が高くなったことを指す．農耕もミクロ寄生の新たな可能性を開いた．農耕によって自然環境への人為的な介入が強まると，ミクロ寄生の悪化につながる事態が発生するからである．したがって，牧畜と農耕が，マラリアや眠り病とい

うミクロ寄生の程度を強めた可能性は高い．アフリカ眠り病は，トリパノソーマという原虫を，ツエツエ蠅という昆虫が媒介することによって起こる（山内・北 2008）．植民地期の西アフリカではサバンナの開発がツエツエ蠅の増殖を招き，アフリカ眠り病の蔓延を招いたという事例を挙げることができる[7]．さらに，別の可能性も発生する．牧畜によって，交通が発達するのにともなって，疫病の伝播距離が飛躍的に高まり，広域にまたがる疫病の発生をもたらすようになったと推測される．これらの状況は，「開発コスト」の初期的な形態である．

また，サバンナ農耕文化は，一定の人口密度を可能にするが，気象変動にともなう干ばつの周期的な発生を惹起したに相違ない．この場合，栄養水準の低下によって，疫病への罹患率と致死率が高まるような，〈飢饉・疫病連関〉といった状況が生じる．

南アジアの半乾燥地域で，かつて「疫病マラリア」（epidemic malaria）の頻発といった現象が起こった．厳密に言うと，気候帯としては熱帯とは言いがたい地域も含むが，半乾燥熱帯におけるミクロ寄生の一事例として挙げておきたい．疫病マラリアとは，19世紀の後半の英領期のインドでしばしば起こった熱帯熱マラリアの流行を指す．1870年から1920年の期間，英領インドの連合州西部およびパンジャーブ州南東部では，疫病マラリアが10-15年間隔で起こったが，飢饉と連動して，多大の人的被害をもたらした．このようなタイプのマラリアは，半乾燥熱帯地域で起こりやすい，というのが筆者の仮説である．

疫病マラリアは，飢饉（干ばつ）の翌年の多雨の年に起こることが多く，多雨によるアノフェレスの繁殖によって罹患率が高まり，加えて飢饉がもたらす栄養不良（抵抗力の低下）によって致死率も高まるという構図である．このような疫病マラリアが起こりやすかったのは，年間の降水量が 500 mm から 1,000 mm の間の地域であった．他方，年間降水量が 500 mm 以下のパンジャーブ州西部（乾燥亜熱帯）では，かかる疫病マラリアは発生しない（Wakimura 2008）．おそらく，降水量の多寡が媒介動物（アノフェレス）の繁殖

---

[7] 見市（1996）参照．

第 2 章　人類史における生存基盤と熱帯

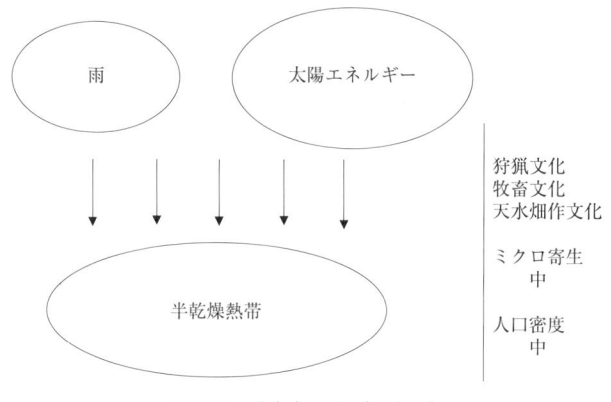

```
     雨           太陽エネルギー
                                    狩猟文化
      ↓ ↓ ↓ ↓ ↓                    牧畜文化
                                    天水畑作文化
         半乾燥熱帯
                                    ミクロ寄生
                                       中

                                    人口密度
                                       中
```

図 2-5　半乾燥熱帯（概念図）

出典：筆者作成．

および活動を決定していると思われる．乾燥は，少なくとも昆虫の生存にも不利に作用するに違いない．

なお，半乾燥熱帯の概念図は，図 2-5 に示すとおりである．

5　乾燥亜熱帯 ── 文明の形成にいたるまで

5-1　環境と生業

「文明」をいかに定義するのかは大問題であるが，ヨーロッパ諸語において「文明」の原義が，「都市」という意味を含んでいる点は，注目されてよい．おそらく人類史において，最初の「文明」は「都市文明」として成立したことと関係があろう．そのような最初の「都市文明」が起こる前提として，農耕の起源ということが挙げられるであろう．なぜならば，都市の成立のためには，食糧生産の余剰が必要になるからである．「肥沃な三日月地帯」は，この意味で「農耕」の起源の地として挙げられるし，「都市文明」の起源の地として指摘される（今西 1968; Diamond＝倉骨訳 1997）．

この地域が，農耕の起源地域となったのには，気候変動という要因も効い

67

第1編 ● 生存基盤の歴史的形成

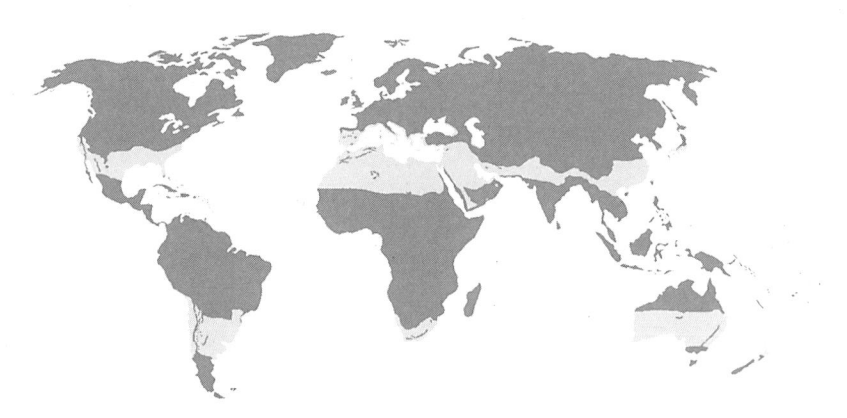

図 2-6　亜熱帯

出典：Wikipedia 英語版．

ている．今から約 1 万 1,000 年前から約 1,000 年の間に，大干ばつが継続した時代があった．この現象は，氷河期の終わり（完新世の始まり）と関係する気象変動であったとされているが，これによって，この地域の狩猟採集生活を送っていた人々は，危機に陥った．このような食糧危機とも呼べる状況のなかから，農耕が始まったという指摘がある（Fagan = 東郷訳 2005）．

　この地域は，大雑把には乾燥亜熱帯（図 2-6）と呼ぶことができるが，「地中海性気候」の影響を受ける地域では，〈穏やかで湿潤な冬〉と〈長くて暑く乾いた夏〉という対照的な二つの季節が特徴的である．この気候条件では，冬に一定の降水量があるために穀物の栽培が可能となる．この地域では，一年生の野生イネ科植物（小麦や大麦など）が群生している場所があった．これらのうち一部が選択されて栽培されるようになったのが，農耕の起源とされている事態である．一年生の植物（一年草）であるがゆえに，大きな種子を有するこれらの作物は，貯蔵にも便利な穀物として，扶養人口を飛躍的に増大させることを可能にした[8]．おもに，安定した降水量を望める山麓地帯に

---

[8]　農耕の歴史において，一年草の栽培ということの重要性を説得的に指摘したダイアモンドの次の指摘は傾聴に値する．「一年草は寿命が一年しかないので，背丈ではなく種子をできるだけ大きく実らせ，子孫を残すためにエネルギーを費やす．一年草の種子は，乾期をやりすごし雨期に

おいて，農耕は定着していったと考えられる（Diamond＝倉骨訳 1997）．

さらに，この地域の農耕の発展は，灌漑の利用によって可能となった．ある程度の降水量が見込める山麓地帯以外の場所では，農耕を安定的に可能とするためには，灌漑が必須であった．はじめは，オアシス灌漑程度の規模のものから，土木技術の裏づけを得て，大河川流域で大規模な灌漑施設が作られるようになると，穀物生産も飛躍的に伸びるようになる．

5-2 乾燥地域論

梅棹忠夫の「文明の生態史観」以来，日本では脈々と，世界史において乾燥地域が有してきた意義を強調する議論が存在する．梅棹は，ユーラシア大陸の中心に位置する乾燥地帯から出現する遊牧民たちが，少なくともある時代までのユーラシア大陸に関するかぎり，大きく歴史を動かしてきたという，非常に雄大な歴史像を提示したという点で，その後も大きな影響を与えてきた（梅棹 2002）．それとは別に，東洋史学の側でも松田壽男のように，「東西交渉史」の文脈で「乾燥アジア史」の意義を論ずる視角が存在したことにも注意する必要がある（松田 2006）．梅棹の議論が人類学的なフィールドワークにもとづくのに対して，松田の議論が文献史学に依拠するものという違いはあるにせよ，いずれにしても，有史以後の世界史における乾燥地域の意義を論じる点では共通している．

さて，近年，嶋田義仁が，「アフロ・ユーラシア内陸乾燥地」という視角を提示して，初期人類までも視野に入れたかたちで「人類史」的な時間軸と，ユーラシア大陸のみならずアフリカ大陸も統合して論じるという「アフロ・ユーラシア」的な空間軸で，乾燥地域の意義を改めて議論しているのは注目

なったところで発芽する．したがって一年草は，樹皮や繊維質の多い幹や茎などが大きくなることはない．とくに一年草の穀類やマメ類は，人間の食べられない部分を大きくすることにはエネルギーを使わず，人間が食べられる種子を大きく実らせる．そのため，一二種ある世界の主要作物のうち六種は穀類やマメ類である．これに対して，森林を形成する植物には，幹や葉にエネルギーの大部分を使ってしまう樹木や灌木がほとんどである．もちろん湿潤な気候の地域には，人間が食べられる大きな実のなる樹木が繁殖している森林もある．しかし，そうした樹木の種子は，長い乾期を生き延びるように進化しておらず，人間による長期間の貯蔵に適していない」（Diamond＝倉骨訳 2000a: 20）．

される．嶋田の議論で新しいのは，文明形成における「移動史」的な視角を提起した点であろう．これまでの文明形成史の議論では，農耕の開始にともなう「生産力の余剰」が，都市と国家の成立を説明してきたとする．たしかに，一般的な通説は，以下のようである．穀物の余剰が蓄積されるようになると，人々の集住が可能となり，分業の発展や階層化とともに，官僚層や祭祀階層が出現し，ある種の国家組織が成立する．大河川の流域では，余剰の蓄積も大規模化し，大規模な都市や国家，ひいては帝国的支配にもつながっていった．その代表的なものが，メソポタミアやエジプトの古代文明である．

これに対して，嶋田は，むしろ「広大な空間における人間や物資の交流」が可能となったことが，文明の形成にとって重要であったと指摘する．たしかに，「肥沃な三日月地帯」の背後には，広大な砂漠オアシス地帯が広がっているが，移動運搬手段としての家畜の利用によって，かかる広大な後背地域と結びつくことができた．さらに，河川交通や海上交通と結びつくことによって，さらに遠方の地域とも結びつくことができたとも言える．そうだとするならば，乾燥地域は，文明形成にとって有利な土地であったということになる．なぜならば，乾燥地域，とりわけ「アフロ・ユーラシア内陸乾燥地」では，ウマ・ラクダ・ロバなどの大型家畜が重要な役割を果たし，人間や物資の交流が大きく進んだからであるという（嶋田 2009）．このように，嶋田の議論は，「乾燥地域論」をさらに創造的に発展させた議論であると評価できる．

筆者は，最新の嶋田の議論を含めて，わが国でこれまで展開されてきた「乾燥地域論」の意義を高く評価するが，以下のように別の視角から「乾燥地域論」を展開しうると考えている．

5-3　ミクロ寄生

さて，乾燥亜熱帯において，最初期の文明が登場したのには，ミクロ寄生との関連で何らかの理由があるのではないかと問うのが，ここでの問題設定である．この問題について明示的な先行研究はほとんど存在しない．一般的にいえば，乾燥亜熱帯では，ミクロ寄生の可能性が小さくなると推測される．

高温ではあるが，乾燥した状態ではミクロ寄生生物の生存の余地は小さい．19世紀後半に『アジア・コレラの歴史』という著作を書いたN. C. マクナマラ（Nottidge Charles MacNamara）は，インドに発するコレラは隣接地域に拡散したが，砂漠がその進行の決定的な障害物となったこと，そして乾燥がコレラ流行の消滅をもたらしたと指摘している（MacNamara 1876）．また，すでにふれたインド亜大陸西部の疫病マラリアの例であるが，この疫病マラリアの発生が，年間降水量500 mm以下のパンジャーブ州西部（乾燥亜熱帯）では起こらなかった理由は，アノフェレスというマラリア原虫の媒介生物が十分に繁殖しえなかった環境だったからである．

人類はかなり早い段階で，こうしたことに気づいていた可能性がある．インド亜大陸の伝統医学である「アーユル・ヴェーダ」の古典的なサンスクリット語文献（チャラカ・サンヒターやスシュルタ・サンヒター）[9]では，「ジャングル」（jungle）[10]の語源となった「ジャンガラ」（*jangala*）という語彙は，「乾燥した土地」を意味していた．他方，その対照語として，ジメジメとした「湿地，沼地」を指す言葉である「アヌーパ」（*anupa*）という語彙が存在していた．「ジャンガラ」が，「ジャングル」として全く反対の意味に転用されたのは，18世紀後半から19世紀前半の英領インドの時代のベンガルであったという．

アーユル・ヴェーダの古典的テキストでは，「乾燥した土地」を意味する「ジャンガラ」と「湿地，沼地」を意味する「アヌーパ」はたんなる記述的な語彙ではなく，健康に関わる価値的な判断をともなう語彙であったということに注目する必要があろう．「ジャンガラ」は，「乾燥した土地」であるが故に，「健康な土地」という価値的には優性を示す言葉であった．他方，「アヌーパ」は，「不健康な土地」と価値的には劣性を帯びていた．インド亜大陸の具体的な地理を参照するならば，「ジャンガラ」が当てはまるのは，まばらに灌木が茂る平坦でかつ半乾燥地帯であり，他方で「アヌーパ」が当て

---

[9] 西暦2-4世紀ごろの作品．
[10] 今日では，「ジャングル」（jungle）の語義は，「草木でおおわれた，熱帯地方の原始林．密林」（『新選国語辞典［第六版］』小学館，1991年）となっていることは周知のとおりである．植物が密生する熱帯の森林を指す言葉である．まさに本章で触れた湿潤熱帯のイメージと重なる．しかしながら，その語源をたどってみると，全く逆の意味を有する言葉であった．

はまるのは，叢林が広がるガンジス川下流域のベンガルのような土地であった（Zimmermann 1999）．

このように，乾燥の湿潤に対する優位は，すでに古代インドの医学文献においても意識されていた問題であったことはたしかであろう．この認識は，古代以来，かたちは少しずつ違えども世界各地域において，普遍的な医学理論として存在してきた「ミアズマ説」(miasma theory) によって根拠づけられている．「ミアズマ説」とは，疾病が湿地や沼地から漂う文字どおり「ミアズマ（悪い空気）」から引き起こされるとするものであるが，多くの疾病が湿潤な環境に結びつけられてきたのである．このような認識は，人類の記憶の古層にしっかりと根を生やしていたと言えるであろう．

ただし，乾燥の優位と言っても，砂漠では人は住めない．人が居住したのは，一定の降水量がある土地か，オアシスや河川流域にかぎられる．この場合，農耕・牧畜が始まることによって，人が集住して集落や都市を形成することになるが，「開発コスト」の問題が生じる．ここで，M. N. コーエン (Marvin N. Cohen) に依拠しつつ，文明の形成が生む新たなミクロ寄生の問題を整理しておこう．第一は，定住生活の問題．廃棄物や糞尿が蓄積されるようになり，ある種の病原微生物の温床となる．第二は，農耕をつうじて地勢を変革することにともなう問題．一部の媒介生物の活動が活発化する（たとえば，住血吸虫症やマラリアの場合）．第三に，動物の家畜化にともなう問題．これはすでに指摘してきたとおり．第四は，人口規模と人口密度の増大にともなう問題．これは，人口規模の増大にともなって，小規模人口においてはあり得なかったミクロ寄生が重要になる事態を指す．「これらの感染症は宿主たる人間以外ではほとんど生存出来ず，直接的に人から人に感染する．それらは比較的に急性で力も弱く，人体に長く留まることもない．一人の宿主の体内に長くとどまるのは稀有のことである．それゆえ死亡さえしなければ，生涯に亘って免疫を残すことになる．要するに，感染菌は人間に依存しているが，人間の養分を短い期間で喰いつぶして仕舞う．感染菌は大規模な人口 —— 新生児や移民がそれを補給する —— があってこそ生存し増殖することが出来る」(Cohen＝中元・戸澤訳 1994: 84-85)．このような感染症としては，麻疹・天然痘・インフルエンザ・ジフテリア・百日咳などが挙げられる．第

第2章　人類史における生存基盤と熱帯

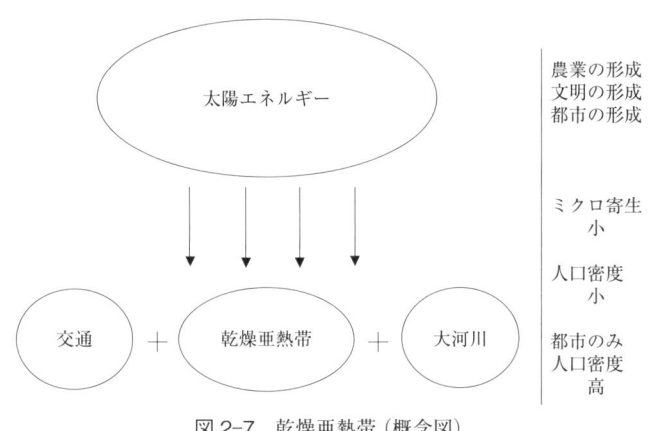

図2-7　乾燥亜熱帯（概念図）
出典：筆者作成．

五は，商業と輸送網の発展にともなう問題．このように，「ミクロ寄生」論の視角からも，文明の形成は人類に新たな負荷をかけるものであった．

最後の第五点目だけ敷衍しておく．都市の発展と交通の発達による都市間ネットワークの形成によって，疫病が広域に伝播する可能性を高めたはずである．はるかに後の時代のことになるが，一例を挙げておこう．19世紀におけるコレラ・パンデミックの事例であるが，すでに述べたようにコレラの流行はたしかに乾燥地域には広がらないと言えるが，乾燥地域を貫く陸上交易ルートに関しては，これは当てはまらない．19世紀におけるコレラのパンデミック（世界的大流行）は六度あったが，そのすべてのパンデミックにおいて，コレラの流行は，コレラの発現地であるインド亜大陸（ベンガル）から乾燥地域（中央アジア）を経て，ロシアやイランへと達している．密なる交通が行われている陸上交易ルートに関しては，乾燥地域であることはあまり意味をもたない．コレラの場合には，コレラ保菌者の屎尿が飲料水を汚染をすることによって，人から人への感染がなされるが，陸上交易ルートの要衝にある都市やオアシスに流行が伝播していけば，それらをつなぐかたちでコレラの流行が乾燥地域を貫いて伝播するからである（脇村2009）．

しかしながら，このような文明の形成が生む，新たな次元のミクロ寄生問題の発生はあったにせよ，文明の形成が乾燥亜熱帯で起こった理由として，

ミクロ寄生が相対的に軽度であったことを挙げるのは妥当であろう（図2-7）．

6 おわりに ――「熱帯」認識の問題

　人類史において，火の使用，農耕と牧畜の開始，化石燃料の使用などいくつかの革命的な変化の過程を経て，太陽エネルギー利用の高度化が進んできた．それとともに，人類史の舞台の中心が，熱帯から温帯へと移り変わっていった．この移行が意味するのは，熱帯が人類の生存にとって（とくにその文明の形成にとって）不利なものであったからということになる．マクニールによれば，熱帯におけるミクロ寄生の多様性と豊饒性が，人類の生存にとって不利なものであったからということにもなる．

　しかし，初期的な文明の形成史においては，熱帯から温帯へという移行よりは，湿潤から乾燥へという移行の方が重要であった．少なくとも，初期的な文明が，乾燥亜熱帯において形成されたことには十分な理由があったというのが，本章で専ら明らかにしようとした点である．「ミクロ寄生」論という視角からも，人類史における「乾燥地域論」を語ることができるであろう．

　さて，これまで論じてきたのは，「熱帯」に関わる人類の経験であったが，最後に「熱帯」に関わる人類の認識について少々触れておきたい．ただし，「熱帯」認識の変遷と歴史性については，本書第12章で本格的に論じるので，ここではある一断面に光を当てるのみである．D. アーノルド（David Arnold）は，19世紀初頭以降に「熱帯性」（tropicality）に関するステロタイプ化された認識が出現したと指摘する．ヨーロッパ人にとって，「熱帯性」は顕著にネガティブな価値を帯びるようになったという．最も典型的な認識は，疾病を巡るものであった．高温多湿の熱帯的な気候が人体に影響を及ぼし，非常に激しい疾病を招くと認識された．19世紀前半の医学理論では，多くの疾病はミアズマによってもたらされると考えられていたので，熱帯の高温多湿こそまさに最悪のミアズマをもたらすものにほかならなかった．19世紀の英領インドの例を挙げれば，悪名高いベンガルの熱病（その多くは，マ

ラリアであろう）は，地域特有の高温多湿な気候がもたらすミアズマによるものと考えられたのである．この場合の「熱帯」イメージは，まさに湿潤熱帯に該当するものであることは言うまでもない．

アーノルドは，このような認識の出現を「熱帯性の創出」と呼び，それはまさに，19世紀以降のヨーロッパによる植民地主義の展開に呼応して，熱帯地域を「他者化」，「差異化」する論理によって創出された事態とみなしている (Arnold＝飯島・川島訳 1999)．しかしながら，このような「熱帯」認識は，必ずしも近代における「創出」とばかり言えない．「湿地，沼地」を「不健康な土地」とみなす認識は，古代インドの医学書にもみられることは，すでに述べたとおりである．したがって，「乾燥」と「湿潤」を対比させ，「湿潤」を怖れる意識は，人類史の経験に鑑みてもかなり古層に属するものと言えるであろう．だが，そうだとしても，なぜ19世紀になってヨーロッパ人はネガティブな「熱帯」認識をより尖鋭化させたのであろうか．言うまでもなく，19世紀にヨーロッパの植民地主義もしくは帝国主義の展開過程にともなう政治的・文化的帰結という側面もあるだろう．

しかし，その当時の熱帯地域における現実の経験が，認識に作用している側面を見逃すべきではない．19世紀，とくにその後半においてヨーロッパ諸国は，アジア・アフリカの熱帯地域における「開発」――道路，鉄道，灌漑施設，プランテーション，都市建設など――をいっそう推進していくようになった．こうした開発活動が，熱帯地域――とくに湿潤熱帯――においては，ミクロ寄生の問題を悪化させた可能性が高い．これは，すでに述べたように，「開発コスト」という現象であるが，熱帯地域，とりわけ湿潤熱帯においては，媒介生物（蚊，蝿，貝など）が多様かつ豊富に存在するので，開発がもたらす反作用として媒介生物の繁殖が極度に進行する可能性は高かった．その結果，たとえばマラリア・眠り病・住血吸虫症などの疾病が蔓延するという事態が生じたのではなかろうか．こうした「開発コスト」という現象が，とりわけ湿潤熱帯を怖れる意識をいっそう強化したのではなかったのかと思われるのである．

19世紀末に，P. マンソン (Patrick Manson) が「熱帯医学」(tropical medicine) を確立したとき，病原体理論 (germ theory) や媒介生物の確定によって，もは

やミアズマ説的な認識は払拭されていた．マンソンは，「熱帯病」について次のような定義を書き残している．それは，「原生動物もしくはより複雑な生物によって引き起こされる病気であるが，それらの病原体が寄生生物であり，その感染が熱帯地域にのみ限定された媒介生物（vector）の生活環（ライフサイクル，life cycle）の完結によって可能となるような病気」であるとした（Worboys 1993: 520）．たしかに，M. ウォーボーイズ（Michael Worboys）が指摘するように，この定義には，熱帯地域を本質論的に「差異化」しているという問題が存在する．しかしながら，この定義は，熱帯地域，とくに湿潤熱帯（＝熱帯雨林）の一面を鋭く切り取っている．ミクロ寄生生物および媒介生物が多様かつ豊饒に存在するがゆえに，「開発」に対して強度の反作用をもたらすという現実の経験を反映しているとも言える．したがって，このような定義には一抹の真理が含まれていると考えるべきではなかろうか．

　私たちは，熱帯地域，とくに湿潤熱帯のミクロ寄生生物および媒介生物の多様性と豊饒性こそ，まさに湿潤熱帯の「生物多様性」という今日ではポジティブな価値とみなされていることとほぼ同義であると考えるべきであろう．そうだとするならば，私たちは改めて，「人間圏」が「生命圏」の中に深く組み込まれていることに思いをいたさざるを得ないのである．

参考文献

Arnold, D. 1996. *The Problem of Nature: Environment, Culture and European Expansion*, Oxford: Blackwell（飯島昇蔵・川島耕司訳『環境と人間の歴史 —— 自然，文化，ヨーロッパの世界的拡張』新評論，1999 年）．

Burnet, F. M. 1953. *Natural History of Infectious Disease*, 2nd edition [4 edition with D. O. White in 1972], New York: Cambridge University Press（新井浩訳『伝染病の生態学』紀伊国屋書店，1966 年）．

Cohen, M. N. 1989. *Health and the Rise of Civilization*. New Haven: Yale University Press（中元藤茂・戸澤由美子訳『健康と文明の人類史 —— 狩猟，農耕，都市文明と感染症』人文書院，1994 年）．

Curtin, P. D. 1989. *Death by Migration: Europe's Encounter with the Tropical World in the Nineteenth Century*, Cambridge: Cambridge University Press.

——— 1998. *Disease and Empire: The Health of European Troops in the Conquest of Africa*, Cambridge: Cambridge University Press.

Diamond, J. 1997. *Guns, Germs, and Steel: The Fates of Human Societies*, New York: W. W. Norton and Co.（倉骨彰訳『銃・病原菌・鉄 —— 1万3000年にわたる人類史の謎（上・下）』草思社，2000年）．

Fagan, B. 2004. *The Long Summer: How Climate Changed Civilization*, New York: Basic Books（東郷えりか訳『古代文明と気候変動 —— 人類の運命を変えた二万年』河出書房新社，2005年）．

古川久雄 2011．『オアシス農業起源論』京都大学学術出版会．

Hartwig, G. W. and K. D. Patterson (eds) 1978. *Disease in African History: An Introductory Survey and Case Studies*, Durham: Duke University Press.

市川光雄 2010．「人類の生活環境としてのアフリカ熱帯雨林 —— 歴史生態学的視点から」『文化人類学』74(4): 566-584．

今西錦司 1989．『世界の歴史1 人類の誕生』河出書房新社．

伊東俊太郎 1988．『文明の誕生』講談社．

河合信和 2010．『ヒトの進化 700万年史』筑摩書房．

見市雅俊 1996．「アフリカ眠り病史研究序説」『史潮』38: 41-53．

—— 2001．「病気と医療の世界史 —— 開発原病と帝国医療をめぐって」見市雅俊ほか編『疾病・開発・帝国医療 —— アジアにおける病気と医療の歴史学』東京大学出版会，3-44頁．

MacNamara, N. C. 1876. *A History of Asiatic Cholera*, London.

松田壽男 2006．『アジアの歴史 —— 東西交渉からみた前近代の世界像』岩波書店．

McNeill, W. H. 1976. *Plagues and Peoples*, Garden City, N. Y.: Anchor Press（佐々木昭夫訳『疫病と世界史（上・下）』中央公論新社，2007年a, 2007年b）．

中尾佐助 1966．『栽培植物と農耕の起源』岩波書店．

西田正規 2007．『人類史のなかの定住革命』講談社．

農耕文化研究振興会 1995 『アフリカと熱帯圏の農耕文化』（農耕の世界，その技術と文化Ⅱ）大明堂．

応地利明 1985．「自然と生産 —— 水と人びとのかかわり」辛島昇編『インド世界の歴史像』（民族の世界史7）山川出版社，125-160頁．

—— 2010．「南アジアの〈環境 —— 農耕〉系の歴史的展開」水島司編『環境と歴史学 —— 歴史研究の新地平』勉誠出版，200-209頁．

ポランニー，K. 著，玉野井芳郎・平野健一郎編訳 1975．『経済の文明史 —— ポランニー経済学のエッセンス』日本経済新聞社．

斎藤修 2001．「開発と疾病」見市雅俊ほか編『疾病・開発・帝国医療 —— アジアにおける病気と医療の歴史学』東京大学出版会，45-74頁．

阪本寧男 1988．『雑穀のきた道 —— ユーラシア民族植物誌から』日本放送出版協会．

嶋田義仁 2009．「砂漠が育んだ文明 —— アフロ・ユーラシアの乾燥地」池谷和信編『地球環境史からの問い —— ヒトと自然の共生とは何か』岩波書店，104-112頁．

—— 2010．「アフロ・ユーラシア内陸乾燥地文明の4類型 —— 乾燥地地域の人類文明史的考察」『文化人類学』74(4): 585-612．

坪内良博 1998．『小人口世界の人口誌 —— 東南アジアの風土と社会』京都大学学術出版会．

梅棹忠夫 2002.『文明の生態史観』中央公論新社.
山内一也・北潔 2008.『〈眠り病〉は眠らない ── 日本発！アフリカを救う新薬』岩波書店.
山本太郎 2011.『感染症と文明 ── 共生への道』岩波書店.
安岡宏和 2010.「ワイルドヤム・クエスチョンから歴史生態学へ ── 中部アフリカ狩猟採集民の生態人類学の展開」木村大治・北西功一編『森棲みの生態誌 ── アフリカ熱帯林の人・自然・歴史』京都大学学術出版会, 141-163頁.
湯本貴和 1999.『熱帯雨林』岩波書店.
脇村孝平 2009.「19世紀のコレラ・パンデミックと南アジア世界 ── 環境史としての疫病史」池谷和信編『地球環境史からの問い ── ヒトと自然の共生とは何か』岩波書店, 72-86頁.
Wakimura, K. 2008. "Health Hazards in 19th Century India: Malaria and Cholera in Semi-Arid Tropics", *Kyoto Working Papers on Area Studies*, 9 (G-COE Series 7).
Worboys, M. 1993. 'Tropical Diseases', in W. F. Bynum and R. Porter (eds), *Companion Encyclopedia of the History of Medicine, Vol. 1*, illustrated edition, London: Routledge.
山極寿一 2008.『人類進化論 ── 霊長類学からの展開』裳華房.
Zimmermann, F. 1999 [1st edition in French 1982]. *The Jungle and the Aroma of Meats: An Ecological Theme in Hindu Medicine*, Delhi: Motilal Banarsidass.

第3章

人類史における最初の人口転換
―― 新石器革命の古人口学 ――

斎 藤 　 修

1 はじめに

　人類の歴史は700万年に及ぶ．現生人類誕生からでも20万年になる．その歴史は非常に長い狩猟採集の時代と，人々が定住をするようになり，農業に従事するようになった1万数千年前ころからの時代とに区分できる．後者の時代，その1万年の人類史においてドラマティックな人口変化は二度あった．一つは近代の人口転換，多産多死から少産少死への転換の過程で生じた人口増加であり，これについては数多の文献が存在する．それに対して，もう一つの人口転換は紀元前1万年ころから始まる新石器革命のあとに生じたと想定されているが，この人類史最初の人口転換の存在は，いまだ研究者の常識となっているとはいいがたい．本章では近年における考古学および古病理学の成果に依拠し，この定住と農業の開始という生存基盤上の変革によって引き起こされた人口増加が，出生率の増加だけではなく死亡率の上昇をもともなっていたこと，すなわち全体として中産中死から多産多死へと特徴づけることができる転換の過程であったことを明らかにする．

　本章執筆に必要な文献収集にあたって京都大学東南アジア研究所杉原研究室の山本文氏の協力を得た．記して感謝する．

本章では，この新石器革命前後の時期に関する古人口学的な検討をつうじて，二つの人口転換に挟まれた，超長期にわたる多産多死の時代がどのような制約下にあったのか，それを「マルサス的」と形容することは妥当なのかという，人口史にとって本質的な問題を再考する．

2 新石器革命と人口変化

英国の考古学者 G. チャイルド（Gorden Childe）の古典的な書物『文明の起源』は，農耕と牧畜の開始がいかにヒトの生存基盤を充実させ，その結果としてヒトの集団の拡大を可能としたかを描き出していた．マルサス人口理論を前提とすれば，人類の永い歴史において人口増加を抑制してきたのは人々の食糧基盤の弱さと死亡率の高さということになる．農耕開始という革新によって「人類の存続と繁殖」を維持する環境が整えられ，死亡率を抑制し出生率を高める余地が生まれる．「進歩とは人口の増加」というわけである（Childe＝ねず訳 1951 上: 20）．しかし第二次世界大戦後の，出土人骨に依拠した古病理学的分析と人類学者の調査研究とは，この古典理論による解釈を覆すこととなった．因果関係は逆ではないかとの疑問が生じ，しかも新石器革命によって生じた人口変化は，出生率の増加だけではなく死亡水準の上昇をもともなっていた可能性が指摘されるようになったのである（Cohen and Armelagos 1984b; Larsen 1995; 木下 2003; 古城 2003）．

もちろん 1 万年も前の，農耕が採り入れられたときの状況，人口増加が起こった正確な日付などを確定することは不可能である．考古学者の発掘が明らかにしたのは遺跡の人口密度，その古気象の変化との関係，あるいは骨や歯の古病理学的分析結果などであり，人類学者による現代の未開部族の調査は生計手段と人口，あるいは食物獲得様式と人口学的諸変量の関係などを教えてくれる．これら断片的な事実および推計の集積とイマジネーションとの組合わせの結果が，新しい学説を生んだということなのである．

その新学説によれば，農耕あるいは牧畜という生業は，狩猟採集民がたまたま出会った素晴らしい生計維持の手段などでは全くなかったらしい．狩猟

採集民が食糧獲得に費やす時間は農耕民と比較して短く，その食糧の量もそれほど劣っていなかったのである．そうであるとすれば，狩猟採集民は農耕という手間隙のかかる生計手段の存在は知っていたが，他の条件が同じであれば狩猟採集を放棄することはなかったであろう．別のいい方をすれば，彼らをとりまく環境が変わり，やむなく農業を始めたということになる．それは，人口増加の結果，無人の地の枯渇，すなわち土地の希少化が生じ，それによって土地面積当たりの食糧供給量が多い定住農耕が選択されることになったと考えるのが最も妥当な解釈ではないか，というのである．

興味深いことにこの理論は，歴史時代の農業進歩と人口増加に関するE. ボズラップ（Ester Boserup）の議論と完全に類同である（Boserup＝安沢・安沢訳 1975）．短期の影響は別として，人口増加は多くの場合，人間社会にとって，より複雑で，手間隙のかかる，しかし生産力は高いシステムへと向かわせるきっかけとなったようだ．あるいは，人口増加に対して適切な対応ができ，結果として高い人口扶養能力を獲得した社会が生き残ったのだというほうが正確かもしれない．いずれにせよ解釈は，人口圧力によって新石器革命が起こり，その結果，ヒトの集団はより高い出生力を獲得し，より高い人口増加を経験したということになった．

このような新しい研究動向に人口学者あるいは人口史家は反応をした．1970年代にはA. J. コール（Ansley J. Coale），1980年代以降ではM. リヴィ＝バッチ（Massimo Livi-Bacci）が，死亡率上昇の可能性を織り込んだ新石器革命について論じた（Coale＝小林訳 1974; Livi-Bacci 2007）．とくにリヴィ＝バッチの『世界人口史』第2章では，狩猟採集民から農耕民への変貌によって生じた「人口転換」に一節が割かれ，人類史上最初の人口転換は，方向において逆向きの変化だったと示唆したのである[1]．

もっとも，同書におけるその転換の説明はやや定性的であって，具体的に出生率と死亡率の推計値に基づいた検討がなされたわけではなかった．その背景には，1990年代までの研究においては主として病理学的な関心が先行

---

1) リヴィ＝バッチは出生率と死亡率双方についてバランスのよい比較検討をしているが，コールの論文では，当時は出生率サイドの知見が得られていなかったために，死亡率が上昇したことで出生率も上昇したという，やや奇妙な論法が展開されていた（Coale＝小林訳 1974: 32-33）．

しており，出生率や死亡指標を直接推計しようという古人口学的な研究は少なかったため，信頼できる人口指標の推計が少なかったという事情があろう．けれども，21世紀にはいってから研究は新たな展開をみせた．先史人類学者 J.-P. ボッケタペル（Jean-Pierre Bocquet-Appel）を中心として，「新石器人口転換」(The Neolithic Demographic Transition) という概念が明示的に提起され，出生と死亡の両面において人口指標の推計が試みられはじめたのである (Bocquet-Appel 2002; Bandy 2005; Bocquet-Appel and Naji 2006)．そして 2008 年には，これらの研究者が一堂に会した研究会議の成果が一冊の論集として出版された (Bocquet-Appel and Bar-Yosef 2008)．これによって，新石器人口転換を人口学的に議論することがようやく可能となったといってよいであろう．本章は，そこに盛られた新たな推計結果や発見事実をもとに，最近の古病理学の研究成果をも加えて，新石器革命によって出生率と死亡率は本当に上昇したのかを実証的に検討する，古人口学の試みである．

　次節では，人口推計の方法論を一瞥する．いずれの研究も出土人骨の年齢推定が基礎となっており，そのサンプルから生命表の適用によって平均余命を推計するということは以前より行われてきた．ボッケタペルの方法論上の斬新さは，同種のサンプルから出生率を算出したところにある．それら手法の特質と問題点を整理しておくことが，この節の目的である．

　第 4 節では具体的な発見事実を点検する．まず，レヴァント地方における中石器時代から新石器時代への移行が人口学的・病理学的諸指標にどのようにあらわれているかを検討し，ついでアメリカ大陸へと検討対象を拡げる．第 5 節では，人口転換がどのような局面をへて達成されたのかという問題を考える．ボッケタペルの仮説は三段階転換論と解釈できるが，それはどの程度に一般的であったのか，多様性があったとしたら，それは生存基盤上のどのような違いと関連していたのかについて，対象地域を少し拡げて考察をする．

　二つの人口転換という仮説を模式的に示すならば，図 3-1 のように描けるであろう．横軸は現在から何年前かを示していて，遡れば遡るほど縮まってみえるように対数目盛としているため，古人口学が対象とする最初の転換過程は短期間に起こった，急激な変化であったかような印象を与えるかもしれないが，実際は，その転換過程も二つの人口転換に挟まれた多産多死の時

第3章　人類史における最初の人口転換

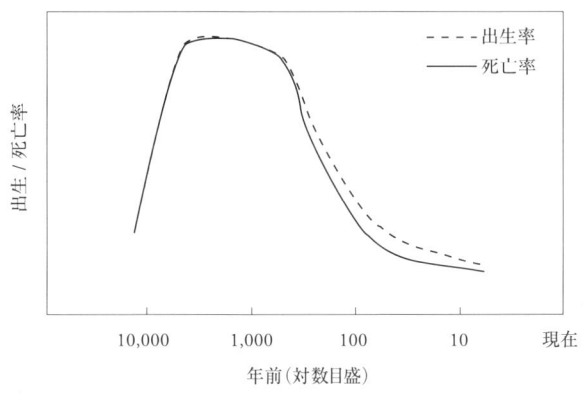

図3-1　二つの人口転換：概念図
出典：筆者作成.

代も，ともにきわめて長い時代である．筆者自身は考古学者でも古人口学の専門家でもない．筆者の関心は，そしておそらく本書の読者の多くもまたそうであろうが，その長い多産多死の時代とそれ以降の変容の過程とにある．それゆえ本章の最終節（第6節）では，最初の人口転換が近代のそれとは逆向きの変化であったことの，有史時代の人口史研究への含意を探る．具体的には，新石器人口転換にともなって生じた出生率上昇については，ただちに生存基盤ないしは経済環境要因へ結びつけて考えるのではなく，出生力の近接要因（proximate determinants）へ注目することによって，また死亡率上昇と平均身長の低下に関しても，その近接要因といえる生体のエネルギー・バランス表に基づく解釈を試みる．これまで人口史家と社会科学者は，図3-1に描かれた台形状のグラフでは稜線の部分にあたる時代を「マルサス的」と形容――正確にいえば，初版『人口論』のマルサス・モデルによって記述してきたが，それは妥当な解釈だったのだろうか（斎藤2007）．この多産多死の時代がどのような制約下にあったと考えるべきなのであろうか．いいかえれば本章は，有史時代の人口史研究にとって本質的な問題を考えるための，古人口学からの接近という意味をもつ．

3 方法論

　先史時代の人口というと総人口の推移を想うひとが多いであろう．その推計は，遺跡の数と面積あるいは住居址数を基礎に適当な係数を乗じて人口ないしは戸数の時系列を求めるか，それらの基礎データさえ得られない場合には現在の狩猟採集民についての民族学的知見からの類推によるか，どちらかの方法に依拠することが多い．たとえば日本の縄文時代についていえば，遺跡データに基づき，その中期（紀元前 4000–3000 年）に高い人口の増加があったが，後期に入ると急激な人口減少を経験したと推計されている（小山 1984; 今村 1997）．また，1 万年に及ぶ世界人口の変遷に関しては，さまざまな方法による諸推計を総合した J.-N. ビラバン（Jean-Noel Biraben）の大胆かつ興味深い推計がある（Biraben 1980）．しかし本章の関心は人口構造の変化にあるので，それらについては立入らず，出生率と死亡率の推計に関わる方法論に絞ってみてゆきたい（以下，小林 1979; 小泉 1985; Gage 2000; Gage and DeWitte 2009 による）．

　遺跡から出土する人骨がある程度の数になり，かつ死亡年齢の推定が可能であれば，年齢階層別の死亡分布が得られる．それが安定した分布となるためには死亡データ数は大きければ大きいほどよいが，考古学ではそれほどの数は期待できない．それでも，統計学の技法とかモデル生命表の援用といった便法もある．極端に小さなサンプルでないかぎり，そこから生命表を作成することは可能である．そして，ひとたび生命表が完成すれば，零歳時や 15 歳時など，特定年齢時の平均余命を算出することができるのである．このようにして算出された零歳時平均余命（平均寿命）の推計値をみると，20 歳未満から 30 歳までとじつに幅広い．極端に低い例が日本の縄文時代で，15 歳時平均余命 16 年という推計がある（小林 1979: 101）．これを零歳時に換算すると平均寿命 15 歳に達しない水準となり，根拠となった人骨年齢の推定が不確かであった可能性がある．実際，この点の補正を試みた最近の推計では，同じ縄文人の 15 歳時平均余命は 31.5 年と修正された（Nagaoka et al. 2008; 長岡 2010）．このように，人骨の年齢推定が適切であれば死亡率につい

ての情報は得られるのである．

　しかも，ある遺跡人口集団で死んだひとはほとんどの場合その集団で生まれたとみなすことができるので，出生率についての推測も不可能ではないかもしれない．生命表で記述される人口は，出入りがなく，年齢構造が一定で，出生数と死亡数が等しい．これを定常人口あるいは静止人口 (stationary population) という．したがって，生命表が作成でき，平均寿命が推計できれば，先史時代の人口増加率は現在からみれば非常に低位なので，出生率も近似的に求めることができる．人口増加率ゼロという仮定があまりにきついという場合には，定常人口の前提を緩めて，年齢構造が不変のまま，一定の率で増加を続けると考えれば，それは安定人口 (stable population) となる．この場合には，他のデータから計算された人口の自然増加率を与えるか，あるいは仮定をして，出生率を求めることになる．

　またこの方法では，時期が異なる出土人骨のデータから平均寿命の低下が結論されたとしても，それが本当に死亡率水準の上昇の反映なのか，あるいは出生率が上昇していたがゆえに生じた計算上の変化なのか，みきわめるのが難しい．これでは，仮に中石器時代と新石器時代の遺跡データが揃っていても，そこから出生率と死亡率の変化の方向を確定しがたいということになってしまう．

　それゆえ，死亡率水準の指標としての平均寿命を推計するためには従来どおりに生命表法によるとしても，出生率の推計にはこれとは別のアプローチをとることが望ましい．ボッケタペルが試みたのもまさにそれであった (Bocquet-Appel 2002)．彼は，詳細な年齢別分布に依存する代わりに，5-19歳という大きく括った若年齢層の5歳以上の総人骨数に対する比率を提案する（子どもの骨の年齢推定は難しく，その人口学的代表性には疑念が残るため，5歳未満を除外するのである）．この若年比率が高ければ遺跡人口の真の人口ピラミッドは裾拡がりであり，逆に低ければ，裾がつぼんだ型であったと想定してもよいであろう．そこで，この比率を遺跡ごとに算出し，それを過去2世紀にわたる世界各国の実際の生命表 ── 17世紀ジュネーヴ，徳川後期の過去帳人口，マリ・ドゴン族の1977年生命表など，いずれも予防接種と公衆衛生を知らない人口である ── に当てはめて，そこから回帰をとることに

よって出生率指標を求め，安定人口の仮定から人口増加率を推定するというのが，彼の方法論である．

このように，出生率の指標，たとえば合計出生率 (Total Fertility Rate; TFR)[2] を死亡率とは独立に推計できるようになったというのは，画期的なことといってよい．それによって，新石器時代における死亡率と出生率の変化方向が別個に推定可能となるからである．もっとも，歴史時代，それも現在からせいぜい 100-200 年程度しか前ではない時代の，狩猟採集民とはいえない人口がほとんどの生命表サンプルに依拠しているので，そこから推計された出生率の水準がはたして妥当なのかどうかは，実際の推計値をみてみないとわからないというべきであろう．

4 多産多死へ

4-1 レヴァント

レヴァント地方は「肥沃な三日月地帯」の西半分にあたり，農耕文化が最初に興ったところの一つである．それゆえにまた，新石器人口転換に関するデータが最もよく揃っている地帯の一つでもある．とくに中石器時代にあたるナトゥーフ期のデータ蓄積があるため，新石器時代との比較が可能なのは魅力的である (Eshed et al. 2004; Guerrero et al. 2008; Hershkovitz and Gopher 2008)．

表 3-1 がその比較表である．出土人骨から直接に得られる指標は上のパネルに示されている．若年人口比率は 2 倍近い上昇となっているのに対して，平均死亡年齢に変化はない．これらを人口学的に翻訳した結果が下のパネルである．ナトゥーフ期の普通出生率 40‰ は近代人口転換前の国々ではしばしばみられた水準であるが，新石器期の 66‰ は相当に高い値である．合計

---

[2] 合計特殊出生率とも訳される．有配偶か否かを問わず，すべての女性を対象に算出された年齢別出生率を再生産期間にわたって足し上げた値．女性が生涯に産むであろう子どもの数と解釈される．

表 3-1　レヴァントにおける人口指標：ナトゥーフ期と新石器期の比較

	ナトゥーフ期	新石器期
若年人口比率 (%)：		
5-19 歳の人骨の 5 歳以上人骨総数に対する割合	19.8	36.5
平均死亡年齢 (歳)	33.9	33.9
推計人口指標：		
普通出生率 (‰)	40	66
合計出生率 (TFR)	5.4	9.7
平均寿命 (歳)	24.6	25.4

註：Eshed et al. (2004) と Hershkovitz and Gopher (2008) は基本的に同じ推計である．ただし小数点以下の数字が若干違う場合があり，その場合は後者の値を採用した．
出典：Eshed et al. (2004: 321); Guerrero et al. (2008: 69); Hershkovitz and Gopher (2008: 445).

出生率では 5.4 から 9.7 への上昇となり，農業開始によって驚くべき高さの出生力となったことを示唆する．これに対して平均寿命は，統計的に有意ではないものの若干の増加を示している．

ただ，これらの推計をそのまま受入れるかどうかは慎重に検討されねばならないであろう．まず出生率について考えよう．ナトゥーフ期から新石器期に若年人口の割合が顕著に増加したのは事実とすると，この間に出生率が上昇したこと自体は間違いない事実のようである．けれども，その到達点の水準が合計出生率で 9.7，女性が生涯に産む子どもの数が 10 人近くになったというのはどうであろうか．その示唆を文字通りに受入れることはできるであろうか．表 3-2 は，出土人骨から得られる若年人口比率と現代の人類学調査から推計された合計出生率を農耕民と狩猟採集民別に示している．この表の出土人骨サンプルにはレヴァント以外のデータも含んでいて，その農耕民グループにおける平均若年人口比率は新石器期レヴァントのそれよりもだいぶ下回る．他方，人類学データから推計された合計出生率は 6.2 で，これも新石器期レヴァントの推計値を大幅に下回る．しかも，後者のサンプルには園農・焼畑農耕民 (horticulturalists) を約 4 分の 1 含んでいる．園農・焼畑農耕に従事する人口の合計出生率はより集約的な農耕に従事する人口 (agriculturalists) のそれよりも有意に低く，出土人骨サンプルの農耕民には園農・焼畑従事者がいっそう多く含まれているであろうことを考慮に入れれば，新石器期の人口における真の合計出生率水準は 6 に達するか達しない程

表3-2 農耕民と狩猟採集民の出生力：考古・人類学データ比較

	5-19歳比率 （出土人骨データ）		合計出生率 （人類学データ）	
	平均	N	平均	N
農耕民	0.254	105	6.2	45
狩猟採集民	0.224	33	5.6	12

註：出土人骨データの農耕民には園農・焼畑農耕民を含むはずなので，人類学データの欄では狭義の農耕民（6.6; N=31）と園農・焼畑農耕民（5.4; N=14）の加重平均をもって農耕民の合計出生率とした．出土人骨データの狩猟採集民には，定住性の高い貝採集を行う場合を含む（N=8）．
出典：Bocquet-Appel (2008: 39); Bentley et al. (1993: 779) より作成．

度の水準だったのではないであろうか．要するに，表3-1における新石器期レヴァントの合計出生率値は過大推計の可能性があるということである．その理由が推計の方法論にあるのか，あるいはそれ以前の問題，たとえば出土人骨の年齢推定のほうに問題があるのかは判然としない．

　ここで念のため，農耕への移行と若年人口比率との関係，若年人口比率と人口増加の関係について一瞥しておきたい．図3-2の横軸にとったガゼル（小カモシカ類）の割合は狩猟依存度の，図3-3縦軸の遺跡規模は人口規模の指標である．これらと若年人口割合の相関分析は原論文ではなされていないが，ここでは対となるデータが揃って得られる遺跡を拾い出して散布図を作成した．観察数は大幅に減少するが，狩猟依存度が下がれば若年人口比率が上昇し（図3-2），その上昇が人口規模の拡大を生んだことがみてとれる（図3-3）．後者の場合，グラフ下方の極端に規模の小さい2事例（500m^{2}以下）が相関を乱しているが，ナトゥーフ期の遺跡には季節的キャンプと思われるものがあったというので，それらを除外すれば正の因果連関がいっそう明瞭となる．すなわちレヴァント地方では，狩猟採集時代から定住農耕時代への移行にともなって出生力が上昇し，人口増加が起こったということはたしからしいのである．

　次に，レヴァントでは死亡率の上昇がなかったのではないかという点について検討しよう．この点で興味深いのは古病理学的発見事実である．表3-3に示したのはその一端にすぎず，それ以外にも眼窩篩（クリブラ・オルビタリ

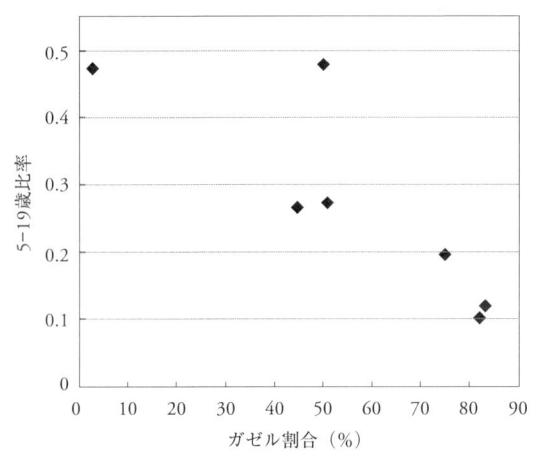

図3-2 狩猟依存度と若年人口歳比率
出典：Guerrero et al. (2008: 65-66, 73-74) より作成.

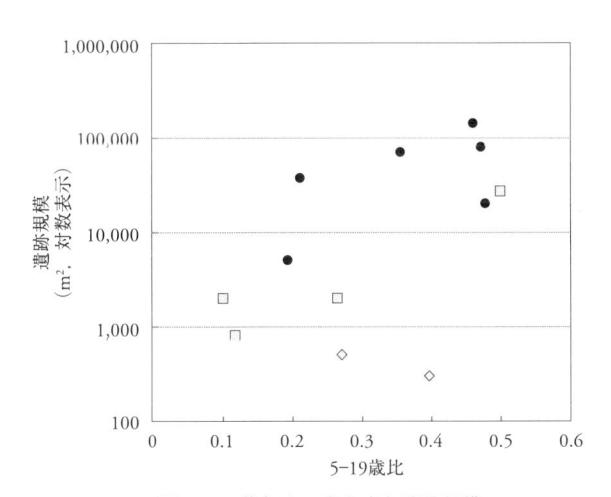

図3-3 若年人口歳比率と遺跡規模
註：●は新石器期，□◇はナトゥーフ期を示し，後者のうち◇は遺跡規模が 500m² 以下の場合である.
出典：Guerrero et al. (2008: 70-71) より作成.

表3-3 レヴァントにおける古病理学指標：ナトゥーフ期と新石器期の比較

	ナトゥーフ期	新石器期
出土人骨による病因分類（％）		
炎症性	10	39
間接症	30	22
外傷性	35	26
感染症率（％）	2	8.5
関節症率（％）	5.2	4.7
外傷率（％）		
すべての部位	6	5
頭蓋骨のみ	15	4
平均身長（cm）		
男子	165.5	164.5
女子	159	154
平均死亡年齢（歳）		
男子	32.2	37.6
女子	35.5	30.1

註：数値には，一部，グラフからの読みとりも含む．
出典：Hershkovitz and Gopher (2008: 442-464).

ア），ハリス線，歯のエナメル質減形成など，ストレス・マーカーに関する情報が多々得られるのであるが，表に掲げた指標からでも十分に明瞭なメッセージを読みとることはできる．すなわち，狩猟採集から農耕へという転換にともない，労働負担の全体的な増加はなく（関節症率の項を参照），より平和な社会になった一方で（頭蓋骨外傷率を参照），感染症の罹患率は高まったということが示唆される（炎症性の病気割合，感染症率を参照）．さらに，男女合計では変化のなかった平均死亡年齢も，女子だけをみると明瞭に低下していたことが明らかである．それは，ネットの栄養状態（nutritional status）[3]を示す総合指標である平均身長にもあらわれており，男子のそれに変化はみられなかったのに対して，女子の身長が5cmも低下した．言い換えれば，表3-1において平均寿命推計値が不変であったという結果の背景には，このように重要な変化が隠されていたのである．新たに登場した定住農耕人口集団は，ヒトからヒトへの感染リスクが高まり，病理学的ストレスの負荷がとり

---

[3] ネットの栄養状態とは総栄養摂取量（インテイク）マイナス必要量（クレイム）をいう．ヒトのエネルギー・バランスに関する詳細は第6節をみよ．

わけ女子へかかった社会であったことが想像される．農耕と牧畜の栄養摂取上の効果が男女で異ならなかったとすれば，女子に特有のストレス増大要因があったということになろう．

4-2 アメリカ大陸

新大陸アメリカは考古学の発掘という点では世界でも進んだ地域の一つである．人口学者R.マッカイ（Robert McCaa）が収集した事例のうち，出生率と死亡率の推計された，しかも紀元前の遺跡は前者で30，後者は20である（McCaa 2002）．このサンプルを利用して，新石器人口転換の仮説を検討してみよう．

狩猟採集民と農耕民の他に町場の人口集団を含むが，アメリカ大陸の場合，この分類における農耕民はほぼすべて園農・焼畑農耕の従事者と考えられる．サンプル・サイズが大きくないので，それらをプールし，時間軸に沿って散布図を描くと図3-4のようになる．パネルAが総再生産率（Gross Reproduction Rate; GRR）[4]の，パネルBが平均寿命のグラフである（図中では狩猟採集，農耕，町場の別を明示し，対象期間が非常に長いので横軸に対数をとっている）．

一見して，パネルAは右上がり，パネルBは右下がりであることが明らかである．この数千年紀の間の上昇幅と低下幅はけっして小さくないが，レヴァントの場合と同じく，ここでも推計値の絶対水準よりは趨勢に重きをおこう．出生率は趨勢的に上昇し，平均寿命は低下していたのである．

ここで興味深いのは，狩猟採集，農耕，町場という生存基盤の別は有意な影響を及ぼしていないという事実である．農耕民の出生率が狩猟採集民のそれよりも高く，平均寿命は短いという規則性は見いだせない．また歴史時代の人口学研究が見いだしてきたような，町場は死亡率が高く，出生率が低位

---

[4] 総再生産率は，現世代のカップルが次世代に母親となる女児を何人産むかを表す，出生率の一指標である．ただし，子どもが大人になるまでの生残率は考慮に入れないので，世代の置きかえが可能なレベルはGRR＝1よりも大きい（生残率を考慮に入れることが可能な場合はNet Reproduction Rate，純再生産率といい，NRR＝1が世代の置きかえ水準となる）．

第1編 ━━●生存基盤の歴史的形成

A. 総再生産率

B. 平均寿命

紀元前（対数目盛）

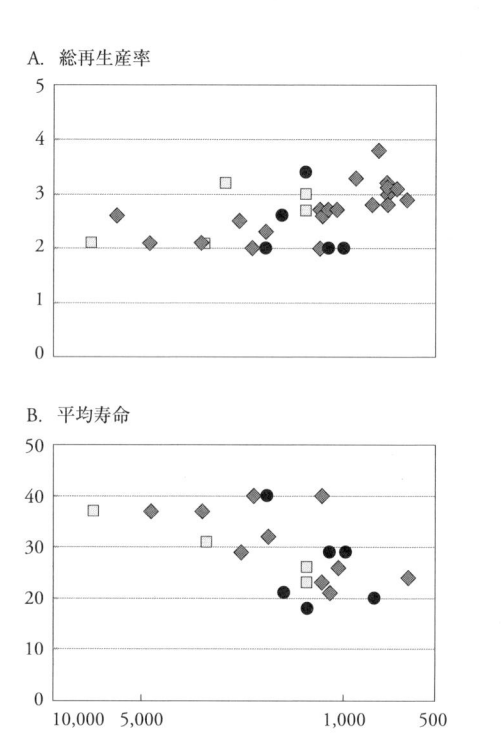

図3-4 アメリカ大陸における総再生産率と平均寿命の推移
註：□は狩猟採集民, ◆は農耕民, ●は町場を形成した人口集団の民である．
農耕はほとんど場合，園農，焼畑農耕である．
出典：McCaa (2002: 107-109) より作成．

ということも観察されない．実際，総再生産率と平均寿命を時間に回帰させ，そこへ生存基盤ダミーをいれてみると，ダミー変数はいずれも有意ではなく，統計的に有意なのは時間変数のみなのである．言い換えれば，アメリカ大陸では農耕への転換は旧大陸以上にゆっくりで，園農あるいは焼畑農耕から集約的な農耕への転換はなかなか起こらなかったが，それにもかかわらず出生率は上昇傾向をもち，死亡率水準は高まる傾向にあったといえる（平均寿命は30歳を超える水準から20歳に近いところまで低下した）．これは，園農や焼畑農耕への移行だけではその出生力上昇効果は大きくないが，定住とそれに

ともなう生活様式の変化は出生率を徐々に上げる方向へ作用したこと，他方，人口増加と人口密度の累積効果が長期的には死亡率を高める方向に働いたことを示唆する．定住と農耕の開始以降の人口学的趨勢がどの方向へ向いていたかを端的に示しているといえよう．

5 転換局面とそのパターン

　新石器人口転換はたしかに起こったというのが，前節の結論であった．推測をたくましくすれば，転換前の北半球世界では，平均寿命が25歳から30歳台半ばの変動幅に収まる水準で，合計出生率は5人を少し上回る程度であったのが，転換後には平均寿命が20歳台，場合によっては20歳に近い水準へと低下し，他方，女性が生涯に産む子どもの数は6人ほどに増加したのではないであろうか．これは当て推量以上の何ものでもないが，本節では，その転換がどのような局面をへて進行したのかについて考察する．

　ボッケタペルの新石器人口転換論には，その転換には二つの異なった局面があったという仮説も含まれている．まず出生率が上昇する局面と，ついで死亡率が上がり始める局面とである．この二段階転換仮説は，北半球各地の133の遺跡データから計算された若年人口比率を時間を横軸にとったグラフ上に描いた結果から導き出された．ただ，その横軸は絶対年代ではなく，遺跡ごとに農耕開始の日付を確定し，その日付からの時間距離に変換した年代である．そのグラフからは，次の3点が読みとれる (Bocquet-Appel 2008: 37)．

(1) 農耕開始の1,200年前あたりから若年人口比率は低下を始めた．若年人口比率で1.5%ポイント程度の低下である．人口減少があったのではないかと想像できる．

(2) 農耕が始まると，この比率は急激に上昇した (1,000年間で3%ポイント)．人口増加もまた急激であったと思われる．

(3) この比率上昇は農耕開始から約1,000年たったところで終わった．それ以降2,000年紀の間，多少の変動はあってもほぼ横ばい，あるいは若干低下気味の傾向を示すことになった．人口増加は停止したと解

釈される．

言い換えれば，ボッケタペルの仮説は二段階転換論というよりも，三段階の転換論といったほうがよいのである．

いうまでもなく，直接に観察できるのは若年人口比率の時間軸上の変化であって，人口増加率のそれではない．また，個々の遺跡から算出された比率の水準は非常にばらついており，そこから趨勢を導き出すボッケタペルの手法がどこまで適切かに関しても疑念は残る．またレヴァント地方だけをとれば (Guerrero et al. 2008: 68)，上記 (1) の低下はより激しく，(2) の上昇もより急激で，かつ長期間続いたけれども，(3) の局面は，その分データ期間が短くなることもあって観察できていない．しかし，アメリカ大陸の，人口増加率を直接に推計できる三つの事例（メキシコのメキシコ盆地とオアハカ渓谷，アンデス山中のチチカカ湖盆地）をみるかぎり，農耕開始後 700 年前後で人口増加率は年率で 0.46-0.7％の水準から 0.2-0.3％ポイント，極端なところでは 0.6％ポイントもの低下を記録しているので (Bandy 2005)，局面 (2) から局面 (3) の転換に関するかぎり，全体としてボッケタペルの推論は妥当なように思える．しかも，局面 (3) において若年人口比率は高止まりしていた．それゆえ，転換の最終局面において人口増加率を押し下げたのは死亡率の上昇であったに違いない．

これに対して，局面 (1) に関するエヴィデンスは多くない．出生率を上昇させる要因のなかった狩猟採集時代において若年人口比率が増加したとすれば，それは若年層の生存率を引下げる力が働いていたのであろうか．ボズラップ的な意味での人口過剰が起こっていたのであろうか．残念ながらレヴァントでは，新石器以前でデータが揃うのは中石器時代だけであって，旧石器から中石器時代へかけての変化は十分にわからない．そこで，ここではネットの栄養状態を反映した指標と解釈されている平均身長を利用し，中石器以前の状況がある程度判明するヨーロッパをみてみよう (Wittwer-Backofen and Tomo 2008)．

図 3-5 が男女別の平均身長の推移を示す．上部旧石器期から中石器期へと，男女ともに身長は低下をした．すなわち，出生率を上昇させる要因のなかった狩猟採集時代において，病理学的ストレスを上昇させる変化が生じていた

第3章　人類史における最初の人口転換

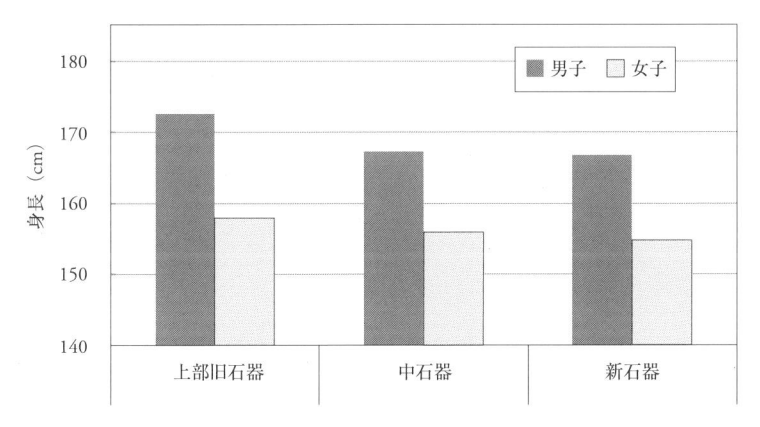

図 3-5　ヨーロッパにおける平均身長の推移
註：カバリッジの異なる，しかし時期に重なりがある 3 系列を加重平均法によってリンクした．
　　上部旧石器期，中石器期，新石器期ごとの N は，男子の場合は 39，124，127，女子は 19，104，128 である．
出典：Wittwer-Backofen and Tomo (2008: 528) より作成．

ことが明らかである．他方，中石器から新石器期にかけては，男子の身長に変化はなく，女子の平均身長のみが低下した．すなわち，この移行期間の変化はレヴァントの場合と同じであった．近東もヨーロッパも小麦作と牧畜の組合せによって特徴づけられる地域である．この生存基盤上の近似を考慮すると，レヴァントにおける中石器期以前からの変化パターンも図 3-5 のそれと類似していたことであろう．

ここでアジアへと目を転じて，先史時代の中国における身長データを見てみたい．農耕開始以前の状況はわからないのであるが，生存基盤が大きく異なる，すなわち稲作に雑穀作と豚飼育を組合わせた食糧基盤の上に成立した黄河文明においても，平均身長の低下が生じていたのかどうかを明らかにしたいからである (Pechenkina et al. 2007)．図 3-6 が初期新石器時代から仰韶期と龍山期をへて西周時代への推移を示す．興味深いことに，ここでも身長の趨勢的低下が明白で，しかもその低下傾向は男子についてもみられる．これは，新石器革命以降，すなわち局面 (3) における，死亡率の上昇ないしは病理学的ストレスの増大ということの解釈にあたって一つの手がかりとなる発見事実である．

第1編 ──● 生存基盤の歴史的形成

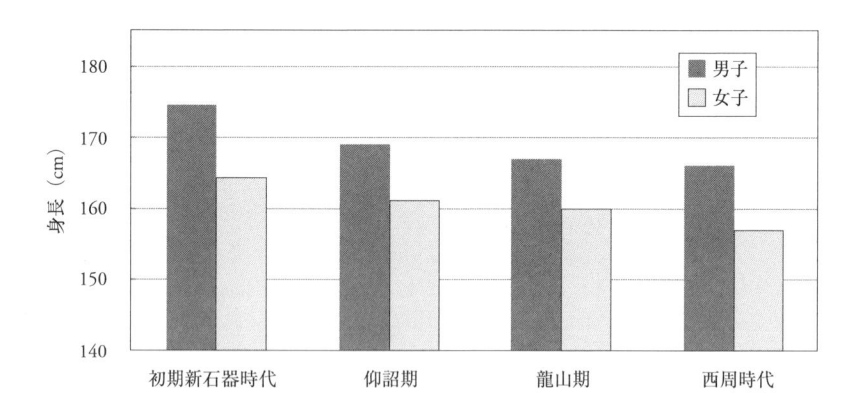

図 3-6　黄河文明期中国における平均身長の推移
出典：Pechenkina et al. (2007), p.267 より作成.
註：時期ごとの N は，男子の場合 32，45，14，17，女子は 21，39，7，10 である.

　最後に，三段階転換論が説くのとは異なった途をたどったケースについて触れておきたい．アメリカ大陸に関する図 3-4 からも推測できるように，新石器革命が進行する過程で個々の定住社会が経験する人口プロセスの多様性は増したと思われる．モデルが想定するほどは出生率が上昇しなかったり，死亡率が悪化しなかったりする事例が散見されるのである．実際，南米ペルー沿海部のパロマ遺跡からは，昔の人口のほうが病理学上のストレスが多く，時の経過とともに死亡率が低下，平均身長も高くなっていったということがわかっている．ここでの農耕は瓜類などの栽培で，本格的な穀作は始まっていなかったと思われるが，他方では豊富な海産物があった．それがこの例外的な結果をもたらした要因であったのかもしれない (Benfer 1984).
　このような事例が一般的だったということはないが，他方で，各地で散見されるということも事実のようである．ここではその一例，タイ東北部の高原に位置する 2 遺跡，ノンノックタとバンチェンについてやや詳しくみてみたい (Douglas and Pietrusewsky 2007)．タイは中国稲作文明の周辺部にあたり，東の周辺に位置する日本の経験を考えるうえでも参考になるはずである．
　表 3-4 が遺跡ごとの時期別比較表である．両遺跡をあわせみることで，狩猟採集に若干の栽培行為が加わった段階から，水牛が登場し，水田稲作が開

第 3 章　人類史における最初の人口転換

表 3-4　タイ東北部 2 遺跡における古病理学・人口指標の時代比較

	ノンノックタ		バンチェン	
	初期	中期	中期	後期
若年人口比率（％）： 20歳以上割合より逆算	13.3	9.2	14.9	15.8
平均死亡年齢（歳）	38.7	39.6	39.3	35.8
平均寿命（歳）	27.2	37.4	30.4	28.1
感染症				
感染率（％）	0.4	3.4	1.7	1.7
感染者比率（％）	2.3	8.0	11.0	15.6
平均身長（cm）：推計 I				
男子	163.2	167.0	166.3	167.5
女子	152.6	156.4	156.5	158.3
平均身長（cm）：推計 II				
男子	164.7	166.5	165.4	166.0
女子	152.0	155.0	153.9	154.4

註：1）ノンノックタ遺跡の出土人骨は 5,000-2,500 年以前，バンチェン遺跡のそれは 4,100-1,800 年以前と推定される．それぞれの遺跡固有の時期区分によって，前者は Early periods 1-3, Middle periods 1-3 と Middle periods 4-8 とに二分割され，後者は Periods I-V と Periods VI-VIII とに二分割される．若干のずれはあるが，ノンノックタ遺跡の第 1 期とバンチェン遺跡の第 2 期が定住化と農耕の歴史においてほぼ同じ段階にあることから，それを「中期」とし，それ以前を「前期」，以降を「後期」と呼ぶこととした．
　　2）若年人口比率に関しては，他表と同じく 5-19 歳以上比率を原論文にある詳細な年齢別出土人骨分布表から計算できないことはないが，その場合は観察数が少なくなってしまうため，ここでは大まかな年齢区分のデータも含めて推計された「生後 5 歳まで生存できた総数に対する 20 歳以上まで生残したものの割合」から逆算した値を示す．
出典：Douglas and Pietrusewsky (2007: 304-316) より作成．

始される段階へという，3,000 年余にわたる変化をたどることができる．ノンノックタが初期と中期，バンチェンが中期と後期をカバーするので，各指標については両遺跡間で水準差がある場合もあるが，前者によって初期から中期への変化を確認し，後者から判明する中期から後期への変化へと接続すれば，全期間をとおしての趨勢を確定できるであろう．

　最初の 3 行をみよう．新石器人口転換論が期待するような若年人口比率の上昇も死亡率指標の悪化も，ともにみられない．ノンノックタの場合，若年人口比率はむしろ低下をしていた．出生率と死亡率は全体として安定的であったといってよいであろう．他方，感染症に関する 2 項目をみると，ノンノックタでは，骨ごとの件数から算出された比率とヒトを単位に計算された比率ともに上昇し，バンチェンにおいては後者の比率が増加した．このうち

統計的に有意なのはノンノックタにおける骨ベースの比率上昇だけであるが，感染症の重要性はゆっくりと高まっていたのかもしれない．

　感染症の割合が高まった可能性があるということは，緩やかではあっても人口規模は大きくなったということであろう．しかし，その結果として環境ストレスが上昇したという証拠はあまりない．実際,病理学的ストレス・マーカー全体の動向をある程度よく反映するといわれる平均身長の項目をみると，低下傾向がまったく観察されない．推計は二つの方法によってなされているが，どちらによっても若干の向上すらみられる（ただ上昇が統計的に有意なのは，ノンノックタにおける推計Ⅰの男子と，推計Ⅱの女子のみである）．

　これらの結果からいえるのは，定住化と稲作の開始によっても出生率は顕著に上昇せず，それゆえ，人口増加率が長期にわたって低位だったために病理学的ストレスも増大しなかったということであろう．この理由は水稲という作物の高い人口扶養力にあったのであろうか．それは魅力的な説かもしれないが，図3-6でみたとおり，稲作文明を開化させた中国でも長期にわたる平均身長の低下が観察されていたことを想えば，この説明は新石器革命期にはあてはまりそうにない．ここではむしろ，水田稲作の開始より十分長い以前に定住が始まり，しかも山地での狩猟採集，畑地での雑穀や豆類の栽培，そして沖積部での水田稲作という，多彩な食糧獲得機会に恵まれていた事実のほうが重要かもしれない．実際，平均身長の上昇がより明白にみられたのは水田農耕に移行した中期から後期ではなく，森林の大規模な焼き払いがあった初期から植生回復のみられた中期への過程であったことは，この解釈を裏づける．南米ペルーのパロマ同様，新石器以前に顕著な人口圧力を経験しなかった事例といえよう．

　極東の日本列島も本格的な農耕の伝播に時間がかかったところであった．縄文時代にはクリ林の人為的拡張（これを aboriculture と呼んでもよいかもしれない）が始まっており，それに加えて根菜類，貝類など，豊富な食糧獲得に恵まれ，これらからのカロリー摂取量は想像以上のレベルになったといわれているが，その半面，水稲耕作という一年生草木の人工栽培（agriculture）の開始は遅れたのである．それゆえ，この「森林性」新石器時代はタイ東北部やペルーと同類といえないこともない（鈴木 1984; 今村 1999）．けれども，日

本の経験は二つの点で異なっていた．その第一は，人口の推移が安定的ではなく，縄文中期の非常に高い増加率のあとに急激な減少を経験したということ（Koyama 1978; 小山 1984; 小山・杉藤 1984; 今村 1997, 1999, 2008）．第二に，縄文から弥生，さらには古墳時代への移行にともない，結核の登場に象徴される感染症の明瞭な増大と，平均身長の低下が観察されるという点である（鈴木 2010: 175-193, 263-265; 河内 1992: 290）．より正確にいえば，縄文中期から後期にかけての激しい人口変動は東日本での現象であり，結核の最初の流行は古墳後期で，その起源を弥生後期に遡及することはできても，縄文時代にまで遡ることはできず，身長低下も縄文から弥生時代への移行においてではなく，弥生から古墳にかけて，しかも東日本における女子についてのみ観察されている．他方，縄文中期における人口圧力増大の古病理学的痕跡はいまのところ確認されておらず，農耕開始後の人口変化にしても他の要因——たとえば朝鮮半島との交流——が重要であった可能性がある．それゆえ現在のエヴィデンスだけでは，日本列島の先史時代は三段階転換論の枠組で理解可能とも，可能でないともいいきれない．いまのところ古人口学的な研究は縄文人15歳時の平均余命推計があるだけで，日本の考古学において古人口学的発想からの成果が著しく少ないのは残念である．

6 解釈の試み

最初の人口転換のプロセスについては詰めなければならない点が多々あるにしても，それが中産中死から多産多死への変化であったことはたしかといえる．そこで，その理由を考えてみたい．定住農耕社会への移行によって，なぜ出生力は増加し，死亡率は上がったのであろうか．

初版『人口論』のT. R. マルサス（Thomas Robert Malthus）は，「両性間の情念は必然」，すなわち出生力を生物学的に決定された与件と考えた（Malthus ＝永井訳 1973: 22）．そのうえで，狩猟採集社会では慢性的な飢餓状態にあったと想定するなら，それが解消される過程で出生力上昇が観察されることになるが，いまではその前提を無条件で受入れることは難しい．ここでは人口

学者が近接要因と呼ぶ生物人口学的な決定因をみることによって，定住化と農耕開始にともないなぜ中産から多産への変化が起きたのかを検討しよう．避妊，人工中絶，あるいは間引などが行われていない場合[5]，出生力の近接要因は次の五つに要約される．すなわち，(1) 結婚，(2) 産後の無排卵（不妊）期間，(3) 自然的受胎確率，(4) 自然流産，(5) 永久不妊，である（Bongaarts and Potter 1983: chapter 2）．歴史時代の自然出生力人口を観察対象とした研究からわかっていることは，実際の出生率を大きく規定しているのは結婚年齢と産後無排卵期間であるという．前者が文化によって，また時代によって異なることはよく知られているが，後者は母乳哺育の長さの関数で，どのくらい長く母乳哺育を続けるかも文化と時代による違いがあるからである．

　ここで議論を単純化するために，先史時代の集団は皆婚社会で，結婚年齢は十分に低く，初潮年齢にほぼ等しかったとしよう．その場合は，女性の再生産期間は永久不妊が始まる閉経期までとなり，女性が生涯に産む子どもの数は自然的受胎確率と自然流産の確率と産後の無排卵期間の長さとによって決まることになる．これら3要因はすべて出産間隔に影響する．自然的受胎確率が上がって自然流産の危険が減少すれば出産間隔は短くなり，母乳哺育の期間を短縮すれば出産間隔はさらに短くなるからである．この平均出産間隔は，移動を繰り返す生活から定住農耕に移行したことで実際に短くなった可能性が指摘されている（木下 2003: 7-11; Livi-Bacci 2007: 35-36; Cohen 2008: 486）．現代の狩猟採集民を調査した結果によれば，彼らの平均出産間隔は長く，44ヵ月と3年半以上の場合もあったという．その理由の一端は自然流産の危険性が高かったからであろうが，最も重要な要因は，移動中は母子がたえず一緒で，離乳食もないことから，母乳哺育期間が長かったからと思われる．アフリカ南部カラハリ砂漠に住むクン・サン族は年間 2,000 km 以上の徒歩移動をして暮らすが，彼らの授乳期間と出産間隔は長く，したがって出生率も低かったのである（Lee 1980）．

　農耕開始の効果は，この母乳哺育の期間にあらわれる．実際，定住農耕生活によって母乳哺育の期間は縮小し，かつ離乳の観念が初めて登場したと考

---

[5]　人類学者には，狩猟採集民の間で嬰児殺しがあったのではないかと説くひともいる．ただ，その可能性は推測の域をでないのでここでは取上げない．

えられている．離乳食は穀物の粥かスープあるいはミルクが普通であるが，そのどれをとっても農耕開始以前は入手不可能なものだったからである．ここで，これら結果として平均母乳哺育期間が大幅に縮小したとしよう．現在の，都市部を除く途上国ではその値が 12-26.5ヵ月の幅に収まるので，42ヵ月（3年半）から24ヵ月（2年）へ，さらに18ヵ月（1年半）へと低下したと考えよう．対応する産後無排卵期間を生物人口学の推計式（Bongaarts and Potter 1983: 25-26）から計算すれば，それぞれ23ヵ月，17ヵ月，12ヵ月となる．産後の不妊期間が5ヵ月から11ヵ月も短縮するのである．歴史時代の人口学が教えてくれることは，その5ヵ月から11ヵ月の差は合計出生率の少なからぬ上昇となったということであり，おそらく同程度の出生率上昇が実際に新石器時代でも起こったのではないであろうか．

　死亡率サイドで何が生じていたかに目を転じよう．ここでは農耕と栄養摂取の関連がより直接的となる．マルサスのもう一つの公準にあるように，「食糧は人間の生存に必要」だからである（Malthus＝永井訳 1973: 22）．しかし，すでに触れたように，グロスの栄養摂取量（インテイク）だけ議論するのは不十分で，生体の側で必要とする量（クレイム）の変化もまた重要となる．生物人類学によれば（Bogin 1999: 270-272），クレイムは三つに分類される．生命を維持するのに必要な基礎代謝（maintenance），感染・発病によって生じた生体組織・血液成分・細胞の損傷を修復（repair）するのに要するエネルギー，そして仕事や運動など動作（work）のために要するエネルギーである．これら必要量が充たされて初めて，残ったエネルギーが体位の成長に使われるのである．グロスの栄養摂取量をE，基礎代謝量をM，修復のためのエネルギー量をR，動作のためのエネルギー量をW，成長に回るエネルギー量をGとしよう．エネルギー・バランス式から

$$G = E - (M + R + W)$$

と書くことができる．括弧内の最初の項，基礎代謝量（M）は現在時点での環境要因からは影響を受けないので，体位成長は，栄養摂取（E）と括弧内の罹患（R）と動作（W）という二つの要因との間でなされる綱引の結果ということになる．

栄養摂取量は定住農耕の開始とともに増加したであろうか．農業は土地集約度が高く，穀物の蓄えを可能にしたという意味でたしかに優れた生存様式である．しかし先史時代の農耕はずっと不安定で，いまよりも頻繁に不作の年が訪れたであろう．また，栽培される穀物の種類も単調であった．部分的に狩猟採集を続けないかぎり，初期農耕民の食糧は質の点で劣っていた可能性がある．ただ，農耕へ特化することなく，狩猟採集を続けたまま耕作農業を取入れたところでは，また狩猟採集を放棄せざるを得なかった場合でも農耕と牧畜を組合わせることが可能であった地域では，事情が異なっていたであろう．後者の組合わせは近東とヨーロッパを特徴づけるものであるが，食肉用や繊維素材用としての飼育は農耕開始からかなり遅れて始まったのに対して，ミルクの摂取は相当に早くから行われていたと推測されている（Vigne 2008）．ミルクと穀物という食生活の場合には，栄養摂取という点で新石器革命は十分に革命的であったのかもしれない．

　他方，労働負担の増加はあったであろうか．たしかに年間労働時間は増えた可能性がある．超長期的にみるかぎり，労働時間は増加傾向にあったというのが人類学者の結論である（Sahlins＝山内訳 1984; Minge-Klevana 1980）．しかし，旧石器から新石器への移行期に限定した場合，それがどのくらいの時間増加であったのか，さらに狩猟採集時代の長い移動距離をも考慮にいれたとき，労働負担が本当に増加したのか否か，その判断は難しい．実際，出土人骨にあらわれたエヴィデンスからは顕著な負担増があったとはいいがたい．E-W バランスは，わずかながらではあっても正の値をとったのではないであろうか．

　農耕および家畜飼育の開始にともなう定住と集住の最も好ましからぬ効果は，修復要因（R）にあらわれた．人口密度が格段に低い狩猟採集民では，寄生虫，炭疽症，ボツリヌス症などいくつかの例外を除いて，感染症の病原体は流行を維持できない．病原体によっても異なるが，それら感染症が人間社会に定着するためには十万単位の人口が必要といわれる（山本 2011: 8, 26-27）．人口転換による人口増加は，その農耕社会への定着をうながした．加えて，天然痘，百日咳，インフルエンザ，いずれも「家畜がくれた死の贈り物」（Diamond＝倉骨訳 2000 上: 305）であり，ヒトとヒトとの間の感染リスク

が高い疾病であった．これらの感染症は，黒死病がそうであったように，処女地においては猛威をふるい大量死をまねいた．けれども，やがてその人口は集団免疫を獲得する．結果として病原体の「プール」機能を果たすこととなり，新たに接触してきた他の人口集団へ感染症をばらまき，彼らの死亡率を一挙に押し上げる役目を演ずる側に回る —— マクニール流の，疾病と遭遇の歴史学である（McNeill＝佐々木訳 1985）．このメカニズムは文明間だけではなく，同一文明内の，都市と農村という次元においても働く（Landers 1992）．近世ともなれば，後者の次元のほうが重みを増したといえるかもしれない．全体として，歴史のなかで姿を消した感染症は存在するが，新たに登場したものもある．文明が感染症のレパートリーを増やすにつれて，死亡率は高位安定をする傾向にあったのである（Barrett et al. 1998; 山本 2011）．

　いうまでもなく，罹患をしても死亡にいたるとはかぎらない．ただ，その場合でも罹患者の細胞や体内器官の修復には多くのエネルギーが費やされるので，ヒトの発達には悪影響を及ぼし，平均身長の水準を押し下げる要因となろう．このメカニズムは歴史時代に入っても，中世から近世になっても，それどころか近代に入っても消滅しなかった（斎藤 2001）．言い換えれば，E-R バランスは歴史時代をつうじどこにおいてもマイナスで，それもしばしば大きなマイナス値をとったはずなのである．

　それゆえ，定住農耕の開始にともなって生じた死亡率や平均身長の変化がどの方角へ向かったかは E-W バランスと E-R バランスの大小関係に依存したが，非常に多くの地域では後者が前者を上回ったとみることができる．

　性差に焦点をあてると，この傾向は女性においていっそう顕著であった．それは妊娠・出産・哺育に必要なエネルギー量がバランス式の右辺に加わるからである．通常，妊娠等は身長の伸びが止まったあとにくるものと思われているけれども，先史時代のように結婚年齢が非常に低い場合には，低年齢での出産の繰り返しが女性のネットでの栄養状態を悪化させ，感染症への抵抗力を弱め，最終的に達成される身長の水準を低める役目を果たした可能性は小さくない．本章でみた事例中に女性の身長だけが低下する場合があったのは，このためであった．また，母親の栄養状態がネットで低下すれば，産まれてくる子どもの体位は確実に悪化した．しかも出生率が上がれば上がる

ほど，その負の効果は累積する．新石器革命の影響に性差がある事例が少なからずみられたのは，新石器人口転換の本質と関わることだったのである．

　数値的な正確さはともかく，新石器人口転換論が示唆しているのは，多産多死は生物としての人間にもともとそなわった性質だったのではなく，人類進歩の一段階において生じた定住農耕の開始が産み出したものということであろう．しかも，人類史上最初の人口転換とその後の時代における人口過程はマルサス的とは呼びがたいものであった．出生力は与件でもコンスタントでもなかった．農業発展と生活水準の向上はそれ自体が出生力を押し上げる要因であったし，また女性に母乳哺育の期間を短くしたいという願望を植えつけることによって，そのいっそうの上昇をもたらす圧力となった．ただ集約農業の発展は，ボズラップのいうように労働多投をともなったので，女性の労働時間が長くなった場合には相殺効果をもち，全体としては出生力上昇傾向を抑制したことが少なからずあった．他方，死亡率を規定していた最大の要因は感染であった．市場経済の成長はヒトとモノの移動をうながした．それは未知の病原体プールである他の人口集団との遭遇，あるいは未開地への入植による新たな疾病媒介生物との接触をもたらし，他方では都市という疾病プールをいっそう人口稠密とし，結果として感染症の時代を長期化させることによって死亡率低下の制約要因となった．近代以前の人口現象を「自然」の状態とみなす発想では本質を見誤る，それが本章の結論である．

参考文献

Bandy, M. 2005. "New World Settlement Evidence for a Two-stage Neolithic Demographic Transition", *Current Anthropology*, 46(S): S109–S115.

Barrett, R. et al. 1998. "Emerging and Re-emerging Infectious Diseases: The Third Epidemiological Transition", *Annual Review of Anthropology*, 27: 247–271.

Benfer, R. A. 1984. "The Challenges and Rewards of Sedentism: The Preceramic Village of Paloma, Peru", in M. N. Cohen and G. J. Armelagos (eds), *Paleopathology at the Origins of Agriculture*, Orlando, Fla.: Academic Press, pp. 531–558.

Bentley, G. R., G. Jasieńska and T. Goldberg 1993. "Is the Fertility of Agriculturalists Higher than that of Nonagriculturalists?", *Current Anthropology*, 34(5): 778–785.

Biraben, J. N. 1980. "An Essay Concerning Mankind's Demographic Evolution", *Journal of Human Evolution*, 9(8): 655–663.

Bocquet-Appel, J. -P. 2002. "Pleoanthropological Traces of a Neolithic Demographic Transition", *Current Anthropology*, 43(4): 637-650.
—— 2008. "Explaining the Neolithic Demographic Transition", in J. -P. Bocquet-Appel and O. Bar-Yosef (eds), *The Neolithic Demographic Revolution and its Consequences*, Dordrecht: Springer, pp. 35-55.
Bocquet-Appel, J. -P. and S. Naji 2006. "Testing the Hypothesis of a Worldwide Neolithic Demographic Transition: Corroboration from American Cemeteries", *Current Anthropology*, 47(2): 341-365.
Bocquet-Appel, J. -P. and O. Bar-Yosef (eds) 2008. *The Neolithic Demographic Revolution and its Consequences*, Dordrecht: Springer.
Bogin, B. 1999. *Patterns of Human Growth*, second edition, Cambridge: Cambridge University Press.
Bongaarts, J. and R. G. Potter 1983. *Fertility, Biology, and Behavior: An Analysis of the Proximate Determinants*, New York: Academic Press.
Boserup, E. 1965. *The Conditions of Agricultural Growth: The Economics of Agrarian Change under Population*, London: Allen and Unwin（安沢秀一・安沢みね訳『農業成長の諸条件——人口圧による農業変化の経済学』ミネルヴァ書房，1975年）.
Childe, V. G. 1936. *Man Makes Himself*, London: Watts（ねずまさし訳『文明の起源（上・下）』岩波新書，1951年）.
Coale, A. J. 1974. "The history of the human population", *Scientific American*, 231(3): 41-51（小林和正訳「人口の推移」『サイエンス』4(11): 25-37, 1974年）.
Cohen, M. N. 2008. "Implications of the NDT for World Wide Health and Mortality in Prehistory", in J. -P. Bocquet-Appel and O. Bar-Yosef (eds), *The Neolithic Demographic Revolution and its Consequences*, Dordrecht: Springer, pp. 481-500.
Cohen, M. N. and G. J. Armelagos (eds) 1984a. *Paleopathology at the Origins of Agriculture*, Orlando, Fla.: Academic Press.
—— 1984b. "Paleopathology at the Origins of Agriculture: Editors' Summation", in M. N. Cohen and G. J. Armelagos (eds), *Paleopathology at the Origins of Agriculture*, Orlando, Fla.: Academic Press, pp. 585-601.
Cohen, M. N., and G. M. M. Crane-Kramer (eds) 2007. *Ancient Health: Skeletal Indicators of Agricultural and Economic Intensification*, Orlando, Fla.: Academic Press.
Diamond, J. 1997. *Guns, Germs, and Steel: The Fates of Human Societies*, New York: W. W. Norton（倉骨彰訳『銃・病原菌・鉄——1万3000年にわたる人類史の謎（上）（下）』草思社，2000年）.
Douglas, M. T., and M. Pietrusewsky 2007. "Biological Consequences of Sedentism: Agricultural Intensification in Northeastern Thailand", in M. N. Cohen and G. M. M. Crane-Kramer (eds), *Ancient Health: Skeletal Indicators of Agricultural and Economic Intensification*, Orlando, Fla.: Academic Press, pp. 300-319.
Eshed, V., A. Gopher, T. B. Gage and I. Hershkovitz 2004. "Has the Transition of Agriculture

Reshaped the Demographic Structure of Prehistoric Populations? New Evidence from the Levant", *American Journal of Physical Anthropology*, 124(4): 315-329.

Gage, T. B. 2000. "Demography", in S. Stinton et al. (eds), *Human Biology: An Evolutionary and Biocultural Perspective*, New York: John Wiley and Sons, pp. 507-552.

Gage, T. B. and S. DeWitte 2009. "What Do We Know about the Agricultural Demographic Transition?", *Current Anthropology*, 50(5): 649-655.

Guerrero, E., S. Naji and J. -P. Bocquet-Appel 2008. "The Signal of the Neolithic Demographic Transition in the Levant", in J. -P. Bocquet-Appel and O. Bar-Yosef (eds), *The Neolithic Demographic Revolution and its Consequences*, Dordrecht: Springer, pp. 57-80.

Hershkovitz, I. and A. Gopher 2008. "Demographic, Biological and Cultural Aspects of the Neolithic Demographic Transition: A View from the Southern Levant", in J. -P. Bocquet-Appel and O. Bar-Yosef (eds), *The Neolithic Demographic Revolution and its Consequences*, Dordrecht: Springer, pp. 441-479.

今村啓爾 1997.「縄文時代の住居址数と人口の変動」藤本強編『住の考古学』同成社，45-60頁．

―― 1999.『縄文の実像を求めて』吉川弘文館．

―― 2008.「縄文時代の人口動態」小杉靖ほか編『人と社会 ―― 人骨情報と社会組織（縄文時代の考古学10）』同成社，63-73頁．

木下太志・浜野潔編 2003.『人類史のなかの人口と家族』晃洋書房．

木下太志 2003.「狩猟採集社会の人口」木下太志・浜野潔編『人類史のなかの人口と家族』晃洋書房，1-22頁．

小林和正 1979.「人口人類学」小林和正編『人口』（人類学講座11）雄山閣，63-129頁．

小泉清隆 1985.「古人口論」加藤晋平ほか『人間と環境』（岩波講座日本考古学2）岩波書店，213-245頁．

古城泰 2003.「農耕の起源と人口」木下太志・浜野潔編『人類史のなかの人口と家族』晃洋書房，23-41頁．

河内まき子 1992.「身長の地域差は何を意味するか」小山修三編『狩猟と漁労 ―― 日本文化の源流をさぐる』雄山閣，280-318頁．

Koyama, S. 1978. "Jomon Subsistence and Population", *Senri Ethnological Studies*, 2: 1-65.

小山修三 1984.『縄文時代 ―― コンピュータ考古学による復元』中公新書．

小山修三・杉藤重信 1984.「縄文人口シミュレーション」『国立民族学博物館研究紀要』9(1): 1-39.

Landers, J. 1992. "Historical Epidemiology and the Structural Analysis of Mortality", *Health Transition Review*, 2(S): 47-75.

Larsen, C. S. 1995. "Biological Changes in Human Populations with Agriculture", *Annual Review of Anthropology*, 24: 185-213.

Lee, R. B. 1980. "Lactation, Ovulation, Infanticide, and Women's Work", in M. H. Cohen et al. (eds), *Biosocial Mechanisms of Population Regulation*, New Haven: Yale University Press, pp. 321-348.

Livi-Bacci, M. 2007. *A Concise History of World Population* [4th edition], Oxford: Blackwell.
McCaa, R. 2002. "Paleodemography of the Americas: from Ancient Times to Colonialism and Beyond", in R. H. Steckel and J. C. Rose (eds), *The Backbone of History: Health and Nutrition in the Western Hemisphere*, Cambridge: Cambridge University Press, pp. 94-124.
McNeill, W. H. 1977. *Plagues and Peoples*, Oxford: Blackwell（佐々木昭夫訳『疫病と世界史』新潮社，1985年）．
Malthus, T. R. 1798. *An Essay on the Principle of Population* [1st edition], London: J. Johnson（永井義雄訳『人口論』中公文庫，1973年）．
Minge-Klevana, W. 1980. "Does Labor Time Decrease with Industrialization? A Survey of Time-allocation Studies", *Current Anthropology*, 21(3): 279-298.
長岡朋人 2010.「縄文時代人骨の古人口学的研究」『考古学ジャーナル』606: 25-28.
Nagaoka, T., J. Sawada and K. Hirata 2008. "Did the Jomon People Have a Short Lifespan? Evidence from the Adult Age-at-death Estimation Based on the Auricular Surface of the Ilium", *Anthropological Science*, 116(2): 161-169.
Pechenkina, E. A, R. A. Benfer Jr and X. Ma 2007. "Diet and Health in the Neolithic of the Wei and Middle Yellow River Basins, Northern China", in M. N. Cohen and G. M. M. Crane-Kramer (eds), *Ancient Health: Skeletal Indicators of Agricultural and Economic Intensification*, Orlando, Fla.: Academic Press, pp. 255-272.
Sahlins, M. 1972. *Stone Age Economics*, Chicago, Ill.: Aldine（山内昶訳『石器時代の経済学』法政大学出版局，1984年）．
斎藤修 2001.「開発と疾病」見市雅俊・斎藤修・脇村孝平・飯島渉編『疾病・開発・帝国医療 —— アジアにおける病気と医療の歴史学』東京大学出版会，45-74頁．
—— 2007.「T. R. マルサス『人口論』」日本経済新聞社編『経済学 名著と現代』日本経済新聞社，124-138頁．
鈴木公雄 1984.「日本の新石器時代」歴史学研究会・日本史研究会編『講座日本歴史 原始・古代1』東京大学出版会，75-116頁．
鈴木隆雄 2010.『骨から見た日本人 —— 古病理学が語る歴史』講談社学術文庫．
Vigne, J. -D. 2008. "Zooarchaeological Aspects of the Neolithic Diet Transition in the Near East and Europe, and Their Putative Relationships with the Neolithic Demographic Transition", in J. -P. Bocquet-Appel and O. Bar-Yosef (eds), *The Neolithic Demographic Revolution and its Consequences*, Dordrecht: Springer, pp. 179-205.
Wittwer-Backofen, U. and N. Tomo 2008. "From Health to Civilization Stress? In Search for Traces of a Health Transition during the Early Neolithic in Europe", in J. -P. Bocquet-Appel and O. Bar-Yosef (eds), *The Neolithic Demographic Revolution and its Consequences*, Dordrecht: Springer, pp. 501-538.
山本太郎 2011.『感染症と文明 —— 共生への道』岩波新書．

第4章

人間の生存基盤と疾病
—— 生物進化と適応の視点から ——

松 林 公 蔵

1 はじめに

　私たちはいったい何者であり，どこから来てどこへ向かうのか．この問いを考える場合，歴史家ならずとも過去の事歴をさぐるのが一般的な方法であろう．地球圏，生命圏，人間圏の今後のあり方を考えることを意図する本書では，「過去」の時間幅は膨大である．しかし，長い時間をかけた進化の過程で，地球圏，生命圏，人間圏という三つの領域は，偶然と必然が渾然一体となった複雑な，しかし同時に調和と秩序に満ちた絶妙な絡まり合いの相を呈している．本章では，地球圏，生命圏，人間圏の相互作用を，人間の疾病を軸に，進化的な適応の視点から考察することを要請されている．課題のスケールからして，46億年の時間幅を駆り抜けなければならない難題であるが，今後の人類と生物多様性のあり方をみきわめるためにも試みたいと考えた．

　「個体発生は系統発生を繰り返す」というのは，ヘッケル（E. H. P. A. Haeckel, 1834-1919）が唱えた「自然再演説」として，生物学上の重要な見解である．ヒト個体の胎内の発生過程では，進化の道筋が約9ヵ月で再現される．ヒトの卵子と精子が接合した一つの細胞（受精卵）は，およそ50回の細胞分裂を繰り返し，その過程で，かつて地球上がそうであったような低酸素

状態，胎内で海水環境に似た水中生活を経て，約 1,000 兆個の細胞をつくり新生児を形成する．人体を構成する細胞は，死滅してゆく細胞を差しひいて，最終的に約 60 兆個となる．同時に，受精卵の細胞型はただ一つだったのに，それが成体では，約 300 種の細胞の組織や器官系（脳や消化管，骨・筋肉など）に分化してゆくが，個体発生・成長をコントロールする指令は，各細胞の核内にある DNA に書かれている．1984 年に提唱され，1991 年から始まった「ヒトゲノム計画」は，2003 年に解読が終了し，2004 年 10 月 21 日の Nature 誌上で，ヒトの遺伝子が 2 万 1,787 個であることが報告された（Stein 2004）．個人によって多少の変動はある．DNA の指令にしたがって生ずるこの生物体の個体発生の過程は，40 億年の生命の進化のなかで繰り返し取捨・選択・再構築されてきた荘厳なドラマである．

本章で取り扱う内容は，サイズとしては原子のレベルから太陽系のオーダーにわたる．また時間にしても，ごく短い時間から 46 億年という想像を絶する長い時間を対象としている．したがって，「10 のべき乗」という概念をまず紹介しておきたい．

2 パワーズ オブ テン —— 10のべき乗（10^n）

2-1 ミクロ・マクロ空間の階層構造

私たちの脳が直接的に知覚・認識できる空間は，ほどよい大きさの物体の世界である．狩猟や採集，農業や牧畜などの生業をつうじて，婚姻や子育てというライフヒストリーのなかで，また移動や旅行をつうじて私たちが認知できる空間範囲はかぎられている．約 2,000 年前にエラトステネスが地球の大きさを測定したが，毎夜眺める星との距離がどのくらいなのかについては，想像の領域にとどまっていた．

チャールズ・イームズ（Charles Eames）とその妻レイ（Ray Eames）によって，1968 年に作成された "Powers of Ten" という教育映画がある．すべての事象は，10 のべき乗（10^n）で語られるというものである（Morrison and Morrison =

村上訳 2010).

　マクロ空間としては，日常的には 10^3 m（数 km），ヒマラヤの山の頂きから見ても 10^5 m（数百 km）の範囲が肉眼上で視認できる限界であろう．人類が宇宙に飛び出すようになってから，地球全体のように 10^7 m（万 km）の範囲を眺めることも可能となった．人類の文化的遺伝子は，望遠鏡という機械を発明して，今では，10^{11} m の太陽系の惑星をもさぐることができる．

　一方ミクロな空間としては，人間の肉眼の解像度は 10^{-4} m（10 分の 1 mm）が限界であり，10^{-5} m の世界の細胞は見えない．人類が長い間，疫病をもたらす原因が細菌という目に見えない微生物であることを発見できなかったのも無理はない．顕微鏡やさらには電子顕微鏡の発明と帰納的理論によって，今，私たちは，遺伝子が 10^{-8} m の大きさであり，素粒子が 10^{-16} m の世界であることを知っている．

　"Powers of Ten" が可視化してみせた世界構造は，マクロをかたちづくるミクロな世界の中に，マクロな世界と同じ構成原理が，無限の入れ子構造として内包されていることを示唆している．しかし同時に，顕微鏡下観察で注意すべきは，ズームによって 10 倍に視野をあげた場合，新しい視野に拡大して捉えられた映像は 100 分の 1 に暗転すること，さらに重要な事実は，10 倍に倍率をあげる前に見えていた視野のうち 99％は，その光とともに失われるということである．倍率をあげることで暗転した視野のうちに見えるもの，そして視野の外に捨象されてしまったものの行方については，つねに考えておく必要がある．

2-2　さまざまな時間の尺度

　時間についても，空間と同様のことがいえる．私たちの脳は，直接的には，数秒，数分，数年，もしくは数十年で完結する過程しか認識できない．歴史家は，数百年・数千年の事象を資料によって読み解くが，人類の進化は数百万年にわたるものであり，生命の進化にいたっては 40 億年に達する．進化の時間尺度は，なじみやすい比喩として，以下のように説明される．「時計の文字盤が地球の歴史をあらわしていると考えよう．すると，藍藻類が化

石記録に登場するのは2時ごろで,無脊椎動物の登場は10時ごろ,そして人類は,真夜中1分前にあらわれたことになる」(Fortey=渡辺訳 2006: 27).地球の歴史46億(4.6×10^9)年と現生人類20万(2.0×10^5)年を比較し,地球の年齢46歳に対して,人類は生後2週間の新生児にもたとえることができる.

しかし,いずれにせよ,時間をはかるためには,その尺度がいる.

時間をはかるための時計には,その時を告げる「置き時計」型(計数時計)と,時間間隔を計量しリセットが可能な「砂時計」型(計量時計)がある.時間に追われて生活を送る現代人にとっては,また,歴史資料にとっては,「今が何年何月何日の何時か?」という絶対時間が重要なように思われるが,地球圏と生命圏の歴史は,後者の砂時計型計量時計によってはかられる.私たちが慣れ親しんでいる時計は自然物ではない.人間が14世紀ごろに発明した機械時計は,その原理を,ふりこ,ぜんまい,水晶,電子装置とかえてきた.現在では,セシウム原子の電子のエネルギー状態の二つの超微細準位間の遷移に対応するリズム:9192631770周期の継続時間が1秒と定義されている.

機械時計が生まれるまで,人類は時間の尺度を自然の周期という計量時計によってはかっていた.日の出と日没,春と秋とで逆の変化をみせる昼と夜の長さ,月の満ち欠け,潮の干満などである.これら地球圏の法則の観察から,日時計,太陰暦,太陽暦が生まれた.日時計は5,000年以上もの間さまざまな社会で使われていた.この地球圏の周期は,生命進化の過程で,生物の周期にも埋め込まれている.菊科の植物がある時間差をもって開花することを発見したリンネは,花時計を創作した.また,植物考古学の研究から,年輪も時計として利用され,十分な化石林さえあれば,1億1,500万年まで遡れる.

そして,現在,地球圏,生命圏の年齢のみならず,人類のたどってきた時間を測定するための有力な時計は,放射性同位元素の半減期を利用した放射性崩壊時計である.ルビジウム87の半減期は490億年で時計としては長すぎ,フェルミウム244の半減期は0.0033秒と短すぎる.半減期が5,730年の炭素14,12億6,000万年のカリウム40は,生命の年齢,地球の年代を測

定するのに有効である（Foster and Kreitzman＝本間訳 2006: 28）．

2-3　遺伝子デザインの妙

　1953年のJ. ワトソン（James Watson）・F. クリック（Francis Crick）のDNAらせん構造の発見によって，遺伝子による生物体のデザインのなりたちが明らかとなった．私たちの身体を構成する成分はタンパク質であるが，タンパク質はアミノ酸という素材からつくられる．たとえば，赤血球の中にあって酸素を全身に運ぶヘモグロビンという蛋白1分子は，146個のアミノ酸からなる4本の鎖が互いにねじれた構造をなす．生物に共通してみられるアミノ酸には20種類がある．もしも，実験室で，ヘモグロビンを作成するための設計図を書こうとすれば，20種類のアミノ酸を146個つないで並べるあらゆる場合を想定せねばならない．まず，アミノ酸2個の並べ方は20×20で400通りある．3個の場合は20×20×20で8,000通りとなる．146個の場合の数は10の146乗通り，この数字は驚異的である．1億という単位は1の後に0が8個並ぶが，10の146乗という数字は，1の後に0が190個もつくオーダーとなる．これが正常機能を有するヘモグロビン分子の4分の1をなす鎖を引き当てるのに必要とされる組み合わせの数である（Dawkins＝垂水訳 2009: 155-183）．実験室での設計であれば，このような天文学的な回数の試行錯誤が想定される作業を，遺伝子DNAは進化の過程で設計し，生体はDNA設計図に基づいて，設計情報をRNAに転写・翻訳して，アミノ酸配列を決め，いとも簡単にヘモグロビンを合成している．しかもヘモグロビン1分子は，生体を構成するごく一部の構造物にすぎない．

　人間圏の生存基盤を考える際には，まず進化という長い時間の過程で，生命圏と地球圏が絶妙に織りなした「適応」の歴史のあらすじをみておくことが便宜と思われる．

3 生命圏の進化と適応のあらすじ

3-1 創世期の地球

　私たちが住んでいる地球という惑星は，今から約46億年前に，ビッグバンという現象によって生まれた．宇宙の膨張にともなって水素とヘリウムがつくられ，さらにそれから星が生まれ，さらに重い元素が星の内部でつくられた．地球は，太陽を中心に回転していた塵や鉱物粒子が衝突と合体を繰り返すことで形成された惑星であり，その誕生の当時は，すさまじい衝突の連打によって熱くどろどろに溶かされていた．地球の塵を構成する元素は混合され，再結合されて新たな鉱物も誕生した．地球の大きさと，その内部で燃えさかる火から供給される熱量とは，絶妙のバランスを保つ必要があった．もっと小さな惑星だったら燃え尽きていた可能性があり，大きすぎれば，地球の温度が下がるにつれ，生命をはぐくむ適温を維持することもできなかったであろう．地球は地軸を中心に自転しているため，太陽の熱射によってほどよく暖まったところで回転し，すべての面が太陽熱の恩恵を受けることができた．太陽と地球との距離はじつにほどよく調整された偶然であったともいえる．太陽系内におけるこの絶妙な位置と自転という好条件がそろったおかげで，地球に生命体の誕生する可能性が生じた（Dawkins＝日高監修，中島ほか訳 2009: 85）．

　生命の誕生にとっては幸いなことに，地球を形成した塵の中に，炭素が含まれていた．炭素は，生命の素材ともいうべき元素で，生命体の構成や生命活動に不可欠な材料である．

　炭素原子は鎖状につながり，他の原子と結合して，DNAから髪の毛にいたるまで，生体を構成するさまざまな有機化合物をつくりだす．るつぼ状態の創世期の地球は，多くの隕石や彗星の衝突を糧として，炭素をはじめとする生命に必要な元素を創造した．しかし生命体を創造する材料となる元素が整えられてからも，実際に生命体が生まれるまでには，数億年という長い時間が必要であった．

3-2 原始生命体の誕生

「生命」にとって必須の要件は，自己複製能力とエネルギーの獲得である．生命体を構成する構成元素がすべて揃っていても，自己複製とエネルギー・コントロールするしくみが創出されないと生命とはいえない．地球の温度が適度に冷え，海ができたころ，すなわち，今から約40億年前に，生命の原始的な痕跡が登場する．最初に自己複製能力が登場したのはRNAワールドであり，今日のDNAワールドが出現してタンパク質合成が主流となるのはもっと後であるとされる．原始生命誕生後の画期的な進歩は，細胞の創出であった．地球上に最初に出現した細胞は細菌だった．細胞という形態を獲得した生命は，薄い膜に囲まれた化学反応システムである．その膜をとおして，外界の物質や情報を細胞内部に選択的にとり込み，細胞内に十分なエネルギーを獲得すると，その細胞は分裂する．原始的な細菌は古細菌といわれ，そのエネルギー源は水素と二酸化炭素からできるメタンであったり，硫酸塩を硫化水素に還元する際に発生するエネルギーであった．これらの古細菌は，高度好塩菌，超高熱菌，好熱好酸菌などに分類され，今日でも，その子孫が，100℃を超える海底の熱水噴出孔や間欠泉源など，特殊な極限環境で発見されている．しかし，最初の地球上の覇者となったのは，エネルギーをつくりだすために光を利用する種類の細菌だった．その後の生命圏を特徴づけるこの種の細菌は，クロロフィルすなわち葉緑体が光から受け取るエネルギーを利用して二酸化炭素を炭素と酸素に分けた．そして，炭素は自らの成長に利用し，酸素は副産物として体外に放出した．この過程は光合成と呼ばれ，今日，あらゆる緑色植物を生存させる原動力を生み出すシステムである．ただ，当時の地球上に酸素はなく，二酸化炭素を利用して光合成を行う嫌気性菌の代表はシァノバクテリア（藍藻類）であり，藍藻類の時代は10億年以上も続いた．嫌気性菌が排出する酸素は猛毒であり，原始大気の組成は，現在の地球上に生息するほとんどの生物にとって有害なものだった（NHK「地球大進化」プロジェクト2004）．

3-3　真核細胞からカンブリアの大爆発へ

　約20億年前に，遺伝情報のセットを細胞核におさめる真核生物があらわれた．光合成を行う細菌を細胞小器官として共生する単細胞生物は植物に分化する素地を築いた．また，単細胞内に核と細胞小器官をそなえるように，各細胞が役割分担を行って一つの組織や生物個体を構成する生物群，すなわち後に菌類，植物，動物に区分される多細胞生物も生まれた．そして，カンブリア期の生物の大爆発という，今なお進化のなかで全容が解明されていない現象が，約5億5,000年前に出現した (Morris 2010)．カンブリア期の地層からは，現在みられる生物の区分の痕跡がほぼ出揃っている．長い藻類の時代を経て，大気中に蓄積し猛毒であった酸素を利用・中和してエネルギーにかえる細菌が出現した．動物は，その細菌をミトコンドリアとして細胞内小器官に取り込んでエネルギーを獲得した．動物を特徴づける「移動」は，このミトコンドリアという酸素をもちいるエネルギー産生系がなければ実現しなかったであろう．ミトコンドリアと動物の共生の根拠として，動物細胞内の核外に存在するミトコンドリアが，細胞核内にあるその動物固有のDNAとは別に，独自のDNAをもっていることが挙げられる．ミトコンドリアDNAは受精の際には卵細胞をもつ母親からしか伝わらないので，現在，ミトコンドリア遺伝子は，母系の系譜をたどる重要な指標となっている．

　カンブリア期の大爆発は，それ以前は光合成を基調とする細菌と藻類の共生という生命原理が，植物を栄養源とする動物，草食動物を補食する肉食動物，それをまた捕食する動物というような，食物連鎖のプリンシプルに置き換わったパラダイム転換であった．

　カンブリア期以降の生物は，自己複製分子からつくられた細胞が複数集まって組織や生物体をつくりだしただけでなく，やがて性の分化によってより生物多様性への変化率を高めた．生物はまた，その居住空間を，水中から陸上へ，陸上から空中へと拡大してゆく．恐竜が全盛期をむかえた約2億年から6,500万年前までの間の物語は，多数の化石が裏書している．

　生命進化における輝かしい一里塚である多細胞生物の誕生と性の分化は同時に，単細胞生物時代にはなかった，生命体の老化と死という生物現象を進

化の代償として引き受けた．

　40億年にわたる生命進化の過程をつうじて，生命の疾病については明らかでない．「適応」できなかった生命は子孫を残せなかったであろうし，たとえうまく地球圏・生命圏に「適応」でき子孫を残しても，ちょうど人類が疫病に見舞われるのと類似して，絶滅した種は数多い．カンブリア紀にみられる化石は現存生物の祖先として，分類されるものが多いが，一部，現在は存在しない絶滅種の祖先と考えられるものも含まれている．絶滅の典型は，6,500万年前に起こった恐竜の物語が有名で，恐竜の絶滅は疾病や老化といった個体的な事情を超えた地球規模の大変動，すなわち，巨大な隕石の衝突とそれにともなう彼らにとって唯一の食糧であった緑色植物の死によってもたらされたと考えられている．恐竜の絶滅以前にも，少なくとも5回の種の大量絶滅が数えられており，その典型例がかの有名な三葉虫の絶滅である（Dawkins＝垂水訳 2006）．

3-4　哺乳類から霊長類の誕生

　哺乳類が誕生した約2億年前は，地球上の大陸はパンゲアという一つの巨大な陸塊を形成し，そこにはさまざまな恐竜が闊歩していた．繁殖に産卵という手段をとってきた魚類，両生類，爬虫類に比べて，胎児を母体内ではぐくむという哺乳類のとった育児戦略は進化的には画期的なものであったが，恐竜が繁栄し昼の経済を支配する世界では，哺乳類の生態的地位（ニッチ）としては，活動期間は夜行性で，食虫しながら一部の空間に居住することが許されていたにすぎない．約6,500万年前の謎に満ちた恐竜の大量絶滅が起こった後にはじめて，哺乳類は昼にもこぞって姿をあらわし，のちに地球上の生物のなかでの主要なアクターとなることができたのである．これは地質学の専門用語でK（白亜紀）/T（第三期）境界と呼ばれる．K/Tは，哺乳類の命運の分岐点であった（Dawkins＝垂水訳 2006）．

　私たち人間の最も原始的な共通祖先は原猿類で，約6,300万年前に登場し，今日，その子孫がキツネザルとしてマダガスカルにのみみられる．その後，数千万年をかけて巨大大陸パンゲアは，海がゆっくり拡大するにつれて分裂

表4-1 生命進化の過去遡及的なタイム・テーブル

(万年前)		(億年前)		(億年前)	
20	現生人類の出現				
100	ホモ・エレクトス	0.65	恐竜の絶滅		
	ホモ・ハビリス	1		10	多細胞生物
	アウストラロピテクス				
	チンパンジーとの共通祖先と合流		有袋類の出現		
	ゴリラとの共通祖先と合流		(大陸の移動始まる)		
			単孔類の出現		
			(大陸塊パンゲア)		
1,000		2	哺乳類の出現		
				20	真核細胞
	オランウータンとの共通祖先と合流				
	テナガザルとの共通祖先と合流				
2,000		3	恐竜の出現		
			爬虫類の出現		
	旧世界ザルとの共通祖先と合流		両生類の出現	30	
					光合成開始
3,000		4			原核生物
			動物の陸上への移動		
			植物の陸上への移動		
				40	生命誕生
4,000	新世界ザルとの共通祖先と合流	5			
			魚類の出現		
			カンブリアの大爆発	46	地球の誕生
5,000		6		50	
6,300	原猿類との共通祖先と合流				
6,500	恐竜の絶滅				

出典:筆者作成.

し,今日のアフリカ,ユーラシア,オーストラリア,アメリカに分かれてゆくことになる.霊長類の大部分は,現在のアフリカ大陸上で生まれ子孫を増やしてゆくのだが,キツネザルのみを乗せた大陸が移動してマダガスカルを形成した.マダガスカルには現在,キツネザル以外の霊長類は生息していない.私たちの約300万世代前の先祖である新世界ザル(広鼻猿類)が登場した4,000万年前は,熱帯の森林が青々と生い茂る時代で,当時は南極でさえも,一部が緑に覆われていた.アフリカで生まれた新世界ザルの祖先は,キ

ツネザルと同様に，移動する大陸に乗ったままアメリカ大陸へと運ばれ，今日，中央ならびに南アメリカに住んでいる．

　2,500万年前になると，アフリカは世界の他の地域から完全に隔離されており，旧世界ザルから人類へと分化してゆく舞台は，このアフリカという巨大な島を中心にくりひろげられることになる．1,400万年前にはオランウータンが，ついでゴリラ，そしてチンパンジーが分かれ，約700万年前に人類とチンパンジーの共通祖先が分岐して，人類の進化へとつながってゆく（表4-1）．もしも，ニホンザル，オランウータン，ゴリラ，チンパンジー，ヒトの5種の生き物の違いを区別するために一本の線を引くとすれば，多くの読者は，ヒトとチンパンジーの間に引くだろう．しかし，霊長類学者や生物学者は憤慨して，ニホンザルとオランウータンの間に一線を引く．なぜならば，ニホンザルは尾をもつMonkeyであるが，オランウータン，ゴリラ，チンパンジーは尾のないApeであり，ヒトと同じヒト科4属の仲間だからだ．近年のゲノム解析によるニホンザルとオランウータンの遺伝的距離は，ヒトとオランウータンの距離よりもはるかに隔たっているのである．

　しかし，生物進化の教えるところは，線を引くという境界が明確な概念自体が，そもそも自然界には存在しないということではないだろうか．

4 人間圏の進化と適応 ── すべてはアフリカから始まった

4-1　直立歩行と脳の拡大

　人類がチンパンジーの共通祖先と分かれたのは約700万年前と考えられている．当時，私たちの祖先の棲息地であったアフリカの森林が砂漠化を迎えはじめ，樹上からサバンナに降りることを決断したグループがいた．かつて「猿人」という言葉は，直立二足歩行を行った初期人類を指す場合が多かったが，20世紀の後半になってからの発掘と年代測定の精度の向上によって，同じ時代に複数の人類種がいたことが明らかとなり，今ではあまりもちいられていない．直立歩行の試みはおそらく，複数のグループが，何度も試

みたことだろう．なぜ，4足から2足歩行となったのかについては，種々の学説があるが確定していない．しかし，直立二足歩行が，食べ物を運ぶための手の使用をもたらし，遠望を可能にして，後に脳容量の拡大につながったことは間違いないようだ．しかし，私たちの祖先が，直立歩行を開始してから，脳容量の拡大をもたらすまでには，さらに400万年の時間を必要とした．この進化的な停滞を説明する際に，アフリカの気候変動が推測されている．気候の乾燥化の進展が森林を縮小させ，草原で生きる祖先たちには，それまでとは異なる自然選択の圧がはたらき，体格や行動にも変化が起こったといわれている．大陸の移動によってアジアに運ばれたオランウータンの祖先が樹上から降りなかったのは，3,000万年から250万年前ごろに，北半球やアフリカでは寒冷化や乾燥化が進んだが，アジアの熱帯では豊かな森林が保持されていたからかもしれない．

　脳容量の大型化と道具の使用の証拠は約250万年前から認められる．この時代の人類は，「ホモ・ハビリス」あるいは「ホモ・ルドルフェンシス」と呼ばれる．進化学に「前適応」という概念がある．身体構造が徐々に変化して，ある環境に遭遇したとき，有利にはたらく事前の適応のことをいう．人類の直立二足歩行の利点も，長い時間を経て，250万年以降に再び人類進化に重要な役割を果たしたと考えられる．脳容量の拡大は，同時に，石器の使用にともなう食物エネルギー革命を起こした．高カロリーで栄養に富んだ肉の摂取である．肉食といっても，時に草食動物を狩ることはあっても，多くの場合の食糧は，肉食獣の食べ残した腐肉や骨髄などの摂取であったろう．脳容量の拡大は，肉食の効率化とともに，現生人類に似た体格，行動範囲の拡大，体毛の消失などをともなった．

　それまで，多くの人類種はアフリカにとどまっていたが，約180万年前から一部の人類種がユーラシアにわたった．これは，第一回目の「出アフリカ」といわれる．北京原人，ジャワ原人と後に命名された彼らは，アフリカにとどまった同胞人類種とともに，ホモ・エレクトスとよばれる．エレクトスの少なくとも一部の集団が，人類史における記念碑的なできごととされる火の使用を開始した．エレクトスは，25万年前まで生存した．

　そして，約20万年前から現生人類の時代に入る．この時代には現生人類

表4-2 人類進化の過去遡及的なタイム・テーブル

（万年前）	人類進化のマイルストーン
1	農業の始まり
3.5	芸術の始まり
7.5	シンボルを扱う能力（言語）
10	"出アフリカ"
80	火の使用（？）
180	ホモ・エレクトスの一部がアフリカから出る
250	脳の大型化（石器の作成）
400	歯のエナメル質の厚み増大
700	直立二足歩行（チンパンジーとの共通祖先から分岐）

出典：筆者作成．

と同時に，ネアンデルタール人と呼ばれる別種の人類も存在していた．現生人類の時代になって，シンボルを扱う能力，すなわち言語や初源の芸術表現が登場する（表4-2）．一部の現生人類は，約10万年前にアフリカを出て，やがて地球上のすべての環境に適応してゆくのだが，これが第二の「出アフリカ」として有名である．人類は草原や沙漠，山岳地といったさまざまな地形を克服し，熱帯，温帯，寒帯とあらゆる気候変化にたえて生活するようになった．極北に住むエスキモー，砂漠に住むブッシュマン，熱帯雨林の奥深くに住むピグミー，チベット高所住民（松林2011）など，人類はあらゆる環境に進出してゆく．この拡散のスピードはきわめて速いもので，数万年ほどの間に，人はヨーロッパ，アジア，南北アメリカ，そしてオーストラリアにまで達した（長谷川2002: 14-15）．

このころまで人類は，数十人単位のグループを形成し，狩猟採集民として移動につぐ移動を繰り返していた．地球人口は，今から100万年前は10万人程度，現生人類が誕生した20万年前で50万人，農業が始まる約1万年前は1,000万人程度と考えられている（大塚・鬼頭2001: 63-65）．

生命圏の一翼を担う人類が700万年の進化の歴史をつうじて獲得した遺伝的設計は，アフリカの生態・環境に適応すべくデザインされてきた．人類の進化全般をつうじて，二足直立歩行能力の獲得は画期的なできごとであった．ヒトで直立二足歩行が可能となるためには，進化の過程で，骨盤骨の形態学的変化とともに身体バランスという複雑な神経能力を獲得する必要が

あった．ヒトの個体発生の過程でも，幼児が安定した身体バランスを獲得するためには数年の成長年月を必要とする．そしてひとたび獲得したヒトの直立二足歩行の安定性は，高齢期の老化の進行とともに衰退する．遺伝子は，二足直立歩行能力が，それから700万年後の高齢期を迎えた人類にとって，「転倒・骨折」という高齢者の寝たきりの原因の第三位をしめる障害となって作用することを，おそらくは予測していなかったであろう．若いときには役に立った能力が，老齢期には逆に作用することを生物学上のトレード・オフと呼ぶが，二足歩行はその典型と思われる．脳の拡大にともなう知的能力の進化と，今日の高齢期にみられるアルツハイマー病との関係にも，進化医学的な同様の消息がうかがえる．

4-2 農業革命の明暗

約1万年前に，人類は野生植物の栽培化と野生動物の家畜化による農業や牧畜を発明することによって，その歴史に大きな変革を引き起こした．農業の開始は，食糧生産を増やし食糧の貯蔵を可能にした．食糧生産にたずさわらない余剰の人員は軍人，官僚，技術者となって社会機構を進化させたが，同時に社会的，性的な不平等をもたらした．人類文化の多様性が増大したのは，部族間の差が拡がったここ1万年ほどのことであろう．

農耕の開始によって人類は定住生活を行うようになり，人口は爆発的に増加した．農耕が開始された約1万年前の地球人口は1,000万人弱と推定されているが，農業が定着した約5,000年前の段階で，地球人口は1億人前後となった（大塚・鬼頭 2001: 63-65）．

農業がもたらした画期的な人間圏の進歩と表裏して，人類の生存基盤には新たな脅威が出現したことも事実である．狩猟採集時代は，日々の食糧の確保には苦労したであろうが，蛋白，ミネラル，ビタミンの摂取という点では適切な食の多様性を保持できた．しかし，農業の開始とともに，主要なエネルギーは糖質が主体となり，栄養の偏りが生じて栄養失調が増加した．狩猟採集民族と農民との栄養を比較した古病理学の研究からは，狩猟採集民のほうが健康的な生活をしていたことが推測されている（Diamond=長谷川・長谷

川訳 2001: 266-283; Eaton et al. 1988）．

　栄養のバランスのみではなく，農業は少数の作物に依存しているため，不作の年には，大きな人口をかかえる人間集団の食糧確保が困難となってしばしば飢饉をもたらす．農業革命以後，栄養失調と飢饉の脅威は，狩猟採集時代と比較にならないほど増大した．

　人間の歴史時代をつうじて最大の厄災である疫病は農業革命の産物でもあった．農業による食糧増産は人口の稠密化を可能にしたが，人口の集中は同時に疫病をもたらした．農業灌漑システムの導入は，ヒトや家畜の集中をともない病原媒介節足動物である蚊に吸血源を提供した．感染症は，人口密度の高い，栄養状態の悪い定住住民の間で顕著であり，動物から人への感染，人から人への感染は助長された．人口の集中による伝染病は，人口サイズが小さく，いくつもの小集団に分かれてつねに移動している狩猟採集民の間では大きな問題とはならなかった．結核や癩病，コレラなど，人から人へと伝えられる細菌感染症は農業開始後に顕著となった．天然痘，腺ペストやはしかなど，これまた人から人に伝染するウイルス性感染症は，後に都市が形成されより人口が集中するようになる過去数千年の間に出現したと考えられている．農業の開始からつい最近まで，人口のおよそ5分の1は，乳幼児期の栄養失調と伝染病のために5歳未満で死亡していたと推定される．農業革命以降の疾病の歴史は，W. H. マクニール（William H. McNeill）の『疾病と世界史』に詳しい（McNeill＝佐々木訳 2009）．

　一般科学の領域では，ギリシャのアルキメデス，エラトステネス以来，コペルニクス，ニュートン，ガリレオ，デカルト，ライプニッツといったそうそうたる学者が科学上の画期的な発見を行ったが，産業革命が起こった18世紀以前は，進化という概念や今日の医学の土台となる科学的な知見は得られていない．唯一，E. ジェンナー（Edward Jenner）が18世紀の最後に，経験的な優れた直観から，種痘を実施して社会に大きな影響を与えたが，明確な種痘理論は確立していなかった．進化や科学としての医学が萌芽するのは，産業革命が熟した19世紀中葉以降である．

　農耕開始にともなって人口は爆発的に増大したが，紀元前後のギリシャやローマ時代の地球人口は農耕の定着による人口の飛躍的増大以降をつうじて

1億人前後で推移している．農耕生活が定着する数千年前から紀元 1700 年ぐらいまでは飛躍的な人口の増大は認められていない（大塚・鬼頭 2001: 63-65）．

4-3　20 世紀の寿命革命

　平均寿命とは，その年に生まれた子どもが，平均して何歳まで生きられるかという概念である．辻が作成した「人類進化とその寿命の歴史」（辻 1998: 20）によると，今から 5 万年ほど前，ネアンデルタール人の平均寿命は 10 歳と推測されている．しかしこれは，皆が 10 歳で死亡するという意味ではない．数多くが乳児期や幼児期のうちに死亡したため，集団としての平均生存期間はこの程度と計算されることになる．

　人類誕生から紀元 1700 年ごろまでのおよそ数百万年間，人類の平均寿命は多くみつもっても 30 歳前後もしくはそれ以下にとどまっていたであろう．

　人口は自然環境の変動によって影響を受けるとともに，文明環境によっても影響される．人口が増加を続けて，環境と文明システムによって決められている人口支持力の限界に近づくと，人口規制要因がはたらいて人口増加はブレーキをかけられやがて停滞する．この人口規制要因の最たるものが，飢饉であり戦争であり，疫病の流行であった．人口の稠密化は同時に疫病をもたらし，疫病は人口調節に寄与していた．

　1700 年から 1900 年までの 2 世紀の間に，欧米先進国での平均寿命は 20 歳から 37 歳へと倍増するが，これは，ジェンナーによる種痘の普及によって乳幼児の死亡率が激減したためと考えられている．産業革命以降に進展した人間の文化的智慧も，19 世紀以前は，地球上にしばしば猛威をふるった疫病に対して，抜本的な対処法を見いだしていない．人々は遺伝的・生物学的な免疫力に依存するのみで，戦々競々としてその流行が過ぎ去るのを待つしか手立てがなかった．

　19 世紀末，R. コッホ（Robert Koch）によるコレラ菌の発見は，病気が細菌やウイルスなど，単一の原因によって引き起こされるという仮説を見事に証明した画期的事件であった．その後，カビ，毒物，ビタミン不足なども病気

をもたらすことが明らかにされ，一つの原因が一つの病気を引き起こすというモデルが，医学のなかに定着する．このような単一病因論にたって，あらゆる病気は，特定の細菌やウイルスを避けたり，殺したり，あるいはそれに対する抵抗力をつけることによって予防された．

19世紀から20世紀前半にかけて，先進諸国では，感染症による死亡率が激減した．単一病因論説に基づく公衆衛生学的手法によって，特定の細菌が伝染する経路が断ち切られた．1910年にP. エールリッヒ（Paul Ehrich）と秦佐八郎が梅毒に対するサルバルサンを発見したのについで，1928年A. フレミング（Alexander Fleming）によってペニシリンが発見されて以降，おびただしい種類の抗生物質が開発され，人類は感染症の大部分を制圧し人類の寿命延長に貢献した．水道から排泄物が完全に除かれ，食物からも病原体を除く努力が続けられた．予防接種の実施，化学療法の開発，細菌の伝染経路の遮断などによって，感染症はおおむね駆逐されたかのようにみえた．

しかし注意すべきは，19世紀と20世紀初頭のおもな死因であった結核が激減したのは，ストレプトマイシンという特効薬が出現したためである，と考えられがちなことである．しかし，イギリスの調査では，ストレプトマイシンが適用される以前から，結核による死亡率は減少している．結核にかぎらず，多くの感染症による死亡率の減少に決定的な役割を演じたのは，予防接種や薬療法だけではないということが次第に明らかになってきた．結核の減少は，産業革命の成熟とほぼ軌を一にしている．多くの感染症が減少した理由は，栄養の改善，衛生環境の整備，経済状態の向上などの，環境要因だったのである（松林・奥宮2006）．

ここに，病気に関する単一病因論は，修正を余儀なくされ，病気をもたらす要因として，経済状態，衛生環境や生活習慣などの多様な要因の重なりあいが問題にされるようになってくる．先進諸国では，感染症などの急性疾患にとってかわってクローズアップされてきたのが，のちに述べるがん，高血圧，脳卒中，心臓病などの生活習慣病であり，その後遺症としての慢性疾患，そして加齢にともなう障害である．

5 「適応」と「疾病」

5-1 生命の「適応」と「競争」のデザイン

　人類は，進化的なニッチの最上階に位置していると考えられている．「制度・技術」の創案は，人類特有のものと考えられているが，各生命体は，それぞれの方法で，人類とは別個の進化的な適応デザインを獲得した．

　コウモリは，人類がソナーやレーダーを開発する何千万年前に，すでに，すぐれた超音波発信と受信装置を身につけ，しかも「送・受信」切り替えのテクノロジーをもって暗闇のなかで自在に動き捕食している．昼の空間は，すでに鳥類によって占拠されており，コウモリは夜の世界に生きるニッチを獲得するために，進化をつうじてすぐれたレーダーを発達させた（Dawkins＝日高監修，中島ほか訳 2009: 46-81）．

　農業の発明は，人類以外の霊長類ではみられないが，新大陸にみられる数十種類のアリは，植物の栽培化だけでなく動物の家畜化も行っている．アリたちは，自分の巣の中に特定の種類のイースト菌やキノコを栽培する．この栽培アリたちはイモムシの糞や昆虫の死骸を肥料として使用する．女王アリが，新しいコロニーに移動する際には，人間の入植者が種苗をもって移動するように，大事なキノコのもとをもってゆくという．アリの動物家畜化としては，アブラムシから糖分の多い液体を受け取るかわりに，アブラムシを天敵から守ってやり，時には食べる植物まで用意する（Diamond＝長谷川・長谷川訳 2001: 266-283）．アリの集団の統制ぶりもすさまじい．アリは大きなコロニーをつくって生活するが，そのコロニーの大部分は不妊で翅のない兵隊アリからなっている．兵隊アリは，新しいコロニーを築くために飛び出してゆく翅のある繁殖アリを効率よく生産するのに一生をささげる．アリの軍団が，人間がつくったいかなる強力な軍隊組織以上に徹底した規律をもっているのは，兵隊アリの遺伝子は女王アリからもたらされたものであり，兵隊アリの遺伝子は，自分たちのマスター遺伝子のコピーを防衛するようにプログラムされているからである（Diamond＝長谷川・長谷川訳 2001: 134-189）．

また，ある種のランは，花弁をミツバチの雌に擬態して交尾しようする雄ミツバチを吸い寄せ受粉に利用しているし，花はさまざまな芳香を発明している．蜜を求めて集まる昆虫と受粉をさせたい植物たちの共生適応には目をみはるものがある．

適応と衰退の有名なモデルは，後にゲーム理論といわれるタカとハトの競争がある．集団内に遺伝的に攻撃的な個体であるタカと遺伝的に穏和なハトが含まれているとき，タカが少数しかいない場合は，タカは容易にハトを負かし，より高い適応度をもつ．ところがタカの数が増えてゆくと，タカ同士の競争が増えタカの適応度は低下する．ある頻度で，タカとハトの適応度は同じになり，平衡が起こる（Cochran and Herpending＝吉川訳 2010: 94）．

以上のように，人類以外の生命体はそれぞれのやり方で「適応」と「競争」をデザインしている．

5-2　ゲノムと生物時計 ── 地球圏，生命圏，人間圏を結ぶもの

自然界では，一日単位，週単位，月単位，年単位のリズムがあちこちにみられる．鳥は早朝に虫を捕らえる．冬には冬眠する動物もいる．植物は毎日決まった時刻に花を開いたり閉じたりする．ハチは正確な時間に蜜を探しにでかける．アメリカ西海岸の沖合いに生息するトウゴロウイワシは満月か新月直後にのみ産卵し，南太平洋のイソメ科のパロロは毎年，10-11月ごろ，月がちょうど下弦になる日の夜明けにだけ交尾をする（Foster and Kreitzman＝本間訳 2006: 10-23）．

日時計が発明される以前から，人類も自然の時間にしたがって暮らしていた．太陽，月，星が生活のパターンを決めていた．地球が自転することによって昼と夜が存在し，そして自転の軸が傾いていることによって季節が生ずる．人々は，その季節に応じて，日の出とともに起き，日没まで仕事をしていた．

生命は，40億年という長い間に回転する惑星の上で生きてきた結果として，生体内にリズムが生じ，これが時間を刻む装置となった．ヒトだけでなく，この地球上に住むあらゆる動物，植物，細菌も，生物時計をそなえてい

る．生物は，この体内時計を使って，地球の時間環境に適応してきた．

毎日みられるリズムを概日リズム（サーカディアン・リズム）といい，人間の体内で分泌されるホルモン，血圧の変動などを統制する時計があって，全身のさまざまな機能が協調的に働くように調整している．生物時計があるからこそ，ヒトもそしてその他の生物も，光，温度，湿度，紫外線照射といった地球上の環境変化を予期できる．

一日よりも長いリズムのことをインフラディアン・リズムといい，鳥の渡りや魚の回遊，生殖，冬眠など，数ヵ月から年という長い期間の周期を統制している．もっと長いリズムもあり，13年や17年に一度の周期で大発生するセミ（周期ゼミ）も知られている．13年，17年という長い年数を地中で幼虫として過ごしてから，一斉に地上に出現する．

この生物時計は，哺乳動物では脳の視床下部，視交叉上核という直径1-3 mmの部分にある．時計の中は，時計細胞で満たされており，その時計細胞の中に時計遺伝子がある．時計の振り子の役目を果たす分子機構は，時計遺伝子の転写（コピー）・翻訳と産物の核への移行に基づく，ネガティブ・フィードバック機構である．近年，体内時計と高血圧，高脂血症，糖尿病，あるいは骨粗しょう症，発癌との関わりが明らかとなってきた．体内時計は，サーカディアンリズムの時計として機能する以外に，自律神経系を制御する中枢として働き，血圧，心拍数等の循環器系や血糖，脂質等の代謝系を調節している（大塚 2010: 63-66）．時間生物学は，時間医学として，現在，治療にも応用されつつある．

進化の過程で生物のゲノムに刻み込まれた生体時計は，地球圏，生命圏，人間圏を結ぶ「適応」の架け橋といってよいだろう．この地球上に存在するすべての生物の設計図は，同一のゲノム塩基で書かれており，このことは，生命圏の由来が地球圏でただ一回発生したことを物語っている．

5-3　病気の分類

疾病は，主として医学，病理学的分類から，外傷，腫瘍，炎症（感染，自己免疫疾患など），血管障害（脳卒中，心筋梗塞など），代謝異常（糖尿病など），

中毒，細胞の変性（アルツハイマー病）などに分けられる．これら疾病の病態分類の概念からすれば，疾病の分類，診断，病態，治療，予防についても，人種や民族によらない人類に共通した普遍的概念であり，この生物学的視点からみた疾病観は科学的である．

しかし，疾病をフィールドの観点からながめると，それぞれ異なったパラダイムの疾病分類が浮かび上がる（松林 2003）．

第一の疾病パラダイムは物理的な病態，多くの場合手術などの物理的処置を要する疾病群で，人種や民族などにかかわらずほぼ同一の症状を呈し，治療対象は全面的にその個人である．たとえば出血，外傷，がん，などがこの範疇の典型である．

第二の疾病パラダイムは，発病後の治療は個人に特化はするものの，発病要因やその種類は大きく自然生態系に依拠する疾病群で，主として動物から人へうつる感染症である．マラリアやデング熱などがその典型で，根本的予防法は蚊の駆除といった自然生態系への対処が重要となる．

第三の疾病パラダイムは人から人へうつる感染症で，一般に疫病といわれる疾患群である．ペストやインフルエンザなどに代表されるもので，病原菌やウイルスが実在しても現実に発症するかどうかはその集団がもつ感染抵抗性や社会・環境要因による．根治的治療方針も，発病後の個人に対する治療や予防的ワクチンの接種以外に，隔離などの社会・環境要因への政治的な対処が重要となる．

第四の疾病パラダイムは，個人の異常というよりもある集団の平均値から大きくはずれる人々に対して，その集団が将来発生する事故頻度の抑制率を勘案して，治療を行うべきか否かを決定する性格の疾病である．現在，先進諸国のみならず途上国でも大きな問題となっている生活習慣病がその典型である．血圧をどこまで下げれば将来の脳卒中の発生をどの程度抑制でき，コレステロールもどの程度に保てば将来の心筋梗塞を予防できるか，といった確率論的治療概念である．治療するのが妥当とされるためには，治療群と非治療群の大集団を数ヵ年追跡し，イベント発症率が治療群で統計学的に明らかに少ないことが証明された場合にのみ治療妥当性が結論される．集団のイベント発生率を問題とするので，その試験を行った集団の性格によって結果

は異なり，たとえば脳卒中が多く心筋梗塞が少ない日本と，心筋梗塞が多く脳卒中が少ない欧米では，治療哲学も異なってくる．

　第五の疾病パラダイムをなす疾病群は，たとえ原因が生物学的要因に根ざしているにせよ，「正常」と「異常」が区別される根拠が，属する集団の社会に適応できるか否かで決定される性格の疾病である．精神疾患や認知症がその代表である．疾病の発症原因や病態は生物学的異常に基づくとしても，「疾病」であるか否かは，属する社会の価値基準によって異なるともいえる．

　フィールド医学は，このように一見，科学的・普遍的と思われる疾病概念や既存のパラダイムを，生態・文化の視点から，もう一度，問い直したいという動機と消息をもっている．

5-4　病気の概念

　「病気」をあらわす英語には，フィールド医学の立場からは，語感を異にする三つの概念がある．disease, illness, sickness である．

　disease（疾病）という語は，人間になんらかの症状をきたす原因が何で，どのようなメカニズムによって，その異状がもたらされたのか，どう対処すれば科学的に適切か，といった近代科学に基づいた原因志向的概念ともいえる．感染症をはじめとする，血管障害，がん，代謝異常といった疾病に関する医学的区分は，すべて，「病気はどのような原因とどのようなメカニズムで起こってくるか」といった近代医学的発想である disease の概念から生まれたものである．

　一方，illness（やまい）という語は，疾病の結果として患者が体験する苦痛，自覚症状，不安など，患者の主観的体験のありようを重視する概念と思われる．患者が癒しを求めるのは，disease ではなく，むしろ illness である場合が多い．

　disease を解きあかそうとする近代医学の論理は，客観性，再現性，普遍性といった，いわゆる科学的根拠に基づいたすぐれた利点はある．しかし，個人のそれぞれに異なる価値観に応じた要請には十分に応えられないという冷徹な欠点をもまたあわせもっている．

第3の病気の概念は，sickness（病的状態）という語であらわされる．sicknessという語感は，illnessやdiseaseが「正常ならざるもの」，「善からぬ状態」，「異状」として社会化された概念であろう．たとえば，ハンセン氏病は，厳しい皮膚症状，神経症状を示すが，患者が最も苦悩するのは，社会的スティグマであった．

　近代医学の発展は，患者の苦痛をともなわず社会も病気とは捉えていなかった状態から，さまざまな「病的状態」を発見し，社会化してきた．高血圧，高コレステロール血症など，将来の心血管事故の発生を統計確率的に高めるリスク因子は，diseaseではあるかもしれないが医師から知らされないかぎりillnessではなかった．しかし，医師からその存在を指摘されて以降は，disease, sicknessと自覚するようになる．高齢者の初期認知症の認定，出生前診断など，病気の診断を確定すること自体が，その病気を社会化することにつながる難しい問題である．

　医療者はともすればこのdisease, illness, sicknessを一元的に解釈しがちで，科学的前提で疾病の原因解明とその治療に重きをおく傾向があるが，本当に患者が求めているのは，diseaseの治癒と同時に，illnessの緩解であり，sicknessからの復権であろう（Matsubayashi et al. 2009）．

6　21世紀人類の生存基盤の課題
── 非感染性疾患（Non-Communicable Diseases）と老化

6-1　人口増加と人口構造の変化

　20世紀初頭，地球人口は16億5,000万人となった．地球人口が15億人増えるのに，数千年の歳月を要したことになる．しかし，この100年間で，地球人口は16億から67億を超えるまでに増大した．わずか100年の間に50億人が増加したことになる．

　この100年は，驚異的な地球人口増加の世紀であるとともに，人間の平均寿命が飛躍的に伸びた世紀であることも前述した．平均寿命の延長には，

乳児死亡率の減少が大きく影響するが，同時に寿命の延長は，著明な人口構造の変化をもたらした．1950年ころは，日本を含むすべてのアジア諸国において，65歳以上の老人の割合は5％程度であり，15歳未満の子どもの割合は30-40％であった．とくに少子高齢化の著しい日本では，1970年に老人の割合は7％に達し，1994年には14％を超え，現在では22％に達している．今後20年では，75歳以上の後期高齢者が1,000万人増えて倍加する．2055年には，15歳未満の子どもと65歳以上の老人の比は1：4となることが推計されている．グローバルな現象である少子高齢化とともに，疾病構造も変化する．アジア・アフリカでも，21世紀は，非感染性疾患（Non-Communicable Disease; NCDs）と老化にともなう障害が，人間の生存基盤を考えるうえで大きな課題となる．長い歴史時代をつうじての周産期と乳幼児期の脅威であった感染症が一定程度克服されると，成人してからの疾病，すなわち糖尿病や高血圧，肥満，がんなどの，いわゆる生活習慣病がクローズアップされてくる．そして，同時に大きな課題となるのが，高齢期にみられるケアの問題である．

6-2　生活習慣病の進化論的意義

　少なくとも，人類とチンパンジーの共通祖先が分岐した700万年前からおよそ699万年の間，私たちの遺伝子はその乗り物である身体を狩猟や採集を行いながら小さな集団で暮らすように適応設計してきた．感染症に打ち勝つ免疫系の確立，外傷による出血を最小限にくいとめる止血機構の整備，飢餓を乗り越えるためのエネルギー貯蔵の機構，激しい運動にも耐えうる神経・筋肉の反応系など，人間の遺伝子は石器時代のアフリカにおける人間の生活様式と環境に最大に適応すべく人体を設計してきた．
　石器時代の成人の寿命は長くても30-40歳ぐらいであったから，この適応は最大30-40年くらいもてばよいように設計されていたに違いない．約1万年前から人類は農業を発明し，それまでの狩猟採集経済から農耕生活に徐々に移行し人口は稠密となってゆくのだが，平均寿命の長さに大きな変化はもたらされなかった．

しかし，とりわけ20世紀後半の50年間は，人類の生態700万年の歴史に驚異的な変革をもたらした．

先進諸国では，食糧供給が安定し人類が最も恐れた飢餓から解放され逆に飽食へと変化した．食成分についても貧困時代の糖質主体の食物はより高価な蛋白質，脂質にとってかわられた．産業構造の変化は肉体を動かす農業から終日座業へと人間のライフスタイルを変え，運動不足が恒常化した．しかし医学にとって何よりも顕著な革命は，人間の寿命が著しく延長したことである．

石器時代に最適応していた遺伝設計のもとでの人体は，人生80，90年を初めて経験することになる．

脂肪，砂糖，塩は，人類の進化の歴史のほとんどすべてをとおしてつねに不足していた．30歳から40歳を人生とするほとんどすべての人が，これらの物質を可能なかぎり多く摂取するのが健康的であり環境に適応していた．

しかし，近年になって初めて可能となった十分な塩分摂取は40歳を超えるころから高血圧を生み脳卒中をもたらす．人間が飢餓を乗り越えるためにエネルギーを貯蓄する身体機構は，飽食に出合って糖尿病を生み出した．脂肪を体内に貯蔵して食糧危機の際に有効に利用するシステムであるコレステロール代謝系は，40歳以降血管壁にも沈着しはじめ，これが動脈硬化となって心筋梗塞をもたらす．高脂肪の食事と寿命の延長のためにがんの発生もうなぎのぼりに上昇している．成長期に骨にカルシウムを取り込む機構は，中年以降，動脈にもカルシウムを沈着させて動脈硬化を促進する．

最近，高齢者の慢性疾患，心筋梗塞，脳卒中，骨粗しょう症などに影響を及ぼす種々の遺伝子多型がぞくぞくと判明している．しかし，これらの遺伝子多型も，若年期には有用な作用をしていたのかもしれない．ここでも，若いときに恩恵を与える効果と，歳をとってからコストを強いる効果の両方をもつ遺伝子のトレード・オフは，進化的文脈から考えると理解しやすい．

現在の先進国が直面している多くの慢性疾患は，人生30-40年の石器時代の環境には適応していた身体機構が，環境の急速な変化と寿命の延長によってもはや適応の予想を超えた状況といっても過言ではない．50年という時間は，遺伝子が進化適応して身体の調節機構を改変設計するためには，

あまりにも短すぎるのである．

6-3　新たな枠組み

「朝は4本足，昼は2本足，夕方には3本足で歩く動物は何か？」

この設問は，スフィンクスのなぞとしてよく知られており，老年医学の象徴である．

ギリシャ神話にあらわれる，上半身は人間の女性，下半身と尾は竜，背中には翼をつけた怪物スフィンクスが，テバイの城門の岩の上に座りこみ，道行く人にこのなぞをかけ，答えられなければ食い殺してしまったという．

「人は，幼時四肢で這い，成長するにしたがい2本足で立ち，晩年になると杖をついて3本足となる．すなわち，この問いの正解は，人間の生涯を暗示したものである」，このようにエディプス王がなぞを解くと，負けを認めた怪物スフィンクスは，岩から身を投じて自殺した，とギリシャ神話は伝えている．

2千数百年前のギリシャの時代，人間の生涯は杖をついた夕方で終わっている．

しかし現代では，人間の生涯は夕方では終わらない．そのあとに，要介護，寝たきりや認知症という長い「夜の時代」があり，この「夜の時代」にどのように対応すべきか，これこそが21世紀の老年医学の最大の課題である．

ギリシャ時代に遡るまでもなく，ついこの半世紀前まで，人類は社会全体としては，老いを切実な問題とは捉えていなかった．

19世紀以前は，世界のすべての文明において，人間の平均寿命は40歳に満たず，人間というものは特殊な例外を除いて，50歳から60歳ぐらいで死ぬものと考えられてきた．年をとり身体が弱って，杖を必要とするような年令になると，やがて，ロウソクの火が消えるように往生するのが，自然の摂理であると受容してきた．

したがって，少なくともこの半世紀前までは，社会も，人間は50歳から60歳ぐらいで死ぬものであり，60歳以上の高齢者が増えることはないという前提で組み立てられてきた．55歳定年制や，還暦の祝い，厚生年金など

に象徴されるように，家族行事，社会慣行，経済制度といった人間社会の構成原理は，人生ほぼ60年を前提とした枠組みだった．

しかし，いまや，人生80，90年型の社会が出現しはじめている．老人という，本来，ものを生産しない集団の増加は，「勤勉は美徳」としてきた，もの中心，生産と効率第一主義の社会の価値観を変えてゆくに違いない．

かつて，生きがい論の主人公であった青年は，その主役の座を，高齢者に譲りわたすようになるかもしれない．そのような時代が始まっている．

私たちの本邦におけるフィールド老年医学的研究から，高齢者によって重要なことは，急性疾患と同時に，生活習慣病（Matsubayashi et al. 1997a; Fujisawa et al. 2007），加齢による生活機能障害（Matsubayashi et al. 1996, 1997b, 1999），そして高齢者のQOL（Quality of Life; 生活の質）（Matsubayashi et al. 1997c, 2006）であることが浮き彫りとなった．

著しい寿命の延長と超高齢化は必然的に，虚弱高齢者や要介護者をもたらし，これらの多臓器に慢性疾患をかかえながら地域で生活している高齢者に対する対応のあり方が医学に問われている．私たちを産み育て，人間圏文化を継承・構築してきた高齢者に対して，後代がどのように謝し遇するのか，個人や家族，医学の枠組みを超えて社会が問われているこの課題は，人類の生存基盤に関わる重要なパラダイムである．

6-4 ニューギニアの高血圧

日本のはるか南方洋上に浮かぶ世界第二の大島ニューギニアは，東南アジア諸地域と同様，マラリアの猖獗地帯である．1562年にポルトガルの海洋探検隊によって発見され，1828年に西側半分がオランダ領となった．それでも，ニューギニアに入植したヨーロッパ人の数は少なかった．今日でも，居住民の大部分はニューギニア先住民で占められている．この状況は，南北アメリカ大陸やオーストラリア大陸，南アフリカの状況と対照的である．ニューギニアにヨーロッパ人が大量に定住するようにならなかった大きな要因の一つはマラリアをはじめとする熱帯病の存在であった．ヨーロッパ人はニューギニア低地の病原菌に敗北したが，ニューギニア人はユーラシアの病

第1編 ──• 生存基盤の歴史的形成

写真 4-1　山地（ソロバ）パプア人の血圧測定
出典：筆者撮影（1999 年 8 月）．

原にやられていない（Diamond＝倉骨訳 2000: 127-169）．
　自然環境的にニューギニアは，かつて，南米のアマゾンとならんで，最後まで残された世界の秘境とされてきた．大熱帯降雨林を形成し，中央高地をとりまく深いジャングルは人間の生活をはばみ，集落はわずかに，海岸地帯と中央高地の一部にかぎられている．
　ニューギニアには熱帯病ばかりでなく，特有の神経難病が知られている．筋萎縮性側策硬化症（ALS）とパーキンソン病・認知症複合症候群といわれる神経難病である．前者は，全身の筋肉が進行性に萎縮してゆく原因不明の難病で日本でも稀にみられるが，グアム島とニューギニアに多発する．筆者たちは 1999 年から毎年，ニューギニア西部（イリアンジャヤ ── 後にパプア）に多発する神経難病の医学調査を継続している（Okumiya et al. 2007）．
　原住民である山地パプア人の生活様式はきわめて原始的で，現在でも，石

第4章　人間の生存基盤と疾病

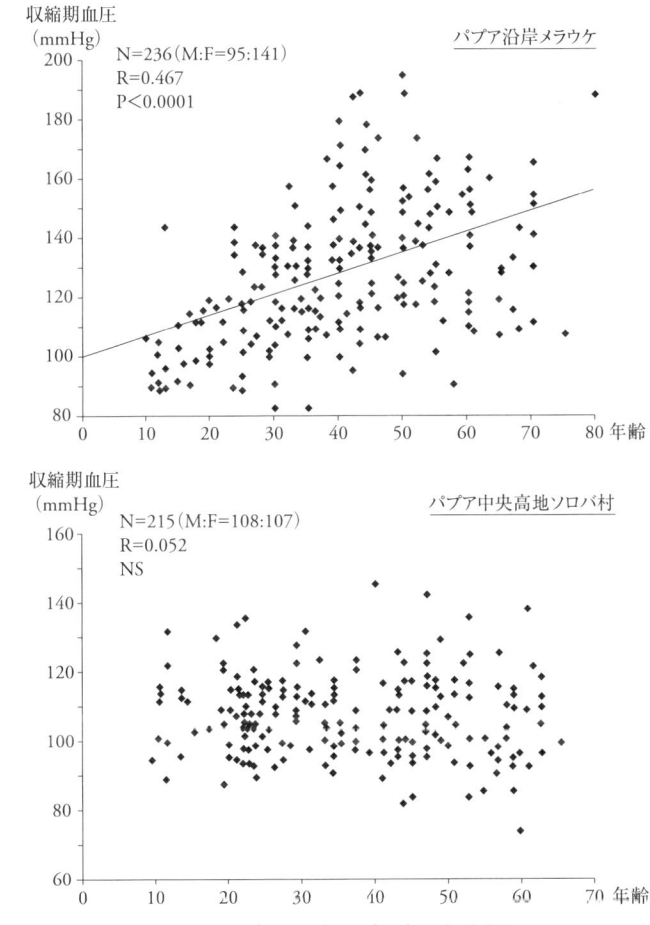

収縮期血圧
(mmHg)
N=236(M:F=95:141)
R=0.467
P<0.0001

パプア沿岸メラウケ

収縮期血圧
(mmHg)
N=215(M:F=108:107)
R=0.052
NS

パプア中央高地ソロバ村

図4-1　沿岸部（メラウケ）と山地（ソロバ）パプア人における収縮期血圧と年齢との相関
出典：筆者作成．

器時代に近い日常生活を営んでいる部族もある．彼等の衣服は，男子ではひょうたんを乾燥してつくったコテカと称するペニスケース，また女性も草の繊維からつくられたわずかな腰蓑をまとっているにすぎない（写真4-1）．火はよく乾いたトウと堅い木を摩擦しておこした焚き火が主体で，焼石で葉にくるんだ食物を蒸して調理し，通常ナベやカマを使用しない．中央高地にすむ

137

山地パプア人は，さつまいもが主食で，動物性蛋白はほとんどとらないが，体格は小柄ながらも頑丈で体力は抜群である．しかし，寿命は短いとされ，25歳を過ぎると急に老け込んでゆく．私たちの健診を訪れた総受診者は267名で，うち60歳以上の老人は12名（5%），最高齢65歳であった．中央高地では，まだ多産多死なのである．

　山地パプア人に特筆すべき医学的特徴の一つは高血圧の頻度がきわめて少ないことである．図4-1は，同じパプアでも西洋文明が浸透している南岸のメラウケと中央高地ソロバ村における健診受診者の収縮期血圧と年齢との関連をみたものである．現在では，地球上のほとんどすべての集団で加齢にともない血圧値は上昇するが，ソロバ村では，年齢と血圧の相関がみられない．また，収縮期血圧が140 mmHgを超える「高血圧」を示した者はわずかに2名にすぎず，150 mmHgを超える住民は皆無であった．ヒマラヤやチベット地域の高所住民ではすでに高血圧の波にさらされている（Okumiya et al. 2010, 2011）ことと対比しても，生活習慣病のグローバリズムは，山地パプア人にはまだ及んでいないと考えられる．

6-5　アジアに蔓延する糖尿病

　糖尿病とは，血液中の糖分をモニターしているインスリンの分泌量が少なくなったり，インスリンに対する細胞の感受性が低下する病態である．糖尿病は，先進国の経済的に豊かな人々のみにみられる生活習慣病と考えられてきた．しかし，近年，私たちの調査でも，アジア全域に糖尿病が激増していることが明らかとなっている（Suzuki et al. 2006; Okumiya et al. 2008, 2009）．感染症の流行は，規模の小さい順番から，エンデミック（地域流行），エピデミック（国内や数ヵ国の流行），そしてパンデミック（世界流行）に分類される．糖尿病は感染症ではないものの，アジアの糖尿病の現状については，パンデミックと形容されるようになってきた（Dans et al. 2011）．また糖尿病は，従来，裕福な層にのみ認められていたが，私たちのアジアにおける所見では，糖尿病の頻度は，経済的に裕福な層と同時に貧困層にも多く認められ，いわゆるJ-型カーブを描くことが明らかとなった（Okumiya et al. 2007）．貧困層では，

長い人生の期間でかぎられたカロリーに適応していた身体が，グローバリズムにともなう急激な過食と運動不足にもはや適応できずに糖尿病を結果しているのではないかと推測している．

進化医学的には，いつも血糖値をモニターしているインスリンは，血液中のブドウ糖があまっている場合，細胞取り込みを指示し，脂肪細胞には，それを油脂のかたちで保存し，不測の飢餓にそなえるよう準備させる．糖尿病は，飢餓状態に適応していたヒトという生物が，一気に飽食の時代に放り込まれた帰結ともいえる．気の遠くなるよう長い進化の過程で，不足と欠乏に対して適応してきた私たちの生理は，過剰さに対しては十分な準備がない．インスリンは，過剰に対して足るを知るための数少ない仕組みなのである．

アジアの全域で，非感染性疾患による死亡が全死亡の6割以上を占めるようになった (Dans et al. 2011)．約700万年の進化の過程をつうじて，感染性熱帯病に対しては強靱な抵抗力を示したアフリカでも，その徴候は始まっている．

疾病と生物学的適応にだけに限っても，寿命の延長にともなう生活習慣病と高齢期のケアに対して，アジア・アフリカの熱帯圏がいかなる対応を取りうるかが，21世紀の人類の生存基盤のターニングポイントになると思われる．

7 おわりに

周知のように，「古稀」という言葉が70歳を意味するのは，「人生70古来稀なり」という杜甫の詩句によっている．永い人類の歴史のいつの時代のどのような集団にも"老人"は存在したが，その数はきわめて少なく，人々は個人の「老い」と「死」を，疑う余地のない当然の運命として受け入れ，あらためて問い直すまでもない自然の摂理と考えてきた．

人の"老い"が個人の問題を超えて社会として認識され，人の「老化」が科学や医学の問題としてとりあげられるようになったのは，近々，この50年以内のことである．

多くの人間が30歳か40歳以前で亡くなっていた数百万年にわたる長い

先史時代，また多少の例外を除いて大多数の人が50歳か60歳くらいまでには死を迎えていた数千年に及ぶ歴史時代，そして，かなりの人が80歳，90歳まで生きるようになったこの数十年，その時代によって，「老人」の捉え方は各々異なっていたであろう．

　本章は，適応と疾病の問題を，とくに進化史との関連で考察してきた．生命進化のうえでの基本原理は，「繁殖するのに十分なほど長く生きる」ことであった．しかし，21世紀の人類は，「繁殖後にも十分長く生きる」という，生命進化のプリンシプルでは解けない課題に遭遇している．人間圏の生存基盤を考えるにあたっては，エネルギーや地球環境の問題と同時に，今後進展してゆく高齢社会をどのように構築するかが問われている．私たちは，20世紀後半になって，農業革命以降最大規模の人口革命，人類史上初の寿命革命を経験したが，人類の文化的遺伝子は，それまでの歴史上のあまたの課題よりもさらに多くの生存基盤に関わる課題と対峙せねばならなくなった．

　高齢者が，生の終わるその最後の瞬間まで，豊かな生きがいと従容とした自得をもって生き，そして尊厳をもって安らかな最期を迎える，という事態は，すぐれて個人的問題ではあるのと同時に，そういった社会の枠組み──人類の生存基盤──を，進化の産物である私たちの「脳-叡智」がはたしてつくりだせるか否かにかかっている（Matsubayashi et al. 2011; Matsubayashi and Okumiya 2011）．

　私たちが現実に信奉している学問は，その原理，演繹の整合性，帰納と合理的判断によってささえられている．しかし，人それぞれの一生のありさまは，長い人類の歴史のものさしからみると，一瞬のうちに飛び散ってしまう落ち葉の重みよりも軽く，現実におかれた必然として老いとともに，時間の流れのなかに過ぎ去ってしまう運命にある．たしかに存在する毅然とした地球圏・生命圏に比して，人は天地の間に生をうけながら，100歳に満たない無常のものとして消えてゆく．40億年の生命の歴史からみれば，人類の歴史700万年もつかの間のこと，さらに人の一生は一瞬の閃光よりもはかなくみえる．

　地球上の生命体のうえを，絶えまなく流れ続ける時間という大河のなかから，数百万年前に人は，脳というものをつうじてひとかけらの断片を手に入

れ，そこに"意味"を見いだした．人の脳は，悠久の時間の流れと広大無辺の地球上の生態系のなかから"意味"をきりとる作業を繰り返しながら，手に入れた"意味"の断片をつなぎあわせることによって，自己のなかにもう一つのかけがえのない時間を描き出した．それが人の一生であり人の老いでもある．またここに，人の「生きがい」の問題も凝縮されている．人間圏には，たとえそれがいつの時代，どのような場所であっても，ゲノムをつうじて普遍的な生物悠久の時間の流れが刻まれており，生態系の多様性のなかで人々がその生に"意味"をもたせるために脳をしてつくりあげた文化という価値観が凝縮している．いや，それだけではない．それにもまして人間にはなお，なにものにも還元できない個人としての時間的"意味"が付与される．

私の青春時代から登山というフィールドをつうじての畏友，京大霊長類研究所の松沢哲郎が，ライフワークであるチンパンジー研究から到達した結論，「絶望するのも希望をもつのも人間だから」（松沢 2011）というメッセージには感銘を受ける．

人類がこれからさきどのくらいの期間にわたって存続できるのか，地球外に生命体が存在するのか否かについては，現在までのところ明らかではない．

しかし人類は，たとえかぎりなく厳しい地球社会の環境状況をむかえても，少なくとも「夢と希望」をはぐくむ能力が与えられた進化的な存在であり，私たちがもっている「想像のちから」こそが，人類の生存基盤パラダイムの転換を可能にする潜在力を示唆していると思われる．

参考文献

Cochran, G. and H. Herpending 2009. *The 10,000 Year Explosion. How Civilization Accelerated Human Evolution*, New York: Brockman Inc.（吉川奈々子訳『1万年の進化爆発 —— 文明が進化を加速した』日経BP，2010年）．

Dans, A., N. Ng, C. Varghase, E. T. Shyong, R. Firestone and R. Bonita 2011. "The Rise of Chronic Non-communicable Diseases in Southeast Asia: Time for Action", *Lancet*, 337: 680-689.

Dawkins, R. 1986. *The Blind Watchmaker*, Norton and Company, Inc.（日高敏隆監修，中島康裕・遠藤彰・遠藤知二・疋田努訳『盲目の時計職人 —— 自然淘汰は偶然か？』早川書房，2009年）．

—— 2004. *The Ancestor's Tale: A Pilgrim to the Dawn of Life*, Boston: Houghton Mifflin（垂水雄

二訳『祖先の物語（上・下）』小学館，2006年）.
—— 2009. *The Greatest Show on Earth: The Evidence for Evolution*, London: Bantam Press（垂水雄二訳『進化の存在証明』早川書房，2009年）.
Diamond, J. 1991. *The Third Chimpanzee*, New York: John Brockman Associates（長谷川眞理子・長谷川寿一訳『人間はどこまでチンパンジーか？ —— 人類進化の栄光と翳り』. 新曜社，2001年）.
—— 1997. *Guns, Germs, and Steel: The fates of Human Society*, New York: W. W. Norton and Company, Inc.（倉骨彰訳『銃・病原菌・鉄（上・下）』草思社，2000年）.
Eaton, S. B., Shostak and M. Konner 1988. *The Paleolithic prescription*, New York: Harper and Row.
Fortey, R. 1997. *Life: An Unauthorized Biography*, HarperCollins Publishers Ltd.（渡辺政隆訳『生命40億年全史』草思社，2003年）.
Foster, R. and L. Kreitzman 2004. *Rhythm of Life*, London: Profile Books Ltd.（本間徳子訳『生物時計はなぜリズムを刻むのか』日経BP，2006年）.
Fujisawa, M., M. Ishine, K. Okumiya, K. Otsuka and K. Matsubayashi 2007. "Trends in Diabetes", *Lancet*, 369: 1257.
長谷川眞理子 2002.『ヒト，この不思議な生き物はどこから来たのか』ウエッジ.
松林公蔵 2003.「医学における普遍性と多様性 —— フィールド医学の現場から」『エコソフィア』12: 90-95.
—— 2011「なぜ人は高地で暮らすようになったのか —— 生理・進化的適応」奥宮清人編『生老病死のエコロジー —— チベット・ヒマラヤに生きる』昭和堂，1-19頁.
松林公蔵・奥宮清人 2006.「世界一の長寿社会を達成した近代日本の歩み」田中耕司編『「帝国」日本の学知 第7巻 実学としての科学技術』岩波書店，177-214頁.
Matsubayashi, K., K. Okumiya, T. Wada, Y. Osaki, Y. Doi and T. Ozawa 1996. "Secular Improvement in Self-care Independence of Old People Living in Community in Kahoku, Japan", *Lancet*, 347: 60.
Matsubayashi, K., K. Okumiya, T. Wada, Y. Doi and T. Ozawa 1997a. "Home-blood Pressure Control in Japanese Hypertensive Population", *Lancet*, 350: 290-291.
Matsubayashi, K., K. Okumiya, T. Nakamura, M. Fujisawa and Y. Osaki 1997b. "Global Burden of Disease", *Lancet*, 350: 144.
Matsubayashi, K., K. Okumiya, Y. Osaki, M. Fujisawa and Y. Doi 1997c. "Quality of Life of Old People Living in the Community", *Lancet*, 350: 1521-1522.
Matsubayashi, K., K. Okumiya, Y. Osaki, M. Fujisawa and Y. Doi 1999. "Frailty in Elderly Japanese", *Lancet*, 353: 1445.
Matsubayashi, K., K. Okumiya, T. Wada and M. Ishine 2006. "Older Adult's View of 'Successful Aging': Comparison between Japanese and American Elderly", *Journal of American Geriatrics Society*, 54: 184-186.
Matsubayashi, K., M. Ishine, T. Wada, Y. Ishimoto, Y. Kasahara, Y. Kimura, M. Nakatsuka, R. Sakamoto, M. Fujisawa, K. Okumiya and K. Otsuka 2009. "Changing Attitudes of Elderly

Japanese toward Disease", *Journal of American Geriatrics Society*, 57(9): 1732-1733.
Matsubayashi, K., M. Ishine, T. Wada, Y. Ishimoto, M. Hirosaki, Y. Kasahara, Y. Kimura, E. Fukutomi, W. L. Cheng, R. Sakamoto, M. Fujisawa, K. Otuska and K. Okumiya 2011. " 'Field Medicine' Reconsidering for 'Optimal Aging' ", *Journal of American Geriatrics Society*, 59 (8): 1568-1570.
Matsubayashi, K. and K. Okumiya 2011. " 'Field Medicine': A New Paradigm of Geriatric Medicine", *Geriatrics and Gerontology International*, 12: 5-15.
松沢哲郎 2011.『想像するちから —— チンパンジーが教えてくれた人間の心』岩波書店.
Morrison, P. and P. Morrison 1983. *Powers of Ten*, San Francisco: Scientific American Books (村上陽一郎・村上公子訳『Powers of Ten —— 宇宙・人間・素粒子をめぐる大きさの旅』日経サイエンス, 2010 年).
NHK「地球大進化」プロジェクト 2004.『NHK スペシャル：地球大進化 —— 46 億年・人類の旅 (全 6 巻)』日本放送出版協会.
McNeill, W. H. 1976. *Plagues and People*, New York: Gerald McCauley Agency (佐々木昭夫訳『疾病と世界史 (上・下)』(中公文庫) 中央公論新社, 2009 年).
Morris, S. C. (松井孝典監訳) 2010.『カンブリア紀の怪物たち：シリーズ「生命の歴史」-1 進化はなぜ大爆発したか』(講談社現代選書) 講談社.
大塚邦明 2010.『100 歳を可能にする時間医学』NTT 出版.
大塚柳太郎・鬼頭宏 2001.『地球人口 100 億の世紀 —— 人類はなぜ増え続けるのか』(ウエッジ選書) ウエッジ.
Okumiya, K., M. Fujisawa, M. Ishine, T. Wada, R. Sakamoto, Y. Hirata, E. G. Del Saz, Y. Griapon, A. Togodly, N. Sanggenafa, A. L. Rantetampang, Y. Kokubo, S. Kuzuhara and K. Matsubayashi 2007. "Fieldwork Survey of Neurodegenerative Diseases in West New-Guinea in 2001-02 and 2006-07", *Rinsho Shikeigaku*, 47(11): 977-978.
Okumiya, K., M. Ishine, T. Wada, T. Pongvongsa, B. Boupha and K. Matsubayashi 2007. "The Close Association between Low Economic Status and Gucose Intolerance in Elderly Subjects in a Rural Area in Laos", *Journal of American Geriatrics Society*, 55: 2101-2102.
Okumiya, K., M. Ishine, T. Wada, M. Fujisawa, T. Pomgvongsa, L. Siengsoutbone, B. Boupba and K. Matsubayashi 2008. "Improvement in Obesity and Glucose Tolerance in Elderly People after Lifestyle Exchange 1 Year after an Oral Glucose Tolenrance Test in a Rural Area in LAO People's Democratic Republic", *Journal of American Geriatrics Society*, 56: 1582-1583.
Okumiya, K., R. Sakamoto, Y. Kimura, M. Ishine, Y. Kosaka, T. Wada, C. Wada, M. Nakatsuka, Y. Ishimoto, M. Hirosaki, K. Kasahara, A. Konno, W. L. Chen, M. Fujisawa, Otsuka K, Nakashima M, H. X. Wang, Q. X. Dai, A., Yang J. D. Gao, Z. Q. Li, H. S. Qiao, Y. S. Zhang, R. L. Ge and K. Matsubayashi 2009. "Comprehensive Geriatric Assessment of Elderly Highlanders in Qinhai, China II: The Association of Polycythemia with Lifestyle-related Diseases among the Three Ethnics", *Geriatrics and Gerontology International*, 9(4): 342-351.
Okumiya, K., R. Sakamoto, Y. Kimura, Y. Ishimoto, T. Wada, M. Ishine, M. Ishikawa, S. Nakajima, R. Hozo, R. L. Gr, T. Norbobb, K. Otsuka and K. Matsubayashi 2010. "Strong

Association between Polycythemia and Glucose Intolerance in Elderly High-altitude Dwellers in Asia", *Journal of American Geriatrics Society*, 58(3): 609-611.

Okumiya, K., E. Fukutomi, Y. Kimura, Y. Ishimoto, W. Chen, M. Ishikawa, R. Hozo, R. Sakamoto, T. Wada, K. Otsuka, T. Inamura, M. Lazo, P. Lu, P. J. Garcia and K. Matsubayashi 2011. "Strong Association between Polycythemia and Glucose Intolerance in Elderly High-altitude Dwellers in the Andes", *Journal of American Geriatrics Society*, 59(10): 1971-1973.

Stein, L. D. 2004. "End of the Beginning", *Nature*, 431: 915-916.

Suzuki, K., K. Okumiya, M. Ishine, T. Sakagami, M. Roriz-Cruz, I. Rosset, T. Pongvongsa, B. Boupha and K. Matsubayashi 2006. "High Prevalence of Diabetes Mellitus in Older People in a Rural Area in Laos", *Journal of American Geriatrics Society*, 54(11): 1791-1792.

辻一郎 1998.『健康寿命』麦秋社.

第 2 編

近代世界システムと熱帯生存圏

第2編のねらい

　第2編は，近現代史を念頭に置き，人間圏，とくに温帯で生まれた技術革新が熱帯生存圏をどのように変容させてきたのか，変容させようとしているのかを論じる．

　過去2世紀の世界は，イギリス産業革命に発する工業化の世界的普及によって大きな変貌を遂げた．それは，生産の機械化と生産量の画期的な増加，交通革命による世界経済の成立，移動，移民，都市化と人口の増加を誘発するとともに，欧米における生活水準の上昇と非ヨーロッパ世界の植民地化，つまり西洋の経済的，政治的，軍事的優位をもたらした．したがって，その歴史的分析の焦点は，原動力となった西ヨーロッパとアメリカ合衆国を中心とする温帯先進国のイニシアティブに置かれてきた．

　しかし，本書の観点からすれば，こうした「温帯の優位」は，地球圏，生命圏の論理をグローバルな文脈で十分に咀嚼した動きではなかったことが注目される．とくに欧米で生まれた技術を生態環境の異なる熱帯地域にそのまま持ち込んだ場合にはしばしば大きな不適合が起きた．本編は，熱帯生存圏が温帯における経済と技術の発展にどのようなインパクトを受け，いかなる対応を迫られてきたのかを論じた3本の論考を収録する．ここでの焦点は，温帯の発展を支えた近代的な技術でもなければ，熱帯地域に蓄積された在来の技術でもなく，温帯と熱帯のあいだに生じた，あるいは生じつつある，まさしく地球規模での技術革新とその伝播の帰趨をどう理解するかにある．

　第5章は，石炭，石油などの大量の使用による「化石資源世界経済」の興隆を取り上げ，それが先進国の技術の発展径路に与えた影響を論じるとともに，その熱帯バイオマス社会への影響を検討する．西洋型径路は，19世紀以降，資本集約的・資源集約的技術によって世界経済をリードしてきたが，1970年頃からエネルギー集約度（GDP一単位当たりのエネルギー消費量）が世界的に下がりはじめ，長いあいだ東アジア型径路が維持してきた水準に収斂した．しかし世界経済の化石エネルギー依存自体は依然深刻で，とくに成長アジアの消費は急増している．他方，熱帯の発展途上国では，化石エネルギーへの依存度も高まっているが，なおその生存基盤を効率の悪いバイオマス・エネルギーに依存している社会が広汎に存在する．近年の資源・エネルギー価格の高騰は，成長国よりもこうした貧しい途上国に大きな負担になっており，それが森林伐採，環境劣化への対応を難しくしている．

　第6章では，温帯と熱帯の双方に広がる「アジア稲作圏」における農業技術の普及を検討し，日本発の技術が台湾を経てインドネシアなどの東南・南アジアに，すなわち温帯から熱帯へと広がっていった過程を跡づける．小麦，トウモロコシ，稲という世界の3大穀類のなかで，稲はとうもろこしとともに，温帯域から亜熱帯・熱帯域にわたる，小麦よりも温暖な地域に広く分布する．しかも稲作は，水田依存性と持続的

で安定した水田生産力のために，モンスーン・アジアに集中している．東南アジア，南アジアなどに根づきつつある多毛作化，灌漑，緑の革命は，温帯と熱帯をまたぐ生態的なまとまりをもつ「アジア稲作圏」における，きわめて影響力の大きい技術移転の例である．それは，温帯から熱帯への技術移転という文脈においても傑出した世界史的意義をもっているように思われる．本章はさらに，この達成がアフリカを含む他の熱帯地域にも普及する傾向に期待を寄せるとともに，困難に直面する日本や東アジアの農業が，熱帯における生存基盤持続型発展への多様な取り組みと共鳴しつつ再生する可能性にも言及している．

　第7章は，その「アジア稲作圏」に大量の水を供給しているヒマラヤ水系を取り上げ，その根幹を揺るがしかねないダムの建設をめぐる問題に光を当てることによって，モンスーン・アジアの生態的まとまりを律する「水」の重要性を浮き彫りにする．中国政府は，近年，北部などにおける水資源の窮迫を背景に，西部を緩衝地帯として利用するという長い間守られてきた政策を捨て，積極的な資源開発政策（とくに水の確保と電源の開発）をとるようになった．もっとも憂慮されるのは，チベットにおける河川の付け替えであり，これがヒマラヤ水系をめぐる環境の大きな改変につながることである．そしてこの問題は，中国一国にとどまらず，ヒマラヤ水系に発する大河川に水資源を頼る南アジアや東南アジア諸国にも死活の影響を与えると論じている．その叙述は，ヒマラヤ水系に発する南アジア，東南アジア，中国の主要河川のほとんどをカバーしており，アジアの水循環から見た国際政治経済秩序論として興味深い．本章は，中国の国力増大，国際河川や水源に関する制度の不備，そして何よりも土木技術の発達が作りだした新しい「温帯の優位」を指摘しているとも読めるだろう．

　熱帯生存圏から見れば，第5章が経済的な，第7章が政治的な，温帯からの圧迫を取り出して議論しているのに対し，第6章は技術移転の長期的連鎖の成功を描いているとも言える．しかし，先端的な技術の導入よりも労働集約的な技術の段階的改善に解決策を見出そうとしている点では，3つの章のスタンスは共通しているように思われる．

［杉原　薫］

第5章

「化石資源世界経済」の興隆と
バイオマス社会の再編

杉 原　　薫

1 はじめに

　地球圏の論理を規定するのは太陽系の運動，とくに熱帯を軸とする太陽エネルギーの吸収と，水・熱循環である．他方，生命圏の論理を規定するのは生命活動の最も活発な熱帯生命圏であり，なかでも生態系の総合的な保全の観点から，熱帯の森林に蓄積されたバイオマスとそれが保証する生物多様性が重要である．地球を全体としてみたときの生存圏における熱帯の基軸性は，この二つの観察を根拠とする．本書第1編で明らかにしたように，人類史は熱帯から生まれ，人類は長い間熱帯を主たる生存圏としてきた．そして，そこで利用されてきたエネルギーは，原動力としては人力，畜力，水力，風力などが重要であったが，火の使用と関連して決定的に重要になった熱エネルギーの供給源はバイオマスであった．薪，炭，作物残滓，糞などのバイオマス燃料が家庭用・産業用のほとんどの熱を供給した（Smil 1994: 93-94）[1]．

---

1) 本章では，バイオマスを，主として再生可能なエネルギー資源の観点から扱うが，言うまでもなくバイオマスは人間にとってさまざまな価値を有するので，ここでの扱いは部分的なものである．「バイオマス社会」は，後述するように，より包括的な概念として使用される．

文明がしだいに熱帯から温帯に広がったのは，熱帯で形成された作物栽培の技術などが普及したこともあるが，そのような受容が可能となった大きな理由は温帯におけるミクロ寄生の脅威の少なさと，「資源の稀少性」，つまり生存圏としての地球における温帯の周辺性にあった．温帯で生存リスクを下げ，資源の稀少性を克服する技術や制度を生み出すことによって，温帯は熱帯を凌ぐ文明を形成することができたのである（本書序章）．

しかし他方で，過去2世紀における化石資源（石炭，石油など）の大量の使用は，それまで保たれてきた熱帯と温帯との間の均衡を根本的に破壊した．イギリス産業革命以降，蒸気機関を動力とする機械の利用によって，「高度有機経済」（Wrigley 1988）では不可能だった大量生産，大量輸送，労働生産性の向上が可能となり，19世紀後半には人類の消費する総エネルギーのなかで，石炭の消費が従来のバイオマス・エネルギーの消費を上回った（図5-1）[2]．石炭と蒸気機関を使った鉄道，蒸気船によって，遠方の土地（新大陸など）や新資源（鉱山・プランテーションなどで開発）が欧米を中心とする世界経済圏に組み込まれ，「化石資源世界経済」が出現した．

そしてその過程は石油の登場によって加速し，20世紀後半には主力エネルギーが石炭から石油へ転換した．20世紀末には世界のエネルギー消費の大部分が化石資源を使ったものとなり，原油価格の動きが世界経済に大きな影響を及ぼすようになった[3]．エネルギー利用における熱帯と温帯の主導性の逆転は，植民地化の時期と重なっていたが，温帯の圧倒的優位は脱植民地化後も長い間変化の兆しをみせていない．しかも，温帯の先進国が使う石油の多くは，現在は中東をはじめとする熱帯，亜熱帯の発展途上国で産出されている．

世界人口の過半を占める熱帯の住民の側からみれば，こうしたエネルギー資源の「化石資源化」は，熱帯生存圏における生態上のバランスを不安定にさせる最大の要因だった．熱帯においてもエネルギー消費は拡大してきたが，

---

[2] 厳密に言えば石炭も石油も本来はバイオマス起源であるが，ここでは人類社会の「ライフスパン」のうちに再生が不可能と考えられているものは，いわゆるバイオマスと区別された化石資源と考える．

[3] 石炭と石油は，多くは主としてエネルギーを得るために使われるが，同時に工業原料などの一般資源としても利用される．本章では，主としてエネルギー資源の観点から考察する．

第 5 章 「化石資源世界経済」の興隆とバイオマス社会の再編

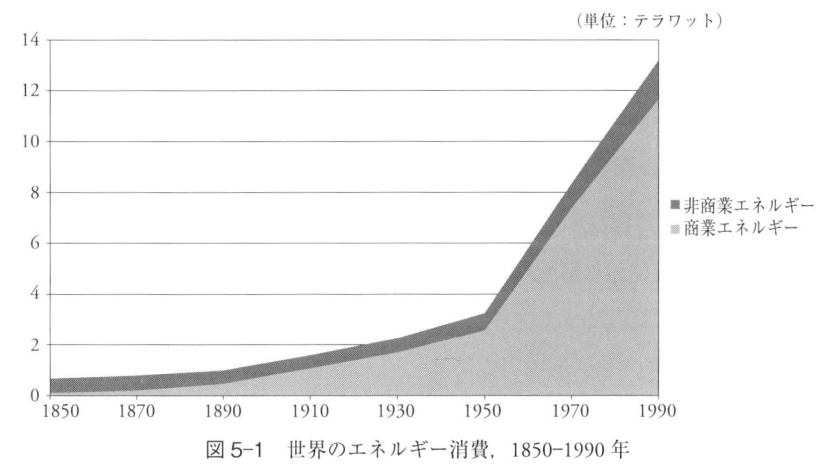

図 5-1 世界のエネルギー消費，1850-1990 年
註：商業エネルギーは，石炭，石油，天然ガスおよび二次エネルギーとしての電力を石油換算したもの，非商業エネルギーはその他．表 5-1，図 5-2，図 5-3 も同じ．
出典：Schipper and Meyers (1992: 8).

　多くの発展途上国では，人口の増加にともなって，ローカルなバイオマス・エネルギーへの依存を維持しつつ，不足分をしばしば化石資源のかたちで外国から購入せざるを得ず，しかもその外貨を獲得するために輸出産品を生産しようと耕地をさらに拡大したり，森林を減少させたりすることが少なくなかった．化石資源化は，この両面から発展途上国の環境に大きな負荷をかけることになった．熱帯における森林減少・環境劣化の歴史は化石資源の世界経済への登場と切り離して考えることはできない．

　本章の課題は，こうした化石資源世界経済の興隆の過程を概観し，その熱帯生存圏へのインパクトを検討することである．次節では化石資源世界経済の興隆がどのように世界経済の構造を変え，とくに原油価格高騰以降のエネルギー問題に世界経済がどう対応してきたかを検討する．第 3 節では，化石エネルギーの登場による熱帯生存圏の変容と，そのなかでのバイオマス・エネルギーの役割を論じる．最後に，バイオマス社会の再編による熱帯生存圏の持続性の確保という観点から世界経済の発展径路を展望する．

2 化石資源世界経済の形成と展開

2-1 エネルギー転換

18世紀までの世界は，通常は農業社会，あるいは前工業化期の社会と把握される．しかし，人類が地球圏，生命圏からどのような資源・エネルギーを得て生存基盤を維持してきたかという観点からすれば，それは，農業社会というだけでなく，生命圏から得た資源・エネルギーに総合的に依存する「バイオマス社会」でもあった．近世西ヨーロッパの「高度有機経済」においても，人力，畜力，水力，風力が高度に利用されるとともに，耕地，牧地だけでなく，森林，草地などのバイオマス資源が多くの熱エネルギーを供給していた．

19世紀に始まる石炭の本格的な利用は，蒸気機関を動力とする工場制度の成立と，鉄道建設と蒸気船の就航が牽引する第一次交通革命によって，西ヨーロッパとアメリカの主導する「大西洋経済圏」の発展を可能にした．たとえばイギリスの綿工業における動力の転換は典型的には水力から蒸気機関へ，国内の交通は馬力から蒸気機関車へと転換した．鉄道の燃料として石炭は薪よりも効率が良く，蒸気船は帆船よりも遠隔地航路における性能が良いといった認識が世界的に普及していくにはある程度の時間がかかった．それでも，大西洋経済圏におけるエネルギー源は，他の地域と比べれば，化石資源，とくに石炭に急速に転換した（Harley 1988）．欧米諸国はエネルギー集約型の発展径路をたどり，世界経済は地球圏から得たエネルギーに依存するようになったのである．

近代工業や交通の分野における化石エネルギーの利点は，他のエネルギーより安定した供給が可能であり，かつ一単位のGDPをつくり出すためのエネルギー消費量が少なくて済む（エネルギー効率が良い）ことであった．エネルギー転換は，産業と交通の分野にかぎられていたわけではない．西ヨーロッパでは，石炭が早くからさまざまな分野にももちいられた（Wrigley 2010: 36-46; Clark 1990: 23）．非商業エネルギー（おもにバイオマス．商品化された薪，炭

表5-1 世界エネルギー消費の地域別種類別構成，1952年

(単位：百万メガワット時)

	固形燃料	液体燃料	商業エネルギー計	非商業エネルギー計	総計
ヨーロッパ	4,262.0 (77.7)	671.9 (12.2)	5,093.0 (92.8)	395.4 (7.2)	5,488.4 (100.0)
フランス	621.6 (76.0)	122.4 (15.0)	769.4 (94.1)	48.2 (5.9)	817.6 (100.0)
ドイツ	1,109.3 (90.4)	53.6 (4.4)	1,175.9 (95.8)	51.2 (4.2)	1,227.1 (100.0)
イギリス	1,669.7 (89.9)	179.5 (9.7)	1,850.9 (99.7)	5.7 (0.3)	1,856.5 (100.0)
北アメリカ	3,562.2 (34.1)	3,824.3 (36.6)	10,075.3 (96.5)	364.8 (3.5)	10,440.0 (100.0)
アメリカ合衆国	3,272.0 (33.5)	3,598.2 (36.9)	9,464.6 (97.0)	289.0 (3.0)	9,753.6 (100.0)
中央アメリカ	12.0 (3.3)	194.6 (53.2)	237.5 (64.9)	128.2 (35.1)	365.7 (100.0)
南アメリカ	72.2 (10.2)	273.0 (38.7)	386.4 (54.8)	318.4 (45.2)	704.8 (100.0)
オセアニア	180.2 (57.5)	88.8 (28.3)	274.2 (87.5)	39.4 (12.6)	313.5 (100.0)
アジア	745.4 (29.6)	251.9 (10.0)	1,057.3 (42.0)	1,457.2 (57.9)	2,514.6 (100.0)
日本	370.5 (64.7)	49.6 (8.7)	461.4 (80.5)	111.6 (19.5)	572.9 (100.0)
アフリカ	265.1 (34.6)	112.1 (14.6)	379.0 (49.5)	386.9 (50.5)	765.9 (100.0)
総計	9,099.1 (44.2)	5,416.6 (26.3)	17,502.7 (85.0)	3,090.3 (15.0)	20,592.9 (100.0)

出典：UN (1956: 18-20).

などを含む)の世界推計はかぎられているが,国際原子力機関の調査(1952年)によれば，20世紀中葉の時点で西ヨーロッパが主として石炭に依存していたのに対し，アメリカ大陸はすでに石油の消費を増やしていた．欧米諸国においては，バイオマス・エネルギーは生産，交通の分野にとどまらず，家庭における料理用，暖房用，採光用エネルギーの分野でも石炭，石油，天然ガスおよびそれらを主たる第一次エネルギー源とする電力に主導権を譲ってしまったものと考えられる(表5 1)．

20世紀後半における世界経済の生産力のさらなる上昇を主導したのは，資本集約的・資源・エネルギー集約的な技術革新である．そして，それを可能にしたのは主力エネルギーの交替であった．世界の商業エネルギー供給量で石油が石炭を凌駕するのは1960年代のことである．石炭の比率は，1938年の72%から，1945年の66%，1961年の48%，1970年の33%へと減少し，石油の比率はそれぞれ21%，23%，33%，45%へと上昇した．20世紀後半のエネルギー史においては，エネルギー革命といえば，石炭から石油への径

路転換をイメージすることも少なくない．天然ガスもまた比率を着実に上昇させた (Clark 1990, Table 4.1)．

石炭と石油は，代替性をもっていたとはいえ，インフラや産業構造の方向を決めるという点においては発展径路に異なった影響をもつエネルギーであった．石油ベースの経済発展は，世界経済全体が少数の産油地域，とくに中東地域に決定的に依存したので，覇権国の軍事的政治的な介入による原油の確保に依存する傾向を生んだ．世界の軍事費の増加は石油資源の確保と密接に結びつき，石油依存の隠れたコストを構成してきた（杉原 2010a）．

産業構造においても，石油は 20 世紀に特有の新たな連関をつくりだした．人造繊維，人造肥料，プラスチック，ガソリンなどは，多くの産業の素材を，バイオマス起源から化石資源起源に変えた．オイル・リファイナリーは，たんなる原油の精錬ではなく，石油化学コンビナートの中心であり，しばしばその総称ともなった．「第二次交通革命」への貢献も大きい．自動車産業ではガソリンだけでなく，車体も新素材に頼るようになったほか，海運，航空機輸送の急成長もまた燃料としての石油を前提としていた．こうして起こった交通革命は，太平洋が一つの経済圏となることを可能にし，「アジア太平洋経済圏」の興隆を演出した（杉原 2003）．遠隔地貿易の飛躍的拡大が，土地の制約からの解放だけでなく，地域生存圏に固有の資源・エネルギーの制約からの解放を意味したことは言うまでもない．

こうして地球圏由来のエネルギー資源と生命圏由来のそれとのバランスは劇的に変化した．すなわち，20 世紀中葉においては，工業化はまだ基本的な原料・食料を生命圏起源のものに依存していた．L. イェーツ（Latimore Yates）の古典的研究によれば，1952 年の段階で，第一次産品といえば，まず棉花や米，小麦，砂糖を思い浮かべた（Yates 1959: 63, 104, 123）．ところが，20 世紀末までに，土地起源の原料・食料が世界貿易額に占める割合は，化石資源のそれよりもはるかに少ないものになってしまった．今日では，世界貿易額のレベルでみるかぎり，農林水産物の総額は化石燃料資源の総額よりも少ない．しかも，この両者を含む第一次産品の重要性は大きく低下し，工業品が世界貿易のなかで圧倒的な比重を占めるようになった．生命圏由来の資源やエネルギーが，化石資源のように政治的軍事的な注意をひかなくなっ

ただけでなく，その商業価値も半世紀前に比べて相対的に低く評価されるようになったのは明らかである．

2-2 資本・エネルギー集約型工業化

二つの世界大戦は，国家が膨大な資源を軍事化，戦争の遂行，戦後処理に費やすことを常態化させた．第二次世界大戦後も，ソ連を中心とする対抗システムの成立と冷戦体制が世界経済の軍事化を促進した．非日常的な完全さを求める軍事技術は，世界市場のニーズとかけ離れた高精度の技術や高品質の製品を生み出した．民間へのスピル・オーバー効果を考慮しても，それが技術革新の方向を資源・エネルギー集約的にする傾向があったことは否定しがたい．

図 5-2 は，20 世紀における世界主要国の商業エネルギー集約度の趨勢を示すために，商業エネルギー供給量（石炭，石油，天然ガス，二次エネルギーとしての電力を一次エネルギーに換算したもの）を GDP（購買力平価，1990 年基準）で除した値を示したものである．1925-1965 年についての石炭換算のデータと，1960 以降の国際エネルギー機関による石油換算のデータをラフにつなげた．商業バイオマス（薪，炭など）は，非商業エネルギーに分類されているので，含まない[4]．社会主義国も含め，主要国をほぼ網羅している．

見られるように，アメリカは，世界の生産力の向上を主導しつつ，他国が模倣できないほど資本集約的，資源・エネルギー集約的な経済になり，1960年代まで世界の商業エネルギーの 4 割前後を消費していた．そしてその集約度は，緩やかに低下はしたものの，1970 年代まで長い間世界水準よりはるかに高いままだった．対抗勢力としての戦後の社会主義国（ソ連，中国）の集

---

4) ただし，国際エネルギー機関の初期の刊行物（*Energy Balances* や *Energy Statistics*）における「非商業エネルギー」の扱いは必ずしも一様ではない．初期には OECD 諸国については商業エネルギーだけを集計していた一方で，非 OECD 諸国では伝統的バイオマス燃料も（やや低い数値のものではあるが）集計されていた．1990 年ごろから「可燃性再生可能エネルギーおよび廃棄物」(combustible renewables and waste) が世界統計に含まれた結果，バイオマス・エネルギーの利用も明確に算入されるようになった．なお，国際エネルギー機関の資料の 2011 年版では，この項目は「バイオ燃料および廃棄物」(biofuels and waste) という名称に変更された．

図 5-2 主要国の商業エネルギー集約度, 1925-2008 年

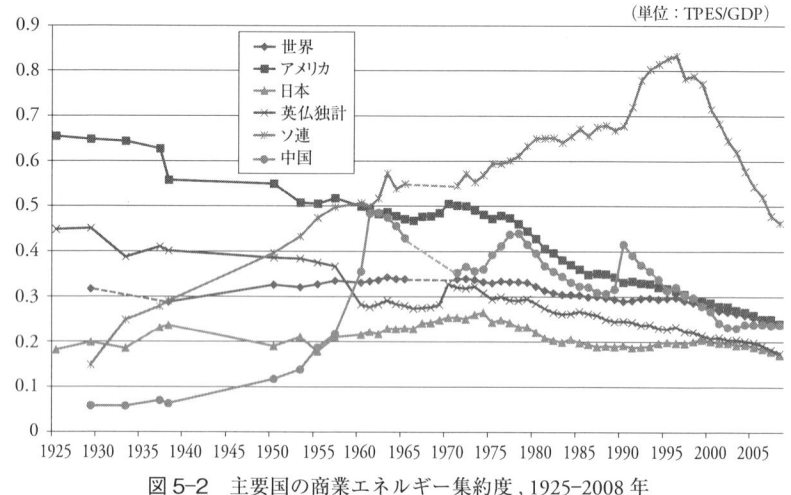

註：1965 年までは，石油換算した商業エネルギー消費量．図 5-3 も同じ．1990 年ころ以降の商業エネルギーの範囲につき，本文を参照．
出典：TPES は Darmstadter (1971) および IEA, *Energy Balances of OECD Countries*. Do., *Energy Balances of Non-OECD Countries*. GDP は Maddison (2011).

約度も，冷戦体制の時期に急速に高くなり，ソ連（と崩壊後の旧ソ連）は 20 世紀後半をつうじて異常に高い数値を示している．他方，アジア諸国はバイオマス・エネルギーへの依存度が相対的に高く（表 5-1)，化石資源の利用においても欧米諸国以上にエネルギーの節約に熱心だった．このように，化石エネルギー利用の形態には 1960 年代まで大きなバラツキがあった．

　そのことの意味は複雑であるが，両大戦間期以降，資源・エネルギー利用が量的に拡大するとともに多様化し，従来の土地，労働，資本という要素賦存の枠組を超えて，石炭，石油（主としてエネルギー用）の利用が発展径路に影響するようにはなったものの，技術革新の観点からは商業エネルギーの集約度は中心的関心事ではなかったことを示唆しているように思われる．商業エネルギーの消費量は圧倒的に資本集約型工業化を進める国に集中しており，重化学工業の発達や，鉄道・自動車などの交通機関の普及はエネルギー集約度のいかんにかかわらず重要だと考えられていた．他方，労働集約型の発展径路を歩んだ国のエネルギー集約度は資本集約型径路の歩んだ国ほどに

は悪化しなかった．しかし，それらの国の多くも，みずからもいずれは重化学工業化すべきだと思っていたことも否定しがたい．

優秀な科学者・技術者たちも，化石資源への依存度の上昇とバイオマス資源（とくに森林）の減少（後述）という世界的趨勢に対する有効な反論をもたなかった．この問題への意識的対応は，公害問題とも絡みあって，1960年代に始まる．しかし，地球温暖化問題が政治化するまで，とくに1980年代，1990年代には，冷戦体制の崩壊，東アジアとの経済競争，財政的に肥大化した国家の役割の見直しなどの要因による経済的なプレッシャーのなかで，先進国における資源・エネルギー節約型の径路への転換への努力は漸次的なものにとどまったようにみえる．

2-3 エネルギー節約型径路への収斂

にもかかわらず，図5-2は，こうした世界経済の発展径路が，1970年前後に大きく変化したことを示唆している．すなわち，世界の主要国のエネルギー集約度は，（旧）ソ連など一部の国を除いて，低下しつつ収斂する傾向を見せた．それはなぜであろうか．

1973年の第一次石油危機（いわゆるオイル・ショック）は，20世紀末における世界経済の大きな構造変化を象徴するものだった．まず，原油価格の急上昇の背後には産油国の交渉力の上昇があった．メジャーと呼ばれる国際石油企業が多くの利権を保有していたそれ以前の四半世紀には，原油価格は1バレルあたり2ドル前後の水準で推移し，石油の生産と輸出から得られる収入は中東諸国の政府にはあまり落ちなかった．ところが，OPEC（石油輸出国機構，1960年設立），OAPEC（アラブ石油輸出国機構，1967年設立）の形成などによって，しだいに自国の原油をめぐる諸権利についての中東産油国の主張が勢いを増し，この危機以降，価格決定力における先進国側，買い手側の圧倒的優位が崩れた．それ以来，原油の世界価格は，需給両面でのさまざまな変化を反映して激しい変動を経つつも，上昇傾向にある．

この変化は，エネルギーの安定的確保という問題が世界経済の表舞台に登場したことを意味した．欧米や東アジアの工業国はこの原油価格高騰にどの

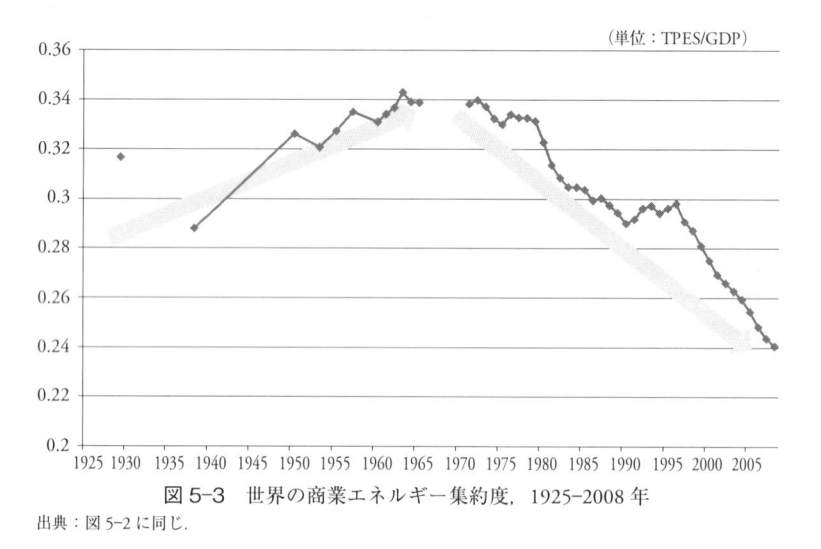

図 5-3　世界の商業エネルギー集約度，1925-2008 年
(単位：TPES/GDP)
出典：図 5-2 に同じ．

ように対応したのか．そしてそれは，世界経済をどのように変化させたのであろうか．

先進国の第一の対応は，油田の発掘や増産，代替エネルギーの開発などとともに，産業，交通機関，住宅・商業用施設などの商業エネルギーの効率を改善することであった．主要な商業エネルギー消費国がこぞってその改善に力を注いだ結果，世界の商業エネルギー効率は，それまで資源集約的な技術を先導してきたアメリカや，社会主義計画経済のもとで資源集約的な工業化を推進してきた中国も含めて，一定の水準に収斂する傾向をみせたのである．図 5-2 の横軸を拡大して世界の商業エネルギー集約度だけをみた図 5-3 によれば，1970 年頃を転換点として，明確な趨勢の変化がみられる．それは要素賦存の差を超えた流れであり，技術革新の新しい方向を示している．

そもそも古典派経済学では資本，労働，土地を生産の 3 要素とする．そこでは資源は土地によって代表され，エネルギー資源を特別視する伝統はなかった．20 世紀後半まで，経済学の主流は，技術革新の方向を資本集約的，労働集約的，あるいは資源集約的，資源節約的といったかたちで表現してきた．地域の発展径路は，そこでの資源のあり方(要素賦存)によって決まるとされた．エネルギー集約度の世界的収斂という新しい事態は，地域の発展

第 5 章 「化石資源世界経済」の興隆とバイオマス社会の再編

径路を規定するものとしての資源とは区別された意味における，より普遍的な性格をもつ資源としてのエネルギーが世界経済の発展径路に一定の規定性をもつようになったことを示唆しているように思われる．

それゆえ，世界の工業化径路はエネルギー集約型からエネルギー節約型に変化したと論じることもできる．また，そのことをふまえて過去 2 世紀のエネルギー集約型工業化を振り返ると，それは，よりバランスのとれた，環境的に持続可能な，それ以前の径路からの「大いなる逸脱」だったのであり，現在それが矯正されはじめたと解釈することもできよう．

もちろん，エネルギー集約度の問題は，環境的に持続可能な世界発展径路の形成という観点からみれば，その一部にすぎない．後者について語るには，地球圏由来の化石エネルギー資源と生命圏由来のそれ（およびいわゆるクリーン・エネルギー）との相対的重要性の再転換[5]，地球圏の論理と生命圏の論理に対するより深い考察と対応（たとえば科学技術の発展の方向はもっと持続性のほうに向かなければならないし，化石エネルギーの普遍性だけではカバーできない地域生存圏のニーズにも注意が払われなければならない），および地球圏，生命圏のニーズに合わせた人間圏の再構築が必要である．これらの課題に答えたとき，工業化は世界史における真に肯定的な力として認知されるであろう．

2-4　東アジアの役割

この過程で，エネルギー資源に乏しく，もともと「熱管理」に敏感だった日本は，率先してエネルギー効率を改善した．そして，エネルギー節約型技術は日本の国際競争力の重要な源泉の一つとなった．

戦後の日本，東アジアの高度成長は，冷戦体制と米ソの技術的制度的偏向のなかで実現した．一方で，日本，NIEs は，急速に石油ベースの経済に転換し，中東から大量の原油を輸入するとともに，急膨張する大衆消費社会の

---

[5]　化石エネルギーは，いまなお総エネルギーのなかで圧倒的比重を占めている．総エネルギー消費量に占める非化石燃料の比重は，1820 年の 9 割以上から徐々に下がりはじめ，現在 2 割前後で底を打った状態にある（Maddison 2007: 348）．21 世紀の世界経済は，脱化石資源化していくであろうが，いまのところそのスピードはゆっくりしている．

民需に応える商品（繊維，雑貨，家電，自動車など）を，比較的労働集約的，資源・エネルギー節約的に生産・輸出することによって欧米との「棲み分け」に成功し，技術力の飛躍的向上と1人当たり所得の上昇を実現した（杉原 2003）．

戦後初期の日本や 1970 年代の韓国の農村では，なおバイオマス資源が家庭用エネルギーとして広汎に利用されていた．韓国では 1973 から 1978 年の間，総エネルギー供給量の 43% に相当する大量の非商業エネルギーが消費されていた（Clark 1990: 278）．そして，その相対的な効率の高さは高度成長を支える一つの要因であった[6]．同時に，重化学工業では「熱管理」などのエネルギー効率の向上への試みが導入され，製造業のエネルギー効率で欧米を上回る水準を達成した（小堀 2010）．これら二つの傾向は，いずれも総エネルギー消費量を抑制する方向に働いたと考えられる．「東アジアの奇跡」を支えた国際競争力の技術的基礎の一つはこのようなエネルギー利用のあり方にあった．

これに対し，毛沢東期の中国では輸入代替工業化戦略が追求され，エネルギー利用では極端に非効率なまま，石炭業を含む重工業が発展した．19 世紀に問題化していた森林減少・環境劣化も一層進んだ．しかし，1979 年の政策転換以降，環境政策が，「上から」ではあるが体系的に導入されるとともに（小島 2000: 65-66），エネルギー集約度は急速に低下した．今後，東南アジア，中国が日本，NIEs が切り拓いたエネルギー節約型発展径路に収斂するかどうかは，なお予断を許さない．しかし，これらの諸国を，半世紀から 1 世紀前に同じ発展段階にあった欧米諸国と比較すると，毛沢東期の中国を除けば全体としてエネルギー集約度が低い水準のまま工業化を進めたと言える．その意味で，東アジア諸国は，（必ずしもすべてが「資源節約型」だとは言えないとしても）「エネルギー節約型」と呼ぶにふさわしい発展径路をたどってきたように思われる．

1970 年代以降，エネルギー節約型技術の採用が製造業を中心とする国際商品の競争力のポイントとなり，各国が競って節約型技術を取り入れた．と

---

[6] 化石エネルギーのほうが効率が良いのが普通だが，農村などでそれが自由に利用できないか，高価な場合などには，バイオマス・エネルギーのなかでの相対的な効率が重要になる．

くに日本の製造業のエネルギー効率の改善は著しかった．それは他のアジア諸国や競争相手国にも普及し，エネルギー節約型径路への「収斂」の重要な要因となった．これをもう少し一般化すれば，次のようにも言えよう．すなわち，それまでの技術革新は，資本が豊富か，労働が豊富か，あるいは特定の資源が豊富かによって，その地域の比較優位を生かす方向に発展することが多かったけれども，石油危機以降は，そうした径路の違いに加え，それを超えて，エネルギー節約型の発展径路への世界的収斂がみられるようになったのである[7]．

　最後に，商業エネルギー消費の構成をみておこう．高度成長下の日本，韓国，中国などは，最終消費に占める産業部門の比率が大きく，成熟するにつれてその比率が急速に縮小してきた．他方，先進国のおもな「最終消費」部門は，産業部門，交通部門，住宅および公共建築部門の三つであり，東アジアでは近年，高齢社会化も手伝って，住宅および公共建築部門，道路交通部門の消費が急上昇しつつある．その結果，東アジアのエネルギー集約度は先進国水準で安定または若干悪化する傾向にある．つまり，東アジアは，産業，とくに製造業におけるエネルギー効率の比較優位が維持されたまま，総合指標での優位を失いつつある．そしてそれはエネルギー節約型技術の発展方向にも影響を及ぼしている．製造業における節約とともに，家庭，あるいは病院，介護の現場など，広汎な分野におけるエネルギー節約のための技術革新が緊急の課題となってきたからである．今後はエネルギー消費の構成全体にインパクトを及ぼす技術，制度の革新がますます必要となっていくであろう．

2-5　オイル・トライアングル

　石油危機への先進国の第二の対応は，原油貿易をめぐる三角決済の形成である．第一次石油危機から1980年代半ばまでの日本は，高価な原油を中東から購入しつづけ，工業品を欧米諸国に輸出することによって得た貿易収支

---

[7]　ただし，それは，1970年以降の40年間に，技術革新が起こらなかった場合に比べ，世界のエネルギー消費量を約3分の1減少させたにすぎない．他方，世界のエネルギー消費の絶対量は大きく増加した．

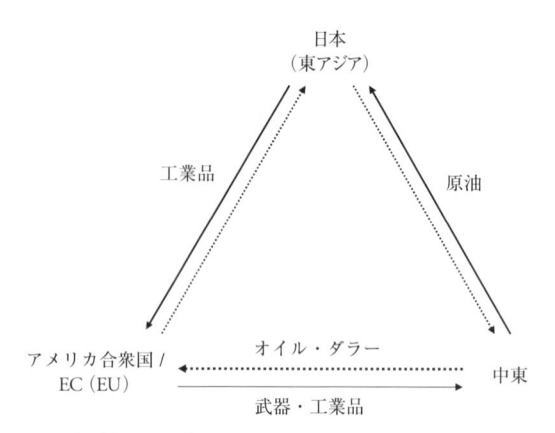

図5-4　日本（東アジア）のオイル・トライアングル，1974-2008年
出典：杉原 (2008: 74, 80).

黒字をその代金に充てた．日本のオイルマネーは，一部は欧米などからの武器の購入に充てられ，多くは欧米の金融市場に流れこんで，三角決済が成立した．これが「オイル・トライアングル」である（図5-4, 図5-5）．ヨーロッパには中東からの資金流入を背景としてユーロダラー市場が生まれた．欧米は国際金融や軍事産業に，日本は民需に特化することによって，欧米，日本，中東の三地域の間に新しい分業体制が生まれたのである．日本は，日本国憲法の「平和」条項の存在のもとで，民需型ハイテク産業の分野で欧米と激しく競争し，客観的には欧米が中東諸国への武器輸出に傾く方向にプレッシャーをかけた．意図せざるものではあったが，日本は，欧米諸国の対中東武器輸出によってオイル・トライアングルが完成したとき，そこから最大の恩恵を受ける立場にあった．

　1990年代にNIEsが，2000年代に中国が，それぞれ日本と同様の貿易構造を発達させた．オイル・トライアングルは東アジアに拡大し，世界最大の三角（厳密には多角的）決済構造に成長したのである．アメリカとEUは東アジアと中東から余剰資金を吸収する一方，中東諸国（および一部のアフリカ諸国）に武器を輸出しつづけており，軍事的・金融的覇権を背景に国際秩序の維持を図ろうとしている．世界GDPに占める軍事支出の比率は，冷戦の終

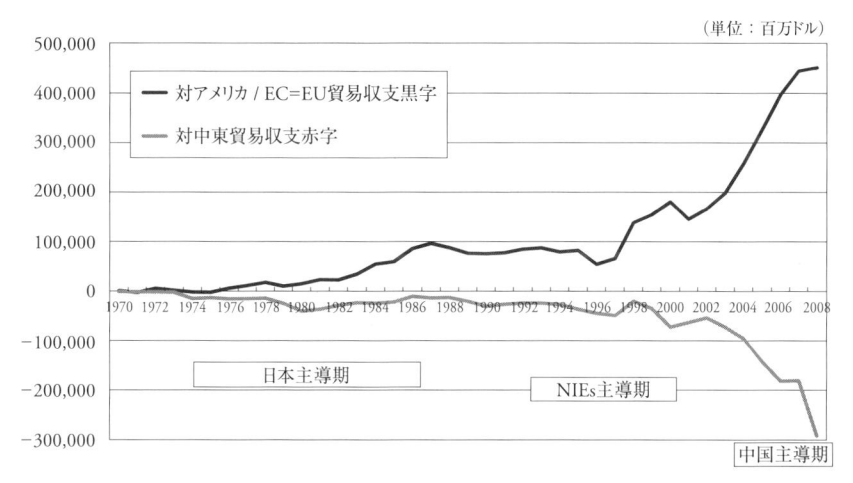

図 5-5　東アジアの対アメリカ / EC＝EU および対中東貿易収支, 1970-2008 年
註：東アジアは日本, 韓国, 台湾, シンガポール, 中国の計.
出典：IMF, *Direction of Trade Statistics Yearbook*. 台湾のデータは『(中華民国台湾地区) 進出口貿易統計月報』.

焉以降も低下する気配がない (杉原 2008, 2010a).

　こうして第一次石油危機以降の世界経済は, 欧米を (軍事産業を含む) 資本集約的・資源集約的な工業と金融に比較優位をもつ地域に, 東アジアを労働集約的・資源節約的な工業 (および民需型の資本集約的工業) に比較優位をもつ地域に, 中東などのエネルギー資源産出国を資源の輸出地域に, それぞれ特化させることによって, 域内に十分なエネルギー資源をもたない東アジアへのエネルギー供給を可能にした. それは, いわゆる「東アジアの奇跡」の持続を保証する最大の国際的条件の一つであった.

　20 世紀末の世界経済は, 欧米先進国を工業国とし, 発展途上国を第一次産品の供給国とする二極構造を脱却し, 工業化の世界的普及を一挙に加速させた. アジアの工業化は, 世界人口の半分を低いレベルからではあっても所得の上昇軌道に乗せたことによって, 世界の所得分配の平準化に大きく貢献した. しかし, それと同時に, オイル・トライアングルから取り残された多くの発展途上国では高価な原油を購入することができず, 経済発展に遅れをとるとともに, 森林減少・環境劣化が進む傾向がみられたことも事実である.

節をあらためてバイオマス社会の変容とバイオマス・エネルギー利用の趨勢をみることにしよう．

3 熱帯バイオマス社会の再編

3-1 第一次産品輸出経済の発展とその帰結

　熱帯生存圏には豊かなバイオマス資源に恵まれたところが多い．われわれは，農業よりもむしろ森林など，居住地域やその周辺のバイオマスとより深い関係を取り結んだ社会のことを「バイオマス社会」と呼んで，熱帯生存圏の理解にとってのその重要性を強調してきた（石川 2010）[8]．本章では以下，熱帯地域の社会がどのように「化石資源世界経済」に統合されていったか，そしてそれが熱帯生存圏の持続性にとっていかなる意味をもったかを考察する．

　過去 2 世紀の熱帯生存圏の変容過程を，20 世紀前半までとそれ以降に大きく分けると，前者の特徴は，欧米を中心とする温帯の先進国の工業化と，多くは欧米列強の植民地下に入った熱帯地域の「第一次産品輸出経済」化だった．これに対し，20 世紀後半になると，熱帯諸国の政治的経済的自立化の動きが強まり，工業化・経済発展を達成する国も続々とあらわれるようになる．ただし，それにともなって熱帯地域内部の格差も拡大した．ここでの主たる関心は，そうした変化にもかかわらず，森林減少・環境劣化の傾向が現在まで続いていることである．

　19 世紀後半以降の熱帯アジア・アフリカでは，交通・通信革命の影響を受けて，従来考えられなかったほどの量のバイオマス資源が国際経済の枠組のなかに取り込まれていった．もっとも直接に欧米列強が資源開発を進めたのは，鉱山・プランテーション部門である．蒸気船の停泊できる港が建設され，そこから鉄道が敷かれ，金，ダイアモンド，錫などが採掘された．プランテーションの場合には森林が切り拓かれて，ゴム，アブラヤシ，茶，コー

---

[8] 本講座第 4 巻では，バイオマス社会が一般資源，生態系，社会関係などの観点からも検討される．

第5章 「化石資源世界経済」の興隆とバイオマス社会の再編

ヒーなどが栽培された．そしてそれらの生産と輸送のために，輸出された産品よりもはるかに多くのバイオマス資源が消費された．たとえば，19世紀後半-20世紀初頭のインドにおける鉄道建設では，大量の木材が枕木や燃料として使用された．

しかし，おそらくそれよりもさらに重要だったのは，農村における商業的農業の拡大である．アヘン，棉花，米，小麦，砂糖，ジュートなどが輸出用にも栽培されるようになり，そのために内陸部の開発が進んだ．それは，直接には現地の農民が輸出需要に反応した結果のようにみえたが，背後に列強の投資や貿易利害があったことに変わりはない．こうした現地経済の中核部分との接触の過程もまた，交通路の建設・維持と耕地の拡大のための森林伐採を誘発した（杉原・西村 近刊）．さらに，鉱山・プランテーションと輸出用商品作物の栽培の双方に従事する現地の住民・労働者の誘発する食料需要もまた，耕地の拡大をもたらし，森林伐採につながった．こうして，たとえばインドの森林面積は，植民地期に着実に減少し，林業統計が整備される20世紀初頭までには（植民地下に入った）総面積の1割程度の水準まで落ちてしまった（増田 2006: 45）．独立後も食糧増産運動などの影響もあって，少なくとも1970年ごろまでその傾向が続いたものと考えられる（FAO 1981a: 196）．このような「開発」は，森林だけでなく，河川や海でもこれまでになかったスピードで進行した．

欧米列強の森林政策も，全体としては森林の保護よりも商業的伐採を促進した可能性が高い（Gadgil and Guha 1992: 113-145; 水野 2006; 本書第10章も参照）．商業的農業の影響ほどではないが，木材の国際貿易もすでに19世紀から森林減少の無視できない要因であった（Richards and Tucker 1988．5 6）．

そして，こうした人間圏の拡大が人口増加を支えた．歴史的には，外からのインパクトがこのように内生化されたのはインドが最も早い．19世紀末以降，東南アジア，中東，アフリカなどでも一般化した．「開発」の起点が先進国の第一次産品需要にあるという意味で，これらは基本的には従属的な発展だった．

他方，列強の植民地支配・勢力圏の拡大とともに，熱帯地域でも都市建設と交通網の整備が進み，欧米系の人々や西洋化した現地の人々の増加を背景

165

に，大量の石炭や電気を使う経済，いわば工業化抜きの「化石資源経済」のノウハウがある程度もち込まれた．しかし，膨大な人口を抱える農村においては，高価な化石資源の利用は限定されたものにとどまった（表5-1）．これが，エネルギー利用における二重構造の形成の背景だったと考えられる．

3-2　開発主義と資源・エネルギー戦略

　1930年代から戦後にかけての脱植民地化の過程で，「植民地型開発」は，独立国家による「開発主義」へと展開した．政治的経済的独立に向けた取り組みが先進国の第一次産品需要に頼らない「輸入代替工業化」や，第一次産品輸出を財源とした経済発展を志向する「輸出志向型の発展」など，さまざまな発展径路が志向されたが，結果的に最初に高度成長を達成したのは，日本，NIEs，ASEAN，中国などの東アジア・東南アジア諸国であり，それを支えたのは，「開かれた地域主義」とも言われる地域ダイナミズムだった．それが，たとえば日本による東南アジアの木材輸入を促進しただけでなく，工業国家となった多くの国の需要が域内の資源開発を強力に促進したことは疑問の余地がない．成長のスピードが早ければ早いほど，地域生存圏の不安定化のスピードも早かったと言えよう．

　植民地期との一つの大きな違いは，東南アジアにおける商業的な伐採が1960年代に始まったことであろう（石川 2010: 253）．ただ，連関の起点は必ずしも先進国，とくに日本の需要だけだったわけではなく，自国における都市化や工業化もしばしば主たる動因となった．たとえば，合板の現地生産の奨励が森林減少への対応をたんなる材木の輸出よりも難しくするといったケースもみられた（Byron and Quintos 1988: 434）．1989年の段階では，熱帯における商業的伐採のじつに3分の2が東南アジアで行われていた（Myers 1994: 32）．

　しかし，全体としては，直接の商業需要が森林減少をもたらしたというよりは，人口増加を背景とした耕地の拡大の必要性が，森林，草地などの減少を招いたという関係が基本だったと考えられる．たとえば，1979年には，アジアの木材伐採の88%が薪と炭のためのもので，商業的な伐採を目的と

表 5-2　森林面積の地域別構成，1700-2010 年

(単位：100 万 ha)

	1700	1850	1920	1950	1980	1990	2000	2010
熱帯アフリカ	1,358	1,336	1,275	1,188	1,074	731	690	656
北アフリカ・中東	38	34	27	18	14	32	33	34
南アジア	335	317	289	251	180	70	71	73
東南アジア	253	252	247	242	235	247	223	214
ラテンアメリカ	1,445	1,420	1,369	1,273	1,151	997	950	908
熱帯地域　合計	3,429	3,359	3,207	2,972	2,654	2,079	1,968	1,886
北アメリカ	1,016	971	944	939	942	606	610	614
中国	135	96	79	69	58	157	177	207
ヨーロッパ	230	205	200	199	212	163	171	177
ソ連	1,138	1,067	987	952	941	842	843	844
太平洋の先進諸国	267	267	261	258	246	238	236	229
その他						82	79	76
温帯地域　合計	2,786	2,606	2,471	2,417	2,399	2,090	2,117	2,147
総計	6,215	5,965	5,678	5,389	5,053	4,168	4,085	4,033

註：1980 年までのリチャーズの推計における地域区分を踏襲しつつ，*Global Forest Resources Assessment* 所載の 1990 年以降のデータを整理した．ただし，熱帯と温帯に区分するため，アフリカ，ラテンアメリカの南部と中央アジアの計 9 ヵ国（南アフリカ，スワジランド，チリ，アルゼンチン，ウルグアイ，アフガニスタン，ネパール，ブータン，モンゴル）を，温帯地域の「その他」欄に移動した．
1980 年までについてはこの変更はできないので，二つのデータには断絶がある．
太平洋の先進諸国は，オセアニア諸国，日本，韓国，北朝鮮の計．
出典：Richards (1990: 164). FAO (2010: 229-233).

したものではなかったとされる．問題がとくに深刻だったのは，人口密度が高く，森林資源が枯渇しかかっている北インドである．南インド，バングラデシュ，中部タイ，ジャワなどの地域も大きな影響を受けた (FAO 1981a: 106)．

表 5-2 は，1700 年から現在までの世界の森林面積の趨勢を示す．1980 年までのデータは J. リチャーズ (John F. Richards) によるラフな推計であるのに対し，1990 年以降は FAO のデータであり，多くの地域で領土の変更があるなど，注意して解釈しなければならないが，全体として温帯の森林面積の減少はストップしたのに対し，熱帯のそれは 20 世紀に入って加速し，現在も進行中であることは明らかであろう[9]．

---

9) Williams (2006: 372)．森林減少の歴史的趨勢については本講座第 5 巻でも触れている（本講座第 5 巻第 4 章: 92-94）．また，本章では詳述できないが，熱帯においては森林だけでなく草地の

それは，熱帯生存圏にいかなる影響を与えているのであろうか．熱帯アジア・アフリカ諸国の多くは，現在においても依然として効率の低いバイオマス資源への依存を続けている．一方では，動力機械の使用によって人間による自然の改変力が一挙に強まるとともに，交通革命によって化石燃料を世界各地に運ぶことができるようになり，これまでの径路で前提されていたローカル，リージョナルな生産にとっての資源・エネルギー面の制約はたしかに打破され，多くの発展途上国でも工業化，経済発展への道が開けた．しかし，それと同時に，地域生存圏の自立性もまた失われた．もちろん，すべての地域社会が不足する資源やエネルギーを輸入できたわけでも，したわけでもないが，しかし安価で競争力のある資源・エネルギーがその地域にもち込まれる可能性はつねに存在するようになった．地域を単位として長い間培われてきた人間と自然の相互作用系は地域生存圏の持続性を保証する基本的なメカニズムだったが，いわばその「統治権」が失われ，グローバルな市場メカニズムが，環境の持続性についての適切なモニタリング機能を内蔵しないまま，それに取って代わったとも解釈できよう．

　欧米におけるエネルギー革命とアジア・アフリカにおける森林減少・環境劣化は，「化石資源世界経済」の興隆という単一の過程の両面，いわば「コインの表と裏」の関係にあったと言えよう．

3-3　バイオマス・エネルギー供給量の推計

　世界経済の「化石資源化」を示す表5-1のもう一つのメッセージは，20世紀中葉の段階で，日本を除くアジア，アフリカ，ラテンアメリカの多くの国は，エネルギー消費の約半分をなおバイオマスに依存していたということである．いったい20世紀後半の熱帯アジア，アフリカ地域では，バイオマス・エネルギーの利用はどのような趨勢をたどったのか．以下，本節ではこの点に焦点を当てる．

　表5-3は二つの異なる出典を組み合わせてつくった．一つは前出の戦後

減少も深刻で，環境劣化のもう一つの側面として注目される．杉原（2010b: 47）およびSmil（2003: 217）参照．

初期における国際連合の研究であり，もう一つは1970年代以降における国際エネルギー機関の非OECD諸国統計である．検討の対象としては，熱帯アジア，アフリカ諸国の全体ではなく，まずこれを東南・南アジア，アフリカ，中東地域の三つの地域に分け，2008年にバイオマス供給量が多い国を，それぞれ上位から10ヵ国，12ヵ国，7ヵ国，選んだ．この時期の熱帯アジア・アフリカの「バイオマス社会」の帰趨は，ほぼこれらの国の帰趨で代表させることができると考えられる．そして，過去半世紀余りの趨勢を考えるため，1952，1971，2008年の3時点のデータをできるだけ比較可能なかたちで掲げた．1952年のデータは供給量ではなく，消費量である．なお，1971-2008年については年次別統計が利用可能であるが，ここでは最近の推計だけをとって，バイオマス供給量，1人当たり供給量，GDP当たり供給量の趨勢を図5-6，図5-7，図5-8に示した．

あらかじめ断っておけば，これらの数値はいずれも相当にラフな推計である．国連調査は，当時の政治的経済的な事情が許すかぎりで各国から寄せられたデータをまとめたものである．表5-3に掲げたアジア・アフリカ諸国29ヵ国の多くは，1人当たりバイオマス・エネルギー消費量が110-179 kgのあたりに集中していたことがわかる．そしてこの数字に関するかぎり，諸国間のバラツキは，1人当たり所得の大きな違いにもかかわらずきわめて小さい．つまり，バイオマス・エネルギーの推計は，現実にどのように算出されたかはともかく，事実上人口推計にある計数をかけたものをベースとしており，その計数も当時の国際的な常識に依拠したものだった可能性が高いと考えられる．

かといって，この数字に意味がないわけではない．第一に，これは当時としてはほとんど唯一の世界的な規模の調査であり，ここで浮かび上がってきた計数らしきものは，それなりに当時の知識水準を反映していたと考えられる．第二に，後述する1971年以降の国際エネルギー機関の推計との照合度も，まずまずの水準にある．第三に，若干の例外的な数字は，計数への信頼性を増す．たとえば南アフリカの1人当たり消費はすべての国のなかで極端に低いが，これは農村の非白人人口の消費を無視したからであろう．逆に言えば，ほかの国については農村人口の消費を念頭においた報告がなされていたもの

表 5-3 熱帯アジア・アフリカにおけるバイオマス・エネルギー供給量の国別構成、1952, 1971, 2008 年

	1952 非商業エネルギー供給量 (100万toe)	1952 総供給量 (100万toe)	1952 非商業エネルギーの比率	1952 1人当たり非商業エネルギー供給量 (石油換算kg)	1952 GDP千ドル当たり非商業エネルギー供給量 (石油換算kg)	1971 非商業エネルギー供給量 (100万toe)	1971 総供給量 (100万toe)	1971 非商業エネルギーの比率	1971 1人当たり非商業エネルギー供給量 (石油換算kg)	1971 GDP千ドル当たり非商業エネルギー供給量 (石油換算kg)	2008 非商業エネルギー供給量 (100万toe)	2008 総供給量 (100万toe)	2008 非商業エネルギーの比率	2008 1人当たり非商業エネルギー供給量 (石油換算kg)	2008 GDP千ドル当たり非商業エネルギー供給量 (石油換算kg)
インド	55.75	81.43	(68.5)	149.87	238.10	95.78	181.96	(52.6)	172.89	201.92	163.56	619.02	(26.4)	145.34	47.89
インドネシア	12.04	15.72	(76.6)	141.76	161.25	26.34	35.06	(75.1)	222.53	180.16	52.27	191.8	(27.3)	231.15	51.87
パキスタン	12.54	15.03	(83.4)	303.33	509.31	10.63	17.04	(62.4)	157.50	169.20	28.91	82.78	(34.9)	167.37	74.72
ベトナム	4.54	5.14	(88.3)	173.04	249.42	12.48	17.44	(71.6)	286.14	379.46	24.85	59.15	(42.0)	288.56	97.15
タイ	3.30	3.66	(90.2)	155.01	178.35	7.6	13.69	(55.5)	198.94	115.35	20.09	106.3	(18.9)	306.75	35.06
ミャンマー	3.02	3.33	(90.7)	150.13	334.15	6.36	7.88	(80.7)	227.80	350.43	10.43	15.64	(66.7)	216.69	70.36
バングラデシュ	n.a.	n.a.	n.a.	n.a.	n.a.	4.46	5.69	(78.4)	64.43	109.98	8.69	27.94	(31.1)	56.60	49.25
フィリピン	3.48	4.82	(72.1)	154.87	130.59	7.44	15.58	(47.8)	187.32	103.62	6.92	39.61	(17.5)	74.66	24.62
スリランカ(セイロン)	1.14	1.70	(67.2)	142.92	108.89	2.74	3.8	(72.1)	210.50	146.12	4.7	8.97	(52.4)	228.91	45.44
マレーシア	0.77	2.39	(32.1)	113.61	77.21	1.24	5.89	(21.1)	111.00	50.91	2.98	73.02	(4.1)	117.98	11.46
東南・南アジア10ヶ国計	96.58	133.22	(72.5)	148.58	213.70	175.07	304.03	(57.6)	178.15	183.18	323.4	1224.23	(26.4)	160.42	48.94
ナイジェリア	3.94	4.62	(85.4)	118.70	142.97	33.96	36.07	(94.2)	648.46	499.64	89.82	110.87	(81.0)	649.54	402.86
エチオピア	2.50	2.53	(98.7)	112.11	281.03	8.1	8.61	(94.1)	3583.77		29.29	31.7	(92.4)	5824.83	
コンゴ民主共和国	2.37	2.97	(79.8)	167.85	251.14	5.57	6.68	(83.4)			20.77	22.24	(93.4)		
タンザニア	1.30	1.47	(88.6)	156.20	336.52	6.85	7.58	(90.4)	481.15	837.74	16.73	18.96	(88.2)	430.54	558.90
ケニア	0.95	1.48	(64.4)	146.97	220.26	4.25	5.42	(78.4)	365.34	388.35	13.87	17.82	(77.8)	379.70	332.70
スーダン	1.35	1.58	(85.3)	158.74	185.71	5.65	7.03	(80.4)	398.38	431.57	10.45	14.73	(70.9)	241.04	170.48
モザンビーク	1.09	1.41	(77.5)	169.35	143.75	5.95	6.9	(86.2)	623.75	343.51	7.7	9.39	(82.0)	381.13	167.50
コートジボアール	2.82	3.18	(88.7)	946.14	880.07	1.63	2.45	(66.5)	281.69	153.88	7.6	10.28	(73.9)	413.65	343.92
アンゴラ	0.81	0.88	(91.5)	191.00	173.46	3.19	3.85	(82.9)	554.51	320.83	6.97	11.38	(61.2)	548.49	330.24

第 5 章 「化石資源世界経済」の興隆とバイオマス社会の再編

ガーナ	0.72	1.00	(71.7)	128.41	118.46	2.09	3	(69.7)	230.54	154.66	6.32	9.46	(66.8)	270.82	163.77
ジンバブエ	0.49	1.68	(29.2)	159.59	220.28	3.05	5.44	(56.1)	536.58	396.52	6.21	9.51	(65.3)	501.50	702.41
ザンビア	0.31	0.90	(34.3)	115.39	161.43	2.13	3.5	(60.9)	486.70	467.03	6.2	7.61	(81.5)	516.95	629.12
アフリカ12ヵ国計	18.64	25.69	(73.7)	158.13	214.31	82.42	96.53	(85.4)	611.03	503.16	221.93	273.95	(81.0)	614.68	441.79
イラン	2.86	4.17	(68.6)	165.53	101.62	0.15	16.52	(0.9)	5.04	1.10	0.4	207.13	(0.2)	5.69	0.87
レバノン	0.69	.36	(53.9)	480.48	219.03	0.1	1.85	(5.4)	39.54	13.18	0.14	5.41	(2.6)	35.29	7.92
イエメン				0.00	0.0	0.05	0.74	(6.8)	6.90	4.88	0.1	7.25	(1.4)	4.35	1.61
イラク	0.73	.42	(51.8)	134.76	86.53	0.03	4.43	(0.7)	3.08	0.86	0.03	34.37	(0.1)	1.06	1.01
ヨルダン	0.08	0.15	(55.6)	137.08	79.43	0	0.48	(0.0)	0.00	0.00	0.01	7.06	(0.1)	1.61	0.28
シリア	n.a.	n.a.		n.a.	n.a.	0	2.38	(0.0)	0.00	0.00	0.01	25.36	(0.0)	0.51	0.06
サウジアラビア	0.99	1.77	(55.1)	247.57	100.24	0	7.36	(0.0)	0.00	0.00	0	154.08	(0.0)	0.00	0.00
中東7ヵ国計	5.36	8.86	(60.5)	143.32	81.83	0.33	33.76	(1.0)	5.19	1.22	0.69	440.66	(0.2)	3.84	0.69
3地域計	120.58	165.77	(72.7)	149.74	199.50	257.82	434.32	(59.4)	794.36	687.56	546.02	1938.84	(28.2)	778.94	491.42
非OECD計	178.83	298.16	(60.0)	93.18	85.6.	539.98	1995.92	(27.1)	187.28	104.07	984.34	6453.99	(15.3)	178.72	38.81
OECD計	78.69	1417.92	(5.5)	112.63	20.59	82.98	3372.3	(2.5)	93.60	9.07	236.58	5480.77	(4.3)	199.32	9.24
世界計	257.525	1716.08	(15.0)	98.37	43.57	622.96	5532.45	(11.3)	165.25	43.45	1220.93	12273.86	(9.9)	182.37	23.95

註：1952年のUNデータは、国　地域が左欄に示したIEAのデータと異なっているものがいくつかある。ベトナムはインドシナ（ベトナム＋ラオス＋カンボジア）。マレーシアはマレーシア＋シンガポール。コートジボアールは仏領西アフリカ。レバノンはシリア＋レバノンのデータを、それぞれそのまま掲載。コンゴ民主共和国はベルギー領コンゴ。タンザニアはタンガニーカ＋ザンジバル。スーダンはイギリス＝エジプト共同統治領スーダン。ガーナはエチオピア＋エリトリア＋エチオピアの黄金海岸。サンビアは北ローデシア。ジンバブエは南ローデシアのデータを掲載。なお、エチオピアはマディソンのGDPデータでエリトリア＋エチオピアとなるものを掲載した。3ヵ年ができるだけ比較可能になるように調整した。OECDは2008年段階の加盟国を基準とし、1971年と2008年はUN (1956: 18-20.　1971年と2008年はIEA, Energy Balances of Non-OECD Countries, 2011 Edition, II. 335-340. 人口、GDPはMaddison (2011).

出典：1952年はUN (1956: 18-20.　1971年と2008年はIEA, Energy Balances of Non-OECD Countries, 2011 Edition, II. 335-340. 人口、GDPはMaddison (2011).

第 2 編 ━━━━● 近代世界システムと熱帯生存圏

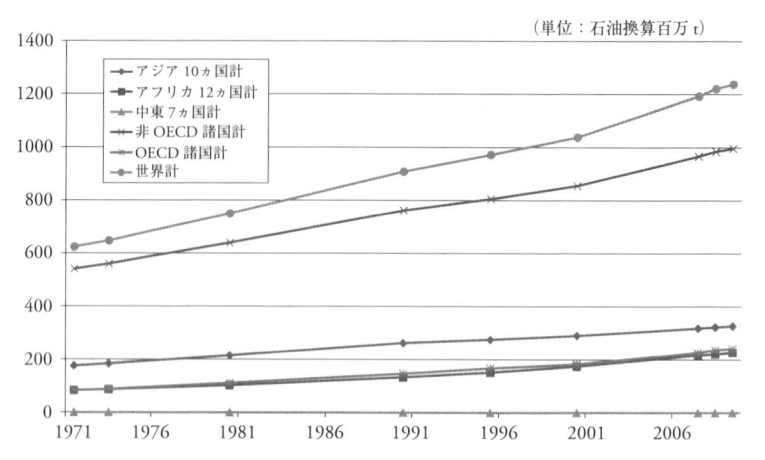

図 5-6 熱帯アジア・アフリカにおけるバイオマス・エネルギーの一次供給量，1971-2009 年
出典：IEA, *Energy Balances of Non-OECD Countries*, 2011 Edition, II. 335-337.

と想像される．

　他方，国際エネルギー機関の刊行物のほうも，ことバイオマス・エネルギーの推計に関するかぎり，解説においては一貫して推計の根拠が不十分であり，改善の余地があることを強調してきた．ここでも，資料が得られない国については人口や都市化率，1 人当たり所得などを勘案したとされているが，一応 1995 年に一定の統一した方法で試算が行われた．現在はそれをベースにした数字が採用されている．図 5-6 で連続した数値を掲げず，2011 年版の数値だけを掲げたのは，比較的最近になって，従来の数値が過去にさかのぼって改訂されてきたからである．たとえば，2007 年版では，インドについて新しい情報源が提示され，従来よりもかなり低い推計に変更された．また，2008 年版では，1971-1994 年の数値につき，供給量と消費量の不一致を減らし，連続性を保つために，エチオピア，タンザニア，ケニア，スーダンなど，アフリカ諸国を中心に数ヵ国について，やはり従来の数値よりも低い推計に変更された[10]．

---

10) 一般的には IEA, *Energy Balances of Non-OECD Countries* 2011, I.5 の解説を参照．インドについては，do., 2007 Edition, I.32-33，アフリカについては do,, 2008 Edition, I.5, I.31, I.36, I.41 を参照．

第 5 章 「化石資源世界経済」の興隆とバイオマス社会の再編

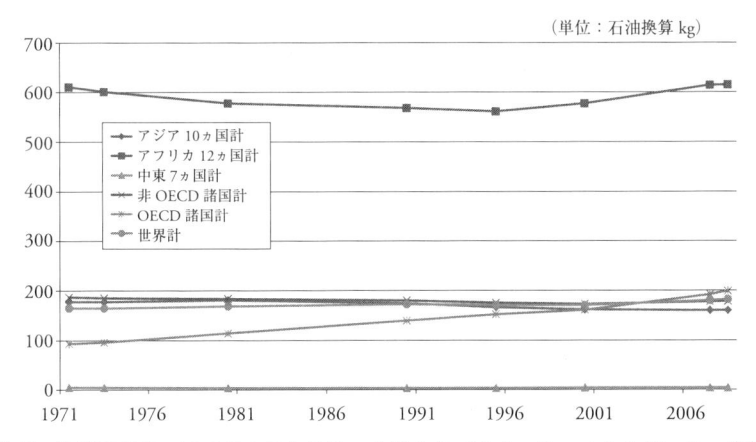

図 5-7　熱帯アジア・アフリカにおける一人当たりバイオマス・エネルギーの一次供給量，1971-2008 年
出典：IEA, *Energy Balances of Non-OECD Countries*, 2011 Edition, II. 335-337. Maddison (2011).

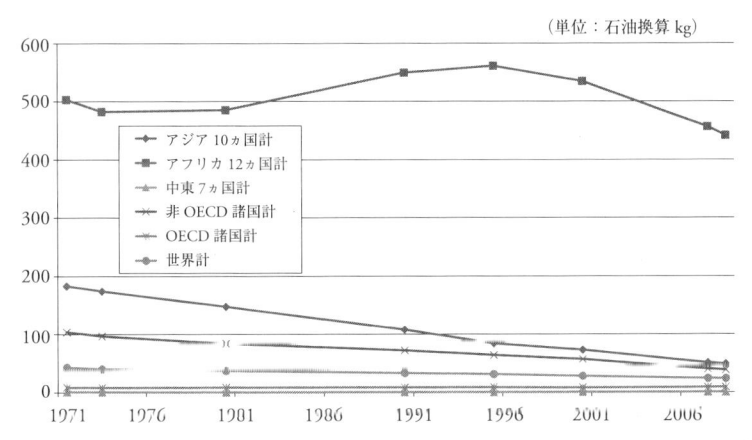

図 5-8　熱帯アジア・アフリカにおける GDP 当たりバイオマス・エネルギーの一次供給量，1971-2008 年
出典：IEA, *Energy Balances of Non-OECD Countries*, 2011 Edition, II. 335-337. Maddison (2011).

173

3-4　熱帯アジア・アフリカの3類型

　さて，これらの図表からどういうことがわかるか．まず第一に，東南・南アジア，アフリカ，中東地域の三つの地域におけるバイオマス・エネルギーの総エネルギーに占める比重は大きく低下したが，東南・南アジアの多くの農村とアフリカでは，その供給量は依然として無視できない比率を占めていると考えられる．すなわち，1952年には，バイオマス・エネルギーは3地域でいずれも6割以上の比率を占める主力エネルギーだった．しかし，中東ではその比重は，1971年にはすでに無視できるほどのものになり，それ以降，ほぼ完全に化石エネルギーに取って代わられた．中東産油国のなかで比較的バイオマス・エネルギーの利用が多かったイランについてみると，バイオマス・エネルギーの総エネルギー消費に占める比率は1952年に69％だったのが，1971年には1％に，2008年には0.2％に減少した．これは決して例外ではなく，他の多くの中東産油国でも，20世紀中葉までは日常生活に使用するエネルギーをバイオマス資源に依存していた．エネルギー源の転換は一斉に起こったのである．これが第一類型である．

　また，東南・南アジアでもバイオマス・エネルギーの比重は1952年の7割強から1971年には6割弱に低下し，さらに2008年には2割5分程度にまで落ちた．化石エネルギーとバイオマス・エネルギーの競合状態が続きつつ，前者の比重が明確に低下したのである．ただし，同じ産油国でも，中東以外のアジア（インドネシアなど）では，バイオマス・エネルギーの供給量そのものは拡大した．これを第二類型としよう．

　これに対し，アフリカでは，産油国であるか否かにかかわらず化石エネルギーの国内供給があまり進まず，バイオマス・エネルギーへの依存状態が続いた．これが第三類型である．総エネルギーに占めるバイオマス・エネルギーの比重は低下せず，現在でも8割程度のきわめて高い水準にある．アフリカ12ヵ国におけるバイオマス・エネルギーの絶対供給量も急増しており，人口でははるかに大きい東南・南アジア10ヵ国の供給量の3分の2を占めるにいたっている（図5-6）．

　第二に，1人当たりバイオマス・エネルギー供給量をみると，1952年に

は比較的どの国・地域も似た水準にあったのが，1971年までに中東で激減したのに対し，アフリカで急増し，東南・南アジアでもおそらく微増した．そして，ここで定まった3地域の格差は2008年まで維持され，アフリカでは1971年以降，1人当たり供給量がほぼ一定のまま，人口増加にともなって総供給量が増加しつづけている（図5-7）[11]．これに対し，東南・南アジアでは，1人当たり供給量はほぼ一定のままであるが，供給力が人口増加や1人当たり所得の上昇に追い付かず，化石エネルギーの利用が大きく増加したことがわかる．

　第三に，GDP当たりバイオマス・エネルギー供給量をみよう．アフリカ12ヵ国のようにバイオマス・エネルギーが主力エネルギーの場合には，この数値が上がることは，在来エネルギーの集約度が上がることを意味するので，森林減少・環境劣化との直接的関係が推測される．だとすれば，それはとくに1971年までと，1980年代から1990年代前半に起こっている（図5-8）．これに対し，東南・南アジアでは，主力エネルギーの交替があったので，数値は着実に低下している．絶対供給量そのものは増えているのだから，直接の環境負荷がかかっていないわけではないが，問題は，それが化石エネルギーへの依存度の上昇をともなう経済成長のもとで，二重構造の形成や格差の拡大をもたらしたところにもあったと考えられる．

　なお，これまで非商業エネルギーとして一括されていた数値を事実上バイオマス・エネルギーだと解釈してきたが，近年，先進国では産業廃棄物，都市廃棄物がエネルギー源として広汎に利用されるようになり，これと，木材や炭などの固形バイオマスを中心とする伝統的なバイオマス・エネルギーとを一括して「可燃性再生可能エネルギー」と表示されるようになった．しかし，現在のところ，熱帯アジア・アフリカ地域では，依然としてほとんどが伝統的なバイオマス・エネルギーである（IEA, *Renewables Information* 2009: 25-27）[12]．

---

11) 1980年ごろの観察では，熱帯アフリカの1人当たりバイオマス・エネルギー消費量は，熱帯アジアのそれよりも多く，木（薪と炭）がほとんど唯一の燃料源であった．地域によっては，プロト工業の消費が世帯内消費の20-40%を占めるところもあった（FAO 1981b: Part I, 64）．

12) *Renewables Information* は，再生可能エネルギーに特化した刊行物で，生命圏起源のものだけではなく，水力，太陽エネルギー，風力，波力，地熱，産業廃棄物，都市廃棄物などを並べて掲載

3-5 石油危機以降の変化

さて，比較的はっきりした情報の得られる石油危機以降の変化について，一つの仮説を立ててみよう．まず，バイオマス・エネルギーは，おそらくインフラが整備されていないアジア・アフリカの農村では化石エネルギーよりも簡単に入手でき，その意味において地域社会の側からみれば十分な競争力をもつ選択肢であった．その結果，当時の地域社会のエネルギー需給は，基本的には現地の人口が必要なバイオマス・エネルギーを消費するだけの「低位均衡」の状態にあった．

こうした状態で石油危機が起こった．第一類型の中東産油国では，ほとんどが国内の原油価格を低く据え置いたため，原油（または原油起源のエネルギー）が大量に消費され，1人当たりエネルギー消費量が急上昇した．また，それにともなってエネルギー集約度も急激に上昇した．原油の輸出から得られる膨大な収入は，必ずしも生産的に使われたわけではないが（杉原2010a），それでも国内エネルギーの消費の上昇を賄うことは難しくなかった．他方，第三類型のアフリカ諸国では，国内での原油の消費はあまり伸びなかった．国内のエネルギー需給という観点からは，産油国では原油の輸出収入のほとんどが「浪費」されたとも言える．

これに対し，第二類型の諸国では，バイオマス・エネルギー利用が「低位均衡」状態のままで残る一方，鉄道や都市の建設にともなって，資源集約的・エネルギー集約的な経済活動が増加し，これが化石エネルギーの需要につながったので，エネルギー利用の二重構造の状況が生まれた．都市の貧民の大半もおそらく化石エネルギーにはありつけなかったので，二重構造は都市においても存在したはずである．つまり，近代商工業と交通以外のエネルギー需要の大部分はバイオマス・エネルギーによって担われていた．ただ，都市人口のなかでより高度なバイオマス利用がみられるようになると，1人当たりバイオマス・エネルギー消費量は若干上昇したであろう．

しており，ここでは伝統的なバイオマス・エネルギーもその一つとされている．先進国における「脱化石資源化」の意欲を示すものであるが，他方，このような分類では伝統的なバイオマス・エネルギーが生命圏の保全に占める特別の役割は認識されなくなる恐れがある．

結局，原油価格高騰とエネルギー消費の一般的増加による森林の減少が，環境上の負荷を増加させるという悪循環が典型的に起こったのは，第二類型のなかの非産油途上国ですでに森林減少がかなり進んでいた地域，とくに南アジアであった．しかし，もう少し一般的に言って，非産油国の発展途上国では，人口増加にともなうエネルギー需要の増加もあって，化石エネルギーの輸入を余儀なくされるところが多かった．それは，資源・エネルギー面での「南北問題」，あるいは発展途上国内部における産油国と非産油国の格差を固定化する傾向をもつものとして，大きな国際的関心を呼んだ．世界銀行が「発展途上国のエネルギー転換」と題する報告書のなかで，自己の役割も含めて強調したのは，発展途上国における商業エネルギーの生産と消費のためのインフラづくりであったが (World Bank 1983: xvii–xx)，この報告書はそればかりでなく，多数の発展途上国の下層人口（都市人口を含む）の燃料危機を指摘し，とくに植林と，伝統的な燃料を使った調理法の改善，さらには伝統的なプロト工業における燃料利用など，農村における燃料問題を，優先順位を上げて解決しなければならないとしている (World Bank 1983: xx–xxi, 19)．

ただし，東南アジアの資源国では原油価格高騰に引っ張られた他の第一次産品価格の高騰にも助けられて，一時的ではあるが本来の「第一次産品輸出経済」が成長を遂げ，1970年代には他の地域のような燃料危機は起こらなかった．しかし，その後の価格崩落が労働集約型工業化をうながし，資源圧力が強まるという蛇行的径路をたどったように思われる（末廣 1999: 299–322）．

こうして，資源・エネルギー集約型径路の発展は，先進国の都市や重化学工業地帯で公害問題を起こしただけでなく，原油価格の高騰をつうじて，発展途上国の環境問題を深刻化させたのである．原油価格の高騰は，オイル・トライアングルに参入する力のない非産油途上国の工業化のチャンスを奪う要因でもあった．発展途上国では，現在でもまだ多くの人々が電気やガスへのアクセスを確保できておらず，バイオマス・エネルギーに依存したままであるが，それは必ずしも地域社会のエネルギー効率が本来悪かったということではない．農村の生存基盤の確保の観点からは，それは無理のない選択であった．バイオマス燃料の選択は，相対価格や効率だけでなく，環境，たとえば森林や荒蕪地の状態・制度や人々の生活様式と関係するので，径路依存

性が高い．ただ，そのために，農工間移動が起こりにくくなったり，教育の改善が進みにくくなったりすることはあったであろう．他方,化石エネルギーの導入は，しばしばバイオマス・エネルギーへの考慮なしに，ナショナリズムや工業化戦略の文脈で行われた．その結果，エネルギー利用上の二重構造が形成され，その持続はしばしば所得水準や人間開発指数（Human Development Index）でみた世界経済の二極分解の傾向を固定化する役割を果たしたものと考えられる．

表5-4は，1990年代初頭のインド農村のデータで，環境の異なる諸地域の五つの村の詳細な記録をまとめたものである．この時点の農村では，料理用エネルギーをバイオマス資源に依存しているところが少なくなかった．しかも良質の薪だけではなく，エネルギー効率が悪く，その確保に膨大な労働力を要する枯れ木や草，作物残滓，牛糞などが利用されており，これらの効率の悪い燃料の消費の絶対量も増加傾向にあった．他方では，大規模ダム建設反対運動，森林伐採の禁止，石油価格の高騰などで選択肢が狭まり，たとえばローカルな人工林でつくった木を原料とする発電や料理用の液体ガスの生産が奨励されるといった状況であった（Ravindarnath and Hall 1995: 14-57）．インドではその後，大きな経済変動が起こっているが，インフラ建設に絡む規制や腐敗が大きな制約として残っており，エネルギー利用における深刻な二重構造が急速に克服されつつあるようには見えない．

一推計によれば，伝統的なバイオマス・エネルギーに依存して生活する人口は，サハラ以南のアフリカで2004年の5億7,500万人から2015年の6億2,700万人に，2030年には7億2,000万人に増加し，インドでも2004年の7億4,000万人から2015年の7億7,700万人に，2030年には7億8,200万人に増加するであろうとされている．上に紹介したインド農村についての詳細な事例研究からもわかるように，電気が農業用水の確保に，灯油が採光用に使われている場合でも，それらのエネルギーの供給がかぎられていたり，高価であったりして，家庭における調理のための燃料はきわめて労働集約的で効率の悪いものに依存せざるを得ないといった状況が簡単に解消されるとは思えない．世界全体で25億2,800万人（2004年）が現在も伝統的なバイオマス・エネルギーに依存しており，しかもその数字は2030年まで上昇しつ

表 5-4　インドの第一次エネルギー利用の種類別構成，1991 年

	利用量 [低位推計] （原単位）	バイオマス・エネルギー 利用量が平均的推計のケース		バイオマス・エネルギー 利用量が低位推計のケース	
		年間利用 エネルギー計 （千兆ジュール）	年間1人当 たり利用量 (10億ジュール)	年間利用 エネルギー計 （千兆ジュール）	年間1人当 たり利用量 (10億ジュール)
石炭	217 （百万 t）	6,325　(35.4)	7.49	6,325　(42.2)	7.49
石油	53.7 （百万 t）	2,293　(12.8)	2.71	2,293　(15.3)	2.71
天然ガス	17,890 （百万 m³）	665　(3.7)	0.79	665　(4.4)	0.79
電気	77,779 （ギガワット時）	280　(1.6)	0.33	280　(1.9)	0.33
商業エネルギー計		9,563　(53.5)	11.32	9,563　(63.8)	11.32
薪	298/[227] （百万 t）	4,470　(25.0)	5.29	3,405　(22.7)	4.03
作物残滓	156/[97] （百万 t）	2,267　(12.8)	2.68	1,500　(10.0)	1.77
糞	114/[37] （百万 t）	1,562　(8.7)	1.85	507　(3.5)	0.60
バイオマス・エネルギー計		8,299　(46.5)	9.82	5,412　(36.2)	6.40
エネルギー総計		17,862　(100.0)	21.14	14,975　(100.0)	17.72
石油換算総計　（百万 t）		425	0.50	356	0.42

註：著者たちは，他の研究では平均的推計がよく使われるが，実態は低位推計に近いと考えている．
出典：Ravindranath and Hall (1995: 15).

づけるだろうという予測は，本章が依拠したマクロの統計では表現できない重みをもっていると言うべきであろう（FAO 2008: 18）．

4　おわりに

かつて W. A. ルイス（William Arthur Lewis）は，温帯地域と熱帯地域の経済格差を克服するためには，後者における農業生産性を上昇させなければなら

ないと論じた.そして,それを国際経済論に拡張し,熱帯に住む人々の食糧の価格が低く,それによって支えられている人々の賃金が低いことから,熱帯の第一次産品の価格も低く抑えられて国際競争力をもつと同時に,それが熱帯と温帯との大きな賃金格差の原因にもなっているとした(Lewis 1954. Lewis 1970 も参照).

　われわれは,このルイスの発想は,土地を生産要素とした考え方の延長に立つものであり,森林減少やその他の(農地以外の)環境劣化,とくに人口増加と耕地の拡大によるエネルギー資源のローカルな供給の悪化を適切に捉えていないと考える.また,水と水の管理の問題など,その他の環境要因も十分理論的な視野に取り入れられていない.しかし,農業生産性を軸とするルイスの議論は,温帯を出発点とする近代技術の発展方向が,熱帯の現実が要請するニーズからしだいにかけ離れたものになっていったという事実の一面を鋭く捉えている.技術発展が温帯の工業と農業の生産性を高め,熱帯のそれを置き去りにしていったということは,それにもかかわらず世界経済に統合されていったということとあわせて考えれば,技術移転の方向性に強いバイアスが働いていたと推測されるからである.われわれは,この洞察を土地だけでなく,生存圏一般に拡張して適用したい.

　ルイスの議論にしたがって,われわれも,地球環境の持続性を長期にわたって維持するためには,熱帯のバイオマス起源の資源の効率的な利用を図らなければならないと考える.本章でみたエネルギーに関して言えば,化石エネルギーに頼るだけでなく,地域的なエネルギー供給を増加させ,かつより効率的にしなければならない.ヨーロッパの事例では,エネルギー転換の過程で,在来エネルギーの効率の改善が重要な役割を果たした(Gales et al. 2007: 236)[13].効率の改善が,競争と補完をつうじてスムーズな「エネルギー転換」を支えたと考えられる.しかもそれは決して一過的な現象ではない.災害の発生を含む,地域の多様なニーズを満たす必要はつねに存在するのだから,

---

[13] この論文は,エネルギーにおける逆U字カーブ仮説を批判し,伝統的なエネルギー(ここでは人力を含む)のエネルギー集約度が高いことを勘案すれば,逆U字カーブは存在しないとしている.熱帯におけるこのカーブの形状は興味深い問題であるが,今後の課題としたい.ここでは,この論文のデータが,伝統的なバイオマス・エネルギーの効率が工業化の時期に改善されたことを示している点に注目しておきたい.

輸入だけに依存しない地域エネルギーの供給が必要なことは明らかである．

また，それと並んで重要なことは，エネルギーだけでなく，バイオマス起源の資源一般の持続性の確保である．バイオマス・エネルギーそのものが，新しい技術の導入によって効率化されても，もしそれが食料，原料用のバイオマス資源と競合するなら，エネルギーのニーズだけを優先させるわけにはいかない．食料，バイオマス起源の原料の供給も含めて，熱帯の生命圏全体を持続可能なものにすることによって，バイオマス社会を現代に再生させなければならない．そのためには，資源の収奪ではなく，生命圏の論理を取り込んだ，バイオマス社会の総括的な管理が必要である[14]．

熱帯生存圏の復権のためには，温帯諸国におけるエネルギー効率の改善策を模倣しているだけでは不十分である．環境の劣化を抑え，地域的な資源・エネルギー供給の安定的な増加を達成し，それを国際的競争力のあるものにすることによってはじめて，環境上の南北問題の解決と，地球環境の持続性の確保が展望できるようになるだろう．

参考文献

Byron, R. M. and M. A. Quintos 1988. "Log Export Restrictions and Forest Industries Developmwent In Southeast Asia (1975-1986): The Case of the Philippines", in J. Dargavel, K. Dixon and N. Semple (eds), *Changing Tropical Forests: Historical Perspectives on Today's Challenges in Asia, Australasia and Oceania Workshop Meeting*, Camberra 16-18 May 1988, Canberra: Centre for resource and Environmental Studies, 427-446.

中華民國財政部關税總局統計室『(中華民国台湾地区) 進出口貿易統計月報』．

Clark, J. G. 1990. *The Political Economy of World Energy: A Twentieth-Century Perspective*, New York: Harvester Wheatsheaf.

Darmstadter, J. 1971. *Energy in the World Economy: A Statistical Review of Trends in Output, Trade, and Consumption since 1825*, Baltimore: Johns Hopkins University Press.

Food and Agriculture Organization of the United Nations (FAO) 1981a. *Forest Resources of Tropical Asia*, Report prepared by the Food and Agriculture Organization of the United Nations as cooperating agency with the United Nations Environment Programme, Rome.

――― 1981b. *Forest Resources of Tropical Africa*, Report prepared by the Food and Agriculture Organization of the United Nations as cooperating agency with the United Nations

---

14) 近年，エネルギーと工業用原料の両面からバイオマス利用がスポットライトを浴びている．渡辺 (2010)，およびOECD (2004: 15) 参照．しかし，現地社会のエネルギー利用の側からの考察はなお今後の課題だというべきであろう．

Environment Programme, 2 volumes (Part I: Regional Synthesis, Part II: Country Briefs), Rome.
―― 2008. *Forests and Energy: Key Issues*, FAO Forestry Paper 154, Rome.
―― 2010. *Global Forest Resources Assessment 2010, Main Report*, FAO Forestry Paper 163, Rome.
Gadgil, M. and R. Guha 1992. *This Fissured Land: An Ecological History of India*, Delhi: Oxford University Press.
Gales, B., A. Kander, P. Malanima and M. Rubio 2007. "North verus South: Energy Transition and Energy Intensity in Europe over 200 Years", *European Review of Economic History*, 11: 219-253.
Harley, C. K. 1988. "Ocean Freight Rates and Productivity, 1740-1913: The Primacy of Mechanical Invention Reaffirmed", *Journal of Economic History*, 48(4): 851-876.
International Energy Agency (IEA). *Energy Balances of OECD Countries*, Washington D. C., various years.
――. *Energy Balances of Non-OECD Countries*, Washington D. C., various years.
――. *Renewables Information*, Washington D. C., various years.
International Monetary Fund (IMF). *Direction of Trade Statistics Yearbook*, various years.
石川登 2010.「歴史のなかのバイオマス社会 ―― 熱帯流域社会の弾性と位相転移」杉原薫・川井秀一・河野泰之・田辺明生編『地球圏・生命圏・人間圏 ―― 持続的な生存基盤を求めて』京都大学学術出版会, 251-280 頁.
小島麗逸 2000.「環境政策史」小島麗逸編『現代中国の構造変動 6　環境　成長の制約となるか』東京大学出版会, 9-66 頁.
小堀聡 2011.『日本のエネルギー革命 ―― 資源小国の近現代』名古屋大学出版会.
Lewis, W. A. 1954. "The Economic Development with Unlimited Supplies of Labour", *Manchester School of Economic and Social Studies*, 22(2): 139-191.
Lewis, W. A. (ed.) 1970. *Tropical Development, 1880-1913: Studies in Economic Progress*, Evanston: Northwestern University Press.
Maddison, A. 2007. *Contours of the World Economy, 1-2030 AD: Essays in Macro Economic History*, Oxford: Oxford University Press.
―― 2011. "Statistics on World Population, GDP and Per Capita GDP, 1-2008 AD (Horizontal file)" http://www.ggdc.net/maddison/ (2011 年 5 月 27 日アクセス).
増田美砂 2006.「生態環境の相違からみた比較林野制度論」『植民地期の森林管理をめぐる比較制度論 ―― インド，ガーナおよびサラワク』2004 年度～2005 年度科学研究費補助金（基盤研究 C）研究成果報告書 (16580114).
水野祥子 2006.『イギリス帝国からみる環境史 ―― インド支配と森林保護』岩波書店.
Organisation for Economic Co-operation and Development (OECD) 2004. *Biomass and Agriculture: Sustainability, Markets and Policies*, Paris.
Myers, N. 1994. "Tropical Deforestation: Rates and Patterns", in K. Brown and D. W. Pearce (eds), *The Causes of Tropical Deforestation: The Economic and Statistical Analysis of Factors Giving Rise to the Loss of the Tropical Forests*, London: UCL Press, pp. 27-40.

Ravindranath, N. H. and D. O. Hall 1995. *Biomass, Energy, and Environment: A Developing Country Perspective from India*, New York: Oxford University Press.
Richards, J. F. and R. P. Tucker 1988. "Introduction", in John F. Richards and Richard P. Tucker (eds), *World Deforestation in the Twentieth Century*, Durham: Duke University Press, pp. 1-12.
Richards, John F. 1990. "Land Transformation", in B. L. Turner II, W. C. Clark, R. W. Kates, J. F. Richards, J. T. Mathews and W. B. Meyer (eds), *The Earth As Transformed by Human Action: Global and Regional Changes in the Biosphere over the Past 300 Years*, Cambridge: Cambridge University Press, pp. 163-178.
Schipper, L. and S. Myers 1992. *Energy Efficiency and Human Activity: Past Trends, Future Prospects*, Stockholm: Stockholm Environment Institute.
Smil, V. 1994. *Energy in World History*, Boulder: Westview Press.
—— 2003. *The Earth's Biosphere: Evolution, Dynamics and Change*, Cambridge Mass.: MIT Press.
末廣昭 1992.「東南アジア経済論 ―― 思想の輸出から工業製品の輸出へ」東京大学社会科学研究所編『現代日本社会 3　国際比較（2）』東京大学出版会, 273-324 頁.
杉原薫 2003.『アジア太平洋経済圏の興隆』大阪大学出版会.
—— 2008.「東アジア・中東・世界経済 ―― オイル・トライアングルと国際経済秩序」『イスラーム世界研究』2(1): 69-91.
—— 2010a.「中東軍事紛争の世界経済史的文脈 ―― 石油・兵器・資金の循環とその帰結」長崎暢子・清水耕介編『アフラシア叢書 1　紛争解決　暴力と非暴力』ミネルヴァ書房, 253-280 頁.
—— 2010b.「グローバル・ヒストリーと複数発展径路」杉原薫・川井秀一・河野泰之・田辺明生編『地球圏・生命圏・人間圏 ―― 持続的な生存基盤を求めて』京都大学学術出版会, 27-59 頁.
杉原薫・西村雄志 近刊.「世界経済へのインドの統合と森林の商業化, 1890-1913 年」慶應義塾大学グローバル COE・科学研究費補助金・基盤研究 B『「化石資源世界経済」の形成と森林伐採・環境劣化の関係に関する比較史的研究』合同ワークショップ報告, 2009 年 11 月 7 日.
United Nations (UN) 1956. *Proceedings of the International Conference on the Peaceful Uses of Atomic Energy*, Vol. 1, The World's Requirement for Energy: The Role of Nuclear Energy, New York: United Nations.
渡辺隆司 2010.「産業構造の大転換 ―― バイオリファイナリーの衝撃」杉原薫・川井秀一・河野泰之・田辺明生編『地球圏・生命圏・人間圏 ―― 持続的な生存基盤を求めて』京都大学学術出版会, 281-300 頁.
Williams, M. 2006. *Deforesting the Earth: From Prehistory to Global Crisis, An Abridgment*, Chicago: University of Chicago Press.
World Bank 1983. *The Energy Transition in Developing Countries*, Washington: World Bank.
Wrigley, E. A. 1988. *Continuity, Chance, and Change: The Character of the Industrial Revolution in England*, Cambridge: Cambridge University Press (近藤正臣訳『エネルギーと産業革命 ―― 連続性・偶然・変化』同文舘, 1991 年).

―― 2010. *Energy and the English Industrial Revolution*, Cambridge: Cambridge University Press.
Yates, L. 1960. *Forty Years of World Trade: A Statistical Handbook with Special Reference to Primary Products and Under-developed Countries*, London: George Allen and Unwin.

第6章

生存基盤持続型発展径路を求めて
―「アジア稲作圏」の経験から―

田 中 耕 司

1 課題の提示

1-1 食料安全保障と「アジア稲作圏」

　1996年11月，前年にカナダのケベックで開催された国際連合食糧農業機関（Food and Agriculture Organization; FAO）の50周年記念会合の決定をうけて，食料安全保障上の主要問題を解決するために世界の首脳が参加する最初の国際会議，世界食料サミットがローマで開催された．186ヵ国とECの首脳が出席したその会議では，世界食料安全保障の達成と2015年までの栄養不足人口の半減という目標を掲げた「世界食料安全保障のためのローマ宣言」および「世界食料サミット行動計画」が採択され，その目標に向けて世界が協力するという強い政治的意思が確認された．

　その会議後すでに15年が経過した．しかし，最近の国際的な穀物価格の急上昇，あるいはソマリアでの内戦や干ばつにともなう深刻な飢饉，そして各地で頻発する異常気象による生産減退が示すように，「ローマ宣言」で確認された「すべての人は安全で栄養のある食糧を必要なだけ手に入れる権利を有すること，またすべての人は飢餓から解放される基本的権利を有するこ

とを再確認する」(国際連合食糧農業機関 1998: 5) という目的は達成されていない．食料をめぐる国際的な緊張は以前にまして高まっており，その安全・安心が脅かされている．

日本でも，東日本大震災による未曾有の自然災害が甚大な被害をもたらした．被災地の農業被害も深刻である．それどころか，地震と津波により引き起こされた原発事故によって人為災害としての放射能汚染が汚染地域住民の生活基盤を破壊しただけでなく，食料の安全供給にも大きな不安を投げかけている．そして，わたしたちのこれまでの暮らしや将来のあり方についてかつてないほどの厳しい選択を迫っている．暮らしのあり方に対する根源的な問いが投げかけられているという意味において，まさにわたしたちの生存基盤が問い直されている．

地域研究の立場から，熱帯を視野に入れた人類の生存基盤を考察しようとした『地球圏・生命圏・人間圏 —— 持続的な生存基盤を求めて』が出版されたのは東日本大震災が起こる 1 年前のことであった．そのなかで，東アジアモンスーン地域に暮らすわれわれが，この地域がもつ豊かな一次生産力を人類の将来の生存基盤として活用していくこと，とりわけ「アジア稲作圏」において培われてきた集約的稲作あるいは集約的水田利用システムの持続的な発展を維持していくことの重要性を指摘した (田中 2010)．本章はそこでの議論をうけて，「アジア稲作圏」の生存基盤としての農業のあり方についてさらに考察を深めることを企図している．また，温帯の比較的高緯度地帯から熱帯の低緯度地帯にかけて広く栽培されるイネという作物がもつ生物学的・農学的特性を考慮に入れて，「アジア稲作圏」が将来の世界，とりわけ熱帯地域を含めた人類の生存基盤の確保に向けてどのような貢献ができるのかを考えることを本章の目的としたい．

1-2　世界の「食事パターン」と「アジア稲作圏」

その糸口として，世界食料サミットの資料として作成された世界の「食事パターン」を示す地図をとりあげてみたい．食料をめぐる世界と日本の現状を考えるうえで示唆的だからである．その地図は，1989/90 または 90/91 穀

物年度の各国の食料需給統計をもとに作成されており，それぞれの国の主要なカロリー源となる食料の生産量，消費量，輸出入量および在庫量に基づいて，どの食品が最も多くのカロリーを供給しているかを国別に示している．主要なカロリー源として消費されているのはコメ，トウモロコシ，コムギ，雑穀類，根菜類などのデンプン生産作物である．東アジアから東南アジアを経てインドへと続く広義の東アジア（「アジア稲作圏」と重なる地域）では，言うまでもなくコメが最も主要なカロリー源として消費されている．

　この地図を眺めながらまず感じるのは，最も多く消費されるエネルギー生産作物によって世界の諸地域が大きく区分できることである．北米からヨーロッパ（地中海沿岸諸国を含む）を経て中央アジアにいたる諸国が「コムギ圏」，アルゼンチンやチリを除いた中南米諸国が「トウモロコシ圏」，アフリカの半乾燥地域の諸国が「雑穀圏」，熱帯の中央アフリカ諸国が「根菜・塊茎圏」，そして上記の広義の東アジア地域が「コメ圏」というように，最大カロリーを供給しているデンプン作物によって世界が区分できる．経済活動が急速にグローバル化しているとはいえ，主要なエネルギー供給作物が地域ごとに異なり，それぞれの地域の食事の基礎となっていることがこの図からうかがえる．

　ところが，この地図によってもう一つの重要な事実を知ることができる．コメをカロリー源として最もたくさん消費している「アジア稲作圏」のなかで，日本とマレーシアが例外的にコメ以外の作物，すなわちトウモロコシを最も多く消費する地域に色分けされていることである．家畜の飼料としてトウモロコシが大量に輸入されていることがその原因である．両国について「現実的ではないにしても，統計分析上トウモロコシが主要なカロリー供給源の国グループに分類してある」と註記されているように，国民の実感からかけ離れた区分となっているが，このことは，食をめぐるグローバル化の波がすでに日本やマレーシアに，そしておそらくは「アジア稲作圏」の他の諸国にも深く及んでいることを示唆している．

　この地図はほぼ20年前の統計数値に基づいているが，最近のFAOの食料需給統計（FAOSTAT）をみても，日本が依然としてトウモロコシを最も多く消費する国であることに変わりはない．マレーシアも同様である．また，

中国がトウモロコシ生産と輸入の増大によって，1人当たり消費量において トウモロコシがコメを凌ぐようになっていることもこの 20 年ほどの変化と して注意しておく必要がある．食料をめぐってその生産と消費，そして流通 の構造がグローバルなスケールで変化していることはすでにフードレジーム 論 (Friedmann and McMichael 1989; 荒木ほか 2007) として議論されているが， このようなシステム転換がすでに世界を広く覆っており，その変化をふまえ たうえで，私たちの生存基盤の将来を展望することが必要となっている．

そのため，本章では，世界の 3 大穀類と呼ばれるコムギ，トウモロコシ， イネをとりあげて，まずその生物学的あるいは農学的な特徴を探り，そのう えでこれらを主要な作物とする農業の比較のなかから「アジア稲作圏」がも つ農法的特徴に迫っていくこととしよう．

2 世界の 3 大穀類と熱帯・温帯

2-1　3 大穀類のもつ特徴

コムギ，トウモロコシ，イネが世界の 3 大穀類とよばれる所以をまずみて おこう．FAO の 2009 年食料統計 (FAOSTAT) によると，世界の穀類栽培 (収 穫) 面積は，6 億 9,919 万 ha で，そのうちコムギが 32.3%，トウモロコシが 22.7%，イネが 22.6% というようにこの三つの作物が世界の栽培面積のほぼ 7 割を占めている．その生産量をみると，世界全体の生産量 24 億 9,362 万 t のうちコムギとイネがそれぞれ 27.5%，トウモロコシが 32.8% というように， この 3 作物が世界の穀類生産の 9 割近くを占めている．栽培面積，生産量 ともに他の穀類 (コムギ以外のムギ類やソルガムなどの雑穀類) を大きく引き離 しており，しかもこの 3 作物が栽培面積，生産量ではほぼ拮抗している．

この 3 大穀類とその他の穀類の栽培 (収穫) 面積の地理的分布からまず気 づくのは，コムギやトウモロコシが世界各地に広く分布するのにくらべて， イネはアジア大陸の東南部，すなわち東アジアから東南アジアを経て南アジ アにいたる広義の東アジア地域に偏在するという点である．なかでも東南ア

ジアでは穀類の全栽培面積の8割余りをイネが占めており，他の穀類を圧倒している．また，南北両半球の温帯にコムギが分布するのに対して，トウモロコシやイネは温帯から亜熱帯・熱帯にわたるより温暖な地域に分布するという特徴もうかがうことができる．

　3大穀類の地理的分布にはもちろんそれぞれの作物の特性が大きく関わっている．一般に作物の生育に必要な限界温度として日平均気温5℃，栽培の限界温度として10℃がもちいられ，日平均気温10℃以上の期間の日平均気温の積算量（有効積算気温，℃・日）が作物生産に利用可能な温度資源となる．比較的冷涼で乾いた気候を好むコムギが必要とする有効積算気温の範囲は1,200~2,000℃・日で，地理的には北緯30度以北，あるいは南緯30度以南におもな栽培地域がある．一方，亜熱帯亜高山地域に起源したトウモロコシは，1,500~3,000℃・日の有効積算気温を必要とする．熱帯から温帯にわたる広い範囲で栽培され，近代以降の品種改良によって種実生産地帯は北緯50度まで，サイレージ生産であれば北緯60度まで栽培地域が広がっている．熱帯・亜熱帯で栽培化されたイネが必要とする有効積算気温は以上の2作物よりもさらに高く2,500~3,800℃・日の範囲にあり，熱帯から温帯にわたって広く栽培される．とくに夏季に高温となる東アジアでは，その栽培北限が北緯50度近くにまで迫っている（内嶋 1978）．

　3大穀類の生育に必要な温度資源の違いからその分布を説明することができるが，生理生態的特性の違いもまたそれぞれの作物の生産力や生産性を特徴づけ，その分布を規定する重要な要因である．植物は，炭酸ガスを固定する光合成回路の違いによってC_3植物とC_4植物に分類される．穀類ではムギ類やイネがC_3植物，トウモロコシやその他の雑穀類の多くがC_4植物である．両者を比較すると，C_4植物ではC_3植物にくらべて一般に光呼吸が低くかつ光飽和点が高いために，より高い最大光合成能力がそなわっている．その結果，最大乾物成長率がより高く，最大純生産量もより高いという違いがある．また，C_4植物はC_3植物にくらべて耐乾性が強く，単位乾物重を生産するのに必要な水分量（要水量）が小さく，水条件がより厳しい条件下で

も生育できるという利点をそなえている[1].

2-2　熱帯における生存基盤の確保と稲作

　以上に概観したC_3植物とC_4植物との違いは，新大陸起源のトウモロコシが現在なぜ熱帯から温帯にわたる広い地域に栽培されているのかを理解するうえで参考になる．北アメリカでは，移住してきたヨーロッパ人がこの作物の栽培を土着のインディアンから教わり植民初期の食料を確保した．また，アメリカ大陸に連れてこられた黒人奴隷の重要な食料ともなった．16世紀，17世紀にはアフリカやアジアの各地にもたらされ，同じC_4植物に属するモロコシなどの雑穀類に代わってその栽培が急速に拡大していった．アフリカでは，英国植民地での鉱山労働者の食料として重要な役割を果たし，その後各地に広がっていった．東アジアや東南アジアでも，イネにくらべて高い生産力と耐乾性をそなえていたことから，水田開発が困難な畑作地帯や山地で雑穀類に代わる畑作物としてその栽培が拡大した．草丈が高くなるトウモロコシは，もともと新大陸ではインゲンマメなどのマメ類やサツマイモなどの根菜類と混作されていたので，雑穀類を同様な作付様式で栽培していたこの地域の畑作や焼畑システムに取り入れやすい作物でもあった．

　コムギは，イネやトウモロコシよりも古くに栽培化された穀類である．「最初の農民」(First Farmers) が西アジアで栽培したのち，その栽培が旧大陸の冷温帯から温帯にわたる広い地域に拡散していった (Bellwood＝長田・佐藤監訳 2008)．旧大陸での栽培拡大は先史時代の人類の移動や文化伝播によるものであったが，南北アメリカやオーストラリアへの拡大は地理上の発見以降の

---

[1] 最大光合成能力 ($mgCO_2/dm^2/hr$) はC_3植物では15-40, C_4植物では35-80の違いがある．また，最大乾物成長率 (maxCGR, $g/m^2/日$) ではC_3植物が$19.5±3.9$, C_4植物が$30.3±13.8$, 最大純生産量 (t/ha/年) ではそれぞれ$22.0±3.3$, $38.6±16.9$, 要水量 (g 水/乾物) では450-950, 250-350という違いがある (上野 2002)．なお，光呼吸は光合成過程で起こる光に依存した酸素の取り込みと炭酸ガスの放出のことで，光合成効率を低める要因となる．したがって，C_4植物の光呼吸が低いという特徴は光合成に有利に働く．また，光強度の上昇とともに光合成速度が増大するが，その上昇が飽和傾向を示すところを光飽和点という．C_4植物では最大日射下で光合成速度が飽和に達しない場合が多く，C_3植物では一般にその4分の1から2分の1で飽和に達する．この性質もまたC_4植物の光合成における有利な点となる．

ヨーロッパ人の移住によって実現されたものである．いまでは，アメリカ合衆国やカナダ，アルゼンチン，オーストラリアの4ヵ国が世界の輸出量のほぼ半分を占めるにいたっている．

これら二つの作物にくらべて，イネの栽培は上述のとおり広義の東アジアに偏在しているところに特徴がある．また，全生産量に占める輸出入量の割合も，コムギやトウモロコシにくらべてはるかに小さく，その量も両者にくらべてたいへん少ないという特徴がある[2]．必要とする有効積算気温が高いイネは，その栽培にあたって十分な温度資源を必要とするだけでなく，同じく C_3 植物に属するコムギにくらべてその要水量が高いことから，夏季の高温と豊富な降雨に恵まれたモンスーンアジアが最適の栽培環境であった（田中 2010）．しかもコムギにくらべて単位面積当たりの生産性がはるかに高いイネは人口支持力が高く，広義の東アジアにおいてはイネの栽培拡大が人口増加と相関するという関係があった（Chang 1987）．

同じく熱帯地域にも栽培される作物でありながら，トウモロコシにくらべてイネの栽培が広義の東アジアに偏在してきたのは，イネが水田という水を湛える環境のなかで栽培される作物であったことも関係している．水田という安定した生産装置によって域内での人口増加を支える持続的な農業システムが成立し，増大する人口を支えることができた．すなわち，ヨーロッパで起こったような，主要なカロリー源となる作物を携えて増大する人口が域外へと移住することは起こらず，増大する人口を域内での水田適地の拡大によって養うことができた．また，工業化後にも，水田農業の集約化（稲作の生産性増大だけでなく，多毛作化による水田全体の生産力の増大）によって域内の増加する人口を養うことができた．近代以前に世界に広く拡散したコムギやトウモロコシとは対照的に，稲作の水田依存性という特性や持続的で安定した水田生産力がイネの広義の東アジアでの偏在という結果をもたらした．

トウモロコシとイネは熱帯から温帯にかけて広く栽培されるが，近代以前

---

[2] 2008年の時点で，コムギは世界の総生産量の約19%，トウモロコシでは約13%が輸出されているが，コメ（精米換算）は約5%程度である（FAOSTAT）．また，コメの輸出入は近年東南アジアの輸出国（タイ，ベトナムなど）からアフリカ諸国や中近東諸国に輸出されるものの，その多くは東南アジアの域内での輸出入が占めており，生産・流通の両面で，イネは他の2作物にくらべてより地域的に偏在している．

に各地に栽培が拡散したトウモロコシは,世界各地の熱帯において地域住民の重要な食料源として在来の農業システムのなかに深く根を下ろしている.それにくらべて,イネは温帯では古くから東アジア以外の各地に広がっているものの,その分布は限られており[3],東アジア以外の熱帯となるとその受容はずっと新しい出来事であった.

熱帯の開発途上国における人口増加は,将来の人類の生存基盤をおびやかす不安定要因であることがつとに指摘されている.「地球環境における熱帯の中心性と,技術や制度の発達における温帯の主導性とのあいだに大きなミスマッチ」(杉原 2010)があったとすれば,熱帯から温帯に及ぶ広義の東アジアにおいて巨大な人口をこれまで支えてきた稲作の発展径路をつぶさに検討し,このミスマッチを修復するための将来に向けた糸口を探ることは意義のあることであろう.現に,熱帯アフリカでは,この40年余りの間にイネの生産量が3倍余りに増大しており,世界のイネ生産の約3.6%を占めるにいたっている.とりわけ,西アフリカではこの間に6倍余りの高い生産増加が実現しており,イネが「アジア稲作圏」以外の熱帯に拡大する動きが加速している[4].

「アジア稲作圏」の域内に限っても,稲作生産力の増大という面では温帯と熱帯との間に大きな差異があった.端的には,熱帯におけるイネ生産性の停滞と,温帯とりわけ日本における先駆的な増大という違いが過去にあった.そして,日本を含む温帯で開発された技術が熱帯に移転されることによってイネの「緑の革命」をつうじて「アジア稲作圏」全体の生産性が向上し,生産力が飛躍的に増大したという歴史をもっている.ところが,いま,経済発

---

3) イネの栽培は,古くにインド亜大陸を経てカスピ海や黒海の沿岸部,あるいは地中海地域に伝播した.また東南アジア島嶼部から海を渡ってマダガスカルにも拡散した(田中 1989).そのマダガスカルで生産された米をヨーロッパに運ぶ船が嵐に遭い,南カロライナ州チャールストンに陸揚げされた籾が栽培されたのがアメリカの最初の稲作となった.1685年のことである.アメリカでは栽培当初から商業的栽培が行われた(Dethloff 1988).

4) FAOSTAT 2008によると,アフリカの世界のコメ生産(イネ収穫面積)に対する割合は約3.58%(約5.9%)である.コメ輸出国であるアメリカ合衆国の約1.5%(約0.8%),中南米地域の約4.1%(約3.9%)と比較すれば,アフリカが将来さらに大きくコメ生産を加速することが予想される.現在,ネリカ(NERICA)と総称される育成品種群とその栽培技術の導入・普及がアフリカの稲作をさらに急速に発展させる技術として注目を集めている.また,この普及に向けて日本の稲作技術開発・普及システムの貢献が期待されている.

展を遂げた日本では，その生産が減少するという状態がもう30年余りも続いている．韓国，台湾でも，比較優位の原理に拠って工業生産を優先し食料を海外に依存する政策が進められた．中国を含めて，「アジア稲作圏」の経済発展を遂げつつある多くの国がいまでは成長センターとして世界の経済を牽引している．このような経済発展がさらに進めば，いずれは稲作を含む農業全体が衰退し，それを軽視する風潮すら芽生えてくるのではないかと危惧されるのが「アジア稲作圏」のもう一つの現状である．

温帯中心に描かれてきた近代世界史を捉え返し，「「温帯」から「熱帯」への視座の転換」（杉原 2010）を図ろうとする本講座のねらいにこたえるために，以下，近代における「アジア稲作圏」の技術発展のあとを振り返りつつ，稲作を基盤とする水田農業がもつ将来の持続的な生存基盤としての可能性を探っていくこととしよう．

3 温帯から熱帯へ ——「アジア稲作圏」の近現代

すでに前掲論文（田中 2010）で，高い一次生産力を有する「東アジアグリーンベルト」とよばれる地域がアジアの稲作発展の自然基盤を提供したことを紹介した．また，それを基盤に「アジア稲作圏」では多毛作化という農業発展の径路をとることによって小農を基盤に人口支持力の高い土地利用集約的な農業が発達したことを紹介し，東アジアの土地利用集約的な農業の維持発展が生命圏と人間圏を統合する将来の生存基盤として重要な意義をもつことを考察した．それをうけて，以下では，耕地利用の集約化と多毛作化という欧米とは異なる農業発展の径路をたどった「アジア稲作圏」で稲作あるいは水田の生産力増大技術が展開した軌跡，すなわち近現代における温帯から熱帯への技術移転の過程を紹介して，「アジア稲作圏」に共通する集約的稲作の発展径路を概観することにしよう．

3-1　台湾における日本の稲作開発

　明治期に欧米の科学技術を導入し飛躍的な経済発展を実現した日本は，1895（明治28）年の台湾領有後，台湾における植民政策を実施していった．なかでも，台湾における農業開発（稲作改良，糖業開発，熱帯作物導入）は植民地経営の大きな柱となり，台湾総督府のもとに農事試験場が設置（1903年）された後，移出米の検査，赤米除去，埤圳（水利・灌漑）改良・建設，品種改良，栽培技術普及などをつうじて本格的な水田開発・稲作改良への取り組みが始まった（田中・今井 2006）．事業が本格的に実施される前の1900年当時，水田面積は20万 ha（1期・2期作をつうじた作付総面積は30.5万 ha），生産量は32.3万 t であったが，1938年にはそれらがともに54.3万 ha（同64.4万 ha），147.3万 t へと激増しているように，総督府による稲作改良事業は台湾の水田稲作の発展に大きく貢献した．なかでも総督府が多額の経費を投じた嘉南大圳の建設は，台南市の北，嘉南平野に15万 ha の水田を造成する大事業であった．1920年に着手され1930年に完成したこの事業は，それまで「雑穀とサトウキビ，それにわずかな天水田しかなかった原野」を15万 ha に及ぶ美田に変え，周到な配水計画に基づくサトウキビ，水稲，畑作物を輪作する3年輪作体系を成立させた（西尾 2006）．

　栽培技術改良の面でも農事試験場設立後に大きな進展があった．各地で競作田と称する模範圃場が設置され，旧慣技術と改良技術を対照させることによって改良技術の普及が図られた．たとえば，耕作法を改良しこれに十分に肥料（大豆粕や過リン酸石灰など）を施した「競作田」では「旧作田」にくらべて1期作，2期作ともに3割以上の増収が可能なことが報告されているように，「土地ノ改良，施肥ノ奨励，病虫害ノ駆防，産米ノ検査等」の改良技術の導入が積極的に図られた（臺灣銀行調査課 1920）．

　なかでも特筆すべきは，イネの品種改良である．農事試験場が設置されて最初に取り組まれたのは多数の台湾在来品種の選抜であった．1,000種以上の在来品種から優良品種390種が選抜されるとともに，1915年からはこれらの雑多な品種の純系分離育種が始まり，優良種がさらに選抜された．同時に，日本品種を導入した栽培試験が実施され，台湾の環境にあった栽培法を

開発して1920年代には日本品種の栽培が拡大した．しかし，その栽培は台湾北部に限られていたことから，亜熱帯用品種の育成が急務となり，日本品種と台湾在来品種の交配あるいは日本品種どうしの交配が試みられ，多数の優良系統が育成された．これらの系統から選抜された優良品種が「蓬莱米」と名づけられた品種群である．前者の交雑系統からは嘉南2号，嘉南8号，高雄10号，後者からは台中65号が選抜され，これらは戦後も台湾で広域に栽培されるとともに，「琉球全域及びマラヤ，ジャバ，ルソン島の一部に及び，南北アメリカの熱帯および亜熱帯各国でも試作」された(磯1964)[5]．

西海岸の平野部における水田開発と稲作改良技術の普及にとどまらず，従来，焼畑耕作によって陸稲や雑穀を栽培していた台湾先住民族が居住する山地や東海岸地域でも水田開発ならびに改良技術の普及が進められた．日本による植民地化以前から，台湾では漢族の移住によって水田稲作がもち込まれており，在来水田稲作が拡大していた．そして，水田開発をともなった漢族の移住は18世紀から19世紀初頭にかけて東海岸にも達していた．19世紀末には移住が本格化して，日本領有後の1900年ころには先住民アミ族がその影響を受けて水田稲作を受容しはじめた．一方，領有後には東海岸に日本人農民も移住するようになり，彼らによる水田稲作も開始された．ただし，当初はサトウキビ栽培が大部分を占めており，日本人移民による先住民の稲作への直接的かつ組織的な影響は軽微にとどまったようである(松山1985)．

台湾先住民族への水田稲作普及が本格化するのは，1930年に起きた霧社事件後の「理蕃政策」[6]導入後のことである．それ以前から先住民族の集団移住政策によって水田稲作が導入されていたが，新たな理蕃政策によってより総合的な「多角的経済生活の改善に努力する」こととなり，農耕地適地調査や水田稲作普及・改良事業が精力的に進められた．霧社事件ののちに台湾総督府警務局理蕃課が発行した機関誌『理蕃の友』(台湾総督府警務局理蕃課

---

5) 台湾における稲作改良事業に大きく貢献した嘉南大圳建設の総指揮にあたった総督府土木局の八田與一(1886-1942)および蓬莱米を育成した農事試験場の磯永吉(1887-1972)の胸像は「植民地色が払拭された台湾に」いまも残されている(西尾2006)．
6) 1930年10月に警察の横暴に対して反発した台中州のタイヤル族が武装蜂起し，日本人134名を殺害した事件とその後の徹底した弾圧の一連の経過を霧社事件という．この事件ののち，これまでの警察統治(理蕃)を見直して新たな理蕃政策が導入された(近藤1993)．

1993 [復刻版]) によると，その創刊年 (1932年) の第4号 (4月号) に掲載された「本島蕃地に於ける水田豫定地調」の記事を嚆矢に，その後も水田稲作改良に関する多数の記事が掲載されている．先住民族の居住地でも組織的な稲作改良が実施に移されたことがうかがえる[7]．

以上に概観したように，台湾各地の水田稲作の改良は大きな成果を生み出したが，同時にそれは温帯で開発された技術をさらに熱帯地域に拡大していくための橋頭堡を築く実験でもあった．1960年代末以降のイネの「緑の革命」の主役となる新品種の育成が蓬莱米の育成過程で得られた経験を基礎にしていることはそれを象徴的に表している．日本の台湾植民地経営は，温帯で開発された稲作技術と知識が熱帯に適用されていく最初の試みでもあった．

3-2　蘭領東インドにおける稲作開発

日本が台湾を南方進出の橋頭堡と位置づける以前から，ヨーロッパ諸国はすでに熱帯アジアの植民地開発を進めており，稲作もその影響を大きくうけた．拡大する植民地経済を支えるための労働力の確保とそのための食料供給が大きな課題であったからである．温帯アジアにくらべてもともと人口希薄であった熱帯アジアでは，水田稲作の外延的拡大によってその課題を克服していった．東南アジア大陸部の大河川デルタの水田開発はその典型例である (高谷 1982)．また，島嶼部でもプランテーション開発と並行して水田開発が積極的に進められた．

オランダ植民地政府による蘭領東インド (現在のインドネシア) の農業開発は，ジャワ島などにおける輸出作物 (コーヒー，サトウキビなど) の強制栽培制度による生産拡大，そして外島 (ジャワ，バリ島以外の島嶼) での大規模プランテーションによるタバコ，ココヤシ，ゴムなどの輸出農産物の生産拡大を主眼に実施された (田中 1990)．その開発の過程で必要となる労働力と彼

[7) 「本島蕃地に於ける水田豫定地調」によると，「蕃地開発調査は目下着々進行中であるが (中略) 将来本島蕃地に於て水田開発の可能性ある水田適地見込地調査を行つた」結果として，合計 2,290 甲 4 の適地があり，この数字から 1931 年 7 月現在の水田面積 1,472 甲の倍余に及ぶ拡大が予想できるとしている (1 甲 = 0.9699 ha，0.9780 町歩)．『理蕃の友』では，この記事に続いて稲作技術改良や高地での稲作生態に関する記事などが 1942 年刊行号まで頻繁に登場する．

らへの食料の確保も輸出産品を持続的に生産するための重要な課題であった．すでに人口が比較的稠密で水田稲作が拡大していたジャワ島中部や東部では，水田耕作農民をサトウキビ栽培に動員し，稲作とサトウキビ栽培の3年輪作システムが導入された（植村 1978）．一方，比較的人口が希薄であった地域では，輸出産品を栽培するための農園や畑の開墾に並行して水田開発が奨励され，プランテーション作物の生産に参入する地元農民や移住者が開田し，水田稲作が拡大していった．

　18世紀から19世紀前半にかけてのジャワ島西部プリアンガン地方（現在のボゴールからチアミスにいたる西ジャワ州中南部の山間地域）のコーヒー栽培拡大にともなう地域開発史を詳述した大橋厚子によると，「18世紀後半に本格化した水田開発は，18世紀末までに，山脚部，山麓の湧水地帯，盆地底部の湿地帯付近など，比較的用水が得やすい一帯で進展」した（大橋 2010: 253）．ただし，この時期，植民地権力による水田開発への関与は限定的であった．「1820年代の急速な灌漑田普及に大きく貢献したのは（中略）現地人首長層の主導する，より小規模な工事および住民が個別に行う灌漑であったと推測される」と述べるように，水田造成のための灌漑工事は現地人首長層と在地の水利職人によって実施され，コーヒー栽培の労働力として動員された夫役負担者が個々の水田を造成したという．

　コーヒー栽培への夫役負担が優先されたとはいえ，水田開発はコーヒー栽培を拡大しようとする現地人首長層やオランダ政庁にとっても，またコーヒー栽培に動員される夫役負担者にとっても好ましいものであった．1年をつうじて灌漑可能な水田が造成されることによって，コーヒー栽培への夫役負担と水田耕作の労働需要の調整が可能となるため，首長層は建設した水利施設利用の代償として夫役を地元住民や入植者に容易に賦課することができた．一方，住民側も灌漑田での耕作によってより安定した増収が可能となる利益を享受することができた．水田耕作の季節をずらした労働ピークの平準化や乾季作の導入は植民地権力側が主導したもので，これもまたコーヒー栽培への夫役負担と自給農業のための労働需要との「重なりを回避する」のに役立ったという（大橋 2010: 271）．

　オランダ政庁が大河川から直接導水する水路建設によって近代的な灌漑事

業に着手する19世紀後半までは，以上のような地元首長層や有力者による小規模灌漑の導入と農園の夫役負担者となった小規模農民による開田とによって水田稲作が拡大した．しかし，このような稲作の外延的拡大の一方で，水稲栽培技術の改良が飛躍的に進展したという痕跡はみられない．大橋が記述する19世紀はじめのプリアンガン地方のイネの栽培技術（大橋 2010）と，その150年後に行われた調査が記述する稲作技術との間にはさほど大きな違いが認められないからである．

　1979年から数年間にわたって同じくプリアンガン地方の1村落で詳細な人類学的調査を行った五十嵐忠孝によると，調査地では1年をつうじてイネが栽培できる水田が大部分を占めており，1979年から1983年までの5年間，イネの収穫時期は7ヵ月の周期で規則的に到来し，9回の収穫があった（五十嵐 1984）．草丈が高く生育期間の長い在来種がもちいられ，品種に応じた多様で周到な栽培・収穫法が確立していた．またその調査期間中に，短稈の高収量性品種（「緑の革命」を担った新品種）がはじめて集落に導入され，数人の村人がその栽培を試みたけれども，すべて鼠害によって失敗したという[8]．イネは雨季と乾季という季節推移とは関係なく栽培され，1集落では同じ時期に作業がまとまって行われるものの，集落ごとにその時期が異なり，結果として多様な生育ステージのイネが混在していたという．この調査結果から，18世紀末までに進展したプリアンガン地方の水田開発によって形成された稲作景観が五十嵐の調査当時まで維持されていたことが推測される．

　オランダ領東インドでは，プランテーション拡大にともなう水田開発だけでなく，人口稠密となったジャワ島から外島への移住政策（コロニザシ）によっても農地の開墾が進み，水田稲作が拡大した．1905年，スマトラ南部ランポン州グドンタタアンへの入植で始まった移住政策は，その後ボルネオ

---

[8] はじめてこの集落を訪ねた1979年，バンドン平地などではすでに広く普及していた高収量性品種は，山間部ではまだ栽培されていなかったという．しかし，2年後の1981年には山間部の水田にもかなり植えられるようになっていた．調査村でもその栽培が試みられ，再訪時には4回目の栽培が行われていたものの，「前3回の収量は，いずれも「鼠の喰い残しを刈っただけ」の惨憺たる結果」であった．新品種導入後多数の鼠が周年住みつくようになり，在来種にも被害が及んだため，1982年4月の刈り取りを最後に新品種の栽培はなくなったという（五十嵐 1984）．

島，スラウェシ島などにも及ぶようになり，灌漑水路の建設をともなった水田開発が蘭領東インドの各地で進められ，ジャワ人による周到な在来稲作が地方へ浸透していった．

19 世紀後半から 20 世紀にかけて，オランダ政庁は水路建設などの近代的な土木工事によって積極的な水田開発を行ったが，同じ時期，大陸部のデルタでも近代的な土木工事（運河掘削）による水田開発が進展した（高谷 1982; 高田 1984）．このように，19 世紀末から 20 世紀にかけての東南アジアは近代的土木工事による水田開発の時代を迎えていたが，住民の稲作技術を組織的に改良する政策が導入されるまでにはいたらなかった．稲作改良に積極的に取り組んでいた日本政府の台湾における植民地政策と対比するとき，面的拡大によってコメ生産を増大できた同時期の東南アジアの稲作開発はそれと好対照をなしていた．土地利用制約が希薄であったという条件に加えて，とりわけ蘭領東インドにおいては宗主国が必要とするプランテーション農業の開発が優先されたことにより，農民による稲作改良への契機が失われたのが東南アジア稲作開発の近代であった[9]．熱帯アジアにおける政府主導による組織的な在来稲作の技術改良は，1960 年代末に始まる稲作における「緑の革命」の到来まで待たねばならなかったのである．

3-3 「緑の革命」の技術協力

台湾の稲作改良あるいは蘭領東インドネシアにおける稲作開発は，たしかにその地域の稲作の発展をうながし，現地住民に裨益するものでもあった．しかし，その背景には，台湾の場合，本国のコメ不足解消のために植民地でのコメ生産を増大する必要があったという宗主国日本の国内事情があった．また，蘭領東インドネシアの場合も，新たな水田の開発と稲作の拡大はプランテーション農業の維持・拡大（プリアンガン地方の場合はコーヒー栽培）に必要な労働者のための食料確保という意味で重要な課題であったにすぎない．植民地権力の主眼は当然ながら熱帯輸出産品（プランテーション作物）の生産

---

[9] 「土地希少下」のもとでの稲作ならびに水田利用の集約化の展開過程に関する東アジア（とくに日本）と東南アジアとの比較については，大島（2009）が参考になる．

拡大にあり，現地住民の食料の安定的確保と福利厚生の向上のために稲作を改良するというものではなかった．ジャワにおけるこのような植民地権力の農民支配戦略が，結果として，「農民の農業および生活における管理経営権を奪い，さらに管理経営能力を獲得するための選択や創意工夫の自由をも奪った」という指摘（大橋 2009: 247, 2010: 437-440）は，インドネシアだけでなく熱帯に位置する諸国の農業発展径路に残した負の軌跡として銘記される必要があろう．

　先進国による植民地における熱帯植物資源の掠奪的ともいえる開発戦略を根底から覆すことになったのが，第二次世界大戦とその後の東南アジア諸国の独立であった．しかし，独立したとはいえ，貧困，教育・技術開発の未整備，人口増加など多くの課題を抱えるこれら諸国の社会・経済発展が大きな課題として浮上してきた．また，大戦後の東西対立という緊張のなか，旧宗主国からなる西側諸国はその対策として独立を果たした熱帯諸国の経済開発を急ぐ必要があった．これらの国々は「発展途上国」として位置づけられ，その経済・社会開発に向けて先進国の技術を役立てる，いわゆる「北」から「南」への技術協力が国際的な枠組みとして提唱され，それが制度化されるようになった．経済協力開発機構（OECD, 1961 年），国連貿易開発会議（UNCTAD, 1964 年），アジア開発銀行（ADB, 1966 年）があいついで設立され，組織的な資金，技術の提供体制が整えられていった[10]．また，国際稲研究所（International Rice Research Institute; IRRI）が 1960 年に設立され，アジアにおける稲作の「緑の革命」の推進機関となった．

　1954 年，西側先進国のアジア開発援助計画であるコロンボ計画に加盟し

---

10) アメリカ大統領トルーマンは，1949 年 1 月 20 日の大統領就任演説で四つの対外重点政策を発表した．その第四点（Point Four Program）で，「われわれの進歩した科学と技術が低開発国の改良と成長に貢献できる」と述べ，農業，工業，保健の分野における「低開発国」への技術の提供によって民主主義と資本主義を通じた発展途上国の生活・社会の向上に貢献できることを訴えたことからアメリカ合衆国の発展途上国への技術援助が始まった．当初は，対ソ戦略としての色合いが強かったものの，その後，戦後復興を遂げた西欧諸国と協力しつつ，途上国への技術協力・援助体制を強化していくことになり，FAO による農業開発事業の推進や，アジア諸国の復興と発展を支援するコロンボ計画の設立（1950 年），国際稲研究所（IRRI）の設立（1960 年）へと発展していった．日本は，戦後の荒廃から立ち直り，1954 年にコロンボ計画への加盟が承認され，以後，農業技術協力とくに稲作改良プログラムを南・東南アジア各国で推進した（熱帯農業研究センター 1987）．

た日本は，その後，南・東南アジアの稲作技術改良に向けて，国をあげて協力することになった．それ以前から，のちに「緑の革命」の原動力となるコムギやイネの半矮性品種の育成とこれら品種を使った栽培技術改良に取り組んでいた日本の農業研究者・技術者たちは，これを機会に再び熱帯の稲作改良に向けて活発な活動を開始することとなった．窒素肥料への反応性が高く，多肥条件下でも倒伏しない品種育成は，戦前からコムギやイネに対して日本の農学が取り組んできた課題であった．その成果は，コムギにおける農林 10 号，イネにおける台湾での台中 65 号などの育成となり，これらがのちの「緑の革命」の高収量性品種の育成につながる技術的な基盤となった (Dalrymple 1976)．

　国際的な協力枠組みのなかで，日本および西側先進国の農業技術者・研究者は，高収量性品種の育成・普及，化学肥料の施用，農薬による病虫害防除，灌漑システムの改良と建設など，「緑の革命」の主要技術の途上国への移転に活躍した．コメの増産・自給を目標とした東南アジア各国も，先進国の技術協力・援助を積極的に受け入れて国内の農業研究・普及体制を整備していった．インドネシアを例にみると，すでに稲作の生産性増大に向けてさまざまな試みが農業省傘下の農業試験場や教育省傘下の農業大学などでなされていたが，それを発展させるかたちで 1965 年には「ビマス計画」と名づけられた稲作の生産性向上運動が始まった[11]．この増産運動が始まってまもなく，1968 年に IRRI で育成された IR-8 などの高収量性品種がインドネシアに導入され，ビマス計画 (Bimbingan Massal; Bimas)，インマス計画 (Intensifikasi Massal; Inmas) のもと新品種の栽培が急速に拡大した．IRRI の高収量性品種が導入された最初の米穀年度となる 68/69 年度にはイネの全国総作付面積に占めるその割合は 2.4 % にすぎなかったが，74/75 年度には 40.3 % を占める

---

11) ビマス計画 (Bimas, Bimbingan Massal の略称．大衆の指導，あるいは大衆の助け合いなどの意味をもつ) は，農民グループを対象にクレジット方式で種籾，化学肥料，農薬などを提供して，イネならびに主要な食用作物の生産性を向上させようとした増産運動．インドネシアの全土で農業省の主要プログラムとして実施された．その後，1968 年には，政府からのクレジットを受けない農民グループも対象としたインマス計画 (Inmas, Intensifikasi Massal の略称．大衆の強化) も導入され，1960 年代末から 80 年代にわたるインドネシアの稲作改良の原動力となった (Nataatmadja et al. 1988)．

までになっている．南・東南アジアの他の国々でも同時期に高収量性品種が導入され，74/75年度には，スリランカで52.8％，パキスタンで40.3％，インドで29.9％，バングラデシュで14.9％，マレーシアで36.7％（73/74年度），フィリピンで64.0％，南ベトナムで29.9％（Dalrymple 1976）というように，「緑の革命」の稲作が急速に拡大していった．

　インドネシアのビマス計画やインマス計画が国内に広く普及した事例として，同国南スラウェシ州の当時の稲作拡大の様子を紹介しておこう．筆者が1980年から81年にかけて行った南スラウェシ州ルウ県の開拓村落における水田稲作拡大の事例である（田中 1982）．1965年に隣県のタナトラジャ県から入植した開拓民は，森林を開いたあとすぐに稲作を開始したが，そのとき使用した品種は在来種であった．当初は鼠害による惨憺たる状態であったが，年々水田を整備して，入植後4年目の1969年には高収量性品種PB-5（IR-5）を導入した．生育期間の短い品種なので二期作も試みたが鼠害や虫害で失敗した．そして1971年にはビマス計画に入り，Pelita-1（インドネシアの改良品種）という高収量性品種を導入した．このとき，ビマス計画によって化学肥料も入手しているが，開田後数年にすぎない水田はまだ十分に肥沃で，水田に肥料を入れるよりは転売するほうが利益になったので，村人の多くが無肥料で稲作を続けたという．1972年にはモチ種以外には在来種がなくなり，すべて高収量性品種に置き換わった．続いて，1973年にはC-4-63（フィリピンで育成された改良種），1975年にはIR-20，1976年にはIR-28が導入された．このころから徐々に生産が安定しはじめ，1978年からは化学肥料をもちいるようになり，湿田の排水路建設や耕耘機導入，鎌での刈取り開始などが続いて，1980年には5 t/haの収量をあげる農家も出てくるようになったという．調査当時，イネの二期作も定着し，乾田化した水田では乾季に畑作物を栽培して二毛作を行う農家もあらわれていた．

　開田後，わずか15年の間に稲作技術が大きく変化したことがこの開拓村で観察できた．故地ですでに稲作に習熟していた開拓民が入植地で積極的な稲作改良に取り組んだことがその変化の大きな要因であったが，地方の末端まで配置された普及員による技術指導と，政府による灌漑・配水施設の建設，新品種の種子や化学肥料，農薬などの供給が組織的に進められたことによっ

て，調査地のような開拓村にまで「緑の革命」を浸透させることができた．ビマス計画やインマス計画では，灌漑施設改良やその他のインフラ整備，情報提供システムの改良・整備，耐病虫性をそなえた品種育成と種子生産・供給体制の整備，化学肥料の国産化，協同組合の設置などが組織的に行われた．そして，このようなすべての技術やシステムの改良に海外からの技術援助・協力が注入された．日本からは，この時期に研究機関の体制整備，普及組織の形成，専門家の養成，品種育成や病害虫防除技術と知識の移転，パイロットプロジェクトによる栽培技術の改善と普及など，東南アジア各国で大規模な援助・協力事業が供与され，各国の稲作改善に大きく貢献した（熱帯農業研究センター 1987）．インドネシアの例が示すように，援助国政府機関と被援助国政府機関が一丸となって，強力なトップダウン型の技術援助・協力体制のもとに実施されたのが「緑の革命」であった．

4 再び熱帯から温帯へ ──「アジア稲作圏」の未来

4-1 「アジア稲作圏」の持続的な生存基盤としての水田多毛作体系

「緑の革命」がもたらした稲作における技術改良は1970年代，80年代をつうじて東南アジア諸国にイネ生産の飛躍的な増大をもたらしただけでなく，水田利用の体系をも大きく変化させることになった．「緑の革命」の最も重要な推進役であった高収量性品種は，在来種よりも生育期間が短く，しかも非感光性のため作季を選ばないという特徴を有していた．その栽培によってそれまでの稲作期間が大きく短縮されることになり，イネの単作に代わるさらに集約的な水田利用を可能にした．日本でも，生育期間がより短く，耐肥性を兼ねそなえた品種の普及による水田の多毛作化（イネ−ムギの二毛作）がすでに明治後期から戦後にいたる長い期間にわたって起こっていたが，高収量性品種の導入とともに，日本が経験したよりもはるかに短期間のうちに熱帯でも急速に多毛作化が展開することになった．しかも，温度資源に恵まれた亜熱帯・熱帯では，日本をしのぐ多毛作化が展開していった．

「緑の革命」以前のその好例が台湾の多毛作化である．日本占領期の台湾で蓬莱米と総称される高収量性品種群が育成されたことを先に述べたが，生育期間が短い蓬莱米の普及によって稲作期間が大きく短縮され，二期作が普及した（第1期作の本田での生育期間は約120日，第2期作は約100-110日）．そして，イネの二期作が進展するとともに，両作季の間に夏作物（第1期作と第2期作の間の約80日）や冬作物（2期と1期の間の約120日）を栽培する三毛作や四毛作が行われるようになった．また，台湾の主要産業となった糖業のためにサトウキビ栽培が水田でも行われ，先に述べた3年輪作体系だけでなく，水稲二期作のあとにサトウキビ作（在圃期間は14-17ヵ月）が続く2年輪作によるさらに土地利用集約的な三毛作体系が成立した．また，この体系のなかにイネの第1期作と第2期作のあいだに夏作物を間作し，サトウキビの幼苗期にはその条間に冬作物を間作して，2年で5作を栽培する五毛作も行われるようになった．

　蓬莱米を栽培する稲作改良が官主導により組織的に進められたのに対して，水田利用におけるこのような多毛作化は民主導で始まった．イネの二期作の間に夏作物や冬作物を栽培しようとするとき，栽培期間の重複によって生じる作季競合をどう解決するかが課題となる．台湾の農民たちがこの競合を避けるために導入したのが糊仔法[12]と呼ばれる間作技術，すなわち中国農民の伝統的な「精耕細作」（郭1989）の農法であった．しかし，この方法によって水田裏作に夏作物や冬作物を間作物として導入すると，イネと混在する期間が10日から40日ほど続くため，栄養分の競合によるイネの収量減少や，間作物の収穫遅延による後作イネの作付遅延が起こることになる．このため，間作物の導入による稲作への障害が危惧されるようになり，イネの増収を目指す試験研究機関ではその軽減のための対策を検討しなければならなくなった（磯1964）．このような対策を講じなければならなかったことからも，蓬莱米導入後の水田の多毛作化が民主導で始まったことがうかがえる．蓬莱米導入後に成立した多毛作体系は戦後の台湾における集約的な耕地利用体系と

---

[12] イネの収穫前に落水して，イネの株間に次の作物を播種または挿苗する方法．はじめは第2期作のイネに続くサツマイモ栽培で行われ，サツマイモの苗が収穫前のイネの株間に植えられたが，その後は種子繁殖の作物にも応用されるようになった（磯1964）．

して引き継がれ，台湾が高度経済成長期に入るまで水田の主要な作付体系となった (Kung 1969)．

1960年代末に始まる「緑の革命」による高収量性品種の導入も，台湾の場合と同様に，東南アジア各国の水田利用の集約化につながっていった．その典型的な例をベトナム，メコンデルタでの多毛作展開にみることができる．雨季の洪水によって多様な水文環境が生まれるメコンデルタでは，各地域の水文条件に適応した品種を単作する在来稲作が成立していた．雨季の洪水のピークにあわせて，深く湛水するデルタ上部氾濫原では浮稲栽培，デルタ中部氾濫原では二回移植栽培，海岸部では感潮田稲作など，多様な稲作が行われた．南北統一前から「緑の革命」の新品種が導入され，1970年代はじめには在来品種の多くが新品種に置き換えられ，その拡大は統一後も継続した．その結果，雨季の洪水ピークを避けて，その前に第1期作の収穫を終え，雨季の洪水位が低下したあとに乾季の第2期作の作付を開始する二期作が拡大し，デルタの稲作景観は一変することとなった．コメ生産は新品種の普及と二期作の拡大によって飛躍的に向上したが，その後，水田利用体系を大きく変化させたのが1988年の経済開放政策であった．日本植民地下の台湾でみられた多毛作化と同様な変化が，このあと急速に展開することになった．農業生産物の商品化が進むにつれて，二期作イネの間にダイズやトウモロコシを間作したり，水田に高畦を造成して野菜，果樹などを稲作と組み合わせたりする，多様な多毛作体系があらわれるとともに，作物生産部門と水田での淡水養魚やニワトリ，ブタの飼育のような水産・畜産部門を組み合わせた複合的集約農業 (Integrated Intensive Farming Systems; IIFS)[13] が農民主導で行われるようになった (Tanaka 1995; Xuan and Matsui 1998; Yamada 2004, De 2006)．

インドネシアにおける1960年代末から1980年代に至る稲作の急速な発

---

[13] *Vuon*（「庭」を意味するがこの場合は「農地」），*Ao*（池），*Chuong*（家畜飼養）を組み合わせることから，ベトナム国内ではVACシステムと呼ばれる．「耕地での副産物が家畜に回り，家畜の糞尿が池の中のエサとして，また，耕地への有機物肥料として供給され，池から水田へ移動した魚が水田の雑草駆除，害虫駆除を行う．また，庭などの果樹には池に沈殿した有機物が投入され，それが同時に池の水の浄化にもつながっている」(山田 2008)．この記述が示すように，農家経営における資源循環の持続性と所得形成力を高める農業システムとして1980年代から注目されるようになった．

展を19世紀末から20世紀はじめの日本の稲作生産力増大と比較して,両者の類似性を,農業をとりまく経済状況や食料(コメ)増産に向けた政府の強力な指導・普及の類似性を根拠に指摘する議論がある(Booth 1988: 238-251).それにならえば,イネの増産が可能となったあとに続く水田の多毛作化についても,おそらく同様な比較が可能になるであろう.20世紀はじめの日本,1930年代以降の台湾,そして1960年代以降の東南アジアは,いずれも稲作における生産性増大の推進役となった新品種の特性を最大限に生かすかたちで水田利用の集約化,すなわち多毛作化への道を歩んでいったという点で,類似した農業発展の道を歩んできたと指摘することができる.そしてその発展は,工業化と農業の商業化という大きな社会経済変化に対する適応形態として農民自身が選択することによって達成されたものでもあった.農民の生活を支えるとともに,国民への食料供給を支えるという意味でも,東アジアの多毛作体系はこの地域の生存基盤を提供してきたということができよう.

4-2 「生命圏」と「人間圏」をつなぐ水田農業

イネの新品種導入後の水田多毛作体系の展開にみられる日本,台湾,東南アジアの類似性を指摘したが,それをさらに敷衍すれば,日本や台湾が経験したように,経済成長にともなって工業化・都市化や農村人口の減少がさらに進行することによって東南アジアでも,今後,多毛作体系が衰退するだけでなく,農業の衰退という連鎖が「北」から「南」へも起こっていくことが想定できる.たしかに,同様な変化が起こる可能性は否定できないものの,東南アジアの多毛作化が前二者とは大きく異なる環境下での展開であったことに留意しておくことも重要である.きわめて短期間のうちに多毛作化が達成されたこと,途上国における農業技術開発・普及の手法が大きく転換したなかでそれが進展したこと,グローバル経済が進展するなかでそれが拡大していること,そして,グローバリゼーションに対するさまざまな反発や批判のなかでその変化が起こっていることなどが相違点として指摘できるからである.

第6章　生存基盤持続型発展径路を求めて

　「緑の革命」の技術が普及した時代，そしてその後に続く多毛作化の時代は，一方で，地球資源の有限性，成長の限界，地球規模での環境変化，持続的発展，生物多様性の保全，エコロジーなど，それまでの生産力増大や効率性向上を至上とする経済発展モデルに再考を促す議論が百出した時代でもあった．「温帯」から「熱帯」への技術協力・移転によって発展途上国の農業生産を増大させようとする手法に大きな転換を迫る時代でもあった．このような時代背景のもと，個別作物の改良技術からなる技術パッケージをトップダウンで与えるのではなく，農家や地域の資源を持続的に活用する，より統合的な視野から農業・農村の改善を図ろうとする作付体系研究 (cropping systems research) が1970年代に始まり，さらに農業活動の主体である農家や農民の参加によって地域の現実によりふさわしい農業を模索しようとする営農体系研究 (farming systems research) が1980年代から盛んになった (IRRI 1977; Caldwell 2000; コールドウェルほか 2000)．こうして農民がもつ知識や技術を尊重し，農業の現場に近い人たちが将来の農業に決定権をもつべきだと主張する手法が，熱帯圏に浸透していくことになった．先に紹介した，「農民の農業および生活における管理経営権を奪い，管理経営能力を獲得するための選択や創意工夫の自由をも奪った」(大橋 2009: 247, 2010: 437–440) という「植民地状況」が，こうしたアプローチとともに払拭され，新しい技術の糸口となる技術をもち，農業に対する取り組みに意欲をもつ農民や農民グループがあらわれるようになってきた．

　ベトナムでは，前述したVACシステム (本章・脚註13) だけでなく，地域に適したイネ品種の改良や選抜に貢献した農民，あるいは導入された栽培技術を現場の条件により適合するように変更を加え，それをより一般的な技術として普及するのに貢献した農民，また官民協力のもとに開発されたバイオガス利用技術など，営農体系研究から明らかになったさまざまな農民の活躍が紹介されている (De 2006)．また，インドネシアのジャワ北部で人類学的調査を行ったY. T. ウィナルト (Yunita T. Winarto) は，従来の「緑の革命」のように農薬だけに頼るのではなく，害虫の生態的動態や農作業，コストなどを総合的に判断して農薬使用を軽減し，より生態的にバランスのとれた病虫害の発生予防法を確立しようとする総合防除技術 (Integrated Pest Management;

IPM) の普及プロジェクトのなかで，農民が自らを農作業の決定者として再認識し，新たな農業者としての自覚を高めていった過程をつぶさに報告している．普及の当初，「IPM は農薬を使わなかった私たちの古い時代の稲作に戻そうとしている」という印象をもった調査地の農民たちのなかには，20年以上も前に始まった「緑の革命」以前の稲作へと実際に戻っていく者が出てきたという．そして，IPM に参加する仲間との議論をつうじて，彼ら自身が伝統的な稲作の価値に気づき，イネ栽培に対する自信と威信を取り戻すようになったことが IPM の最大の成果であったことが報告されている (Winarto 2004: 340-341)．

「温帯」から「熱帯」への視座の転換（杉原 2010）という視点に立てば，今後，東南アジア諸国が日本や台湾と同じ道を歩んでいくことは，豊かな自然基盤と高い人口支持力をもつ「アジア稲作圏」の生存基盤を弱体化させることにつながりかねないだけに，その轍を踏まない別の道を展望することが必要になってくる．そのためにも，「熱帯」に視点を移すことがいま必要である．すでに述べたように，熱帯では，「視座の転換」につながるような農民自身の変化が「緑の革命」とその後の多毛作化の過程で生まれている．「南」の農民のこのような変化は，農業がもつ多面的機能，とりわけ他の生物との共生をつうじた環境的，生態的，文化的な農業の価値を生み出しているのが，じつは，農民自身であるということに気づきはじめた「北」の農民の変化（宇根 2010）とも相通じるものである．持続型生存基盤論という本講座の枠組みを援用すれば，「アジア稲作圏」における水田多毛作化という発展のなかに「生命圏」と「人間圏」をむすぶ営みが組み込まれており，そのつながりに気づきはじめた農民が「南」にも「北」にもあらわれてきたということになろう．そして，そのような気づきを自覚する農業者，農業研究者や技術者，そして農業に関わる企業者の協働のなかから「南」から「北」への新しい連鎖の芽が生まれることが期待できるのではないだろうか．農業の問題，稲作の問題はそれに関わる当事者が中心になって取り組んでいく．そういう時代の到来が，生存基盤の持続的発展につながる道ではないかと期待している．

第 6 章　生存基盤持続型発展径路を求めて

5　おわりに

　「アジア稲作圏」におけるイネの多収穫，水田の多毛作化を軸にした「温帯」から「熱帯」への稲作技術の連鎖をやや長期の時間軸で示してきた．そして，いま，その両者の間に新たな協働の芽が生まれようとしているという期待を述べて本章の結論とした．最後に，その期待感を補強するために，世界 3 大穀類の一つとしてのイネがもつ潜在性，そして「南」と「北」の協働に関わる最近の動向を紹介して，本章の結びとしよう．

　コムギやトウモロコシに比較して，イネが東アジアに偏在してきたことはすでに述べたが，この 3 大穀類のなかにあって，世界の大部分のイネがアジアの小農によって栽培されてきたという点も，イネに関わる特色として指摘できる．イネの生産性増大と水田の多毛作化は，アジアの小農によって実現された生存基盤確保の方策であった．「アジア稲作圏」の域内で起こったその変化が，その域外，とくに熱帯アフリカの小農を対象にいま広がっている．トウモロコシやコムギが世界に拡大したのとは違ったかたち，すなわち小農技術の熱帯アジアから熱帯アフリカへの移転・協力として稲作が拡大しはじめている．かつてのアジアにおける「緑の革命」のようなトップダウン型の技術普及ではなく，アフリカの小農農家経営のより持続的な改良という視点をもった技術導入が進められているように，技術移転の考え方自体がパラダイム転換を遂げたいま，もともと小農技術であった稲作の新しい技術は，アフリカの小農にもさまざまなかたちで受けいれられていくであろう．そして，熱帯アフリカの小農のなかからも，当事者として稲作の改良に取り組む人たちが出てくるに違いない．「南南」協力という新しい協働のなかで，イネのもつ生物学的・農学的な特性がさらに活用されていくことになろう．

　「南」と「北」の協働については，農業に対する考え方が日本で大きく変わりはじめていることをとりあげておこう．2011 年 11 月に行われた読売新聞の世論調査によると，「仮に，コメの輸入が自由化された場合，あなたは，(中略) 価格が高くても国内産のコメを主に買いたいと思いますか」という質問に対して高くても国内産を買うという回答が 89% に達していた．経済の

グローバル化が浸透し食料自給率が極端に低下しているなかにあって，食の安全や安心に対して国民が一層注意を払うようになっている状況がうかがえる．また，同じ調査で，「新たに農業を始める人に対して，政府が補助金などで支援することに，賛成ですか，反対ですか」という質問に対しても，80％が賛成と回答している．半数以上の回答者が農業について「仕事が大変」「収入が不安定」というネガティブな回答を寄せているなかで，国内での農業の存続については多くが高い関心を示していることがこの調査からうかがえる．同様な農業に関する関心は，近年の学生を対象にした筆者の意識調査からもうかがうことができる．農業がもつ「自然との共生」「水田は日本農村の典型的景観」など，ノスタルジックともいえる印象を語る者が多いとはいえ，かつて多面的機能といわれた農業や水田がもつさまざまな価値に対する共感を彼らの回答にみることができるのである[14]．

　生物多様性や環境の保護，保全のために重要な役割を果たしている土地利用システムや農業景観を世界農業遺産として登録しようとする取り組みが，地球環境ファシリティ（GEF）や国連開発計画（UNDP），ユネスコと協力しつつFAOによって実施されている．「アジア稲作圏」では，フィリピンのイフガオの棚田，中国浙江省の水田養魚システムがすでに登録されていたが，日本からは石川県能登の里山・里海を中心にした農業や文化景観，そしてトキと共生する水田農業が，2011年6月，世界農業遺産として登録されることが決まった．「北」の国としては最初の登録である．世界自然遺産や文化遺産ほどには知られておらず，その新規登録が公表されたあとも国民の関心は高まっていないが，こうした取り組みもまた「アジア稲作圏」が歩んできた水田利用の伝統への気づきをうながしていくことになろう．

　東日本大震災後，国民の農業や食料に対する関心はさらに高まっている．「自分のからだをつくっている食糧，この国土でつくられている食べものが，摂取できないほどに危険なものなのではないかという疑問をもたなくてはならないということほど，悲しいことはないだろう．」「将来の〈東北〉は，うまれたいのちを生かす故郷に，きっとなる（中略）そのヒントが，農業と漁

14）読売新聞の世論調査は，http://www.yomiuri.co.jp/feature/fe6100/koumoku/20111120.htm から．また，学生の意識調査は，筆者の京都大学等における講義で行ったもの．

業にあると考えている.」被災地出身の若い研究者のことばである（山内 2011: 146-147）．この震災を経験したいま,「生命圏」と「人間圏」をつなぐ農業や水田稲作への営みに対する当事者の気づきが,「南」と「北」の協働をさらに進める力となっていくに違いない．

参考文献

荒木一視・高橋誠・後藤拓也・池田真志・岩間信之・伊賀聖屋・立見淳哉・池口明子 2007.「食料の地理学における新しい理論的潮流 — 日本に関する展望」*E-journal GEO*, 2(1): 43-59.

Bellwood, P. 2004. *First Farmers: The Origins of Agricltural Societies*, Wiley-Blackwell（長田俊樹・佐藤洋一郎監訳『農耕起源の人類史』京都大学学術出版会，2008 年）．

Booth, A. 1988. *Agricultural Development in Indonesia*, Allen and Unwin.

Caldwell, J. S. 2000. "Farming Systems Research: Evolution, Issues, and New Directions Building on 25 Years of Contribution", J. Goto and H. Mayrowani (eds), *Learning from the Farming Systems Research Experiences in Indonesia*, Japan International Research Center for Agricultural Sciences (JIRCAS).

コールドウェル, J. S. 著, 横山繁樹・後藤淳子監訳 2000.『ファーミング・システム研究 理論と実践』(国際農業研究叢書第 9 号) 農林水産省国際農林水産業研究センター.

Chang, T. T. 1987. "The Impact of Rice in Human Civilization and Population Expansion", *Interdisciplinary Science Reviews*, 12: 66-69.

Dalrymple, D. G. 1976. *Development and Spread of High-Yielding Varieties of Wheat and Rice in the Less Developed Nations* [5th Edition], Economic Research Service, U. S. Department of Agriculture.

De, N. N. 2006. *Farmers, Agriculture and Rural Development in the Mekong Delta of Vietnam*, Education Publishing House.

Dethloff, H. C. 1988. *A History of the American Rice Industry 1685-1985*, Texas A & M University Press.

Friedmann, H. and P. McMichael 1989. "Agriculture and the State System: The Rise and Decline of National Agriculture, 1870 to the Present", *Sociologia Ruralis*, 29: 93-117.

郭文韜著, 渡部武訳 1989.「中国農業における精耕細作のすぐれた伝統」郭文韜・曹隆恭・宋湛慶・馬孝劻著, 渡部武訳『中国農業の伝統と現代』農山漁村文化協会, 117-235 頁.

五十嵐忠孝 1984.「西ジャワ・プリアガン高地における水稲耕作 — 若干の人類生態学的観察」『農耕の技術』7: 27-62.

International Rice Research Institute (IRRI) 1977. *Cropping Systems Research and Development for the Asian Rice Farmers*, IRRI.

磯永吉 1964.『蓬莱米談話』雨読会.

国際連合食糧農業機関 1998.『FAO 世界の食料・農業データブック — 世界食料サミッ

トとその背景（上・下）』国際食糧農業協会（翻訳・発行），農山漁村文化協会（発売）．
近藤正巳 1993.「『理蕃の友』解題 ── 「理蕃政策大綱」から皇民化政策へ」『理蕃の友』別冊　解題・総目次・索引』緑蔭書房，3-14 頁．
Kung, P. 1969. "Multiple Cropping in Taiwan", *World Crops*, May/June: 128-130.
松山利夫 1985.「台湾アミ族の水田稲作」『農耕の技術』8: 28-52.
Nataatmadja, H., D. Kertosastro and A. Suryana 1988. "Perkumbangan Produksi dan Kebijaksanaan Pemerintah dalam Produksi Beras", in M. Ismunadhi, S. Partohardjono, M. Syam and A. Widjono (eds), *Padi Buku 1*, Pusat Penelitian dan Pengembangan Tanaman Pangan, pp. 37-53.
熱帯農業研究センター 1987.『稲作における日本の農業技術協力の展開 ── 稲作技術協力史』農林統計協会．
西尾敏彦 2006.「農業技術を創った人たち ── 昭和の技術者群像」田中耕司責任編集『岩波講座「帝国」日本の学知　第 7 巻　実学としての科学技術』岩波書店，61-97 頁．
大橋厚子 2009.「ジャワ島における土地希少化とインボリューション論」大島真理夫編『土地希少化と勤勉革命の比較史 ── 経済史上の近世』ミネルヴァ書房，211-250 頁．
── 2010.『世界システムと地域社会 ── 西ジャワが得たもの失ったもの　1700-1830』京都大学学術出版会．
大島真理夫 2009.「土地希少化と勤勉革命の比較史」大島真理夫編『土地希少化と勤勉革命の比較史 ── 経済史上の近世』ミネルヴァ書房，1-33 頁．
杉原薫 2010.「持続型生存基盤パラダイムとは何か」杉原薫・川井秀一・河野泰之・田辺明生編『地球圏・生命圏・人間圏 ── 持続的な生存基盤を求めて』京都大学学術出版会，1-22 頁．
臺灣銀行調査課 1920.『臺灣ノ米』臺灣銀行調査課．
台湾総督府警務局理蕃課編 1993.『理蕃の友』（復刻版，第 1 巻 − 第 3 巻）緑蔭書房．
高田洋子 1984.「20 世紀初頭のメコンデルタにおける国有地払い下げと水田開発」『東南アジア研究』22(3): 241-259.
高谷好一 1982.『熱帯デルタの農業発展 ── メナム・デルタの研究』創文社．
田中耕司 1982.「南スラウェシ州ルウ県北部への人の移動と水田農耕の技術変容」『東南アジア研究』20(1): 60-93.
── 1989.「マダガスカルのイネと稲作」『東南アジア研究』26(4): 367-393.
── 1990.「プランテーション農業と農民農業」高谷好一編『講座東南アジア学　第 2 巻　東南アジアの自然』弘文堂，247-282 頁．
── 2010.「東アジアモンスーン地域の生存基盤としての持続的農業」杉原薫・川井秀一・河野泰之・田辺明生編『地球圏・生命圏・人間圏 ── 持続的な生存基盤を求めて』京都大学学術出版会，61-88 頁．
Tanaka, K. 1995. "Transformation of Rice-based Cropping Patterns in the Mekong Delta: From Intensification to Diversification", *Southeast Asian Studies*, 33(3): 363-378.
田中耕司・今井良一 2006.「植民地経営と農業技術 ── 台湾・南方・満洲」田中耕司責任編集『岩波講座「帝国」日本の学知　第 7 巻　実学としての科学技術』岩波書店，

99-137 頁.
内嶋善兵衛 1978.「世界の気候と食糧生産力（1）・（2）」『農業および園芸』53: 188-192; 285-289.
植村泰夫 1978.「糖業プランテーションとジャワ農村社会」『史林』61(3): 379-406.
上野修 2002.「作物の光合成」日本作物学会編『作物学事典』朝倉書店，117-130 頁.
宇根豊 2010.『百姓学宣言 —— 経済を中心にしない生き方』農山漁村文化協会.
Winarto, Y. T. 2004. *Seeds of Knowledge: The Beginning of Integrated Pest Management in Java*, Yale Southeast Asia Studies.
Xuan, V. T. and S. Matsui (eds) 1998. *Development of Farming Systems in the Mekong Delta of Vietnam*, JIRCAS, CTU and CLRRI.
Yamada, R. (ed.) 2004. *The Development of Agriculture and Sustainable Farming Systems in the Mekong Delta*, JIRCAS-Can Tho University, Tre Publishing House.
山田隆一 2008.『ベトナム・メコンデルタの複合農業の診断・設計と評価 —— ファーミングシステムズ・アプローチを基礎として』（国際農業研究叢書　第 16 号）国際農林水産業研究センター.
山内明美 2011.『こども東北学』イーストプレス.

第7章

大ヒマラヤ分水界
—— 中国, インド, 東南アジアの水不足, 巨大プロジェクト, 環境政治 ——

K. ポメランツ
(杉原　薫・甲山　治・石坂　晋哉 訳)

1 はじめに

　われわれは，水というものはあるのがあたり前のように思っているので，水がニュースになるのは，ほとんどの場合が悪い話題だ．最近では，水にまつわる数多くのニュースが，南アジア，東アジア，東南アジアから発せられるようになった．これらのニュースは，いつもの気が滅入るもの（水不足に絶望したインド北部の農民たちの自殺が相次いでいること（Daily 2009））から，大半の人々が驚くようなもの（2008年5月の四川大地震は，新設の紫坪鋪ダムの貯水池に蓄えられた水の圧力によって発生した可能性がある，との証拠[1]）にい

本章は，"The Great Himalayan Watershed: Water Shortages, Mega-Projects and Environmental Politics in China, India, and Southeast Asia", *The Asia Pacific Journal*, 30-2-09, July 27, 2009 (http://japanfocus.org/-Kenneth-Pomeranz/3195) の全訳である．本論文は *New Left Review*, 58, July-August 2009, 5-39 にも同時に掲載されたが，著者の希望により，註の省略のない The Asia-Pacific Journal 誌版を底本とした．ただし，地図は，*New Left Review* 誌のものを，転載許可を得て採用した．本章の内容は，第3回 GCOE 国際会議でも報告され，その後も詳細を交信によって確認しつつ翻訳を進めた．甲山の技術的な質問の結果，原文の内容を一部訂正したところがある．協力を惜しまれなかった著者に感謝する.

1) 紫坪鋪（Zipingpu）ダムと四川大地震については，これを示唆する中国と米国の論文を要約紹介した La Franiere (2009) および, Kerr and Stone (2009: 322) を参照のこと．また，Osnos (2009) も参照のこと．これは，ニューヨークの記者オスノスが，以前からこうした可能性について警告

たるまで，多岐にわたっている．一方，これまでほとんど話題とならなかった氷河も，今では多くの気がかりなニュースとなっている．

水をめぐる紛争は，いつの時代でも，どの地域でもみられる．英語の「rivalry（対抗，抗争）」は，元をただせば，「別の人と同じ川を利用する人」という意味のラテン語に由来する．しかし近年では，誰が水資源を開発し利用する機会を得るかという問題は，水資源を開発し利用するわれわれの技術的，環境的な限界はどこにあるのか，あるいはどこに置くべきか，という問題と分かちがたく結びつくようになっている．

ヒマラヤ山地とチベット高原ほど，水をめぐる利害関係が重要な地域はない．人類の半数が抱く，水にまつわる夢と恐怖とがここに収斂してくるのだ．たしかに，この地域以外にも，それぞれに固有な水争いを抱える地域が存在している．たとえば，ヨルダン川，チグリス川，コロラド川，パラナ川などは，比較的よく知られている例で，複数の流域国が水資源の権利をたいへん強く主張している．しかし，人口規模，降雨量の少なさ，農業への依存度の高さ，巨大プロジェクトのための魅力的な建設地の多さ，気候変動に対する脆弱性のすべてを兼ね備えた地域は他にない．この地域の氷河と毎年の降雪は，複数の河川に注ぎ込み，それらの河川は世界人口の47％を占める人々の生活を支えているのである (Ramachandran 2008)．また，比類ない高さから流れ落ちる豊富な水力を発電にもちいれば，膨大な電力が得られることであろう．その一方で，インドと中国がともに，それぞれの経済的社会的達成が ──「計画」経済体制期と「市場」経済体制期の両方をつうじて ──，持続不可能な割合での地下水の大量汲み上げに依存してきたのも，厳然たる事実である．何億人もの人々が直面する壊滅的な水不足が深刻化するにともない，またこれら2国（および2国に隣接する，より小規模な国々のうちのいくつか）の技術力と資金力が強まるにつれて，史上最大規模の数々の建設プロジェクトを実施して，ヒマラヤ流域の水資源を活用しようという複数の計画が進行

し，地震発生後，実際に予想通りのことが起こったと最初に公然と示唆した1人である，四川省成都地理院の技術者である，范筱 (Fan Xiao) について紹介したものである．なお，長江三峡ダム (Three Gorges Dam) の貯水池が地震を発生させる可能性についても，数年前から多くの科学者が警告していた．ただし，想定された地震の規模は，紫坪鋪ダムが引き起こした可能性が指摘されている今回の地震よりもはるかに小規模だった．これについては，McCormack (2001: 13) 参照．

第 7 章　大ヒマラヤ分水界

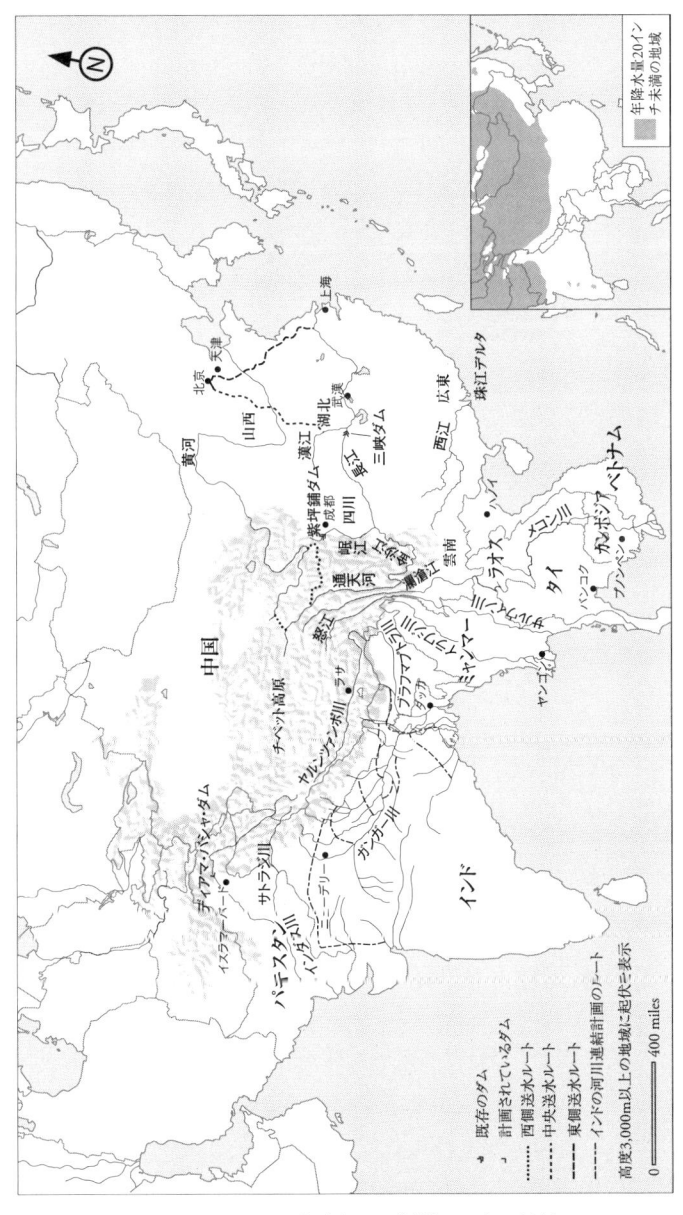

図 7-1　ヒマラヤ水系とその影響下にある地域

しつつある．個別にみた場合でさえも，いくつかのプロジェクトにともなうリスクは膨大である．また，たとえ計画通りにいったとしても，これらのプロジェクトは，受益者を生む一方で，多くの人々に苦痛を与えるだろう（また，プロジェクトの多くは，水漏れするパイプの修理や排水処理基準の厳格な適用といった，もっとつつましい方策に対して同じ費用を投じた場合に比べて，はたしてそれに匹敵する効果をあげられるのかどうかも，まったく不明である）．そして，これらのプロジェクトを全体としてみた場合，すなわち，環境に対して重なり合ったり，ときには相互に矛盾したりする要求を負荷するものと捉え，さらにこの地域の環境が今後数十年間に地球温暖化によっていくつかの最も深刻な影響を受けると予想されることを考慮した場合には，それらがもたらす影響は計り知れない．

　すでに竣工したもの，工事中のもの，計画中のものを合わせると，ヒマラヤ流域の水資源の活用を目指すプロジェクトは，件数も多いうえに，プロジェクト間に複雑な相互作用が働く可能性も考えられる．しかも，プロジェクトの管理責任を担う機関の多くが透明性を実現しているとは到底言いがたい状態であることを考えると，起こりうると思われる数多の筋書きは，追跡するのがほとんど不可能なほど多くなってしまう．だが，もしもわれわれが，中国 ── さまざまな理由からこの物語における最もダイナミックなアクターである ── から始めて，中国の南西，南，南東で中国と境を接する地域へと目を転じて見ていけば，この物語のおおよその基本的な ── そしてぞっとする ── 輪郭が浮かびあがってくる[2]．

2 中国の水問題と南西部への進出

　中国において水は，つねに問題であった．治水は，歴史の記録と同じくらい古くから ── あるいは，おそらくはもっと遡って，伝説の治水王・禹が洪水を抑えることによって為政者としての資質を証明して以来 ──，個人

---

[2]　叙述の簡潔化を期すために，本章では，チベット・青蔵高原の東ないし北東を流れて中央アジアにいたる河川は検討の対象外とする．

的なヒロイズムと統治の正統性の両方に結びつけられてきた．だが，とくに近代に入ってからは，おそらく水の過剰よりも水不足の方がはるかに深刻な問題になったと言える．今日の中国における1人当たりの地表水と浅層地下水の合計量は，世界の平均のほぼ4分の1であり[3]，しかもさらに悪いことに，地域的にきわめて不均等に分布している．華北と北西部は，約3億8,000万人の人口（国全体のほぼ30％）[4]と，全国の耕作可能地の半分以上を擁しているにもかかわらず，国全体の地表水の総量に占める割合は約7％にすぎない．つまり，人口1人当たりでみると，この地方の地表水資源は中国全土の平均値のほぼ20-25％，世界の平均値の5-6％でしかない．もっと狭義の華北平原だけにかぎると，人口1人当たりの地表水の供給量は，全国平均の10-15％，世界平均の4％未満でしかない[5]．また，華北の河川水には華南の河川水よりもはるかに大量の浮遊土砂が含まれている．多くの場合，華南の河川水に含まれる浮遊土砂濃度の測定値は，欧州連合（EU）が定めている飲料水用の規制値の上限以内に収まっている．これに対して，黄河中流および下流，黄河の支流の渭河，永定河の測定値は，そのEUの上限の25-50％である．地表水が少ないことから，華北の河川水における汚染物質の濃度は，工業活動がはるかに盛んな華南の河川水を大きく上回っている（Elvin 2003: 124-

---

3) たとえば，"Experts Warn China's Water Supply May Well Run Dry" (2003) を参照のこと．
4) 「華北と北西部」の定義はさまざまであるが，ここでは，河北，山東，山西，陝西，河南，甘粛の各省と北京市・天津市あたりまでを含むものとする．2008年の人口データは，南カリフォルニア大学の米中プログラムのウェブサイト（US-China Today 2012）で入手可能．
5) このように，地域の定義や水供給量の量り方により，こうした数字自体は変動する．しかし，いずれにせよ結論は同じである．本章でもちいた数値は，Greer (1975: 96) からのものである．Varis and Vakkilainen (2001: 94) は，華北平原は中国全体の人口の34％，耕作可能地の39％，河川水の6％を擁すると定義している．United States Embassy in China (2001: 2) は，長江流域の北側全体（おそらく満州や西北辺境地域も含む）が中国全体の人口の44％，耕作可能地の60％，水の15％を擁するとしている．Nickum (2006) は，黄河・淮河・海河の平原が，水供給の8％，全人口の3分の1，耕地の40％を擁すると推定している．Pan (1987) の「中国における水資源配分」(Water Resources Distribution in China) という地図（ページ数なし）は，地域と資源の両方について異なる定義をしており（後者については説明がされていない），地域間格差はより大きくなっている．Elvin (2003: 117-120) は，地表水だけでなく地下水の推定をも組み入れ，これらの数値のいくつかに改良を加え，そしてやはり異なる数値を提示しているが，地域間の基本的な差は同規模である．彼の言う「華北」の全体は，東北部と西北辺境部ならびに安徽省と江蘇省との北部，さらに脚註5で示した地域を含むので，6億人近くの人口，すなわち中国人口の46％を擁していることから，1人当たり供給量は国内の残りの地域の約20％となる．

125). 華北では，給水量の季節変動も異常に激しい．年間をつうじた降雨量と河川の水量の変動幅はいずれも，ヨーロッパあるいは南北アメリカ大陸における水準を大きく上回っている．華北における年々の降雨量の変動も，(インドの北部および北西部におけるほど激しくはないが) 平均を大きく上回っている．中国が擁する合計約9万基の大規模ダム (堤高15m以上) と中規模ダムのうち，最もよく知られているのは水力発電用ダム (詳しくは後述) であるが，それらのうちの大半は，河川の流水量がピークとなったときに貯水して，河川流量を平滑化している．

中華人民共和国はこうした問題に取り組むために大きな力を注いできた．そして，短期間で見事な成功を実現してきた．しかし，そうした成果も，今ではきわめて脆弱なものとなってしまっている．灌漑面積は1950年以降 (ほとんどは毛沢東時代に) 3倍以上に増え，しかも増加の大部分は華北と北西部で達成された．他のどんな要因にもまして，この灌漑面積の増加こそが，かつて1850-1950年の時期には「飢饉の土地」として悪名を馳せていたこの地方を，きわめて重要な穀物余剰地域へと変え，1949年以降2倍以上に急増した人口を養う1人当たりの食糧供給の向上に大きく寄与したのだった．華北の多くの地方では，水が潤沢に供給されるようになった結果，歴史上初めて二毛作が可能となった (二毛作は多くの場合，多量の水を必要とする冬小麦の栽培を追加するかたちで実現された). また，多量かつ安定した水の供給は，新品種の導入と化学肥料の大量利用 (水分が不足すると土壌の肥料焼けの原因となる) を可能にするためにも必要とされた．さらに，言うまでもないが，灌漑は，降って欲しくない時期に雨が降ったり，年間をつうじて全く降らない年があったりする，という問題を大幅に軽減した．それまでの2世紀の間に，華北の農業は，着実に不安定化への道をたどっていた．その理由の一端として，人口増が地下水位の低下をもたらしたこと —— 20世紀初頭の地図を見ると，150年前と比較して数々の湖沼がはるかに小さくなっていたことがわかるが，現在でも，多額の費用をかけて多くの井戸を掘り直す必要にせまられている —— が挙げられるし，また，清朝時代に一時期整備されたセーフティネットが壊れてしまったことが挙げられる．ところが1950年代以降，とりわけ (農工業の大増産政策「大躍進」が頓挫した後の) 1960年代になって，

事態は大きく好転した.

その好転をもたらした主たる要因は，ガソリンあるいは電力を動力とし，従来とは桁違いの深さから地下水を汲み上げる深井戸が非常に広範に普及したことだった[6].　華北における地下水の大規模な収奪は，1960 年代に始まり，1970 年代には 1949-1961 年の年間取水量の約 10 倍というピークに達し，1980 年ごろからは 1949-1961 年の取水量の約 4 倍で横ばい状態が続いている (Kendy et al. 2003a: 4).　しかしながら，これほどの量の取水は持続不可能である.　華北の地下水位は，かなり以前から年間ほぼ 4 から 6 フィート (1.2-1.8 m) の割合で低下しており，年間の地盤沈下率が 10 フィート (3 m) 以上にのぼる地点も少なくない.　もし現在の率で地下水の汲み上げが続くならば，華北平原の地下の帯水層は 30 年から 40 年で完全に枯渇するだろう，と予測する人々もいる (Yardley 2007).　このような状況は，決して中国だけに固有なものではない.　米国の場合を例にとると，サウスダコタ西部，ネブラスカ，カンザス，オクラホマ，テキサス，ワイオミング東部，コロラド，ニューメキシコにまたがる地域の地下に分布するオガララ帯水層も，ほぼ同じ速度で枯渇しつつある (1950 年代に始まった地下水の過度な汲み上げは，中国の場合と同様，1930 年代には農業に不向きなダスト・ボウル (Dust Bowl) と呼ばれる砂嵐の舞台だった地域を，穀倉地帯に一変させた).　しかし，次のことは一考に値する.　すなわち，オガララ帯水層に依存する 17 万 5,000 平方マイル (45 万 3,250 km^2) の土地の人口が 200 万人未満であるのに対して，12 万 5,000 平方マイル (32 万 3,750 km^2) の華北平原の人口は，2000 年の時点で 2 億 1,400 万人 (うち 80% が農村人口) にものぼっているのである[7].　2008 年に華北で発生した干ばつ ── これは大躍進時代の飢饉を悪化させる要因となった 1950 年代の干ばつ以来，最悪のものであった ── は，ほんのしばらくの間世界の注目を浴びたが，この地域の慢性的な水不足の問題は ── 都市でも農村部でも ──

---

6) 華北における管井戸革命についてのさまざまな研究のうちの一つとして，Greer (1975: 153-160) を参照のこと.　彼によれば，すでに 1959 年に，ソ連の技術者たちは，南水北調の唯一の代替策は地下水開発の大幅な進展しかないとみていた.

7) ここでの比較の数値は *China News Digest*, May 21, 1998 と Kendy et al. (2003b) による.　オガララ帯水層については，Reisner (1993: 435-455)，Guru and Horne (2000: 1-12)，U. S. Geological Survey (2007) を参照のこと.

長年にわたって避けがたい現実となっていたし，水不足や水質汚染，あるいはその両方をめぐる紛争は，ありふれた出来事となっていたのである[8]．では，この問題に対して，何がなされるべきなのであろうか．

　しばしば指摘されるのは，都市住民による水の利用がさまざまな点で非効率的だ，という点である．たとえば，中国の鉄鋼産業において，1 t 当たりの鉄鋼を生産するためにもちいられる水は，技術的先進国の約 2 倍にものぼる（もっともこの点に関しては，インドの鉄鋼産業の方が，中国の鉄鋼産業よりもかなり劣っている）[9]．パイプからの漏水など，ごく初歩的なインフラ関連の問題も，相当な水の浪費を生んでいる．しかし，どちらかと言えば，工業用水や都市の家庭用水の浪費は些細で，農業による水使用量が，今もなお中国の総使用量の少なくとも 65％を占めており（ただし，20 年前に比べると，この割合だけでなく絶対量も少なくなっている），利用効率という観点からも最低である[10]．また，都市住民は十分に豊かであることから，使用料金を値上げしたところで ── よほど大幅な値上げでないかぎり ── 使用量をあまり切り詰めそうにない．都市における水の浪費が最も多いというわけでは決してないのである．ある推計によると，農村部から天津に送水した場合，単位あたりの水が天津で稼ぎ出す収益は，農村におけるよりも 60 倍も多いという[11]．中国の水需要の総量を抑制するうえで都会にせいぜい期待できるのは，おそらく今後，都会における水利用の効率と生活水準がますます向上し，人口が急増していく間に，1 人当たりの水使用量が現状から大幅に増えることがないように抑制することぐらいである．水需要の大幅な削減がありうるとすれば，それはすべて農村部で実現されざるを得ないだろう．すでに削減へのプ

---

8)　Liu（2007）は，2005 年だけで 5 万 1,000 件の公害関連「事件」があったとしている．
9)　中国については，Shao and Zhang（2008: 701）を参照のこと．インドのデータのいくつかについては，Jena（2009）を参照のこと（ただし，これは平均値を示してはおらず，最良のケースが中国の平均に近く，多くの工場が大幅に非効率なことを示唆しているのみである）．
10)　Li（2006: 113）は，1990 年代のデータをもちいて，この割合は依然として 84-88％であったとする．仮にこの二つの情報をともに採用するならば，農業用水の利用は 1980 年代末以降，収穫高の低下をともなうことなく，20％近くも減ったことになる．
11)　この 60 倍という数字は，ワールドウォッチ研究所の S. ポステル（Sandra Postel）のものである．Postel（2008）を参照．なお，筆者はそれ以下の数字も目にしたことがあるが，20 倍を下回る数字はみたことがない．

ロセスは始まっているが，そのプロセスが社会への壊滅的な影響をともなわずにどこまで進みうるかは，不明である．

農業では大量の水が浪費されているが，その理由の一端は，農民が負担する水のコストが人為的に低く抑えられていることにある．また，多くの農村社会には，水を高く買ってくれる人たちに，水を届ける手立てがない．そのため，これらの社会にとって，水の「浪費」にかかる短期的な機会費用は，ほとんどゼロに近いのである[12]．しかし，ここで注目すべきことは，どんな時間枠で捉えるかによって「浪費」の意味が異なってくることである．作物の根から吸収されることなく再び土壌へと浸透してしまう灌漑用水は，その年には別の用途にも使えなくなってしまったという意味では，短期的にみれば，浪費である．しかし長期的にみれば，使われなかった水は，その地域の帯水層の涵養に役立つはずである．他方で，適切な処理を施せば再利用が可能なはずの汚染水が，処理されないまま海にたれ流される場合には，水資源は浪費されることになり，問題はもっと深刻である．中国の農業は，必ずしも他の多くの国々の農業よりも水を浪費しているとは言えないが —— また，市場価格との乖離の程度も，市場原理が働いているはずの米国の多くの地域におけるよりも悪いわけではないが ——，給水量が限られている中国にとって，水の浪費は他の国々におけるよりもはるかに深刻な問題となるのである．

水の浪費を軽減するためのさまざまな技術は存在するものの，多くはコストがかさみすぎるため，ただでもらえでもしないかぎり，農民が自発的に採用する見込みは少ない．たとえば，センターピボット灌漑システムを使えば大量の節水が可能であるが，1基当たりの設置コストが華北農民の平均年収のほぼ60年分に相当する約3万5,000ドルとあっては，中国で導入できるのはよほど大規模な農家だけに限られる．加えて，このシステムは，既存の農地の形状にも合っていないし，この地方で栽培される米その他の作物の具体的な特性にも合っていない．比較的高額であるにもかかわらず，多くの専門家が強い関心を示しているもう一つの技術的な解決策として，点滴灌漑

---

[12] もし農民たちが水をより容易に届けることができるなら，ほぼ確実に買い手を見つけ，そして都市の水不足解消に役立つであろう．しかし後でみるインドの例のように，そうしたシステムは持続不可能なほどの水の汲み上げという問題をいともたやすく起こしてしまう可能性がある．

(マイクロ灌漑と呼ばれることもある) という方法がある. これは, 細いプラスチック管をもちいて水を作物の根元部分に直接送り届けることによって, 水の浪費を抑えようというもので, 最初に開発されたイスラエルをはじめ各地の水の少ない環境で, 大きな成果をあげてきた. しかし近年では, 主として上にいう「浪費」という言葉の定義の曖昧さとの関連で, この方法の有効性が疑問視されている. 点滴灌漑は, 使用する灌漑水のうち作物の根元部分に届く割合を確実に高めることを主眼とするものであるから, これをもちいれば, 量が一定の水源 —— たとえば春季の利用にそなえて冬季に雨水を蓄えておくための, 地上の貯水槽など —— からの水によって灌漑できる作物の量は, 旧来の水路による通水や, これほど厳密に給水の対象 (や時間) を設定しないスプリンクラーによって灌漑するよりも多くなるはずである. あるいは, 灌漑する作物の量を旧来から変えずに, 余った水を他の利用者に売却することも可能だろう. しかし, 水源が地下の帯水層の場合ではどうだろうか. 雨水を貯水する装置の場合は, 今年貯えた水を使い切ってしまっても, 来年の雨期まで使える水がなくなるだけのことで, 過剰な取水はあり得ない. ところが, これと違って過剰に揚水したら枯渇してしまう地下の帯水層をもちいる場合, メリットはもっと不鮮明である. このような状況下では, 水路の底などから地中に浸み込んでいく水分の多くは, 帯水層の涵養に寄与することになり[13], 長期的にみれば必ずしも「浪費」されるとは言えない. 他方, 点滴灌漑は, 農民が購入する水の最後の一滴にいたるほぼ全量がその年に栽培される作物のために使われるわけであるから, 当の農民としては, 「非効率的」な灌漑システムに通水するのに比べて, この水は買い得であり, もっと買いたいという気持ちに駆られる. このように, 点滴灌漑は, 当座の食糧生産を最大化するうえでは有効かもしれないが, 地下水の使いすぎが大問題となっている華北 (あるいは, 後にみるようにインド北部の多くの地域とパキスタン) のような状況では, 不足を悪化させてしまう可能性がある[14]. たとえば,

---

13) (訳者註) 水路からの漏水の一部は帯水層へ浸透せず, 土壌に貯蔵された後, 蒸発する. これが塩害を引き起こす要因となっている.
14) (訳者註) 点滴灌漑の導入が地下水使用量に与える影響については, 水資源の賦存量や使用可能量をふまえて実証的に分析する必要がある.

リオグランデ川上流域（米・メキシコの国境の両側）における点滴灌漑に関する最近のある調査は，水利用がまさにこのようにして増加した，と結論づけている（Ward and Pulido-Velazquez 2008）．ハイテクの解決策を選択的に実施すれば，問題の部分的な解決には役立つかもしれないが，たとえ必要費用の全額が奇跡的に調達できたとしても，これらの解決策が問題の全面的な解決をもたらすことはあり得ないのである．

　皮肉なことに，ローテクの解決策のほうが，実際にははるかに大きな可能性を秘めている．大規模に実施することも，小規模に実施することも可能な —— 灌漑水路の表面の修復や被覆，パイプの水漏れ修理等々の —— 単純な技術的方策によって，どれくらい多くの節水が可能になるかをはっきりと思い描くのは，ほぼ不可能である．しかし，中国（やその他の国々）における水利施設の多くが劣悪な状態にあることを考えると，節水できる量はおそらく非常に膨大である．だがもちろん，単純とはいえ，こうした方策にさえも費用はかかるのであり，多くの農民たちは，あるいは農村コミュニティ全体でさえも，補助金とより大きなインセンティブのいずれか一方，あるいは両方がないかぎり，こうした解決策に出資しそうにはない．もっと実効性のある汚染防止を行うこと —— そのすべてではないにしても，なかにはかなり単純で比較的費用もかからない技術によって十分に実施可能なものもある —— も，大いに役立つはずだと思われるが，この場合はとくに，インセンティブが大きな問題となる．というのも，地方の役人としては，水を保全する（言うまでもないが，とくに下流域の住民の水を守る）ことよりも，地域の工場や雇用を守ることによって得られるもののほうがはるかに大きいからである．

　灌漑用水の価格を商業的にみてより現実的な水準に設定すれば，そうしたインセンティブの提供をうながす助けとなると思われるが，その場合，社会的，政治的に厳しい制約が立ちはだかる．水の価格を高めれば，農業生産はほぼ確実に減少する．中国には食糧輸入を増やせるだけの十分な外貨があるのはたしかだが，政府は輸入依存度を高めることにはきわめて消極的である．中国では近年，多くの農民が穀物から果実や野菜の栽培へと転作を行ってきたが —— そして，水問題がなければ，これらの作物の栽培は，穀物よりも

単位面積当たりの必要労働量が多いし，小面積でも比較的高い収入を得られるため，中国でこれらの栽培が増えるのは理に適っているはずであるが ―― 水の価格が高くなることは，こうした転作を行った農民の多くにとってとりわけ不都合である．また，仮に中国 ―― と世界 ―― にとって，中国の食糧輸入が大幅に増えることに異存がないとしても，輸入が増えた場合に農民たち自身の将来はどうなるのであろうか．すでに中国の農民の所得が他の分野の所得よりも大きく劣っているなかで，水の価格がかなり上昇するようなことがあれば，おそらく何百万人もの貧しい農民が窮地に陥り，すでに激しくなっている都市への人口移動がより加速化するだろう．農業において今以上の節水をはかることは，重要不可欠であるし，またその効果も潜在的には大きく，大規模な送水プロジェクトに比較すれば環境に対するリスクもはるかに小さいことはたしかである．にもかかわらず，結局は，節水は速やかに進みそうにないし，その前途も多難となりそうである．

このような状況において，政府当局者の多くは，技術的に壮大な巨大プロジェクト以外の選択肢はない，とみている．なかでも重要視されているのは「南水北調」計画である．この計画は，数十年前から論じられ，2001年に正式にゴーサインが出たもので，総工費650億ドルとなっている．その目的は明確で，長江（揚子江）とその支流から取水して，水不足がはるかに深刻な華北に送水する，というものである．しかし，この計画の実施は並はずれて困難なうえに，いくつか起こる可能性のある失敗のうちのどれか一つが起きても，その影響は途方もないものとなる[15]．

完成のあかつきには，この送水計画は史上最大のものとなり，毎年，黄河の年間平均総流量にほぼ匹敵する，450億m^3の水を送水する予定である．送水ルートは次の三つである．

(1) 東側ルート．このルートは，長江下流の江蘇省で取水し，（ほぼ京杭大運河（Ming-Qing Grand Canal）を経由して）天津に，また支線を経由して山東半島に送水する．技術的には3ルートのなかで最も簡単なルー

---

[15] このプロジェクトについての英語での優れた解説として，Liu (1998: 900-904) がある．McCormack (2001: 1-2)，Nickum (2006) も参照のこと．

トであるが，それでも数々の問題が指摘されている．このルートのいくつかの部分は 2008 年に運行を開始済みで，全体の完工は 2010 年の予定である．

(2) 中央ルート．四川省の三峡ダム近くから北京にいたるルート．環境問題が当初の見通しよりも複雑だということが判明したこと，また水路予定地の住民の立ち退きをめぐる問題が発生したのを受けて，最近工事が中断された (2009 年 3 月，30 万人以上の住民の立ち退きが予定されている湖北省の丹江口近くで，複数回にわたって大規模な抗議行動が起きた (Buckley 2009; Bristow 2009; Oster 2008))．それでも，政府当局は，2014 年にはこのルートによる北京への送水を開始する予定だとしている．

(3) 西側ルート．実際には二つのルートからなる．(長江の支流である) ヤルンツァンポ川，大渡河，通天河，金沙江から取水し，山地とチベット高原・青蔵高原を横断して黄河上流につなげて，黄河経由で華北に送水する．技術的には 3 ルートのなかで最も複雑である．現在のところ，2010 年に工事開始の予定であるが，完成は 2050 年になる見込みである．

この計画は，規模と費用が桁外れなだけに，不確定な点も多い．なかでも，汚染された南水はどのような状態で北に到着するのか，という点はかなり不確定である．これだけの規模の送水では，流速，土砂の堆積速度，その他の重要な変化は，予想を超えたものとなる．事実，すでに当初の計画は修正され，当初必要とみなされていた以上の多くの処理施設が追加されることになった (流量が変わることによって，他の河川が河床を洗い流す力も影響を受ける見込みで，長江最大の支流の一つである漢江に対する影響は，とくに問題視されている)．水はけが悪い地域に導水運河が設けられることによって，すでに華北の灌漑地域で広く問題化しているように，地下水位が上昇したり，土壌の塩類濃度が過剰になるといった問題や，長江デルタで海水の侵入が高まるといった問題が生じる恐れもある (Liu 1998: 905)．良かれ悪しかれ，東側ルートの影響は間もなく明らかになりはじめるはずであろうし，中央ルートの影響もおそらく数年後には出はじめるだろう．

しかし，一番長い時間がかかるとはいえ，もっとも重要なのは，── 中国最西部における他のさまざまな開発プロジェクトと並んで ── 西側ルートである．第一に，この計画は，最もドラマチックな潜在的報酬をねらっている．つまり，この計画は，中国最南西部の膨大な水資源 ── チベット地域だけで中国の淡水供給の 30％を占め，その大半は毎年の融雪水と，いくつかのヒマラヤ氷河の周辺部における年々の部分溶解によって生み出される ── の利用を目指している．これらの水資源は，公然と指摘されることはめったにないが，胡錦涛主席や温家宝首相をはじめとするエンジニア出身の中国首脳の多くが非常に明確に認識しているように，チベット問題の一側面をなしているのである（また，今や一般の中国人もますますこのことを認識するようになっている．列車の座席の背もたれなど人目につきやすい場所に貼り出された，ボトル入りのチベットの天然水を宣伝する広告は，欧米の消費者には以前から馴染み深いことであるが，人間の手が加わらない自然の純粋さを強調する象徴となっている）．そして，その同じ山岳地帯における数々の水資源開発プロジェクトは，水供給に加えて，電力生産という膨大な潜在的報酬をも提供しようとしている．水力発電量は，水がタービンに入るまでに落下する標高差に正比例する．長江の場合，チベット地方を出て中国本土に入るまでの落差が，水源から海面に至るまでの落差の 90％もあり，黄河の場合は内モンゴルを出るまでの落差が全体の落差の 80％もある[16]．2009 年 4 月 21 日，中国政府は，長江上流とその支流において，さらに 20 の水資源開発プロジェクトを行う計画を発表した．これらがすべて完成した場合，計算上は，長江にすでに設置済みのダム（三峡ダムを含む）の発電能力はさらに 66％増強されることになる[17]．

しかし第二に，西側ルートはこれまでで最も厄介な問題を投げかけているルートでもある．ここにはまず，工学的に最も複雑な課題があり，解決策も未知数なものが最も多い．このルート（と隣接の雲南省）はまた，農業国と工

---

[16] 長江については，Jingliang (1993: 68), van Slyke (1988: 15) を参照のこと．黄河については，水利部黄河水利委員会 (1984: 4-7) を参照のこと．なお黄河は，その水の 80％を上流部（その最終地点もまだ内モンゴルにある）で失ってしまう．

[17] "China To Build 20 Hydro Dams on Yangtze River" (2009) のデータをもとに計算した．

業国としての中国のニーズが，チベット族，イ族，ミャオ族，その他の少数民族の生活と最も直接的に衝突する地域である．さらにこのルートは，ダム建設にともなう環境リスクが，南アジアと東南アジアの何億人もの人々の命を支えるメコン川，サルウィン川，ブラフマプトラ川，その他の河川に膨大な影響を与え，大きな国際問題となりうる地域でもある．そして，この西側ルートは，大規模な水資源開発プロジェクト —— それらには多くの不確実性がつきものである —— が，これまでつねに異常な脆弱さを見せてきた地域の環境と，しかも今や気候変動がもたらす，平均量をはるかに超える不確定性にも直面している環境と，ぶつかる地域でもある．北極と南極以外において最大の氷河を擁するチベットでは，21世紀中に全地球の平均速度の2倍の速度で温暖化が進行すると見込まれている (Gardner 2009)．

3 ヒマラヤにおける国づくりとダムづくり

1950年代から1980年代半ばにかけて，中国は多くのダムを建設したが，最西部でのダム建設は比較的少なかった．包蔵水力[18]がこの地方に集中していることを考えると，これは意外にみえるかもしれないが，他のいくつかの観点からみればとても道理にかなっている．すなわち，1990年代の好況期以前には，エネルギー生産を最大化にそれほどの緊急性があるとは思われていなかったし，石炭（これは今でも中国の発電量の80％を生み出している (Bradsher 2009)）に依存することについての懸念も，今に比べれば弱かった．また，その当時につくられたダムの多くは，稀少な資本の代わりに大量の労働力（とくに農閑期の農民の労働力）を動員することによってつくられたため，その労働力は（ダムの建設現場から）近い場所で動員したほうが（最西部の）遠隔地に送り込むよりもはるかに容易だった．さらに，遠く離れた山岳地帯でのダム建設を支えるのに必要なインフラストラクチャー（たとえば道路）や技術もなかった．長江上流の奥地は，1970年代末になるまで測量さえも行わ

---

18)（訳者註）技術的・経済的に開発可能な発電水力資源の量のこと．

れていなかったのである．そのうえ，最西部で急速な開発を推進することについては，政府も現在のようにはっきりと態度を固めていたわけでなく，むしろ指導者たちの間では，この地方の政治的な安定化を図る最善の方策として，急激な文化の変容を回避する比較的温情主義的な政策を優先する傾向が強かった．

しかし，過去 20 年の間に，こうした様相は一変し，とりわけ雲南とチベットにおける大規模ダム建設プロジェクトを推進する方向への大きな転換が起こった．いまや，これらの地域で資本集約的なダム建設プロジェクトを実施するのに必要な技術力は存在する．プロジェクトを支えるためのインフラストラクチャーも整っている．国産のエネルギー供給（と水をはじめとするその他の資源の国内供給）の拡大を求める圧力も強まった．そして政府は，── たとえ，開発がもたらす，苦痛をともなう文化変容や，大量の漢族の流入や，深刻な不平等の拡大が，短期・中期的には紛争を増やすとしても ── 最西部の所得を増やすことこそが，これらの領土を支配し活用しつづけるための最善の方法である，と明確に判断したのである．良かれ悪しかれ，少なくとも清代にまでさかのぼる西域のフロンティア政策におけるある種の温情主義は，（かねてから徐々に弱まりつつあったとはいえ）今ではきわめて徹底的に放棄されつつある．その一方で，中央政府と，省政府と，民間投資家の間の関係が変化したのを受けて，電力と利潤の両方を手に入れるための巨大な機会がダム建設の加速化をつうじて生み出された．

発展目覚ましい広東省に向けた雲南省の水力発電資源開発を主軸とする「西電東送」計画は，1980 年代にはじまり，季節送電が 1993 年からはじまった（Magee 2006: 25）．2001 年になると，広東省政府は，雲南省政府との間で通年の電力売買協定を締結するようになった．同じころ，北京の中央政府が広東省内での新たな石炭火力発電所の建設計画を却下し始めた（Magee 2006: 26; Ryder 2006a: 3）結果，急速な経済成長を遂げる珠江デルタにとって水力発電に依拠することは，絶対不可欠となった．このエピソードにおいて省政府と中央政府の関係が具体的にどのようなものであったのかは，少なくとも筆者には定かではない．豊かな広東省が，自らのエネルギー供給を確保すべく，この地域に手を伸ばしていることはたしかである．しかし，省内での火力発

電所の建設が中央政府によって妨げられているとか，水力発電所からの十分な電力供給が約束の時間どおりに行われない，といった不満が広東省からあがっていることをみると，近年締結されるようになった省間の電力売買協定が，往々にして中央政府の押しつけによる，いわば強制的な結婚に似た性格のものであるらしいことがうかがわれる．すなわち，中央政府にしてみれば，こうした電力供給形態をつくり出すことは，好況に沸く沿岸諸地域に対する影響力を維持するための手段であると同時に，自らが描く国民政治経済の構想のなかに周辺地域をより深く組み入れるための手段でもあるのだ．

　もっと一般的に，こうも言える．電力産業の「民営化」[19]は，南西部における水資源開発に強い関心をもつ，複雑な官民の企業網をつくり出した，と．2002年，国有の国家電力公司は五つの企業に分割され，それぞれの企業に特定の流域における独占的な開発権が与えられた（くわえて国務院が直轄し，三峡ダムを担う第6番目の企業もある）．これらの企業は100％国有であるが，いずれも，民間との共同出資で設立した子会社の株式を（上海，香港，ニューヨークの証券取引所で上場して）民間投資家に販売することによって，子会社に対する支配を維持すると同時に資本の調達を図っている（一方，投資家たちからみれば，電力株は，特定の製造企業に投資するのと異なり，その企業の成功や失敗を左右する可能性のあるさまざまな要因に関する，膨大かつ信頼できる情報を集める必要に煩わされずに，中国経済全体の成長に賭ける方法を提供してくれる）．そして，これらの子会社はさらに，発電5社傘下の他の企業や，省政府が設立した企業と共同で，特定のプロジェクトを担う別の企業を設立してきた．

　このような組織方法によってダム建設の担い手たちは，民間資本市場と企業組織を活用できるが，それと同時に彼らと国家の結びつきも決定的な意味をもち続けている．瀾滄江（メコン川上流域）の開発権をもつ華能国際電力グループを最近まで会長として率いていたのは，元首相（で三峡ダム・プロジェクトの唱導者だった）李鵬の息子・李小鵬である（李小鵬は，多くの中国指導者と同様に工学畑の出身であるが，その後山西省の副省長に転じて産業と石炭採掘

---

19) Magee (2006: 35) を参照．中国の電力改革についての便利な年表として，Dore and Xiaogang (2004: 13) を参照のこと．

を統括している（Yang 2008; "Li Xiaopeng Appointed Vice Governor of Shanxi Province" 2008）．また，李小鵬の妹・李小琳は，華能の最重要子会社で香港に本拠をもつ中国電力国際発展有限公司（チャイナパワー）の最高経営責任者（CEO）である（Hilton 2009）．子会社の設立に当たっては，親会社が子会社に対して（発電機，送電線，あるいは開発権などの）重要な資産を譲渡するのと引き換えに，新会社に対する大きな出資比率を確保する，という処理がなされることが多い．そうした資産の売買を扱う市場が完備していることは稀であるし，民営の子会社が受ける利益獲得という圧力を国有の親会社は受けないため，これらの資産の譲渡価格を操作することによって，子会社とその出資者たちのコストを人為的に引き下げる（そして利潤を増やす）という粉飾が簡単にできる．しかも，これらの企業はすべて，（たとえば，どこか他の企業の送電線経由で送電するなどのかたちで）相互に取引を続けるわけであるから，決算で利潤を示す必要のある企業と，その必要のない企業（あるいは有力な関係者からあまり優遇されていない企業）が相互に帳簿上でコストを移転しあうチャンスがふんだんにある[20]．

また，これらの企業にとって，政府と密接な関係をもつことは，自分たちの事業活動が引き起こすすべての社会的なコストや環境に対するコストについて，（その負担を回避することはもちろん）その承認自体を回避できる可能性が高まることを意味する．最後にもう1点重要なこととして，最上流域で大幅な，時には予想もつかないほどの水量の変動が起こると，タービンはつねにフル稼働するとはかぎらず，その結果，実際の発電量は，これら開発プロジェクトが掲げる膨大な「発電設備容量」の数値から想定されるよりもはるかに平凡なものとなる可能性がある，という点が指摘できる[21]．つまり，この開発には，開発権を所有する企業が，ダム建設の出資者を募ったり，建設許可を取りつけたりするに当たって，あまり強調したくない不確実性がともなうのである．だからといって，中国がとりうる選択肢に限りがあることを

---

20) こうした観点から，Ryder（2006a: 5-6）は，三峡ダムと雲南のさまざまな水力プロジェクトの経済的効率性を疑っている．Ryder（2006b: 2-3, 8-9）も参照のこと．

21) このことから，Elvin（2003: 125）は，「技術的には，よりよい水力発電の機会はすでに使いはたしてしまった」と結論づけている．

考えれば，巨大ダムを含むダムの建設が，経済的にみても，ましてや環境への影響という点からみても，道理にかなっている場合も少なくない．しかし，多くのケースにおいては，経済的な視点に限った分析によってすら正当化できない数々のダムが，政治的動機と，政府との結びつきの深い人々の利益の追求によって建設されていることもほぼ間違いないのである．

4 チベットとチベット人への影響

中国北部と東部の何百万人もの人々にとっては本当に助けとなる多くのプロジェクトは —— また，おそらくは中国の CO_2 排出と将来の食糧輸入を削減するプロジェクトも ——，それらのプロジェクトの建設地の近くに住む人々に対しては，深刻な影響を及ぼす．なかでも，最南西部のチベット人やその他の少数民族は，最も影響を受ける可能性が高い．チベットの亡命政府が発表した未確認の報告によると，最近チベットと四川省の境界線で建設が予定されている水力発電プロジェクトに対する抗議行動中に，少なくとも6人のチベット人女性が治安部隊によって銃撃されたという（"Six Women Protestors Hurt by Gunfire" 2009）．

そもそもここには，神聖な湖や河川に人間が勝手に手を加えるという問題がある．この問題は，チベットでは（ヤムドク湖の巨大ダムの場合のように）すでに数多く起きている[22]．ヤルンツァンポ川の大屈曲点に建設が計画されている巨大ダム —— 発電量は三峡ダムのほぼ2倍に相当する約4万MW —— は，そこでつくられるほとんどの電力と水をはるか遠くに住む漢民族の中国人に供給するために，またしても，自然の聖地を劇的に変えることとなる．一方で，多くの人々の伝統的な暮らしが深刻な危機にさらされている．道路と鉄道の建設 —— とりわけ2006年に竣工した青海・チベットハイウェイとその近くを走る鉄道の建設 —— によって，隣接地域の永久凍土層は，すでにかなりひどく破壊されてしまったもようである．一連の地下湖

---

22) ヤムドク湖については Free Tibet Campaign (1996) を参照のこと．

を守るという重要な機能を果たしている永久凍土が破壊されれば，すでに懸念されているこの地方の乾燥化傾向に拍車がかかる可能性は高い（最近，中国のある測量チームは，長江自体の水源の一部がすでに干上がりつつあり，この地方の沙漠化が始まっている，と報告している（Yang 2009））．チベットの多くの牧畜民にとって貴重な湿潤草地は，すでに大幅に縮小してしまっているが，永久凍土が破壊されれば乾燥化の傾向がさらに悪化する可能性は大きい（アジア・ソサイエティのウェブサイトで公開されているビデオは，こうした問題のいくつかを克明に紹介している[23]）．雲南省の数々のダムは，すでに地元の漁業に影響を与えているようにみえるが，このうえさらに新たなダムがつくられれば，中国でも最も濃密な生物多様性の宝庫にとって大きな脅威となる[24]．さらに，この地方の多くは地殻変動がきわめて活発なため，地震が引き金となって突発的なダムの大崩壊や大洪水が発生する危険性も排除できない．

5　山脈の反対側 —— パキスタン，インド，ネパール，ミャンマー，ベトナム

　言うまでもないが，ヒマラヤの山地に源を発する河川は，はるか下流の人々や国々によっても利用されている．そして，その多くの国々が，水資源を今以上に積極的に活用することを計画している．そうした国々の多くは，中国の企てによって，自分たちの現在あるいは将来における水利用が妨げられるのではないか，と非常に心配している．

　2008年12月9日，『アジア・タイムズ・オンライン』は，中国がチベットのヤルンツァンポ川の大屈曲点における水力発電用の巨大ダムおよび流路変更の工事を実施する意向である，と報じた（Ramachandran 2008）．4万 MW のこの水力発電プロジェクト自体，チベットに対しても中国に対しても，数々

---

23) "China Green"（2011）を参照のこと．また，"Permafrost Soil in Yangtze River Area Disappearing"（2009）も参照のこと．
24) World Conservation Monitoring Centre（UNEP）（2007: 1, 4-6）は，ここを「生物多様性の豊かさと攪乱の度合いの小ささにおいて世界有数の温帯生態系」の地域としたうえで，その近くで28基のダム建設計画があることに言及している．

の大問題を投げかけている．しかし，中国周辺国の人々にとって最も問題なのは，この計画が，ダム湖に膨大な水を貯えることをうたっているだけでなく，ダムを出た後の水の流れを変えることも ── そして，いずれは，南水北調計画へと給水することも ── うたっていることである．流路変更が計画されている水流は，現在は南の方向に流れてアッサムに達し，そこでブラフマプトラ川となり，ついでガンガー川と合流して世界最大の河川デルタを形成し，その水の多くを3億人以上の人々が住む流域へと供給している．南アジア諸国はかなり以前から，中国がこの川の流れを変えるのではないかと恐れていたが，中国政府はそのつもりはないとして否定していた．報道によれば，2006年に胡錦濤がニューデリーを訪問した際にも，改めて計画の存在を否定したという．しかし，中国は実際にはそのようなプロジェクトの着工を計画しているのだ，とする噂がほどなく流布しつづけるようになった（後にみるように，2007年に刊行されたインド側のいくつかの論考は，中国がブラフマプトラ川の大規模な流路変更を行うだろうということを，その時点ですでに推定していた．これらの論考は，それを理由に，ブラフマプトラ川の水を，ブラフマプトラ川以南と以西にある複数の河川の流域に送水するというインド独自の計画を推進しない，としていた）．インドのシン首相は，2008年1月に北京を訪問した際に，この問題を取り上げたと言われている．2008年12月，『アジア・タイムズ・オンライン』は，その際に中国側から流路を変更するつもりはないという保証はなされなかったし，それどころか，中国は実際に流路変更を計画している，と報じた（シン首相の訪中時には，公式発表はなかったが，その後，公式な否定発言も減っている．直近の公式発言は，2009年5月26日に前水資源相・汪恕誠が行った発言である）．中国の温家宝首相は，かねてから，水不足は「中国国家の存続そのもの」にとっての脅威だと発言してきた．興味深いことに，早くも2000年における報告書のいくつかは，確証はないものの，北京はすでに計画推進を決定済みであるが，三峡ダムが完全に竣工する予定の2009年までは着工はないだろう，と示唆していた[25]．

---

25) 2006年の保証については，"Chinese Minister Denies Plan to Dam Brahmaputra River" (2006) からの抜粋の引用 ("News Archive" 2006) を参照のこと．中国がこれを実施する意志があることを否定した汪恕誠の発言については，"Nation Won't Divert Yarlung Tsangpo River to Thirsty North"

第2編 ― ● 近代世界システムと熱帯生存圏

　たしかに，水の有無は，中国にとってのみならず，近隣諸国にとっても同様に，国の存続に関わる事柄である．アジアの主要河川 ―― 黄河，長江，メコン，サルウィン，イラワジ，ブラフマプトラ，ガンガー，サトレージ，インダスといった河川 ―― のほとんどは，ヒマラヤ山系の氷河融解水と融雪水を水源としている．そして，これらの河川のうち，ガンガーを除くすべての河川の水源は，国境の中国側のチベット内に位置している．多くの場合，国境を縫って流れるこれら河川水の共同利用について定めた国際協定はもちろんのこと，これら河川に関するデータの共用について定めた協定さえも存在しない．

　水問題は南アジアと東南アジアの全域に存在するが，どの場所でも同じかたちをとるわけではない．ごく大雑把に言えば，最も差し迫った現行の水問題の特徴は，経度によって異なる．パキスタンとインドの多くの地域（とりわけ北部と西部の地域）は，農業用水と日常生活用水の深刻な不足と，農村部における重大な電力不足に直面している．電力不足の問題は，深井戸の利用を実際上ますます困難にしてしまうという意味で，多くの人々にとって水不足問題の深刻化をもたらすが，長期的には，水供給危機を解決しないまま電力不足を軽減したところで，将来の水不足をさらに激化するだけに終わるだろう．これと対照的に，東南アジアの多くの地域では，現在のところ水は十分にあるものの電力が不足しており，電力不足の解決のために水力発電の拡充を目指すさまざまな計画が，河川流域のデリケートな生態系を脅かしている．

　西から順にみると，パキスタンの灌漑への依存度は，地球上のほかのどの大きな国におけるよりも高いと言える．その国土の半分以上は年間降雨量が8インチ（203 mm）に満たない土地である．比較のために言うと，フェニックス[26]の年間平均降雨量が8.4インチ（213 mm）だ[27]．テルアビブ[28]の年間降

　　(2009) を参照のこと．中国がこの計画を進めるだろうという2009年初頭の噂については，
　　McCormack (2001: 18) を参照のこと．
26)　(訳者註) アリゾナ州の都市．
27)　パキスタンについては，Jensen et al. (1998: 297) を参照のこと．フェニックスについては，
　　"Phoenix, Arizona" (2012) を参照のこと．
28)　(訳者註) イスラエルの都市．

雨量20インチ（508 mm）を上回る地域は，国土の8％でしかない（"Agriculture" 2012, "Climate (Geography, Tel Aviv)" 2012）．にもかかわらず，パキスタンは農業の比重が圧倒的に高いうえ，農業の80％以上は灌漑に頼らざるを得ない．1990年という比較的最近の時点でも，灌漑が水利用量に占める比率は96％という驚くべき高い数値に達していた[29]．一方，地下水の多くは塩分を含んでいるか，水質汚染がひどいか，もしくはその両方である．その原因は，現在進行中の水質汚染だけでなく，過去における灌漑プロジェクトが残した負の遺産にも帰せられる．すなわち，塩分の原因の一部は，植民地時代の灌漑プロジェクトによって生じた土壌の塩類化（salination）と湿地化（waterlogging）にまでさかのぼるのである．そのため，人々はしばしば，灌漑水路から生活用水を取水している（Jensen et al. 1998: 298）．（このような状況での点滴灌漑の利用は，利用できる地上の用水路の水量減少につながるかもしれない．それは，「効率的」な技術を導入することが，一方では非常に効果的であっても，もう一方では特定の人々——この場合で言えば，とくに脆弱な立場に置かれている一部の人々——にとって問題を悪化させることになることを示す，一つの具体例と言えよう）．農業は今もパキスタン経済の屋台骨であるし，（主として中東向けの）穀物輸出を大幅に拡大しようという，外国人投資家を後ろ盾とする計画さえある（Dharmadikary 2008: 8）．灌漑の効率化に向けた努力も行われているが，政府は供給量の大幅拡大を図るための方策も模索中である．インドの北部と北西部は，パキスタンほど乾燥が厳しくないとはいえ，それでも，何億人もの農民がおり，またいくつかの乾燥地帯および降水量が非常に不規則で，さらにはしばしば不足に陥るその他の地帯とを擁している．インド全体としては，人口1人当たりの水供給量は——中国と同様に——世界の平均値の約4分の1である（Pillai 2007: 3; Jain 2007: 24）．しかも，年間降雨量の半分は15日間に集中しており，河川の全流水量の90％は4ヵ月間に集中している（Briscoe et al. 2005: 4）．しかし，インドがこれまでに建造した貯水容量は，人口1人当たりでみると中国のわずか5分の1（米国あるいはオーストラリアの約25分の1）にすぎない（Specter 2006: 8; Briscoe et al. 2005: 44）．地表灌漑用の

29）Jensen et al.（1998: 297）の数値をもとに計算した．

水路が，イギリスの支配当時に一部の地域で大規模につくられたり，独立後もかなり大規模につくられたりしたが，多くはその後きちんと補修されないか，あるいは政治的な影響力のない人々に役立つように運用されていない，という状態が続いている[30]．そのため，インドの北部と北西部（それに他の一部の地域）において，井戸を掘ることは ── おそらくは華北における以上に ──，農民が生きながらえるためにも，また過去半世紀の膨大な人口増を支えるに十分なだけの農業生産力を高めた「緑の革命」を推進するためにも不可欠だった（他の多くのケースと同様に，高収量の小麦，稲，綿などの新品種はすべて，在来種よりも大量の水を必要とした）．現在，地下水はインドの灌漑用水の70％を供給しており，生活用水では80％という比率に迫る（Briscoe et al. 2005: 23）．

このような極端に強引な地下水の収奪は，持続可能ではない．農民は自分の土地に井戸を掘って水脈に到達できさえすれば，誰でも井戸水を無料で使えるし，ポンプを動かす電力は，国内の多くの州の財政を大きく圧迫するほど多額の助成金によって低料金に保たれている[31]．しかし料金が低く保たれているとはいえ，地下水位が下がり，ポンプの稼働率を高める必要が強まるなかで，多くの小農たちには大きな負担となっている[32]．そのうえ，電力の供給が不安定で，頻繁に電圧が乱高下したり停電したりするためにポンプが壊れて，不運な農民が突如壊滅的な影響を受けることも少なくない．さらにもう一つ，インドの多くの農村で土地所有が不平等なことも，中国の農業地帯のどこにおけるよりもはるかに顕著で厄介な問題である．比較的豊かな農民たちが，より深い井戸を掘り，帯水層からより多くの水を汲み上げ，自分たちが使わない分を，井戸をもたない人々に生活用水として転売して大幅な

---

30) Briscoe et al.（2005: 14-21, 41-44）は，さらなる建設よりも，既存の設備のよりよい補修と活用こそがより必要とされているにもかかわらず，そのような転換がなされていないことを強調している．

31) Briscoe et al.（2005: 23-24）は，インドの複数の州政府の財政赤字に関する数値を提供している．"India's Water Shortage"（2008）は，電力産業にとっての農民への助成金のコストを，年90億ドルとしている．

32) たとえば，D. ツヴェルトゥリンク（Daniel Zwerdling）による National Public Radio の連続番組，"'Green Revolution' Trapping India's Farmers in Debt"（2009）と "India's Farming 'Revolution' Heading for Collapse"（2009）を参照のこと．

利ざやを稼ごうとするのも,もっともである.実際,作物を栽培するために水を使うよりも,こうして水を転売した方が儲かる場合が多い.やがて他の人たちも対抗してより深い井戸を掘る必要に迫られて,管井戸合戦とも言うべき現象が生じ,帯水層の枯渇化がさらに進む,という事態が起きている.十分な水が得られず,耕作を続けられなくなった農民たちが自殺に追い込まれることも,近年では珍しくなくなっており,農民たちが抗議の集団自殺をするケースもいくつか発生している[33](そうした抗議のなかには,農民向けの電力料金を値上げした州政府に向けられたものもある.値上げされたといっても,電力料金は,都市の住民向けの料金と比べれば依然としてはるかに低い.にもかかわらず,多くの農民にとっては高すぎるのである.また抗議行動のなかには,水を大量に汲み上げ,水質を汚染させている企業に向けられたものもある.とくに広範な抗議の標的となっているのは,コカコーラ社である[34]).一方,水不足と水質汚染が,農業生産を減少させる危険があり,とくにパンジャーブ —— ここは,インド最大の余剰農産物の産地で,中央政府が供給と価格安定化のための備蓄用として買いつける小麦と米のほぼ半分を供給している[35] —— と,隣国のパキスタンにおける減少に対して懸念が強まっている(Dharmadikary 2008: 8-9).これらの土地の水質汚染は,先天的欠損症やガンの発症率の大幅な上昇をもたらすほどひどい状態にあるが,その原因は,長年に及ぶ集約的な灌漑,施肥,農薬利用がもたらした影響をはじめ,多岐にわたっている ("Punjab Water 'Is Risk To Health'" 2007).事実,土壌の塩類化と湿地化(後者はマラリアの発症が増加する原因ともなる)は,パンジャーブでは19世紀末にイギリスが周年灌漑[36]を導入して以来,深刻な問題となっている[37].今日,灌漑水路からのリサイクル水が地下水に占める割合は,東パン

---

33) Daily (2009) 参照.この記事では,最近の1,500人の農民の大量自殺と,12年間で20万人の農民が自殺を図ったという推定に言及している.
34) たとえば,Drew (2008: 37-41) を参照のこと.コカコーラ社の弁護人たちは,同社が,水を汲み上げるための電力に対し,農民よりも高額の料金を支払っていることを指摘している.しかし,同社が多額の料金を支払うことができ,結果として水位を低下させ,農民が使える水の量を減らしているのも事実である.コカコーラ社の工場から排出される廃棄物も,紛争の種である.
35) インド・パンジャーブ州政府ホームページ (The Department of Food 2012) を参照のこと.
36) (訳者註) 特定の作季に限定せず,年間をつうじて用水を供給する灌漑方法.
37) Agnihotri (1996: 48-55), Davis (2001: 332-335) は,イギリスによるインド(パンジャーブ以

ジャーブでは50％に，西パンジャーブでは80％にのぼると推定される（Briscoe et al. 2005: 22）．河口のカラチ近くになると，インダス川の流れは，今では河床のごくわずかを覆うにすぎないこともしばしばである．漁業は消滅してしまい，海水の侵入が農業を蝕み，生活用水は圧倒的に不足している[38]．

このような危機的状況のもとで，新たな水利プロジェクトが多数浮上している．人々は，過去のプロジェクトが想定外の影響をもたらし，それが今日の苦境の原因であることを十分に承知している．にもかかわらず，人々は，これまで灌漑のおかげで達成できた農作物の増産が今後期待できなくなるのを恐れ，深刻な電力不足（これはさまざまな影響をもつが，その一つは，農業への依存度の軽減につながる製造業の発展を妨げることである）を回避する可能性に強い魅力を感じている．そして，皮肉なことであるが，古くなった一部のダムが土砂で埋まって貯水能力が落ちたことが，さらなるダム建設を正当化する根拠となっているのである．

こうした計画の多くは，切実な必要性に駆り立てられたものである．しかし，メガプロジェクトのなかには，総合的な費用と便益の観点からみれば不可解であるにもかかわらず，それらの実施を推進するインセンティブが，政治的，経済的な利害関係によってつくり出されるケースもある．それは，決して中国だけに限られたことではない．たとえば，インドでは，中央政府に州際共同水利用協定（water-sharing agreements）を守らせる力量がないことを原因に，一部の上流域の諸州は，下流域の諸州も少なくとも上流域と同じくらい水を必要としているのに，自分たちが利用できるように，予備の貯水施設を建設した．他方，いくつかの下流域の州は，きわめて深刻な水不足に直面しているにもかかわらず，節水措置の実施を怠るケースがみられる．なぜなら，節水措置を実施することで，複数の州を流れる河川からの取水量を増やす必要があるという，自分たちの主張の根拠が弱くなることを懸念している

外も含む）の灌漑プロジェクトに関し，すでに19世紀末から多くの問題点があらわれはじめていたことを指摘している．

38）ラジオ番組 "Pakistan's Water Crisis" (2009) より．インダス川はかつてカラチ近くで川幅が5 kmあったが，今では200 mである．

からである．また，河川からの取水量の配分は，人間が直接利用する水だけが「必要量」としてカウントされるため，他の用途のための水利用——たとえば，河口域の生態系維持のための放水——は，将来の配分要求にとって不利になる「浪費」とみなされ，抑制される (Briscoe et al. 2005: 37-38; Kohli 2007: 287-292) (いささか意外であるが，インドとパキスタンは何十年も敵対関係にあるにもかかわらず，両国間で締結されているいくつかの共同水利用協定のほうが，インド国内の同じような州際協定よりも一貫してしっかりと遵守されてきた (Briscoe et al. 2005: 36))．

　新しい計画のなかで，最も野心的なプロジェクトの候補地として想定されているのは，驚くに当たらないが，標高の最も高い山々である．パキスタン，インド，ブータン，ネパールはいずれも，ヒマラヤの山地に巨大ダムを計画している．今後10年間に建設が予定されている，ダムの総発電量は8万MWである (ちなみに，ラテンアメリカ全体の水力発電量は，6万から6万4,000 MWである)．このうち，インド1国だけで，今後10年間に6万7,000 MWの発電容量設備を新設する計画である．インドは，中国と同様，まず比較的標高の低い地方で水力発電資源の開発に取り組んできたので，今ではヒマラヤ以外の地方で残された発電可能量は，1万1,000 MWにすぎない．ヒマラヤの (中国を除いた) 発電可能容量は，じつに19万2,000 MWにのぼり，そのほぼ半分はインド国内にある (Dharmadikary 2008: 7) (全世界の現在の水力発電設備容量は，約67万5,000 MWである[39])．一方，インドにおける2001年の国勢調査によると，電気のつうじていない世帯は44％にのぼる．ブータンの数字はこれとほぼ同じで，ネパールでは60％近い．パキスタンでも，ダム建設に対する関心は同じように強いが，電力よりも灌漑の方が重要度は高い (Dharmadikary 2008: 8-9)．しかし，今後10年間に計画されている上記のプロジェクトの推定総工費約900億ドルのうち，多くはまだ調達のめどがついていない (インドは，2012年までの計画分については，ダム建設費の半分強を調達済であるが，2017年までの必要額については調達済みの資金の割合がかなり低い (Dharmadikary 2008: 11-15))．パキスタンは2006年に発表したもの

---

39) Water Encyclopedia (2012) に引用されている米国立再生可能エネルギー研究所のデータによる．

の資本誘致に支障をきたしていた．総工費 126 億ドルのディアマ・バシャ・ダムの建設のために，最近中国に資金と技術の提供を求めている．中東の資金源とさまざまな国際開発金融機関からも，一定の資金面の支援を受けてきた (Dharmadikary 2008: 13-14)[40]．

一方，外国が後押ししているこれら以外の計画は，パキスタンの水供給をさらに圧迫することになるだろう．資金は潤沢であるものの水の少ない中東諸国の投資家たちは，最近，パキスタンと他のアジア地域やアフリカで大量に農地を買収している（韓国と中国も同様のことを行っているが，筆者の知るかぎりにおいて，パキスタンで買収した形跡はない[41]）．追い出されるのではないかという国内の農民の懸念を一掃するため，パキスタンの投資相は，外国人に販売されるか，あるいは賃貸される予定の 600 万エーカー (243 万 ha)（この国で現在耕作されている面積のほぼ 10% に相当する）はすべて現在利用されていない土地である，と説明した[42]．これがもしも本当ならば，外国人が利用する土地のための水需要が，既存の水需要に加わることになる．実際，『エコノミスト』誌が最近掲載した記事は，こうした土地購入の多くは，何よりも土地に付随する水利権を獲得するのが狙いではないかと指摘し，このような土地の購入を「水の大量買い漁り」とみなすネスレ社会長の発言を引用している ("Outsourcing's Third Wave" 2009: 65-66)．

インドには，中国の場合と同様，極端に乾燥した地域と，水が潤沢な地域の両方がある．また，すでにみたように，乾燥地域の一部で余剰穀物をつくり出すために地下水を汲み上げている点でも中国と似ている．したがって，中国と同じように，インドが一部の河川の流域から別の河川の流域へと水を転送するための大規模な計画を構想しているとしても，驚くには当たらない

---

40) 中国の会社や「アラブのいくつかの国」を含む国際借款団については，Schneider (2008) を参照のこと．

41) これらの取引についての報告書のデータベースは国際食料政策研究所 (The International Food Policy Research Institute) が保有しているが，その多くは非公開だとのことである (von Braun and Meinzen-Dick 2009)．中国による買収のほとんどはアフリカでなされているようであり，またその多くがバイオ燃料生産目当てである．

42) 大臣の発言は，MacDonald (2009) による．600 万エーカーという数値は，Bakr (2009) からきている．パキスタンの 1997 年時点の耕地面積は 2,260 万 ha (5,650 万エーカー) であった ("Agriculture" 2012)．

だろう．インドが描いている河川連結構想のうち，最も野心的なヒマラヤ山系部分の計画では，ガンガー川，(ガンガー川に注ぐ主要な支流である) ヤムナー川，ブラフマプトラ川のそれぞれの上流から水を西に転送し，ラージャスターン州とグジャラート州内でルニ川とサバルマティ川に注ぎ込むことをもくろんでいる (北西部ではこれら地域のほかに，ハリヤナ州とパンジャーブ州の一部も水の供給先として予定されている．なお，河川連結構想の第二の部分である，半島部分の計画では，大半の水は，オディシャー州とタミル・ナードゥ州の乾燥地帯へ運ばれる予定である)．以上のような，かつてインドに対して，ヤルンツァンポ川・ブラフマプトラ川の水路を変更する計画はない，と表明していた中国が，この立場から後退しつつあるようにみえるのとまさに平行するように，河川連結構想は，かつてインドがバングラデシュに対して，(インド・バングラデシュ国境から数 km はなれた) ファラッカ堰よりも上流でガンガー川の水路を変更することはないとして (1996 年の合意文を含めて) 数次にわたって正式に約束したことを，うやむやにしかねないということを示唆している (Iyer 2006: 61–62; Munian 2007: 229; Goswami 2007: 297–298)．

いくつかの連結水路では船舶の運航が可能となるし，またこのプロジェクトはヤムナー川の (とくにデリー近くでの) 季節的な氾濫問題を軽減することを目指している．さらにこのプロジェクトは，水力発電も行うことになっており，その純発電量 (総発電量から揚水などにもちいた電力を差し引いた残り，すなわち他の用途に利用可能な発電量) は，3 万 MW になる見込みである．しかし，プロジェクトの一番の目的は，おもにインド西部の灌漑用水の供給量を増やすことにある．政府の計画によれば，このプロジェクトによって灌漑面積を計 3,500 万 ha 増やす計画である (Prasad 2007. 19)．河川間を結ぶ 260 の水路を含めた全プロジェクトは，政府の見積もりでは総工費 1,200 億ドルであることから，建設プロジェクトとしては史上最大となり，中国が計画している河川の流路変更計画さえもしのぐ規模となる見込みである[43]．ある研究は，計画の立案に当たったタスクフォースのメンバーたちが後に述べたコメントをふまえて，総工費はもっと増えて 2,000 億ドルになるだろう，と示

---

43) Bandyopadhyay and Perveen (2006: 30) の地図を参照のこと．費用の推計については，Khosla (2006: xi) を参照のこと．発電量の推計は，Iyer (2006: 57) による．Rathore (2003) も参照のこと．

243

唆している (Uliveppa and Siddingappanavar 2007: 273)．

　このプロジェクトの具体的内容は，インドとしては異例なことであるが，これまで秘密裏にされており，中国の河川の流路変更プロジェクトと比較すると，より一層その傾向が強いように思われる．とりわけ，手に入れにくいのは，立ち退きの対象となりそうな住民数の推計値であるが，ある 2 人の研究者の見積もりによると，その人数は 550 万人にものぼる (Uliveppa and Siddingappanavar 2007: 276)．すでに計画のさまざまな部分が公表されているが，それらの多くは，数々の理由から痛烈に批判されており[44]，計画のどの部分が実際に採用されることになるのかは不明である．これらプロジェクトの具体的な部分について，数々の技術的また環境面での疑問があげられているほか，想定されている送水が政治的に実行可能となるのは，河川水の配分と「提供者」への補償に関する，法的に実効性のある取り決めをまとめることができる場合のみであるが，そうした取り決めはこれまでインドで概してうまくいったことがないことを，国内の批判者や世界銀行の調査はいずれも指摘している．また，中央政府と州政府は，水資源管理用にあてた予算のうちのより多くの部分を，さらなる建造工事のためにではなく，既存の施設（その多くは急速に老朽化している）の保守や管理の向上を図るために使うべきだ，とする広範な意見の一致もみられる (Iyer 2006: 60-63; Briscoe et al. 2005: 5-6, 41-44, 48-49)．実際に，プロジェクトをかなり支持しているある研究者でさえも，現在の水利用の効率を 20％向上させるだけで，このプロジェクトを実行するのと同じだけ，利用可能となる正味水量が増やされうるはずだ，と推計している（ただし，この研究者は，両方を実施すべきだと主張し，このプロジェクトには水供給を増やすほか，水力発電やその他にも利点がある，と指摘している）(Yadav 2007: 71)．一方，プロジェクトに反対する人々からは，このプロジェクトを実施すれば，他の水利施設が極度の水資源の枯渇に陥り，収入を確保するために民営化を余儀なくされる結果，比較的貧しい消費者に大きなしわ寄せがいく可能性を指摘する声も上がっている (Sharma and Kumari 2007: 129)．

---

[44] Alagh et al. (2006) と Thakur and Kumari (2007) に所収の諸論文を参照のこと．

第 7 章 大ヒマラヤ分水界

　ここで，新たに提案されている，こうした水資源開発にともなう環境リスクのいくつかについて，簡単に触れておきたい．しかし，その際にまず，巨大ダムの場合には，環境的な影響が不確実であるということが，他の人々にとってリスクとなるだけでなく，ダム建設の推進者自身にとっても資金的なリスクとなる，ということを明記しておくべきである．巨大ダムは，その建設に多額の費用がかかるが，いったん竣工した後の運転コストはきわめて少額である．そのため，発電が始まれば追加的費用があまりかからない巨大ダムは，ドル箱となりうる（これは，世界中でもとくにこの地方で蓋然性が高いと思われるが，電力需要が増加しつづける場合には，とりわけそうである）．したがって，巨大ダムの収益性は，ダムの完成後にどのくらい長期間発電を行えるかによって大きく左右される．その耐用期間の短縮は多数の要因によってもたらされるが，そのなかで最も一般的なのは土砂の堆積であろう．とくに悪名高いのは，1962 年に完成した黄河中流の三門峡ダムのケースである．というのは，このダムは，あまりにも早く利用できなくなって多くの費用が無駄になっただけではなく，事前にそれらの問題の多くが実際に予想されていたからである（問題が予想されていたにもかかわらず，工事が続行された背景には，ソ連の技術専門家たちが建設計画から引き上げるという事態が起きた後に，外国の手助けに頼らずとも，中国はこのようなダムを自力で建設できることを証明したかった，ということに理由の一端があった[45]）．建設費に対する利息の支払いが不可欠なため，巨大ダムの収益性は，プロジェクトの着工から収益が出始めるまでに，どのくらい時間を要するかによっても大きく左右される．したがって，完成までに長期間を要するメガプロジェクトは，経済的には，発電量の不足という事態に対してとりわけ脆弱なのである．

　ヒマラヤの山地に建設されるダムの場合は，ダムの耐用年数が予想より短くなりうる要因が，少なくとも三つある．第一は，ヒマラヤ山系が，比較的若い山であって，浸食作用が他と比べて激しく，高所では土砂の流出を防ぐ植生も比較的少ないことである（しかも，過去数十年の間に，多くの森林が伐採されてきた）．この結果，河川への，ヒマラヤ山系から流れ落ちる土砂の負

---

45) 三門峡ダムについては，Pomeranz (2009: 138) を参照のこと．

荷は大きくなりがちである．たとえば，チベットの場合，1986 年の調査によって，1949 年以降につくられた小規模な水力発電ダムのうち 40％近くが，すでに土砂の堆積で機能停止に陥ったり，利用不可能になったりしていることが判明した．同様の問題は，パキスタンの多くのダムでも生じている（それらのダムは，発電目的のために利用できなくなっただけでなく，季節的な貯水と灌漑にも役立たなくなっている）(Free Tibet Campaign 1996: 7, Appendix "Tibet Facts No. 7"; Wang and Bai 1991: 89; Dharmadikary 2008: 28)．第二は，将来における河川の流量についての予測の狂いが，ダムの耐用性に劇的な影響を及ぼし，収益性を大きく減少させる可能性につながることである．ヒマラヤでのダム建設の多くのケースでは，(とくに，中国政府が，蓄積してきたデータを他国と共有することにあまり乗り気でないこともあって) 利用可能な連続的なデータが少なく，とくに西部ヒマラヤ山系では，複数の理由から (理由の大半は気候変動に関係している)，今後は過去 20-30 年よりも乾燥が激しくなると予想される (もっとも，反対のことが起こると信じるに足る理由もいくつかあるが)．また，いずれのケースにおいても，将来における河川の流量をモデル化するのはただでさえ難しいというのに，非常に多数の巨大プロジェクトが，同じ河川とその支流群で構想されているとなると，そうしたモデル化は幾何級数的に困難になる．はたして，── この計画のための水源として決定的に重要な ── ブラフマプトラ川流域には，現在においてさえも本当の意味で「余分な」水があるとみなしうるのか，という疑問さえもすでに何人かのアナリストたちから投げかけられている．また，なかには，これにくわえて，（自分たちの考えでは）中国が上流で大規模な流路変更を行う可能性と，地球温暖化による氷河後退が起こる可能性が高いことから，流路を変更して送水するための「余分な」水が得られる可能性はきわめて疑わしくなる，と指摘する者たちもいる[46]．

　将来におけるインドの水事情に関する世界銀行の研究は，ヒマラヤ山系が

---

46) 現在においてさえも，「余分な」水があるとみなしうるのかという疑問については，Sharma and Kumari (2007: 127)，Shandily (2007: 150-151)，Goswami (2007: 299) を参照のこと．さらなる問題としての中国による流路変更と氷河減退については，Prasad (2007: 19)，Sharma and Kumari (2007: 125) を参照のこと．

ダム建設にとって世界でも「最も良好な環境」の一つを提供している，と結論づけている．この評価の基礎となっているのは，1 MW の電力を生み出すために，立ち退きが必要な住民の数と水没面積の計算値という単純なものである（Briscoe et al. 2008: 45-46）．これらプロジェクトの場合，分母となる潜在的発電可能量は膨大であり，高地地方の多くは少人口のために立ち退きが必要な住民も少ないことを考えれば，発電量 1 MW 当たりの立ち退き必要住民数が少ないのは驚くに当たらないし，この評価は真剣に受け止められるべきである．だが，そうした数値は，コストとリスクの完璧な指標では断じてない．

あらゆるダムに共通することだが，ヒマラヤ山系で計画されているダム建設でも，広大な土地が水没することになる．そのなかには，この地方に残っている多くの遊牧民・移牧民にとって重要な森林や放牧地も含まれる．これらの計画のいくつかには，地下のトンネルをつうじて河川の流路を部分的に変更することが含まれているが，これが実施されれば広範な乾燥地帯が生まれ，地域の漁業と農業に深刻な影響が及ぶだろう．さらに，ヒマラヤ山系は —— われわれはあまり意識していないことだが —— 生物多様性の豊富かつ脆弱なホットスポットでもある．海抜 500 m から 8,000 m 以上へと急勾配で標高が高くなる山々は，比較的狭い面積のなかに驚くほど多様性に富んだ自然生態系を擁している．コンサベーション・インターナショナル（CI）[47]は，ヒマラヤ地域のなかのある小さな地帯だけに限っても，植物種は 1 万以上と推定され，そのうちここにしかない種は 3,100 以上にのぼる，と報告している（Dharmadikary 2008: 23-27）．そして，さらなるリスクとして，チベットや雲南の場合と同様に，ヒマラヤ山地でも，地震と氷河湖決壊洪水（後述）のいずれか一方，あるいは両方によって大災害が生じる危険が大きいのである（Dharmadikary 2008: 33）．

おそらく最も意外なのは，巨大な発電用ダムというものが，一貫して気候に優しいエネルギー源だということさえも，もはや明白ではなくなってしまったことである．水力発電が，二酸化炭素を発生させる化石燃料に取って

47）（訳者註）自然生態系の保護に取り組む民間の国際 NGO．

代わりうるものであることは明らかだが,巨大なダムによってつくられたダム湖の水にしばしば大量に含まれている腐植物質(植物遺体)は,二酸化炭素よりも強力な温室効果ガスであるメタンガスの大量の発生源となるのである(この問題は,ダム湖をもたない引水式(run-of-the-river)ダムならば起こらないが,そうしたダムは,巨大プロジェクト全体のごく一部を占めるにすぎない).メタンガスの発生量は,植物の成長も分解も早い熱帯性および亜熱帯性地域ほど多くなる.2007年に発表された,ある研究が示唆しているところによると,インドの総発電量のうち水力発電が占める割合は16%にすぎない(ということは,インドの全エネルギー利用量に占める割合はもっと小さい)にもかかわらず,実際にはダム湖で発生するメタンガスは,インドの温室効果ガス排出量の19%を占めているという[48].これらの数字は依然として暫定的な推定値である.ヒマラヤ高地のダムの場合,植物の成長と分解の速度はいずれも速くないため,メタンの排出量は平均よりも低くなる可能性もある.また,メタンを捕捉し,これを燃やして発電量を増加させることによって,温室効果を緩和するといった方法も十分に考えうるだろう.しかしながら,巨大ダムには環境に対するリスクがあるとはいっても,大半の一般的な代替的エネルギー源よりももっと「グリーン」なのは明らかだ,とする一般的な常識に対して,疑問を突きつけているのはたしかである.大量のコンクリートと鉄鋼を生産する過程で些細とはいえない温室効果ガスが発生することも,事態をより一層複雑にしている.

　もっと東の計画では,ヒマラヤにおけるほど野心的な計画ではないとはいえ,何百万もの人々に劇的な変化を及ぼすことになる点では変わりない.サルウィン川(東部チベットと雲南では怒江と呼ばれる)については,全長のほとんどが中国かミャンマーの国境内を流れており(それ以外の箇所ではミャンマー・タイの国境を形成している),両国の政府はどちらも情報公開に消極的なため,最も謎に包まれている.サルウィン川は,国境を越えてミャンマー領内に入ってからも,何マイルにもわたって山あいの急勾配の渓谷を流れる

---

[48] 排出量については(依拠しているのは Lima et al. (2008) である),"Indian Dams Methane Emissions" (2007) を参照のこと.インドの総発電量のうち水力発電が占める割合については,U. S. Department of Energy (2006) を参照のこと.

ため（そしてデルタに到達する寸前まで急勾配で流れ下るため），この地域には膨大な包蔵水力があるが，国内の電力需要ははるかに少ない．今日までのところ，サルウィン川の水資源は，あまり人間の利用のために使用されておらず，人工物でさえぎられていない大河川としては，アジアでも残り少ない一つである．中国領内での大型ダムの建設は，2004年に環境上の理由から中断され，最近も再度工事が中断された（Shi 2009）．しかし，今では中国領内とミャンマー領内の両方で数多くのダムが計画中か，工事中であり（中国領内の計画では，最大規模となった場合には，13基のダムが次々と階段状に並ぶ予定である[49]），ミャンマー国内で発電される電力は，タイとベトナム，そしておそらくは中国に輸出される見込みである．ミャンマーのプロジェクトの多くは，中国企業が建設を担っている（完成後の数年間の運転も，これら企業が担うようである）．ダム建設地の多くが所在するミャンマーのシャン州の高地は，これまで政府が長年にわたって少数民族の住民に対する支配の徹底化を図ろうとしてきた地域であり[50]，反政府活動家たちは，政府が，ダム建設のための住民の立ち退きと，建設業者の安全確保を口実に，この地方での政府自身の政治的，軍事的な目的を追求している，と非難している（Osborne 2007: 4, 10-11）．実質的に戦闘地帯となっているミャンマー・タイ国境近くの，少数民族カレン族の居住地でも，別のダムの建設が予定されている．この地域の多くは，建前上は野生生物保護区となっているが，近年は，大量の木材伐採が行われてきた（とくに，国境のタイ側での伐採が禁止されてから）．現在は，ダム建設（と住民の制圧）を容易にするために，この地域を貫通する複数の道路が建設中である（Karen Environmental and Social Action Network 2008）．

これらの地域への立ち入りが困難であるうえに，そこで具体的にいかなるプロジェクトが計画されていて，それぞれの進捗状況がどのようなものかについての情報もないため，プロジェクトによる社会的，環境的なインパクトについては推測することさえも難しい．また，サルウィン川の流域は，人口

---

49) Dore and Yu (2004: 14)．同論文の15頁には，金沙江（長江の上流）と瀾滄江/メコン川に計画されているプロジェクトのリストがある．
50) シャン族はその多くが低地農民であるが，シャン州にはほかにも多くの民族が住んでいる．

が 600 万から 700 万人であり —— 西側に位置するガンガー・ブラフマプトラ川流域，あるいは北側に位置する中国の大河諸流域は言うに及ばず —— 東側のメコン川流域（人口約 7,000 万人）と比べてもはるかに人口密度が低いため，これまで注目されてこなかった．にもかかわらず，サルウィン川の開発は，一方においては，絶滅危惧種，地元の人々の生活を支える魚その他の資源，強制立ち退き（と一部で伝えられる強制労働[51]）に関する懸念，そして他方においては，並はずれて貧しい国における開発への圧力という，錯綜し，同時に解決するのが難しいさまざまな問題を，投げかけているのである．

　人口がより多く，またその密度も高いメコン川流域は，これらすべての問題に加えて，さらに多くの問題を投げかけている．ここでは，自然の地理と政治的地理の両方があいまって，ほぼ中国国境に沿って重要な分水界を形成している．その一つとして挙げられるのが，メコン川がもつ潜在的な発電能力の多くの部分が，圧倒的に国境の中国側に位置していることである．このメコン川は，海抜 5,500 m のチベット・青蔵高原に源を発し，中国国境を越えるときには海抜 500 m まで落下している．中国国内におけるメコン川の流下距離のうち，雲南省が占めるのは 3 分の 1 強にすぎないにもかかわらず，メコン川の包蔵水力は，雲南省の分だけで，ミャンマー，ラオス，タイ，カンボジア，ベトナムにおける分の合計にほぼ匹敵する —— とはいえ，これらの国々における包蔵水力も決して些細なものではない[52]．中国はすでにメコン川に水力発電ダム 3 基を建設し終わっており，これ以外に少なくとも 2 基を建設中である．計画全体としては，少なくとも 8 基の，最大ではおそらく 15 基の大規模な水力発電ダムを階段状に配列する構想とみられる[53]．

　メコン川下流域の開発計画は，1950 年代に米国と国連を後ろ盾とする「メコン川委員会」のもとで始まった．中国とベトナム民主共和国（北ベトナム）は，この委員会から排除された．そして，カンボジアの参加は，米国との関係が変動するのに応じて断続的だった．米国のテネシー川流域開発公社

---

51) "Activists Protest Tasang Dam" (2005) を参照のこと．
52) 数値は，Magee (2006: 28-29) とその脚註による．
53) Gunn and McCartan (2008: 5) は，15 基のダムとしている．Magee (2006: 31-32) は，8 基から 14 基のダム計画に言及している．

第 7 章　大ヒマラヤ分水界

(TVA) に範をとった，大規模なメコン川下流開発計画については，リンドン・ジョンソン［米大統領］がとりわけ頻繁に力説したものの，ベトナム戦争中は実質的な作業がなされることはなかった．また，ベトナムに対する戦後の復興援助の一環として，米国が秘密裏に行ったとされる，メコン川に複数のダムを建設するとの約束も，果たされることはなかった．ようやく 1980 年代末になって，ベトナムとカンボジアも正規のメンバーとなった新たなメコン川委員会が登場した[54]．

しかし，この委員会は比較的弱体であり，流域の諸国のほとんどは独自のプロジェクトを追求している．そうしたプロジェクトの推進は，中国もしくは（とくにアジア開発銀行を介するかたちでの）日本，あるいは米国とパートナーを組んで行われる場合が多い (Nguyen 2006: 207-216)．

そのうえ，中国は，この委員会の枠組みのなかで行われる限定的な調整にさえも，ほとんど加わっていない．中国は時折，会議に代表を派遣することはあるものの，中国もミャンマーも委員会には加わっていない．これまでのところ，メコン川下流に対する中国の主要な関心は船舶の航行にあった．2000 年以来，舟運を改善するための一連のプロジェクトが実施されており，過去 3 年から 5 年の間に，雲南省とミャンマー，タイ，ラオスを結ぶ道路建設が盛んに行われたのと並んで，舟運は顕著に増加したもようである[55]．中国がメコン川をどの程度重要な舟運用の幹線水路として開発しようとしているのかは，定かではない．中国のある高官が，将来何らかの紛争が起きて米海軍がマラッカ海峡を封鎖するようなことがあった場合に，中東から輸入する石油をメコン川経由で中国に輸送する可能性を示唆したことはある．しかし，それが重要な問題になるほどの輸送量に増えることはありそうにない (Osborne 2007: 14)（とはいえ，メコン川を使って石油を輸送するという発想は，

---

54) Nguyen (1999) は略史として有益である．同書の 49 頁から 96 頁は，第二次世界大戦終了後から 1960 年代半ばの米国による戦線拡大までの時期を扱っている．Nguyen (1999) も Gardner (1995: xiv, 53, 123, 191-198, 298, 320-321) も，ジョンソン大統領のあらゆる東南アジア政策が究極的には反共産主義という一事に収斂するとしても，かれが，メコンの一大ダム計画を，東南アジアの人々の心を勝ち取るために決定的なものとして位置づけ，本気で関わろうとしていた点を強調している．

55) Osborne (2007: 11-16)，Gunn and McCartan (2008: 6) は，中国がメコン川において重視するポイントが舟運からエネルギーに代わりつつあると述べている．

有害物質の漏洩という可能性をはらんでおり，この川に頼って生きている農民や漁民にとっては，大いに気がかりなことである）．

　メコン川下流の包蔵水力は上流のそれには及ばないかもしれないが，それでも巨大であることには変わりはないし，大メコン圏が非常に貧しい地域であって，人口 1 人 1 日当たりの所得推定値が 1 米ドルにすぎないことを考えると，その包蔵水力はより一層魅力的である (Gunn and McCartan 2008: 1)．現在，東南アジアのメコン川本流に建設が計画されている大規模な発電用ダムは少なくとも 11 基にのぼり，大半の建設予定地はラオス国内である[56]．これらが建設されたならば，メコン川下流域に住むほぼ 7,000 万人の人々にとって絶対不可欠であるこの地方の農業と漁業が大打撃を受けるのではないか，との懸念が広まっている．だが，工業と，都市と，「近代的」開発を重視する視点から物事を考える各国の政府は，電力の方に高い優先順位を与えるかもしれない．一方，（委員会が存在するにもかかわらず）メコン川下流域の諸国間の調整が不十分であるうえに，中国の行動に対して実効性のある規制がまったく行われないという現状からは，結果的にダム建設を促進させる，「囚人のジレンマ」と呼ばれる状況を起こしかねない．つまり，自国以外の国々がいずれにせよメコン川の生態系を破壊するような行動をとるのなら，少なくとも多少の電力を確保しておくべきだ，というわけである．

　わかりきったことではあるものの，ここで重要なのは，特定の視点あるいは特定の利害関係とは無関係な，ある河川の理想的な状態などというものはあり得ない，という点である．たとえば，メコン川上流の瀾滄江にすでに建設済みの 3 基のダムと現在工事中の 2 基のダムがもたらす影響について，もし中国側の予測が正しいとすれば，下流では乾季における流量は今よりもはるかに多くなり[57]，雨期には少なくなって，1 年をつうじた総流量は変わらないことになるはずである（これらのダムによる影響は小さいという主張が，一般的に受け入れられているわけでは断じてない．事実，東南アジアの多くの人々は，

---

56) The International Conference on "Mekong Mainstream Dams: People's Voices Across Borders" (Bangkok, November 12–13, 2008) のプログラムとペーパー ("Mekong Mainstream Dams: People's Voices Across Borders" 2008, 2012) を参照のこと．

57) Dore and Yu (2004: 21) は，東南アジア各地における 40％から 90％までの推定値を引用している．

中国が瀾滄江に建設した3基のダムが，2008年のメコン川の大洪水を引き起こした，と非難している（Gunn and McCartan 2008））．もしもそうであれば，ダムは，舟運にも，発電にも，そしておそらくは灌漑にも良い効果をもたらすことになる（Dore and Yu 2004: 21）．舟運の円滑化を目指すプロジェクトというものは一般に，季節間の流量を均等化することも目的としている．しかし，たとえこれが正しいとしても，瀾滄江につくられるダム群は，少なくとも二つの理由から，メコン川下流における漁業に深刻な影響を与えるだろう．第一の理由は，ダムがなければ栄養分を豊富に含んだ土砂がメコン・デルタまで流れたはずなのに，ダムができることによって，この土砂の一部が確実に堰き止められてしまうことである．これは，他の地域における巨大ダムについてもかねてから指摘されてきたことだ．最初につくられた3基の瀾滄江のダムによって影響を受けた雲南省の一部ではすでに起きているし，メコン川の下流でも起こるものと予想される．第二の理由は，多くの種類の魚は，季節的な流量の微妙な変動に反応して，産卵のために別の場所へと回遊する時期を知る．たとえば，三峡ダムの完成後，流量がピークになる季節的なタイミングが変わったことによって，長江に棲む4種類の鯉が壊滅的な打撃を受けた．国連の推計では，メコン川下流で漁業によって生計を立てている人々は4,000万人にのぼる．また，ある報告は，地元の漁業はメコン川下流域に住んでいる人々が摂取するたんぱく質の80％を供給すると同時に，かなりの輸出収入を稼ぎ出している，と推定している[58]．さらに，1年のうち何回か流量が減った結果，デルタ地帯への塩水の侵入が増えて農業に被害が出た，との指摘もいくつかなされている（"UN Says China Dams Threaten Water Supplies to Mekong Delta Farmers" 2009）[59]．

　メコン川の中流と下流にダムがつくられた場合も，同様の影響をもたらす可能性があるし，その他のダムについても同じである．これらのダムは，中流と下流（とりわけ下流）に集中している魚の回遊を妨げるだろう．魚の回遊への影響を緩和するための種々の技術は，これまでの実績では，北米とヨーロッパの低ダムの場合でさえも効果が非常に限られることが判明しており，

---

58) 80％という数値は，"Dam the Consequences"（2007）による．
59) Economy（2005: 204）も参照のこと．

メコン川に適用するとなると解決すべき問題ははるかに大きく，困難である．コロンビア川の場合，階段状に設置した魚道が一定の効果をあげているが，メコン川に棲息する魚は，総量ではコロンビア川よりもおそらく100倍，魚種の数でも数倍は多い[60]（魚種が多様であればあるほど，回遊のタイミングと場所も多様になる）．メコン川の中流域と下流域は，上流域よりもはるかに勾配が緩やかで，棲息する生物種はより多様である．また，上流域よりも海抜が低く，気候がより熱帯性であるため，ダム湖がつくられれば，おそらく上流におけるよりも多くのメタンが排出されるものと思われる．こうして，いろいろな面で，メコン川の下流のダムは，上流のダムよりもはるかに危険となる可能性があり，1 kW の発電量当たりではより高価につくものと思われる（McCormack 2001: 17）．しかし，これらのダムがもたらす便益のほとんどを享受することになるのは，ダム建設によって被害を受けると思われる，同じ国内の人々である．このことは，国益という観点に立って物事を考えるプランナーたちにとっては，重要な問題となるはずである．

　誰もがヒマラヤ山系から流れ落ちる河川にダムを築くことを考えているなかで，中国の立場はユニークである．それは，そうした河川の大半が国境の中国側に源を発しているため，上流で他国がとる行動によって妨げられることがない，というだけにとどまらない．他の国々とのもう一つの大きな違いは，どんなプロジェクトの資金でも国際的な融資に頼らずに負担できるのは，中国以外にはないことである．しかも，世界銀行，アジア開発銀行，大手の民間銀行は，決して世界でも最も熱烈な環境保護主義者というわけではないが，とくに物議をかもしているいくつかのプロジェクトに対する融資を ── 各銀行の独自の判断によるか，あるいは第三者からの圧力によるか，いずれかの理由で ── 拒んできた[61]．中国国内のダム建設産業は，ますますその技

---

60) Barlow (2008) および Dugan (2008) を参照のこと．
61) たとえば，1990年代には，世界銀行と日本の海外経済協力基金が，インドの反対運動やNGO，そして欧州議会の圧力により，インド西部のナルマダー川のサルダール・サローワール・ダムへの援助をとりやめた（しかし，グジャラートが自身の財源により建設を続行している）．Wood (1993: 979-983) と Patel (2000) を参照のこと．そのしばらく後，世界銀行は，中国の三峡ダムへの資金援助を拒否した．Economy (2005: 206, 317, 脚註80) を参照のこと．近年の中国に対する海外の開発機関からの援助の多くは，環境保護プロジェクトへとシフトしてきている．Economy (2005) の 189-190 頁を参照のこと．

術力を高めており，この分野では今や国外に工学的なノウハウを輸出するまでになっている．こうして，中国によるダム建設の前に立ちはだかる唯一の制約は，国内で生み出されるものだけとなっているが，そうした制約は，(つねにというわけではないにしても) 多くの場合，かなり弱い．

中国は，世界不況と闘うために，野心的な景気拡大策の一環として，中国南西部におけるダム建設の加速化を打ち出している．だが，2009年1月末，中国科学院の蒋高明 (Jiang Gaoming) は，環境に対するリスクと社会的なリスクがすでにかなり大きいなかで，環境アセスメントの完了を待たずに一部のプロジェクトが着工されており，こうした建設の加速がこれらのリスクを悪化させている，と冷静に指摘する論考を発表した (Jiang 2009)．三峡ダムに対しては，数名の有力な科学者が反対したが，建設を食い止めることはできなかった[62]．今後そうした反対が有効性を増すかどうかは，まだわからない．最近，甘粛省内で黄河につくられた複数の粗悪なダムが —— そして，おそらくはこれ以外の国内各地のダムについても当てはまることが多いと思われるが —— 緊急に補修工事を必要としていることが報告された ("Dams on China's Yellow River Near Collapse" 2009)．この事実も，巨大プロジェクトの推進についてより慎重なアプローチが必要だ，と主張している政府内外の人たちにとって後押しとなるかもしれないが，彼らの主張が受け入れられるかどうかは，まだわからない．

要するに，中国が現在行っている水とエネルギーのニーズに対する取り組みが，近隣諸国に及ぼす可能性のある被害は途方もなく甚大なもので，政治的な緊張を招く可能性もこれと正比例して大きい．メコン川の水源に影響を及ぼすこれまでの流路変更プロジェクトは，すでにベトナムの (そして環境保護グループの) 反対を招いてきた．また，すでに指摘したように，国内外からの大きな反対の声を受けて2004年に一旦中断され，その後再開された怒江 (下流のタイとミャンマーではサルウィン川となる) のプロジェクトは，最

---

62) たとえば，これらの反対について，とりわけ高い地位にある水工学者，黄万里 (Huang Wanli) による反対についてとりあげている McCormack (2001: 13) を参照のこと．三峡ダムに対する批判者として最もよく知られている戴晴 (Dai Qing) も，水工学ではないが技術者出身である．

近温家宝首相の命令で再び中断された[63].しかし,現在建設中あるいは構想中の一部のプロジェクトは,中国にも隣接諸国にもかなり大きな影響を及ぼすものと思われる.ヤルンツァンポ川の流路変更は,もしそれが実際に計画されているとしたら,すべてのうちで最も甚大な影響を与えるだろう.決して確実とはいえないが,もし,水が中国北部へと無事に,そして比較的汚染されない状態で移送されたとしたら,加えて,移送の途中でかなり大量の電力を発電したとしたら,中国の水環境にかかっている過重な負荷は,かなり軽減されることになるものと思われる.他方,人口の合計が華北を上回るインド東部とバングラデシュが受ける影響は,壊滅的である.このようなプロジェクトが中印間の紛争を生み出す可能性は —— そしてインド・バングラデシュ間の共有の水路をめぐる既存の紛争をさらに悪化させる可能性は —— 極めて大きい.

6 気候変動,氷河の消滅,そのほかの悪夢

一方で,以上にみてきたすべてのプロジェクトが利用を目指している水資源には,気候変動のために,じつは設計者たちがしばしば予測するほどの大きな期待をかけることはできないとの証拠が続々と明らかになっている.2008年11月22日付けの『ジオフィジカル・リサーチ・レターズ』誌に掲載されたある報告は,ヒマラヤの氷河から採取した複数のサンプルを最近調べたところ,通常は氷床コアから簡単にみつかるはずの二つの目印,すなわち1951–52年と1962–63年の大気圏内核実験によってもたらされた放射性降下物を示す目印が見当たらなかった,と指摘している.これらの目印がないのは,ヒマラヤの氷河から(従来から観測されていたように)縁の部分の氷だけが解けているのではなく,1940年代半ば以降に形成されたすべての氷がすでになくなってしまっているからである(Kehrwald et al. 2008).そして,「気候変動に関する政府間パネル」(IPCC)が予測するように,ヒマラヤの高

---

[63] 最近のこの決定については,Shi (2009) を参照のこと.それ以前の中断の背景については,Dore and Yu (2004: 18) を参照のこと.

地での温暖化が，地球全体の平均温暖化速度の2倍の速さで，今後1世紀にわたり進行する見込みだということを考えれば，事態は悪化すると考えるに足る根拠は十分にある．ある予測によると，2050年までにヒマラヤの氷河の3分の1が，2100年までに3分の2が消滅する見込みである（Gardner 2009）（現在もちいられている種々のモデルは，ヒマラヤ山系西部におけるほうが，東部におけるよりも氷河が消える速度がはるかに速いと予測している．つまり，パキスタンとインド北西部では，すでに流量の減少が進んでいるインダス川，サトラジ川，その他の河川では，最初のうちは偶発的に河川の流量が増えるものの，その後は流量が壊滅的に減少する見込みであり，将来の見通しはとくに暗い[64]）．この見通しのとおりに事態が進んだ場合には，たとえ南水北調計画が直面するあらゆる土木工学上の難題が解決されたとしても ── そして，同じ水資源をもちいる他の人々がこうむるコストを無視したとしても ── この計画がもたらす便益は短命に終わるだろう．

　気候変動が投げかける問題はこれだけにとどまらない．なかでも最も深刻なのは，氷河湖決壊洪水（Glacial Lake Outburst Floods; GLOFs）である．標高が高い所にある氷河が解けると，解け出た水は氷と岩でできた天然のダムに堰き止められて巨大な湖を形成する．この湖は，2008年5月の四川大地震後に土砂のダムで堰き止められて一時的に出現した湖に似ているとも言える．ただし，堰堤の一部が氷だという点が大きな違いである．そして，地震によってつくられた一時的な湖と同様に，氷河湖も，いつ何時，堰堤が決壊して，下流に壊滅的な突発洪水を起こしかねない危険をはらんでいる（読者のなかには，そうした一時的な湖があまりに巨大化して，決壊の危険が大きくならないうちに，中国軍の兵士たちが堰堤をダイナマイトで破壊している光景を覚えている人もいるだろう）．氷河湖が決壊すれば，下流の人工ダムはひとたまりもなく破壊され，大惨事の連鎖反応が生じることになる．ブータンは，すでに国内に2,600もの氷河湖が形成されていることを突き止めており，うち25は決壊の危険が高いと発表している（Schneider 2009: 10）．一方，地球温暖化によって季節風（モンスーン）がどのように変わるかについての予測には，非常にば

---

64) Briscoe（2005: 32）は，インダス川，ガンガー川，ブラフマプトラ川についての予測をしている．

らつきがあるが、ほとんどの予測は、南アジアでは年間の降水日数は減るが、極端な豪雨の回数は増える —— つまり、貯水のニーズが高まる一方、こうした変化を十分に考慮したうえで大型ダムの建設を行わなければ、ダム崩壊の大惨事が生じる危険も高まる —— とみている (Briscoe et al. 2005: 33-34).

7 おわりに

　言うまでもなく，近隣諸国に犠牲を強いて自国の水問題を解決しようとしたのは，中国のみではない（たとえば，筆者がこの論考を執筆している南部カリフォルニアの人口は，かつてはメキシコからカリフォルニア湾に注いでいたコロラド川の流路変更がなかったものと仮定した場合，この地域が支えられたはずの人口規模を大きく上回っている —— そして今も，その水の一部は，条約上の取り決めによってメキシコを流れていなければならないことになっている ——）。また，この広大な地域の各地において，何億人もの人々が直面している深刻な水不足とエネルギー不足に対処するに当たって，大規模な水資源開発プロジェクトの可能性を完全に否定してしまうのはばかげたことである．だが，ものごとが最もうまくいった場合でさえも，そうしたプロジェクトは，解決を目指しているはずの問題をすべて解決できるわけではないということ —— また，他の多くの問題を悪化させる可能性が大きいこと —— が次第に明らかになってきているようである．大規模な惨事を回避するためには，提案されているプロジェクトを注意深く取捨選択し，国境を越えた多国間の取り組みを今よりももっと緊密に調整することが必要である．少なくとも長期的には，風力発電や太陽光発電は，真にクリーンな電力を手ごろな価格で供給するためのより優れた方策となりそうである．難点のある技術への依存が断ち切りがたくなる，といった事態を回避しつつ，当面の将来のために緊急に必要な緩和措置をどのように見いだすべきかという問題は，難問である．何よりも重要なのは，迫りくる水危機を乗り切る鍵を握っているのは，巨大プロジェクトよりもむしろ，数限りない，小規模で，平凡で，そして時には痛みをともなう資源保全の方策 —— パイプを修理し，水路の水漏れを補修する，エ

場の水処理の精度を向上させて水の再利用を可能にする，より効率の高い灌漑技術を選択的に実施する，比較的小規模なダムを建設する，輸入食糧への依存度が高くなるのを（その結果，世界の多くの地域では食糧価格も高くなるのを）受け入れる，環境のその他の側面や社会組織をぎりぎりまで酷使することなく農業以外の新たな雇用を継続的に大量に生み出す等々の方策 ── だ，という点である．

参考文献

"Activists Protest Tasang Dam" 2005. *Shan Herald Agency for News*, May 23, 2005 http://www.shanland.org/oldversion/index-2067.htm (2012 年 3 月 21 日アクセス).

Agnihotri, I. 1996. "Ecology, Land Use and Colonisation: The Canal Colonies of Punjab", *Indian Economic and Social History Review*, 33(1): 48–55.

"Agriculture" 2012. Explore Pakistan http://pakistanweb.com/html/agriculture.htm (2012 年 3 月 21 日アクセス).

Alagh, Y. K., G. Pangare and B. Gujja (eds) 2006. *Interlinking of Rivers in India*, New Delhi: Academic Foundation.

Bakr, A. 2009. "Pakistan Opens More Farmland to Foreigners", *Reuters*, May 17, 2009, http://in.reuters.com/article/2009/05/17/idINIndia-39682520090517 (2012 年 3 月 21 日アクセス).

Bandyopadhyay, J. and S. Perveen 2006. "A Scrutiny of the Justifications for the Proposed Interlinking of Rivers in India", in Y. K. Alagh, G. Pangare, and B. Gujja (eds), *Interlinking of Rivers in India*, New Delhi: Academic Foundation, pp. 23–52.

Barlow, C. 2008. "Mekong Fisheries: Impacts of Mainstream Dams on Fisheries and Mitigation Options – Current Status of Knowledge", PowerPoint Presentation for the International Conference on "Mekong Mainstream Dams: People's Voices Across Borders", Bangkok, November 12–13, 2008 http://sydney.edu.au/mekong/documents/events/barlow_presentation_mainstreamdamsconf_nov08.pdf (2012 年 3 月 21 日アクセス).

Bradsher, K. 2009. "China Far Outpaces US in Clearer Coal-Fired Plants", *New York Times*, May 11, 2009.

Briscoe, J. et al. 2005. *India's Water Economy: Bracing for a Turbulent Future*, Draft Report of the World Bank, http://www.worldbank.org.in/WBSITE/EXTERNAL/COUNTRIES/SOUTHASIAEXT/INDIAEXTN/0,,contentMDK:20674796~pagePK:141137~piPK:141127~theSitePK:295584,00.html (2012 年 3 月 21 日アクセス).

Bristow, M. 2009. "Delays Block China's Giant Water Scheme", BBC News, 8 February 2009 http://news.bbc.co.uk/1/hi/world/asia-pacific/7864390.stm (2012 年 3 月 21 日アクセス).

Buckley, C. 2009. "China's Giant Water Scheme Opens Torrent of Discontent", *Reuters*, February 27, 2009 http://uk.reuters.com/article/2009/02/27/idUKPEK312522 (2012 年 3 月 21 日ア

クセス).
"China Green" 2011. Asia Society http://sites.asiasociety.org/chinagreen/feature-origins-of-rivers/ (2012 年 3 月 21 日アクセス).
"China To Build 20 Hydro Dams on Yangtze River" 2009. *Associated Press*, April 21, 2009.
"Chinese Minister Denies Plan to Dam Brahmaputra River" 2006. *Hindustan Times*, November 22, 2006.
"Climate (Geography, Tel Aviv)" 2012. Wikipedia http://en.wikipedia.org/wiki/Tel_Aviv#Climate (2012 年 3 月 21 日アクセス).
Daily, S. 2009. "Mass Farmer Suicide Sobering Reminder of Consequences of Water Shortages", *Belfast Telegraph*, April 15, 2009.
"Dams on China's Yellow River Near Collapse" 2009. *Agence France Presse*, June 19, 2009.
"Dam the Consequences" 2007. *Guardian Weekly*, April 6, 2007 http://www.guardian.co.uk/world/2007/apr/06/outlook.development (2012 年 3 月 21 日アクセス).
Davis, M. 2001. *Late Victorian Holocausts: El Niño Famines and the Making of the Third World*, London: Verso.
Department of Food, The, 2012. Civil Supplies and Consumer Affairs, Government of Punjab, India, http://punjabgovt.gov.in/DepartmentDetail.aspx?DeptId=12 (2012 年 3 月 21 日アクセス).
Dharmadikary, S. 2008. *Mountains of Concrete: Dam Building in the Himalayas*, Berkeley: International Rivers.
Dore, J. and Yu Xiaogang 2004. "Yunnan Hydropower Expansion", *Working Paper*, Chiang Mai University's Unit for Social and Environmental Research and Green Watershed, Kunming, pp. 1-32 http://www.sea-user.org/download_pubdoc.php?doc=2586 (2012 年 3 月 21 日アクセス).
Drew, G. 2008. "From the Groundwater Up: Asserting Water Rights in India", *Development*, 51: 37-41.
Dugan, P. 2008. "Mainstream Dams as Barriers to Fish Migration: International Learning and Implications for the Mekong", *Catch and Culture*, 14(3): 9-15.
Economy, E. 2005. *The River Runs Black: The Environmental Challenge to China's Future*, Ithaca: Cornell University Press.
Elvin, M. 2003. "Water in China's Past and Present: Cooperation and Competition", *Nouveaux Mondes*, 12: 117-120.
"Experts Warn China's Water Supply May Well Run Dry", *South China Morning Post*, September 1, 2003.
Free Tibet Campaign UK. 1996. *Death of a Sacred Lake: The Yamdrok Tso Hydro-electric Power Generation Project of Tibet*, London: Free Tibet Campaign UK.
Gardner, L. 1995. *Pay Any Price: Lyndon Johnson and the Wars for Vietnam*, Chicago: Ivan R. Dee.
Gardner, T. 2009. "Tibetan Glacial Shrink to Cut Water Supply by 2050", *Reuters*, January 6.
Goswami, D. 2007. "Linking of Major Rivers: The Case for Mighty Brahmaputra", in A. K.

Thakur and P. Kumari (eds), *Interlinking of Rivers in India: Costs and Benefits*, New Delhi: Deep and Deep Publications, pp. 295–302.

" 'Green Revolution' Trapping India's Farmers in Debt" 2009. National Public Radio, April 14, 2009 http://www.npr.org/templates/story/story.php?storyId=102944731 (2012年3月21日アクセス).

Greer, C. 1975. "Chinese Water Management Strategies in the Yellow River Basin", Ph. D. dissertation, University of Texas at Austin.

Gunn, G. and B. McCartan 2008. "Chinese Dams and the Great Mekong Floods of 2008", *Japan Focus*, August 31, 2008.

Guru, M. V. and J. E. Horne 2000. *The Ogallala Aquifer*, U. S. Geological Survey, National Water-Quality Assessment Program, 2000.

"Indian Dams Methane Emissions" 2007. South Asia Network on Dams, Rivers and People, May 18, 2007 http://www.sandrp.in/dams/India_Dams_Methane_Emissions_PR180507 (2012年3月21日アクセス).

"India's Farming 'Revolution' Heading for Collapse" 2009. National Public Radio, April 13, 2009 http://www.npr.org/templates/story/story.php?storyId=102893816 (2012年3月21日アクセス).

"India's Water Shortage" 2008. *Fortune*, January 24, 2008 http://money.cnn.com/2008/01/24/news/international/India_water_shortage.fortune/index.htm (2012年3月21日アクセス).

Isabel, H. 2009. "Still Waters Run Deep", *China Dialogue*, June 29.

Iyer, R. R. 2006. "River-linking Project: A Critique", in Y. K. Alagh, G. Pangare, and B. Gujja (eds), *Interlinking of Rivers in India*, New Delhi: Academic Foundation, pp. 53–64.

Jain, S. B. 2007. "Interlinking of Indian Rivers: A Viewpoint", in A. K. Thakur and P. Kumari (eds), *Interlinking of Rivers in India: Costs and Benefits*, New Delhi: Deep and Deep Publications, pp. 23–32.

Jena, M. 2009. "Steel City Tackles Its Water Woes", *Infochange India*, April 23, 2009 http://infochangeindia.org/corporate-responsibility/features/steel-city-tackles-its-water-woes.html (2012年3月21日アクセス).

Jensen, P. K., W. van der Hoek, F. Konradsen and W. A. Jehangir 1998. "Domestic Use of Irrigation Water in Punjab", Paper for the 24th WEDC Conference on "Sanitation and Water for All", Islamabad.

Jiang G. 2009. "The High Price of Developing Dams", *China Dialogue*, January 22, 2009, http://www.chinadialogue.net/article/show/single/en/2707 (2012年3月21日アクセス).

Karen Environmental and Social Action Network 2008. *Khoe Kay: Biodiversity in Peril*, Chiang Mai: Karen Environmental and Social Action Network, http://www.salweenwatch.org/images/stories/downloads/brn/2008_009_24_khoekay.pdf (2012年3月21日アクセス).

Kehrwald, N. M. et al. 2008. "Mass Loss on Himalayan Glacier Endangers Water Resources", *Geophysical Research Letters*, 35: L22503, doi: 10.1029/2008GL035556.

Kendy, E., T. S. Steenhuis and D. J. Molden 2003a. "Combining Urban and Rural Water use for a

Sustainable North China Plain", Paper for the First International Yellow River Forum on River Basin Management, May 12-15, 2003, Zhengzhou, China, http://www.iwmi.cgiar.org/ Assessment/files_new/publications/Workshop%20Papers/IYRF_2003_Kendy.pdf (2012 年 3 月 21 日アクセス).

Kendy, E., D. J. Molden, T. S. Steenhuis, C. Liu and J. Wang 2003b. *Policies Drain the North China Plain: Agricultural Policy and Groundwater Depletion in Luancheng County, 1949-2000*, International Water Management Institute Research Report No. 71, Colombo, Sri Lanka: IWMI.

Kerr, R. and R. Stone 2009. "A Human Trigger for the Great Quake of Sichuan", *Science* 323(5912): 322.

Khosla, A. 2006. "Introduction", in A. K. Thakur and P. Kumari (eds), *Interlinking of Rivers in India: Costs and Benefits*, New Delhi: Deep and Deep Publications, pp. xi-xvi.

Kohli, A. 2007. "Interlinking of Indian Rivers: Inter-State Water Disputes", in A. K. Thakur and P. Kumari (eds), *Interlinking of Rivers in India: Costs and Benefits*, New Delhi: Deep and Deep Publications, pp. 287-292.

La Franiere, S. 2009. "Possible Link Between Dam and China Quake", *New York Times*, February 6, 2009.

"Li Xiaopeng Appointed Vice Governor of Shanxi Province", *Xinhua Economic News Service*, June 12, 2008.

Li, Zijun 2006. "China Issues New Regulation on Water Management, Sets Fees for Usage", World Watch Institute, March 14, 2006 http://www.worldwatch.org/node/3892 (2012 年 3 月 21 日アクセス).

Lima, I. B. T., F. M. Ramos, L. A. W. Bambace and R. R. Rosa 2008. "Methane Emissions from Large Dams as Renewable Energy Resources: A Developing Nation Perspective", *Mitigation and Adaptation Strategies for Global Change*, 13(2) (February, 2008): 193-206 http://www.springerlink.com/content/j45m73001n1108m0/?p=4259c44c9b7748f9a58ea3467fb294db&pi=0 (2012 年 3 月 21 日アクセス).

Liu, Changming 1998. "Environmental Issues and the South-North Water Transfer Scheme", *The China Quarterly*, 156: 900-904.

Liu, J. (刘静) 2007. "中国水污染调查 —— 不是天灾而是人祸", 『观察与思考』, August 15, 2007 http://news.sina.com.cn/c/2007-08-15/170013670488.shtml (2012 年 3 月 21 日アクセス).

MacDonald, M. 2009. "Pakistan: Now or Never?", *Reuters*, May 6, 2009.

Magee, D. 2006. "Powershed Politics: Yunnan Hydropower Under Great Western Development", *The China Quarterly*, 185 (March, 2006).

McCormack, G. 2001. "Water Margins: Competing Paradigms in China", *Critical Asian Studies*, 33(1): 5-30.

"Mekong Mainstream Dams: People's Voices Across Borders" 2008. Foundation for Ecological Recovery http://www.terraper.org/events_view.php?id=16 (2012 年 3 月 21 日アクセス).

"Mekong Mainstream Dams: People's Voices Across Borders" 2012. Mekong Research Group, The University of Sydney http://sydney.edu.au/mekong/news_events/past_events/mainstream_dams_conference.shtml (2012 年 3 月 21 日アクセス).

Munian, A. 2007. "Water Crisis in India: Is Linking of Rivers a Solution?" in A. K. Thakur and P. Kumari (eds), *Interlinking of Rivers in India: Costs and Benefits*, New Delhi: Deep and Deep Publications, pp. 216–230.

"Nation Won't Divert Yarlung Tsangpo River to Thirsty North" 2009. China.org.cn, May 26, 2009 http://www.china.org.cn/environment/news/2009-05/26/content_17838473.htm (2012 年 3 月 21 日アクセス).

"News Archive" 2006. Institute of Peace and Conflict Studies, http://www.ipcs.org/pdf_file/news_archive/nov_06_indiaexternal.pdf (2012 年 3 月 21 日アクセス).

Nguyen, T. D. 1999. *The Mekong River and the Struggle for Indochina*, Westport, Conn.: Praeger.

Nickum, J. E. 2006. "The Status of the South to North Water Transfer Plans in China", *Additional Papers* (UNDP Human Development Reports) http://hdr.undp.org/en/reports/global/hdr2006/papers/james_nickum_china_water_transfer.pdf (2012 年 3 月 21 日アクセス).

Osborne, M. 2007. "The Water Politics of Southeast Asia: Rivers, Dams, Cargo Boats and the Environment", *The Asia-Pacific Journal: Japan Focus*, June 11, 2007 http://japanfocus.org/-Milton-Osborne/2448 (2012 年 3 月 21 日アクセス).

Osnos, E. 2009. "Early Warning", *New Yorker*, February 6, 2009.

Oster, S. 2008. "Water Project in China is Delayed", *Wall Street Journal*, December 31, 2008.

"Outsourcing's Third Wave" 2009. *Economist*, 391(8632) (May 23–29, 2009).

"Pakistan's Water Crisis" 2009. *PRI's The World*, April 13, 2009.

Pan, J. (Chinese National Committee on Large Dams) (ed.) 1987. *Large Dams in China: History, Achievement, Prospect*, Beijing: China Water Resources and Electric Power Press.

Patel, T. 2000. "Funds for Narmada Dam Assured", *The Tribune* (Chandigarh), October 25, 2000 http://www.tribuneindia.com/2000/20001025/edit.htm#6 (2012 年 3 月 21 日アクセス).

"Permafrost Soil in Yangtze River Area Disappearing" 2009. *Xinhua News Agency*, February 13, 2009, http://news.xinhuanet.com/english/2009-02/13/content_10816480.htm (2012 年 3 月 21 日アクセス).

"Phoenix, Arizona" 2012. Wikipedia, http://en.wikipedia.org/wiki/Phoenix_Arizona (2012 年 3 月 21 日アクセス).

Pillai, G. K. 2007. "Interlinking of Rivers in India: Objectives and Plans", in A. K. Thakur and P. Kumari (eds), *Interlinking of Rivers in India: Costs and Benefits* New Delhi: Deep and Deep Publications, pp. 1–10.

Pomeranz, K. 2009. "The Transformation of China's Environment, 1500–2000", in E. T. Burke III and K. Pomeranz (eds), *The Environment and World History 1500–2000*, Berkeley: University of California Press, pp. 118–164.

Postel, S. 2008. "China's Unquenchable Thirst", *Alternet*, January 24, 2008.

Prasad, N. 2007. "A Bird's Eye View on Interlinking of Rivers in India", in A. K. Thakur and P.

Kumari (eds), *Interlinking of Rivers in India: Costs and Benefits*, New Delhi: Deep and Deep Publications, pp. 11–22.

"Punjab Water 'Is Risk To Health'" 2007. BBC News, November 29, 2007 http://news.bbc.co.uk/1/hi/world/south_asia/7119780.stm (2012年3月21日アクセス).

Ramachandran, S. 2008. "Greater China: India Quakes Over China's Water Plan", *Asia Times Online*, December 9, 2008.

Rathore, N. S. 2003. "Proposed Plan for Satluj-Ghaggar-Yamuna-Jojari-Luni-Sabarmati River Link Channels", Water Resources, Map India Conference 2003, http://www.gisdevelopment.net/application/nrm/water/watershed/pdf/167.pdf (2012年3月21日アクセス).

Reisner, M. 1993. *Cadillac Desert: The American West and Its Disappearing Water*, New York: Penguin.

Ryder, G. 2006a. "Skyscraper Dams in Yunnan: China's New Electricity Regulator Should Step In", *Probe International Special Report*, May 12, 2006 http://www.greengrants.org.cn/read.php?id=669 (2012年3月21日アクセス).

―― 2006b. "China's New Dam Builders and the Emerging Regulatory Framework for Competitive Power Markets", *Draft Paper for Mekong Region Waters Dialogue*, Vientiane, Laos, July 6–7, 2006, http://www.probeinternational.org/files/pdfs/muw/GRMekongpaper2006.pdf (2012年3月21日アクセス).

―― 2008. "Chinese Dam Planner Says Upper Mekong Dam Impacts 'Limited'", *Mekong Utility Watch*, October 29, 2008.

Schneider, A. 2008. "South Asia's Most Costly Dam Gets an Infusion", *International Rivers World River Review*, December 15, 2008 http://www.internationalrivers.org/en/node/3663 (2012年3月21日アクセス).

―― 2009. "Dam Boom in Himalayas Will Create Mountains of Risk", *World Rivers Review*, March 2009.

Shandily, T. K. 2007. "Interlinking of Rivers in India: Justification, Benefits and Costs", in A. K. Thakur and P. Kumari (eds), *Interlinking of Rivers in India: Costs and Benefits*, New Delhi: Deep and Deep Publications, pp. 140–155.

Shao Qiujun and Zhang Qun 2008. "Evaluation on Sustainable Development of China's Iron and Steel Industry", *2008 International Symposium on Information Processing*, May 23–25, 2008, Moscow, pp. 700–704.

Sharma, P. N. and A. Kumari 2007. "Interlinking of Rivers in India: Rationale, Benefits, and Costs", in A. K. Thakur and P. Kumari (eds), *Interlinking of Rivers in India: Costs and Benefits*, New Delhi: Deep and Deep Publications, pp. 112–132.

Shashi B. J. 2007. "Interlinking of Indian Rivers: A Viewpoint", in A. K. Thakur and P. Kumari (eds), *Interlinking of Rivers in India: Costs and Benefits*, New Delhi: Deep and Deep Publications, pp. 23–32.

Shi, J. 2009. "Wen Calls Halt to Yunnan Dam Plan; Premier Orders Further Environmental Checks", *South China Morning Post*, May 21, re-published by the China Dams List of

International Rivers Network.
Shripad D. 2008. *Mountains of Concrete: Dam Building in the Himalayas*, Berkeley: International Rivers.
水利部黄河水利委员会（Shuili bu, Huang He shuili weiyuanhui）1984.『黄河水利史述要』水利电力出版社.
"Six Women Protestors Hurt by Gunfire" 2009. *Voice of America News*, May 26, 2009.
Specter, M. 2006, "The Last Drop", *The New Yorker*, October 23, 2006.
Tao, J. 1993. "Features of a Reservoir", in J. Witney and S. Luk (eds), *Mega-Project: A Case Study of China's Three Gorges Project*, Armonk, N. Y.: M. E. Sharpe, pp. 63-70.
Thakur, A. K. and P. Kumari (eds) 2007. *Interlinking of Rivers in India: Costs and Benefits*, New Delhi: Deep and Deep Publications.
Uliveppa, H. H. and M. N. Siddingappanavar 2007. "Interlinking of Rivers in India: Problems and Prospects", in A. K. Thakur and P. Kumari (eds), *Interlinking of Rivers in India: Costs and Benefits*, New Delhi: Deep and Deep Publications, pp. 272-281.
United Nations Environment Programme (UNEP) and World Conservation Monitoring Centre 2011. "Three Parallel Rivers of Yunnan Protected Areas, Yunnan, China", *World Heritage Information Sheets*, http://www.unep-wcmc.org/medialibrary/2011/06/24/087684e3/Three%20Rivers%20Yunnan.pdf（2012 年 3 月 21 日アクセス）.
"UN Says China Dams Threaten Water Supplies to Mekong Delta Farmers" 2009. *VietNamNet/TT*, May 28, 2009.
US-China Today 2012. University of Southern California, http://uschina.usc.edu/Error.aspx?aspxerrorpath=/ShowFeature.aspx（2012 年 3 月 21 日アクセス）.
U. S. Department of Energy 2006. http://www.eia.doe.gov/emeu/cabs/India/electrcity.html（2012 年 3 月 21 日アクセス）.
United States Embassy in China 2001. "South-North Water Transfer Ready to Start Work", *Beijing Environment Science and Technology Update*, November 16.
U. S. Geological Survey 2007. *High Plains Regional Groundwater Study*, http://co.water.usgs.gov/nawqa/hpgw/HPGW_home.html（2012 年 3 月 21 日アクセス）.
van Slyke, L. 1988. *Yangtze: Nature, History, and the River*, Stanford: Stanford Alumni Association.
Varis, O. and P. Vakkilainen 2001. "China's Eight Challenges to Water Resources Management in the First Quarter of the Twenty-first Century", *Geomorphology*, 41(2): 93-104.
von Braun, J. and R. Meinzen-Dick 2009. ""Land Grabbing" by Foreign Investors in Developing Countries: Risks and Opportunities", *IFPRI Policy Brief*, 13: 1-9 http://www.ifpri.org/sites/default/files/publications/bp013all.pdf（2012 年 3 月 21 日アクセス）.
Wang, Xiaoqiang and Bai Nianfeng 1991. *The Poverty of Plenty*, New York: St. Martin's Press.
Ward, F. A. and M. Pulido-Velazquez 2008. "Water Conservation in Irrigation Can Increase Water Use", *Proceedings of the National Academy of Sciences*, 105(47) (November 25, 2008): 18215-18220 http://www.pnas.org/content/early/2008/11/17/0805554105.full.pdf+html?sid=cdce4d4d-d3fb-4759-a8a6-19dd6369759d（2012 年 3 月 21 日アクセス）.

Water Encyclopedia 2012. http://www.waterencyclopedia.com/Ge-Hy/Hydroelectric-Power.html (2012 年 3 月 21 日アクセス).
Wood, J. 1993. "India's Narmada River Dams: Sardovar Under Siege", *Asian Survey*, 33(10): 979–983.
Yadav, K. N. 2007. "Interlinking of Rivers: Need of the Hour", in A. K. Thakur and P. Kumari (eds), *Interlinking of Rivers in India: Costs and Benefits*, New Delhi: Deep and Deep Publications, pp. 44–72.
Yang, Lifei 2008. "Li Xiaopeng Named Deputy Governor of Shanxi", *Shanghai Daily*, June 12, 2008.
"Yangtze Hydro Projects To Get a Boost" 2009. *China Daily*, April 21, 2009 http://www.chinadaily.com.cn/cndy/2009-04/21/content_7697331.htm (2012 年 3 月 21 日アクセス).
Yang, Xuyi (杨继斌) 2009. "长江在这里失踪了",『南方周末』, February 18, 2009 http://www.infzm.com/content/24061 (2012 年 3 月 21 日アクセス).
Yardley, J. 2007. "Choking on Growth, Part II: Water and China's Future", *New York Times*, September 28, 2007 (also available at *Japan Focus*, October 13, 2007).
Zeller, F. 2008. "New Rush to Dam Mekong Alarms Environmentalists", *Agence France Presse (AFP)*, March 27, 2008 (International Rivers Network, http://www.internationalrivers.org/en/node/2933 (2012 年 3 月 21 日アクセス)).

文献案内（さらに読み進めていく人のために）

事態は急速に変わりやすく，また本はすぐに時代遅れのものとなりがちではあるが，中国の水問題に関する全般的な研究については，Ma Jun による *China's Water Crisis*（1999; English edition, Eastbridge, 2004）が今でも優れた研究書である．Mark Elvin の "Water in China's Past and Present: Cooperation and Competition", *Nouveaux Mondes* 12 (2003) は，長期の視点から水をめぐる中国の問題を検討しており，また多くの重要な意見の相違点を克服しようと試みていることから，とても役に立つ研究である．インドに関する水問題については，Binayak Ray の *Water: The Looming Crisis in India* (Lanham, Md.: Lexington Books, 2008) が入門書として優れている．Nguyen Thi Dieu による *The Mekong River and the Struggle for Indochina* (Westport, Conn.: Praeger, 1999) は，下流域に焦点を当てて，有益で議論溢れるメコン川の概要を提供してくれる．他方で，Darrin Magee の "Powershed Politics: Yunnan Hydropower Under Great Western Development", *China Quarterly* 185（March, 2006）は，メコン川の中国側（上流域），ごく最近の出来事，中国の半民間電力会社がもつ複雑な制度組織を知るのに役に立つ．今や少し古くなってしまったものの，Sandra Postel による *Pillar of Sand: Can the Irrigation Miracle Last?* (New York: W. W. Norton, 1999) は，多くの国の利水問題に関する危機について，依然として有益な案内書である．

第 3 編

モンスーン・アジアの発展径路と日本
―発展を支えた農村制度に着目して―

第3編のねらい

　第3編は，日本を含む東（北）アジアから東南アジア経由でインドまで広がる「モンスーン・アジア」について，同地域に特徴的な生態的基盤のうえに展開した，農業や森林利用・管理におけるさまざまな制度（institutions）に着目し，制度がいかに進化（evolve）し，技術の開発や外部からの受容を媒介として発展径路を規定してきたかを論じたものである．第8章「モンスーン・アジアの発展径路」と第9章「日本における小農社会の共同性」はおもに農業を，第10章「熱帯アジアの森林管理制度と技術」と第11章「日本の森林管理制度と林業技術」はおもに森林利用・管理を対象とした論考であり，また第8章と第10章はモンスーン・アジア全体，第9章と第11章は日本を中心に部分的に東（北）アジア間比較を含めた論考である．

　モンスーン・アジアは，地球の大気循環法則からすると乾燥地帯になるべき中緯度高圧帯が，ヒマラヤ山脈の存在ゆえに湿潤地帯となった地球上でも特異な地域である．モンスーンは，アラビア語で季節を意味するマウスィム（mawsim）に由来する用語であり，アラビア海で毎年6月から9月にかけて南西の風が，10月から5月にかけて北東の風が吹き，沿岸諸国の海上貿易や交通に大きな影響を与えていたことによる．南西の風はインド洋から大陸に向かって吹く湿気を多く含んだ風であり，多量の雨をもたらす．逆に北西の風は大陸からインド洋に向かって吹く乾燥した風である．そして，6月から9月にかけての多量の雨は，栽培稲を基盤とする農業社会を広く成立させてきたのである．

　モンスーン・アジアは，インドと中国の古代文明を生んだ地域であり，18世紀ころからの「大いなる分岐」（the Great Divergence）によって欧米の優位が確定するまでは世界で最も豊かな地域であった．栽培稲に支えられて多くの人口が養われ，またインドは，大いなる分岐以前にすでに工業化が相当進んでおり，綿布などを西欧に大量に輸出していた．中国の絹織物や陶磁器などもあまりに有名である．イギリス産業革命を契機とする大いなる分岐によって，モンスーン・アジア（とくにインド）はいったん非工業化（de-industrialization）するが，明治以降日本がまず近代的工業化に成功し，1930年代にはインドや中国でも工業化がはじまる．そして第二次世界大戦後の1960年代には，韓国，台湾，香港，シンガポールの新興工業国（NIEs），1980年代以降は東南アジア，中国，インド，バングラデシュなどで次々に工業化が進展し，中東，中南米，サハラ以南アフリカなど世界のほかの発展途上地域とはあきらかに異なる発展径路をたどってきた．

　ほかの発展途上地域とは一線を画するモンスーン・アジアの工業化は，一定の歴史的径路依存性に基づくものとみるべきである．交通・通信革命を契機とする19世紀

後半以降の世界経済の統合と成長のなかで，欧米のたんなるサテライトとなった中南米やアフリカとは異なり，アジアの経済が相対的独立性を確保していたこと（杉原薫『アジア間貿易の形成と構造』ミネルヴァ書房，1996年）は，その有力な証拠を与えるものであろう．

　モンスーン・アジアのなかでも，東（北）アジア（とりわけ日本）は，欧米植民地化を免れたという意味で，また近世以来，「小農社会」の形成を中心に高度に発達した経済社会の成立をみていたという意味でも，特異な位置にある．インドでも，近世（ないし中世）には「職分権体制」を基盤とする高度な経済社会が成立していた．東南アジアでは，ベトナム・紅河デルタや少し遅れてジャワなど一部の地域を除き，長らく「小人口」の非農業社会が維持されてきたが，その国際貿易における重要性はたいへん大きかった．こうした基盤が第二次世界大戦後の工業化につながっているのである．

　第3編全体は，日本を直接の研究対象とし（第9章，第11章），あるいは日本との比較を強く意識している（第8章，第10章）．なぜ日本か．第一に，執筆者が日本人だからである．さまざまな矛盾を超克すべき新たなパラダイム形成のための知的営為は，何よりも日本人として自分の国をどうしていくかという問題に最終的に突き当たらざるを得ない．否，最終的にはそこにしかわれわれは責任をもてない．第二に，読者にはやや不親切になるかもしれないが，温帯パラダイムを超克すべき熱帯パラダイムという本書全体のモチーフは，「本当にそうか？」と真摯に問いつづける価値のある課題だと考えるからである．日本は温帯域に属するが，同時にモンスーン・アジアの一員でもある．欧米やオセアニアなどの温帯との共通性よりも異質性を強調する本編の立場は，このままでは必ずしも温帯パラダイム対熱帯パラダイムという図式とは整合しない．とくに日本（あるいは朝鮮や中国も含めて）をどう考えるかは，本書の構想の意義を考えるうえでも重要である．本編では，こうした点も意識して，あえて日本に関する論考を収録したのである．

〔藤田幸一〕

# 第8章

モンスーン・アジアの発展径路
── その固有性と多様性 ──

藤 田 幸 一

1 はじめに

　地球上の中緯度高圧帯には広大な乾燥地帯が分布する．北半球ではサハラ砂漠からアラビア半島を経由してインド西端および中央アジアまで，南半球では南部アフリカのカラハリ砂漠，オーストラリアのビクトリア砂漠などがその例である．しかしモンスーン・アジアは，中緯度高圧帯に位置しつつも湿潤な気候に恵まれている．それは，ヒマラヤ山脈がもたらした奇跡である．ゴンドワナ大陸の一部がインドとなり，北上してユーラシア大陸にぶつかり（約3,500万年前），ヒマラヤ山脈とチベット高原が十分な高さまで隆起したとき（約1,000万年前），その険峻な山脈が大陸とインド洋の大気の交流を妨げ，その結果，夏にはインド洋高気圧から大陸低気圧に向かって南西の風が吹き，多量の雨を降らすことになったのである（冬には大陸高気圧からインド洋低気圧に吹き出す北東の風が卓越し，乾燥する）．

　本章の完成までには，杉原薫氏，斎藤修氏，原洋之介氏，尾高煌之助氏，岩本純明氏，大鎌邦雄氏，脇村孝平氏，田辺明生氏，田中耕司氏，大野昭彦氏，三重野文晴氏をはじめ，じつに多くの方々のコメントをいただいている．記して感謝申し上げたい．ただし，残っている誤謬を含め，すべての責任が著者にあることはいうまでもない．

271

モンスーン・アジアは世界有数の人口稠密地域であり，世界人口の約6割が居住する．それは，栽培稲の豊かな人口扶養力に支えられて形成されたものにほかならない．また，古来モンスーン・アジアでは中国やインドの大文明が発達し，第二次世界大戦後は世界経済の成長の一つの核心域となり，かつ製造業製品の輸出地帯，つまり「世界の工場」としての役割を果たしてきた．また，人口シェアの圧倒的大きさという点のみならず，農業の技術革新による生産性上昇を経て工業化社会へ，さらに高度産業社会へと進化してきた人類社会のなかで，非西欧世界ではその径路を最も典型的にたどってきた地域としても，モンスーン・アジアはたいへん重要な地位を占めているといえるであろう．

本章の目的は，稲作を基盤とする人口稠密なモンスーン・アジアが，歴史的にいかなる発展径路をたどってきたのか，世界の他地域との比較をつうじてその固有性を解明すると同時に，モンスーン・アジア内の多様性にも注目し，固有性のなかの多様性を明らかにする作業をつうじて，「モンスーン・アジア型発展径路」の現代的意義を問い直すことである．

2 モンスーン・アジアにおける「伝統社会」の形成と変容

モンスーン・アジアの一角に位置する日本は，明治以降，工業化による経済発展を始動した．英国の産業革命が1830年代ころ完了したとすれば，おおよそ半世紀遅れのスタートであった．以来，日本はアジアの工業化を先導し，第二次世界大戦後，まずは韓国，台湾，香港，シンガポールの四小龍，1980年代半ば以降は東南アジア，中国，さらに南アジア（の一部）へ工業化が波及していった．モンスーン・アジアは，発展途上世界のなかで輸出工業化に最も成功した地域であり，「世界の工場」としての役割を果たしてきた．

表8-1は，世界の地域別の人口，都市人口率，経済成長率，輸出についての指標を整理したものである．モンスーン・アジアはほぼ，表の「東アジア・大洋州」（東南アジアはこの区分に含まれる）と「南アジア」を含む地域である．英国・産業革命以来の人類社会の工業化の歴史は，経済の重心を農村

表 8-1　世界の地域別の人口・輸出構造に関する若干の指標

	人口 (100万, 2010年)	都市人口率 (%)		1人当たり GDP (US$, 2008年)	同成長率 (%, 1970-2008)	GDP (市場為替レート)/GDP(PPP)の比率	輸出 (2006年)		
		1990年	2010年				金額 (10億US$)	製品輸出率 (%)	ハイテク製品輸出率 (%)
発展途上地域									
東アジア・大洋州	1,974	28.1	45.3	3,032	1.7	0.543	1,468	81	34
南アジア	1,719	26.5	31.7	954	3.8	0.354	158	72	4
アラブ	348	49.2	55.3	4,774	-1.1	0.695	281	20	3
欧州・中央アジア	400	62.8	64.4	8,361	0.1	0.704	830	52	7
サハラ以南アフリカ	809	28.3	37.0	1,233	2.7	0.582	232	33	4
南米・カリブ海諸国	583	70.3	79.5	7,567	2.0	0.705	662	54	15
先進地域									
OECD	1,026	72.0	77.1	40,976	2.4	1.108	8,960	78	22
非OECD	30	89.9	91.7	NA	2.2	NA	NA	NA	NA

註：地域区分は，UNDPによる．PPPとは購買力平価のこと．
出典：UNDP, *Human Development Report 2010*, 2010; World Bank, *World Development Report 2008*, 2007.

から都市へ移動させ，都市人口の急増をもたらした．しかし表8-1にみるように，モンスーン・アジアは，発展途上地域のなかでは（輸出）工業化に最も成功した地域でありながら，農村人口比率もまたかなり高いという特徴をもっている．それは，稲作農業を基盤とする人口稠密な農村空間を広く含んでいるため，工業化（およびサービス部門を含む産業化）が進展しても多くの人口が農村にとどまっている結果であり，都市人口率がかなり早い段階から非常に高い値を示している「南米・カリブ海諸国」や「欧州・中央アジア」とは顕著な対照をなすものである．

ところで，モンスーン・アジアは東アジア，東南アジア，南アジアの3地域に大別することができるが，少なくとも東アジアと南アジアでは，農村の「伝統社会」は「近世」までに成立し，多くの変容を受けつつも現代まで基本構造を変えることなく維持されてきたものである．「モンスーン・アジア型発展径路」を考えるにあたり，この点は到底，避けて通ることのできない重要な点である．そこで，以下まず，東アジアと南アジアで「近世」までに成立した「伝統社会」について，専門家の研究業績に依拠しつつ整理しておこう．

東アジアでは，中国，朝鮮，日本ともに「近世」に「小農社会」(宮嶋 1994)が生まれたとされる[1]．小農社会とは，自作，小作の別を問わず，おもに家族労働に依存し自立して農業経営を行う小農が支配的となった農村社会をいい，隷属的な雇用労働力に依存する大規模直営経営が支配的であるような農村社会とは対極に位置づけられるものである．小農社会は，同時代またはその直前における農地の大開墾が一段落し，耕作フロンティアが消滅して一定の土地に対する人口圧力が高まった事態を契機として成立した (斎藤修 1988; 宮嶋 1994)．人口圧力の増大が稲作農業の集約化をうながし，集約農業に適合する農村社会組織，すなわちおもに家族労働に依存する小農経営への(隷属的労働力を抱えた大規模直営経営からの) 移行が生じたとされる．また日本で典型的にみられたことであるが，西欧の資本集約型発展径路とは区別される労働集約型の「勤勉革命径路」(杉原 2004; 速水融 2003) が成立したとされる．

日本では，大鎌邦雄論文 (本書第 9 章) が詳述しているように，豊臣秀吉による検地と兵農分離に始まる後期封建制下で，イエ，および高度な自治機能と対外交渉能力をそなえたムラ (「自治村落」)(齋藤仁 1989) が成立する．それは第一に，イエという歴史特殊的形態に進化した日本の小農家族とその連合体であるムラのそれぞれの世代を超えた維持・発展を目標とし，また第二に，制度として形成され定着した，個人や個々のイエの意思を超えた行動規範または上部構造があり，各人・各家族が厳しい相互監視のなかでそれぞれの「役割期待」に応えることをつうじて，その目標達成を図る体制であった．またムラは，商品経済の浸透とそのもとでの一定の階層分化を前提とした(限界的な) 共同体であり[2]，庇護と依存の関係を内包し，またその関係は，村落を支配する国家と村落の「双務的関係」までつながっていた．すなわち，国家は治安維持のみならず勧農政策も積極的に行い，それと引き換えに地税

---

[1] 宮嶋によれば，小農社会の成立への過程はいずれの地域においても長期間を要したのであるが，中国では明代 (1368-1644) 前期に，朝鮮・日本では 17 世紀ころに基本的に小農社会への転換を完了するものと思われる，という (宮嶋 1994: 82)．
[2] 「限界的」の意味は，農民の経済生活は基本的に商品経済原理によって律せられており，周縁部分でのみ，商品経済を補完する (あるいはその欠陥を補正する) 役割を共同体が担っていたということである．

を徴収したのである．以上のような制度的環境のなかで，日本の人民は，公（おおやけ）と私（わたくし）の区別をわきまえ，（おもにムラの運営をつうじて）公の世界における立ち振る舞いを学び，国家とムラとの安定的でかなり強い信頼関係のもとで，安んじて，しかしイエ間の激しい競争のなかで必死になって，勤倹貯蓄に励んだのである．

大鎌も論じているように，朝鮮や中国で成立した「伝統社会」は，同じ「小農社会」として括られるとしても，日本とはかなり大きな隔たりがあった．中国では放任主義的な国家支配の伝統のなかで（村松 1949），宗族に代表される血縁組織やギルドが高度に発達し，相互規制の強い地縁社会を基盤とした日本とは異なる，「柔らかい」社会秩序（岸本 1998）が生まれた[3]．朝鮮では，兵農分離が行われた日本とは異なり，支配階層である両班（ヤンバン）が農村に住み続けたため[4]，常民，奴婢の異なる身分ごとに村落内で中間組織が形成されるような展開を示した（宮嶋 1995）．

一方，南アジアに目を転ずると，やはり遅くとも「近世」までに，西インドでワタン体制（小谷 1989），南インドでミーラース体制（水島 2008）などとして知られる在地社会（地域社会）が成立していた[5]．東インドの現オリッサ州でも同様の社会の仕組みがあったことを実証的に示した田辺は，ワタン体制やミーラース体制を含むそれらを「職分権体制」と総称している[6]（田辺 2010）．職分権体制は，郡とか郷という地域単位で組織された社会であり，農村に多数の非農業従事者（僧侶，大工，鍛冶屋，金細工師，壺作り，洗濯人，

---

[3] 坂根（2011b）は中国農村社会と日本との違いを強調している．たしかにある意味，違いは際立っている．「小農社会」という意味での類似性のなかでの違いというように特徴づけるべきかどうかは，今後の研究課題としたい．

[4] 中国のエリート層である士大夫も，農村に居住した点では朝鮮同様であった．

[5] 小谷によれば，もう少し正確にいうなら，次のようになる．「7 世紀ごろから，広大なインドの全体にわたって，一つの新しいうねりが始まったらしい．それは，歴史の「変革期」などという言葉で表現されるような，せわしない変動ではなかったが，ゆったりとしかし広く，深く波動を広げ，インドの社会を最深部から変えていった．この大きな社会的変動は，13 世紀ごろまでには，ほぼおさまり，そこに一つの新しい社会が生み出された．本書でいう「インドの中世社会」とは，このようにして，13 世紀ごろまでに一応の輪郭を整えるに至った社会のことである．このインド中世社会は，ほぼ 18 世紀いっぱいまで続いた」（小谷 1989: v）．

[6] インドのなかでベンガル地域は例外で，職分権体制は成立しなかったとされている（小谷 2007）．

床屋，手織工，商人，両替屋，牛飼いなど）がおり，穀物をはじめとする地域の主産物が，非農業従事者や国家役人を含む在地社会の再生産に関わるさまざまな職分を果たす人々の間で，あらかじめ決められた比率で分与される世襲的な権利が慣習化した体制であった．インド社会を特徴づけるカースト体制とミーラース体制（職分権体制）との関係は，水島司によれば，次のようにまとめられる．すなわち，「それぞれの職分とそれに結びついた取り分が，特定のカーストの専有権（排他的権利）として代々享受され，しかもそのカースト成員達は，内婚，共食などの生活儀礼や信仰，宗教儀礼などによって紐帯を固めていた．さらにそこにバラモンの世界観であるヴァルナを正統化するイデオロギーが加わり，空間を共有するカーストが，そのイデオロギー的な位階関係のなかに組み込まれた体制がいわゆるカースト体制である．つまり，ミーラース体制とカースト体制は，互いに相手を必要条件とした体制であった」（水島 2008: 19）．

　職分権体制は，基本的に（ないし元来）国家権力から独立した，自律的な秩序維持機構をそなえており，国家がそれを外側から支配するという関係にあった．しかし，職分権体制にビルトインされた国家の取り分は非常に大きく，たとえば南インドのミーラース体制における国家の取り分は，「最高の村で47％，最低で18％，平均するとおおよそ32％前後」（水島 2008: 80）に達していた．また国家は，新たに支配下に入った地域においてしばしば検地を行い，地税の確保・増収に努めた．国家は財政収入の大半を軍事費に支出したが，国家が自ら大河川に大規模な水利施設を建造するということはなかったものの，一定規模の勧農にも努めた．それはおもに，新規開墾地の一定期間の免税措置，免税地の供与というかたちでの資金提供による開発（水利施設の維持・補修などを含む）支援であった（小谷 1989: 66-70）．そのような国家による統治機構の確立は，アクバルの治世（1556-1605）に基礎が完成した北インドのムガール王朝（1526-1858）[7]やマラーター王朝（1627-1818）などに典型的にみられたものである．

　また南アジアで成立した「伝統社会」の一つの特色は，大開墾時代を経過

---

7) Richards（1993）など参照．

して耕作フロンティアの消滅による人口圧力の増大とともに成立した東アジアの「小農社会」とは対照的に，まだ開墾余地が残っているなかで，にもかかわらず農業労働者や非農業従事者を大量に内部に抱え込む社会が形成されたという点である．南アジアの農村社会は，土地をもたない労働者層を大量に抱え込む一方，耕作余地が十分に残っていたような社会だったのである．

職分権体制は，英領期に先立つ 18 世紀において，商品経済の浸透にともないすでに一定の変容を遂げていたが（水島 2008），英領インドが行った政策は，主として次の二点において「伝統社会」の決定的な変容をもたらした．第一に，農地に近代的所有権をもち込むことによって[8]，従来在地社会の再生産に関わるさまざまな職分を果たし一定率の取り分を得てきた非農業従事者の権利を奪い，彼らを単なる土地なしの賃金労働者に転落させたこと，第二に，地税収入の増大をめざして未耕荒蕪地の開拓を積極的に推進したこと，である[9]．そして，第一の過程をつうじて析出された大量の賃金労働者は，第二の過程で拡大した農地で労働者や小作人として働くこととなった．こうしてインドでは，大規模な「非工業化」(de-industrialization) が進行した．また英領期以前の未耕荒蕪地は，インドの厳しい気候条件のもとで，水制約ゆえに耕作されてこなかったという側面が強く，それゆえに農地の新たな開墾は水制約を激化させ，19 世紀後半には各地で飢饉・疫病の頻発と下層民の大量の死亡という事態が発生した（脇村 2002）．

最後になったが，東アジアと南アジアの間に位置する東南アジアでは，ジャワ島の火山麓やベトナム・紅河デルタ，大陸部山間盆地などごく一部の地域を除き，少なくとも 19 世紀初頭までは，人口密度が非常に小さい「小人口世界」が存在するのみであった．「小人口」にとどまった最大の原因は，とくに熱帯多雨林帯にいえることであるが，多雨と過温にともなう瘴病の蔓延であった（坪内 1998）．

周知のように，東南アジア大陸部の 3 大デルタ（メコン，チャオプラヤー，エー

---

[8] その先鞭をつけたのは，いうまでもなく 1793 年，ベンガルに導入された永代地租査定法に基づくザミンダーリー制であった．その後，南インドにはライヤットワーリー制，西インドには村請制であるマハールワーリー制が導入されている．

[9] 未耕荒蕪地の開拓は，農産物価格の上昇という経済的要因によって強く後押しされた．たとえば，南インドの事例について考察した Baker (1984) などを参照．

ヤーワッディ）が本格的に開拓されるのは，19世紀半ば以降という非常に新しい時代（「近世」までに「伝統社会」が成立した東アジアや南アジアとの対比）であった．大河川デルタ農村は，当初より商業的稲作が発達した歴史的経緯から，人の移動性が高く，階層差の小さい開放的な空間を形成してきた（ただし，エーヤーワッディ・デルタでは英領期に大量の土地なし世帯を含む顕著な農村階層分化が進展した）．水利における共同作業もほとんど不要だったことから，相互規制の弱い「ルース」な構造をもつ農村社会（Embree 1950）が形成されたのである．

　ただし，東南アジアは，人口稠密な農業空間が発達する代わりに，古くから東アジアとインドや西アジアとの国際海洋交易に関与してきた．メコン・デルタの扶南，インドシナ半島東岸のチャンパ，真臘，マラッカ海峡に勢力を扶植したシュリーヴィジャヤ，シャイレンドラなどの国々は，東西貿易の中継港を提供するとともに香木や香料を集荷する役割を担った．東南アジアの東西貿易に果たす役割は，隋・唐から宋代にかけて発展を遂げ，やがて14-17世紀には，西方世界と東アジアとの交易ネットワークが強固に接合していくなかで，マラッカを中心とする東南アジア海域世界に，ムラユ（マレー）世界が成立する．居住する多様な人々を統合し，かつ来航する商人の多数がムスリムであったマラッカの支配者は，イスラム教に改宗し，王権の強化を図った．こうした海域世界の展開は内陸部の動向にも影響を与え，コメや森林産物の輸出港市としてアユタヤやタウングー・ペグー（ビルマ）が抬頭し，またジャワ島内陸部には農業国家マタラムが成立した（弘末 1993）．

　16-17世紀における現インドネシアの海域には，ジャワ島の西海岸部のバンテン王国，スマトラ北方のアチェ王国，スラウェシのマカッサル王国と並んで，ジャワ島内陸部には農業国家たるマタラム王国が成立していた．オランダの船舶が最初にジャワ島に到達したのが1596年で，1602年にはオランダ東インド会社が設立される．植民地からの課税・収奪制度として，当初オランダは義務供出制度を採用したが，1830年からは強制栽培制度を導入し，さらに1870年からは私企業によるプランテーション開発を推進する．

　また19世紀以降，ジャワでは人口増加が顕著になり，しだいに人口稠密な農村空間（デサ）が形成された．強制栽培制度期の中・東ジャワでは，村

落首長を介した強制的な商品作物栽培とその集荷,地租・賦役徴収の確保のための水田の「共同的保有」化[10]などのオランダ植民地政庁の政策下で,デサは,しだいに強固な農村共同体として進化を遂げていく.広大な職田の存在に支えられた村の強固な行政制度,ゴトンロヨンと呼ばれる慣習化した無償労働提供,アリサン(頼母子講)を介した多様で密な農村グループの存在など,ジャワの農村共同体の強固さを示す証拠は少なくない[11].

また,ベトナム・紅河デルタでも,東南アジアでは例外的に,強力な結合力をもつ農村共同体がみられる[12].それは,遅くとも黎朝の洪徳期(1470～)から存在が確認されている均田制(村落共有田)と関連しており,時代は下って16-17世紀の動乱期に自治的性格を強めてきた村落共同体が,その後中央権力によって地方行政団体として公認され,18世紀の農業危機のなかで析出される流民群と争いながら結束力を強めていったものとされている(桜井1987).

以上,モンスーン・アジア各地域で「近世」までに成立した「伝統社会」について述べてきたが,補足しておくべき点が二つある.

第一は西欧列強による植民地化との関連についてである.東アジアでは,

---

10) 「当該期ジャワの農村では,上級権力から過重な負担を課せられると,できるだけ耕地を均等化(「共同的保有化」)し,租税＝賦役を負担しうる農民にそれを分配するという慣行があった.オランダは,かかる慣行を巧みに利用して「共同的保有」化によって耕地を均等化＝細分化するとともに,時には非土地保有者にも「共同的保有」地を分配して賦役を負担させ,強制栽培に必要な各種の賦役負担者を大量に創出した」(宮本1993: 115).

11) ただし大鎌邦雄は,1989年の西ジャワ州マジャレンカ県一農村での綿密な調査から,「調査村の集落が,日本の集落のように意志決定機関を持ちその決定を構成員に強制できるような,タイトな関係を持たない」と結論づけ,その理由として,「隣人と親戚のグループというインティメイトな関係が,調査村の農家の基本的な社会関係を構成しているのではないかと思われる.この隣人と親戚のグループを仮に「隣人グループ」と呼ぶなら,それは,集落内の一軒の家を中心とする軒と軒を接する20軒程度の地縁的な関係の農家に,世帯主と配偶者の双方の従兄弟までぐらいの範囲の親戚が加わって構成されている.そして家の建築や冠婚葬祭の際の相互扶助だけでなく,収穫労働や小作関係のような生産的な活動においても相互に依存しあっている関係を持っている.集落は,こうした「隣人グループ」の集積体ではないであろうか.しかし,極端にいえばそれぞれの農家の「隣人グループ」は農家一戸毎に違った構成になっており,居住者全体が集落として一体の関係を取り結ぶ契機になっていない」からだという(大鎌1990: 147).

12) 「一般に東南アジアの村落は,結合の契機が著しく弱い,ルースリー・ストラクチュアードな集団として概観される.このなかで革命以前のベトナム村落,特に北部のそれは中東ジャワとならんで強力な結合力をもつことで知られる」(桜井1987: 3).

「伝統社会」は植民地化とは無関係に成立し，その後も決定的な植民地化の影響を受けずに現代まで達している．西欧から強いインパクトを受けて対応を迫られてきたとはいえ，基本的にはその社会に内在する発展論理にしたがって進化を続けてきたといえよう[13]．これに対し南アジアでは，中世ないし近世までに成立した「伝統社会」は，英領植民地期に大きな変容を余儀なくされた（誤解を恐れず端的にいえば，歪められた）のであり，その傷跡を深く負ったかたちで現代につながっているといえよう．他方，中・東ジャワでは，農村の社会構造自体がオランダ植民政庁の政策下で形成されたふしがあり，その影響はより決定的であったように思われる．最後にベトナム・紅河デルタ農村であるが，強固な農村共同体の形成はフランスによる植民地化（19世紀半ば）以前に終えていたと考えられる．また植民地化の期間がかなり短かったことから，植民地政策の影響はインドネシアや南アジアより軽微だったと考えてよいのではなかろうか．

　第二は[14]，日本と南アジアにおける「強い」国家の形成がそれぞれの「伝統社会」の発展を支え，インフラ（道路網や信用制度，財政制度など）整備を強力に推進し市場経済化による経済発展を実現したと考えられる点である．それはほぼ同じ時期にヨーロッパで成立した財政軍事国家に匹敵するものであり（Brewer＝大久保訳 2003; O'Brien 1993），また中国と東南アジアではそうした国家が成立しなかったことと好対照をなすものであった．日本では，徳川幕藩体制における peace and stability（管理貿易による外圧の規制を含む平和の維持），世界史的にみてもきわめて高い年貢率，それを原資とする都市化と市場経済の発展（年貢米市場や参勤交代の市場効果），貴金属採掘権・鋳造権の独占などが（杉原 2004），村切りによる村請年貢制（本書第9章）と並んで，小農社会の発展とその市場経済化のためのインフラをつくったと解釈できよう．またインドのムガールその他の王朝国家の年貢徴収率もきわめて高く，その後の帝国の衰退，後継国家群の成立，東インド会社の支配という国家の

---

13) もちろん，日本による朝鮮や台湾，満州の植民地化を忘れたわけではない．しかし，たとえば蘭領インドネシアや英領インドと比較すると，植民地化の期間が圧倒的に短く，影響は相対的に小さかったといえよう．
14) 本段落は，杉原薫・京都大学東南アジア研究所教授のご示唆によるところが大きい．

直接的支配力の比較的弱い時代を経て，もう一度植民地財政のもとに編入されたわけであるが，財政収入は一貫して大きい方で，比較的肥沃な土地からの体系的収奪は少なくとも近世からあり (Washbrook 1981; Richards 1993)，それが原資となって道路網や信用制度，財政制度などが整備されたと考えられる．

3 モンスーン・アジアの発展径路 ── 固有性

　長い歴史を振り返るならば，モンスーン・アジアの農業は必ずしも稲作に基盤があったわけではないが，ある時期以降稲作が圧倒的に優勢になったことは間違いない．稲作農業を基盤としコメを主食とするモンスーン・アジアの社会経済的発展は，稲作の生産性水準に強く規定されてきた．

　モンスーン・アジアの発展径路は，世界の他地域とは異なる，ある共通の固有性をもっている．それは作物としての稲，または食料としてのコメの特徴に強く規定されるものであった[15]．第一に，稲作は一定の種籾からとれる産出量が多く，生産効率が高い．反面，生産には水利労働を含む大量の労働投入が必要であり，かつ労働需要の季節性が大きかった．また水稲作では，地力低下が決定的問題にならなかったため，基本的に有畜農業ではなく，しかも休閑やマメ科作物との組み合わせなども不要であった．第二に，コメは小麦など他の穀物に比較して栄養バランスがよく，それだけを消費してもほぼ栄養（とくにタンパク質）が足りた．よって，畜産物と組み合わせて消費するような食文化の発達は妨げられた．

　以上，労働力需要の大きさと人口扶養力の高さの両面から，稲作農業地帯は人口稠密化する傾向があり，おしなべて零細規模経営が卓越することとなった．また，有畜農業ではない，単純な穀作農業（水稲の単作かつ連作）が発展した．なお，労働需要の強い季節性は，零細な経営規模構造とあいまって早い時代から農家副業の発達をうながし (Oshima 1987)，農業機械化の進展した現代では他産業就業との「兼業」をも容易にしている．前掲表8-1で

---

15) 以下の二点についてより詳しくは，持田 (1990) を参照．

観察されたモンスーン・アジアの農村人口率の高さは，以上のような背景をもつものでもある[16]．

モンスーン・アジアにかぎらず，一般に主食穀物の生産性向上なしに工業化の成功はおぼつかない[17]．そのロジックは「リカードの罠」として知られる（速水佑次郎 1995）．主食穀物は，経済発展初期においては最も重要な「賃金財」であり，したがってその生産が需要に追い付かなければ，主食穀物の価格が上昇し賃金率を引き上げざるを得なくなって工業化が挫折する．主食穀物を輸入する選択肢もあるが，経済発展初期段階で一般にその余裕はない．またそれを輸入しないといけないとすれば，工業化に必要な資本財や中間財の輸入が滞り，やはり工業化は挫折する．さらに，一般に大多数の農村住民が生産に従事している主食穀物の生産性が低位にとどまれば，農村は貧困のままとどまり，工業製品やサービスのマーケットが生まれず，販路の不足という点からも工業化が阻害される．以上，逆にいえば，主食穀物の生産性向上に成功すれば工業化への道が拓けてくることになる（もちろん，必要条件ではあっても十分条件ではない）．

「近世」に「小農社会」が誕生した東アジアでは，土地に対する人口圧力の影響を最も強く受けていた．「小農社会」の誕生自身，人口圧力の増大に対する社会の適応という側面を強くもっていた．そしてそのような特徴は，イエとムラ（「自治村落」）が生まれた日本で最も強く存在していた．日本では，18 世紀初頭の耕作フロンティア消滅時点で，耕地面積 284 万町歩から約 3,000 万石のコメ産出量があり，ヘクタール当たり収量（玄米）は 10.8 石（1.62 t）であったが，その後の「勤勉革命」と篤農家による農業技術開発によって，稲作は追加労働投入による土地生産性の上昇径路をたどることになる[18]．ヘクタール当たり収量は 1750 年 11.4 石，1800 年 12.3 石，1850 年 12.8 石（1.92

---

16) 気候条件の厳しいインドでは古くからとくにこの問題，すなわち労働需要における強い季節性が深刻であり，その社会的対応として，非農業従事者を大量に農村に抱え込むような発展をしたのではないかとする議論が有力である（本書終章）．
17) 西欧でも，産業革命に先立って農業革命があったとする議論が有力である（Overton 1996）．
18) 日本における 18 世紀初頭の耕作フロンティア消滅とそれにともなう人口圧力の増大が，いわゆるマルサス・チェックを引き起こさず，むしろボズラップ径路（Boserup 1965）をたどることになった点は，人類史上でもきわめて注目すべき出来事であったといえよう．

t）へ上昇し，明治維新後も，第一次世界大戦ころまでに2tから3t弱まで上昇する．なお，この明治期の収量上昇は，江戸時代に各藩で開発された老農品種が廃藩置県後に全国に広まっていったことを主たる原因とするものであり，水利整備が遅れていた東日本では西日本より少し遅れて収量上昇が達成された（速水佑次郎 1985）．

これに対し，19世紀以降のインドでは，（大きな飢饉・疫病を繰り返しつつも）農地開墾が進み，商品作物の活況もあいまって一定の農業発展がみられたが，第一次世界大戦後になると農業は全くの停滞局面に移行する．コメのヘクタール当たり収量（精米）は，1901年の0.93（現インド地域）〜1.09 t（現バングラデシュ地域）から1941年には0.82（インド）〜0.84 t（バングラデシュ）へ逆に低下してしまう（黒崎 2010）．こうして，日本と南アジアの単位面積当たりコメ収量は，19世紀後半で約2倍，1920-40年代には3倍以上の差がついていたことになる．

次に，両大戦間期以降に目を転じると，日本は，第一次世界大戦後，工業化の進展にともなう食料重要の増加（当時，コメはまだ優等財であった）と供給の停滞局面への移行による食料危機に直面する．1918年のコメ騒動はそのような事態を象徴する事件であった．こうして日本政府は，1920年から「産米増殖計画」をつうじ，植民地の台湾，朝鮮の稲作開発に本腰を入れることになる．その結果，ヘクタール当たり約1.4tだった台湾，朝鮮の稲収量（玄米換算）は，1930年代半ばまでに2t近くまで急上昇する．ただし，稲作技術の「移植」の成否はやはり水利条件に決定的に左右され，とくに朝鮮では水利への投資効果があらわれるまで一定のラグをともなった（速水佑次郎 1985）．

一方，日本内地では，1926年の農林省指定試験制度を基盤にして，近代農学に基づく稲作技術開発が開始されるが，その成果は第二次世界大戦後までもち越されることになる．戦後，稲収量は急激な上昇を経験し，1960年ころまでには5t弱まで達する（表8-2）．韓国の稲収量もそれに追随した．ジャポニカ米における以上のような技術の蓄積を利用し，1960年代以降，中国

表 8-2 モンスーン・アジア域内の国別のコメ収量

(単位：kg/ha, 精米換算)

	1961年	1965年	1970年	1975年	1980年	1985年	1990年	1995年	2000年	2005年	2009年
日本	4,879	4,989	5,635	6,187	5,128	6,225	6,328	6,343	6,702	6,648	6,522
韓国	4,307	3,969	4,392	4,502	4,071	3,276	3,000	3,464	3,159	4,428	4,105
香港	—	—	—	—	—	—	—	—	—	—	—
シンガポール	—	—	—	—	—	—	—	—	—	—	—
ブルネイ	1,731	1,174	1,962	2,718	1,380	1,239	1,550	1,639	650	873	1,291
マレーシア	2,109	2,158	2,386	2,661	2,852	2,665	2,769	3,162	3,064	3,422	3,733
中国	2,079	2,967	3,416	3,528	4,143	5,250	5,717	6,021	6,264	6,253	6,582
スリランカ	1,863	1,770	2,248	1,933	2,590	3,078	3,064	3,159	3,437	3,547	3,737
タイ	1,658	1,781	2,021	1,831	1,889	2,061	1,956	2,416	2,613	2,963	2,870
フィリピン	1,230	1,310	1,746	1,664	2,211	2,588	2,989	2,804	3,068	3,588	3,589
インドネシア	1,762	1,771	2,376	2,630	3,293	3,942	4,302	4,389	4,401	4,574	4,999
ベトナム	1,897	1,941	2,153	2,120	2,080	2,776	3,181	3,690	4,243	4,889	5,228
インド	1,542	1,294	1,685	1,858	2,000	2,329	2,612	2,697	2,851	3,154	3,195
ラオス	871	808	1,359	1,338	1,439	2,103	2,294	2,532	3,061	3,489	3,603
カンボジア	1,092	1,067	1,590	1,200	1,192	1,250	1,348	1,792	2,115	2,479	2,854
バングラデシュ	1,700	1,683	1,686	1,853	2,020	2,169	2,566	2,653	3,484	3,781	4,203
ミャンマー	1,607	1,661	1,697	1,831	2,774	3,072	2,935	2,977	3,383	3,749	4,085
ネパール	1,938	1,986	1,949	2,074	1,932	2,016	2,407	2,391	2,703	2,782	2,907
ブータン	2,000	2,000	2,000	2,000	2,000	1,938	2,098	1,667	1,704	2,690	2,799

註：国の順番は，HDI 指数の高い国から低い国．ただしブータンは番号外．
出典：FAOSTAT.

でも稲収量の急速な上昇が達成されることになった (表 8-2)[19]．

これに対して，熱帯アジアのインディカ米産地では，1960 年代半ば以降，いわゆる「緑の革命」による稲収量の急速な上昇を経験することになる．稲作の「緑の革命」を種子開発で先導したのはフィリピンに置かれた国際稲研究所 (International Rice Research Institute; IRRI) であったが，たとえばミラクル・ライスとして有名な IR-8 は日本が台湾で開発した品種を片親とする交配種であり，日本の育種研究の蓄積が大いに役立った点は記憶しておくべきであろう．また，IRRI を中心に開発された高収量性品種 (HYV) の成功の鍵は，やはり安定した水利条件の創出にあり，しかも市場経済への対応の意味から

---

[19] 人民公社による農業集団化時代の中国では，労働力の徴発による水利工事が盛んに行われたが，それが改良品種の導入にとって決定的に有利に働いた．中国では長い間，県レベルまでしか国家支配が及ばない体制が続いてきたが，県の下に保－甲の行政組織が保甲制として創出されたのはようやく 1933 年になってからのことであり，それが人民公社体制までつながっていく（鄭 2009）．

は，道路，市場(いちば)，電化などの農村インフラ整備も重要であった．この点で日本やアジア開発銀行，世界銀行など国際金融機関が果たした役割は，非常に大きかった．

　稲作の「緑の革命」において，フィリピン，インドネシア，スリランカなどの島嶼部がまず先陣を切った．それは，第一に同地域が植民地期に商品作物への特化が進展した地域であり，コメ自給が緊急の課題であったこと，第二に島嶼部ゆえの箱庭的な地形条件が水利整備を容易にしたこと，の二点によるものであった．1980年代以降になると，一大稲作地帯であるバングラデシュやインド東部でも，管井戸の普及にともなって「緑の革命」が急進展し，さらに東南アジア大陸部でも，デルタ環境に適した優良品種の開発が進んだ結果，生産性の上昇が進んだ．

　ところで，モンスーン・アジアの生態環境は，稲作一つにしぼったとしても非常に多様である．高谷によると，稲作の「中心域」に限定しても，少なくとも，灌漑移植型稲作（日本，揚子江流域），散播中耕型稲作（インドのオリッサ州からバングラデシュ一帯），浮稲型稲作（タイのチャオプラヤー・デルタ），焼畑型稲作（東南アジア大陸山地部，インドネシアの外島）の四つの類型があった（高谷 1987）[20]．しかし高谷も認めるように，第二次世界大戦後のモンスーン・アジアでの新たな稲作の展開は，総じて灌漑移植型稲作の拡大であった[21]．表8-2に示されている稲収量の地域間の「収束」は，そうした動きを反映するものと考えてよいであろう[22]．

　ここで筆者の提唱する「モンスーン・アジア型発展径路」とは，品種改良および水利工事を中心とする農村インフラ整備によって稲作の生産性向上が

---

20) 稲作の「周辺域」に目を向けると，中国の「華北型散播周辺区」，インドの「アッサム型直播周辺区」，「カシミール型周辺区」，ジャワ島の「ジャワ高度利用区」などがあった（高谷 1987: 55）．
21) ただし高谷は，灌漑移植型稲作の拡大というやや単調な動きが大陸部でみられるのに対し，島嶼部では文化史的にも興味深いもの（たとえば無耕起移植田の拡大）を含んでいるとしている．
22) なお表8-2をみると，「緑の革命」が過去のみならず，現在もまだ進行中の現象であることがよくわかる．たとえば1990年代以降に注目すると，「後発国」のベトナム（2009年収量/1990年収量＝1.64倍），カンボジア（2.11倍），ラオス（1.57倍）のみならず，バングラデシュ（1.64倍），タイ（1.47倍），マレーシア（1.35倍）などでも収量の大幅増が達成されている．なお，ミャンマーも数字上は大幅な収量増となっているが，これは統計操作の可能性が高い．

まず達成され，その基盤の上に，次に国内市場に向けた（輸入代替）工業化が進展し，さらに工業製品の輸出拡大による発展が続くというものである．工業化は総じて労働集約的工業化であり，モンスーン・アジアの人口稠密性，および食料生産部門における技術革新の成功を背景にした低賃金を一つの武器とするものであった[23]．また，工業化に必要な技術は，西洋（とくにアメリカ）からの技術移転に支えられつつも，同時に域内の先発国から後発国への直接投資をつうじて行われ，先発国は比較劣位化した工業部門を後発国に移転しつつ，自らはより高度な工業部門へシフトし，結果として波状的な「雁行形態」の発展をともなうものであった（Akamatsu 1962）．このような径路を典型的にたどってきた国として，日本，台湾，韓国，マレーシア，タイ，インドネシア，中国，ベトナム，バングラデシュなどが挙げられる[24]．

ただし，モンスーン・アジアの「労働集約型工業化」，とくに先導的役割を果たした日本や中国の一部ではそれを可能にした重要な条件が存在していた．「勤勉革命」を経た地域（その背景に日本の「自治村落」をはじめとする東アジアの「小農社会」の存在があったことは繰り返すまでもない）における農村労働力の質の高さがそれである．それは，西洋の技術の高い受容力を生み，大量生産や近代的な制度への対応を可能にした．工業化の全体が労働集約型

---

[23]（市場為替レートで評価されたドル建の）名目賃金が低くても労働者が高い生活水準を享受できるためには，物価が低くなければならない．したがって低賃金を武器にするためには，食料生産部門の技術革新を行い，よって物価を低く維持する必要がある．食料生産部門の技術革新に成功したモンスーン・アジアと成功しなかった中南米やサハラ以南アフリカの差は，前掲表8-1の「市場為替レート表示のGDP」の対「購買力平価（PPP）表示のGDP」比率（同指標は，ごく単純にいえばその地域の物価がアメリカ合衆国の物価の何％の水準にあるかを示す）に端的に表現されるものである．その比率は，南アジア（35.4％）が群を抜いて低く，東アジア・大洋州（54.3％），サハラ以南アフリカ（58.2％）が続き，アラブ（69.5％），欧州・中央アジア（70.4％）南米・カリブ海諸国（70.5％）を大きく引き離していることがわかる．同比率が低いほど物価が低く，名目賃金が低くても労働者が高い生活水準を享受できることを意味する．

[24] やや異質なのがインドである．インドの経済成長の原動力は（輸出志向型）製造業ではなく，IT産業などの知識集約型産業である．インドでも労働集約型工業が一定の発展を遂げたということはできるが（Roy 1998; 杉原 2003），輸出志向型でなく内需依存型であった点で，筆者はその異質性を強調したい．第二次世界大戦後のインドの製造業が国際競争力を十分にもつことに失敗した最大の理由は工場労働者の権利保護が異常なまでに強く行われた点にある．「社会主義型社会」をめざした独立後のインド政府が，そのような政策を強力に推進するにいたった径路依存的要因として，そこで形成された強い階層社会としての「伝統社会」を挙げることは，あながち見当はずれではないといえるのではないだろうか．

径路に編成される過程では，プロト工業化地域の大部分が没落しごくわずかの地域だけが再生したが，その工業化地域が伝統産業の産地を引っ張り，危機をくぐり抜けたのである．それは稲作の追加労働投入による収量増大，それにともなう工業化への基盤形成過程に匹敵するくらいの「飛躍」であったと評価することができよう (Sugihara 2007).

以上のようなモンスーン・アジアの「成功」は，中南米やサハラ以南アフリカの「失敗」の経験と比較するとより明快となろう．寺西は，貿易政策上はアジアも中南米，サハラ以南アフリカも等しく農業搾取的であったが，アジアではそれを打ち消す方向での農村インフラ（分割不可能なインプット）投資が政府によって行われ，その結果，農業が発展し，その後それを基盤にして工業化を達成していったとする（寺西 1995）．またそれは，農村インフラ投資を欠いた中南米やサハラ以南アフリカで農業が疲弊し，とくに中南米では農村から都市への大量の人口移動が誘発され，都市貧困層の滞留を結果したのとは対照的であったという．そこでは，農村に広範に成立した大規模農場（アシェンダ制）という歴史径路依存が，農村人口の都市流入と都市貧困人口の滞留，それを票田として利用するポピュリズム政治といった一般状況を生み出したといえよう．そこでは，農業の発展（「緑の革命」はモンスーン・アジアほどではないが，サハラ以南アフリカよりは普及した）が大衆の所得向上に結び付かないような構造が早くからあり[25]，それがモンスーン・アジアとの違いを生み出した最も重要な点だと考えられる．

また，サハラ以南アフリカの問題は，そのあまりに厳しい生態環境条件である．半乾燥気候下にあるデカン高原や南インドでもアフリカよりは随分と容易な環境であり，ため池灌漑により稲収量がヘクタール当たり4tから5t（籾重）に達している地域もある．サハラ以南アフリカがいまだ「緑の革命」の恩恵に浴することができないおもな理由はそこにあり，1980年代に「緑の革命」を達成した南アジアとの間で，その後全く異なる発展径路を歩むようになっている[26]．アフリカではあまりに大きな生存リスクへの対応の必要

---

[25] スペイン植民地下で早くから大地主制の発達したフィリピンは，やや中南米型に近いのではなかろうか．
[26] サハラ以南アフリカおよびインドとの対比は，拙稿 (Fujita 2010) を参照．

から，相互扶助の網の目が張りめぐらされた農村社会が生まれ，そして「緑の革命」的技術革新の欠如のもとで工業化が強く阻害されたまま，最近，都市への人口移動と都市貧困層の増大が急速に進みつつあるといえよう．

4 モンスーン・アジアの多様性

　中南米やサハラ以南アフリカとの比較では，モンスーン・アジアはかなり共通した特徴をもち，似たような発展径路をたどってきた．しかしモンスーン・アジアのなかの多様性もまた大きい．いうまでもなく，一つは域内の大きな経済発展格差であり，それは稲作改良から工業化へと進む同じ発展径路のなかにおける進展時期の差に多分に起因するものである．しかしここではその点はひとまず措き，一定の発展を遂げて低所得国からは脱したものの，先進国の仲間入りをするだけの成長力は望めないような国々の問題，すなわち最近「中進国の罠」(middle income trap) として議論されている問題を取り上げてみたい．

　「中進国の罠」に陥った国の典型例として一般に語られるのは，罠に陥らなかった韓国との対比でブラジルや南アフリカなどである (Asian Development Bank 2011)．私見では，ある国が「中進国の罠」に陥ることになる根本的原因の一つは，中小企業や農業といった伝統部門の「近代化」が一定以上に進展しないことである．そして，伝統部門の近代化を阻止する一つの重要な要因は，金融市場の機能不全，端的には農業や中小企業で高金利や与信不足がいつまでも解消されないという点にあるのではないかと考えている．

　東南アジア，南アジアで「緑の革命」が進展していく過程で，政府による「上からの」しばしば補助金付きの低利の資金注入政策が行われ，それが無残な失敗に終わったことはよく知られている．返済率が低く金融制度が持続性を確保できなかったこと，資金配分が上層農へ偏っていたことの二点がおもな原因であった (泉田・万木 1990)．こうした状況に対するアンチ・テーゼとして，1980年代になると金融自由化論が盛んになる．「上からの」資金注入に代わり，金利を上げて貯蓄を動員しそれを貸し付けて回収するという本

来の資金仲介としての金融のあり方が見直された．一方，このころからマイクロクレジット（マイクロファイナンス）も脚光を浴びるようになる．

荏開津によると，政府による「上からの」資金注入を重視した金融，資金仲介機能を重視した金融はそれぞれ，FF (Farm Finance) 理論，RFM (Rural Financial Market) 理論に基づく金融と呼ばれて区別される (Egaitsu 1988)．その整理にしたがえば，主流派（新古典派）経済学の理論上，および発展途上世界の現実への適合性という点では，FF 理論よりも RFM 理論に軍配が上がっている．しかし問題は，日本の歴史的経験に照らせば FF 理論に基づくような農村金融政策もかなり成功を収めたにもかかわらず，なぜ現代の発展途上世界では失敗に帰したのかという点であろう．「自治村落論」を提唱した齋藤仁は，じつはこの問題を考える過程で東南アジアや南アジアとの対比で日本の村落の特殊性を再認識し，「自治村落論」として理論化したという経緯がある．以下では，齋藤が「自治村落論」を打ち立てた以降に生じた発展途上世界における金融上の新たな展開，つまりマイクロクレジットの普及や東北タイ，ラオスなどでの農村信用組合の発展などをふまえたうえで，齋藤の議論をさらに深めてみたい．

日本の産業組合（農協）の前身たる初期信用組合は，明治以降，「自治村落」としての部落（藩政村）を基盤として生まれ（齋藤仁 1989），部落の重立（地主）が部落構成員の没落を防止し，部落を部落として維持するための相互金融制度であった．1900 年には産業組合法によって制度化され，全国各地で組織化が進む．貸出原資になる出資金や貯金の多くは，とくに初期段階においては地主層が負担した．資金不足を補うため外部から資金を借りなければならない際には，地主が自分の名義で借りてくることが多かった．組合の管理運営も地主が無報酬で行うことが一般的であった．こうした地主の行動は，「自治村落」の重立としての行動にほかならなかった (坂根 2011b)．

こうして産業組合は，設立時の困難を乗り越えてしだいに軌道に乗り，ついには貯金が貸出金を上回るようになる．概して，近畿は産業組合発展の先進地域，東北は後進地域，関東・東山は中間地域であったが，最後まで貯貸率が 100％を超える「借金組合」であった東北の産業組合も，1930 年代末にはそれが解消されていく（大門 2006）．産業組合が「借金組合」であった

間，政府は，産業組合を受け皿として勧業銀行・農工銀行や産業組合中央金庫（現在の農林中央金庫）をつうじた低利融資を行った．こうした「上からの」資金注入も，産業組合の基盤があったがゆえに，低い返済率や上層農への資金配分の偏りといった，第二次世界大戦後に発展途上国が直面した問題とは一般に無縁であった．

ここで注意を喚起しておくならば，低い返済率の問題は，多くの場合，返済意思の欠如と関連している．発展途上世界が直面した問題はまさにこの意図的債務不履行の問題であり，「自治村落」を基盤とし，国家との間で「双務的関係」を長い間維持してきた日本の農民にとって，意図的債務不履行などということは夢にも考えられなかったに違いない．

産業組合は，日本によって植民地支配が行われた台湾（農会）や朝鮮（金融組合）にもち込まれた．総じて台湾や朝鮮の組合は，日本に比較すれば官製組織としての性格が色濃く，相互金融組織としての基盤は弱いが，にもかかわらずまずまず機能したと評価されている（松本 2011）[27]．一方，民国期の中国には「合作社」が組織されたが，貯金（受信機能）がなくもっぱら農工銀行などからの政府低利融資の受け皿であった（飯塚 2011）．こうした東アジアにおける信用組合のパフォーマンスの違いについて，坂根は，朝鮮にも中国にも日本の「自治村落」に相当するような強固な地縁的共同体が欠けていたからだとしている（坂根 2011a）[28]．

他方，英領インドでも戦前，協同（信用）組合が導入される．しかし，多くは手織工組合など職能別組合であり，それはカースト集団によって分断されたインドの農村社会構造を強く反映するものであった．また多くの組合は，資金返済が滞って機能不全に陥った．東南アジアでも，20 世紀初頭から，農業開発の手段としてさまざまな手法で小農に対する融資が始まったが，総

[27) 泉田と万木は，戦後のフィリピン，タイ，マレーシア，スリランカ，パキスタン，台湾を対象に農協の国際比較を行ったが，台湾はこれらの国々のなかでは例外的にパフォーマンスがよいとされている点が注目される．戦前期，日本との比較では官製的性格が強いとされた台湾も，東南アジア，南アジアとの対比では良好だという（泉田・万木 1990）．
28) また坂根は，朝鮮，台湾，樺太，南洋諸島，沖縄の産業組合のパフォーマンスの検討をつうじて，日本内地の「自治村落」との比較で各地域にどのような農村社会が発達したかを明らかにしようとした（坂根 2010）．

じて不成功に終わった[29]．たとえばインドネシアでは，ドイツのライファイゼン型信用組合運動の影響を受け，協同組合原則に基づく米穀銀行が設立されたが，「強力なリーダーが不在」であったため，村長や銀行役員の不正が頻繁に生じて挫折し，結局はオランダ政庁の監督下に置かなければならなかった（Fruin 1999）．一方で，第二次世界大戦後，とくに「緑の革命」の普及を支援する目的で東南アジア，南アジアへの協同組合設立の動きが再び活発化するが，その多くが期待外れに終わったことは既述のとおりである[30],[31]．

東南アジアや南アジアと，日本（東アジア）との違いは何か．比較史的にいえば，村の支配層である地主の行動の違いが重要であると思われる．既述のように，日本の地主は，一般に基盤がまだ脆弱な初期信用組合のために出資や貯金をし，かつ組合の管理運営のために無償で「誠実に」働いた．しかし，東南アジアや南アジアの地主は，一般に組合を私物化し，組合を受け皿として下りてくる政府低利融資を独占し，しかもそれを意図的に返済しなかった張本人であった（齋藤仁 1989; 滝川・齋藤 1973）．「自治村落」を背負った地主とそうでない地主の行動の差が如実にあらわれたといってよいのではなかろうか．

1980年代の新古典派経済学の復興とそれに基づく金融自由化は，以上のコンテキストで理解すべきであろう[32]．また，1980年代半ばころから南アジアを中心に急速に普及するマイクロクレジットは，同じ事態に対する別の反応であった．南アジアの貧困はより深刻であり，金融自由化に耐えることができなかったのである．農村内の経済的・社会的階層差の大きい南アジアで

---

29) フィリピンの農業銀行設立（1908年）（滝川 1973），インドネシアのジャワ・マドゥラ全域に設置された米穀銀行，村落銀行，庶民銀行など庶民金融制度（20世紀初頭）（加納 1973），マレーシアの協同信用組合設立（1922年）（堀井 1973）など．
30) ベトナム・紅河デルタの農村は，例外的に，政府による「上からの」資金注入政策がかなりの成功を収めている事例である．そこでは，すべての集落に張りめぐらされた大衆翼賛組織である婦人組合，農民組合などが資金配分の調整を担い，また返済率も非常に良好であり（泉田 1999; Okae 2010），東アジアに近いパフォーマンスがみられる．紅河デルタの農民の勤勉さには驚くべきものがあり，その意味でも「勤勉革命」を経た東アジアに似ているのではないだろうか．
31) ベトナムとは別の意味でのもう一つの例外は，農業・農業協同組合銀行（BAAC）による制度的金融の農村への浸透に成功したタイである．
32) インドネシアの庶民銀行（BRI）は，金融自由化政策にしたがった典型例であった．

は村ぐるみの組織化は困難であり，貧困層のみの「ターゲット・アプローチ」によるマイクロクレジットが適合的であった．ただし「成功」を収めたマイクロクレジットは，その後東南アジアなどにも導入され，急速に普及していく．

以上のような経緯があって，モンスーン・アジアを含む発展途上世界では，銀行にアクセスできる一部の恵まれた人々を除き，月利にして2％から3％（あるいはそれ以上）に達するかなりの高金利がいつまでも解消しないという状況が蔓延することになったといえよう．それは，日本をはじめ東アジアで戦前期から年利10％前後の低金利が支配的であったことと好対照をなすものである．金融自由化政策は，金利を上げて貯蓄を動員することに一つの眼目があったので，金利の上昇はむしろ歓迎されるべきことであった．マイクロクレジットの弱点は管理コストの高さにあり，したがってマイクロクレジットの自立性（商業化）が強調される昨今，借り手の負担する金利が高くなるのはやむを得ないものとされている．

最後に，1990年代から東北タイ，ついでラオスで組織されている農村信用組合を取り上げて，これまでの議論を補足しておこう．東北タイ，ラオスの農村は，比較的経営規模が揃った自作農を主体としており，大地主や小作農，土地なし農業労働者は稀な存在である．こういう特徴を有するラオスのヴィエンチャン特別市では，1997年ころから農村信用組合の組織化が始まった．一つの村（*Ban*）に一つの信用組合が組織され，組合員は毎月一定額（50セントから1ドル）の貯金を義務付けられている．集まった資金は希望する組合員に月利3％から4％で貸し出され，金利収入の70％が預金者に配当として還元される仕組みである．ここでも貸付金の高金利が常態となっているが，その原因は，第一に農村信用組合の管理運営を担う女性役員に十分な金銭的報酬を与える必要があったこと（彼女らへの報酬は利子収入に対する一定比率で支払われている），また金利を高くしないと預金者への配当率も低くなり，預金者の預金インセンティブが低下するおそれがあったことである．これらの問題は，日本の産業組合もその設立当初直面したものであったが，既述のように地主が負担をすることで乗り切ったのであり，そのような地主を欠いたラオスでは，資金の借り手にコストを転嫁するしかなかったと解釈さ

れるであろう．

　以上本節では，今後「中進国の罠」に陥る危険のあるモンスーン・アジアの国々が抱える問題の一つとして，伝統部門（農業および中小企業）の「近代化」を阻む要因としての金融市場の機能不全について論じてきた．「中進国の罠」については，工業化に焦点をあてて技術，労働，国家，対外関係などの要因が指摘されることが多いが，「伝統社会」の対応の多様性を照らし出すには本節のような視点も重要ではないだろうか．

5　結論に代えて ── モンスーン・アジアが抱える問題と展望

　最後に，モンスーン・アジアが現在抱えている問題，とりわけ「モンスーン・アジア型発展径路」の先頭を走っている日本，韓国などが端的に直面している問題群を歴史的径路依存に着目する本章の立場から検討し，今後の展望，および人類社会にとっての「モンスーン・アジア型発展径路」の現代的意義について総括することにしよう．

　第一に取り上げたい点は，農業問題である．モンスーン・アジアが抱える一つの深刻な問題（東アジアが先取りしていると考えられる）は農業問題，とりわけ穀作農業に国際競争力がないために生じている貿易摩擦問題である．モンスーン・アジアの問題は，厳しい土地資源の制約に直面する農村と，そこから輩出された勤勉で優秀な労働力の投下による強い国際競争力をもつ輸出工業部門とがあいまって，土地利用型の穀作農業の比較劣位化が不可避であったと思われることである[33]．いち早くその問題に直面した日本や韓国では，大多数の農家の低所得問題は，農産物価格支持政策および兼業化（日本）や都市への移動（韓国）で一応の解決をみた．しかし問題は，工業製品輸出

---

33) 叶は，農業は技術革新により国際競争力を高めることが可能という意味では他産業と区別する理由はなく，むしろ先進国でこそ高度な農業技術の開発が可能であり，農業は先進国型産業であると主張し（叶 1982），農産物輸入自由化推進派の理論的バックボーンとなった．しかし，この理屈には一面の真理が含まれているとはいえ，いわゆる土地利用型の作目については，その国際競争力が土地資源の賦存量に決定的に依存していることは明らかであり，理論的にも，資本，労働に土地を加えた3要素モデルへの国際貿易理論の拡張によって裏打ちされている（金田 2001）．

というモンスーン・アジア経済のいわば生命線を守るために不可避であった農産物輸入の自由化が,「過度の」食料自給率低下を招いていること,また農村の過疎化・高齢化を進展させ,国土保全上の問題を惹起していることである.さらにいえば,西欧などとの比較では,都市と農村の調和的関係が構築できず,都市住民,農村住民ともに生活の質 (Quality of Life; QOL) の低さに悩んでいると思われる点である.

　日本では,農業の比較劣位化が進行するなかで,ますます多くの資金が農村インフラ整備に投下されてきた[34].その結果,農村はかなり快適な居住空間となった.しかし若者の農村離れは非可逆的に進んだ.その背景には,農業の低所得や農村での就業機会不足といった経済問題のみならず,日本のイエやムラ(「自治村落」)の伝統が過度に個人の行動の自由を束縛してきたというような社会的な問題が重要であったといえるのではなかろうか.農家の親が娘を農家に嫁がせて苦労させたくないと考えている,などという笑い話にもならないエピソードはその一端を示すものである.その意味で,日本をはじめ東アジアで近世以来続いてきた「伝統社会」のあり方が根本から問われているのである.

　第二に取り上げたい問題は,少子高齢化の進展からくる深刻な問題である.現在,合計特殊出生率 (Total Fertility Rate; TFR) が1.3ないしそれ以下まで落ち込んだ日本,韓国,香港,シンガポールを筆頭に,モンスーン・アジアでは猛烈な少子化が進展しつつある(表8-3).中国,タイでもTFRは2.0を下回り,インドネシア,ベトナム,ブルネイでも急速な低下の結果,2.0まで落ち込んでいる.

　TFRが1.3以下という極端な低水準は,欧米先進国でもドイツや一時期のイタリア,スペインなどを除いて存在しない(表8-4).現在,多くの欧米先進国ではTFRは1.9から2.0の水準で落ち着いている.人間開発指数 (Human Development Index; HDI) が中国やタイよりもはるかに悪い中南米諸国(ブラジルを除く)でも,TFRは2.0をかなり上回る水準にある.なぜモンスーン・

---

34) ただし,日本の補助金農政は,国家と村落の「双務的関係」の伝統を反映して,地元負担分をともなうものであり,水利事業や農業施設の導入事業などでは農家にその負担が重くのしかかってきたという側面も無視してはならない.

第8章　モンスーン・アジアの発展径路

表8-3　モンスーン・アジア域内の国別の若干の指標

	HDI順位	人口(100万,2010年)	都市人口率(%)		1人当たりGDP(US$,2008年)	同成長率(%,1970-2008)	輸出(2006年)			TFR	
			1990年	2010年			金額(100万US$)	製品輸出率(%)	ハイテク製品輸出率(%)	1990-95	2010-15
日本	11	127.0	63.1	66.8	38,455	2.1	647,137	92	22	1.5	1.3
韓国	12	48.5	73.8	83.0	19,115	5.6	325,681	91	32	1.7	1.3
香港	21	7.1	99.5	100.0	30,863	4.6	322,664	96	34	1.3	1.0
シンガポール	27	4.8	100.0	100.0	37,597	5.0	271,772	81	57	1.8	1.3
ブルネイ	37	0.4	65.8	75.7	NA	0.2	NA	NA	NA	3.1	2.0
マレーシア	57	27.9	49.8	72.2	8,209	4.4	160,556	75	55	3.5	2.4
中国	89	1,354.1	26.4	47.0	3,267	7.9	969,073	92	31	2.0	1.8
スリランカ	91	20.4	18.6	14.3	2,013	3.4	6,860	70	1	2.5	2.2
タイ	92	68.1	29.4	34.0	4,043	4.4	130,575	77	27	2.1	1.9
フィリピン	97	93.6	48.6	48.9	1,847	1.4	47,028	78	22	4.1	2.9
インドネシア	108	232.5	30.6	44.3	2,246	4.3	103,964	47	16	2.9	2.0
ベトナム	113	89.0	20.3	30.4	1,051	4.2	39,605	53	6	3.3	2.0
インド	119	1,214.5	25.5	30.0	1,017	3.6	120,168	70	5	2.9	2.5
ラオス	122	6.4	15.4	33.2	893	3.4	980	0	0	5.8	3.2
カンボジア	124	15.1	12.6	20.1	711	1.9	3,770	97	0	5.6	2.7
バングラデシュ	129	164.4	19.8	28.1	497	1.8	12,050	90	0	4.0	2.2
ミャンマー	132	50.5	24.7	33.7	NA	NA	NA	NA	NA	3.1	2.2
ネパール	138	29.9	8.9	18.6	438	1.7	760	74	0	4.9	2.7
ブータン	番外	0.7	16.4	34.7	1,869	4.5	NA	NA	NA	5.4	2.4

註：国の順番は，HDIの高い国から低い国．ただしブータンは番号外．
出典：UNDP, *Human Development Report 2010*, 2010; World Bank, *World Development Report 2008*, 2007.

アジアで少子化があまりに急激に進展しているのか，筆者にはここにも一定の径路依存的要因が作用しているように感じられる[35]．第一に，相対的に人口稠密なので土地が狭小であり，したがってとくに都市では住宅も狭く，多くの子どもをもつことができないでいること．第二に，輸出工業化の進展にともない，それを労働力面で支える子弟の高等教育費の高さに耐えかねて，少数の子どもを産み高等教育を施すしか選択肢がなくなったこと．その背景に，教育を媒介とした有利な就職に対するきわめて激しい競争があることはいうまでもない．この高等教育を媒介とした厳しい就職戦線は，じつはモンスーン・アジアの経済の活力の源にほかならないといえるが，結果的にはそ

---

35) ただし，現段階では粗い仮説としてのみ提示しておきたい．少子化は，何よりも家族制度とその変容のあり方に強く影響され，多様な家族制度を含むモンスーン・アジアを同じものとして論ずるのは乱暴だからである．

表 8-4 世界の主要国の TFR

	HDI 順位	TFR 1990-95	TFR 2010-15		HDI 順位	TFR 1990-95	TFR 2010-15
ノルウェイ	1	1.9	1.9	チリ	45	2.6	1.9
オーストラリア	2	1.9	1.9	アルゼンチン	46	2.9	2.2
ニュージーランド	3	2.1	2.0	ウルグアイ	52	2.5	2.0
USA	4	2.0	2.0	パナマ	54	2.9	2.4
アイルランド	5	2.0	1.9	メキシコ	56	3.2	2.0
オランダ	7	1.6	1.8	ペルー	63	3.6	2.4
カナダ	8	1.7	1.6	ロシア	65	1.6	1.5
スウェーデン	9	2.0	1.9	ウクライナ	69	1.6	1.5
ドイツ	10	1.3	1.3	ブラジル	73	2.6	1.7
スイス	13	1.5	1.5	ベネズエラ	75	3.3	2.4
フランス	14	1.7	1.9	エクアドル	77	3.4	2.4
イスラエル	15	2.9	2.6	コロンビア	79	3.0	2.3
フィンランド	16	1.8	1.9	トルコ	83	2.9	2.1
アイスランド	17	2.2	2.1	パラグアイ	96	4.3	2.8
ベルギー	18	1.6	1.8	エジプト	101	3.9	2.7
デンマーク	19	1.8	1.9	ウズベキスタン	102	3.9	2.2
スペイン	20	1.3	1.6	南アフリカ	110	3.3	2.4
ギリシャ	22	1.4	1.4	モロッコ	114	3.7	2.3
イタリア	23	1.3	1.4	ケニア	128	5.6	4.5
ルクセンブルグ	24	1.7	1.7	ガーナ	130	5.3	4.0
オーストリア	25	1.5	1.4	カメルーン	131	5.7	4.2
イギリス	26	1.8	1.9	タンザニア	148	6.1	5.3
チェコ	28	1.7	1.5	ザンビア	150	6.3	5.3

出典：UNDP, *Human Development Report 2010*, 2010.

れが少子化の大きな原因になったと仮説化できる．第三に，「伝統社会」（東アジアと南アジア）で家庭内に閉じ込められていた女性が急速に高学歴化し社会進出を果たしたため，託児施設の建設も遅れがちとなり，子どもをもつ「コスト」が急激に高くなったこと．なお，南アジアでは少子化はいまだ深刻な問題になるにいたっていないが，女性の社会的地位が東アジア以上に低い点を考慮すれば，それが開放されると一気に少子化が進む可能性は否定できないであろう．

　以上，モンスーン・アジアが現在直面する問題（とくに「雁行形態」の先頭をいく日本，韓国などで鮮明になっている問題）を二つ取り上げて検討したが，二つの問題がじつは密接に関連していることに気がつくであろう．両者とも

「生活の質」に関わっており，また問題のよって来る究極の原因が，いずれも「モンスーン・アジア型発展径路」の径路依存に関係すると仮説的に考えられるからである．より具体的にいえば，世界（とくにアメリカ市場）に対する洪水のような工業製品輸出，および土地の狭小性に規定された穀作農業の極端な比較劣位化があいまって，歪な都市・農村関係が成立し，そのため都市住民，農村住民ともに生活に「豊かさ」を実感できなくなっていること．都市では熾烈な国際競争に打ち克つため，猛烈な勤勉さを持続することを要求されて長時間労働が常態化し，子どもを産み育てる家庭環境を破壊してきたこと．また農村に住み続けている親世代からの労働支援を受けることができず，それが子どもを産み育てる女性に過重な負担を強い，少子化の一つの大きな要因になってきたこと．換言すれば，いかに健康な都市・農村関係を（再）構築することができるか，これが問題の少なくとも一つの核心といえるのである．

もとより，新たな都市・農村関係の構築を構想するのはそう容易なことではない．

まず，「崩壊」の危機に瀕した日本農業について若干みておきたい．生源寺によれば，日本農業は，(1) 他産業並みの収益力を有する農業経営の育った付加価値型農業，(2) 規模拡大によって専業農家中心の農業構造の形成された北海道の土地利用型農業，(3) 兼業農家中心の脆弱な構造の定着した都府県の土地利用型農業の三つのタイプがあり，このうち農政最大の問題は第三の都府県の土地利用型農業，とりわけ水田農業の再建である（生源寺 2008）．問題は，1990 年代ころから（正確にいえば 1986 年をピークとして）農業生産が後退の局面に入り[36]，現在にいたっては，昭和一桁世代のリタイアによって，ある種の安定状態にあるかにみえた兼業農家すらも，持続するポテンシャルを急速に失いつつあり（生源寺 2008: 12-13），水田農業再建のための起死回生的な特効薬など，そう簡単には見つかりそうにないという点であ

---

[36] 農業が絶対的な後退局面に入った 1990 年代以降の時期といえば，日本経済が「失われた 20 年」を経験してきた時期と一致するわけであり，若年層を中心に所得が伸び悩み，または実質的には低下すら余儀なくされてきたなかで，日本人は急速に心のゆとりを失い，少子高齢化の進展を考慮すれば不可避であるはずの税負担の増加にも強い拒否反応を示し，近世以来伝統的に培われてきた国家との「双務的関係」を維持する心性も忘れてしまったかにみえる．

ろう.

　しかし，逆にいえば，昭和一桁世代のリタイアによる兼業農家の崩壊は，新しい時代の幕開けともなり得るものであろう．日本が生んだ偉大な農政学者の一人東畑精一は，「ある問題の解決とは他に問題を転がすことだ」ということを常々口にしていたという（原 2006）が，逆にいえば，問題解決に失敗した（または対応が追いつかなかった）エア・ポケットには，大きなビジネス・チャンスが生まれうるものではなかろうか．その際重要なのは，第一にこれまでの保護農政とそこにまとわりついた既得権益のしがらみは極力それを振り払い，国際社会に通用する力強い農業を育てていくことである[37]．しかし第二にモンスーン・アジアの一員として営々と積み重ねてきたよき農村文化はそれを生かしさらに育んでいく必要がある．その意味で，生源寺真一の次の言葉には心から賛意を表したい．「日本の水田農業の課題は，上層のビジネスとしての農業が目覚ましい経済成長への適応を求められる一方で，基層の農業の資源調達構造が基本的には伝統社会のそれを継承している点と深く関わっている…（中略）…市場経済への適応の面では格段のレベルアップを図りながら，他方で伝統社会の合理的な共同行動をしっかり引き継いでいく．この意味において上層と基層の高レベルのバランスを達成すること，これが日本の農業に課せられたチャレンジである」（生源寺 2008: 269）.

　他方，あれほど強い国際競争力を誇った日本の製造業も，2011 年には 31 年ぶりに貿易収支が赤字に転じたことに象徴されるように，競争力に陰りが生じている．短期的には極端な円高に振れているが，中長期的には大幅な円安になるであろう．そうなれば，農産物の内外価格差も縮まり，日本農業復興のチャンスも大きく広がってくる．

　円安は，輸入製品の価格を引き上げ，国民の所得水準の低下は避けられないであろう．しかしそれは，明治以来日本社会が追求してきた物質的な豊かさ（それは化石エネルギーの大量輸入・消費に支えられたものであった）からの価値転換を図るチャンスでもある．何よりも，すでに指摘したように，日本社会は生活の質という点での達成度は非常に低いのである．

---

[37]「保護が無くては農村は行立たぬといふ考え方，是が一番人の心を陰気にする」（柳田 1929: 255）という柳田國男の言葉を，われわれは今こそしっかりとかみしめるべきであろう．

日本など東アジアと比較すると，東南アジアの世界は，つい最近まで「小人口社会」であったがゆえのゆとりと大らかさがある[38]．悪く言えば能天気である．アメリカやオーストラリアなど，新大陸諸国に少しつうじるものがある．しかし，東南アジアは紛れもなくモンスーン・アジアの一地域である．この「東南アジアらしさ」こそが，経済発展に成功してきた東アジア社会に最も欠けているものではなかろうか．否，歴史的にはそういうゆとりがなくなった時点から，東アジアの人々は否応なく勤勉になり，経済発展を「強要」されてきたという言い方も可能であろう．

　「東南アジアらしさ」はたんなる一例である．水田農業を基盤とするという意味で共通項をもつモンスーン・アジアは生態的・歴史発展的に多様であり，それらが見事に混在・共存している．今こそまさに，多様性のメリットをお互いの利益のため最大限に生かすような仕組みを構築することをめざして知恵を結集していくべき時ではなかろうか（ただしその際には，モンスーン・アジアはあくまで世界の一部にすぎず，偏狭な地域主義に陥ってはならないことだけは十分自戒しておくべきであろう）．

参考文献

Akamatsu, K. 1962. "A Historical Pattern of Economic Growth in Developing Countries", *The Developing Economies*, Preliminary Issue No.1, March-August: 3-22.
Asian Development Bank 2011. *Asia 2050: Realizing the Asian Century*.
Baker, C. J. 1984. *An Indian Rural Economy 1880-1995: The Tamilnad Countryside*, Oxford University Press.
Boserup, E. 1965. *The Conditions of Agricultural Growth: The Economics of Agrarian Change under Population Pressure*, George Allen and Unwin Ltd.
Brewer, J. 1989. *The Sinews of Power: War, Money and the English State, 1688-1783*, London. Unwin Hyman（大久保桂子訳『財政＝軍事国家の衝撃』名古屋大学出版会，2003 年）．
Egaitsu, F. 1988. "Rural Financial Market: Two Schools of Thought", in Asian Productivity Organization, *Farm Finance and Agricultural Development*, 111-122.

---

38) 伝統的に土地に対する人口圧力が低く，また植民地化を免れた歴史的経緯もあいまって，タイはそういう世界の典型であった．人々は，相互規制が緩く，開放的な社会環境のなかでのんびりと暮らしてきたわけで，良き「東南アジアらしさ」を人々が満喫してきたと言い換えることが可能である．ただし最近，タイでも胃潰瘍など消化器系の病気が増加しているという（東京大学社会科学研究所の末廣昭教授との個人的会話）．この意味では，現在は，ラオスが最も「東南アジアらしさ」を残す最後の砦といえるかもしれない．

Embree, J. F. 1950. "Thailand: A Loosely Structured Social System", *American Anthropologist*, 52: 714-716.
Fruin, T. A. 1999. *History, Present Situation and Problems of the Village Credit System (1897-1932)*, Translated version of an article in Dutch published in 1933, translated and edited by Klaas Kruiper, Netherland: Ministry of Foreign Affairs.
Fujita, K. 2010. *The Green Revolution and Its Significance for Economic development: The Indian Experience and Its Implications for Sub-Saharan Africa*, JICA-RI Working Paper No.17.
原洋之介 2006.『「農」をどう捉えるか ── 市場原理主義と農業経済原論』書籍工房早山.
速水融 2003.『近世日本の経済社会』麗澤大学出版会.
速水佑次郎 1985.『農業経済論』岩波書店.
── 1995.『開発経済学』創文社.
弘末雅士 1993.『東南アジアの港市国家 ── 地域社会の形成と世界秩序』岩波書店.
堀井健三 1973.「マレーシアにおける農業協同組合運動の展開と問題点」滝川・齋藤編『アジアの農業協同組合』アジア経済研究所,145-176 頁.
飯塚靖 2011.「民国後期中国の合作社政策と地域社会」『農業史研究』45: 29-45.
泉田洋一・万木孝雄 1990.「アジアの農村金融と農村金融市場理論」『アジア経済』31(6-7): 6-21.
泉田洋一 1999.「ヴィエトナムの農村金融改革」石川滋・原洋之介編『ヴィエトナムの市場経済化』東洋経済新報社,133-150 頁.
金田憲和 2001.『土地資源と国際貿易 ── HOV 定理の検証』多賀出版.
加納啓良 1973.「インドネシアの協同組合運動」滝川・齋藤編『アジアの農業協同組合』アジア経済研究所,177-218 頁.
叶芳和 1982.『農業・先進国型産業論』日本経済新聞社.
黒埼卓 2010.『インド,パキスタン,バングラデシュにおける長期農業成長』Global COE Hi-Stat Discussion Paper Series 125.
小谷汪之 1989.『インドの中世社会 ── 村・カースト・領主』岩波書店.
── 2007.「中世的世界から近世・近代へ」小谷汪之編『南アジア史 2 中世・近世』山川出版社,3-24 頁.
松本武祝 2011.「植民地朝鮮農村における金融組合の組織と機能 ── 貸付事業を中心に」『農業史研究』45: 15-28.
宮嶋博史 1994.「東アジア小農社会の形成」溝口雄三・浜下武志・平岩直昭・宮嶋博史編『長期社会変動』東京大学出版会,67-96 頁.
── 1995.『両班』中央公論社.
宮本謙介 1993.『インドネシア経済史研究 ── 植民地社会の成立と構造』ミネルヴァ書房.
水島司 2008.『前近代南インドの社会構造と社会空間』東京大学出版会.
持田恵三 1990.『日本の米 ── 風土・歴史・生活』筑摩書房.
O'Brien, P. K. 1993. "Political Preconditions for the Industrial Revolution", in O'Brien and Roland Quinault (eds), *The Industrial Revolution and British Society*, Cambridge: Cambridge University Press.

大門正克 2006.「戦前日本における系統産業組合金融の歴史的役割 —— 階層・地域間調節・国債消化」『エコノミア』57(1): 27-73.
大鎌邦雄 1990.「インドネシアの農村組織と農村社会構造」『農業総合研究』44(2): 109-151.
Okae, T. 2009. "Rural Credit and Community Relationship in a Northern Vietnamese Village", *Southeast Asian Studies*, 47(1): 3-30.
Oshima, H. 1987. *Economic Growth in Monsoon Asia: A Comparative Survey*, University of Tokyo Press.
Overton, M. 1996. *Agricultural Revolution in England: The Transformation of the Agrarian Economy 1500-1850*, Cambridge: Cambridge University Press.
Richards, J. F. 1993. The *Mughal Empire*, Cambridge University Press.
Roy, T. 1998. "Development or Distortion? 'Powerlooms' in India, 1950-1997", *Economic and Political Weekly*, April 18th.
斎藤修 1988.「大開墾・人口・小農経済」速水融・宮本又郎編『経済社会の成立 —— 17-18 世紀』岩波書店, 171-215 頁.
齋藤仁 1989.『農業問題の展開と自治村落』日本経済評論社. 薫
坂根嘉弘 2010.「産業組合の比較研究 —— 農林資源開発の歴史的前提」野田公夫編『農林資源開発の比較史的研究 —— 戦時から戦後へ』2007 年度-2009 年度科学研究費補助金基盤研究 (B) 研究成果報告書, 93-111 頁.
—— 2011a.「共通論題 戦前・戦時東アジアにおける協同組合の比較史的検討 コメント」『農業史研究』45: 41-45.
—— 2011b.『日本伝統社会と経済発展』農山漁村文化協会.
桜井由躬雄 1987.『ベトナム村落の形成 —— 村落共有田＝コンディエン制の史的展開』創文社.
生源寺真一 2008.『農業再建 —— 真価問われる日本の農政』岩波書店.
杉原薫 2003.「アジア太平洋経済圏の興隆とインド」秋田茂・水島司編『現代南アジア 6 世界システムとネットワーク』東京大学出版会, 179-211 頁.
—— 2004.「東アジアにおける勤勉革命径路の成立」『大阪大学経済学』54(3): 336-361.
Sugihara, K. 2007. "The Second Noel Butlin Lecture: Labour-Intensive Industrialisation in Global History", *Australian Economic History Review*, 47(2): 121-154.
高谷好一 1987.「アジア稲作の生態構造」渡部忠世責任編集『稲のアジア史 アジア稲作文化の生態基盤』小学館, 33-74 頁.
滝川勉・齋藤仁編 1973.『アジアの農業協同組合』アジア経済研究所.
滝川勉 1973.「フィリピンにおける農業協同組合の展開と現状」滝川勉・齋藤仁編『アジアの農業協同組合』アジア経済研究所, 21-62 頁.
田辺明生 2010.『カーストと平等性 —— インド社会の歴史人類学』東京大学出版会.
坪内良博 1998.『小人口世界の人口誌 —— 東南アジアの風土と社会』京都大学学術出版会.
鄭浩瀾 2009.『中国農村社会と革命 —— 井岡山の村落の歴史的変遷』慶應義塾大学出版会.
寺西重郎 1995.『経済開発と途上国債務』東京大学出版会.

UNDP 2008. *Human Development Report 2007/2008*.
脇村孝平 2002.『飢饉・疫病・植民地統治 —— 開発の中の英領インド』名古屋大学出版会.
Washbrook, D. A. 1981. "Law, State and Agrarian Society in Colonial India", *Modern Asian Studies*, 15(3): 649-721.
柳田國男 1929.『都市と農村』(朝日常識講座 第 6 巻) 朝日新聞社.

第9章

日本における小農社会の共同性
―「家」・自治村落・国家―

大 鎌 邦 雄

1 はじめに

　17世紀ごろ東アジア諸国で共通に成立した「小農社会」について，近年東アジア史の分野で興味深い議論が行われている．宮嶋博史は，日本，朝鮮，中国江南の3地域では，開墾等による耕地面積の急増，労働集約型稲作技術の普及，顕著な人口増加，小農社会の成立が共通にみられ，いずれも家族労働力を主体とした小農家族の経営の成立，均質な農民による集落の形成，家族・親族関係の変化等があったと指摘している．また国家の支配も，中国や朝鮮では特定の領地をもたない官僚支配であり，日本も俸給生活者化した武士による支配であって，いずれも在地性をもたない支配階層による支配であり，こうした社会と国家支配の構造の変化が，近代にもち込まれた「伝統」となったと述べている（宮嶋1994）．東アジア稲作社会の共通性と共時性という興味深い論点である．
　とはいえ3ヵ国の小農社会について，その共通性をふまえつつ，相違を指摘する議論もある．すでに中根千枝は，アジアの諸社会の構造について，家

　本章の草稿段階で，齋藤仁氏から適切かつ有益なコメントをいただいた．記して謝意を表したい．ただし言うまでもないが，本章の誤りは，すべて筆者に責がある．

族構造，相続，社会階層，集団構造等を比較しつつ検討し，その多様性と基本的性格の相違を示している（中根 1987）．また岸本美緒は農村の社会結合について，日本の村落ないし農村社会集団は強い結合をもつ恒常的な「固い」団体であったが，中国清代の村落は行政の下部組織として制度化されていないため，多様で「柔らかい」社会秩序を形成しており，同様に家の観念も相違していることなどを指摘している（岸本 1998）．宮嶋もまた，3ヵ国の社会の中間団体と家の社会関係について興味深い比較を行っている（岸本・宮嶋 1998）．

ところでこうした小農社会では，おおよそ地縁関係や血縁関係など多様な契機で結ばれた，農業生産や生活を包み込む共同体的関係が形成されている．それがいかなる機能を発揮するかは，構成員に共有され相互の行動を拘束する規範意識に左右されるのではないであろうか．共同体に内在する規範意識は，中根が指摘する家族構造，社会階層間の関係，集団の構造など，それぞれの国や地域の基本的社会関係を基礎としつつ，具体的な歴史的条件のなかで形成されるであろう．東アジア3ヵ国における社会的および歴史的な条件の相違が，それぞれの共同体における規範意識と小農社会の差異をもたらす要因であったのではないかと思われる．

このことをふまえ本章では，日本の小農家族と村落がいかなる規範を共有した共同体であったのかを，その歴史的な形成過程の検討をつうじて，明らかにすることが課題である．

日本の農業村落について齋藤仁は，藩政期の村請制下で形成された藩政村であり，強い自治能力と対外的な交渉機能をもち，同時に構成員である独立小農をその個々の意思を超えて拘束する「自治村落」であると規定している（齋藤仁 1989）．藩政村の支配権力に対する自治能力は村落内部の構成員に対する規範に基づく規制力によるのであり，共同体構成員相互の関係性は最初から対上部行政権力という要素をもつという議論である．自治村落論は，近代日本の産業組合や小作争議と農業村落との関係をめぐって，東南アジア諸国や西欧との比較をつうじて形成された[1]．共同体の機能と組織の検討に際

---

1) 齋藤仁（1971）は，日本，ドイツ，イギリス各国を比較しつつ，農業金融組織と機能，および農業金融政策の相違を規定する要因として，村落構造とその歴史性の違いに求めている．また自

し，構成員が共有する規範と上部行政権力との関係を重視するという本章の視角は，自治村落論に学んだものである．

以下本章では，齋藤仁の自治村落論に依拠しつつ，また歴史学や農村社会学の議論に学びながら，自治村落と家の歴史的形成過程，自治村落の組織と機能及びそれを規定する規範のあり方，明治以降近代における国家と共同体の再編過程，戦後高度成長による共同体の変貌について，大まかな整理を試みたい．

2 「家」と自治村落の形成過程 —— 中世から近世へ

2-1 惣村社会と領主

自治村落の源流は中世後期の惣村である．惣村は，惣有財産・地下請（村請）・惣掟（地下検断）の三つの自治的機能をもち，法的・社会的な存在として認知されていた．惣村は貢租の減免闘争や貢租納入の村請など上部支配権力に対する交渉能力をもち，内部に対しては裁判（検断）や祭祀と勧農など生産と生活に関連する共同体的事業を行った．また惣村は「惣郷」という連合組織をつくり上部権力と共同して対応することもあったが，しかし惣村間の紛争について，時には武力行使など中世的な「自力救済」という方法もとられた[2]．紛争の最終的な処理は，惣間での合意や地域有力者の調停という自治的「内済」もみられたが，その背後には「公方の法」と裁判という公法的法意識が影響していた[3]．

惣村運営は「年寄（おとな）」層が行っていた．彼らは在地の上豪であり，在地領主と上下関係である被官関係を取結び，自らの領地と支配を担保した．また年寄層は，村内に人身的に支配し農業経営の労働力である従属民を抱え

治村落論として集大成した齋藤仁（1989）は，東南アジア諸国の村落構造との比較を念頭に置いている．
2) 惣村の基本的な組織と機能については，池上（1994）による．
3) 中世後期の社会における法意識については，新田（2001）による．

ていた．「名子」や「下人」などといわれた従属民は，惣村の自治に参加する権利はなかった．惣村の自治は年寄層の自治であった（吉田 2004）．このように惣村は共同体的自治的関係と，対在地領主や内部の従属民に対する支配関係が存在し，二重性をもった社会であった．

在地領主は支配する農民の貢租納入に対して，生産環境を整備する勧農や平和を保つ安全保障の義務があった．年貢納入と勧農は，百姓と領主の相互の義務であった（池上 1994）．中世後期には個別的支配関係を規制する百姓と領主の役割期待が明確となり，こうした互酬的関係が成立しはじめたのである[4]．

豪農層の農業経営における農法や技術は，従属民である下人等を労働力とし，長床犁をもちいた「浅耕」農法であった．下人層に依拠した農法は，粗放さを免れなかった．しかし下人は，豪農から生存基盤として与えられた「ほまち」「しんがい」等といわれる零細な耕地に新たな労働集約的技術を導入し，それを農法的基礎として自立した小農が成立しはじめる（古島 1956）．それらは場合により，名主層から経営の責任を任せられるということもあった（速水 2003）．以上のように，中世後半から戦国期にかけて，長期間のかつ大きな地域差をともないつつ，徐々に近世への萌芽がみられた．

2-2 検地・兵農分離・大開墾

近世への転換の画期は，検地と兵農分離，そして大開墾であった．

太閤検地の原則は，(1) 田畑面積単位の統一，(2) 石高の算出，(3) 一地一作人の原則による耕作権をもつ名請人の登録と年貢・諸役の負担，(4) 村の境界の設定，村単位の検地の実施と村高の確定，にあった（池上 2002）．これにより石高基準による近世の知行制が確立した．検地の名請人は，村内における中世的な関係を排した実質的耕作者であった．検地帳には，旧土豪

---

[4] 百姓は領主に対して自らの存在を保障する「撫民」政策を期待し，そのことが年貢の減免等農民の対領主紛争の前提となっていた．したがって年貢減免闘争はあっても，年貢廃絶の運動はなかったという．詳しくは新田（2001）を参照せよ．

層である大規模所持層と並んで，多数の零細な高所持層が記録された[5]．零細な高所持層には，「名子」「前地」「包家」等といわれた従属民が含まれ，名請人に登録されることでその土地所持を認定されたが，検地帳に「何某分誰某」等といういわゆる分付表記がなされるケースもあり，検地以前の関係を反映していることもあった（古島 1956；大塚 2002）．従属民を労働力とする大経営が，藩政初期にはかなり残存していたのである[6]．村の運営も，旧土豪層が執行部を独占し上部権力に対峙すると同時に，村中でも資源管理と利用，祭祀権の独占など特権を持ち，村の自治といっても旧土豪層の自治であることが普遍的にみられた（大藤 2001）[7]．

刀狩令には，百姓の武器所持を禁止するとともに，農民に対し農業に専念することで子々孫々まで「長久」に現世の幸福を得ることができると記されている．刀狩令など一連の「豊臣平和令」は，百姓の武力による抵抗を防止するとともに，在地領主が村をつうじた武力調達を禁止し，村間紛争の武力による「解決」を禁止するものであった（藤木 2005）．兵農分離は，「公儀」権力が貢租納入を確保するとともに村の治安を維持し貢納の義務を果たすかぎり，百姓の存続を子々孫々まで保障することを意味した（深谷 1993）．また武士の城下町への集住により，支配階級と百姓は空間的にも分離され，これ以降村は農民身分の者だけが居住することとなった．

以上のように検地と兵農分離は，支配権力と農民との関係を大きく変化させた．農民と支配者間の人格的な支配関係という要素を払拭し，すべての貢租や諸役が「村請制」により貢納されたばかりでなく，土地や資源の管理や公儀法度の施行など行政諸機能も村を介して行われることになった（大藤 2001）．また村切りも，中世的な人的関係による支配を裁ち切り，均一な農民身分で構成された藩政村を支配の単位とする意味ももっていた（水本 1987）．こうして近世に確立した国家の支配は，在地領主を排して，農民が構成する村を直接支配する「村落一円支配」であった．

---

5) 藩政初期における事例は，池上（2002）など参照せよ．
6) 藩政初期の大家族による経営については，古島（1956）のほか，田中（2000）などを参照せよ．
7) したがって貢租の村請といっても，近世初期の村システムのもとでは，庄屋の個人請が残っていた場合もあった（渡辺尚志 2004）．

戦国期から近世初頭には，領国経営として主要な大河川での治水工事や用水路整備が行われ，新田が開かれた（大石1977）．領主の開発助成措置に誘引されて，旧土豪層は従属民の労働力を使役して開田した．開発者は草分け百姓として新田村で高い社会的ステータスを獲得し，村の庄屋や名主を世襲するケースも多く，優先的水利用権など多くの政治的特権を獲得した（大石1977; 平野2010）．

　この結果1600年から1720年にかけて，耕地面積は1.4倍，実収石高は1.6倍，人口は2.6倍とそれぞれ増加し，1645-97年に藩政村は7,535村13.6%増加した[8]．新田開発に使われた技術は，土木工事や灌漑整備という「工学的適応」ばかりでなく，環境条件に適合した品種や作物選択による「農学的適応」もみられた（斎藤修1988）．反収の増加は，労働集約的農法の効果であった．長床犁による牛馬耕から，小農家族の鍬をもちいた人力耕へと転換した．人力耕は，深耕を可能にし，山野草等を刈敷肥料として投入し，それに適合した品種の選択が行われ，反収を上昇させた．こうした小農的労働集約的農業技術は，藩政初期に地域差をともないながら普及した（古島1956; 平野2010）[9]．新田開発の進行過程で入植農家の不足や，貢租負担の過重から逃れるための労働力の流出が，労働力不足を招いた（大石1977; 田中2000）．こうした新田開発によるフロンティアの拡大と労働力の不足，家族経営による労働集約的農法による反収増が，従属民らの分家独立をうながし，経営主体として独立性を強めた．旧土豪層にとっても，手づくり大規模経営よりも耕地を分家層に小作させたほうが有利となるという事態もあり，分家創出を選択した（速水2003）．こうして小農家族は自立傾向を強めた．

　17世紀末までには，フロンティアがほぼ消滅した．もはや大量に分家をだすことは困難であり，検地帳に名請する農家数は固定化した．この結果名請地を所持し山や水資源にアクセスする権利をもつ農家に「百姓株」が成立することとなった．小農には，家業・家産・家名をもち，その永続を規範と

---

8) 速水・宮本（1988）の推計による．
9) 山形県庄内の一農村の記録によれば，一筆が一町歩にも及ぶような大圃場をたくさんの中畔（なかぐろ）でほぼ一畝歩に区切って耕作していたという（大場1978）．同書はこれを「畝歩農法」と名づけ，水管理の容易さ，保水効果，畦草の肥料効果など増収効果をあげている．同時にそれは「畦塗り」を必要とするなどの労働集約的農法であったことも指摘している．

する「家」の観念が成立し，一子相続による直系家族が一般化した．また村内における「家」相互の関係は，歴史的に累積し固定的なものとなった．

2-3 小農の自立

日本における小農である「家」の成立は，藩政村の運営にも大きな影響を与えた．17世紀には「村方騒動」が頻発した．争点は旧土豪層の特権や村役人の「不正」行為を追求することであった（渡辺尚志 2004）．それは小農の経営者としての成長を基礎に，百姓身分として公儀の年貢諸役を負担するかぎり村内で平等であるという論理に基づくものであった（大藤 2001）．騒動の結果小農が藩政村の自治に参加することとなった．「百姓代」が監査役として村運営に加わったことが，その証左である．小農は年貢諸役の配分についても発言権をもち，年貢納入の村請制が，「庄屋の個人請」から村の相談方式による「集団請」へ転換し，実質的な村請制が成立した（渡辺尚志 2004）．さらに水や山の資源管理，神社の祭祀等にも小農の参加が実現した．小農はこうして規模の大小はあっても，経済的にも政治的にも「自立」した．村に居住するものは均質な農民身分となり，村は小農による共同体となった．とはいえ百姓は完全に平等化したのではなく，経済的な階層差はもちろん，本分家関係という「同族団」など「庇護」と「依存」の関係も残り，村社会内にステータスの差を残すこととなった．

藩政期には上記のように，百姓が貢納の義務を果たすかぎり国家は農業生産の条件を整備し，百姓の存続を子々孫々まで保障するという観念が一般化した．小農と国家権力との間に，「貢納」と「御救」という関係が形成され，権力にとり「撫民」が義務となった（深谷 1993）．百姓の義務である夫役の業務では，17世紀後半以降堤防整備や水利普請など小農の生産生活条件整備のための普請が増加し，徴収方法も一部は現夫役から代金納へと変化し，過酷な夫役からも解放される傾向を示した（横田 2002）．行政権力による「撫民」政策は，たとえば村が自普請として行う小規模な水利整備であっても，「補助金」の給付，低利や無利子での資金の「融資」，建設資材の供与等が慣行化されていた（佐藤章夫 2010）．国家と村や農民との「双務的関係」によ

り，封建貢租はたんに権力的な収奪ではなく，近代的租税（tax）としての性格を帯びる傾向を示した（速水 2003）．

このような歴史的経過をたどって，17世紀末から18世紀初めには，農民身分で「家」の観念を共有する小農により構成された共同体であり，行政組織として強い自治能力をもつ藩政村＝自治村落が成立した．

3 自治村落と「家」の構造・規範

自治能力をもつ藩政村は，「それとして対外的な交渉機能を持ち，同時に構成員である独立小農をその個々の意思を超えて拘束する団体」（齋藤仁 2009a）であり，行動規範を共有する共同体的関係であった．構成員である小農は「家」を形成し，家族員はその永続を目的とする強い規範を共有していた[10]．

3-1 自治村落の構成員としての家

「家」は経営の主体である．自治村落の資源管理等に補完されながらも，農耕は基本的に家族労働力をもちいて行われ，経営権は「家」にあった．農法の基本は鍬をもちいた労働集約的な人力耕であった．小農家族は労働を多投し，土地生産性は高まり増収となった．それに対し貢租額はこれ以降固定的で増収は農家の所得増加につながった（佐藤・大石 1995）．また藩政期は一面すでに商品経済が農村にも深く浸透した競争社会でもあった．「家」は，こうした経済的インセンティブに反応し，勤労が小農倫理として確立した．しかし勤労倫理の成立は経済的インセンティブだけが要因ではない．小農の農業経営は，「家産」を子孫に伝えるという「家」の永続を目的とした「家

---

[10] 中世末期の惣村の成立と並行して百姓の「家」が確立したという議論があるが，それについて渡辺尚志（2004）は上層農家の家であり，小百姓にまで「家」が確立するのは，地域差をともないつつ，17世紀もしくは18世紀であるという議論を紹介している．「家」が一般的に確立したのは，小農の「自立」とほぼ並行していたといえよう．

業」であった．勤労は，時間を超えた先祖や未来の子孫と共有する倫理であり，「家」と構成員の同一化を確認するものであった．小農の勤労倫理は，「家」がもつ倫理でもあった[11]．

「家」の構成員は，家長，主婦，隠居，長男，その嫁等々，そのポジションに応じて明確な役割を分担し，その行動規範を身につけていた．家族員は，その役割に応じた「居座」が明確に決まっていた（鈴木 1968）．家長の権限は，家族員の生産行動と生活を統括し，家産を管理し，「家」の祭祀を主宰し，「家」を代表して村社会に対応することなど広範囲に及ぶ．「家」を子孫に継承することは現存の家長にとり「ご先祖様」から与えられた任務であり，彼のアイデンティティを形成するものであった．しかし家長のこうした「家父長」的権限はその個人に由来するものではなく，家長であることによるのである．主婦や後継者など他の構成員も同様であった（大藤 2005）．

鈴木栄太郎は，こうした「家」の行動規範を「家の精神」と呼んだ．「家」の永続を目的として構成員は世代を超えて行動規範を共有し，各員が「役割期待」にそって行動することを相互に「強制」した．各員は与えられた「行動規範」に即して各自の行動をみずから規制する．理念としての「家」においては個人の意思は「極度に収縮」していた（鈴木 1968）[12]．こうして「家」は家業である農業経営の主体であり，また家族の生活と世代を超えた再生産の最小単位であった[13]．

継承を至上目的とするため，「家」は家族という血縁を核とする関係でありながら，男子後継者が不在の場合，女性の戸主や，娘に非血縁養子を迎えて戸主としたり，非血縁養子に他家から嫁をとったりすることもある．この

---

11) 速水融は，小農に勤労倫理が普及する過程を「勤勉革命」とよび，近世社会には経済的価値観が人間行動原理として定着し，経済合理性が貫徹する社会＝経済社会が成立したとしている（速水 2003）．基本的に同意できる議論であるが，しかし小農の勤勉という「倫理」は，たんに経済的インセンティブに反応した所得増加が最終目的ではない．それは永続という「家」の規範に基づくものであり，「家」や村社会の規範という社会的強制により成立した「倫理」でもあった．

12) 一子相続で継承される「家」では，非相続者は他家への養子や雇用機会を求めて「他出」する．他出した者は，「家の精神」を共有しない．彼らは他家や雇用先で新たな「家の精神」を身につけることになる．

13) 家が成立した近世社会の最小単位は，個人ではなく家である．個人は家に包含されその意思が「外」に表出されることは極度に少なかった．

ように，「家」は「同姓不婚」「異姓不養」というような厳格な血縁原理をもたず，柔軟に継承された．「家」に「参入」した非血縁者であっても，「家の精神」を身につければよかったからである．

小農は極小の経営体である．その存続のため「家」は多くの相互扶助の関係をもっていた．その一つが本分家で構成される「同族団」である．分家には血縁分家ばかりでなく，「たのみ分家」等といわれる非血縁家族も含まれ，同族団は「いっけ」「まき」等と称される．その構成員は個人ではなく「家」である．総本家は，同族団のリーダーとして分家層を経済的に保護し援助することが期待される．分家層は，本家が必要とする労働力を優先して提供し，本家の統制にしたがった．同族団は「庇護」と「依存」の関係＝相互扶助関係を内包した「温情主義」的関係であった．しかし本分家は本来ステータスが相違しているため，村社会には同族団の本分家関係を基礎とした「家格」が生ずる．家格が高い本家層は，経済的関係を超えて，低い家格の分家層を社会的政治的に支配した[14]．このように同族団は，「家」の系譜を基礎とした相互扶助機能をもつ共同体であった[15]．

このように強い規範をもった「家」で構成された共同体が自治村落であった．

3-2 自治村落の領域と権限

農民身分という均一な家で構成された自治村落の支配権力に対する自治能力は，その構成員に対する規制力により支えられた．支配権力は村の規制力を包摂することにより一円支配が可能となったのである．

自治村落の規制力には，それが及ぶ領域と領民があった．自治村落の領域は，村切りにより確定された．村切りでは内に生活の共同組織の単位や，枝郷・枝村等という小領域を含むこともあったが，村の領域は基本的に権力に

---

14) 家格については，(磯田 1951a, 1951b) を参照せよ．
15) 同族団は財産を共有する共同体ではない．分家といえどもあくまで家産の所有者であり，自立した経営単位である．世代交代を繰返し親族関係が薄らぐにしたがって，同族団の機能は実質的に減少し，また本家の経済的没落や分家の富裕化により，同族団は再編されることもある．しかしそれは世代を超える長い時間を要する過程であり，さらに村社会での家格に関する規範が，同族団の再編を遅らせることもあった (中根 1970; 鈴木 1968)．

対する交渉能力をもつ範囲である[16].

　自治村落の基本的な権限は，村の意思決定と，その執行，そして違反者への制裁という，「立法」「行政」「司法」に類するものである．

　寄合では村掟の制定や意思決定が行われた．その内容は，村請制に基づく年貢諸役の配分と徴収方法，入会地や灌漑施設の利用ルール，農地の利用や「売買」の規制，祭祀，勤倹等の徳目等々，上部行政機関への対応や村間関係を含む「家」の活動のすべての分野に及んだ．寄合の意思決定は基本的に「一戸一票」による．しかしそれは，構成員である「家」の固定され累積した「近隣相識」の関係を前提にしたもので，多くは事前に情報を共有し，利害が錯綜する場合には「根回し」や，長い時間軸を前提にした「貸し」や「借り」という方法をとることもあった．「村掟」は成文法や不文法があったが，意思決定の長期間に及ぶ積重ねはやがて多方面に及ぶ慣習や慣行を生み出した．こうしたものが構成員の行動と関係を規制し，総体として各自治村落固有の行動規範の内実を創り出し，それらは構成員に共有された．

　近世社会はすでに上部に「公儀の法」が一般法として存在し，村掟や慣習慣行はその枠を超えることはできない．しかし「公儀の法」は，村請制はじめ藩政村に多く裁量の余地を残していた．村間関係や村内での諸問題を「内済」で「解決」することも通例であった．寄合での意思決定が広い範囲に及んだのは，近世の重層的な法構造にもよった[17]．

　自治村落は，寄合での意思決定に基づき多くの事業を執行した．執行機関は，名主，組頭等の村役人であり，近代以降は部落長等役員であった．貢租や諸役の減免に関し村役人は，上部権力と交渉を行った．さらに入会地や水利施設の利用管理について他村と交渉し，連合組織がつくられることもあった．時には山論や水論など紛争が生じ，交渉や駆引き等が行われ，最終的には訴訟にもち込まれることもあった．訴訟の主体は自治村落で名主はその惣代であった．また地域リーダーの調停等による「内済」もあったが，その基準は先例主義や慣行であり，それは公儀の判例が枠組みとなっていた．

　このように自治村落では，寄合で集約された村の意思が構成員である「家」

---

16) 自治村落の領域と，自治能力については，齋藤仁 (2009a) を参照のこと．
17) 近世の統治と重層的法構造については，大藤 (2001)，渡辺浩 (2010) を参照せよ．

の意思と行動を規制した．個人の意思や意見を対外的に表示したり主張したりすることは，村規範に抵触することである．村では集団主義的な対応が強く求められた．

自治村落は，寄合での決定に対する違反者を制裁する「司法」権も保持していた．代表的な制裁は「村八分」で，事実上共同体社会から「無縁」の世界へ追放する措置であり，村の規制に重大な違反があった際に発動される．構成員の近隣相識の関係は，絶えず相互に監視する関係でもある．監視の基準は共有する行動規範であり，村内での役割や社会的ステータスに応じた明確な役割期待であった．村内では，行動規範や相互の役割期待を基準に，絶えず相互に評価していた．構成員はそうした「世間の眼」を基準にしながら，自己の役割期待にあわせてその行動を自己拘束的に規制した．日常的な相互監視と行動規範に即した「自己拘束的」規制（齋藤仁 2009a）が，モラルハザードを防止し，自治村落の実質的な「司法」機能を果たしていた．

鈴木栄太郎はこうした自治村落の規範は，一つの社会意識であり「村の精神」であるとした．「村の精神」は構成員の意識と行動を拘束するものであり，全人格性，永続性，集団性という性格をもつと指摘している（鈴木 1968）[18]．

このほか村には事業執行の基盤である財政権をもち，「家」から金銭，米等の現物，出役などで徴収した．徴収方法の基本は，各「家」平等が原則であった．また村は，溜池，入会地，農地，共同備蓄等の財産をもっていた．これらは惣有の財産であり，全戸の合意によりその処分が行われた．

3-3 自治村落の機能

上記のような組織と権限をそなえた自治村落は多くの事業を行ったが，その目的は経済的に弱小な小農を外的な環境の変化に適応させ維持し，そのこ

---

18) 鈴木の指摘する「村の精神」は，村構成員の意識と行動が生み出したものでありながら，逆にその精神が行動規範として村構成員である「家」とその構成員を拘束するというものである．こうして自治村落における社会関係は，ある種の「疎外体」という性格をもつのであろう．
また「疎外体」としての自治村落が形成されるためには，これまで述べてきたように，近世封建制の成立が条件となっていたであろう．この点は齋藤仁氏のご教示による．

とにより村を維持するものであった．

　自治村落の生産的事業の一つは，小農が単独では獲得できない水や山などの資源等を共同で確保し利用するものである．水の利用では，村は事実上水利組合の機能を果たし，水路等水利施設の維持管理や利用規制を行った．各家はこうした水利事業の費用を分担し維持管理に出役をすることにより，自家の水田への引水権が村内で承認された（佐藤章夫 2010）．入会地の利用と管理も基本的に同一である．

　「ゆい」「手間替」など共同労働[19]や，生活の共同も自治村落の重要な機能である．そうした日常的な相互扶助は固定的な関係で行われることが多く，その範囲は隣近所など面接性の範囲や，同族団等多様である．このため村内には多くの組織が形成された（竹内 1990）．自治村落は機能組織を形成する能力ももっていたが，重要なことはそれらが自治村落の範囲を超えないことである（鈴木 1968）．

　藩政期，農地の売買は検地帳に記載され村が登記機能をもった．さらに村は村請制下で村内農家が所持する農地が村外の地主へ移ること，すなわち入作の防止に努めた．農家が経済的な困難に陥り農地を売らざるを得ないとき，まず村内の同族団や村のリーダーに相談し，村内農家に保持させる措置が慣行として行われ，さらに村掟で流出防止を取り決めることもあった．藩政期の土地移動には，「質入れ」もあったが，借入資金を返済できず質流れになった後でも，元金を返済すれば土地を取り戻すことができる「無年季的質地請戻慣行」がみられた．それは村の慣行や村掟により担保された（渡辺尚志 2004）．また小作料の徴収と納入も，藩政期や明治初期には村仕事として，貢租の徴収と同様に行われていた（坂根 2002）．

　商品経済や凶作等災害への対応も村の重要な機能であった．備荒貯蓄のための郷倉は，同時に備蓄品を居住者に融通する一種の相互金融の機関でもあった．一般的な相互金融は無尽講である．自治村落では「親あり講」という経済的困窮農家を救済するための無尽もあった．親戚や有力者が村内に呼

---

[19] 「ゆい」「手間替」による労働交換は，一定期間では「家」間で等量になるように行われ，場合により金銭で決済されることもあった．「家」間ではこうした「合理性」も作用していた（鈴木 1968）．

びかけ無尽を組織するもので，初回の講金は困窮者に好条件で優先的に給付された．救済融資を受けたものは，村内の監視のもとより一層勤労につとめ返済しなければならない．これも「役割期待」に沿った規範であった（齋藤仁 2009b）．頼あり講のメンバーは，自治村落の内部に限定されることが多い（鈴木 1968）．そのほか農産物販売にあたって，販売時期の規制や出荷市場の統制も行われた．

　自治村落は藩政村として，村請制による貢租納入や諸役の出役だけでなく，上部行政機関からおりてくる命令，指示，伝達事項を村民に伝え執行し，「戸籍」「土地台帳」「調査」など行政事務を行うなど，行政能力をそなえていた．さらに上部行政権力が実施する灌漑整備等，農業生産環境の整備や技術の普及などに，村の構成員である「家」は依存していた．それは上記の，自治村落と支配権力の間にある貢租諸役の納入と「御救」や「撫民」という双務的関係に基づいていた．

　これら事業の執行責任者であったリーダーには，地主や自作上層農という経済的地位，草分け百姓など歴史性，本家や由緒など社会的ステータスなどが求められた．もちろん小農の自立度が高まるなどの変化に応じて，リーダーの選出方法が選挙制や輪番に変化することもあった．とはいえどの家でもその地位に就くことが可能であるということではなかった．リーダーは，上記のような村の目的に沿って諸事業を実施する能力が求められた．村内の利害調整を行って意思を統一し，村間問題を処理し，藩政村として権力と交渉しつつ行政を行い，行政権力が実施する農業政策の利益を村にもたらすことが任務であった．こうした村の諸事業により，社会経済環境の変化に適応して小農が維持されるのであって，その機能を果たすことがリーダーの役割期待であった．村構成員による相互監視は，リーダー層にも及んでいた．リーダー層がその地位を利用して自己の経済的利益を追求することは，村の行動規範に反するものであり，村民は社会的ステータスを承認せず，その地位から追放した．逆にリーダーとしての役割を果たすことにより，私的利益と社会的地位が承認され，村民はその意思にしたがうのである．こうしてリーダー層と村民の間に，庇護と依存の関係が定着した．

3-4 「家」・自治村落・国家

　上記のように，「家」は家業の経営主体であり同時に家族の生活と世代再生産の単位でもあって，強い規範でその構成員を拘束している．自治村落は，「家」を構成員とする共同体的関係であり，その規範は構成員である「家」が生み出したものでありながら，逆に「家」はそのつよい規範に拘束されている．この関係が自治村落の藩政村としての自治能力の根拠となっている．自治村落特有のこうした共同体的関係に包まれて，「家」は「間接的に」支配権力の支配に対峙しているのである．自治村落の「家」に対する規制力を基礎とした自治能力とその機能は，国家との関係を前提としつつ，村々間の関係や商品経済的関係にまで及んでいる．

　支配権力と藩政村の間には，これまで述べてきたように貢租や夫役の納入と撫民政策という双務的関係が定着していた．それは家が自治村落という関係をとおして取結んだ国家と家との「双務的関係」でもあり，相互依存の関係であった．

　とはいえ，「家」はあくまで自立した「家」であり，おのずと村の規制力が立入ることのできない独自の領域をもつ．また自治村落は自治的行政機関として，上部支配権力が立入ることのできない独自世界をもっていた．それは他村との関係でも同様である．こうして支配権力－自治村落－家という，相対的に独自の領域をもちつつ相互依存の関係が形成されていた．

　藩政期は，「家職国家」であった．社会は個人ではなく，支配層の武家をはじめ商家や農家という「家」で構成され，それぞれ明確な社会的役割をもち，内部には構成員の行動を拘束する規範を共有し，それぞれその永続を目的としていた．また商家や農家は，地縁的な共同体関係を形成し，そこでも上記のように強い共同性と規範を共有していた．藩政期の国家は，将軍を頂点として，上位の「公（おおやけ）」と下位の「私（わたくし）」の連鎖で構成されているという（渡辺浩 2010）[20]．国家－自治村落－家という関係は，上位を「公」とし下位を「私」とする関係であった．下位の「私」は「公」に依

---
20) なお日本「社会」における「公」「私」の関係については，渡辺浩（2001）も参照せよ．「公」「私」は入れ子構造になっているとの指摘は興味深い．

存し補完されるが，しかし「公」が立入ることのできない独自の領域を形成している．こうして自治村落は，「公」「私」の区別と関係およびそれぞれの行動規範が明確な社会であった．「家」とその構成員はその場面と役割に応じ，「公」「私」の規範を適宜使い分けたのであり，またそれが求められた．

自治村落はその住民にとっては，自由意思によって形成するものでなく所与の前提として立ちあらわれる社会である[21]．住民はこの社会で出生し，家と自治村落の規範を身につけ，それを社会倫理として受容し，その生涯の大半を送る．彼らにとり家や村社会の関係は，「生活世界」のほぼすべてであり，当たり前のこととして受容しそれにしたがって生活した．こうした生活世界のあり方が，自治村落を永続させるもう一つの要因であった[22]．

4 資本主義化と自治村落

4-1 明治国家と自治村落

明治維新後新政権により徹底した封建処理が行われ，近代的な中央集権的国家が形成された．1868年の「村々之地面は素より都て百姓持之地たるべし」という明治政府の宣言は，旧支配階級がもつ土地に対する権利を否定したものであった．この面でも徹底した封建処理でもあった．地租改正は，土地所有を資本主義的な「一地一主」の私有権に変え，同時に近代的税制を確立した．これに続く民法では，地主小作関係は当事者間の契約による土地の賃貸借とされ，私有権絶対という資本主義的理念が貫かれた．

しかし地租改正で土地の所有権が耕作農民に与えられたことにより，小農がそのまま経営と生活の単位として残り，自治村落も小農の社会関係とその機能を残すこととなった．このことが明治維新後の法制度や資源の利用システムにも影響を与えた．民法の入会権は，「各地方の慣習」を権利の「法源」

---

21)　渡辺尚志（1994）は，共同体を定義する要件の一つとして，このことをあげている．
22)　自治村落における「生活世界」については，戦前期の農村社会を対象とした分析であるが岩崎（1997）を参照せよ．また多少ニュアンスが異なるが川口（1995）も理解の助けになる．

とし，惣有という慣習を近代民法に潜ませた．河川法では，藩政期以来の水利用を慣行水利権として許可したものとみなした．そのほか漁業権についても事実上慣習的利用を認める制度となった．このように「山野河海」の資源利用については，近代的法律体系のなかに，自治村落による惣有的管理と利用システムが残存したのである．さらに膨大な国有林は，地元の自治村落的関係に依拠して，部分林，委託林，放牧地等々の方法で「解放」し，農民的利用が広く行われた（岩本 2009）．封建処理の結果小農とその社会関係である自治村落をそのまま残したことが，こうした法制度と利用システムを要請したのである．

明治維新後の地方制度は，明治初年には試行錯誤が繰り返されたが，1888年制定の町村制により藩政村を合併して町村が近代的公法人として設置され発足した．この結果藩政村は行政単位という性格を失って，「部落」とよばれるようになった．しかし新町村（＝行政村）では，部落は「(行政) 区」等として行政的な関与を続け，自治村落的機能を保持しつづけた．こうして町村は事実上旧藩政村の連合体であり，絶えず部落間の利害調整という困難な問題に直面していたため，明治政府の末端行政組織として必ずしも十分に機能しなかった．

明治前半期の農業政策は，農民の生産基盤に直接関わる国家の施策は限定的であったが，県レベルでは土地改良等生産基盤整備に対する県費の支出が先行していた（長妻 2001）．しかし 1900 年前後に耕地整理法，農会法，産業組合法が相次いで制定され，さらに日露戦後農業政策が積極化へ転じた．これら農業政策はいずれも小農を団体に組織し，それをつうじて諸事業を実施するものであった．小農の組織化は，部落を基礎単位として行われたが，耕地整理組合，農会，産業組合とも政府の助成措置が促進条件となり，部落の執行部である地主や自作上層農が，部落の役割期待を背景としつつ積極的に対応した．部落が農業団体の基盤として，政策の受け皿として機能したのである（齋藤仁 1989）．

これら農業団体は，第一次世界大戦以降行政村と部落の関係が安定化するなかで，町村行政と連携しつつシステム化し，農業農村開発事業を活発に行った．

4-2　戦間期における行政村と自治村落

　末端の地方行政組織である行政村が農村開発事業を展開する条件の一つは，行政村レベルの団体と自治村落が統治や事業執行システムとして安定した関係を形成することである．模範村として高名であった秋田県の一村のケースに沿いながら，そのシステムを概観したい．

　秋田県西目村（現由利本荘市）は，戸数約600戸，10の部落で構成されていた[23]．主要産業は水田単作の農業および沿岸漁業と出稼ぎ漁業である．西目村の農村開発事業が本格化したのは，明治末期からであった．取組まれた事業は，部落有林統一と入会地の整理および村有林経営，衛生事業，農業補習教育，郷土教育を重視した小学校教育，鉄道の駅の誘致と連絡道路の整備，郵便局と電話の誘致などであった．植林や道路整備は，部落請負や村民を動員した直営事業で行い，住民の所得機会を創出した．これら行政村の事業には，県や国の補助金が付されていたが，補助率は平均約30％であった．

　農業団体も活発に事業を展開した．耕地整理と灌漑の整備，農会による稲改良品種の普及と農業技術改良（大鎌1987），そして産業組合による共同販売と産米改良などが実施された（大鎌1981）．行政村や農業団体の経済事業により，西目村は近代的施設が整備され，明治後半期に導入された労働集約的な明治農法の精緻化が図られた．こうした農村開発政策の導入をつうじて，村ではいかなる意思決定と執行システムが形成されたのか．

　村役場は，村長と2人の助役が中心となって運営されていた．3人とも村内の地主で，うち2人は無給の名誉職であった．村長は産業組合長を，名誉助役は農会長を兼任していた．役場書記は農会や畜産組合等勧業団体の職務を兼任していた．このため役場をはじめとする各団体のリーダー間で，村と団体の事業分担について意思統一が容易であった．村長はまた県会議員でもあり，その政治力を利用して，村に開発事業を補助金とともに導入した．

　村会議員や農業団体の役員は，基本的に各部落の代表であった．産業組合の信用評定委員もすべての部落から選出されていた．彼らは中小地主や自作

---

[23]　以下西目村については，大鎌（1994）による．

上層農であり，村レベルの諸団体に部落の総意により送り出された部落のリーダーであった．村内主要団体の意思決定機関は，総計30名強のこれら部落リーダーにより形成されたのである．意思決定機関では，村や各団体の事業について，各部落の利害を調整しつつ合意を形成した．利害調整は，事前の根回しや長い時間軸に沿った「貸し」や「借り」という自治村落的手法がもちいられ，部落間で平等が図られた．部落のリーダーが部落内でとった利害調整の手法が，部落間でも適用された．このことで調整は出身部落の同意の調達が可能となった．

行政村の事業執行については，部落長が出席する年番会議で議論された．年番会議は毎月1回開催され，納税をはじめ，学事，道路，衛生，徴兵，村有林，調査等，住民に関連する役場業務のほとんどすべてが議論され，事業実施と負担配分に関する調整が行われた．さらに産業組合，農会，耕地整理組合等の団体からの議題も討議された．年番会議のもう一つ重要な機能は，村役場や諸団体の事業に関する住民の要望を伝達する機会であったことである．要望は村政や予算に反映されることになった．

各部落の寄合は，年番会議のあと開催された．議題は，部落固有の問題とともに，役場など村レベルの諸機関の事業について，それにともなう出役など負担の配分とともに議論され合意が形成された．負担の配分は平等主義が基準であったが，場合により社会的ステータスや経済力など「分限に応じた」寄付もあった．行政村レベルからもたらされた議題が寄合の議題に占める割合はほぼ半数に達した．部落は上部の行政機関とつながっていた．

部落リーダーは，部落と行政村レベルの団体との連携を図る要の位置にあった．彼らは部落構成員の意思をふまえ，行政村や産業団体がもたらす開発事業の配分を部落間で調整し，自部落に小農維持機能をもつ事業の利益をもたらすという重責を担った．

こうして，行政村 - 部落代表者による調整機関 - 部落という3層の安定した意思決定と執行システムが形成され，自治村落的利害調整手法を基礎にして意思決定された．部落と構成員である小農は，このシステムをつうじて実施される農業政策に依存することにより，戦間期の激しい社会経済環境の変化に対応しつつ，存続することが可能であった．それは藩政期の行政権力と

藩政村の「双務的関係」が，かたちを変えつつ存続した結果であった．この意味で町村は近代国家と共同体である自治村落とのインターフェイスであったということができよう．こうした地方行政組織や農村諸団体の基本的関係は，近年にいたるまで継続した．

4-3　小作争議・自治村落・国家

戦前期の農村における大きな社会問題の一つは，小作争議であった．

地租改正後も地主小作関係には，藩政期と同様，部落が関与していた．それは小作料の徴収や土地の引き上げを規制し，地主小作双方に自治村落的関係に沿った「節度」を求めた．また部落領域内の農地の流出や入作を防止するため，部落の規約や規則を申し合わせ，農家の行動を規制していた（坂根2002）．

明治期小作地率は急速に上昇した．土地を購入した地主は，自治村落の外に居住する不在地主も多かった．不在地主には自治村落の規制力が及ばないこともあって，彼らは土地を投資の対象として運用するという行動をとった．

1920年代から30年代にかけて全国的に小作争議が発生した．それには時期により異なったおおよそ二つの原因があった．20年代は西日本を中心にした集団的な小作料減免闘争が多く，背後には農村労働市場の展開にともなう賃金上昇があった[24]．30年代は東日本に多い少人数による個別的争議で，地主による小作地の取上げに抵抗し小作の継続を要求するものであったが，この背景には昭和農業恐慌と米価の急落があった（坂根2010）．

小作争議の性格とそれに対処する国家の政策には，すでに齋藤仁が詳細に分析しているように，自治村落が大きく関与していた（齋藤仁1989）．以下齋藤仁の議論を要約しつつ検討しよう．

地主小作関係は，法制度上は近代的土地所有権に基づく農地の賃貸借関係であり，所有権絶対を前提に結ばれた契約関係として民法上は規定される．しかし上述のように，部落は地主小作関係にも規制を加えていた．地主と小

---

[24] 坂根は，20年代の小作料減額闘争は，労働市場の展開にともなって農業労働の機会費用が上昇したことが要因であることから，「機会費用争議」であるとしている（坂根2010）．

作双方が同じ自治村落の構成員であれば，紛争は自治村落のルールや規制にしたがって処理することが可能であった．しかし部落外の不在地主には自治村落の規制が及ばず，小作人の要求に対して民法に基づいた論理で対応する傾向をもつ．それに対し小作人は部落の論理に沿って要求することになる．部落もまた構成員である自小作農や小作農の要求を部落の要求として支援する，もしくは部落が争議の主体になって取組んだ．時には部落の制裁である「村八分」という烈しい手段が執られることもあったが，それは地主に対する闘争手段であると同時に，小作農の組織強化の手段ともなった．こうして小作争議は，地主小作関係を部落の規制関係の中に引戻し，商品経済的な分解作用を阻止して，自治村落の小農維持機能を回復するという「共同体復原運動」という性格をもつものであった．

これに対して30年代の土地取上げ反対闘争は，小規模で部落内での争議も多かった．地主小作とも同じ部落の規制力に服している関係であり，部落内の「世間の眼」もあって，争議はしばしばうちにこもる「陰湿」なものとなることもあった．

小作争議の「解決」には，国家の政策が大きく関与していた．政府が試みたのは，小作法の制定である．農地の小作関係について，民法原則に代えて，小作農の権利と立場を強化する法律を制定しようとした．しかし何度か試みられた小作立法は，地主層の強い反対で流産した．また1926年から始まった地主から小作人へ農地を売渡す自作農創設維持事業は，小規模なものにとどまり小作問題の解決からはほど遠かった．

争議の解決に有効であったのは1924年に制定された小作調停法であった．小作調停制度は，争議の当事者が裁判所へ調停の申立を行い，受理されれば訴訟が停止されて調停が開始されるものである．調停には，裁判官だけでなく，小作官や町村長さらには部落長や地方有志者も参加した．とくに重要な役割を果たしたのは小作官である．小作官は地主小作関係を調査し争議を防止するとともに，発生した場合には調停申立の援助を行い，調停をリードした．また裁判によらない事実上の調停（法外調停）も行った．町村長，部落長，地方有志者などの調停も，小作官が何らかの関与をしていた．

小作官が争議の調停にあたって基準としたのは，流産した小作法案であり，

部落の紛争調停方法と部落の規制であった．部落のルールに沿って，民法の所有権絶対，契約自由という原則を修正し，地主小作関係の安定化を図ろうとしたのである．自治村落的な基準による調停が行われたことにより，それは法外調停にも，争議にいたらないような地主小作関係にも，大きな影響をもった．こうした自治村落的関係を基礎として民法原則の修正が可能となったのは，国家がその基本に社会政策的な原理を取り入れるという変質を示したからでもあった．資本主義経済の発展により，農村にも深く浸透した商品経済原理が自治村落的社会関係を弛緩させた1920年代以降，小農をそれとして維持する自治村落は，国家の政策によりその機構を補完し補強されることが必要であったことを物語るものである．

変質した国家と自治村落との関係は，これ以降昭和農業恐慌対策としての経済更生運動や戦時統制をつうじて，より一層緊密化し自治村落的な色彩を帯びることになったが，それをとおして自治村落は国家への依存を強めることとなった[25]．

5 戦後の経済社会と自治村落の変容

5-1 農地改革と農業政策の強化

戦後改革の一環として実施された農地改革により小作地率は大きく低下し，農家の所有農地は平均1町歩という零細自作農となった．またこれまで執行部として部落を維持してきた在村地主が排除され，部落は経済的にフラットな社会となった．しかし膨大な零細自作農には，自治村落の小農維持機能がより一層求められることになった．

戦後，部落のリーダーに押上げられたのは，経済力が弱体化したとはいえ旧来の「家柄」がある者に加えて，学歴や，軍隊経験という部落外での経験を積んだ者，篤農家などであった．新たなリーダーに求められた能力は，部

---

[25] 経済更生運動や戦時統制経済と自治村落との関係については，大鎌（2003; 2009）を参照せよ．

落規範に沿って意思統一する「説得力」と，強化された農業政策の「利益」をもたらす上部機関にアクセスする能力であった．

　戦後の農業政策体系は，飛躍的に強化された．それは価格政策，金融政策，土地改良，技術普及，生活改善等々，農業生産や農家生活のほぼすべてを包含した．これら政策は，町村，農業協同組合，土地改良区など，いずれも部落を基盤とする団体をとおして実施された．戦後農政の特徴は戦前にもまして，補助金や低利融資など手厚い助成措置がなされたことである[26]．国家の手厚い補助金が付された政策は，町村レベルの団体をつうじて部落に小農維持という「利益」をもたらし，部落の戦後リーダーの機能を補完した．

　農地改革で階層構成がフラットになった自治村落は，国家の農業政策が補助金付きで小農維持という「利益」をもたらすことにより小農維持機能を保持し，部落の対外交渉力と自己拘束的規制という規範が生きつづけたのである．

5-2　高度成長と農業基本法

　1950年代後半に始まる高度経済成長は，農工間所得格差という新たな問題を発生させた．これに対処するために1960年に制定されたのが農業基本法であり，それが目指したものの一つは，農業構造の改善による高生産性農業の実現であった．しかし当時の政治力学から食管制度による米価引上げなど価格政策をつうじた農業所得の確保も盛り込まれ，結局基本法農政は新旧の要素が含まれた「カクテル」といわれた（工藤1993）．

　農業構造改善事業は，農地の基盤整備を行い，高性能の農業機械と生産施設等を導入し，少数の農家による高生産性農業生産を実現しようというものであった．事業の導入は住民の合意をもとに，市町村と農協が一体となって地域の計画を作成し，政府に申請することが必要である．部落の意向を基礎に，部落間の利害を調整し，住民全体の合意が形成された．それは戦前期の事業執行体制と同一の方法であった．導入された多くの事業は部落が実施単位であった．たとえばトラクターなど「大型」農業機械は，部落の機械利用

---

26)　戦後の農業政策については，『農林水産省百年史』編纂委員会（1981）を参照せよ．

組合により共同利用された．機械利用組合は，部落が生み出した機能組織であり，利用機会と費用の負担は，平等に構成員に配分された．ここでも自治村落の原則である平等主義的が貫徹した．構造改善事業と並行して実施された近代化資金の融資など農協の事業も，基本的にすべての組合員に平等に提供された．部落代表により構成された農協理事会は，平等主義を原則として運営された．こうして零細自作農の解消と合理的な高生産性農業を目指した構造改善事業がねらった農家の分解は，部落の平等主義により阻止され，その効果は薄れた．また価格政策による高米価は，それ自体零細な小農を維持する機能を果たした．基本法農政は，自治村落の関係とその機能を維持しむしろ強化する結果をもたらした．こうして部落の社会関係はこの時期も存続し続けた．

5-3　兼業化・混住化と自治村落の変容

しかし高度成長による農工間の賃金格差は，農村の労働力の流出を加速した．流出は挙家離村ではなく，在宅のまま流出する兼業化という形態が主流であった．兼業化の進行は著しく，農民層の動向は「兼業農標準化」という傾向が明確であった（齋藤仁 1999）．兼業化には自治村落における家の規範が作用していた（工藤 1993）．

兼業化は，自治村落の構成員である戦後自作農の性格を大きく変えた．すでに 1970 年には第二種兼業農家が農家の半数を超え，専業農家は 16％ に激減した．農家の過半がその経済的基盤を非農業に移し，それにともなって農家の「生活世界」は農村の外部に拡大した．また兼業農家にとり「家業」である農業の意味は薄れ，「家産」である農地も高度成長による地価上昇に促進されて，たんなる資産に転化し始めた．さらに都市化により農業集落に非農家が居住する混住化も著しく進展した．

急速な兼業化と混住化により，部落の構成員は異質化と多様化を強め，小農維持という自治村落の目的が，全構成員に共通のものではなくなった．しかし近隣相識の関係と，部落社会のなかで生涯を送ってきた「昭和一桁」世代がその中核を占めている間は，上記のような農業農村政策の小農維持機能

もあり，70年代半ばからの「減反政策」が部落の規制力に依拠して行われたこともあって，自治村落的関係は存続した．

1980年代以降，農家戸数は減少をはじめたが，それは農家家族の減少と高齢化をともなっていた（大内 2005）．この時期農業生産の担い手不足問題が顕在化した．また土地基盤整備の進展により農地が高能率高生産性圃場となった地域では，新たに法人経営等の担い手が出現したが，その経営規模は部落の領域を超えるものも少なくなかった．畜産等大規模施設による少数精鋭の経営も，部落との関係が希薄となった．これにともなって新しい農業経営を対象とした農業施策の導入に関する町村レベルの意思決定は，戦前以来の部落を基礎とした全員参加型ではなく，当事者の意向を重視するものとなった．さらに市町村や農協の広域合併は，これまでの意思決定方法を続けることを困難にしている．戦前期に形成された農村の意思決定システムは，自治村落的関係の変貌とともに，変化したのである．

少数ながら残った専業農家の家族関係も大きく変化した．すでに60年代の農家家族は直系家族という形態を残しながらも夫婦単位に分節化するという変化の兆しをみせはじめたが，90年代には夫婦家族への移行を一層強める傾向を示した（川手・西山 2005）．直系家族で構成され家族員の行動を強く規制していた家制度は，大きく変貌したのである．

こうして1980年代以降農村の自治村落や家族の社会関係は，大きく変質しはじめた．しかし農村に共同体としてのすべての要素がなくなったわけではない．混住化した集落では，農家だけの組織となった農事実行組合が行う水路清掃や農道整備も，まだまだ完全に廃れてはいない．現在直売所や加工所を核とした農村女性グループ活動は活発である．300年に及ぶ歴史的経験の蓄積が，新たな組織活動に対するメンタリティとして，かたちと機能を変えながら残存している．とはいえ現在の農村に残る共同性は，自治村落がそなえていた自己拘束的規制がゆるみ，その反面自由な個人的な意思により結合した集団的関係という要素をもち始めているのではないか．それは自治村落のように世代を超えて永続するものとは言えない．現在の農村社会は，その意味で安定した関係に欠けている．いかにして新たな安定した関係が形成できるのか，今後の大きな課題である．

6 おわりに

　これまで検討してきたように，東アジアの他地域とほぼ同時代に形成された日本の小農社会は，内部には規範を共有する強い規制力をもち，上部行政権力に対する自治能力をもった共同体＝自治村落として形成された．その特徴は，次のとおりであった．

　第一に，自治村落の構成員である小農家族は，ほぼすべてが均質な一子相続による直系家族で，家名・家産・家業をもちその永続を至上命題とする強い規範に包まれた「家」制度を形成した．その規範により，家族員はそれぞれの立場に応じて自ら拘束することにより，「家」の維持と永続が図られた．

　第二に，自治村落の藩政村としての自治能力は，構成員である「家」が共有する自治村落の規範に基づく規制力が基礎にあった．村は強い権限，組織，機能を持ち，生産と生活を含む広範囲な共同体的事業を展開した．「家」の存続は自治村落の事業により補完された．重要なことは「家」相互に形成する共同体的規範と規制力がほぼ自治村落の範囲で完結したことである．こうして自治村落は，構成員である「家」の存続をつうじた村落自体の存続を目的とする共同体であった．

　第三に，自治村落は近世封建制国家の末端支配の自治的機構として形成され，国家との関係を内包した共同体的関係であった．それは権力に抵抗しつつ依存した．近世国家は，「撫民」という役割期待に沿って，収奪しつつ農業生産環境の整備等小農維持手段を「還元」した．国家と自治村落の間に，収奪と再分配という「双務的関係」が形成された．この結果国家―自治村落―「家」が，「公」「私」の連鎖で結ばれた．相対的に独自の領域と規範をもちつつ相互に依存しあう安定した関係が形成された．この関係は明治国家でも再編されつつ継続し，小農保護政策ともあいまって，戦後の高度成長期まで継続した．しかし「家」の兼業化と混住化は自治村落構成員を異質化し多様化させ，およそ300年間継続した自治村落は大きく変貌することとなった．

　ところで日本とほぼ同時期に形成された東アジアの小農は，いずれも何らかの規範を共有する共同性を形成したが，しかしそれは上記のような自治村

落や国家との関係とは大きく異なっていた．歴史的に形成された社会構造や，それを基礎とした国家の支配機構が，近世封建制による村落一円支配が成立した日本と，別な国家機構をとった中国と韓国というように大きく相違しており，そうしたことが小農社会のあり方を大きく左右したのである[27]．具体的に触れよう．

　岸本は，中国の家（チア）とは，「同居共財」の家族を意味したり，また父系血縁団体である宗族をさすこともあり，その範囲は一定していないと指摘している．家は父系をつうじて無限に拡張していく「気」の流れを本質とみる観念に基づくもので，特定の生業を行う単位ではなく，個人の生まれにより職業や社会的地位が決まることはない．また岸本は，費孝通の「差序格局」の概念を援用しつつ，個人は自分を中心とし薄まりながら同心円状に周縁に広がっていく人間関係を形成しており，その範囲はそれぞれ異なる．そうした関係の重なりのなかで，宗族，村落，同業組合等の団体が組織されると述べている．こうした団体の結合は，一面機会主義的打算的関係であるが，他面では「同気」の観念により個の利害を滅却するような強い関係も生み出す可能性をもつこともあり，多様性を示すと指摘している[28]．このことをふまえると中国では「家の永続」という観念と規範は希薄であろうし，小農相互の共同体的関係は個人間の関係という性格が強く，世代を超えた行動規範を形成することはできない．さらに国家の支配機構のなかにこうした共同性が安定的に組込まれることもなかろう．こうして中国の小農社会は，日本とは対極的な「柔らかい」タイプの構造であった（岸本1998）．

　朝鮮の小農社会について宮嶋は，在地両班，常民，奴婢等の身分制があり，支配階層を含む複合的な階層で形成され，しかもそれぞれの階層ごとに中間組織が形成され，その領域も異なっていたと指摘している．そのなかで小農は血縁や地縁を契機とする多様な相互扶助がみられたが，その組織と機能は柔軟で多様であった．また家（チプ）の意識は，儒教的血縁関係という両班

---

27) 日本でも自治村落的関係の不在な小農社会が存在するが，その形成過程と社会構造については，鹿児島は坂根（1996）を，北海道は田畑（1986）と坂下（2009）を，沖縄は仲地（2009）を，それぞれ参照せよ．
28) 中国の明清時代の社会については，岸本・宮嶋（1998），岸本（1998）による．また村松（1975）も参照せよ．

層をモデルとしたイデオロギーや行動様式が下位の階層までおりてきた結果形成されたもので，社会的上昇志向の強い内容をもち，かつ日本のような家業意識をもたなかった．さらに宮嶋は中国や日本と比較して朝鮮の中間団体の特徴が「統一的なアイデンティティの欠如」にあったことを指摘している[29]．朝鮮の小農社会は，小農に共通する普遍的な規範意識を形成することが困難な社会であった．

　こうして東アジアにほぼ同時期に共通して成立した小農社会は，それぞれの歴史性と社会関係のあり方に応じた各国固有の関係性と規範意識を形成した．これらの相違は，歴史的過程の分析概念にとどまらず，現状の農業問題や社会問題の分析にも意味をもつものではないであろうか．日本の高度経済成長による共同体の分解作用を自治村落と「家」の規範意識が受け止め，兼業化という労働力の流出形態をとったことは一例である．

　しかしこれまでのところ東アジア 3 ヵ国の「伝統」とその機能に関して，比較史に必要な共通する座標軸が必ずしも明確ではない．本章では日本の小農社会について，東アジアの小農社会を意識しつつ，「家」と自治村落の規範意識とその機能という観点から，やや大胆に整理を試みた．齋藤仁の自治村落論自体が，上述のように日本の農業村落を，西欧や東南アジアと比較し，相対化するなかで形成された議論であった．各国の家族と共同体の規範意識のあり方を一つの軸に据えつつ多様な側面での比較を進めることが，重要ではないかと思われる．

参考文献
崔在錫著，伊藤亜人・嶋陸奥彦訳 1979.『韓国農村社会研究』学生社.
深谷克己 1993.『百姓成立』塙書房.
藤木久志 2005.『刀狩り —— 武器を封印した民衆』岩波書店.
古島敏雄 1956.『日本農業史』岩波書店.
平野哲也 2010.「近世」木村茂光編『日本農業史』吉川弘文館.
速水融・宮本又郎 1988.「概説 17-18 世紀」速水融・宮本又郎編『日本経済史 1 経済社会の成立 17-18 世紀』岩波書店.

---

29) 以上，宮嶋 (1995)，岸本・宮嶋 (1998) による．朝鮮の農村社会については，崔 (1979) も参照せよ．また松本 (2009) は，朝鮮小農の家観念が，日本と大きく異なっていたことを指摘している．

速水融 2003.『近世日本の経済社会』麗澤大学出版会.
池上裕子 1994.『岩波講座日本通史第 10 巻中世 4 戦国の村落』岩波書店.
────── 2002.『日本の歴史 15 織豊政権と江戸幕府』講談社.
磯田進 1951a.「村落構造の二つの型」日本法社会学会『法社会学』1.
────── 1951b.「農村構造の『型』の問題」東京大学社会科学協会『社会科学研究』3(2).
岩崎正弥 1997.『農本思想の社会史 ── 生活と国体の交錯』京都大学学術出版会.
岩本純明 2009.「林野資源管理と村落共同体 ── 国有林経営と地元利用」大鎌邦雄編『日本とアジアの農業集落 ── 組織と機能』清文堂.
川口諦 1995.『家と村 ── 共生と共存の構造』農山漁村文化協会.
川手督也・西山未真 2005.「農家家族関係の変容と家族経営協定」戦後日本の食料・農業・農村編集委員会編『戦後日本の食料・農業・農村第 11 巻 農村社会史』農林統計協会.
岸本美緒 1998.「東アジア・東南アジア伝統社会の形成」『岩波講座世界歴史 13 東アジア・東南アジア伝統社会の形成』岩波書店.
岸本美緒・宮嶋博史 1998.『世界の歴史 12 明清と李朝の時代』中央公論社.
工藤昭彦 1993.『現代日本農業の根本問題』批評社.
松本武祝 2009.「植民地朝鮮における普通学校卒業生指導と家族制度」大鎌邦雄編『日本とアジアの農業集落 ── 組織と機能』清文堂.
宮嶋博史 1994.「東アジア小農社会の形成」溝口雄三・浜下武志・平石直昭・宮嶋博史編『アジアから考える 6 長期社会変動』東京大学出版会.
────── 1995.『両班』中央公論社.
水本邦彦 1987.『近世の村社会と国家』東京大学出版会.
村松祐次 1975.『復刊中国経済の社会態制』東洋経済新報社.
長妻廣至 2001.『補助金の社会史 ── 近代日本における成立過程』人文書院.
仲地宗俊 2009.「沖縄における村落の組織と機能」大鎌邦雄編『日本とアジアの農業集落 ── 組織と機能』清文堂.
中根千枝 1970.『家族の構造』東京大学出版会.
────── 1987.『社会人類学 ── アジア諸社会の考察』東京大学出版会.
新田一郎 2001.「中世」水林彪・大津透・新田一郎・大藤修編『法社会史』山川出版社.
『農林水産省百年史』編纂委員会 1981.『農林水産省百年史下巻』農林統計協会.
大場止已 1978.「豊原村と家の形成過程」豊原研究会編『豊原村 ── 人と土地の歴史』農業総合研究所.
大石慎三郎 1977.『江戸時代』中央公論社.
大鎌邦雄 1981.「1920 年代の農業倉庫について ── 秋田県由利郡の事例を中心に」農業総合研究所『農業総合研究』35(1).
────── 1987.「稲作技術開発と系統農会 ── 秋田県の事例を中心に」農業総合研究所『農業総合研究』41(1).
────── 1994.『行政村の執行体制と集落 ── 秋田県由利郡西目村の「形成」過程』日本経済評論社.

―― 2003.「戦時統制政策と農村社会」戦後日本の食料・農業・農村編集委員会編『戦後日本の食料・農業・農村第 1 巻 戦時統制期』農林統計協会.
―― 2009.「経済更生計画書にみる国家と自治村落 ―― 精神更生と生活改善を中心に」大鎌邦雄編『日本とアジアの農業集落 ―― 組織と機能』清文堂.
大藤修 2001.「近世」水林彪・大津透・新田一郎・大藤修編『法社会史』山川出版社.
―― 2005.「小経営・家・共同体」歴史学研究会・日本史研究会編『日本史講座第 6 巻 近世社会論』東京大学出版会.
大塚英二 2002.「百姓の土地所有」渡辺尚志・五味文彦編『土地所有史』山川出版社.
大内雅利 2005.『戦後日本の農村社会変動』農林統計協会.
齋藤仁 1971.『農業金融の構造』農業総合研究所.
―― 1989.『農業問題の展開と自治村落』日本経済評論社.
―― 1999.『農業問題の論理』日本経済評論社.
―― 2009a.「日本の村落とその市場対応機能組織 ―― 批判への答えを中心にして」大鎌邦雄編『日本とアジアの農業集落 ―― 組織と機能』清文堂.
―― 2009b.「日本農村の頼母子講」大鎌邦雄編『日本とアジアの農業集落 ―― 組織と機能』清文堂.
斎藤修 1988.「大開墾・人口・小農経済」速水融・宮本又郎編『日本経済史 1 経済社会の成立 17-18 世紀』岩波書店.
坂下明彦 2009.「北海道十勝畑作地帯の農業展開と集落構造 ―― 音更村旭集落小史」大鎌邦雄編『日本とアジアの農業集落 ―― 組織と機能』清文堂.
坂根嘉弘 1996.『分割相続と農村社会』九州大学出版会.
―― 2002.「近代的土地所有の概観と特質」渡辺尚志・五味文彦編『土地所有史』山川出版社.
―― 2010.「近代」木村茂光編『日本農業史』吉川弘文館.
佐藤章夫 2010.『農業水利と国家・ムラ』農林統計協会.
佐藤常雄・大石慎三郎 1995.『貧農史観を見直す』講談社.
鈴木栄太郎 1968.『日本農村社会学原理』(鈴木栄太郎著作集Ⅰ・Ⅱ),未來社.
田畑保 1986.『北海道の農村社会』日本経済評論社.
竹内利美 1990.『村落社会と協同慣行』名著出版.
田中圭一 2000.『百姓の江戸時代』筑摩書房.
渡辺浩 2001.「『おおやけ』『わたくし』の語義 ――『公』『私』,"Public" "Private" との比較において」佐々木毅・金泰昌編『公共哲学 1 公と私の思想史』東京大学出版会.
―― 2010.『日本政治思想史 [17〜19 世紀]』東京大学出版会.
渡辺尚志 1994.『近世の豪農と村落共同体』東京大学出版会.
―― 2004.「村の世界」歴史学研究会・日本史研究会『日本史講座第 5 巻 近世の形成』東京大学出版会.
横田冬彦 2002.『日本の歴史 16 天下太平』講談社.
吉田ゆり子 2004.「兵農分離と身分」歴史学研究会・日本史研究会編『日本史講座第 5 巻 近世の形成』東京大学出版会.

第10章

熱帯アジアの森林管理制度と技術
—— 現地化と普遍化の視点から ——

生 方 史 数

1 はじめに —— ウエスタン・インパクトと森林管理

　森林破壊は，最も古い環境問題の一つである．森林をいかに管理・利用するかは，比較的早くから社会や国家によって認識されてきた．また，森林管理の歴史はヨーロッパに始まる近代化の歴史とも大きく重なる．19世紀にいわゆるウエスタン・インパクトを受けたアジア諸国は，植民地化に巻き込まれつつ近代化の過程を歩みはじめるが，それは森林管理においても例外ではなかった．18-19世紀にかけてドイツやフランスで確立した科学的な林業や森林管理の普及が図られたのである．
　科学的林業は，18-19世紀にかけてドイツで生まれた育成林業に端を発する．王室や貴族，ユンカーなど当時の大土地所有者が所有する森林において，商業的に価値の高い森林ストックを保持しつつ，いかにして最大の年間産出量（フロー）を得るか ── これがドイツで確立した林業の要諦であった．やがて，この目的に沿ったかたちで科学としての林学が成立し，経営モデルとしての科学的林業・森林管理制度ができあがった．科学的林業は，こうした背景をもつため，多分に温帯的で西欧中心的な自然と社会を前提としていた．経営上の理想の森林は，同一のライフサイクルを繰り返す単一樹種の方正林

(regular forest) とされ，そのように均一化された森林を想定したうえで，最大持続産出量 (maximum sustainable yield) や最適伐期といった概念を駆使した理論モデルが組み立てられた．また，商業的な林業モノカルチャーを志向し，用材生産以外の活動を軽視する傾向があった．

これらの前提が，世界の他地域，とくに熱帯の自然や社会にそのまま適用できないことは明白であろう．方正林に類似するような自然景観は，温帯や亜寒帯では比較的想定しやすい．これに対し，熱帯林のほとんどは多様性の高い天然林であり，人間にとって価値の高い有用樹は広範囲に散在しているのが一般的である．また，商業的な林業モノカルチャーのイメージは，当時の西欧の大土地所有者には現実的であったかもしれないが，熱帯アジアの森林地帯の住民——典型的には焼畑移動民——の実態からは大きくかけ離れたものであった．

19世紀末までに，熱帯アジアのほとんどの地域は西欧列強による植民地支配下に入り，林産物においては，宗主国にとって商業的価値のあるチークなど用材の輸出が期待されるようになった．しかし従来，それらは現地の住民の生活にはほとんど関係のない産物であり，他方，沈香，ガッタパーチャ[1]などの非木材林産物のほうはかれらの貴重な現金収入となっていた．

以上のような状況のなかで，西欧で教育を受け，植民地に派遣された当時の森林官たちは，科学的林業・森林管理の制度と技術の移植を試みた．基本的には西欧で成立した普遍的モデルの導入を図ったが，同時に熱帯林の自然条件と現地の実態に適合させるある程度の修正，つまり「現地化」を行わざるを得なかった．普遍的学問体系としての「林学」が前者であり，インドを中心とした植民地における科学的林業の実践のなかから成立した「熱帯林業（林学）」が後者に属する（水野 2006）．そして，19世紀から20世紀初頭にかけて，インドで確立したその「ひな形」が植民地ネットワークや科学者・専門家のネットワークをつうじて世界に普及していった（Barton 2002; 水野 2006）．アメリカ合衆国やフィリピン，シャム（タイ）はその典型例である．

これら科学的林業・森林管理の導入の影響，つまり森林資源や地域社会に

---

1) 樹木から採取される野生ゴムの一種で，19世紀には海底ケーブルの絶縁体に使われた．

与えた帰結は，国や地域によって大きく異なる．たとえば，温帯域に属する日本の戦前までの森林管理は，政府がその管理制度に住民の慣習を巧みにとりいれた「成功」例とされ，西欧の技術や制度の影響は限定的であった（岩本 2009）．これに対し，西欧の制度や技術をかなり忠実に採用した熱帯アジアでは総じて森林管理に失敗し，現在にいたるまで森林破壊の問題が深刻である．そこでは，当時グローバル・スタンダードになっていた西欧の制度や技術をなぜうまく導入し，定着させることができなかったのであろうか．

　熱帯アジアの森林史研究では，植民地支配とウエスタン・インパクトが，在来社会の調和的資源利用システムを破壊したという見方が主流であった．そこでは，農民や焼畑民といった在来社会を構成する人たちが，科学的林業や森林管理の導入の結果としてのアクセスの制限に対して積極的・消極的に抵抗したこと，そしてそのような「強制と抵抗」の歴史が森林資源の保全にネガティブな影響を及ぼしてきたことが重要視されている．つまり，森林行政による技術や制度の普遍的モデルの導入と，それに抵抗する在来社会という対抗の構図が描かれてきたのである（Peluso 1992; Bryant 1997; Guha 2000）．

　しかし，森林をめぐる国家と住民の対立は，程度の差はあれ多くの国で生じた共通の問題である．筆者は，日本などでは問題がうまく処理されたにもかかわらず，熱帯アジアでなぜ対抗構造が生まれ，それが解消に向かうことがなかったのかが問われなければならないと考える．すなわち，同じ西欧の森林管理技術と制度の導入がもたらした影響の大きさと社会の反応の違いを，地域間比較をつうじて，より統一的・連続的に理解する必要があるのではないかと考えている．

　そのような意味で，産業技術の発展に関する研究枠組み，とりわけウエスタン・インパクトを受けた幕末以降の日本の産業技術の発展を，政府・財界人・知識人の主導する「上」からの技術移転の流れと在来産業による「下」からの適応の流れの相互連関のなかで分析してみせた中岡の視座は，大いに参考になる（中岡 2006）．本章では，この枠組みを部分的に援用し，森林の利用・管理に関する普遍的な制度・技術の導入（「普遍化」）とそれに対する在来社会の反応と受容（「現地化」）ないしその失敗という視点から，現在にいたるまでの熱帯アジアの歴史的経験を整理・分析し，それをつうじて，同

地域の近代化径路の特徴を浮かび上がらせてみたい．以下では熱帯アジアに共通する特徴を意識しつつ，事例としては東南アジアを中心に論じる．南アジア（インド）は熱帯林業の先進地域であり，ここでの目的に照らしても非常に重要な地域であるが，限定的に言及するにとどめた．

　本章で言う「普遍化」とは西欧由来の近代的モデル，あるいはそこから派生した二次的モデルが普及していく過程，「現地化」とは，そうした普遍的モデルを現地の実情に合わせて改変していく過程を指す．両者は対立概念であるが，重要だったのは，ある程度現地化されたモデルを普遍的に普及させようとするといったもう少し複雑な過程である．ただしその場合でも，現地化の努力が既存の社会経済の実態となお十分に適合せず，先に述べたような対抗の構造をつくりだすことが多かったことも否定できない．

　次節では，森林管理と密接に関連する（おもに農地についての）土地制度が，やはり西欧の近代的土地所有という「普遍的」な制度の導入であったにもかかわらず，比較的スムーズに熱帯アジアに根づいていった経緯を整理し，森林との違いを明らかにする．次に第3節では，森林資源の管理制度と技術が導入されていった過程を概説し，第4節ではそれに対する森林地域における在来社会の反応を論じる．以上をふまえ，最後に，熱帯アジアにおける制度や技術の「現地化」がいかなる側面において生じ，他の側面において生じなかったのかを，日本の近代化径路と比較しながら総括する．

2 森林管理と土地制度

　森林の管理・利用のための制度や技術を考える際には，「上物」（樹木や非木材林産物）と「土地」（林野）を区別することが重要である．植物体としての森林の制御は，人間が技術をつうじて前者の「上物」に働きかけるという性格が強いのに対し，社会政治空間としての森林の制御は，制度の構築・運用をつうじて後者の「土地」に対する人間の権利関係を統御するという側面が強い．以下ではまず，後者の側面に着目し，農業が営まれる場である農地との対比で，林野の土地制度がいかに形成されたかを明らかにする．

2-1 農地制度における普遍化と現地化

近代以前の熱帯アジアは，ジャワ島やインドの一部を除き，一般に「小人口世界」(坪内 1998) であった．そうした地域では，相対的に豊富な未利用資源を利用しながら生活が営まれ，流動性が高く，またタイトな地縁組織をもたない社会ができあがる傾向があった．「フロンティア社会」(田中 2002) や「ルースな社会」(Embree 1950) などといった性格規定は，いずれもこのような農村社会の特質を的確に表現したものといってよいだろう．

このため，15-17 世紀の「交易の時代」から 19 世紀ごろまでにこの地に栄えた国家は，土地よりも人を治めることに大きな関心があった．土地からの租税を富の源泉とした東アジア的な農業国家とは異なり，人民に賦課したさまざまな産物や労役を基礎とし，それによって得た産物の交易から富を得る「港市(港湾)国家」であった (北原 2004)．したがって，そこでは領域を制御することのできる土地制度は発達せず，パトロン＝クライアント関係の連鎖を統括することによって権力と富の基盤を維持発展させてきた (Kitahara 2008)．このような国家の領域は，支配者である王の影響力によって伸縮し，周辺に行くほど弱くぼやけたものになってゆく[2]．なかでも森林の卓越する山間部は，平野部や盆地にある国家権力の影響が及びにくい地域であった．したがって，森林地域は未利用資源の宝庫であり，開拓フロンティアであったと同時に，国家による支配から逃れる人々にとっての避難場所であり，相対的に自律性の高い社会を保っていたのである (Scott 2009)．

しかし，19 世紀以降，熱帯アジアは次第に植民地支配下に入り，辺境地域も植民地政府による国家統合のプロセスに巻き込まれていく．そして，商品作物の導入やプランテーションの開発にともなう土地需要の増大，地税の安定的徴収の必要性といった理由から，近代的土地制度の導入が図られていく．熱帯アジアに導入された近代的土地制度の典型例は，英領インドで 18 世紀末から 19 世紀初期に確立したザミンダーリー制とライヤットワーリー

---

[2] 東南アジアにおけるこのような国家は，「マンダラ国家」(Tambiah 1976) や「銀河系政体」(Wolters 1982) などとも呼ばれる．

制である[3]. 以後，これらが「ひな形」となって，他の熱帯アジア地域にも近代的土地制度が導入されていった．たとえば，英領ビルマでは，1870年代までにライヤットワーリー制を基礎とした地税の徴収が制度化された（岡本 1997）．

しかし，東南アジアへの近代的土地制度の導入を全体としてみると，現地住民のための保留地を設けたり，慣習的な土地法との統合を試みたりするなどの配慮がみられ，ある程度の「普遍化」と「現地化」がバランスをとりながら進行していったといえよう[4]．

たとえば，列強の植民地支配を免れたシャムでは，在来の制度がより多く取り込まれた．土地制度制定の流れに，近代的で「絶対的排他的」なものと，利用の強度に応じて権利が強まる「段階的」なものという2種類の流れがあり，両者が統合されたのは1930年代のことである（北原 2002a, 2002b）．また英領マラヤでは，マレー人のために土地を保留し自給用の稲作に従事させる一方で，それ以外の土地ではゴムやココヤシなどの商品作物や錫鉱山などに供するため，近代的土地所有・登記制度が導入された（藤本 1997）．さらにサラワクでは，1863年土地法によってすべての土地は国有とされ，外国企業にリースされたが，現地住民の耕作権は，慣習権に基づき保留された土地（のちの「先住慣習地」）において保障されることとなった（市川 2010）．

2-2 「残余地」としての森林

農地制度が土地制度の表側であるとすれば，林野の制度はその裏側であるといえる．というのも，農地は森林や河川沿いの低湿地などの荒蕪地を開拓

---

[3] ザミンダーリー制は，徴税請負人（ザミンダール）の排他的な私的土地所有権を認め，彼らをつうじて耕作者から間接的に地税を徴収する方式，ライヤットワーリー制は，個々の農民の耕作地を測量し収益性を算出したうえで，国家が農民から地租を直接徴収する方式である．
[4] しかし，ある程度の「現地化」がなされたとはいえ，その程度は東アジアよりも弱かった．測量も遅れ土地台帳が未整備で土地に関する歴史的なデータ蓄積がなかったこと，租税全体に占める地税の重要性が相対的に低かったこと，所有者の権利立証が困難であったため，住民の所有権保持のインセンティブが弱かったことなどの理由から，私的所有権の確立に不可欠な領域の確定が進まず，土地制度の不備をもたらしていった（水野・重冨 1997）．このため，制度と実態の乖離が大きくなってしまったのである．

することによって得られるからである．熱帯アジアのなかでも「小人口世界」であった東南アジアには，近年までそのような土地が豊富に存在していた．これらの土地のなかには，オープンアクセスの開拓フロンティアもあれば，焼畑の休閑地などのように一族共有の土地であり，一時的に私的利用に供されるような土地や，個人が占有してはいるがまだ開墾していないような土地もあった．また利用実態も，全くの未利用地，狩猟採集のための土地，焼畑休閑地などと多様であり，そこにだれがどのような権利をもち，どのように利用されているのか，外部の人間には把握しにくかった．しかも，住民自身もこのような土地資源への権利意識はそれほど高くなかったのである．

　要するに，これら荒蕪地は「残余地」としての性格をもつ．だれかが権利をもち利用していることが明確にわかる私有農地とは異なり，権利実態も利用実態も多様かつ流動的で，これらを明確に規定し区分する近代法にはなじみにくい．したがって，近代的土地制度の導入は，二つの面でこのような多様性・流動性を法的に解消させる方向に作用した．一つは，前述したような農地開拓と農地制度の導入による私的所有権の強化である．もう一つは，林野の国有化による転用規制とその強化である．たとえば，サラワクでは，前述のように，1863 年土地法により所有権の立証できないすべての土地は国有地であると宣言された．蘭領東インドでも，1870 年土地法により同様の国有地宣言が発せられた（水野 1997）．シャムにおいても，ビルマから招かれ，森林局の初代局長になった H. スレード（Herbert Slade）が 1896 年に北部に視察旅行を行い，その報告書において，ビルマの森林管理ではもはや常識であった森林の国家所有の原理を打ち出した（北原 2009）[5]．

　ここで特筆すべきは，農地制度の浸透過程では「普遍化」と「現地化」がある程度のバランスをとりながら進行したのとは対照的に，林野の制度においては，一部を除いてこのような意味での「現地化」がほとんどなされなかったことである．その理由は，二つ考えられる．一つは，私的利用に供される土地に私有権を確立するのと同様に，「残余地」である林野を「無主の土地」とみなし，国有化して一元的管理に移すことで，少なくとも法律上は，

5）　ただし，シャムでは国家が森林の国家所有を正式に規定したのはかなり後のことで，1938 年の森林保護法が最初であるといわれる（北原 2008）．

実態を解釈することなしに「残余地」の権利主体を明確に規定することができたからである．その結果，熱帯アジア全域で領域（植民地）国家が成立する過程で，森林のある山間部や辺境地帯など，中核的な農地として私有地化の対象とならなかったところは，ほとんどが国有地となっていった．つまり「残余地」がもつ多様な実態は，国家によって画一化・単純化して制度化され，国有地として国の管理下に置かれたのである[6]．

　もう一つは，辺境地域の「領域化」(territorialization) による西欧流の領域国家形成への寄与である．領域化とは，「人々を特定の地理的領域内に包含したり，そこから排除したり」することで，「その領域内で人々がすることや天然資源へのアクセスを制御する」概念を指す (Vandergeest and Peluso 1995: 388)．つまり，領域の確定とその領域の権利主体の確定という二つの作業を行うことで，辺境地域の国家への政治統合を促進する働きを担ったのである．たとえば，シャムでは，林野の国有化と森林局による一元的管理には，地方土侯の利権が強かった山間部・辺境部の森林地帯を中央集権化する意図があったといわれている（北原 2009）．領域を地図化したり，ゾーニングしたりする新しい技術は，この過程を推進する働きを担った (Winichakul 1994)．それによって，自律性が高く支配関係が流動的であった辺境地域は，国有地という国家直属の領域となっていったのである．

　ただし，こうして「残余地」の一つである森林は法的に国家管理のもとにおかれたが，実際には決して一元的な管理の対象だったわけではなく，国家ですらそう認識してはいなかった．国有地化された森林は，人々による私的あるいは共同の占有や利用が認められる区域と，それらが認められない区域とに分けられることが多かった．蘭領東インドでは，国有地は原住民占有権など住民の権利の及ぶ「不自由な国有地」と，西欧人による永借地権の対象となり，住民の権利は慣習共同体処分権に制限される「自由な国有地」に区分され，それは独立後に関連法規が破棄されるまで続いた（水野 1997）．シャムでも，民法典のなかで，国家の「公共財産」として，一定の手続きを経たのち私的占有が可能な「荒蕪遊休地」，国家の特定用途のための財産，人民

---

[6] 「国家＝最高地主説」というべき英蘭両国によるアジア支配の認識が，このような国有化のイデオロギーとして機能したともいわれる（石川 2008）．

の共同の利用に供される財産の3種類が規定されている（重冨1997）.

　当然ながら，人々の占有が認められない土地では人々の土地へのアクセスは制限された．一方，政府当局は，おもに西欧系の伐採企業に対して特定の領域に一定期間伐採権を発行し，これを制御することで森林を管理しようとした（コンセッション・システム）．つまり，国有地とされた森林には，住民による開拓，企業によるプランテーション開発や森林開発，さらには時代が下るにつれ重要になっていった森林保護・野生生物保護など，さまざまなアクターによる異なる利用実態が入り混じっていたのである．しかし，それらは国有地内で明確に区分されてはいなかった．区分されていたとしても，当時の国家にはその実効性を保障するだけの能力はなかった．そのような意味では，多様性・流動性の解消は全く中途半端であったといわざるを得ない．結果として，林野においては農地以上に制度と実態の乖離が大きくなっていった．そういうなかで，長年域内に住み，焼畑や農業などで生計を立ててきた住民たちが「違法」耕作者というレッテルを張られ，「犯罪者」として扱われるといった事態も発生した．

　19世紀末から20世紀初頭までの時期は，熱帯アジアで近代的土地制度が確立した時代であったといえる．しかし，インド，ジャワやマラヤなど一部の先進地域を除けば，これらの制度は総じてあまり実質的意味をもたなかった.制度を実効化するだけのモニタリング能力が国家になかったからである．問題が表面化するのは，国が何かの事業を行うため，特定の土地に関心を示したときにほぼ限られていた.管理が強化されるのは，植民地が独立して「開発の時代」を迎え，森林開発が加速化する一方で，保存林や国立公園の指定など森林保全の動きが活発化する1950年代以降のことであった[7]．

---

[7]　保存林（reserved forest / forest reserve; 保留林とも訳される）は，植生や国土の保全を図りながら，木材生産を永続的に維持していくために指定された森林のことを指す．指定区域においては，許可のない企業や住民の森林利用は原則禁止される．これに対して国立公園や野生生物保護区などでは，自然のままに残しておくことが目的であるので，木材生産も全面的に禁止される．

3 熱帯林と資源管理

3-1 伐採権管理と天然林での林業技術

既述のように，森林管理の制度や技術には，土地に関するものと「上物」，すなわち資源に関するものに分けられる．以下本節では，後者の森林資源，すなわち木材や非木材林産物などをどう管理しようとしてきたかを整理したい．

国有地となった森林は国家が管理主体となったが，森林資源の利用主体は実際には国家ではなく，木材伐採を行う国内外の民間企業や，林産物採取や農地開拓を行う住民たちであった．したがって，国家は，特定の場所に一定期間森林へのアクセスを保証する権利を付与することによって，これらの利用主体を管理しようとした．森林開発のごく初期の段階や，ボルネオ島など林産物資源の豊富な地域では，イリッペナッツ[8]，ガッタパーチャ，ツバメの巣，沈香など，さまざまな非木材林産物が森林からの主要産物であり，これらは属人的なネットワークによって統括されていた．しかし，木材が主要な産物になるにつれ，それらの伐採・搬出には林道整備など土地への一定の投資が必要になるため，属地的な管理が必要になってくる．政府は，伐採企業に対して，コンセッションの制御によって，森林からのレント（地代）の一部を回収しながら持続的に森林を管理しようとした．

このような方式によって伐採される樹種は，初期にはチーク材が主であった．チークは今日家具材として使用される高級材であり，19世紀当時は船の建材としても使用されていた．英領ビルマ，蘭領ジャワ，シャム北部には良質のチーク林が存在し，これらの国々では，チーク材は20世紀初頭まで主要な輸出品目の一つであった[9]．ビルマとシャムでは，ボンベイ＝ビルマ社やボルネオ社といった西欧系の伐採企業が多くのコンセッションを取得していた．その後，チークだけでなく，フタバガキ科などさまざまな樹種を対

---

8) フタバガキ科樹木からとれる種子で，油脂原料としてもちいた．テンカワンとも呼ばれる．
9) シャムでは，チークは米，ゴム，錫とともに4大輸出品の一つであった（Ingram 1971）．

象としたコンセッションが設定されるようになったが，それでもチークは主要な樹種の一角を占めた．

一方，コンセッションから効率的・持続的に木材や林産物を得る方法，すなわち林業生産の技術に関しては，熱帯の自然条件にある程度適応させる試みが行われていた．熱帯林は，一般に温帯や亜寒帯の森林に比べて多様な樹種構成を有しているため，有用樹の密度が低く，伐採可能な有用樹が限られていることが多い．したがって，有用樹を選んで抜き伐りする技術や，伐りながら将来的に有用樹を着実に更新させる技術が必要になる．マラヤ一斉方式，熱帯傘伐方式，択伐天然更新法などの技術は，このような目的で編み出されたものである．森林（厳密には森林内の伐採対象樹種）の成長量と等しい材積のみを伐採するという原則を守っていれば，森林が保たれ，持続的に木材が生産できる．これらの林業技術は東南アジアで開発され，一部修正されながらアフリカの各地やアメリカでも採用された（Mather 1990）．

コンセッション・システムをつうじた国家当局による伐採権の管理とコンセッション内での企業による適切な施業がなされれば，原理的には森林は保たれ，持続的な木材生産が可能だったはずである．これこそ，熱帯における科学的森林管理，すなわち熱帯林業が意図するところであった．しかし，実際にはそれはさまざまな実施面での問題を抱えていた．

まず，コンセッション管理については，たとえば20世紀初頭のシャムにおけるチーク林管理が失敗例として挙げられる（北原2009）．この時期，シャムでは小規模なコンセッションの濫発と不適切な伐採管理が問題となっていた．そこで，西洋人専門家の助言にしたがうかたちで，伐採権の大規模化と長期化を推進したのである．許可年数を12年から30年に延長し，小規模なコンセッションを合併して，それらを半々に分割し，交互に利用させるという計画的な森林管理が提唱された．しかし，それらが実際に実施された森林はごく一部にすぎず，結果として良質なチーク林の荒廃と枯渇は止められなかった．当時の森林局が，人員や予算面で非常に限られた能力しかもっていなかったことを考慮すれば，このようなトップダウン的なやり方が遵守されなかったのは，想像に難くない．

林業技術の確立にも，予想以上の時間を要した．R. L. ブライアント

(Raymond L. Bryant) は，チークの野火に対する耐性について，興味深い例を挙げている (Bryant 1994)．ビルマでは，当初チークは野火に弱い樹種だと考えられていたため，防火対策が重視され，野火の危険性がある焼畑を敵視していた．しかし，後になって，野火はむしろチークの種子の発芽を誘発する効果をもつことが判明したのである．林業は一般に生産期間が長く，技術の試行錯誤にも時間がかかるため，こういった問題は森林資源の維持に大きな障害となったであろう．

さらに，試行錯誤の末に確立した技術体系にも，思わぬ問題が潜んでいた．第二次世界大戦後に確立した択伐天然更新法も，生長量が十分把握されていないこと，伐採の際に周辺の樹木が損傷すること，非有用樹が更新されてしまうことなどの技術的問題が存在していたのである (渡辺 1996)．そしてなによりも，住民による焼畑や農地開拓がしばしば管理区域内に及ぶことによって当初の計画が狂ってしまうなど，在来社会との不調和の問題が，管理技術を実施する際の障壁として大きく立ちはだかっていた．

小括しよう．19世紀後半以降，国有地化された森林資源，とくに木材資源は，コンセッション・システム，すなわち伐採権の企業への付与という制度のもとで，熱帯林の特質をある程度考慮して開発された林業技術によって大量に利用されるようになった．これらは，熱帯アジアの自然条件や社会的要請への適応の努力の結果であり，これを一定の「現地化」だと評価することもできよう．しかし，このようにして成立した科学的林業・森林管理には，大きな問題があった．まず，制度や技術の確立そのものにかなりの時間を要したため，その間，多くの資源が不適切に利用された．また，制度や技術を執行させるためのモニタリング能力に問題を抱えていた．さらには在来社会との不調和・対立の問題も抱えていた．結果として，これらの管理制度や技術の浸透は未徹底であり，その効果は限定的でしかなかったのである．

3-2 造林技術の「現地化」── タウンヤ造林法の変遷

無計画な天然林施業によって良質のチーク材の枯渇が認められるようになると，次第に採取林業から育成林業への転換が図られ，造林技術による人工

林造成が試みられるようになる．タウンヤ造林法は，19世紀の英領ビルマにおいて成立したチーク造林技術であり，後にアジア・アフリカ各地に普及していった，熱帯地域で成功したといわれる数少ない造林方法の一つである[10]．土地を所有しない人々（タウンヤ農民）に造林地での一定期間の耕作を認めるかわりに，その土地での造林・育林を義務づける，一種のアグロフォレストリーでもある．ブランフォードによれば，おおむね以下のように行われていた（Branford 1925; 竹田1990による引用）．

まず，前年に造林予定地においてタウンヤ農民への用地の割り当てを完了し，予定地を伐採する．伐採完了後，3-4月に採種を行う．4-5月に火入れをし，林木種子を播種し，支柱を立てる．5月中旬ごろからは農作物の播種を始め，11月ごろまで農作物と苗木を保育する．11-12月の農作物収穫後，1月には活着した苗木を数え上げ，その数に応じて農民に支払いをする．3月からの乾季には，防火作業を行う．2年目以降農作物は育たず，5年目まで防火，除草，補植などを継続して行う．これら一連の作業を新たな地区で次々と繰り返すことで，造林地を拡大していくのである．

これらの施業の大部分は，耕作地提供と引き換えにタウンヤ農民の義務となっていた．タウンヤ農民として，おもに山間地で焼畑を行っていたカレン族がもちいられた．彼らを造林拠点に集め，「森林村」と呼ばれる政策村がつくられることもあった．この方式によって，当局は通常の造林と比べて経費を25％ほど節約することができたといわれている（竹田1990）．やがてタウンヤ造林は，チーク材生産の先進地域であるバゴー山地の国有地内で実施されるようになった．その経費節減効果により，ビルマ以外の地域でもこの方式が採用された．大量の土地なし農民を利用することのできたジャワでは，この方式は一般的なチーク造林法になっていき，1928年には，この方式による造林は全体の94％にも及んだという（Lugt 1933; Peluso 1992による引用）．

しかし，熱帯アジアの林業全体のなかでこの方式のもつプレゼンスは，じつはごく限られたものだった．ビルマでは，1930年代の大恐慌下における政府支出削減の必要性から天然更新が優先されたことなどから，事業が拡大

---

10) ジャワではトゥンパンサリと呼ばれ，1873年より導入が始まった（Peluso 1992）．ちなみにタウンヤとは，ビルマ語で丘陵地の焼畑の意味である（渡辺・竹田1996）．

しなかった (Bryant 1994). いかに安上がりとはいっても，造林は天然更新と比べれば当然ながらコストのかかる更新法である．伐採が奥地の森林へ及ぶにつれて，タウンヤ造林を行う経済的メリットは小さくなっていった．

ところで，当局や企業にとってのタウンヤ造林法の利点は，たんに経費節約にとどまらない．焼畑民を労働力として利用することで，彼らとの共存関係を築いていく手段，さらには住民による森林へのアクセスを制御する手段としても期待されていた．当初は単なる造林方法として利用されていたタウンヤ造林は，造林目的のみならず，次第に山間地住民の制御という政治上の目的を帯びるようになってくる．また，第二次世界大戦後には，多くの地域で優良な天然林が失われ荒廃林が増加したため，人工林造成の必要性が増大した．そのような理由から，タウンヤ造林は生き残ってゆくことになる．

タイでは，1960年代後半以降，林業公社や森林局による「森林村」がつくられた．その目的は，荒廃した国有林の植林に加え，国有地内に居住する「不法耕作民」の問題を解決することであった．各地から集められた農民は，「森林村」に入植し，そこで修正タウンヤ法と呼ばれる方法によってチークやユーカリなどの造林作業に従事した．また，独立後のビルマ（ミャンマー）では，内戦や国内産業の不振などからチーク材は主要な外貨獲得手段であり続けたため，政府は低地ビルマ人などを動員してタウンヤ造林によるチーク材生産を推進した（谷 1998）．

しかし，戦後，森林が急速に減少し，一方で各国が急速な経済発展を達成するにつれて，タウンヤ造林と「森林村」は深刻な問題に直面するようになる．森林内住民の移動と森林へのアクセスを制限するには，住民を「森林村」につなぎ止めておかなければならないが，これは，労賃はもとより，彼らの生活や福祉一切を事業者が丸抱えすることを意味する．経済発展が農村に及び，関連費用が増大するにつれて，タウンヤ造林と「森林村」は次第に高くつくようになり，財政上の理由から政府は事業を続けることができなくなったのである．

また，樹木と農作物の競合は，タウンヤ造林が不可避的に抱えてきた技術的ジレンマであった．それは，土地所有者である政府や事業者と耕作者であるタウンヤ農民との間の利害対立を意味した．さらに，造林地周辺が農地と

して開拓されてしまうと，新たな造林地の確保が難しくなってくる．こうした理由から，タイでは，当初野心的に進められた「森林村」計画は，1980年代には停滞を余儀なくされることになった．

東南アジアにおいて，焼畑と密接な関わりをもつ在地の森林管理技術がみられたことは，よく知られている[11]．タウンヤ造林法は，そのような熱帯アジア在地の技術が近代的な林業体系のなかに取り入れられた稀有な例である．しかし，この方式は国有化した林野のなかで実施された．一時的な耕作以外，住民の土地に対する権利をほとんど認めず，森林再生の担い手としては位置づけなかった．その結果，住民は依然としてさまざまな手段で事業者に抵抗を挑む —— それに対処するため，事業者はモニタリング能力を高めなければならない —— こととなった．結局のところ，ビルマのような長らく極端な閉鎖体制のなかで経済停滞を経験したような特殊な例を除いて，タウンヤ造林や「森林村」が主要な制度となることはなかったのである．

4 森林管理制度の強化と在来社会の反応

4-1 「開発の時代」と森林管理

第二次世界大戦とその後の熱帯アジア諸国の独立は，この地域に「開発の時代」ともいうべき新たな時代を到来させた．多くの国では，リーダーシップをもつ指導者が独立後の混乱の後に政権を握り，強力なイニシアティブのもとに開発事業を推し進めた．いわゆる「開発独裁体制」の成立である．とくに東南アジア地域は，戦後の冷戦構造のもとでその最前線に位置していた．そのため，「西側」に属した国々は，自らの体制の正統性を守るべく，「反共」を掲げながら強力に開発を推進する必要があったのである．

そのような状況下で，森林もまた開発の対象となった[12]．しかも，これま

---

11) たとえばラオスでは，ラックや安息香など市場価値の高い非木材林産物の生産を焼畑に組み合わせる事例が報告されている（竹田 2008）．
12) 一方で「東側」に属した国々も，決して森林開発と無縁だったわけではない．たとえばベトナ

でにない速さと強度で開発が推進されたのである．木材は，数ある森林資源のうちで最も重要な産物であった．チーク材は，19世紀以来1950年代ごろまで，タイ（シャム）における主要な輸出品の一つであったし，フィリピンは，戦後の日本に熱帯材を提供することでその経済復興を支えた．独立後のインドネシアや，マレーシアのサラワク，サバ両州においても，木材は，石油と並ぶ主要な外貨獲得源であった．木材伐採以外にも，森林資源に影響の及ぶ開発は数多かった．農業開発，鉱山開発，ダム開発，インフラ整備などの多くは，豊富に残存していた森林を伐開して行われた．

　森林開発を促進させるため，独立後，政府はその制度を整備しなければならなかったが，それらは多くの場合，植民地時代に宗主国が導入した制度を基盤とするものであった．旧制度を強化することで，政府は「開発の時代」における森林管理制度をつくっていったのである．サラワクでは，独立後も保留地・先住慣習地の制度は維持されたが，英国統治下に制定された「1958年土地法」がそのまま引き継がれ，1958年1月1日以降に住民が開墾した土地は，先住慣習地として認められなくなった（市川 2010）．植民地化を免れたタイにおいては，戦前の制度がそのまま踏襲され，強化された．1964年には国有保存林法が制定され，国有保存林指定が促進された．

　一方，この時代になると，森林は重要な自然環境でもあり，あるがままの姿で保全されるべきとするアメリカ流の自然保護の考え方も，より大きな影響を与えるようになってゆく．それまでの保全は，将来の伐採や開発のための保全であって，自然そのものの存在価値を認めたものではなかった．マレーシア，サバ州のコタキナバル，サラワク州のグヌンムル，タイのカオヤイなど，一部の森林は，自然保護のために国立公園や野生生物保護区に編入され，開発の規制対象となっていった．

　ここで注目すべきは，開発にせよ保護にせよ，各国政府が行う方策とその結果には，いくつかの共通の特徴がみられたことである．第一は，前述のとおり，それらがこれまでに整備した土地制度を基礎として行われたことである．植民地からの独立後も，コンセッションの権利が西洋人から国内の企業

ムでは，森林開発は国有企業などをつうじて行われた．

家に移った点などを除けば，各国は基本的にはそれまでにつくられた制度を踏襲した．共産主義化した国々ではすべての土地は国有化されたため，農地制度には大きな変革があったが，林野に関しては以前の制度がほぼ踏襲され，国有企業などがその開発を担った．

第二は，「あいまいな」領域（多様性と流動性をもつ伝統的な利用はこのように認識された）と慣習的な利用者を排除する執行力が強まったことである．タイ，サラワク，サバといった比較的制度の実効性が緩かった国においても，これまで国が何も関心を払わなかった土地が急に囲い込まれ，開発や保全事業の対象になっていった．その場合，当然，法的な正統性が重視され，その正統性に基づいた管理が徹底されるようになる．森林開発による国家経済への貢献や森林保護など，さまざまな言説がこのプロセスを支えた．さらにこれは，辺境地域の共産化を防ぎ，国家の統合を維持するという政治的目的にもかなっていた．このようにして，国家の森林に対する関心と管理能力は急激に強化されていったのである．

第三は，以上の結果として，前述の「あいまいな」土地における所有と利用実態の乖離は解消されるどころかいっそう激しくなり，住民の森林に対する権利が結果的に軽視され，住民との間に多くの土地紛争を引き起こすにいたったことである．近代的土地制度になじみにくかった「あいまいな」土地と利用形態が存続してきたが，この段階にいたってついに問題が噴出したといえる．たとえば，タイでは1960年代にコンセッションを全国に拡大し，そのための国有保存林の指定を急いだため，指定場所における集落や住民による土地利用の存在をチェックする手続きが徹底されなくなった．一方で，住民の間ではケナフ，キャッサバ，トウモロコシなどの畑作物ブームが起こり，これらが森林を開拓して栽培されるようになった．1970年代に入ると，辺境地の共産主義対策による奨励もあって，住民は土地を求めて開拓を繰り返した．その結果，1980年代までにはタイの森林は急激に減少し，フロンティアはほぼ失われ，実態と関係のない国有保存林内に100万世帯以上にも及ぶ森林の「不法占拠者」が居住するという事態が生じた（生方2010）．

インドネシアやサラワク，サバといった東マレーシアの州でも，同様の紛争が生じた．これらの国でも森林は国有あるいは国の管理下にある土地であ

るが，コンセッションでの伐採や，アブラヤシやアカシアのプランテーション造成が拡大するにつれて，現地住民との土地利用上の対立が顕在化したのである．とくに，焼畑の休閑地や二次林などのような利用実態があいまいな土地において，このような紛争が起きることが多かった．インドネシアでは，森林開発が本格化した1980年代から同様の対立が多く発生したが，スハルト政権下で抑圧されてきた住民の不満は，1998年の政権崩壊を機に一気に噴出した．サバやサラワクでも，1980年代末以降同様の対立が相次いで起こるようになった．これらは政府の強硬な姿勢により目立たないながらも，現在まで根強く続いている．とくに，近年のアブラヤシやアカシアのプランテーションの拡大は，プナンやイバンといった周辺住民との土地紛争を増加させる大きな要因になっている．

　これらの事実は，独立後の森林開発の時代においても，基本的に森林管理制度や技術を貫く原則は維持され，強化されたことを示している．その背景に，独立後の国民国家建設，国家経済への貢献，反共対策といったイデオロギーがあったことは，想像に難くない．しかし，そのような国家による努力にもかかわらず，「あいまいな」土地の「領域化」は完全には執行できず，結果として住民との土地紛争が長く続いた．制度の不備，技術的な問題，政府のモニタリング能力の限界は，たしかにこのような結果を招いた要因である．しかし，最も重要な要因は，西欧や東アジアからもち込まれた制度や技術と，熱帯アジアの在来社会や在来の森林管理技術の間に介在する大きな距離にあった．

4-2　森林管理と在来社会

　東アジア農村では，近世以降，人口増加と大開墾の時代を経て開拓フロンティアがほぼ失われ，おもに家族労働によって農業を行う小農が支配的となる社会，すなわち「小農社会」が成立した[13]．とくに日本においては，小農

---

13) もちろん，小農社会の特徴は，日中韓で大きく異なる．イエと村落の双方において強い規範と役割期待が形成された日本の小農社会は，その「タイトさ」において一方の極に位置するものだといえる（本書第9章）．

は政府による支配の対象であるだけでなく，徴税，資源の管理，治安維持といった地域の統治の担い手としても位置づけられた．江戸時代の日本農村において，藩政府との「双務的関係」のなかで農村の自治能力が高まり，たんなる住民の相互扶助的なコミュニティではない「自治村落」(齋藤1989)が形成されていったのである．

森林は，日本の農村においてはそのような「双務的関係」が交差する空間の一つであった．入会地による森林管理や分収林などは，イエ，村落，藩政府の関係性のなかから形成された制度である．また，近世日本では林業も独自の発展を遂げた．江戸時代に都市における木材市場が発達し，ドイツと並んで育成林業が民間で自生的に発展したことが知られている(Totman 1989)．吉野林業，北山林業などの高度な育林技術体系は，ヨーロッパの科学的林業に匹敵するものであったといってよい．

一方，東南アジア農村においては，前述したように，「フロンティア社会」「ルースな社会」などと性格づけられる全く別の社会が成立していた．もちろん，小農が存在しなかったわけではない．たとえば東南アジアの一部では，19世紀以降の後期植民地期に，プランテーションの拡大と並行して，輸出作物を生産する小農が形成された(北原2004)．しかし，フロンティアの終焉とともに成熟した東アジアの「小農社会」とは対照的に，この地域の辺境社会は，豊富にあるフロンティアの活用が社会を規定する重要な要因となっていた[14]．

森林管理に関連して，東南アジアの在来社会が東アジア，とくに日本のそれと決定的に異なっていたのは，西欧由来の制度が導入される以前の時期に培われた林業技術と自治能力である．第一に，東南アジアでは，日本のような在来の育成林業の技術体系が成立しなかった．東南アジアに在来の林業技術が存在しなかったわけではない．ただ，その多くは前述したとおり，焼畑や非木材林産物と密接に結びついたものであり，土地制度や在来木材市場の構造・発達度が大きく異なっていた．その点では，日本のほうがずっと西欧由来の科学的林業と親和性が高く，在来社会とのリンクが相対的に容易で

[14) そもそも農村社会としては捉えにくい辺境社会も多い．たとえば，石川は，東南アジア島嶼部にみられる資源利用型社会を「バイオマス社会」と呼んでいる(石川2010)．]

あったと考えられる．東南アジアでは，焼畑林業を基盤としたタウンヤ造林が唯一在来技術の延長上にあったが，結局支配的な技術体系にはならなかった．豊富な天然林の存在，外需に偏った木材市場構造，科学的林業技術の政府当局や伐採企業への偏在，土地制度の不備などの諸要因が，在来の育成林業の自生的発展を妨げた．

　第二に，社会の性格が，とくに支配者層との関係性の強さという点において決定的に異なっていた．日本においては，農民は，納税や資源管理，灌漑設備やインフラなど公共財の提供といった点で，集落内の他の農民や行政と「双務的関係」を構築しており，集落内の関係および集落と行政との結びつきは概して強かった．このことは，行政の方針に異議があった場合にも，集落での話し合いをつうじた請願や陳情など，組織的・継続的に異議を申し立てる正規のチャンネルが存在したことを意味している．そのような意味で，日本における「自治村落」の成立は，住民にとって自らの交渉手段を確保する一種の制度的適応過程であったといえるであろう．

　しかし，東南アジアにおいては，行政との関わりは薄く，農民は属人的な関係を役人と結んでいるだけであることが多かった．なんらかの自治機能をそなえた在来のコミュニティが存在し，また多くの場合それらが政府の行政の末端として位置づけられていたものの，それらが行政と組織的に相互交渉する機会は，日本などと比べて圧倒的に乏しかった．しかも，背後にある豊富なフロンティアは，彼らに対して行政からの格好の避難場所を提供した．ゆえに，政策に何か不都合なことがあったとしても，それらに対する抵抗は組織的でフォーマルなものにはなりにくく，逃亡や忌避といった消極的な退避行動か，散発的な暴動や千年王国を目指した反乱といった突発的で暴力的なものになりがちであった．一方の行政側も，住民との相互交渉，とくに属地的な支配に関連した交渉能力が乏しく，住民の意向をある程度反映した制度改廃や制度運営を行うことが難しかった．

　現地の住民や焼畑民からみれば，前節までのような森林管理制度の移植は，森林地域や資源へのアクセス規制をとおして，国家の彼らに対する支配が強まることを意味する．既存研究においては，このような「強制」に対して，人々がさまざまな抵抗を試みたことが指摘されている．しかし，そのような

抵抗は，東アジアでもヨーロッパでも等しく起こったことに鑑みれば，東南アジアに固有の特徴だとはいえない．両者を分けた重要な要因は，結局このような社会と行政との関係性の相違からくる抵抗様式の相違，あるいは政府の対応の相違にあったのではないだろうか．そもそも，東南アジアにおける森林管理制度や政策の歴史のなかで，地域住民の顔や行動が目に見えるかたちであらわれるのは，フィリピンやタイのコミュニティ林運動，サラワクのプナンによる伐採反対運動などが起こる1970-80年代以降になってからのことである（北インドではもう少し早く，20世紀初頭から森林伐採反対運動がくりひろげられた．チプコ運動などの環境主義と結びついて，ある程度の成果をあげた）．この点における違いは，制度変革の方向と速度を規定し，結果として，住民の意向がより反映された制度およびその運用方式の導入が促進されるかどうかの大きな分かれ目になったと考えられる．

　さて，近年になって，東南アジアにおいても開発事業への住民参加や地方分権化，自治能力の強化といった課題が重要になってきた．森林管理においても，前述した政府と住民の土地紛争や抵抗運動を鎮静化する方策として，住民参加型の森林管理制度が1980年代より実施に移されてきている（市川ほか2010）．これらの事業によって，農山村では住民組織化の契機と行政との交渉の機会が増加するようになった．一方で，このような変化は当局にとっても新たな状況を意味する．これまでのトップダウン型の管理・統治方法に代わり，新たな統治技術が必要になったともいえる．

　たとえば，インドでは，参加型管理の導入によって，国家が新たな管理技術を駆使してコミュニティや個人のなかに国家の意図を内部化させ，彼らを管理主体として仕立て上げていくことで，実質的に国家管理が強化されている実態が報告されている（Agrawal 2005）．サラワクでは，先住民と企業が法人をつくり，開発の利益を配分する「新しいコンセプト」を導入することによって，従来先住民の慣習権が保障されていた先住慣習地におけるプランテーション開発に道が開かれた（市川2010）．熱帯アジアの在来社会は東アジアとは大きく異なる．しかし，この地域においても，行政と農村・住民の関係性が，一部で急速に変化してきていることもまた事実なのである．

5 おわりに —— 近代化径路の特徴と背景

　本章では，ヨーロッパ由来の科学的な森林管理制度や技術がどのように熱帯アジアに浸透したかを，東南アジアの事例を中心に「普遍化」と「現地化」の視点から検討した．その結果，以下の特徴が浮かび上がってきた．
　まず，改めて確認できるのは，熱帯アジアの社会が多様であるにもかかわらず，この地に導入された森林管理の制度は驚くほど画一的であったということである．農地配分で残った「あいまいな」残余地を国有化する過程は，洋の東西を問わず近代化のなかで生じた．ただ，熱帯においては，これらの土地における利用の「あいまいさ」は，他の地域に比べて非常に大きかった．そのため，この過程がより大きな制度と実態の乖離を引き起こすようになったのである．
　第二点は，現地化への障害が，森林を自然物としてみる技術的な側面においてよりも，森林を政治空間としてみる制度的な側面において顕著にあらわれていたことである．しかも，時代が下るにつれて後者の重要性が増してきたこともうかがえる．林業技術や資源管理のレベルでは，多少の「現地化」がみられたが，林野の制度においては，国有化による一元管理と領域化による空間と人間の制御という普遍モデルが一律に適用された．そこには，植民地期におけるヨーロッパによるアジア支配のイデオロギー，独立後の国民国家建設，国家経済への貢献，反共対策といった思想的・戦略的な背景があったと考えられる．
　第三点は，このような国家による森林支配の強化に対する在来社会の反応が，概して消極的な退避行動あるいは散発的な暴動や反乱に終始し，制度改変につながる有効なシグナルにならなかったことである．辺境地の集落と行政がそれまで築き上げてきた相互交渉の歴史が，そこには大きく関わっていた．また，住民との相互交渉の歴史に乏しい熱帯アジアの行政には，明治期の日本のように，住民の意向をある程度反映した制度改編や制度運営を導入することが難しかった．そのような点で，熱帯アジアの在来社会は，科学的林業・森林管理への適応をうながす基盤に乏しかったのである．

そして第四点は，熱帯アジアでは，森林開発が外発的かつ外需主導で行われたことである．熱帯アジア在来の森林管理技術は，タウンヤ造林などごく一部を除いては，近代化のなかでとりいれられることはなかった．木材生産の多くは欧米系木材会社に依存しており，制度や技術の導入の際に，これら企業の影響力から自由ではあり得なかった．制度・技術導入の担い手も，欧米人専門家の影響が強く残った．これらの事実は，江戸期の木材枯渇と商業化によって育成林業が自生的に発展した日本の経験とは好対照をなすものである．

以上から，熱帯アジアにおける森林管理の近代化が，総じて画一的・単線的なものであったこと，しかもそれが日本や東アジアのそれとは異なる自然的・社会的前提のもとに進行したことが明らかになった．従来の議論を「普遍的モデルの導入と在来社会の抵抗」という構図で捉えれば，それはおおむね妥当な論であるといえよう．しかし，これまでみてきたように，熱帯アジア地域内でも，制度の「現地化」が全く行われなかったわけではない．また，森林管理の（ひいては国家権力の）浸透度にも大きな違いが認められる（Peluso and Vandergeest 2001）．たとえば，熱帯アジアの域内においても，インド，ジャワ島，英領マラヤといった林業の先進地域と，シャムやサラワク，蘭領ボルネオといった後進地域では，保全林の指定面積の割合，面積当たりのスタッフ数といった点で大きな格差があった．先進地域では，北インド山間部のように住民の抵抗が制度を一部改変する契機となったり，ビルマ，ジャワのタウンヤ造林やマラヤのマラヤ一斉方式などのように技術が現地化されたりするなど，世界の他の後進地域に比べるとより日本に近い径路をたどってきたともいえよう．

また，前述したように，これらの地域における政府と農村・住民の関係のあり方が，一部で急速に変化してきていることをふまえれば，熱帯アジアにおける径路が今後「日本的」な「現地化」の径路へと移行していく可能性もあるかもしれない．ただし，そのような単線的な径路が成立しうるのかどうかは，今後の動向にかかっているといえるが，筆者はそれには懐疑的である．なぜなら，熱帯アジアにおける径路は世界経済という「開かれた世界」のなかで進行してきたものであり，日本の例のような「閉じた世界」での径路と

は，根本的に前提が異なるからである．では，今後この地域の森林と住民に対してどのようなガバナンス・モデルが可能なのか．簡潔にいえば，行政，企業，住民が協働して行う「協治」が大原則ではあろうが，熱帯アジアの社会的文脈と今日のグローバルな社会環境のなかで，その原則がどのように現地化できるのか，今後注視が必要であろう．

参考文献

Agrawal, A. 2005. *Environmentality: Technologies of Government and the Making of Subjects*, Durham and London: Duke University Press.

Barton, G. A. 2002. *Empire Forestry and the Origins of Environmentalism*, Cambridge: Cambridge University Press.

Branford, H. R. 1925. "Regeneration with the Assistance of Taungya in Burma", *Indian Forest Records*, 11(3): 81-121.

Bryant, R. L. 1994. "The Rise and Fall of *Taungya* Forestry: Social Forestry in Defense of the Empire", *The Ecologist*, 24(1): 21-26.

―― 1997. *The Political Ecology of Forestry in Burma 1824-1994*, London: Hurst and Company.

Embree, J. F. 1950. "Thailand ―― A Loosely Structured Social System", *American Anthropologist*, 52: 714-716.

藤本彰三 1997.「マレーシアにおける経済発展と土地問題の変質」水野広祐・重冨真一編『東南アジアの経済開発と土地制度』アジア経済研究所，225-262 頁．

Guha, R. 2000. *The Unquiet Woods: Ecological Change and Peasant Resistance in the Himalaya* [Expanded Edition], Berkeley and Los Angeles: University of California Press.

市川昌広 2010.「マレーシア・サラワク州の森林開発と管理制度による先住民への影響 ―― 永久林と先住慣習地に着目して」市川昌広・生方史数・内藤大輔編『熱帯アジアの人々と森林管理制度 ―― 現場からのガバナンス論』人文書院，25-43 頁．

市川昌広・生方史数・内藤大輔 2010.「森林管理制度の歴史的展開と地域住民」市川昌広・生方史数・内藤大輔編『熱帯アジアの人々と森林管理制度 ―― 現場からのガバナンス論』人文書院，7-22 頁．

Ingram, J. C. 1971. *Economic Change in Thailand 1850-1970*, Stanford: Stanford University Press.

石川登 2008.『境界の社会史 ―― 国家が所有を宣言するとき』京都大学学術出版会．

―― 2010.「歴史のなかのバイオマス社会 ―― 熱帯流域社会の弾性と移送転移」杉原薫・川井秀一・河野泰之・田辺明生編『地球圏・生命圏・人間圏 ―― 持続的な生存基盤を求めて』京都大学学術出版会，251-280 頁．

岩本純明 2009.「林野資源管理と村落共同体 ―― 国有林や経営と地元利用」大鎌邦雄編『日本とアジアの農業集落 ―― 組織と機能』清文堂，7-29 頁．

北原淳 2002a.「タイ近代における小農創出の土地政策への道（上）」『経済科学』50(2): 21-40.

―― 2002b.「タイ近代における小農創出的土地政策への道（下）」『経済科学』50(3): 21-40.
―― 2004.「東南アジア経済発展の歴史 ―― 小農社会の形成と崩壊」北原淳・西澤信善編『アジア経済論』ミネルヴァ書房，15-40 頁.
―― 2008.『近代タイの土地・資源管理政策の枠組 ―― 公共用地設定による資源保存政策を中心に』龍谷大学アフラシア平和開発研究センター．
―― 2009.「近代タイのチーク材管理政策 ―― 伐採リース契約を中心に」『龍谷大学経済学論集』48(3-4): 23-47.
Kitahara, A. 2008. "Public Management of Local Resources in Thailand: A Historical Perspective for the Role of Government and Community", in Y. Kawamura, H. Nakamura, S. Sato, A. Uyar and S. Ishizaka (eds), *Proceedings of the Third Afrasian International Symposium "Resources under Stress: Sustainability of the Local Community in Asia and Africa"*, Kyoto and Shiga: Ryukoku University and Kyoto University, pp. 279-297.
Lukt, C. S. 1933. *Het Boschbeheer in Nederlandsche Indie*, Onze Koloniale Landbouw (series), Haarlem: H. D. Tjeenk Willingk and Xoon N. V.
Mather, A. S. 1990. *Global Forest Resources*, London: Pinter Publishers.
水野広祐 1997.「インドネシアにおける土地権転換問題 ―― 植民地期の近代法土地権の転換問題を中心に」水野広祐・重冨真一編『東南アジアの経済開発と土地制度』アジア経済研究所，115-154 頁.
水野広祐・重冨真一 1997「東南アジアの経済開発と土地制度」水野広祐・重冨真一編『東南アジアの経済開発と土地制度』アジア経済研究所，3-14 頁.
水野祥子 2006.『イギリス帝国からみる環境史 ―― インド支配と森林保護』岩波書店.
中岡哲郎 2006.『日本近代技術の形成 ――〈伝統〉と〈近代〉のダイナミクス』朝日新聞出版.
岡本郁子 1997.「植民地期ビルマの地租制度と土地所有権」水野広祐・重冨真一編『東南アジアの経済開発と土地制度』アジア経済研究所，81-114 頁.
Peluso, N. L. 1992. *Rich Forests, Poor People*, Berkeley: University of California Press.
Peluso, N. L. and P. Vandergeest 2001. "Genealogies of the Political Forest and Customary Rights in Indonesia, Malaysia, and Thailand", *The Journal of Asian Studies*, 60(3): 761-812.
齋藤仁 1989.『農業問題の展開と自治村落』日本経済評論社.
重冨真一 1997.「タイ農村の「共有地」に関する土地制度」水野広祐・重冨真一編『東南アジアの経済開発と土地制度』アジア経済研究所，263-303 頁.
Scott, J. C. 2009. *The Art of Not Being Governed: An Anarchist History of Upland Southeast Asia*, New Haven and London: Yale University Press.
竹田晋也 1990.「ビルマにおけるタウンヤ式造林法について ―― 1920 年代の熱帯造林技術の一側面」『京都大学農学部演習林報告』62: 108-121.
―― 2008.「非木材林産物と焼畑」横山智・落合雪野編『ラオス農山村地域研究』めこん，267-299 頁.
田中耕司 2002.「フロンティア世界としての東南アジア ―― カリマンタンをモデルに」坪内良博編『地域形成の論理』京都大学学術出版会，55-83 頁.

谷祐可子 1998.「タウンヤの社会経済的成立条件に関する研究 —— ミャンマー連邦バゴー山地を事例として」筑波大学大学院博士課程学位論文.
Tambiah, S. J. 1976. *World Conqueror and World Renouncer*, New York: Cambridge University Press.
Totman, C. 1989. *The Green Archipelago: Forestry in Preindustrial Japan*, Berkeley: University of California Press.
坪内良博 1998.『小人口世界の人口誌 —— 東南アジアの風土と社会』京都大学学術出版会.
生方史数 2010.「制度の理念的設計・自生的進化とその整合化 —— タイの共有林管理の事例から」『社会と倫理』24: 31-47.
Vandergeest, P. and N. L. Peluso 1995. "Territorialization and State Power in Thailand", *Theory and Society*, 24: 385-426.
渡辺弘之 1996.「熱帯の林業」渡辺弘之・桜谷哲夫・宮崎昭・中原紘之・北村貞太郎編『熱帯農学』朝倉書店, 124-134 頁.
渡辺弘之・竹田晋也 1996.「アグロフォレストリーと社会林業」渡辺弘之・桜谷哲夫・宮崎昭・中原紘之・北村貞太郎編『熱帯農学』朝倉書店, 134-141 頁.
Winichakul, T. 1994. *Siam Mapped: A History of the Geo-body of a Nation*, Chiang Mai: Silkworm Books.
Wolters, O. W. 1982. *History, Culture, and Region in Southeast Asian Perspectives*, Singapore: Institute of Southeast Asian Studies.

第11章

日本の森林管理制度と林業技術

岩 本 純 明

1 課 題

　本章は,「日本に森林が残ったのは何故か？」という素朴な疑問に発する.
　すでに C. タットマン（Conrad Totman）の先駆的研究（Totman＝熊崎訳 1998）や斎藤修の比較史的研究（斎藤 1998; Saito 2009）はあるが，本章では，明治期の制度設計と林業技術に焦点をあてて検討する．検討のポイントは以下の 2 点である．第一は，択伐・自然更新林業から積極的な育林林業に転換する契機を探ること，第二は，良好な森林管理を可能とする制度の内実を明らかにすることである．後者については，国有林管理に地元住民の積極的参加をうながすための制度設計に着目する．
　スギ・ヒノキなど特定樹種への集中による林相の単純化，輸入材との競合による収益性の低下と森林管理の粗放化など，日本の林業には問題が山積している．とはいえ，日本の山地が基本的に樹木で覆われ，世界でもトップクラスの森林率を維持していることもたしかである．
　主要国の森林率を示した表 11-1 によると，日本の森林率は，韓国と並んでずば抜けて高い．出典の FAO 統計では，0.5ha 以上の広がりをもち，樹高が 5m 以上で，林冠率 10％以上の場所を森林と定義している．林冠率 10％

表 11-1 主要国の森林率
%

アジア	日本	68.2
	韓国	63.5
	中国	21.2
	フィリピン	24.0
	インドネシア	48.8
	タイ	28.4
	ベトナム	39.7
	バングラデシュ	6.7
	インド	22.8
	パキスタン	2.5
ヨーロッパ	フランス	28.3
	ドイツ	31.7
	イタリア	33.9
	ロシア	47.9
	スペイン	35.9
	イギリス	11.8
北米	カナダ	33.6
	アメリカ	33.1
南米	アルゼンチン	12.1
	ブラジル	57.2
	チリ	21.5
	ペルー	53.7
オセアニア	オーストラリア	21.3
	ニュージーランド	31.0

出典：FAO (2005).

以上というのは，森林の基準値としてはかなり甘いといわざるをえないが，この基準でも世界の森林率は 30％にとどまっている．表示は省略するが，最も森林率の低いのが中央および西アジアでわずかに 4.0％，ついで北アフリカの 8.6％が続く．中央・西アジアの森林率の低さに影響されて，アジア全体の森林率も 18.5％と低い．広大な砂漠地帯を有するアフリカも森林率は 21.4％とアジアと同様に低い．次いで低いのがオセアニアの 24.3％，工業化の歴史が最も古いヨーロッパは 44.3％，北アメリカは 32.7％，地域別では南アメリカの森林率が高いが，それでも 47.7％にすぎない．

表 11-1 に戻って主要国の森林率をみると，すでに述べたように日本と韓

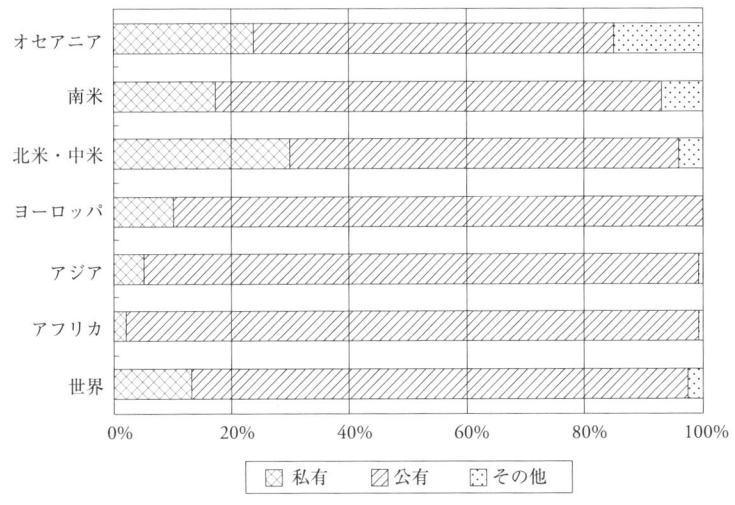

第11章　日本の森林管理制度と林業技術

図11-1　森林の所有形態
出典：FAO (2005).

国が突出して高く（68.2％と63.5％），ついで南米のブラジル（57.2％）とペルー（53.7％）の両国が50％以上の森林率を示している．これに続いて森林率の高い国は，インドネシアの48.8％，ロシアの47.9％で，いずれも木材の大輸出国である．カナダ・アメリカ合衆国も主要な木材輸出国であるが，森林率はすでに国土の3分の1程度に縮小している．

世界の森林については，森林率とあわせてその所有形態も問題にすべきである．図11-1によれば，世界の森林の84.4％が公有（public ownership）のもとにある．私有林の面積はわずかに13.3％にすぎない．公有林の割合が高い順にリストアップすると，アフリカ97.6％，アジア94.4％，ヨーロッパ89.9％，南アメリカ75.9％，北米66.7％，オセアニア61.3％，中米42.5％と続く．ちなみに，日本は私有林の比率が相対的に高い（2000年現在，国有29.6％，公有15.4％，私有55.0％）．

利用しているFAO調査では，公有林を国有林とその他の公有林に分離することはできないが，公有林の大部分が国有林だと推定できる．世界では森林の大部分が国有林に取り込まれてしまっている．とりわけ開発途上国でこ

361

の傾向が顕著である．こうした途上国では，植民地時代あるいは独立時に，先進国の強い影響下に近代的な私的所有権制度が導入されたが，この過程で，所有権の帰属の曖昧な慣行的利用権は否認され，結果的に国有地比率が高まった．森林では所有権は曖昧なまま地元住民によって慣習的に利用されてきたケースが多いため，国有林比率が極端に高くなったのである．

　以上のように開発途上国では，森林の大部分が国有林となってしまったが，国有林管理に成功しているわけではない．国有林管理には，以下に述べるような困難がともなうからである．

　第一は，監視（モニタリング）の困難である．森林は一般に面積が広大であることと樹木に覆われているために，森林内での人々の行動を常時監視することは不可能である．定期的なパトロールを実施している国有林は珍しくないが，パトロールでカバーできる領域は森林全体のごくわずかにすぎない．パトロールによる監視に多くを期待できないのである．それゆえ，国有林に対する地元住民の意識が重要になる．地元住民が国有林に関心をもち，その良好な維持・管理に積極的に関わってくれるかどうかである．この点が国有林管理にともなう第二の困難に関連する．所有形態上は国有林に編入されたとはいえ，地域住民はそこから日々の生活に必要な木材・燃料・飼料・食料を入手してきた．こうした林野の利用活動は，長い年月にわたって慣習的に実践してきた当然の権利行使だと考えられている．国有林への地元住民の侵入や林産物採取は，国家の観点からは犯罪行為として取り締まりの対象となっても，地元住民には犯罪意識は全くない．国有林への不法侵入や立木の不法伐採が絶えないのは，地元住民が慣行的に利用してきた森林を国有形態のもとに包摂すること自体に，本来的な無理がともなうからである．国有林から排除することを地元住民に納得させることはきわめて難しいのであるが，国有林周辺の地元住民が国家による国有林管理を受容しないかぎり，国有林管理はうまくいかないのである．

　近年，森林資源管理の担い手として住民やコミュニティの役割に注目が集まっているのも，以上の議論と関係している（葉山 2003: 82）．外部性を強く有する森林の管理を，全面的な私有化によって市場に委ねることには無理がある．また，国家による一元的管理方式にも，上述のような無理がある．そ

の結果，公でもなく私でもない共的セクターが森林管理の担い手としてクローズアップされてきたのである．

以下本章では，上述のような課題設定のもとに，近代日本の歴史的経験に即して，森林の維持・管理に有効な制度の設計・運用のポイントを検討していきたい．

2 歴史的前提 ── 近世日本の森林荒廃と森林保全

世界でもトップクラスの森林率を保持しているとはいえ，日本においても森林荒廃の可能性がなかったわけではない．本章との関連では，江戸時代前期と明治維新直後の両時期が重要である．そこでまず，近代森林管理制度が定着する歴史的前提として，近世期の森林荒廃と保全・管理制度について検討しておこう．

徳川時代の前期100年は，戦国期から継続する日本の大開墾時代であった．諸大名による大規模な水利開発・改良工事に支えられて，耕地開発がこの時期に急進展した．耕地総面積は，1600年の206万町歩から1650年235万町歩，1700年284万町歩，1720年293万町歩と急増した（速水・宮本1988: 44）．この耕地拡大は沖積平野の開発によって進展し，多くの新田・新村が生みだされた．17世紀中葉に5万5,000あった村数は18世紀初頭には6万3,000へと増加している（斎藤1998: 135）．フロンティアの拡大に支えられて人口も急増し，1600年の1,200万人から1720年の3,130万人へと2.6倍増を果たした（速水・宮本1988: 44）．

しかしながら18世紀初頭を境として耕地面積・人口の増加は停止し，以後幕末期にかけて停滞基調で推移する．フロンティアが消滅したのである．この結果，過剰開発に起因する森林荒廃や自然災害の頻発が問題視されるようになった．斎藤修によれば，近世初期の耕地開発は水利条件の改良を前提として河川下流部へと展開したため，耕地開発が林野面積の縮小を直接引きおこすものではなかったという（斎藤1998: 145）．しかしながら，新村の形成と耕地拡大は，当時の主要な肥料源である草肥（苅敷）需要を高めたに違

いない．苅敷は入会林野から調達されたので，耕地拡大による苅敷需要の増大は，林野の集約的利用をうながした．また人口増加による家屋建築用材や薪炭材需要の増大も，森林資源への負荷を高めたはずである．

　タットマンは17世紀における森林荒廃の原因を以下の5点に求めている．すなわち，(1) 幕府・大名が城郭や邸宅・宮殿・寺院・神社などの豪華な記念建築物を造営して，その業績を誇示したこと，(2) 都市と町が未曾有の速さで成長し，建築用木材の消費が急増したこと，(3) 人口の増加で食料・燃料・建築用材への需要が急増したこと，(4) 耕地拡大によって肥料材料の必要量が増大する一方で，森林生産に供される土地が縮小したこと，(5) 耕作方法の集約化で山野草の需要が増えたこと，である[1] (Totman＝熊崎訳 1998: 187)．

　森林荒廃への関心は，土砂崩れや洪水の頻発をとおして問題視されていった．千葉徳爾の研究によれば，17世紀の終わりごろ，急激な土砂流出による河床の上昇によって，各地で天井川が発達したと指摘されている（千葉 1991: 85)．

　幕府や諸藩もこうした森林荒廃を傍観していたわけではない．おもな対応策は以下の三つであった．すなわち，(1) 諸国山川掟に代表される山林荒廃防止令の布達，(2) 領主直轄林での伐採規制（留山・留木）による天然林の保護・更新，(3) 採取林業から育林林業への転換，である（斎藤 1998: 140)．

　1666年（寛文6）に江戸幕府が示した諸国山川掟は，幕府・諸藩による森林荒廃対策のなかで最もよく知られている．この布達は，畿内幕領の村々に指示されたものであったが，その内容は，全国の山林・河川・農地にも当てはまるものであった．布達事項は以下の3点である．(1) 近年は草木の根まで掘り取ってしまい，風雨があるとすぐに土砂が河川に流れ込み洪水が続出している．これからは草木の根を掘り取ることを禁止する．(2) 河川上流部の禿げ山には，今春から植樹を行い土砂の流出を防止すること．(3) 河川敷を開発して田畑にしたり，竹・木・葭などを植えたりして川の流れを妨げてはならない．また山間地での新規の焼畑を禁止する．以上のように諸国山川

---

1) 斎藤修は，上記の(4) ではなく(1) の城下町建設に森林荒廃の主要因を求めており説得的である（斎藤 1998: 144-145)．

掟には，不用意な開発を戒め，山と川を一体的に把握する治山治水観が表出されている．近世期においてすでに森林保全の重要性が認識されていたことは重要である．

留山・留木による伐採規制も，森林荒廃の深刻な地域では効果があった．しかしながら，本章との関連で最も注目すべきは，育林林業への転換が近世期においてすでにみられたという点である．

塩谷勉によれば，藩制期の造林政策には以下のような手法が採用された．すなわち，(1) 公役造林（造林に必要な労働を夫役として強制徴発するもので，近世期の最も一般的かつ重要な造林方法），(2) 科代造林（盗伐や失火等の林木損傷に対する刑罰として造林労働に従事させる），(3) 献上造林（領主に対する報恩感謝の意を示すため，領民が自費で植林し献上するもの），(4) 藩費造林（造林費を藩が支出して実施するもので直営と請負の2方法がある），(5) 部分林（藩庁の勧奨・承認のもとで藩民が造林を行い，収穫物を藩と領民とで分収する制度），である（塩谷 1959: 67-75）．森林管理と地元住民との関連に着目する本章の問題意識との関連では部分林が注目される．部分林制度は近世中期，とくに享保頃を最盛期として各藩で実施された制度で，同時期に幕藩財政の救済策として新田開発が積極的に取り上げられていたことと符合している（塩谷 1959: 90-91）．佐賀藩，飫肥藩，高鍋藩，盛岡藩などでは部分林を主要な造林方法として藩財政の充実を図ったとされている（塩谷 1959: 104）．また部分林制度は，一部の私有林経営とともに商業的林業生産の発展局面を示すものであり，近世後半以降の民有林展開の契機ともなった（塩谷 1959: 115）．

部分林制度の拡大にもみられるように，近世期の育林林業をリードしたのは民間林業であった．とりわけ江戸と京・大坂周辺の2大市場圏に近く水運に恵まれた山村地帯では，積極的な育林活動に支えられた民間林業が発展した．北山（京都），吉野（奈良），尾鷲（三重），能登（石川），西川（埼玉）などがそれであり，吉野林業がその頂点に位置した（赤羽・加藤 1984: 262）．また，藩の造林奨励策がとられた地域では，農民による村持山や藩有林への造林が拡大した．明治初年の人工林面積は50-60万町歩と推定されているが，当時としては世界的に見ても注目すべき成果である．しかもこの大部分が，民間林業によって達成されたという点が重要である（手束 1980: 7）．

江戸期の民間造林技術は，すでに高い水準に達していた．なかでも更新技術にはかなりの経験が蓄積され，直播がうまくいかないことをふまえて養苗技術が進み，品種の選定にも注意が払われていた．また適地適木の知識も普及し，間伐方法についても土地・市場条件に応じて適切な方法が採用された．造林技術は地域的分化をみせ，吉野，尾鷲，青梅・西川，智頭，天竜，日田・小国などの主要林業地帯では，自然条件や社会条件の違いによって伐期や間伐法に特色をもたせた技術が発達した．たとえば，吉野は酒樽や良質板材を生産目標にして，超密植でスタートして長伐期・多間伐施業技術を構築していった．一方，飫肥のような船材生産地では，疎植でスタートして間伐はほとんど行わず短期伐期の施業体系をとった（藤森 2010: 30）．

　以上のように，すでに江戸期において以下のような林業観あるいは林業技術が広く共有されていた．すなわち，（1）水源あるいは治山・治水上の山林の重要性，（2）濫伐・過伐の戒め，（3）林木の生長量と伐採量を均衡させることによる持続的森林利用の重要性，（4）優良造林樹種（スギ・ヒノキ）の選択と育林技術の向上，である（狩野 1977: 180–183）．こうした林業観は明治期にも継承され，近代の森林保全管理思想の根幹として継承されていくことになる．

3　明治初期の森林荒廃と森林犯罪

　維新変革の動乱期に日本の森林は再度荒廃が進んだ．明治中期は日本の森林が最も荒廃した時期であり，その面積は約700万町歩にも達したといわれる（千葉 1991: 30）．維新変革期に林野に対する幕府諸藩の統制力は失われてしまったが，それを引き継ぐ新政府の森林管理策はまだ樹立されていなかった．このため，林政に空白期が生じ森林は濫伐の対象になった．

　明治政府の初期林政も森林荒廃に拍車をかけた．まず，国庫財政の窮乏を補填する方策として，官有林地および立木竹の払い下げ処分が行われ，財政収入の増加が企図された．さらに1871年9月太政官布告「開墾規則」によって開墾殖産が奨励された．また還禄士族帰農の助成策として官有荒蕪地や開

墾適地の払い下げが実施された．こうした政策に便乗して，立木目当ての官林伐採が進行したのである（農林大臣官房総務課 1963: 1112）．森林荒廃は官有林だけではなかった．1871年11月公布の太政官達第617号では官林以外の自由伐木を容認したが，これが林野払い下げ政策とあいまって森林荒廃をもたらした（林業発達史調査会 1960: 275）．

　森林荒廃の背景には木材需要の急増があった．増加要因として重要なのは，(1) 人口，とくに都市部の人口増加，(2) 官公庁・学校・兵営・駅舎・工場などの建築，(3) 鉄道・港湾・橋梁などの土木建設，(4) 艦船・車輛・兵器・パルプなどの製造，(5) 輸出品目のマッチ・樟脳・枕木・茶箱などの製造，(6) 台湾・朝鮮など外地経営のための木材輸出などである．近代経済発展にともなう新規需要が続々と登場したのである（『農林水産省百年史』編纂委員会 1979: 349）．

　当時の森林荒廃の状況を伝える文書を引用しておこう．「明治維新の政変後廃藩置県と同時に旧幕及び各藩の森林の法規禁令は自然消滅し其保護取締の機関も亦全廃したので，其虚に乗じ官林公有林等の盗伐，其他の犯罪が横行し森林の荒廃日に月に甚だしく，独り林業保続の経済を破壊するのみならず，之に由て又国土保安の要素を滅却するを以て，憂国の士は夙に森林法の制定を切望したのである．抑々森林の荒廃は，嘉永，安政の間，露艦が長崎に入港し，米艦が下田に来航し，海外の脅威を受け，幕府及び各藩の海岸防備又は洋式練兵船艦購入等の資金に困難を来し，申合せた様に各藩は官有林を伐採して，その用途に充てたるに端を発し，且つ藩々の峻烈なりし法禁地を払ひ厳密なりし取締りも弛緩し，山林地元の不良なる山師なぞが殆んど反動的に盗伐，濫伐，放火或は副産盗採等あらゆる悪辣の手段を尽して官公林を荒らし，民有林も亦到る所過伐を為し，其結果水源は涸渇し，土砂は崩壊し，用水は不足し，洪水は氾濫し，年々水災の被害が増高するにより……」（大日本山林会編 1931: 62）．

　林政の混乱のなかで森林犯罪もまた頻発した．森林犯罪は官林の保護，とりわけ官有地上の入会権行使の制限とともに増加した．1878年，内務省は「官林保護ノ儀」を定め，以後，許可なく官林に立ち入ることを禁止した．その後も取り締まりは強化され，ついには鑑札を持たずに官有地に入った者

は森林窃盗の罪で起訴されるにいたった．鑑札の発行枚数も逐次制限されたので，森林犯罪をさらに誘発することになった（秋山 1960: 31）．

　すでに述べたように，森林犯罪の取り締まりには固有の困難がつきまとう．森林は人家から遠く広大なエリアに展開するのでモニタリングが難しいからである．また，一旦被害が発生するとその規模は甚大で，かつ回復が著しく困難である（「土地僻遠にして犯すに易く取締に難く且被害法益の回復困難」（三笠 1934: 155））．森林犯罪の拡大には，地元住民の法意識も大きく関係している．森林犯罪については，犯罪意識はきわめて希薄であった．「森林放火と云へば如何にも重大に響いて来るが野火と云へば恰も御祭騒ぎ位にしか考へて居ない．森林窃盗に付ても同様で之を犯しても左程悪い事をした様には考えて居らない様である．之れ山林に対する観念が海河のそれと同様天恵の共有物と云ふ様な考が伝統的に働いて居るからではないかと思はれる」（三笠 1934: 153）状況だったのである．

　むろん，政府もこうした森林犯罪を放置していたわけではなく，取り締まりを強化していった．明治政府は当初，特定の官林監守人を置かず，近世からの慣習で村の戸長に山守を兼ねさせていた．しかし 1875 年ごろから監守人を設置するようになり，1878 年には官林監守人心得書を作成し，盗伐発見者には賞与を与え，逆に盗伐を覚知しなかった者は処罰する方針を採用して取り締まりの強化を図った．ついで 1880 年には林区警察委員・巡視・監守と職務を細分化し，「森林犯罪者若シ穏カニ取押難キカ又ハ遁走ヲ謀ル等ノ場合ニ於テハ直チニ捕縛ノ上最寄警察署ヘ引渡シ」と警察力をもって「森林犯罪」を取り締まる方針を立てた（潮見 1957: 19）．さらに 1885 年には「官林犯罪取調準則」および「出張員盗伐調査心得」が作成され，盗伐防止に力を入れるとともに，盗伐に対する判決も厳しくなった（潮見 1957: 25）．

　しかしながら，犯罪意識がきわめて稀薄な森林犯罪に対して厳罰主義をもって臨んでも，その効果は限られていた．逆に，政府の取り締まり強化は農民の組織的犯行を助長した．農民たちの盗伐はしだいに組織的かつ大規模となり，監守人への実力行使も頻発した．地元住民全員が盗伐に参加し，警吏が来ると順番に犠牲者を決めておいて自白服罪させ，犠牲者が服役中はその家族を集落民全員で養うこともあった．さらに政府の厳罰主義を怨んだ農

民たちは，国有林の野火を消さずに傍観し，甚だしい場合には山林に放火することもあった（潮見 1960: 56）．結局，厳罰主義に基づく政府の森林犯罪対策は，農民の間に罪の意識を植え付けることに成功せず，法の運用にあたっては，軽微な事件についてはその多くが見逃されたり不起訴処分にされた（潮見 1960: 57）．

　森林犯罪の防止には取り締まりを厳格化するだけでは不十分であり，地元住民に国有地を開放し，国有地の良好な維持管理に利益を感じさせる制度設計が必要となる．後述の国有林の地元開放施策が，それを担っていくことになる．

4　林野政策の展開と林業技術

4-1　初期林政

　明治政府の近代法整備過程の特徴は，旧慣に対する一定の配慮がみられたことである．農業生産に不可欠な農地・灌漑用水・林野について，その内容を簡潔に要約しておこう．

　まず農地については，農民の耕作権（「上土権」）と領主の年貢徴収権（「底土権」）との重層関係を整理し，農民（地主を含む）の私的所有権に一元化した．武士層の年貢徴収権は否定されたのである．

　一方，灌漑用水や自給肥料採集源としての入会林野のような共有（共用）資源については，慣習的権利への配慮がみられた．まず灌漑用水については河川法（1896 年）が河川公水主義の原則を宣言するとともに（「河川並ニ其敷地若クハ流水ハ私権ノ目的トナルコトヲ得ス」，河川法第 3 条），河川法施行以前からの農業用水利用は慣行水利権として容認した．また入会林野については，地盤所有権と分離して入会権が民法で法認された．

　すでに述べたように，財政収入確保を目的とした官林の払い下げや立木売却政策によって，官林の荒廃が進行した．明治初期林政は，これへの対処からスタートした．まず，官林払い下げ政策が停止され（1873 年 7 月太政官布

告「荒蕪地不毛地並官林入札払下差止」公布），あわせて濫伐や森林荒廃を防止する措置も部分的に講じられた．1871年民部省達第2号（近畿府藩県に対し開墾等による土砂溢漏の防止，河川流域の伐木制限を指示），さらに翌年2月22日には太政官布告第88号（治水条目）により，全国河川の堤防修築・竹木植栽に関して指示を与えた．ついで同年4月3日には，太政官達第165号により，東京府・品川県・小菅県に対し，製艦用材の供給確保を目的とした特殊用材の伐採を制限した．さらに同年7月には官林規則（民部省達第22号）を発して，栽培の心得，やむを得ず伐木する際の注意，鉄道・艦船その他土木用材の濫伐禁止，マツ・スギ・ヒノキ・ツガ・ケヤキ・カシ・クリ・クスノキ・ブナ・ショウジなどを国家必要材と指定し民林においても愛育させること，往還諸道の並木の禁伐，水源林の濫伐禁止等々を命じた（林業発達史調査会 1960: 275）.

しかし以上は，明治維新期に進展した山林荒廃への応急的措置にすぎなかった．明治政府の本格的林政は，欧米視察から帰国後大久保利通が作成した建議書からスタートする．

1873年11月，官業・警察・地方の3行政を管轄するために設置した内務省の長に就いた大久保利通は，1875年5月，建議書（「本省事業ノ目的ヲ定ムルノ儀」）を提出した．この建議書では「山林保存・樹木栽培」が重点施策の一つとして明記されていた．この建議を受けて，まず山林局が設置され（1879年5月），「山林規則議案並概算経費書」が作成された．この文書は，「仮山林規則」「山林局本支職制」「仮官伐供給規則」「仮監守規則」「仮培養規則」などを含む膨大なものであるが，山林樹木が国家経済に占める重要性を，(1) 水源涵養・風潮防止・土砂堰き止めなどの「土地ノ利害ニ関スル」面と，(2) 宮室建設・艦船建造・道路橋梁および鉄道建設など「国家ノ利害ニ関スル」面の両面から論じている．そのうえで，乱伐による山林の荒廃を防止し，国家経済の基礎を強化するには西欧諸国の森林法制を参考とした諸規則の樹立が必要だと強調した（秋山 1960: 33-34）.

「山林規則議案並概算経費書」に添付された「仮山林規則」は，全森林を管理統制する仕組みを述べたもので，森林を官有・民有・官民共有の3種類に分け，それを管理統括するために内務省に山林局を設置し，東京に本局，

地方に支局を置き，全国を16区に分けて各区を数小区に細分して管理する構想を示した（秋山 1960: 34）．

大久保建議書に則った林政構想が本格的に実施されるのは，森林法（1897年）ならびに国有林野法（1899年）の制定後のことであるが，官林調査は林政展開の基礎作業として直ちに実施された．1870年3月民部省達第254号をもって官林の面積・蓄積量および搬出路などの調査を府県に命じたのが官林調査の端緒であった．1871年7月には民部省達第22号で「官林規則」が制定され，さらに1872年には大蔵省達第19号をもって再度官林調査が府県に命じられ基礎調査の実施に努力した．しかしながら，当時は官林・民有林の境界も判然とせず，面積が測定されていないケースが多かった．全国の官林を初めて統一的に境界調査したのは，当時の林野管轄官庁であった大蔵省が開墾名目の濫伐を防止するために発した第143号達（1873年）によるものであった．「官林之内水源ヲ涵養シ土砂ヲ扞止シ又ハ有名ノ林木有之」存置を要する官林と「漸次払下故障無之」官林とに分けて同年12月15日までに報告するように命じた．上記調査は1875年4月内務省達乙第47号によりあらたに三等級の区分をつけることとなり，存置官林を一等官林，払い下げ見込みのものを三等官林と改称し，「詮議ノ筋有之追テ可及何分ノ沙汰」のような森林を二等官林とした（秋山 1960: 35）．

以上のように，官林調査事業は，主として官林払い下げ政策との関連でスタートしたが，その後の林野官民有区分でも基礎的作業として継続され，国有林管理の基礎的データとして蓄積されていった．

4-2 森林法の整備と国有林経営事業の展開

森林荒廃への対応策として立法化がすすめられたのが森林法であった．森林のこれ以上の荒廃は森林資源を枯渇させるばかりでなく国土を荒廃させるという危機感のもとに，官有林のみならず公私有林に対しても国家の監督・管理を強化し，森林の持続的経営を維持していくことが目的とされた（筒井 1974: 2）．

しかしながら森林法の成立は難航した．1882年5月にわが国最初の森林

法草案として準備された案はフランス森林法の影響を強く受けたもので，10編201ヵ条に及ぶ包括的な規定を有していた．同草案は，官有森林に対する規定と森林犯罪に関する規定を中心に編成されていたが，保存林・海軍戦艦供備林の設置に示されるように民有森林に対しても統制力を及ぼすことを意図していた．その意味で，官民双方の森林を包括的に管理することを意図していた（林業発達史調査会 1960: 281-282）．森林法草案が編成されたのは，日本の林業界にとっても重要な時期であった．林学協会の設立（1881年3月），同集誌の発行（同年9月），山林共進会の開設（1882年2月），山林学校開設（同年12月），大日本山林会の設立（同年1月）など，林業の研究・教育・普及にむけた機関・組織が全国的に生み出されていった．林業振興の気運が官民双方に漲った時代であり，森林法もこうした気運を受けて編成されたのである（筒井 1974: 26）．

　森林法の策定作業はその後長期間頓挫したが，1897年4月にいたってようやく成立した．審議過程で難航したこともあって，成立した森林法は当初の構想よりもかなり簡略化され，保安林および森林警察に関する規程をその主要内容とした．前者は従来の禁伐林・伐木停止林を保安林に統一し，国土保安の必要から政府の監督権を著しく強化した規定であり，後者は林野秩序の維持を図るために設けた規定であった（林業発達史調査会 1960: 338）．以上のように，森林法は取り締まり的色彩の濃い法律であったが，林野に対する最初の総括的基礎法規として位置づけられた（林業発達史調査会 1960: 274）．

　森林法の制定から2年後の1899年3月に，国有林野の管理方法を規定した国有林野法が制定・公布された．森林法と国有林野法の制定によって，森林管理の基本法規がようやく整備されることになったのである．

　国有林野法の制定と同時に，国有林野特別経営事業がスタートした．この事業は国有林の大規模な造林を計画・推進するもので，国有林の本格的な造成・整備がようやく緒についた．この事業のポイントは，国有林中の不要存置林野を売却処分することによって収入を確保し，特別経営事業の資金源にするという点にあった（農林大臣官房総務課 1963: 1453-1454）．当初計画の要点は以下のとおりである．(1) 不要存置の森林20万2,000町歩と原野53万9,000町歩，合計74万1,000町歩を1908年度までの10ヵ年間に処分する．

(2) その予定収入金の総額 2,302 万円を森林資金に充当する，(3) 国有林として存置する林野 718 万 9,000 町歩について，1890 年度から境界査定および面積実測調査を継続して実施し，特別経営事業の最終年度である 1914 年度に完了する，(4) 要存置林で施業の着手に急を要する 211 万 2,000 町歩について，1899 年度以降 10 年間で施業案を編成する，(5) 1899 年度から 13 年間に国有林内の無立木地 14 万 5,000 町歩に対して植栽を行うとともに，苗圃の設置，林道の開設，河川疎通等の搬路の整備，防火線の築設等を行う，(6) 国土保安上必要な保安林 5 万町歩などを買い上げる，(7) 以上の諸事業に要する経費は総額 2,302 万円で，事業期間 16 年間の総合収支は差し引きゼロを予定する（「農林水産省百年史」編纂委員会 1979: 450-451）．

しかしながら，特別経営事業は収入が計画をはるかに上回ったため，事業内容が大幅に拡張され実施期間も 7ヵ年延長された（1921 年度終了）．特別経営事業の中心は造林事業であったが，その実績は計画を大きく上回った．すなわち，事業期間の 23 年間に，人工植栽 30 万 6,994 町歩（当初計画 9 万町歩），天然成育 5 万 3,667 町歩に達したのである（農林大臣官房総務課 1963: 1552）．

特別経営事業によって国有林経営の基盤がようやく固まった．この時期，造林を軸に国有林経営が積極化した要因としては，以下の点が重要である．すなわち，(1) 国有林野の財政収入源としての地位を引き上げようとしたこと，(2) 産業化過程で増大した木材需要に国有林開発で対処する必要があったこと，(3) 木材価格上昇による収益性の向上で林業経営成立の可能性が強まったこと，(4) ドイツやフランスに留学した林業技術官が国有林の経営の必要性を強調したこと，(5) 国有林の無原則的な払い下げ政策は治山治水上の危険や資源枯渇化を招くと問題視され，国有林の積極的経営への転換がうながされたこと，などである（秋山 1960: 60-62）．

4-3 国有林の地元開放

特別経営事業による国有林整備とならんで重要だったのが，国有林野を地元住民に開放する施策が積極的に展開されたことである．

まず，林野の官民有区分に際して不適切に官有林化された林野の「民有引戻」を法的に解決するため，国有林野法の制定と同時に「国有土地森林原野下戻法」が制定され，国有林地元関係の紛議を一掃することが図られた（農林大臣官房総務課 1963: 1291）．

また，国有林野法に部分林や委託林の規定が導入され，国有林野を地元住民に開放する措置が制度化された．以下，制度の要点を簡潔に紹介しておこう[2]．

(1) 部分林

国有林野内に国以外の者が造林し，その収益を国と造林者とで分収する契約のある森林を部分林というが，近世期から同様の制度が広く行われていた．

国有林野法では，国が部分林候補地を設定し，造林者と部分林契約を締結する．部分林設定出願者には，地元市町村，地元郡，地元府県，地元部落の住民などがなりうる．部分林の植樹・補植・手入れその他造林に必要な行為は一切造林者の義務であり，さらに，火災の予防消防・盗伐対策・病害虫予防駆除・境界票保存・稚樹保存等が造林者の責任とされた．その代わりに造林者は，下草・落葉・落枝・樹実菌茸類の採取や，設定後天然に生育した雑木，植樹後20年以内の手入れのための伐採木を入手できるとされた．分収割合は，部分林の地代や造林費を参酌して農商務大臣が定めるとされたが，造林者の分収割合が10分の8を超えることはできないとされた．また分収方法は，樹木の売却代金によるのを原則としたが，国の分収すべき樹木を保存する必要のあるときは，材積で分収してもよいとされた（塩谷 1959: 190-192）．

国有林と地元住民との関係に関して興味深いのは，造林者の権利は大林区署長の許可を得て処分可能で，その処分には，売買・譲渡・交換・出資等，一切の権利移転が含まれるとされている点である．部分林契約の存続期間は80年以内で，10年以内で期間変更が認められるとされたが，造林開始から伐採＝最終収益の配分までには長期間を要し，通常は1世代で完結しなかっ

[2) 国有林の地元開放については，岩本 (2009) で詳しく検討した．

た．契約期間中に造林者の側でその権利を処分しなければならない事態が発生することが通例だったのである．部分林契約のように世代を超える超長期の契約において制度への信頼やその安定性を確保するには，造林者側の事情の変化に対応しうる柔軟な制度設計が必要となる．国有林野法の権利処分規定は，それを担保する重要な制度要素なのであった．また，部分林契約の当事者は個人ではなく団体（とりわけ地元部落）のなるケースが一般的であったから，団体メンバーの個別的権利の処分についても，団体がそれを担保するという関係となった．村落共同体のように住民にとって最も身近な団体が契約当事者になることによって，契約に対する信頼を高め，制度の安定化に寄与したのである．

部分林設定面積も順調に推移した．1891年から1909年にかけての約20年間，部分林設定面積は毎年7万から8万町歩の規模を維持している．以後は減少傾向に転じるが，1910年代後半期には5万町歩台，1920年代から30年代でも4万町歩台を維持している．1913年に年間4万町歩のピークを記録する国の直轄造林面積と比較しても，部分林制度の寄与率の高さが目立つのである．

(2) 委託林

国有林野の保護活動と引き換えに，国有林野の産物の一部を地元住民に無償で供与するのが委託林制度であるが，この制度も近世期から行われていた．

林野の官民有区分の結果，農民の旧入会権の行使が大きく制限されるようになり，盗伐や放火など農民の抵抗が激しくなった．こうした農民の不満を和らげるため，国有林野の慣行的利用の一部を認めようとしたのが委託林制度の始まりである．1891年勅令第202号による官有森林原野及産物特別処分規則の改正によってスタートした．

委託林制度は国有林野法に引き継がれ，国有林野委託林規則（勅令第364号）によって詳細に規定された．そのポイントは以下のとおりである．(1) 市町村またはその一部に林野の保護を委託し，その代償として林野の産物を譲与する．(2) 委託期間は5年（更新可能）で，譲与される産物は末木枝条および枯倒木，手入れのための伐採樹，自家用薪炭材等である．(3) 地元の負

う義務は，火災・加害行為・有害動物の予防・防止と手入れなどによる保護で，義務を怠った場合は委託を解除され，林野に損害を与えたときは賠償の責任が発生する（林業発達史調査会 1960: 344-345）．

政府の消極的姿勢もあって，委託林制度の当初の利用状況は低調であった．制度発足当初，政府が消極的であった理由は，（1）旧入会林野の下戻処分が片づくまでは委託林設定に消極的にならざるを得なかったこと，（2）委託林契約によって農民との間に権利関係が発生するのを恐れたこと，（3）委託林の設定が国有林野特別経営事業の支障になると考えたこと，などであった（中尾 1962: 262）．

しかしながら，委託林制度は 1920 年以降急速に浸透していく．1923 年に 1 万町歩，翌 24 年に 3 万町歩，27 年に 4 万町歩，30 年に 5 万町歩を突破し，30 年代後半以降は 6 万町歩台を維持している．さらに昭和恐慌下の経済更正運動の一環として簡易委託林制度が導入され，委託林面積は飛躍的に増加した．簡易委託林制度は，旧慣による入会慣行のない地域の住民に対して，当該地域経済の実情に応じて林野副産物の採取を許した制度であったが，旧来の慣行に関わりなく設定でき，かつ森林主産物の採取を含まなかったから各地で設定できた（中尾 1962: 264）．簡易委託林制度のもとで，委託林設定面積は飛躍的に拡大することになった．簡易委託林面積は 1935 年に 100 万町歩を超え，数値の得られる最終年である 1941 年には 195 万町歩と，国有林野総面積の半分近くに達している（農林大臣官房総務課 1963: 1963）．設定地域が集中した東北地方の農村住民にとっては，とりわけ大きな意味をもった．

以上のように，部分林制度と委託林・簡易委託林制度は，いずれも地元住民による国有林野保護活動への見返りとして国有林野産物が供与されるものであった．またそのことによって，国有林と地元住民とのフリクションを緩和し，両者の関係を安定化させる機能を果たしたのであった．

4-4　林業技術

明治政府は，国有林およびユンカー層の森林管理・林業経営の拠り所としてのドイツ林学に依拠して国有林の管理を行おうとした（船越 2010: 47）．ド

イツ林学は聖俗諸侯の資産管理から始まり，18世紀ごろから領邦諸国家の行政官僚を養成するために成立した官房学の中に位置づけられて発展し，18世紀末から19世紀初頭にかけて学としてのかたちを整えた（船越 2010: 47; 小林 2010: 146）．ドイツ林学の基本理念は法正林思想に集約されるが，これは輪伐期に応じた数の伐区を設け，各伐区が規則正しい齢級配置になるように造林し，蓄積量に見合う林木を毎年均等に利用し森林の持続的利用を図るもので（船越 2010: 49），森林資源の枯渇や森林荒廃を防ぎながら，持続的かつ高度の生産力を実現しようとする考え方である．

　ドイツ林学を学ぶために明治政府は多くの留学生を派遣した．また，林学の教育施設として1877年に樹木試験場を開設した．また同所には，1882年に東京山林学校が開設された．山林学校開設以来，お雇い教師や留学経験をもつ日本人教師によって，主としてドイツ林学に沿った教育が実施された（藤森 2010: 32）．このようにして，ドイツ林学の教育を受けた技術者が，国の教育研究機関や国有林管理部門に配置されていった．

　国有林管理の基本計画となる施業案も，ドイツ林学の強い影響のもとに編成された．特別経営事業の開始とともに制定された国有林施業案編成規程では，「施業案ハ森林ヲ法正状態ニ導キ，其ノ利用ヲ永遠ニ保続スルノ目的ヲ以テ編成スヘシ」と基本方針が示されている．保続の単位として「一事業区中ノ森林ニシテ同一ノ作業種ニ属シ同一ノ輪伐齢ニ依リテ施業シ独立ノ伐採順序ヲ設クルコトヲ得ヘキ集団」（作業級）を設定し，用材林の輪伐齢は林利（総収入から造林費・管理費を差し引いたもの）を最大とする時期が選ばれている．収穫保続・最多純益の両立を図ろうとするドイツ林学の流れに沿うものである（船越 2010: 50-51）．

　しかしながら，ドイツ林学の直訳的な施業案をそのまま林業現場に適用することは困難であった．たとえば，日本がお手本としたドイツ林学が対象とする樹木は，冷温帯に生育するブナ・ナラ・カエデ・トウヒ・カラマツなどであったのに対し，モンスーン・アジア地帯の暖帯・温帯に属する日本では，スギ・ヒノキが主要樹種であった．森林の経理理論としてはドイツ林業が適用できても，造林などの施業技術は国内の林業技術に学ぶ必要があったのである（赤羽・加藤 1984: 267）．

国有林管理は，全国に展開する広大な森林を，山林局‐営林局‐営林署という官僚組織のもとで，統一的な管理・施業技術に基づいて実施する必要があった．このため，ドイツをはじめとするヨーロッパ諸国の体系的な法制度や施業体系を手本にせざるを得なかった．しかし，施業案が日本の森林の実態に合致しない場合も少なくなかった（藤森 2010: 35）．特別経営事業の実行にあたっては在野民間技術の寄せ集めを以て対応せざるを得なかったし，施業案における林種・作業級・輪伐期などの枠組みも決して適切ではなかった．森林管理面の必要性から法正林が理念として設定されても，それを当時の自然・社会経済状況のもとでどのように具体化していくかは，決して容易なことではなかったのである（船越 2010: 53）．

　欧化主義的な国有林管理手法には，民間の林業家たちからも強い批判が出された．吉野林業の指導者であった土倉庄三郎は次のように批判している．「現行経営の施業案は事実に於いて吾が林業上の羅針盤に適さざるを如何せん．吾が今日国有林相は此を独墺のものに比しても恰も汽船と和船の差あるがごとし，今二十世紀発達進歩の汽船に要する羅針盤を把て之を旧式和船に適用せんと欲す是れ卓上の空論なり……吾が国の山林之を独墺のものに比して却て勝るものあらん」．ここには，険しい山岳部に立地する零細分散的な日本の森林を対象に，ヨーロッパ林学を下敷きとして画一的な施業技術を適用することへの疑念が表明されている（船越 2010: 55）．こうした民間林業家からの批判は，西欧林学の翻訳的適用に疑問をいだいていた官僚層の一部にも影響を与えた[3]．

　そこで参照されたのが，近世期から先進林業地帯で蓄積された民間の優れた林業技術であった．営林局・営林署に所属し国有林管理の第一線に立った技術者は，現場の実践をとおして民間林業技術からも学び，国有林施業技術の現地化に取り組んだのである（藤森 2010: 35）．林業技術者に最も参考にされたのが，当時民間林業技術の頂点にあった吉野林業技術であった．すでに吉野では，林業の体系を造林‐伐出‐運材‐流通‐造林の循環系と捉え，そ

---

[3]　たとえば，江橋尚義は次のように述べている．「吾国は其林学及び其の林業を以て日本の林業を作らざるべからざるなり．唯其方式をとりて直接に利用し，其試験の結果を直ちに擬するに至りては愚も亦甚しと言うべし……」（船越 2010: 56）．

の循環を担保するものとして，近代林学が到達した法正林思想と同様の技術内容をそなえていた（船越 2010: 57）．官民挙げての吉野林業視察が続き，育成林業が成立する確信を広げていった．また吉野からは，有力な造林家が林業巡回教師として招聘され各地で大きな影響を与えた（赤羽・加藤 1984: 269）．

以上のように，ドイツ林学の強い影響力のもとに展開した林業技術においても，近世期に蓄積した民間の造林・育林技術はその底流として存在したのである（藤森 2010: 30）．

5 おわりに

これまでの検討をとおして，「日本に森林が残ったのは何故か？」という本章の問いに対し，以下のように答えることができるだろう．

まず第一は，森林荒廃を防ぎ森林を保全することの重要性が，すでに近世期に広く共通認識となっていたことである．治山治水が重要であることは，領主層のみならず農村リーダーや民間の林業家たちにも共有されていた．

第二に，森林の良好な管理と持続的利用をうながすような制度設計がなされたことである．とりわけ地元住民との軋轢が絶えない国有林経営では，この点への配慮がきわめて重要となる．明治政府は，部分林や委託林などの柔軟な制度を導入することによって，国有林の利用・管理に地元住民を巻き込んでいった．地元住民に国有林を開放することを通して，国有林と地元住民との紛争を防ぎ，良好な関係を築きあげようとしたのである．

第三は，近代的林業技術の確立に際して，近世期以来蓄積されてきた民間林業技術が重要な貢献をしたということである．明治期の林業技術は，基本的に近世期の技術をそのまま継承したものであった．最初の技術革新は森林鉄道による運材工程の機械化であったが，1909 年の津軽森林鉄道開通以後，全国の主要林業地に建設されていった．運材行程の機械化については，鉄線・鉄索・鋼線等をもちいて材木をつり下げて運搬する索道と集材機の設置も重要な意味をもった．索道は材木の自重による自然落下を利用して運び，

集材機はエンジンとウインチで運搬するという違いはあったが，いずれも運材工程の能率を引き上げるとともに，河川利用の難しい奥山の利用を可能にした．しかしながら，索道と集材機が伐出作業に本格的に導入されるのは大正期以降のことであり，明治期には筏流しによる運材がなお一般的であった（脇野 2006: 326）．運材工程以外の造林・伐出工程の機械化はさらに遅れることになったので，明治期の林業技術は，国有林・民有林を問わず近世期に確立された林業技術をそのまま引き継いだ．林政や森林管理の理論的枠組みとしてはドイツ林学の影響が強かったとはいえ，現場の造林育林技術は，民間の林業技術の蓄積を前提として発展していったのである．

参考文献
赤羽武・加藤衛拡 1984.「吉野林業全書・解題」『明治農書全集第 13 巻 林業・林産』農山漁村文化協会．
秋山智英 1960.『国有林経営史論』日本林業調査会．
千葉徳爾 1991.『増補改訂はげ山の研究』そしえて．
大日本山林会編 1931.『明治林業逸史』大日本山林会．
Food and Agriculture Organization (FAO) 2005. *Global Forest Resources Assessment 2005: Progress towards Sustainable Forest Management*, Rome: Food and Agriculture Organization of the United Nations.
藤森隆郎 2010.「造林学の成立過程」『草創期における林学の成立と展開』農林水産奨励会．
船越昭治 2010.「近代林学及び森林施業体系の成立と外国の影響」『草創期における林学の成立と展開』農林水産奨励会．
葉山アツコ 2003.「イフガオ州棚田地帯における森と人の関係」井上真編・財団法人地球環境戦略研究機関監修『アジアにおける森林の消失と保全』中央法規出版，81-96 頁．
速水融・宮本又郎 1988.『日本経済史 1』岩波書店．
岩本純明 2009.「林野資源管理と村落共同体 —— 国有林野経営と地元利用」大鎌邦雄編『日本とアジアの農業集落 —— 組織と機能』清文堂，7-29 頁．
狩野享二 1977.『江戸時代の林業思想研究』日本林業調査会．
小林富士雄 2010.「明治初期の林学の萌芽と発展 —— 農学との比較において」『草創期における林学の成立と展開』農林水産奨励会．
三笠義孝 1934.『森林法に就て —— 主として森林犯罪に関し』（司法研究報告書集第 18 輯 5）司法調査課．
中尾英俊 1962.「林野利用の諸形態」潮見俊隆編『日本林業と山村社会』東京大学出版会．
農林大臣官房総務課 1963.『農林行政史 第 5 巻（下）国有林行政』農林協会．
「農林水産省百年史」編纂委員会 1979.『農林水産省百年史（上）』「農林水産省百年史」刊行会．

林業発達史調査会 1960.『日本林業発達史（上）』林野庁.
林野整理局 1899.『国有林施業案編成規程及各様式記載例』林野整理局.
斎藤修 1998.「人口と開発と生態環境 —— 徳川日本の経験から」川田順造・岩井克人・鴨武彦・恒川恵一・原洋之介・山内昌之編『岩波講座　開発と文化5　地球環境と開発』岩波書店.
Saito, O. 2009. "Forest History and the Great Divergence: China, Japan, and the West Compared", *Journal of Global History*, 4: 379-404.
潮見俊隆 1957.『森林犯罪の法社会学的研究 —— 歴史過程の分析』林野庁.
—— 1960.『農村と基地の法社会学』岩波書店.
塩谷勉 1959.『部分林制度の史的研究』林野共済会.
手束平三郎 1980.「総説」林政総合協議会編『日本の造林百年史』日本林業調査会.
Totman, C. 1989. *The Green Archipelago: Forestry in Preindustrial Japan*, University of California press（熊崎実訳『日本人はどのように森をつくってきたのか』築地書館，1998年）.
筒井迪夫 1974.『森林法の軌跡』農林出版株式会社.
脇野博 2006.『日本林業技術史の研究』清文堂.

第 4 編

熱帯における生存基盤の諸相
― 植民地支配・脱植民地化・石油依存 ―

第4編のねらい

　第4編は，生存基盤持続型発展のために熱帯地域が有する現代的可能性に着目する．とくに植民期から現代までの長期ダイナミクスという歴史的視角およびグローバルなつながりのなかの地域の固有性という地域研究的視角から，熱帯の生存基盤の変容と現状を検討することをつうじて，温帯パラダイムを乗り越え，熱帯を焦点において歴史観・世界観を見直す試みをなす．

　人間にとっての生存基盤を地球的な規模で理解するためには，温帯と熱帯の生態的・歴史的な補完的関係を視野に入れたうえで，熱帯が地球社会において果たしてきた重要不可欠な役割と構造を十全に把握しなければならない．そして生存基盤持続型発展に向けて，熱帯のもつ資源・エネルギー的な可能性を持続的なかたちで最大限に引き出すだけでなく，不安定で予測不能な自然環境とのつきあい方という，この地域において蓄積されてきた知的潜在力を有効なかたちでとりだし，先端的な技術や制度と結びつけることにより，地域に即しながら先進的に新たな社会システムを創発することが求められる．さらには，多様な地理環境に即した多元的な社会システムの間を，地球全体として最善のかたちで組み合わせることにより，多元的でありながらかつ全体としてダイナミックに調和的な持続型発展を可能にするグローバルシステムを確立していく必要があるだろう．

　本編は，そのための知的準備として，温帯からの熱帯認識の変化を歴史的に検証し，またアフリカおよび中東のそれぞれの地域から温帯パラダイムを相対化する切り口を提示することを試みたい．第12章「豊饒，瘴癘，そして貧困」は，ヨーロッパおよび日本による南アジアと東南アジアに対する認識の歴史的変容を描き，現在における新たな熱帯認識の必要性を説く．第13章「アフリカの農家世帯の脆弱性をどう捉えるか」は，1990年代からの20年にわたるザンビアの農家世帯の脆弱性の変化について，全体的な社会変容を視野におさめながら検討する．第14章「現代中東・イスラーム世界の生存基盤」は，中東・イスラーム世界の生存基盤の歴史的変遷を論じ，属人性原理にたつイスラーム経済の現代的可能性を論じる．

　熱帯においては，自然の圧倒的な力は人間による統御可能性を超えた偶発性を含むものである．そのためそこで発展した技術・制度・価値は，自然の予測不可能性を前提としたうえで，できるだけリスクを分散しつつ，可能なときに自然からの恩恵を最大化しようとするものであった．それは生存基盤確保型の発展径路であったといえようが，そうした熱帯型の社会システムは，植民地期において，自然統御をつうじて生産効率性を追求する温帯パラダイムの陰でネガティブに評価されていた．植民地経験への反動として，「開発」を国是とするナショナリズムが第二次世界大戦後の元植民

地諸国に広がったが，世界的には「先進国／途上国＝温帯／熱帯」という図式は変わるものでなかった．だが他方で，熱帯の多くの地域は，自然の恵みによって，第一次産品の生産地，また自然資源の供給地として，温帯の先進国経済を支えてきたことも事実である（第12章）．

　1990年代以降のグローバル化の進展のなかで，世界の市場経済やガバナンスと，アジア・アフリカ諸地域の生態・社会はより緊密なつながりをもつようになり，新たな動態がみられるようになった．人々の生活世界においては，社会変容のなかで脆弱性が高まる危険性とともに，生存基盤を支える新たな制度や技術の可能性も観察される．こうした変化を正しく理解するために，生存基盤の脆弱性とレジリアンスの動態を総合的に捉えるための新たな知の枠組みが必要とされている（第13章）．

　またグローバル化の進展と新興諸地域の活性化のなかで，イスラーム世界，インド，中国，アフリカなどは，自らの文化・文明の固有性を主張するだけでなく，その普遍的な潜在力を模索しはじめていることが注目される．こうした動きは，グローバル化を否定するものであるよりも，むしろよりよいグローバル化／グローカル化に向けてオルタナティブな枠組みを提唱しようとする試みであると理解できよう（第14章）．

　アジア・アフリカの諸地域が，これからの地球秩序においてますます重要性を帯びていくことは確実である．そのなかで，熱帯の新たな理解と，グローバルな再位置づけを通じてこそ，生存基盤持続型発展への道は開けるであろう．本編は，そうした遠い目標にむかって方向づけをするためのささやかな試みである．

　　　　　　　　　　　　　　　　　　　　　　　　　　　　　［田辺明生］

第12章

豊饒，瘴癘，そして貧困
―― 熱帯アジアへの眼差し ――

籠 谷 直 人・脇 村 孝 平

1 はじめに ── 熱帯アジアはいかに認識されたのか

　本章は，過去数世紀における温帯から熱帯への眼差しについて論じることを課題とする．具体的には，熱帯アジア，とくにヨーロッパからみた南アジア（インド亜大陸）を中心に，日本からみた東南アジアも視野に入れながら論じることにする．したがって，本章で論じるのは，もっぱら温帯としてのヨーロッパおよび日本からの熱帯への認識ということになる．

　ヨーロッパの熱帯認識は，熱帯地域それ自身の住民による自己言及的な熱帯認識を含めて，近代以降の世界における熱帯認識の「世界標準」を決定し，日本の熱帯認識もそれに大きく影響を受けたからである．なお，熱帯認識と言う場合，ここでは疾病や健康に関わる認識にまずは注目する．なぜならば，熱帯における疾病や健康に対する認識が，ヨーロッパの熱帯認識の性格を強く規定したと考えるからにほかならない[1]．

　大航海時代以来，交易活動をつうじてアジアに進出してきたヨーロッパ人

---

1) 本章の立論において，D. アーノルド（David Arnold）と M. ハリソン（Mark Harrison）の研究から多大な示唆を得たことを記しておきたい（Arnold 2005; Arnold＝飯島・川島訳 1999; Harrison 1999）．

は，インド亜大陸に深く関わった．ただし，インド亜大陸を「熱帯」として捉える明示的な認識は，近世において存在しなかった．決定的な転換点が訪れたのは，19世紀の前半である．イギリスのインド支配が固まっていったこの時期に，この地域をはっきりと「熱帯」として捉える認識が定着した．しかも，熱帯はネガティブな要素に満ちた場所としてあらわれることになった．

本章の前半では，このような19世紀末までの熱帯認識の成立過程を明らかにする．続く本章の後半では，20世紀初頭以降におけるヨーロッパの熱帯認識をみる．それと同時に，同じく温帯に位置するとはいえ，ヨーロッパとは歴史的背景を異にする日本の熱帯認識を，おもに戦時期に照準を合わせて捉えることにする．最終的には，20世紀後半の熱帯認識の帰趨にも一定の考察を加え，今後の展望を示唆したいと考えている．

2 豊饒と専制 ── 近世

15世紀末のヴァスコ・ダ・ガマ（Vasco da Gama）以降，インド洋海域へ進出したポルトガル人などの航海者・旅行者が，おもにインド亜大陸に関して残した言説を材料に，16-18世紀における熱帯認識の特徴を探るとするならば，どのようなことが言えるか．結論的には，今日私たちが抱懐するような意味での熱帯認識が，そのものとしては存在しなかったと言える．この地域に最初にやってきたポルトガル人は，自らの故国が位置する南欧と，最初に訪れたマラバール海岸の気候に，それほど大きな違いを見いださなかった．たとえば，16世紀の前半にインド西海岸のゴアに36年間滞在した，ポルトガルの医学者G. デ・オルタ（Garcia de Orta）は，この地域の気候がヨーロッパ人の身体に及ぼす影響に関して，必ずしも本国との大きな違いを認めていなかった (Harrison 1999: 27)．ヨーロッパではこの当時依然として存在していたペストなどの疫病が，この新天地では存在していなかったので，むしろより健康だとみなしていたのである．

他方で，16世紀にこの海域を訪れたヨーロッパ人は，この地域の物産（主として，香辛料・綿織物など）およびその背景となる自然の豊饒さに驚嘆して

いたことに注目したい．16世紀末にポルトガル領インド（おもにゴア）に滞在したオランダ人，リンスホーテン（Jan Huygen van Linschoten）の『東方案内記』のなかに以下の記述がある．ちなみに，前者はマラバール海岸，後者はベンガルについての記述である．

> マンガロールから15マイル，11度半強にカナノールがある．これはポルトガル人が全マラバールで占める最良の砦で，ここに大量の胡椒がある．この砦の外に，マラバール人独自の様式の家々が立ち並んだ賑やかな町があって，日ごとに市が立ち，おびただしい食品，食糧が競り売りされて目を見張るばかりである．まったくホラントの週市そっくりで，鶏，卵，バターから蜂蜜，インディエ産の油，インディエ無花果［バナナのこと］── これはカナノール無花果といって，特別大きく，インディエで最良の品である ──，要するに，こういった物産，食料品が何でもどっさりあるのだ．また，ノルウェーにもこれ以上のものはあるまいと思われるほどすばらしく立派な長い帆柱，そのほかいろんな品物がおびただしくあって，周辺の地方はみなそれで潤っているくらいである．カナノールは，いやマラバール海岸全体がそうだが，高い樹木が美しく生い茂り，緑したたる，眺めの楽しい，肥沃な土地だ（Linschoten＝岩生ほか訳 1968: 142）．

> この国土はあらゆる食糧が驚くばかり豊富，潤沢で，とくに米の収穫は全東方のそれを上回り，それゆえ，毎年各方面から来航する多数の船に積み込んでも，なおけっして不足することがないのである．食糧をはじめあらゆる必需物資が実に豊富で，しかもめっぽう安くて，ここでその話をしても，とても信じてもらえないくらいである．たとえば，牡牛，牝牛がまるまる一頭でふつう　ラレンつまり半フルデン，羊，鶏その他みなそれぞれに，それ相当に安いのである．米一カンディールすなわち当地［ネーデルランド］の十四スヘーペル前後が，半フルデンないし半ダールデルで売られており，砂糖その他の品々もまたそのとおりで，これを見ても，あらゆる物資がそこにはどんなにだぶついているかが推察できよう（Linschoten＝岩生ほか訳 1968: 174）．

これらは，必ずしも恣意的な引用ではない．『東方案内記』という書物全

体が，このインド洋海域におけるさまざまな物産についての記述によって満たされている．象や犀などの動物，様々な果実や薬草などの植物，そして特産物として価値の高いものについては，個別の物産名が挙げられている．たとえば，肉桂，生姜，丁子，ニクズク，カルダモン，インディゴ，乳香，大黄，ダイアモンド，ルビー，エメラルド，真珠など，おもに香辛料と宝石の類である．たしかに，香辛料を求めてきたヨーロッパ人であればこそ，かかる物産に眼を奪われたのは当然であろう．ここには熱帯認識がそのものとして存在しないが，敢えて言うならば，「豊饒」のイメージが語られていた．

他方で，19世紀以降の熱帯認識に顕著になる，熱帯特有の疾病という捉え方は全く存在しなかった．もちろん『東方案内記』にも疾病に関する記述は存在するが，ごくわずかである．ガルシア・ド・オルタと同様に，リンスホーテンもまた，インド亜大陸の西海岸については，疾病に関するかぎり特別なものを認めていなかった．

それでは，17世紀をみてみよう．17世紀後半にムガル朝の宮廷で仕えたフランス人・F. ベルニエ（François Bernier）の『ムガル帝国誌』を取り上げることにしよう．彼は，ムガル帝国をいわゆる「東洋的専制」とみなしたことで有名であるが，次の引用にあるように，インド亜大陸を本来的に豊饒な土地とみなしていた．

> この広大な国土の中にはきわめて肥沃な土地が多く，中には，あの大きなベンガル国土のように，肥沃なことではエジプトの土地もしのぐ所があることで，そこでは米，麦など，命の糧として必要なあらゆるものが豊富に取れるばかりでなく，絹，綿，インディゴ，その他旅行記の類に記されている通り，エジプトの知らぬ夥しい商品があふれているのです（Bernier＝関訳 2001a: 263-264）．

また，以下の疾病に関する記述をみても，ベルニエは必ずしもインド亜大陸を不健康な土地だとはみていなかった．

> 私の考えでは，このあたりでなされている節酒は，この国の一般的な節制や汗や毛穴から絶えずなされている発汗と相まって，痛風，結石，腰痛，カタル，

四日熱といった病気が見られない原因なのです．私のようにこれらの病気のいくつかを持ってきた人びとが，ついにすっかりそうしたものから解放されるのもそのためです．このため梅毒ですら，きわめて行き渡っているにもかかわらず，それほどひどくもないし有害でもありません．ですから一般に我々のところよりも，当地の方がずっと健康的です（Bernier＝関訳 2001b: 31）．

このようにベルニエは，インド亜大陸は，潜在的には豊饒な土地であり，健康な土地であるとみなしていた．しかしながら，彼はムガル帝国が真の意味で豊かな国だとは考えていなかった．なぜならば，彼はこの国には次のような障害があるとしていたからである．すなわち，専制的な政府の存在である．

> こういう状況なので，誰もがあの種の人間を絶えず恐れており，中でも太守に対しては，奴隷が主人に対する以上にびくびくしています．常日頃，貧乏で金がないように装い，衣服，住居，家具などはきわめて簡素なものを用い，飲食物は一段と質素にしています．裕福だと思われ，何かを企まれて，破産させられるのではないかという心配から，商売にあまり深入りせぬよう，用心することさえもしばしばです．そのあげく，人びとは，誰にも知られぬように地面を深く掘り，持っている金を埋めて隠すことを考え，これに勝る救済手段を見つけることができません．こうして金は，人間が普通に行なう商取引の埒外に出てしまい，王，国家，そのほか誰の利益にもならずに，地中で滅びてしまうのです（Bernier＝関訳 2001a: 296）．

要するに，専制的な政府の存在は，一般の人々の所有権を認めないがゆえに，最終的にはその国の豊かさを保証しないというのである．このベルニエの議論は，その後，18世紀のヨーロッパの啓蒙思想に引き継がれたことは周知のとおりである．18世紀になると，ヨーロッパがアジアに対して，ある種の優越感の意識をもつようになるが，一つの定型的な理論となったのが，東洋的専制の議論である．これは，E. サイード（Edward W. Said）が言うところの「オリエンタリズム」の原型の一つとなった議論である．しかしながら，17世紀においては，インド亜大陸が「熱帯」であるがゆえに差異化するような認識は存在しなかった．

ただし，18世紀になると，モンテスキュー（Montesquieu）のような啓蒙思想家のなかで次のような認識が生まれてくる．明らかに気候が人間の質を決定するという認識である．P. J. マーシャル（Peter James Marshall）と G. ウィリアムズ（Glyndwr Williams）は，以下のように要約している．

> 「南」の熱帯に住む大多数のアジア人にとって，生きることは表面的に容易にみえる．土地は豊饒で，やすやすと作物を産み出してくれる．なにしろ気候のせいで人間の活力が鈍り，苦労することがすべておっくうになってしまうのだから，そうでなくては困るのだ．肉体的な無気力は避けがたい．アジア人を語るときにいやというほど遣われた言葉を用いれば，人間「柔弱」になる．炎暑はまた知的愚鈍をもたらす．好奇心もわかなければ冒険心も寛大な気持ちも起こらず，したがって，知的進歩はありえない（Marshall and Williams＝大久保訳 1989: 206-207）．

このように，熱帯的な気候が，アジアの社会の停滞をもたらすというかたちで，進歩するヨーロッパからアジアを差異化するという認識は生まれていたけれども，19世紀以降に誕生する明確なかたちの熱帯認識はまだあらわれていなかった．

3　支配と瘴癘 —— 19世紀

18世紀後半に，イギリス東インド会社によるベンガル支配が始まった．こうして，イギリス東インド会社は，18世紀前半までの物産を「交易」する商社という存在形態から，「統治」のための機関へと変貌した．それと同時に，物産の「生産」にも関与するようになった．

19世紀の前半に，熱帯認識に明確な転換が起こった．むしろ熱帯認識の「創出」があったと言えよう．すでに述べたように，18世紀までは，ヨーロッパとインド亜大陸の間に，環境における差異はあるにせよ，「本質的」な差異はないと考えられていた．したがって，ヨーロッパ人の「体質」（constitution）は，この地域の「温暖な気候」（warm climate）に，「馴化」（＝適応）

(acclimatization) できると考えられていたのである.

しかしながら，19 世紀の前半に決定的な転換点があったと考えられる．この転換点を示す重要なテキストが，J. ジョンソン (James Johnson) の『熱帯の気候，特にインドの気候のヨーロッパ人への影響』(1815 年) という著書である．彼は，この書の冒頭で次のように述べている．

> 穏やかで罪のない羊は，北半球の温和な状態から，赤道付近における太陽の直射の下での喘ぐような状態へ移動させられたら，数世代のうちに，暖かい羊毛から，より簡素な毛の状態へと変化するだろう．それでは，エチオピア人は，アフリカの内陸部からバルト海の海岸部に移動することによって，彼の皮膚の色を変えることができるだろうか (Johnson 1815: 2).

ジョンソンは馴化 (＝適応) に否定的である．彼の認識の根底には，ヨーロッパ人の「体質」は，熱帯においてどれだけの期間，生活しようと，馴化できないとする．ここには半ば断念にも似た感覚が潜んでいる．このような感覚は，18 世紀までのヨーロッパ人には顕著ではなかった．しかし，19 世紀初頭にベンガルに滞在したジョンソンには，顕著にあらわれている．彼は，ベンガル地方の風土病的な熱病 (endemic fever) について説明するなかで，この地域の高湿・高温の気候について縷々述べている．彼が依拠していた医学理論 (ミアズマ説) では，このような気候が，季節によっては濃密なミアズマ (瘴気) を発生させ，熱病を引き起こすということになるのである．ベンガルの気候がもたらすミアズマは，ヨーロッパにおけるものよりも，人体への影響はいっそう厳しいものとなると考えられた．

このように，ジョンソンの熱帯認識においては，もはやヨーロッパ人の馴化は可能と考えられていない．熱帯の気候は願わくば避けるべきものとして認識されるようになる．妻や子どもはイギリス本国において養育する，また猛暑の季節にはインド亜大陸の中の山岳地帯 (いわゆる「ヒル・ステーション」(hill station)) で酷暑を遁れる，などの慣行もこの時期以降に始まった．また，こうした認識の延長線上に，人種の差異という問題も浮上した．18 世紀までは，世界のどの地域の人間であれ，起源は共通で，世界の各地域に

おいて生活する人々は，その地域に特有の環境的な要因に左右されて，体質における差異が生じたという認識が一般的であった．しかし，この時代になると，そもそも人間には人種的な差異があって，生来，体質にも差異があるという認識に転換した（Harrison 1999: 68-69, 103）．このような考えによると，ヨーロッパ人がベンガルの気候・環境に馴化し得ないのは，必然的な結果ということになる．

　ここで，ヨーロッパ人のインド認識に一つの転換点が生じた．この地域を明確に「熱帯」と認識し，さらに熱帯を「他者化」し，自らが慣れ親しんだ地域・気候と決定的に「差異化」する時代が始まった（Arnold 2005: 140）．しかも，熱帯認識の内容においてネガティブな要素が他を圧倒するようになった．こうして，環境決定論（environmental determinism）と人種決定論（racial determinism）が複合するかたちで生まれたのである．このような時代が始まった理由として，次のようなことが考えられる．すなわち，18世紀の後半以降，イギリス東インド会社は，ベンガル支配を端緒として，たんなる商事会社から統治機関へと変貌する．それとともに，イギリス人は，西インドや南インドの比較的過ごしやすい海岸部分から，ベンガルのような高温高湿の地域での生活を迫られるようになった．ベンガル，とりわけその拠点となったカルカッタの環境条件はイギリス人にとって厳しいものであった（Harrison 1999: 217）．

　多くのイギリス人が生活したカルカッタの衛生状態はいかなるものであったか．18世紀後半以降，人口が増えるにつれて，衛生状態の悪化，とりわけ排水問題の劣悪化は，この都市に生活する住民の健康状態を著しく厳しいものにしていた．この排水問題とは，この地域ではモンスーン季に多雨がもたらされるが，市内各所に水が滞留し，しかも汚物と屎尿が市内各所に投棄されるのとあいまって，著しい水汚染と臭気が帰結するという問題であった．とくに，熱病（その多くは，マラリアと考えられる）の被害は酷く，多くのイギリス人が命を落とした[2]．当時の支配的な医学理論（ミアズマ説）からしても，カルカッタの状況はまさに危機的なものであった．ジョンソンのような

---

[2] 水の滞留は，マラリアを媒介する蚊（アノフェレス）の大量の繁殖をうながす（本書第2章）．

認識は，かかる状況のもとで生まれたと推測されうる．いずれにしても，ジョンソンのような認識は，ヨーロッパ人がこの地域に定住（settlement）することの困難を示唆していた．

しかし，19世紀前半のインドにおいて，受動的な態度ばかりが支配的なわけではなかった．衛生状態の「改良」（improvement）という考え方も生まれた．たとえば，すでに述べたように，カルカッタの衛生状態の悪化は著しいものがあった．しかも，1817年以降，コレラの大流行がたびたび起こったが，カルカッタに居住するヨーロッパ人の危機感をいやがうえにも高めた．カルカッタの排水問題の解決を目指して，開渠式の排水路の建設が目指された．しかしながら，結局のところ，この時期の改良は大きな成果をみなかった．実質的な改良は，19世紀の後半にみられた．カルカッタでは，1860年代以降に上水道，下水道（暗渠式）などの建設というかたちでの「衛生改革」が取り組まれた．ただし，下水道の建設がなされるも，多くの住居の便所にはつなげられず，最終的には「乾式便所」（清掃人が人力で屎尿の運搬を行う形態）が依然として支配的なままで残ったことが象徴的なように，「衛生改革」の取り組みは中途半端なままで終わった[3]．

こうした経緯のなかで，19世紀の後半以降，人種論的な「差異化」の論理とともに，文化論的な「差異化」の論理も強まった．以下の引用は1870年代後半に日本で活動していたアメリカ人医師のものであるが，このような認識がいかに流布していたかということを示している．

> ヒンドゥー教徒は，便所を使用しない．便意をもよおした時に，都市においては穴を掘るだけであり，田舎においては畑，丘の斜面，小川や川の堤を探すだけである．町の周辺，池の堤，水の流れるところは，表現に困るほどに汚物まみれとなる．したがって，汚物は必ず雨が降るごとに共用の水の供給源に流れ込む．これに加えて，巡礼たちの惨状，彼らの貧しさと疾病，彼らが信仰の対象たる寺や廟が位置する町になだれ込む状況が存在する．したがって，インドがコレラ流行の温床として存在し続けることを知るのは容易である．……だから，コレラが毎年，汚物にまみれた巡礼たちによって，ヒンド

---

[3] このような帰結がもたらされた理由として，現地社会の側の問題も存在した（脇村 2012）．

スタンの全土に拡がる可能性に満ちていた．この国自身が，コレラの生地であり，災厄の常住の故地であるという評判もやむをえない(Simmons 1879: 24-26)．

このように，疫病の流行に関連して，インド社会・文化への半ば偏見に満ちた原因論が存在したが，19世紀後半になると，このような原因論ではとても説明のつかない大規模な疫病の流行が起こるようになった．

すなわち，この時代，とくに第四四半世紀においては，頻発する飢饉と，それらに付随ないしは交錯して数多くの疫病（マラリア，コレラ，ペストなど）が起こり，多数の人命が失われた．他方，同時期は，大規模なインフラの建設の時代でもあった．鉄道，灌漑用水路，道路などが，商業・農業・軍事などの目的で建設された．こうしたことを前提として，植民地インドは，第一次産品の輸出経済として再編成された．飢饉や疫病という災害の頻発とインフラ建設による輸出経済の形成と間にある種の因果関係があることを，筆者はすでに論じたことがあるので，ここでは繰り返さない（脇村2002）．ただし，強調しておきたいのは，インド亜大陸の大半を占める熱帯もしくは亜熱帯の生態的諸条件が人為的介入に対して，疾病というかたちで多大の反作用をもたらしたという因果関係が存在したという点である[4]．いずれにしても，この時期のインドが，茶・小麦・油用種子・ジュート・綿花などの輸出用の第一次産品の供給基地として位置づけられる一方で，近世までの豊饒な物産の宝庫というイメージに代わって，飢餓と疫病が蔓延する貧困の大地というイメージを纏うようになっていくのは皮肉なことであった．

ところで，19世紀後半以降，熱帯認識は，熱帯の諸事象を「科学的」に把握しようとする傾向を強めた．熱帯植物学，熱帯農学，熱帯土壌学，熱帯医学などの研究分野が成立していった．こうした学問において，熱帯の豊饒性というよりは，むしろその困難な側面が指摘されることが一般的であった(Arnold 2005: 231)．そのような傾向の代表として，「熱帯医学」(tropical medicine)について触れておきたい．一学問領域としての「熱帯医学」の成立は，19世紀末のことである．これは，19世紀後半における細菌学，寄生

---

[4] この点は，本書の第2章でも論じた．

虫学の発展によって，いくつかの感染症の病因が明らかにされたことを前提としている．そして，「熱帯医学」の成立は，直接的には，1897年にロナルド・ロスによってマラリアの病因論——マラリア原虫をアノフェレス (*Anopheles*) が媒介し，感染させるという機序——が科学的に明らかにされたことを契機としている．その後，ロンドン熱帯医学院 (London School of Tropical Medicine) の創立者である P. マンソン (Patrick Manson) は，次のような「熱帯病」の定義を与えた．熱帯病とは，「原生動物もしくはより複雑な生物によって引き起こされる病気であるが，それらの病原体が寄生生物であり，その感染が熱帯地域にのみ限定された媒介生物 (vector) の生活環 (life cycle) の完結によって可能となるような病気」であるとした (Worboys 1993: 520)．これが，いわゆる「寄生体/媒介生物モデル」と呼ばれるものであるが，19世紀後半に確立した病原体理論一般と区別される所以である．すなわち，ある特定の疾病が熱帯病と呼ばれる理由は，その疾病の感染に役割を果たす媒介生物が熱帯地域にのみ生活する生物であるからということであった．

こうした認識にあらわれているのは，依然として「熱帯」を「差異化」，「他者化」する傾向であり，19世紀になって強まった環境決定論的な傾向の継続であった．そして，熱帯を「科学的」に把握する作業が，むしろ熱帯を人類生存の場所として困難な場所としてみなす傾向を強めたことは皮肉なことであった．

4 脱植民地化と熱帯認識 —— 20世紀前半

しかし，20世紀前半，とくに両大戦間期になると，熱帯認識にも新たな要素が加わった．熱帯医学を例に取ろう．すでに述べたように，熱帯医学の学問としての成立は，19世紀末のことであったが，早くも両大戦間期にある種の変化が起こった．熱帯医学は，もともと熱帯に特有な地理的・生態的・気候的諸条件と疾病との関わりを究明することに関心があったが，より普遍的な条件の検出へと向かうことになったのである．このことは，1920年代から1930年代にかけて盛んになる栄養研究のなかに最も顕著にあらわれる．

第一次世界大戦後，ビタミンやミネラル（無機物）などの栄養素の発見を契機にして，ヨーロッパでは栄養研究が盛んになった．英領インドにおいて，R. マッカリソン（Robert McCarrison）は，1920 年代に，実験室における動物実験をつうじて，栄養の質が体格と健康状態に与える影響について研究を行った．また，W. R. エイクロイド（Wallace Ruddell Aykroyd）は，1930 年代に学童などを対象に一連の栄養調査を行った．これらの調査をとおして指摘されたのは，インドでは，飢饉のような急激な食糧不足のときにかぎらず，人口のかなりの部分が慢性的な栄養不良の状況にあるという事態であった（Arnold 2000: 201-202; Worboys 1988）．

　このような栄養研究への関心の高まりは，熱帯地域における疾病の原因を，気候や生態条件の特有性に求めるのではなく，この地域に生活する人々の栄養条件に求めることを意味していた．静態的な環境要因ではなく，むしろ栄養不良を招いている社会経済的な要因へ眼を向けることになった．その意味で，熱帯医学の基盤自体が問われていた．さらに別の例を挙げると，このような変化は，マラリア研究にもあらわれていた．英領インドでは，イギリス人のマラリア学者による研究が 19 世紀末から盛んに行われていた．これは，すでに述べた 19 世紀末における「熱帯医学」の成立と符節を合わせていた．この英領インドのマラリア研究において，マラリアの発生の原因を，もっぱら「アノフェレス・ファクター」（anopheles factor）＝媒介生物に求める認識に加えて，それ以上に重要な要因として「ヒューマン・ファクター」（human factor）を重視する認識があらわれた．ここで「ヒューマン・ファクター」と称するのは，栄養状態や経済的条件の変化（たとえば，労働移動），あるいは環境変容といったものが，マラリアの罹患率や死亡率を大きく左右するという捉え方である（脇村 2003）．これに関連してさらに指摘しておきたいのは，国際連盟保健機構（League of Nations Health Organization）のマラリア委員会においても，このようなマラリア研究における社会経済的アプローチとでも呼ぶべき傾向が影響を与えていた事実である．このような認識の転換は，熱帯の生態的諸条件を静態的に把握する見方から，より動態的に捉える認識へ変化したとも理解されうる．かかる熱帯認識の転換は，20 世紀半ば以降の脱植民地化に向かう過程を示しているのではないか（Wakimura 2010）．ここに

いたって，熱帯認識は，熱帯の生態的諸条件にのみ目を向ける環境決定論的な傾向を脱し，熱帯における社会経済的諸条件，とくに「貧困」の問題に直面することになった．

英領インドでは，1930年代以降，「経済計画」という理念が，独立を目指す民族主義の側と植民地政府の側の両者に浸透した．とくに民族主義の側に関して言うと，1938年に国民会議派がJ. ネルー（Jawaharlal Nehru）を委員長とする「国民計画委員会」を設置し，独立後を睨んで経済政策の枠組みを構想した．このような動きは，「開発」(development) という新たなパラダイムの出現ともみなすことができる（Zachariah 2005）．この「開発」というパラダイムでは，もはや「貧困」というインドの現実は，「熱帯」という環境によって宿命論的に決定されているのではなく，「開発」によって克服しうるものと考えられるようになったのである．

さて，脱植民地化の時代を示す熱帯認識の転換の問題を，別の事例のなかにも確認することができる．ここでは，フランスの地理学者P. グルー（Pierre Gourou）[5]の熱帯論を取り上げる．グルーの熱帯論は，19世紀から20世紀前半にかけてのヨーロッパ人による科学的な熱帯認識の集大成とも考えることができる．グルーの地理学的研究は，仏領インドシナのトンキン平野における農村の研究から始まった．『トンキン地方』，『トンキンデルタの農民』などの労作を発表してその地位を築いたが，第二次世界大戦後，ラテンアメリカやアフリカの熱帯地域にも視野を広げ，1947年には『熱帯の地理』(Gourou＝上野監訳1971)[6]という書を上梓している．この書物こそ，グルーの熱帯論の精華であろう．

この書の前半において，グルーは熱帯の生態的諸条件がけっして人間の生存に有利ではないという冷厳な事実を縷々指摘する．冒頭で，熱帯世界における人口密度の希薄さを確認し，以降の章で，とりもなおさずそれが生態的諸条件の厳しさによるものであることを明らかにする．具体的には，夥しい

---

[5] グルーについては，Arnold (2000)，Kleinen (2005) を参照．ただし，アーノルドのグルー論は，その限界を指摘することに急で，必ずしもグルーの熱帯論の意義を明らかにし得ていない．

[6] 本書は，原著 (*Les Pays Tropicaux: Principes d'une Géographie Humaine et Économique*) の第5版を翻訳したもの．初版は，1947年に刊行されている．

疾病（感染症）による不健康さと土壌の貧しさが取り上げられ，人口密度の低さがこの二条件によって説明される．さらに，後者の土壌条件の問題から派生させて，農業（とくに食糧生産），牧畜，工業などの産業の発展が検討され，熱帯世界が，温帯世界に比べて，これらの産業において多くの障害を有すると論じる．とくに注目しておきたいのは，グルーが熱帯農業において焼畑耕作が一般的な点を指摘して，この非効率性を強調している点である．このように，この書の前半部分では，熱帯は人間の生存にとって不利な場所であること，そして温帯に比べて熱帯では発展が遅れてきた理由は，このような生態的諸条件の不利さに由来したことが論じられている[7]．この前半部分は，19世紀以来強化されてきたヨーロッパ人の熱帯認識に特徴的な環境決定論的な議論の延長線上にある．

しかし，グルーの熱帯論で注目すべきなのは，かかる環境決定論に終始していない点である．グルーは，この書の後半において，世界各地に存在する熱帯の様相は，必ずしも気候的条件によって一義的に決定されているわけではなく，そこに生活する人間の営為によって大きく左右されていると論じる．すなわち，熱帯世界においても，人口稠密な地域が存在すること，たとえば熱帯アジアには，熱帯アフリカや熱帯アメリカとは異なって，インドシナ（トンキン）やベンガルのように人口稠密な地域が広大に存在する．これは，中国や北西インドといった近隣に存在する文明の影響を受けることによって，農業技術の彫琢が進み，マラリアの克服といった疾病要因の軽減もあいまって，人口増加を実現したことによる．彼は，インドシナにおけるベトナム・トンキンデルタに注目する．ソンコイ川のデルタでは，1 km^2 当たり平均500人の農民がいるとする．

> このデルタと周囲の丘陵地帯との接触部ほど露骨な"地理的前線"はめったにない．つまり，わずか数百メートル隔たっただけで，人口密度は 1 km^2 に数百人から10人以下に変ってしまう．これはアジア特有の地理学的事象から熱

---

[7] 参考までに第1章から第8章までの章のタイトルを掲げておく．1. 人口密度，2. 多雨熱帯の不健康さ，3. 熱帯土壌，4. 熱帯諸地方の特徴的な農業，5. 熱帯諸地方の特徴的な農業の成果，6. 多雨熱帯における牧畜，7. 多雨熱帯世界における食料問題，8. 多雨熱帯の工業化の可能性．

帯的性格の事象への移行が行われることを示すのである．このような著しい対照の原因を明確にとらえれば，熱帯世界の地理的特殊性をよく理解することができる．このデルタは集約的な耕作技術によって，全面的に耕されている．これに対し，周囲の丘陵地帯は，その面積の1～2％が粗放的な技術によって利用されているにすぎない．デルタ地帯にはベトナム人が住んでいる．ベトナム人は2000年来，中国人から学んだ，改良された土地管理技術をもっている．これに対し周囲の丘陵地帯にはベトナム人以外の人々が居住しており，彼らは効率の高い政治の遺産をほとんどもっていない．ソンコイ川のデルタにはマラリアはないが，これに対し，周囲の丘陵地帯は，マラリアがもっとも猖獗している地方に属する（Gourou＝上野監訳 1971: 150-151）．

このように，トンキンデルタでは中国文明から学んだ農業技術が，高い土地生産性とマラリアの抑制という両得をもたらすことによって，高い人口密度をもたらしたと論じている．このような経緯は，インド・ベンガルやインドネシア・ジャワにおいても同様にみられるという[8]．

いずれにしても，グルーの熱帯認識は，環境決定論的な熱帯論の範疇を脱しており，人間の環境への関与が熱帯地域に差異をもたらすことも明確に意識していた．すなわち，第一次的自然と人間社会の相互規定性，相関関係が視野に入っており，その結果産み出される第二次的自然（anthropogenic nature）が問題にされていると言える．同時に，開発などによるヨーロッパ人の熱帯への関与が，熱帯地域にネガティブな副作用をもたらした点にもある程度は自覚的であったことにも注目してよい．その意味で，グルーの熱帯論は明らかに，20世紀前半における脱植民地化に向かう過程の産物と言ってよい．

5　南洋と熱帯認識 ── 20世紀前半（日本）

さて，20世紀前半における熱帯認識の転換を確認した後に，同じく温帯に存在する日本における熱帯認識の問題を取り上げることにしよう．幕末の

---

[8]　グルーのこの議論は，第10章「多雨熱帯アジア」において展開されている．

開国の時代までは，日本において熱帯認識は存在するべくもなかったと断言しうる．たしかに，江戸時代において蘭学などをとおして，ヨーロッパの近世的な世界像が少しずつ輸入され，南アジアに対する認識が，それ以前の「天竺」観から，「印度・インド」認識へと転換したけれども，必ずしもこの地域を熱帯として捉える視点は確認し得ない（応地 1996: 第4章）．

　明治期に入ると，いわゆる「南進論」と呼ばれる思想のカテゴリーが生じるが，現実の経験をほとんどともなわなかったために，熱帯認識の萌芽すらも存在しなかった．近代の日本が熱帯に対する意識をもちはじめたのは，1914年8月に第一次世界大戦に参戦したという契機によってであった．すでに日露戦争以後，アメリカ合衆国やオーストラリアが，日本人移民の受け入れ制限を強めたために，日本の対外膨張の志向は芽生えはじめていたが，南洋認識への決定的な転換は，日本がドイツ領であった「裏南洋諸島を占領」（堀口 1925: 21-27）したことによってもたらされた．この契機によって，熱帯経験が現実化した．これは，いわゆる「内南洋」（南洋群島）であるが，大正期には民間人による「外南洋」（東南アジアの島嶼部）への進出の経験も蓄積され，熱帯認識の萌芽があらわれていく（矢野 1979）．

　大正期に，「南洋」に本格的に進出していったわけであるが，「南洋」認識を，とりあえずは「熱帯」認識とみなしたうえで，考察を進めたい．以下では，とくに戦時期の「南洋」認識を取り上げる[9]．以下で示されるように，日本の「南洋」認識で特徴的なのは，この地域におけるヨーロッパ諸勢力と華僑の存在に対してかなり意識的な点である．この点は，南洋への進出において後発であった日本の位置を示している．この点は，すでに大正期から明瞭に存在していた．

　1915年初頭には，東京を「拠点」にして「南洋協会」が成立して，制度的にも南洋への進出が固められていった．それとともに，民間人による進出のみならず，国策的な進出が想定されていくようになる．そのような認識の

---

[9] そもそも近代日本の「南洋」認識に優れたものは存在しないという指摘もあり，さらに昭和10年代の「南洋」論が，浅香のものも含めて「大東亜共栄圏」という国策イデオロギーにまみれたものであったことも事実である（矢野 1979: 193-198）．ただし，グルーの熱帯論とほぼ同時代的なものと考えるならば，比較という視点から，以下における浅香の議論の紹介も一定の意味があると思われる．

変化のなかで，当時，徳富蘇峰がひきいる民友社は，東南アジア経済の諸相の違いを，華僑の存在と植民地権力との関係をとおして，次のように説明していた．つまり英領マラヤでは，「英国人が富裕なる支那人の参謀，又は支配人と為る」ような，イギリスの植民地権力と華僑との「協働性」をもっていた．それに対して，蘭印では，「欧州人は，如何に富有なる支那人なりと雖もその顧問と為り，又は使用人たることを喜ばず」という，植民地権力の華僑への「排他性」を特徴にしていた．英領マラヤは「支那人に頼らざれば何事も挙がらざる事情の下に在る」のに対して，蘭印は現地の「人口充分にして支那人に待つ所なき」（吉野 1915: 114-116）状況であった．換言すれば，蘭印の華僑は「その経済力を政治権力に翻訳できない「権力なきブルジョワジー」として存在してきた」（白石 1987: 221）と言える．さらに民友社は，「馬来半島の支那人は多く英語を解し得るも，蘭領東印度に於ける支那人は，蘭語其他の欧州語を解する者極めて少なく，土人と同様に馬来語を解するに過ぎざる」と指摘した．そして，「欧州語を解する者極めて少な」い蘭印においてこそ，日本人にとっては「支那人と共同提携し得るの機会を与ふる」歴史的背景があり，民友社は「支那商人を利用」することを説いた（吉野 1915: 114-116）．日本にとってオランダ領の「南洋」という地域では，「マレー語を話す」華僑・華人との提携が，「南進」の好機であると考えられていたのである．

　なぜ英領マラヤと蘭印が区別されたのかは，必ずしも華僑の存在様態の問題だけで言われたのではなかった．それのみならず，この地域の生態的諸条件に着目して，その違いが認識されていた点に着目したい．日本が1930年代後半から東南アジアを「共栄圏」に包摂するにあたって，第一次産品輸出経済における，出稼ぎ型と在地社会型の違いは，きわめて重要な問題と認識された．こうした熱帯認識の差異を，以下，浅香末起[10]の議論をもとに考察

---

10) 浅香末起は，1896年11月，福岡県に生まれた．1921年3月に京都帝国大学経済学部を卒業後，日本銀行に就職した（同年4月）．しかしながら，1923年2月には台北高等商業学校に講師として就任する．この経緯はよくわからないが，24年5月に同校の教授に就任する．この間に『銀行論』（1926年），『ジャワ経済界の現況と蘭印の原始産業』（1930年）を刊行する．そして，1931年2月に大阪商科大学の助教授に，33年3月に同大学教授に就任する．1941年7月から44年9月に，外務省事務嘱託を兼務する．この間に，『南方事情』（1942年），『南方交易論』（1943年），

したい（浅香 1930, 1942, 1943a, 1943b, 1944）．浅香の南洋論は，この地域をいかに大東亜共栄圏のなかに組み入れるかという当時の政策的課題に拘束されつつも，史上初めてこの地域に切実な問題関心を抱くようになった時期の産物として，日本の熱帯アジア認識としても注目されうる点がある．とくに，生態学的な諸条件に着目しつつ，ジャワとマレー半島を対比的に捉え，その農業の様相を類型化している点は興味深い．以下，少し立ち入って彼の議論を追いかけることにしよう．

熱帯の東南アジアは，北東と南西，南東と北西の季節風の影響を強くうける地域であり，このことが地味の肥沃に関わっていた．たとえば，米作地をとりあげてみると，雨季と乾季の違いが明確であることがわかる．フランス領インドシナの安南海岸では，北東の季節風がもたらす南シナ海の湿気をうけて，9月から12月の4ヵ月は雨季となるが，この雨季はフランス領インドシナの山脈に遮られて，タイには届かない．それゆえ，タイでは，11月から翌年3月までは，「仏印の山脈に雨を奪われた東北風のために」（浅香 1942: 331），東部では乾季であり，その期間は草木も枯れるという．そしてタイでは，春から夏にかけての南西の季節風が豪雨をもたらす．もっとも，この季節風は山脈に遮られて，フランス領インドシナの安南には届かずに，安南の乾季を用意するという．

蘭印のジャワにおいては，南東の季節風が，オーストラリアの砂漠を通過して，小スンダ群島の東部に乾季をもたらす．ジャワの東は，乾季となるが，西部に移るほど，インド洋の湿気をうけるので，乾季は顕著ではない．他方，北西の季節風はスマトラ島に遮られて，ジャワの西部では雨季は顕著ではない．しかし，ジャワの東部は，カリマタ海峡，爪哇海の湿気をうけて雨季となる．つまりジャワでは，東部において乾季と雨季が顕著であり，西部では「やや明瞭を欠く」（浅香 1943b: 57）という違いがみられる．ジャワ島では「西にいくほど乾燥が弱ま」ること（Wallace＝新妻訳 1993: 39）は，19世紀の半ば

『南洋経済研究』（1943年），『大南方経済論』（1944年）などを刊行している．しかしながら，戦後の1946年4月に大阪商科大学教授を辞職する．そして，51年9月に近畿大学経済学部教授に，そして53年10月に名城大学商学部教授に就任する（名城大学商学会『名城商学』第18巻第4号，1969年3月）．

にはすでに確認されていた．

　ジャワでは「中央から横断してその西部と東部とは全く相反した現象を呈して」おり，「東部での乾季には，一滴の降雨を見ない」．それゆえ，ジャワの東部では砂糖と米の「輪作」が可能である．甘蔗の植え付けは3年に1回であった．まず，最初の乾季の初め（4月）に植え付けがなされ，雨季（10月）と次の乾季（翌年4月）を経て，この第二期の乾季の終わりごろ（10月）に収穫がなされる．そして，その後の休閑期（第二期の10月-4月）に，米，落花生，玉葱，大豆，煙草，キャッサバを栽培することができた．乾季と雨季の変化が明確な，ジャワの中部以東には，甘蔗栽培が顕著となり，これを浅香は「甘蔗気候」と呼んだ．「開花から結実の期間に一滴の雨をも嫌ふ棉花や甘蔗」は，「一年を通じて水分を必要する護謨栽培」とは大きく異なっていた（井岡 1944: 23）．

　雨季と乾季の変化に対応するような第一次産品の輸出経済では，農村社会の存在が大きな意味をもった．ジャワ東部のプランテーションは，在地農民の兼業労働力に依存していた．ジャワの「三年輪作」は，外部市場向けの砂糖黍栽培と自給生産としての稲作とが，同じ土地で，かつ同じ労働力でなされた．ジャワの在地労働力依存型プランテーションは，タイや仏印の米単作型の場合よりも，その内部に食料や消費財の「自給」的生産部門を抱えていた．

　農村の労働者は，小作契約や農繁期の賃金労働契約をとおして，「顔見知りの人」たちから構成された．こうした構成員のなかでは，多様な情報が共有されるようになる．こうした情報のなかには，豊作を祈願する祭礼や，それぞれの職分もふくまれた．そして，害虫被害や飢饉によって，農作物の不作に直面すると，農民間で多様な相互扶助のシステムが起動するようになる．そのときに，雇い主に相当する中核人物は，相互扶助を先導することで，「尊敬」の眼差しを受けるようになる．中核人物は，その眼差しを意識して，その威厳を保つために，さらなる小作や賃金労働の契約を継続させた．換言するならば，農村の中核人物は，村の慣行をまもり，温情をあたえることで，安定した農村社会を維持する担い手になる．農村社会での「労働」は，こうした慣行を基礎にした「温情的判断」によって契約が結ばれる．それゆえ，第一次産品の輸出が振るわなくなり，プランテーションにおいて，仕事にあ

ぶれても，農村社会内の顔見知りの温情に頼って生存できることになる．オランダの植民地であったジャワの砂糖のプランテーションは，生存持続的な農村社会を基礎にしていた．そして，日本の「大東亜共栄圏」の形成は，こうした農村社会の「相互扶助の慣習」に依存して可能であるというのが，浅香の主張であった（浅香 1943b: 248）．

他方，マラッカ海峡をはさんだスマトラ東海岸やマレー半島の西海岸は，北東と南西の季節風が「お互いに妨害しあって」（浅香 1944: 19），雨季と乾季がはっきりしない．それゆえ，そこでは，ゴムや油椰子がよく育つような「ゴム気候」を特徴にしていた．ゴムは，多年生樹木であり，一年生農産物と大きく異なり，需要の減少に即応して栽培を「減らす訳にゆかない」ものであり，換言するならば「ほったらかして所謂森林化するより外はない」（浅香 1944: 138）第一次産品であった．それゆえ，マレー半島では，ゴムがあまって，米が足りなくても，「ゴムを米に転換することはなかなか容易にできるものではありません」（浅香 1944: 94）という環境にあり，食糧は輸入に依存した．タイや仏印の米作地が，この市場機会を捉えた．

筆者の考察でもって，以下少し敷衍しよう．出稼ぎ型の移民労働力に依存するプランテーション企業は，その労働者に賃金を支払えば，郷里にいる彼の妻や子どもからなる家族の生計にまで面倒をみる必要はない．中国の南部やインドの東部から来る単身労働者は，自前の生計費を支出したあと，手元に残ったお金を留守の家族に送金する．しかし，郷里の家族は，自力で生計を維持できない場合もありうる．飢饉や洪水といった自然災害や，戦争という人災があるからである．プランテーションにおける労働生産性が向上するか，または賃金率が引き上げられて，より高い賃金が出稼ぎ労働者に支払われれば，この郷里の家族の生活負担は軽くなるかもしれないが，植民地下のプランテーションではその可能性は小さい．それゆえ，留守をまもる郷里の家族は，食糧や消費材を，自前で獲得しなければならない．マレー半島やスマトラのゴムのプランテーションは，出稼ぎ労働者の家族の生存を確保できる郷里の自給経済を前提にしていた．もっとも，この利潤と生存基盤の相互依存関係は，プランテーションの主人にとっては，考慮にいれなくても良いくらいに合理的であった．ジャワの在地社会型労働力の移動には，国境はな

いが，マレー半島への出稼ぎ型労働力の供給には，故郷をまたいで，その家族が生存できる基盤が，郷里の自給部門のよって提供されなければならないのである．

既述のように，ジャワの甘蔗は労働需要の「季節性が大きい」が，マレー半島やスマトラでのプランテーションは，「労働需要の季節性がない」から，「常雇」であった．しかし，インド人，中国人，ジャワ人が，故郷に還流することから考えても，プランテーションでの雇用契約期間が過ぎて，仕事にみあった賃金が払われると，プランテーションの経営者と労働者との関係は希薄になる．経営者が，次に労働者を雇用するときは，「過去にまったく面識のない人」を選ぶことも多くなる．この場合，プランテーションの労働者が，契約期間や毎日の契約時間を過ぎて，農場や職場などの範囲の外にでると「他人」になるから，彼らがどこに住んでいるか，どのように出勤してくるのかは，あまり問題にはならない．それゆえ，甘蔗の生産地帯では失業者が出ても「村で生活して行ける」が，ゴム生産地域で失業者が出ると「生計を全部失う」ことになり，「共同制も伝統もない都市」に出ていかざるを得なくなる（濱田 1942: 486-487）．だれも「他人」を引き止めることはないのである．

ゴム気候での「労働」は，農村社会が提供するような温情が希薄であり，むしろ第一次産品経済の変動に左右されるような，「合理的判断」によって契約が結ばれた．この合理性に翻弄される移民労働者は，都市社会に流れて行くものの，そこは農村社会と大きく異なり，情報が地域や区画ごとに分断されている．そして都市では，「見よう見まねで出来る仕事」と，「熟練のいる仕事」が混在し，人手不足の地域と失業者がおおい地域が点在した．乾季と雨季がはっきりしないマレー半島やスマトラでは，厳しい冬がないことからも，都市にスラムが立ち現れる．温情的な農村社会から切り離された人々は，正規の仕事につけなければ，「同郷の親分」を頼って日々の糧を得ようとする闇の社会ができあがる．そうした都市のスラム化を念頭に置くと，余剰労働者を吸収する仕事の創造が，「大東亜共栄圏」形成には必要となるが，浅香が想起するところは，こうした社会を包摂することは，きわめてコストのかかるものであった．浅香は，「人口過剰対策としての工業化」（浅香 1949:

293)をとおして,なかでも「家内工業,手工業の促進」によって,スラム問題の解決を示唆していた.しかし,雨季と乾季の明確でない地域において,家内工業の創設を「促進」(浅香1944: 235)することは,非常に難しい課題であった.

このような浅香末起の「南洋」認識=「熱帯」認識には,どのような特徴があったか.半ば自明のことであるが,あくまでも国策的=戦略論的な「南洋」認識であったということが言える.したがって,その限界の前提で考えるにしても,ジャワと英領マラヤを比較し,生態学的諸条件の差異を基盤にして,二つの植民地社会の特質の差異を導き出していく論理はなかなか見事なものである.しかも,グルーのところで指摘した,第一次的自然と人間社会の相互規定性,相関関係を論じる態度が,浅香の論にも認められる.これは大いに評価できるのではないだろうか.言うまでもなく,浅香がこのような議論を構築するうえで,おそらく欧文の文献を利用したであろうことは間違いない[11].しかしながら,日本の国策イデオロギー(大東亜共栄圏)に発して提携相手を求めるという問題意識から明らかにされた,ジャワと英領マラヤとの顕著な対比の構図には,一定のオリジナリティを認めても良いのではなかろうか.いずれにしても,浅香の議論にも,環境決定論ではない熱帯認識がみられることを確認できる.

6 開発と熱帯認識 ── 20世紀後半,そして21世紀

しかしながら,20世紀前半に萌芽的にあらわれた熱帯認識の革新は,その後必ずしも継承されなかった.その間の事情をみてみよう.第二次世界大戦後における旧熱帯植民地の独立という状況のなかで,南アジアでは,「計画」を梃子とした「開発」というパラダイムが花開いた.「開発」の言説においては,「熱帯」という要因の存在は,後景に退いていったのである.1947年のインド・パキスタン分離独立の後,インドでは初代首相J.ネルー

---

[11] 残念ながら,浅香の主要な著書には,情報の出所を示す文献註などが存在しないので,どのような文献を使用したかについて,確定的なことは言えない.

(Jawaharlal Nehru)のイニシアティブのもとで,「混合経済」体制の枠組みがつくられた.1948年の産業政策決議では,基幹産業が国有部門によって主導的に担われることが決定し,1950年の計画委員会の発足によって,経済計画の実施が準備された.さらに,1951年の産業(開発・規制)法の成立で,政府による産業規制の法的な基盤が確立した.こうした経済政策の枠組みをふまえて,統計学者 P. C. マハラノビス (Prasanta Chandra Mahalanobis)によって作成された経済モデルを基に策定された「第二次5ヵ年計画」(1956-61年)が実施された.この計画では,投資配分が重工業(たとえば,鉄鋼業)に優先的に向けられる戦略が採られた.こうして,輸入代替工業化戦略が推進された.

このような経済開発戦略は,当時における欧米の開発経済学の主潮流にも支持され,独立後インドの経済発展の見通しは,かなり楽観的な視線で受けとめられた.すなわち,熱帯の気候的条件や生態的諸条件にともなう不利さといった側面は,半ば忘れ去られ,上記のような大胆な開発戦略を実施すれば,不利な初期条件は払拭されると考えられたのである.

しかしながら,1960年代になると,一定の達成はあったにしても,インドにおける開発において,期待した成果が獲得できなかったのではないかという見方が広がった.半ば「失敗」と受け取られたのである.その原因究明が,開発研究の分野で問われるようになったが,その代表的な作品として,1968年に出版された G. ミュルダール (Gunnar Myrdal)の『アジアのドラマ』(Myrdal 1968)が挙げられる.この2,300ページにも及ぶ浩瀚な書物のなかで,ミュルダールは,南アジアにおける経済発展の失敗の原因を,これらの地域の社会システム,とくに国家のありよう(「軟性国家」論)や社会的規律の欠如に求めている.その意味で,彼の南アジア認識は,社会論的・文化論的なアプローチと呼ぶことができよう.

しかしながら,ここで着目したいのは,彼の南アジアの経済発展に対する悲観論の基底に,ある種のネガティブな熱帯観が存在するという点である.彼は,南アジアと西欧世界との間における経済発展にとっての初期条件の差異を論じた部分で,次のように述べている.

私たちは，気候の経済発展への影響に関して正確な知識を有しないが，気候
　　は南アジアと西欧世界とを分つ，もう一つの重要な初期条件の差異を形づくっ
　　ている．南アジア諸国は，ほとんどの低開発諸国と同様に，熱帯もしくは亜
　　熱帯に位置している．日本やソ連も含めて，近代におけるすべての成功した
　　工業化の事例は，温帯地域で起こったのである．これは，歴史の偶然という
　　ようなものではなく，熱帯と亜熱帯に位置する諸国が直面する気候に，直接
　　的にか間接的に起因する特別な不利な条件によっているのである（Myrdal
　　1968: vol. 1, 677）．

　しかし，ミュルダールのこのような認識は，いわゆる開発経済学の文献のなかでは，稀有な例であると言えるのではなかろうか．その後も，一部の例外を除いてほとんどみられることはなかった．以下，この点を敷衍したい．
　熱帯地域の旧植民地国が，1960年代以降，低開発国（underdeveloped countries）もしくは発展途上国（developing countries）と呼称されつつ，これらの諸国における熱帯としての地理的・生態的・気候的諸条件が正面から議論されることは少なかったのである．とくに，開発研究（development studies），開発経済学（development economics）に関わる領域では，「熱帯」の有する不利な諸条件は，いくつかの例外はあるにせよ，明示的には論じられなくなっていった．ただし，それらの諸条件は，暗黙には半ば前提とされていたとも言える．その意味で，「熱帯」であることに言及しないことが，ある種の「ポリティカル・コレクトネス」（political correctness）となってしまったとも考えられる．
　こうした経緯の理由を探っていくと，20世紀前半までのヨーロッパによる熱帯認識の歴史が影を落としていることに気づく．すでに述べた例を繰り返すと，20世紀前半までの南アジア（インド亜大陸）に関する熱帯認識は，植民地主義の展開と密接な関連を有していた．インド亜大陸の場合，イギリスによる植民地支配が本格化した19世紀初頭以降，インド亜大陸を熱帯とみなし，しかもそれと重ねて非常にネガティブな熱帯像が定着していったと考えられる．このような熱帯認識は変容を受けつつも，20世紀半ばの脱植民地化の段階まで続いた．だから，20世紀半ばの独立とともに，こうした

熱帯認識もまた否定されるという運命となったと考えられるのである．

　こうして，独立後のインドをめぐって，「熱帯性」(tropicality)の問題は事実上，不問に付され，「低開発」の問題が依然として続いたとしても，その原因を，経済戦略の問題，もしくは社会論・文化論な次元，あるいは対外的関係の困難などに求めることはあっても，「熱帯性」自体を論じることはなくなった．この問題はなにもインドに限らない．「開発」の言説において「熱帯性」の問題は消え去り，それにともなって熱帯地域における「現地の知識」(ローカル・ナレッジ，local knowledge)にも光が当てられる可能性も小さくなった．たしかに，熱帯医学，熱帯農学，人類学などといった個別の学問分野においては，熱帯の地理的・生態的・気候的諸条件が研究され，論じられることは継続したが，熱帯地域における第一次的自然と人間社会の相互規定性，相関関係を統合的に把握し，しかもその認識を基盤に「開発」を考えるというアプローチは不在であったと言わざるを得ない．

　さて，1980年代半ばまでのインド経済は，工業部門において，重工業を含むフルセット型の工業化を成し遂げたが，「混合経済」と輸入代替工業化の枠組みに規定されて低成長を余儀なくされた．ただし，農業部門においては，1970年代以降，いわゆる「緑の革命」の成果によって，パンジャーブ州，ハリヤーナ州などの一部の諸州を中心に食糧生産が伸び，食糧自給を達成した点は，独立後における達成として評価に値する．他方，1970年代以降，東アジアのいわゆる「NIEs」，そして東南アジアのASEAN諸国などでは，高い経済成長が実現し，1980年代になると中国が高度成長の軌道に乗るという具合に，他のアジア諸国での目覚ましい経済発展と比較すると，インドを含む南アジアの実績は見劣りのするものであった．

　分けても注目に値するのが，1980年代以降，熱帯のアジア地域，すなわちタイ，シンガポール，マレーシア，インドネシアでも，「緑の革命」に加えて，輸出志向の工業化が功を奏して，高い経済成長率を示した点である．これは，熱帯における顕著な経済発展の実績として，歴史的な意味をもつ事態であった．さらに，その低成長ぶりを「ヒンドゥー成長率」と揶揄されてきたインドもまた，1990年代に入ると，経済自由化の開始とともに，予想外の高度成長を継続的に遂げてきたことも注視すべきであろう．さらに，

2000年代に入ると，アフリカの一部地域における一定の経済成長といった現象もみられるようになった．

こうした状況のなかで，「開発」のパラダイムと「熱帯性」の問題が改めて問われているのではなかろうか．すなわち，熱帯における「環境」要因が改めて問われている．熱帯地域における経済成長がいかにして可能になったのか，言い換えると，熱帯の地理的・生態的・気候的諸条件はなんらかの障害にならなかったのか，という問いである．感染症の問題，土壌の問題，半乾燥熱帯における水資源の確保の問題など，熱帯地域における不利な条件とされてきたものは本質的にはなくなってはいない．たしかに，温帯で発展した科学技術が，些かなりともこれらの不利な条件の克服を可能にしたかもしれない．

しかし，そうだとするならば，次の問いも投げかけられる．熱帯地域における経済成長は，逆に熱帯の地理的・生態的・気候的諸条件にいかなる負荷をもたらすのであろうかという問いである．熱帯地域の経済発展が，温帯で発展した科学技術の適用によってなされているとしたら，開発の様相や資源・エネルギーの利用方法などによって，熱帯の環境に大きな負荷をかけている可能性は高く，熱帯雨林の消失などをとおして，ひいては地球環境問題へのさらなる負荷を課すことになるであろう．

こうした状況をふまえると，本講座が示唆する新しい熱帯認識の構築が望まれる．すなわち，熱帯が，太陽エネルギーと水資源の両者の循環において果たす役割（地球圏），および生物の多様性の宝庫として果たす役割（生命圏）を重視しつつ，熱帯地域における「現地の知識」（人間圏）を活かすことによって可能となる熱帯認識の革新によって，19世紀に生まれたネガティブな熱帯認識，そして20世紀後半における熱帯認識そのものの喪失という，二つの限界が乗り越えられなければならない．

参考文献

Arnold, D. 1996. *The Problem of Nature: Environment, Culture and European Expansion*, Wiley-Blackwell（飯島昇蔵・川島耕司訳『環境と人間の歴史 —— 自然，文化，ヨーロッパの世界的拡張』新評論，1999年）．

―― 2000a. "'Illusory Riches': Representation of the Tropical World, 1840-1950", *Singapore Journal of Tropical Geography*, 21(1): 6-18.
―― 2000b. *Science, Technology and Medicine in Colonial India*, (The New Cambridge History of India) Cambridge: Cambridge University Press.
―― 2005. *The Tropics and the Traveling Gaze: India, Landscape, and Science 1800-1856*, New Delhi: Permanent Black.
浅香末起 1930.「爪哇経済界ノ現況ト蘭領東印度ノ原始産業並ニ其ノ取引概観」『南支南洋研究』第9号, 1930年9月.
―― 1942.『南洋経済研究』千倉書房.
―― 1943a.『南方交易論』千倉書房.
―― 1943b.「ジャワ人口問題とその対策」『大日本拓殖学会年報』第一輯（大東亜政策の諸問題）日本評論社, 287-298頁.
―― 1944.『大南方経済論』太平洋書館.
Bernier, F. 1699. *Voyages de François Bernier, Docteur en medicine de la Faculté de Montpellier, continent la description des États du Grand Mogol, de l'Hindoustan, du Royaume de Kachmire, etc., ... Le tout enrichi de cartes et de figure...*, Amsterdam: Paul Marret（関奈美子訳『ムガル帝国誌 (1・2)』岩波文庫, 2001年a, 2001年b）.
Gourou, P. 1947. *Les pays tropicaux: Principes d'une géographie humaine et économique* [5th edition], Paris: Presses Universitaire de France（上野福男監訳『熱帯の地理 ―― 社会的経済的諸条件とその展望』朝倉書店, 1971年）.
濱田恒一 1942.「蘭印の労働問題」『社会政策時報』（南方労働問題特輯）260: 454-488.
Harrison, M. 2005. *Climates and Constitutions: Health, Race, Environment and British Imperialism in India 1600-1850*, New Delhi, 1999; David Arnold, *The Tropics and the Traveling Gaze: India, Landscape, and Science 1800-1856*, Delhi. Oxford University Press.
堀口昌雄編 1925.『南洋協會十年史』南洋協會.
井岡粗芳 1944.『ジャワを中心とした南方の実相』湯川弘文社.
Johnson, J. 1815. *The Influence of Tropical Climates more Especially the Climate of India on European Constitutions: The Principal Effects and Diseases Thereby Induced, Their Prevention or Removal, and the Means of Preserving Health in Hot Climates: Rendered Obvious to Europeans of Every Capacity*, London: J. Callow.
Kleinen, J. 2005. "Tropicality and Topicality: Pierre Gourou and the Genealogy of French Colonial Scholarship on Rural Vietnam", *Singapore Journal of Tropical Geography*, 26(3): 330-358.
Linschoten, J. H. van 1596. *Itenerario, voyage ofte schipvaert near Oost ofte Portugaels Indien*, Amsterdam（岩生成一・渋沢元則・中村孝志訳『東方案内記』（大航海時代叢書）岩波書店, 1968年）.
Marshall, P. J. and G. Williams 1982. *The Great Map of Mankind: British Perceptions of the World in the Age of Enlightenment*, Cambridge, Mass.: Harvard University Press（大久保桂子訳『野蛮の博物誌 ―― 18世紀イギリスがみた世界』平凡社, 1989年）.
Myrdal, G. 1968. *Asian Drama: An Inquiry into the Poverty of Nations*, 3 vols, New York: Pantheon.

応地利明 1996.『絵地図の世界像』岩波新書.
白石隆 1987.「アヘン王,砂糖王,チェコン ── インドネシアにおける華僑財閥の系譜」東南アジア研究会『社会科学と東南アジア』勁草書房,221-245 頁.
Simmons, D. B. 1879. "Cholera Epidemics in Japan. With a Monograph on the Influence of the Habits and Customs of Races on the Prevalence of Cholera", *China. Imperial Maritime Customs. Medical Reports*, pp. 24-26.
矢野暢 1979.『日本の南洋史観』中公新書.
吉野作造編 1915.『南洋』(現代叢書) 民友社.
脇村孝平 2002.『飢饉・疫病・植民地統治 ── 開発の中の英領インド』名古屋大学出版会.
──── 2003.「熱帯医学とマラリア研究 ── 20 世紀前半の英領インド」『歴史学研究』781: 103-112.
──── 2012.「汚れた水と穢れた身体 ── 植民地都市カルカッタにおける『衛生改革』の帰結」『歴史学研究』888: 1-12.
Wakimura, K. 2010. "Malaria Control, Rural Health and Urban Health: 'Social Determinants of Health' from the Perspective of Socio-economic History", in Sanjoy Bhattacharya et al. (eds), *Social Determinants of Health: Assessing Theory, Policy and Practice*, Hyderabad: Orient BlackSwan.
Wallace, A. R. 1890. *The Malay Archipelago: The Land of the Orang-utan and the Bird of Paradise, with Studies on Man and Nature* [10th edition], London: Macmillan(新妻昭夫訳『マレー諸島(上)』ちくま学芸文庫,1993 年).
Worboys, M. 1993. "Tropical Diseases", in W. F. Bynum and R. Porter (eds), *Companion Encyclopedia of the History of Medicine, Vol. 1*, illustrated edition, London: Routledge, pp. 512-536.
──── 1988. "The Discovery of Colonial Malnutrition between the Wars", in D. Arnold (ed.), *Imperial Medicine and Indigenous Societies*, Manchester: Manchester University Press, pp. 208-225.
Zachariah, B. 2005. *Developing India: An Intellectual and Social History*, New Delhi: Oxford University Press.

第13章

アフリカの農家世帯の脆弱性をどう捉えるか

島 田 周 平

1 はじめに

　アフリカの農民が直面している問題が貧困というよりも，脆弱性 (vulnerability) にあるという指摘が1980年代から盛んに論じられるようになってきた．状態としての貧困よりも，農民や農村社会がもつ，自然災害や政治経済的変化に対する対処能力や対処システムの低下や欠如こそ問題なのではないかといった議論である．それは，アフリカ農村部の環境破壊を人間－環境関係の歴史的文脈で明らかにしようとしたポリティカル・エコロジー論者ら (Watts 1983; Blaikie 1985; Bassett 1988) によって強く主張されてきたものであるが，貧困に代わりエンタイトルメント (entitlement) 概念を導入する必要性を説いた経済学者らも同様に考えてきたところである (Sen

---

本章のもとになったＣ村の現地調査は以下の研究資金による．
1. 文部（科学）省科学研究費補助金
    ・『アフリカの農業生産の危機に関する研究 —— 脆弱性増大の視点から』(1997 (平成9) 年度-1998 (平成10) 年度) [基盤研究 (C) (2)] (09680147) 研究代表者
    ・『アフリカ小農および農村社会の脆弱性増大に関する研究』(1997 (平成9) 年度-1999 (平成11) 年度) [基盤研究 (A) (2)] (09041050) 研究代表者
    ・『南部アフリカにおける地域的再編成と人の移動』(1998 (平成10) 年-2001 (平成13) 年) [基盤研究 (A) (2) 代表：小倉充夫] (11691099) 研究分担者

1981).

　このような脆弱性概念の重要性の認識は，アフリカ農業の持続性に関する議論の進展（Sneddon 2000）や，農民の社会的・空間的流動性の増大や行動の多様性に関する議論とも密接な関わりをもっている．アフリカ農民の活動は農業生産に収斂されることなく多方面に展開しており多様で流動的であるとする最近の研究成果は，農業生産力に結びつけた貧困の捉え方には懐疑的にならざるを得ない状況をつくっていたといえよう．

　D. F. ブライスソン（Deborah Fahy Brycesou）は，過去 30 年間，アフリカの農村部の人々の脱農業化（deagrarianization）が進展し，それが農民の所得源の多様化と関連していることを指摘してきた．さらにこの多様化の展開が，都市フォーマルセクター，都市インフォーマルセクター，農村セクターといったセクター間の区分を不分明化し，いわば一つの「渾沌としたセクター」をなしていると主張した．人々はそのなかで，その場その場で利用できる資本や労働時間を柔軟に利用し流動的に活動しているというのである（Bryceson 1996, 1999）．また S. S. ベリー（Sara S. Berry）も，アフリカの農民が生産資源へのアクセスをめぐり絶え間なく交渉を行い，制度や伝統をきわめて流動的に変化させていることを明らかにしてきた（Berry 1993）．さらに，L. メータ（Lyla Mehta）らは，アフリカでみられる制度の適応にみられる柔軟性や，人々の組織再編・組み替えのうまさといった才覚（ブリコラージュ性）にもっと注意を払うべきだと述べた（Mehta et al. 2001）．

　アフリカの農民が，農業生産以外にも狩猟，採集，漁労など自然を利用する多様な生業活動を行っていることは文化人類学者や地理学者によってすでに多く語られている．しかし，ここで言う多様性とは，都市での諸活動も含

　　　・『アフリカの農村貧困問題に関する社会経済史的研究』（2000（平成 12）年度-2002（平成 14）年度）［基盤研究（A）（1）］（12372005）研究分担者（12 年度）：研究代表者（13-14 年度）
　　　・『「過剰な死」がもたらす社会的影響に関する研究』（2005（平成 17）年度-2007（平成 19）年度）［基盤研究（C）］（17611003）研究代表者
2. 福武学術文化振興財団
　　　・『HIV/エイズの農村社会と環境に対する影響に関する研究 —— 南部アフリカにおけるポリティカル・エコロジー論の新しい課題』2003 年度［歴史学・地理学助成金］研究代表者
3. 総合地球環境学研究所
　　　『社会・生態システムの脆弱性とレジリアンス』（研究代表者：梅津千恵子）研究分担者

めた経済活動全般にみられる多様性を意味している．したがって脆弱性概念も，その様な農民の多様な活動を視野に入れたものでなくてはならず，一方で自然災害に象徴される生態環境の変化に注意を払うと同時に，他方で政治・社会制度の変化や文化との関わりにも留意することが必要となる．当然のことながら，脆弱性の分析には，専門横断的で文理融合的な視点が不可欠なものとなる．

このような生業活動の多様性，人々の社会的・空間的流動性を捉えるためには，研究方法にも当然工夫が必要となる．その一つの方法が，生計システム（livelihood systems）研究である．脆弱性に興味をもっている研究者も生計研究の重要性を指摘している（Knutsson and Ostwald 2005: 129; Obrist 2006: 359; Beyene 2005: 52）．

本章では，ザンビアの一農村での長期にわたる農村調査（1990年代からの20年間）の結果をもとに，日々の生活のなかで起きてきた出来事とそのなかでの人々の動きを捉え，その変化のなかで農家世帯の脆弱性がどのような変化を遂げてきたのか検討してみたいと考える．

2　脆弱性（vulnerability）の定義

脆弱性の概念は，いまだ具体的な調査手法がイメージできるほど厳格に規定されたものではない（Osbehr et al. 2007）．M. ワッツ（Michael Watts）と H. G. ボール（Hans G. Bohle）は，アフリカやアジアの農村地帯では，社会集団，世帯，個人が，さまざまな外的変化（政治経済的変化，自然環境の変化）に晒されており，社会集団や世帯，個人は，直接行動，慣習遵守，制度利用，その他の方法でそれらの変化に対応していること，そしてその対応過程で自らも変容し，社会集団や世帯内部で制度化され蓄積されてきた制度，慣習，権力構造，資源配分等のあり方を変化させ，それが社会集団，世帯，個人の各レベルで，危機に対する脆弱性を強めていると考えた（Watts and Bohle 1993）．そして彼らは，脆弱性を規定する要素として以下の三つを挙げた．

(1) 危機，緊張，衝撃に晒される危険性（exposure），

(2) それらに対抗するための充分な能力を欠く危険性（capacity），
(3) 上記の結果引き起こされる状況の危険性および付随的危険性（potentiality），

である．

　また R. チェンバース（Robert Chambers）は，個人や家族単位の脆弱性に焦点をあて，それらの脆弱性を，危機（risk）や衝撃（shock），緊張（stress）に対して無防備（defenseless）で，安全性に欠け（insecurity），晒されている状態を意味すると言った（Chambers 1989）．

　これらの定義では，脆弱性が二つの危険性から構成されているという点で共通している．つまり個人や社会にとっては外在的存在である外在的危険性と，それに対する対処能力が充分ではないという内在的危険性の二つである．この章では，主として内在的危険性の方に焦点を絞り，脆弱性の変化について検討してみる．

3 脆弱性をみる単位 ── 世帯か拡大家族か

　脆弱性は，個人，世帯，社会集団と主体ごとに異なるかたちであらわれるばかりでなく，各主体間の脆弱性がトレードオフの関係に陥る場合もあり，どの主体を対象とするか明らかにすることが重要である（島田 2009）．本章では，世帯の脆弱性について焦点をあてて分析してみたい．ここで言う世帯とは，成人男子である夫（家長であることが多い）と彼の妻（あるいは妻たち），子どもたちからなる単位を一般に指す．夫の母や未婚の兄弟姉妹が同居している場合や，離婚や死別した寡婦が子どもたちとともに同居する場合もある．ただし，ごくまれに，寡婦が家長となり独立した女性世帯をなす場合もある．このような世帯が複数，血縁関係（家長が兄弟である場合が多い）でつながり，共同耕作や相互補助を行うことがある．その場合の単位が拡大家族である．

　しかしここではこの拡大家族を，脆弱性をみる対象とはしない．乾季に行われるトウモロコシ栽培のための耕起や除草作業は拡大家族単位でなされることが多い．また，食糧がなくなったときに拡大家族レベルで共食関係を形

成して助け合う場合がある．しかし，共同耕作の単位の縮小化が著しく，拡大家族に代わり世帯単位での生業活動がますます強まってきている現在，拡大家族単位の脆弱性を捉えるよりも世帯単位の脆弱性を捉えることの方がより適切であると考える．

　島田（2009）でも述べておいたように，個人の脆弱性は世帯のそれと同一ではない．よく指摘されるのが，換金作物の導入にともなう女性の食糧生産活動の強化と男性の現金稼得の増大といった世帯内格差の増大である．しかし個人レベルの脆弱性と世帯レベルのそれとがトレードオフの関係に陥ることは，世帯と拡大家族，あるいは世帯と農村社会との間よりもずっと少ない．それは，個人の資源アクセスがほとんど世帯をとおして実現されることが多く，個人の脆弱性は世帯のそれに規定されることが多いからである．世帯レベルでの脆弱性増大（資源アクセスの悪化）は，ほぼ例外なく個人の脆弱性増大をもたらす．

4　生計（livelihood）研究の重要性 —— 出来事の継起性

　世帯単位の脆弱性の変化をみるといった場合に最も注目されなくてはならないのは土地へのアクセス権であろう．乾季作では地下水の利用が重要な要件になるが，ダンボと呼ばれる低湿地へのアクセス権は，水へのアクセスを保障するものでありとくに重要視されるようになってきている．低湿地が利用できる農民はそこで井戸を掘り地下水をくみ上げる．地下水のくみ上げには何らの規制もないので，エンジンポンプの導入以来地下水位の低下が激しくなってきていると農民たちは感じている．

　土地へのアクセス権の次に重要なのが，農業生産財である家畜や農具へのアクセス状況，さらには都市への出稼ぎ時などに発揮される社会的ネットワークの利用可能性などである．ブライスソンが指摘しているように，農村部における生業の多様化は，農村部における非農業生産活動の活発化だけではなく，農村外での経済活動の活発化をも意味している．彼女が，脱農業化を，都市フォーマル・インフォーマル部門と農村部門との不分明化と密接に

関係したものと考えているのはこのためである．

　これらの土地や農業生産財へのアクセスや社会的ネットワークの利用の可否は，先の議論が明らかにしたように交渉に委ねられているところが多い．制度や組織を利用した交渉に左右される．したがって，制度や組織に影響を与えるような社会変化は，アクセス状況の変化をとおして脆弱性にも影響を与える．脆弱性の分析において，さまざまな出来事の発生とその内容を詳細に検討する必要があるのはこのためである．

　「はじめに」で述べたように，脆弱性研究においては生計アプローチが重要であるが，本章でさらに注目したいのは，生計研究における時間的継起性の重視である．文章化された規約があり明文化された組織があっても，その実際の運用や組織運営において交渉の余地が多い社会にあっては，規約や組織分析を手掛かりにものごとの進行具合を理解することは難しい．一つの出来事（交渉）は次の出来事（交渉）に「余韻」を残すことが多い．一つの争点をめぐる交渉は，規約や制度で落着するのではなく，次の出来事の交渉の一条件として反映される．このような社会では，資源へのアクセスをめぐる争いは，それ以前に起きたさまざまな対立の「余韻」の影響を受ける．それゆえに，出来事の継起的発生のなかで，争点が思わぬ問題に展開することも少なくない．これは，研究の次元で言えば，対象とする事象（この場合争点）が，「専門の壁」を超えて別の専門が対象とする事象へと伝播することを意味する．経済的争いが政治的対立に転化し，その逆もまた容易に起こりうる．このような状況のなかで脆弱性の変化を捉えようとすると，当然のことながら，出来事の継起的展開のプロセスを，「専門の壁」を乗り越えて追跡し，その展開の理由を紐解く努力が要求される．それがここで言う時間的継起性の重視という点である．

5　調査地の特徴

　ザンビア中部，主要国道にほど近い調査村は，1947年の土地区分において，アフリカ人用の土地であるリザーブ（Native Reserve）とは区別され，将来白人

第 13 章　アフリカの農家世帯の脆弱性をどう捉えるか

図 13-1　ザンビアの調査地

出典：筆者作成．

入植者が利用できる土地として Trust Land とされた土地であった[1]．しかし1964 年の独立後，白人入植者の減少にともないその対象から外され[2]，レンジェ人の村となった（図 13-1）．

1970 年代から人々が住みはじめ，われわれが調査を開始した 1990 年代は，未利用のミオンボ（*miombo*）林がわずかに残るほどまで開発されていた．都市への交通の便の良さを生かして，低湿地ダンボ（*dambo*）で野菜栽培が盛んに行われ，経済の自由化の恩恵を受けている村である（島田 2007）．

年間降水量は 900 mm で，数年毎に干ばつや多雨がある．調査期間では，1994/95 年，2001/02 年，2004/05 年，2005/06 年が干ばつ年で，1995/96 年，2000/01 年が多雨年であった[3]．

---

1) The Northern Rhodesia (Native Trust Land) Orders-in-Council.
2) 政府は，Land Acquisition Act (1970) で，（白人）不在所有者の未利用地を収用した（Adams 2003: 45）．
3) 近くの雨量データはないが，ルサカの降水量でみると，1993 年，1994 年，2001 年の年間降水量は 600 mm を切っており，逆に 1996 年は 800 mm，2000 年は 1,000 mm を超えている．

421

このような村で1990年以降に起きたさまざまな出来事のなかから,農家世帯の資源へのアクセスに変化を与えたと思われる出来事をいくつかとりあげ,その変化が農家世帯の脆弱性の変化に対して与えた影響を検討してみたい.

6 出来事の事例（1）：森林保護区の破壊

1990年代中ごろに,村に隣接する森林保護区へ人々が「入植」するという事態が発生した.この「入植」により森は急速に切り開かれ,今では森林保護区とは名ばかりの立派な畑が広がる農村地域となった（図13-2）.

もともと薪,薬草,茸などの宝庫であったこの森林保護区の森が破壊され,土地が私的に占有されたことは,森林保護区の周辺の人々にとっては天然資源へのアクセスの低下を意味する.しかし現実には,(1)世帯の一部の若者が「入植」することにより富農になった世帯があり,(2)調査村の後背地であるこの森林地が「開発」されたことで,国道と森林との間に位置するこの村にちょっとした経済ブームをもたらすという変化がみられた.1999年は干ばつの年となったが,人々が森林保護区の破壊に危機感を訴えることはなかった.それどころかこのころ,村で「キオスク」開店ブームが起きた.家の壁をぶち抜いた小部屋や新しくつくった小屋で,砂糖,塩,石けん,さらにはパンや食用油,学用品を並べて,道を行く人たちに販売する小売店が何軒もできた.これらの店は,森林保護区と国道の間を行き来する人たちを顧客としたものであった.短期的には,この「入植」は村に経済ブームをもたらし,森林破壊がもたらす脆弱性を憂える意見は聞かれなかったのである.

森林保護区内への「入植」のきっかけについて人々に話を聞くと,決まって1992年の首長の「発言」に行き着く.首長が森林保護区への入村を認める演説をしたというのである.そしてこの言説を根拠に人々は森林保護官を恐れず森のなかに入っていったというのである.首長自身は,この様な発言をしたことはないと,後に明確に否定している.しかし,そのような噂が急速に広まり,人々がそれを信じるだけの理由が1990年代の初頭にはあった.1991年に統一民族独立党UNIPから複数政党民主主義運動MMDに政権

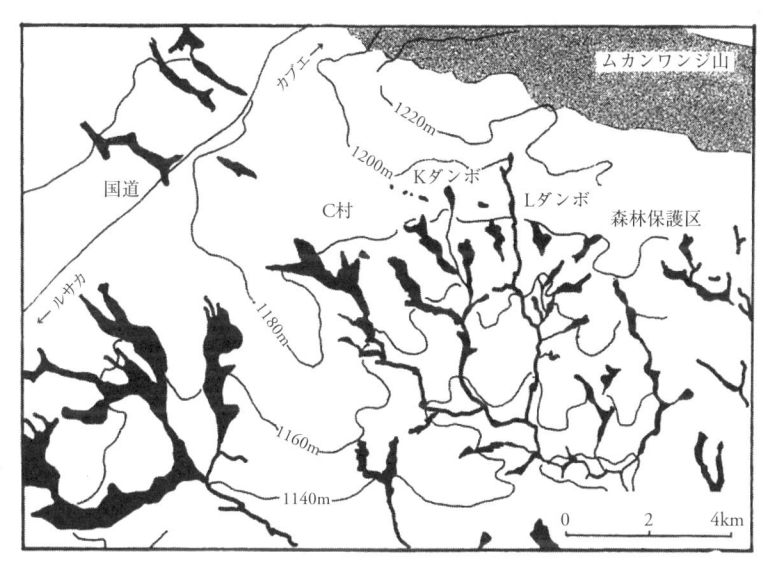

図13-2　調査村と森林保護区

出典：島田（2007: 36）.

が移った．新政権は矢継ぎ早に，補助金の削減やトウモロコシ買い上げ制度の変更を実施した．さらにほかにもさまざまな変革を行った．同年にはリザーブと Trust Land との区別は廃止され，両方とも慣習地（Customary Land）とされた．そして，1992年の11月には，新聞紙上で，この慣習地における個人の私的土地利用（99年のリース）を認める土地法草案なるものが発表された（Adam 2003: 41-58）[4]．それを受けこの地域の首長も1992年に土地権利書の発行について言及し，希望者は積極的に村長に申し出るよう公言したのであろう[5]．

また，MMD は選挙期間中から伝統的支配者の法的地位の確立を謳い，政権取得後それを実行した[6]．そのため，植民地時代に白人政権に「奪われた」

---

[4] 実際の土地法の制定は1995年であった．
[5] この村の村長は，村人個人への土地のリースには反対で一切認めることはなかった．
[6] 1996年の憲法で，首長の法的地位が明記されることになったばかりか，政府の諮問機関の一つとして，27人の伝統的首長からなる首長議会（House of Chiefs）の設置が決められた（Could 2007）．

森林保護区に対して自らの権利を主張しはじめる首長がいてもおかしくない環境は整っていたといえよう．さらに，この村とMMDとの親密な関係が森林保護区への「入植」に勢いをつけた．村長も首長も選挙期間中からMMDを推していた．主たる理由は，MMD新政権の第二副大統領となっていたムワナワサ（L. Mwanawasa）氏の婦人が村長の親戚であるという点にあった．この強いつながりが，首長や村長に「勇気」を与え，村人たちも森林保護官を恐れはしなくなってきていた[7]．森林保護区内への入植（森林破壊）は，首長の任命を受けた村長の差配のもと秩序立って行われた．

C村から森林保護区への「入植」には，二代目村長の死も後押しとなった．村のなかには，村長の死を土地の汚れや地力の衰えと関連づけて考える人たちがいたため，彼らはそれを理由に村を離れようとしたのである．さらに三代目村長（前村長の弟）が，この土地で最大の人口を誇り自らの土地と考えるレンジェ人中心主義を広言するようになり，それを嫌った他民族の人たちも森のなかに移っていった．森林保護区に「入植」したいと考えた人たちは村長の死も格好の材料として利用した．

こうして，ダンボ畑で野菜栽培をしたい農民，もっと広い土地が欲しい農民，村長の土地割り変え要求に嫌気がさした農民など，いろいろな理由をもつ農民たちが首長発言や村長の死をきっかけに森林保護区の中に「入植」した．政権の交代と経済政策の変更が行われたこの時代は，森林保護区内に入るための理由には事欠かなかったということである．

7　出来事の事例（2）：村民の追放

2000年代に入り，村長が村人に追放の手紙を頻発するようになった．村長と追放の手紙を受け取った村民が語る両方の語りを検討し，追放にいたる顛末の理由を探った．

7）　全員が安全と考えたわけではない．かつて森林保護区内に居住し森林警察に逮捕され，保護区から追い出された経験のあるジンバブウェ出身者たちは保護区内に「入植」することはなかった．

第13章 アフリカの農家世帯の脆弱性をどう捉えるか

　村長が村人に追放を言い渡すことは二代目村長（1981-1995）も行っていた．しかし二代目村長は，長老たちの取りなしで自ら発した追放を実際には実行しないことが多かった．これに対し三代目村長（1995-2009）の追放令は，より厳格で他の人たちの取りなしを受け付けない頑固さがあった．このため，二代目村長のときとは違った展開を遂げることになった．ここでは，筆者もその責任の一端がある村民の追放の事例を紹介する．

　2001年から2002年にかけて，われわれの調査補助をしているE. M. とE. L. の2人に対して村長が相次いで追放を命じる手紙を出した．村長が彼ら2人に追放を言い渡すまでには，さまざまな怒りの蓄積があったものと考えられるが，直接的に追放の理由として挙げられたのが，われわれがE. M. とE. L. 託した寄付金の不正使用という点にあった．

　E. M. とE. L. が私たちの通訳としての調査補助員になったのは，第二代目村長の推薦による．この両名は，農業や社会問題に関する知識も豊富で有能であった．われわれの補助員をするなかで彼らはさらに多くの情報を得る立場になり，村の会議でも彼らの発言力は増していた．時には村長に対しても反対意見を述べるほどになってきていた．そんな彼らに対し村長は，「彼らには，村長に対する尊敬の念がみられない」と言うようになっていた．1990年代後半から，われわれに対して，「彼らは私が任命した調査補助員ではないから，私が任命した補助員に替えるように」としきりに要求しはじめた．

　彼らと村長との間にある種の緊張関係が存在するなかで，寄付金の問題が起きた．2000/01年の雨季に南部アフリカを襲ったサイクロンはこの村の小学校の屋根を吹き飛ばした．屋根のない学校の様子を見た私たちは，急場しのぎにトタン板を買いたいというPTAの人たちの要望を受け入れ，100万K（クワッチャ Kwacha: 2000年当時，1米ドルが約3,200Kであった）をPTAの役員である彼らに渡した．小学校はC村にあったがこの村以外の小学生も通学しているので，C村の村長に渡すことは筋違いであると考えた．また，そのとき村長と小学校の校長にPTAの預金の使い込みの噂があって，彼らの手に寄付金を渡すことは避けたいという意図もわれわれにはあった．そしてたまたま調査補助の2人がPTAの役員であったので，彼らと隣村のPTA代表に集まってもらい，その3人に対し2001年9月に寄付金を手渡した．

425

外部の NGO が，計画の実施にあたって「村長をとおさない」ことに対し，村長は不満をもっていた．そこでわれわれは PTA の役員 3 人に，直ちに村長に報告に行くよう伝えた．この時の村長の反応は，日本人たちから寄付があったことは良かったというものであった．事実村長は筆者に対して後日，「ありがとう」と感謝の言葉を述べた．

　しかし，予期せぬ出来事が起きた．寄付金を渡した 3 ヵ月後の 12 月，E. M. の家で乳飲み子が突然亡くなった．雨季の始まりの忙しい時に葬式をしなければならず，肥料を買う金にも事欠く状況のなか，E. M. は E. L. たちに相談し，預かっている寄付金の一部を葬儀用に借用したのである．村長は E. M. に対し，「雨季に入る前に早く屋根覆いのトタン板を買って来るように」と迫るようになった．そして彼らからこの寄付金をはぎ取るために，新しい PTA 役員を任命することまで行った．

　村長は，E. M. らの寄付金の使い込みを強く疑うようになり，この件を村会議に諮った．われわれとの約束を守るために金を渡すことはできないと言い張っていた 2 人であるが，一部の金を葬儀と肥料購入に使い込んでいたため窮地に陥った．トタン板を買うこともできず，村長の言うように新しい PTA 役員に引き継ぐ金も持ち合わせていなかった．

　12 月末に開かれた村の会議で，村長は彼らが寄付金を不正使用していると非難し，彼ら 2 人を 2002 年 5 月までに村から追放すると言いだした．この会議の内容を村人から聞かされていた E. L. の元に，2002 年 2 月に村長直筆の追放の手紙が届いた．そこには，3 月 31 日までに村を出るように書かれていた．結果的には，トウモロコシの売却金で 6 月末にトタン板を買い小学校の屋根に張り付け，不正使用の件は落着したのであるが，村長の怒りはそれで収まったわけではなかった．

　追放の手紙を受けた 2 人のうち 1 人は，首都ルサカにある国際的人権 NGO に，この追放の撤回を訴えた．人権 NGO は彼らに，地区の法律相談センター (Legal Resource Center) に申し出るようアドバイスをした．その結果，地区長 (District Officer) のもとで聴聞会が開かれ，その場で正式に追放令の撤回が決められた (島田 2007: 137-138)．このような事態の展開は，村長はもちろん村人にとっても初めての経験であった．村長はもとより，村長と村民

との仲裁役として重要な役割を担ってきた長老たちの権威をも著しく失墜させるものであった．2人の行動が，村の秩序を乱すものだとして批判する人たちも少なくなかった．しかし同時に，村長による追放が違法であることが公的に認められたことを評価する人も少なからずいた．それらの人々にとっては，生活の基礎的条件である居住権が村長の一存で取り上げられることはないという安心感を与えるものとなった．

8 出来事の事例 (3)：「過剰な死」の影響

　雨季のトウモロコシ栽培は，拡大家族による共同耕作で行われることが多い．役畜を所有しない世帯も共同耕作のお蔭で雨季の耕作が可能となっており，共同耕作が相互扶助の役割を担っている．しかしながら，1990年代に入り働き盛りの成人の死亡[8]が増えてくると，この共同耕作グループの編成に変化がみられるようになってきた．グループの縮小化である．ここではそのような様子をS家の事例でみてみたい．ちなみにS家の共同耕作は，この村のなかでもひときわ規模が大きく，そのやり方も厳格であった．

　この家は，家長J. S.の世帯の外に，五人の弟たち（D. S., C. S., S. S., M. S., Ho. S.）が世帯をもち拡大家族レベルでKダンボの東側の土地で農業を行っていた．家長J. S.の強い指導力のもと，耕起の開始，耕起の順序が決められ，長いチェーン（耕作順序の連なり）をもった共同耕作が実施されていた．

　図13-3に示したのは，1997/98年（および2000/01年雨季まで）の，S家の共同耕作の耕作順序を示している．記号で示した順序にしたがって畑の耕起と播種が行われた．1997/98年雨季のS家の共同耕作グループが非常に大きいため，この年の共同耕作の場合，最初の耕起作業が一巡するために4週間以上かかっていることがわかる．

　S家の共同耕作は，ジンバブウェを故郷とするショナ人世帯で広くみられるやり方を踏襲したもので，男性の年齢順に畑を耕すというものであった．

---

[8] これにはHIV / AIDSの影響もあると思われる．しかし正式な医学的調査結果がないので，島田（2005）では，これを「過剰な死」と呼んでおいた．

第4編 ● 熱帯における生存基盤の諸相

```
耕作順序                                                耕作年
JaJaHHJoJo  DDCCSS  MMHHHH  PPOOBB  PP              (1997/98)
JaJaHHJoJo  DDCCSS  MMJaHH  JoJoDDCC  SSMM          (1999/2000)
上記の共同耕作は 2000/01 年に Jo, D, C の兄弟間で分裂：    (2000/01)
  (1) JoJoJoJaJaJa  JoJoJoJaJaJa  JoJoJoJoJoJo  JoJoJoJsBP
  (2) DDDDDD  後は依頼耕作で耕起
  (3) CCCMMH  CCCMMH  CCMJaCC  CCCCCC  CCC    M はこの後友人に依頼
      一巡目    二巡目    三巡目    四巡目    五巡目
```

図13-3 S. 家の共同耕作の分割

註：家長 Jo からみた共同耕作の参加者：Ja（父の第一夫人），H（父の第二夫人），Jo（家長），D（弟），C（弟），S（弟），M（弟），H（親戚），H（弟），P（息子），O（甥），B（親戚 H の息子），P（息子）．
出典：島田（2007: 147）．

生きている男性の年齢順にしたがうが，亡くなった父の妻が生存中の場合は，その妻の畑から耕起作業を始める．たとえば，世帯主 J. S. の前に Ja と Hl の畑が耕起されているが，2人は J. S. の母たち（父親の第一夫人と第二夫人）である．まず父親世代の寡婦達の畑を耕し，その後で J. S. を筆頭に彼の兄弟たちの畑を年齢順に耕していた．この年には，親戚（Ha とその息子の B）のほか，J. S. の息子（P）と友人の畑も第一巡目の共同耕作の中に組み込まれたため，耕作サイクルは非常に長いものとなった．

この共同耕作は，第一巡目が終わるとまた最初に戻って同じ順序で第二巡目の農作業に入る．第一巡目で播種が終了した世帯の畑の作業は省略され次の世帯の畑に移る．1997/78年の例では，親戚の畑（Ha と B）や友人の畑，さらに J. S. の息子たちの畑の耕起・播種作業は一回限りで終わり，二巡目からは行われなかった．また Ja と Hl の畑の播種は二巡目の途中で終わり，三巡目からは J. S. の畑の農作業から始められた．

共同耕作の規模が大きくなると，各メンバー（世帯主）の畑に耕起（播種，除草）作業の順番が回ってくる間隔が長くなる．さらに巡回順位の遅いメンバーにとっては，第一巡目の作業が遅すぎることが適作期を逃す危険性を高める．このため，大きくなりすぎた共同耕作グループには絶えず分裂の力が働く．共同耕作は，労働力や生産財の共同利用という点では相互扶助と規模の効果をもたらすが，農作業の適時性という点からみると，メンバー内に不

第13章　アフリカの農家世帯の脆弱性をどう捉えるか

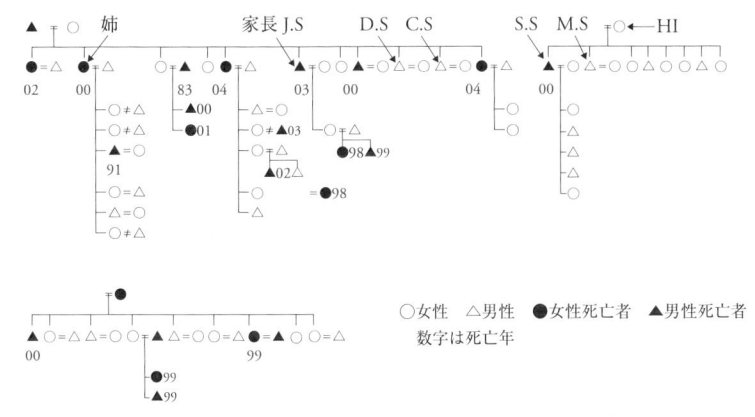

図 13-4　S家の「過剰な死」（1980年代以降）
出典：島田（2007: 148）．

平等を生みやすい．とくに耕作順位の遅い若年層の不満は大きくなる．

　このS家の場合もそうで，J. S. の弟たち（とくにD. S. とC. S.）は，自分で共同耕作を組みたいと考えはじめていた．1991年に肥料に対する政府の補助金がなくなり肥料の購入に苦労していた彼らは，他の村人と共同で肥料を購入する計画を立てていた．それには，この共同耕作グループ内にとどまることは不利なように思われた．

　そんななか，S家では1990年代以降，「過剰な死」ともいえる不幸が続いた．図13-4はS家における近年の死亡者をあらわしている．1990年代後半以降，死亡者が急増している．このような「過剰な死」がどのように共同耕作システムの分割に影響を与えたかについては島田（2005）で述べたのでここではその結論のみを述べるが，もともと大規模な共同耕作に不満をもっていたC. S. とD. S. は，S家の重要な働き手であったS. S. が死んだ翌年，共同耕作の単位を小さく分割するようJ. S. に懇願した．相次ぐ親戚の死に際し，J. S. が指示するS家全体の畑の管理が，彼らの負担の限界を超えていると感じていた．肥料の共同購入を希望する2人にとって，共同耕作は負担のみ多く自由のきかない仕組みに感じられるようになってきていたのである．

　姉の死とそれに次ぐS. S. の死で，弟たちに過重な負担を強いていたJ. S. はその希望を受け入れざるを得ず，2001年の雨季の共同耕作は三つのグルー

429

プに分割することに同意した．

9 新しい出来事（1）：小規模金融の簇生

　以上，第6節から第8節までの事例が，いわば世帯の資源アクセス権の弱体化，そして脆弱性増大に関与する変化であったのに対し，一方でその変化を緩和するような変化が1990年代に入りいくつか起きていた．一つはOSAWE (Own Savings for Assets and Wealth Creation) と呼ばれる小規模金融組織の相次ぐ設立である．村の協同組合が実質的に機能不全に陥った後，その協同組合のなかで実施された小規模金融のノウハウを利用し，小さな規模でのOSAWEが多数設立された．

　この村で小規模金融が正式に始まったのは2003年であった．2000年に貧困削減計画の一環で，この村に灌漑農業とアグロフォレストリーの推進（Vifor計画）を図る国際的NGOが進出してきた．この事業を推進するために，小規模貸付制度も導入された．それはマイクロ・プロジェクト・ユニット（MPU）と呼ばれ，初期資金としてNGOから700万Kの援助が行われた．このMPUは，灌漑農業に必要な足踏みポンプの購入に向けた計画としてスタートした．灌漑農業計画に参加しようという農民は，52万Kをあらかじめ MPUに支払い，足踏みポンプの提供を受けるものとされた．ポンプの購入資金は，利子率2.5％/月の条件で6ヵ月後に返済するというものであった．後になってMPUは，肥料の購入のための融資も行うようになった．

　しかしながら，最初の足踏みポンプの購入に際し，一部のメンバーに足踏みポンプが届かず，逆に執行部メンバーのなかには夫妻で2台のポンプを入手した世帯もあるなど不公正な運営が行われ，それに不満をもつ人たちはMPUから離脱した．さらに不運なことに，MPUの執行部メンバーのうち組合長と書記長を含む8人が2003年から2008年の間に相次いで亡くなるという「過剰な死」に直面した．その死亡者のなかにMPUに負債を負う人があり，家族がその負債を引き継ぐことを拒否するケースが出てきて，MPUは2007年には新たな貸付業務が行えない状態に陥った．MPUは，

2010年時点でも活動を停止していた.

MPUの失敗にもかかわらず活動を活発化させてきたのがOSAWEであった. その多くは2009年以降に始まったばかりのものであるが，2010年8月時点で10以上のグループが活動していた.

現在運営されているOSAWEは，その起源から大きく三つのグループに分けられる. 第一は，かつてのViforのメンバーによって結成されたOSAWEである. 第二は，2008年から開始されたグループで，参加型農業開発組織（Organization of Participatory Agricultural Development; OPAD）のメンバーにより結成されたものである. このOPADは，最初一部のメンバーに作物の種子やニワトリを供与し，収穫や再生産後に決められた量や数の返却を求め，それを他のメンバーに供与するという開発事業組織であった. その事業の一つとして自助事業として小規模金融の組織化が行われた. そして第三が，このどちらにも属さず，自発的に組織されたOSAWEである. このグループのやり方は，ViforやOPADのメンバーたちがやっている方法と全く同じである. しかし，ViforやOPADでの月極貯蓄額が50,000 Kであるのに対し，その額が高すぎるとして15,000 Kと少額にしているところもある.

貯蓄・貸付グループのこの様な急速な発展には，ViforやOPADが実施した教育プログラムの効果が無視できない. そのプログラムで小規模金融のやり方を学んだ人々（女性が多い）が，自ら設立発起人となってOSAWEを組織している例が多い. もちろん，OSAWEのなかには，そのような人以外の人たちが自主的に組織したものもある. ある教会では，信徒仲間でOSAWEに似た貯蓄・貸付グループをつくっていた. 毎月10,000 Kを徴収し，その資金を貸付に回すという点では通常のOSAWEと同じであるが，利子運用で生まれた利益金を教会のクリスマス関連事業に寄付するというユニークな活動を行っていた.

村人のなかには，この新しい貯蓄・貸付制度に対して懐疑的な人も多い. Viforで行われたような不正が起きることを心配する人や，返済に失敗するとすぐに訴えられるといった罰則の厳格性を恐れる人などである. しかし，そのような人たちも様子見といった感じではあるが興味をもっており，この新しい貯蓄・貸付制度は着実に農民の日常生活のなかに入り込みつつあると

10 新しい出来事（2）：賃耕（booking）の拡大

「過剰な死」のところで述べた共同耕作の弱体化は，他方で共同耕作システム内での賃耕（Booking）の拡大をもたらした．本来拡大家族や親しい友人の枠内で実施されてきた共同耕作のシステムのなかに，賃耕が入ってきており且つそれが拡大しているのである．システムの運営方法はそのままに，共同耕作のメンバーが自分の利用日に，牛2頭と犁の「セット」を，他世帯に賃耕に出すことが増えてきているのである．これは，共同耕作に代わる，もっと機動的な耕作方法であるといえる．

共同耕作のグループの縮小化が起きてきている事例を先に示したが，それは耕起作業に最低必要な「セット」をもたない世帯にとって，危険性が増すことを意味する．近くに助け合える親族や友人がなく「セット」が確保できない場合，人々は「酒の仕事」（働いたあとに酒——昔は地酒のガンカタ，今は醸造酒も多い——を振るまうことでやってもらう仕事）や，現金や現物による支払いを条件に，隣人に牛や犁を借りて耕起や播種を行うことになる[9]．伝統的には，拡大家族内での共同耕作が一番盛んで，現金や現物支払いによる賃耕は少数であった．現在も親族内での共同耕作が多数を占める．しかし2010年の調査で，有償による犁や牛の貸し借りが，拡大家族内の共同耕作メンバー間ですら行われている事例がみられた．拡大家族内での耕作ローテーションは，メンバー1人当たりの「セット」利用日数を2日から5日間に設定し，年長者順に回すのが一般的である．2010年の調査において，自分の「セット」利用日に，それを他の人に賃貸するやり方が数例みられた．それは，ローテーションの枠組みを変更して行われているものではないが，

---

9) 牛と犁が十分でない若者たちがお互いの牛と犁を持ち寄り，「セット」をつくって互いの畑を共同で耕作し合う方法や，それを「セット」のない人たちに賃貸する事例はかつてもみられた．しかし，現在進んでいる「セット」の賃貸は，頻度が高くなってきているばかりか，ここで述べるように共同耕作システム内にも組み込まれつつある．

当該システムのなかで賃耕が増えつつあることを意味している．

　これは，伝統的共同耕作のグループが縮小化していることと無関係ではないと思われる．共同耕作の単位の縮小化は，ローテーション内での農民個々人の「セット」利用日数の延長を可能にする．たとえば6人以上のグループによる共同耕作では，1人当たりの耕作日は2日か3日が普通である．しかし，共同耕作グループの人数が2人か3人と少数になれば，1人当たり耕作期間を4日か5日に延ばすことができる．これが，牛と犁の「セット」を他人に貸す余裕を生んでいる．

　このような賃耕は，拡大家族の共同耕作の外でも増えてきている．牛か犁を所有しているものの一人では犁耕ができない人たちが，牛や犁を持ち寄り「セット」をつくって協同で耕起作業をする場合がある．*twakanjilana chipani* と呼ばれる協同作業である．その協同作業用の「セット」を他の人の畑の賃耕に使う方法も増えている．共同耕作グループのメンバーが2名で，4日おきに耕作期間を交代する場合，自分の畑の耕起作業が終わるのも早くなる．そこで，自分の耕作期間を利用して，犁耕を希望している人の畑に出かけて耕起することが可能となるのである．最近はそのようなやり方をしている人が増えている．

11 脆弱性の変化に関する考察

　最後に，第6節から第10節までに示した出来事の事例が，世帯の脆弱性に与えた影響について検討してみたい．

　第6節では，森林保護区が短期間に破壊される過程を示した．森林保護区は，救荒作物や薬用植物，燃料用の枯れ木の宝庫であり家畜の放牧地として誰もがアクセスできる有用な資源供給地であった．それが一気に破壊されたのであるから，村の世帯にとってはそれらの資源へのアクセスが奪われたことになる．森林保護区へ「入植」した一部の世帯は短期的に所得増大をみた．しかし，調査村の世帯一般にとっては，森林の破壊は資源の喪失を意味し，脆弱性増大を意味した．

第7節では，村民の追放に関わる一連の出来事をみた．村人は，土地の割り換えによって現在利用している土地の用益権が奪われないかを心配している．しかし，村からの追放はそれよりもっと深刻な権利剥奪である．追放の手紙を受けた世帯はもちろんのこと，受けなかった世帯にとっても，その手紙は土地利用権の不確かさを改めて意識させるものであり，世帯の脆弱性を意識させる出来事であった．

　もっともこの事件は，追放の手紙を受けた農民たちが国際人権NGOへ提訴し，そのNGOの働きかけにより追放の不当性が公的に認められるという全く新しい展開をみせた．追放の手紙で増大した農家世帯の脆弱性は，国際NGOの支持を得て緩和されるというきわめて現代的な決着をみることになった．

　第8節では，拡大家族によって行われてきた大きな共同耕作のグループが，相次ぐ成人男性の死によって分裂した例を示した．共同耕作は，牛耕に必要な犁や牛を欠く世帯にとっては重要なシステムである．それが分裂・縮小化することは，それらの世帯の脆弱性を高めることになる．また第9節では，「過剰な死」が小規模金融の失敗の一因になったことも述べた．協同組合活動の中心人物の相次ぐ死で，小規模金融は頓挫してしまったのである．世帯レベルの資源アクセスが人々の「過剰な死」によっても影響を受けたことになる．

　第6節から第8節で挙げた事例が，村の農家世帯の脆弱性増大を示唆しているといえるのに対し，第9節と第10節で示した2000年代以降の新しい動きは，明らかに以前の脆弱性増大を緩和する動きであるといえる．村の協同組合が開始した小規模金融が失敗に終わったにもかかわらず，女性たちが中心になって自分たちの身の丈にあった小規模金融を始めた．これにより，協同組合に参加しない人たちも緊急時の資金アクセス手段が増えたことになる．一つの失敗が農民のブリコラージュ性の発揮で次の組織化に生かされたといえる．

　また第10節でとりあげた賃耕の拡大は，共同耕作の縮小化や減少が進むなかで孤立しかねない，牛と犁とのセットを欠く世帯に，新しいアクセス代替手段を提供している．世帯単位での脆弱性を考えた場合，この賃耕の拡大は脆弱性緩和の効果をもっているといえる．

第13章　アフリカの農家世帯の脆弱性をどう捉えるか

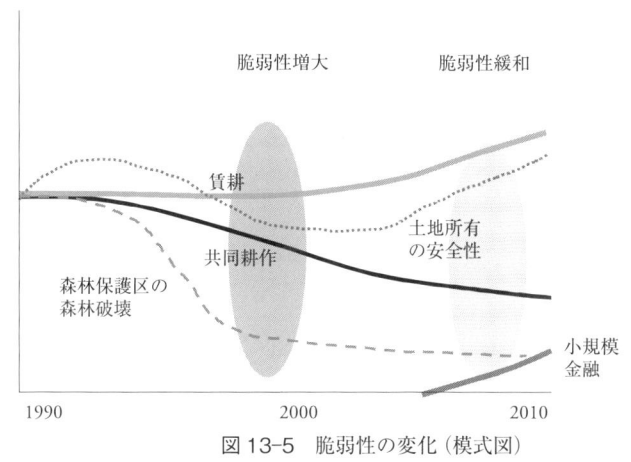

図13-5　脆弱性の変化（模式図）
出典：筆者作成.

　以上，継起的に発生した出来事をとりあげ，それらが各世帯の資源アクセスに与えた変化を検討した．その結果を模式的に示したのが，図13-5である．それぞれの出来事の連鎖が引きおこした脆弱性に対する影響——増大や緩和——は，それぞれ個別の軌跡を描いてあらわれている．いまもし，1990年代以降のこの村の農家世帯の脆弱性変化について述べるとすれば，これらの複数の軌跡にみられる変化を何らかの手法で総合化する必要がある．幸い，今回の分析で明らかになった個別の脆弱性の変化の軌跡をみると，ある一定の傾向が認められる．すなわち，1990年代末に起きたさまざまな出来事は世帯の脆弱性を増大させるものが多かったのに対し，2000年代後半にはそれを緩和するような出来事が多く立ちあらわれてきたということである．
　しかし，一つ一つの出来事は，独立したものではなく，また重要性に優劣がつけられるものでもないので，総合化は単純なものではない．少なくとも現在のところ，総合化の方法が見つかっているわけではない．出来事の継起的展開の内容をみれば明らかなように，一連の出来事自体が「専門の壁」を超えている．出来事間で相互に影響しあっている様子もうかがえる．アフリカ農民の活動の多様化や流動性が指摘されていることを思えば当然のことであるが，脆弱性を捉えるということはこのような流動性の高い人々の活動を

多面的に分析することから始めなくてはならない.

　これまでに，脆弱性概念の有効性を可視化するために，計測可能な分析方法や指標の提示が試みられてきた (Hahn et al. 2009)．そのなかには本論と同様に複数の指標をもとに脆弱性をみようとするものも多い (Christiaensen and Subbarao 2005)．しかしそれらの分析は，複数のマクロな数値を指標として，いわば状態量としての脆弱性を捉えようとする試みであり，本論で明らかにしたような脆弱性の変化も動態的に捉えようとするものではない．近年，社会のレジリアンスに関する研究が盛んになってきているが，社会のレジリアンスの理解のためには，本論で試みた脆弱性の変化の動態的理解が必須であると考える.

参考文献

Adams, M. 2003. *Land Tenure Policy and Practice in Zambia: Issues Relating to the Development of the Agricultural Sector*, Draft. Oxford: Mokoro.

Adger, W. N. 2000. "Social and Ecological Resilience: Are They Related?", *Progress in Human Geography*, 24(3): 347–364.

Bassett, T. J. 1988. "The Political Ecology of Peasant-herder Conflicts in the Northern Ivory Coast", *Annals of the Association Geographers*, 78: 453–472.

Berry, S. S. 1993. *No Condition Is Permanent: The Social Dynamics of Agrarian Change in Sub-Saharan Africa*, Madison: The University of Wisconsin Press.

——— 2001. *Chiefs Know Their Boundaries: Essays on Property, Power, and the Past in Asante 1986–1996*, Portsmouth: Heinemann.

Beyene, A. 2005. "Dynamics of Social Network and Resources Mobilization Strategies in Vulnerable Rural Livelihood Systems", paper presented at *Structures of Vulnerability: Mobilization and Resistance*, Interdisciplinary Research Conference, January 12–14, Stockholm: Stockholm University.

Blaikie, P. 1985. *The Political Economy of Soil Erosion in Developing Countries*, London: Longman.

Bryant, R. L. and S. Bailey 1997. *Third World Political Ecology*, London: Routledge.

Bryceson, D. F. 1996. "Deagrarianization and Rural Employment in Sub-Saharan Africa: A Sectoral Perspective", *World Development*, 24: 97–111.

——— 1999. "African Rural Labour, Income Diversification and Livelihood Approaches: A Long-term Development Perspective", *Review of African Political Economy*, 80: 171–189.

Chambers, R. 1989. "Editorial Introduction: Vulnerability, Coping and Policy", *IDS Bulletin*, 20(2): 1–7.

Christiaensen, L. J. and K. Subbarao 2005. "Towards an Understanding of Household Vulnerability in Rural Kenya", *Journal of African Economies*, 14(4): 520–558.

Could, J. 2007. "Chiefs, Politics and State Formation in Zambia's Third Republic", in B. Lindgren and M. Heimer (eds), *Politicizing Governance: New Ethnographies of Power and Economy in the Global South*, Uppsala: Uppsala University Centre for Sustainable Development.

Dercon, S., J. Hoddinott, P. Krishnan and T. Woldehannna 2008. "Collective Action and Vulnerability: Burial Societies in Rural Ethiopia", *CAPRi Working Paper, 83*, Washington: IFPRI.

Food and Agriculture Organization 2004. *HIV / AIDS, Gender Inequality and Rural Livelihoods: The Impact of HIV / AIDS on Rural Livelihoods in Northern Province, Zambia*, Rome: FAO.

Foster, G. and J. Williamson 2000. "A Review of Current Literature on the Impact of HIV / AIDS on Children in Sub-Saharan Africa", *AIDS*, 14 *(suppl 3)*: S275-S284.

Hahn, M. B., A. M. Riederer and S. O. Foster 2009. "The Livelihood Vulnerability Index: A Pragmatic Approach to Assessing Risks from Climate Variability and Change — A Case Study in Mozambique", *Global Environmental Change*, 19: 74-88.

Knutsson, P. and M. Ostwald 2005. "A Dynamic and Process-oriented Sustainable Livelihoods Approach: A Tool for Increased Understanding of Vulnerability, Adaptation and Resilience", paper presented at *Structures of Vulnerability: Mobilization and Resistance*, Interdisciplinary Research Conference, January 12-14. Stockholm: Stockholm University.

Mehta, L., M. Leach and I. Scoones 2001. "Editorial: Environmental Governance in an Uncertain World", *IDS Bulletin*, 32(4): 1-9.

Obrist, B. 2006. *Struggling for Health in the City: An Anthropological Inquiry of Health, Vulnerability and Resilience in Dar es Salaam, Tanzania*, Bern: Peter Lang.

Osbahr, H., E. Boyd and J. Martin 2007. *Resilience, Realities and Research in African Environment* (Report of Workshop June 18, University of Oxford), Oxford.

島田周平 2005.「「過剰な死」が農村社会に与える影響」高梨和紘編『アフリカとアジア —— 開発と貧困削減の展望』慶應義塾大学出版会, 89-114 頁.

—— 2007.『現代アフリカ農村 —— 変化を読む地域研究の試み』古今書院.

—— 2009.「アフリカ農村社会の脆弱性分析序説」*E-Journal GEO*(日本地理学会), 3(2): 1-16.

Sneddon, C. S. 2000. "'Sustainability' in Ecological Economics, Ecology and Livelihoods: A Review", *Progress in Human Geography*, 24(4): 521-549.

Swift, J. 1989. "Why are Rural People Vulnerable to Famine?" *IDSBulletin*, 20(2): 8-15.

Watts, M. 1983. *Silent Violence: Food, Famine and Peasantry in Northern Nigeria*, Berkeley: University of California Press.

Watts, M. J. and H. G. Bohle 1993. "The Space of Vulnerability: The Causal Structure of Hunger and Famine", *Progress in Human Geography*, 17(1): 43-67.

Wolde Mariam, M. 1986. *Rural Vulnerability to Famine in Ethiopia 1958-1977*, London: Intermediate Technology Publications.

第14章

現代中東・イスラーム世界の生存基盤
―― 石油依存の帰結と属人性原理の復興 ――

小 杉 　 泰

1 はじめに ── 近代文明の反省からイスラーム復興の実験へ

　中央アジアから西アジア，北アフリカにかけて，広大な乾燥地域が広がる．広義の中東（中東・北アフリカ）をすっぽり覆うこの地域は，世界の石油・天然ガスの大半が埋蔵されているとともに，度重なる中東・湾岸での戦争によって，世界の政治・経済に大きな影響を与えてきた．文明の観点からは，7世紀以来のイスラーム文明の豊かな伝統がある一方，西欧との長い競合と対立の歴史をもっている．本章では，熱帯的パラダイムに立脚して生存基盤持続型の発展径路を考える一環として，そのような熱帯・亜熱帯の乾燥地域を視野に入れていきたい．文明論的に言えば，イスラーム文明の意義とその現代的な展開，将来的な眺望について考えることになる．

　アラビア半島は，歴史的にも地理的にも，東西に広がる乾燥地域のほぼ中央に位置している．ここでイスラームは西暦7世紀に生まれ，アラビア半島から軍勢があふれ出ると，わずか1世紀ほどの間に，東は中央アジアで中国（唐）と接し西はヨーロッパのイベリア半島に及ぶ広大な版図を生み出した．これによって，インド洋交易圏と地中海交易圏を結び，ユーラシアからアフリカを包摂する国際貿易のネットワークを形成し，「沙漠の船（ラクダ）」を

操る陸の商人と海の商人が活躍し，9-10世紀の帝都バグダードは世界最大の都市として繁栄した．

　イスラームはアラビア半島で宗教と社会原理をつくったが，広大な版図を得ると，オリエントやギリシア，インドなどの先行文明を吸収し，独自の世界文明を形成した．「ナイル川からオクソス川までの地域」（Hodgson 1974: Vol. 1, 60-61）と表現しうる地域（今日の中東，西アジアから中央アジアにかけて）がイスラーム文明の最初の基盤を提供した．イスラーム文明がもつ独自性は，都市性・農耕性・遊牧性の三項が結びついた「三項連関」によって説明される．これは，ユーラシアの東西の端で発展した二つの文明圏（東アジアと西欧）とは，遊牧文化との関係において大きく異なっている．遊牧文化をも取り入れたイスラーム文明は独自の発展を遂げたのちに，「近代」に邂逅し，世界システムに統合された．しかし，イスラーム文明はたんに歴史的な「遺産」として意義をもつのではなく，現代においても近代文明を批判し，新たな文明復興を模索している．

　私たちが理解している文明は，農耕を基礎とする定住文明の見方に偏っており，遊牧性についての評価は低い．たしかに，遊牧性はユーラシアの東西の文明地域においては，定住文明を破壊する「野蛮」「脅威」であった．それだけに，遊牧文化の固有性を文明に統合したことは，乾燥オアシス地帯を背景とするイスラームのユニークな特長と言える．近代文明は，遊牧性を排除する定住型の文明を継承しており，遊牧的な技術体系を過小評価してきた．熱帯型パラダイムを考察するうえで，遊牧性が含意するものを再発見することには，大きな意味があると思われる．

　前近代のイスラーム文明は，科学技術の面でも高度な発展を遂げた．哲学，数学，天文学，医学，光学，化学など，人類の科学史においての貢献はきわめて大きなものがあり，最近はその研究も進んできた（al-Hassan and Hill＝多田ほか訳 1999; Turner＝久保訳 2001; Rashed＝三村訳 2004）．イスラーム文明の影響を受けてヨーロッパのルネサンスが展開したという意味では，イスラーム文明は近代の胚胎を用意したと言える（伊東 2006）．

　その一方で，イスラーム文明は西洋的な近代が生まれる前段階でこそ栄えたが，近代においては敗北した，という見方もできる．このような見方は，

じつは，地中海をはさんでイスラーム圏とヨーロッパが対立ないしは競争を続けているという認識を内包している．それ以外の文化圏からみると，「西洋対イスラーム」という問題性にこだわりすぎているであろう．しかし，実際問題として，7-8世紀におけるイスラームの拡大のゆえに地中海以北に閉じ込められたヨーロッパの「中世」が始まったとされてきたことを考えても，両者の間にはきわめて緊密な相互関係があった．ヨーロッパはイスラーム文明から学び，成長して近代文明を確立し，18世紀以降はイスラーム圏をも植民地化して，支配下におくようになった．

それ以降，発展を遂げた西洋に対して，イスラーム圏はなぜ遅れたのか，という問いがなされるようになった．ヨーロッパでは「優越した西洋と衰退したイスラーム」を前提として，東洋学がその探究を行い，イスラーム圏では自己再生のための問いとして，後進性の理由が問われ，現代的な復興への方途が模索されてきた．しかし，近代文明を善として，他文明圏でのその欠如や後進性を問いただす発想は，近代文明が生態系と人間の生存基盤を破壊する段階に達した今日，有効性を失っていると言わざるを得ない．少なくとも，科学技術や開発に偏重した近代的な文明のあり方に深刻な反省を加えなければ，地球環境と生存基盤を持続させて，次の人類文明を構想することすら不可能であろう．

おりしも，20世紀後半に入ると，「イスラーム復興」の諸現象が各地で観察されるようになった．これを世界的な宗教復興と共振するものとみるか，イスラーム圏に独自の動きとみるかは議論の分かれるところであるが，イスラーム復興によって，近代の所与の条件とされた世俗化，政教分離などの原理が挑戦を受けるようになったことは疑いを入れない（小杉 2009b）．

イスラーム復興は，たんに宗教的な精神性を回復しようとする——いわば物質文明に疲れた現代人の心を癒すことを目的とする——ものではない．聖典に明記された「利子の禁止」を現代的な金融の場で実践するためにイスラーム銀行を設立するなど，近代文明のシステムを改革しようとする面をもっている．すなわち，経済的な利益追求や科学技術の発展が社会的な倫理から遊離すること自体や，それによって生じる公正の欠如や格差の拡大といったアンバランスを改革しようとしている．無利子金融の試みは，1970

年代に始まったときは「時代錯誤」「呪術的経済」などと冷笑されたが，1980-90年代に大きく発展し，21世紀には国際経済のなかにしっかりとした地歩を築いた．2008年に世界的な金融危機が起きたときには，イスラーム金融を含むイスラーム経済論は，金融資本主義の変革を主張する存在となっていた．

　本章では，以上のようなマクロな認識に基づいて，イスラーム復興が提案している理念や実践のなかから，温帯型パラダイムを修正し，生存基盤を持続させる熱帯型パラダイム構築に寄与する側面を取り出していきたい．

2 イスラーム文明の形成と歴史的遺産

2-1　イスラームの誕生

　現代のイスラーム復興について検討する前に，イスラームをその起源から語ることは迂遠のようであるが，本章の議論の性質上，お付き合いいただきたい．イスラームの誕生から文明形成までにつくられた独自性は，たんに前近代における特質ではなく —— 前近代に近代文明と異なる固有の文明が存在したというだけであれば，地球上のどの地域でもある程度あてはまる ——，それが現代において再解釈されつつ，新しい文明原理として提唱され，実践されている点に意義がある．それを考えるためには，原点をある程度理解しなければならない．

　イスラームの出発点である6-7世紀のアラビア半島は，後のイスラーム文明を考えれば世界史的な重要性を有するのは当然である．しかし，当時のこの場所を見ると，ここが世界文明の出発点となるとは，容易に想像がつかないものであった．そのすぐ北側のメソポタミア（今日のイラク），ペルシア（イラン）は，人類史的にみても，都市が誕生し文字が発明された文明発祥の地の一つであり，ハハーマニシュ朝（アケメネス朝）に始まるペルシア帝国の伝統は，広域の征服と支配を可能ならしめる軍事・統治の技術を物語っている．西側の地中海地域も，フェニキア，ギリシア，ローマなどが栄えた文明

第 14 章　現代中東・イスラーム世界の生存基盤

地帯であった．

　6-7 世紀の段階では，サーサーン朝ペルシアとビザンツ帝国が二つの文明地域を代表する帝国として，西アジアから地中海にかけて覇権を競っていた．アラビア半島は両者の間の「文明の空白地帯」で生まれた．6 世紀以前のアラビア半島には，半島全体を統治する国家が成立したことはなく，政治史的にもほぼ空白地帯であった．西アジアの乾燥地帯のなかでもとりわけ，乾燥性が強い地域でもあった．

　沙漠[1]だけであれば，人は住むことができない．アラビア半島の東部に広がる「ルブウ・ハーリー（al-Rub' al-Khālī）」は「空白の 4 分の 1」という名が示すとおり，生命のない地域である．この半島には，外部から流れ込んだり，外部へ流れ出す河川はなく，オアシスとワーディー（wādī 涸れ谷）が主たる水源であった．遊牧（遊動牧畜）は，このような乾燥地域に生存するための技術であり，半島にはアラビア語を話す遊牧部族が暮らしていた．

　ただ，アラビア半島がたんなる空白地帯ではなかったのは，ここが「セム的一神教の故地」の一部をなしていたことである．セム的一神教とは，セム諸語を媒体とする一神教の伝統を指す．具体的には，ヘブライ語，アラム語，アラビア語などと結びついたユダヤ教，キリスト教，イスラームを指す．ちなみに，ユダヤ教・キリスト教の聖書やイスラームの聖典クルアーンは「系譜」を語ることを好む．セム的一神教の世界では，人類はアダムとイブ（アラビア語ではアーダムとハウワー）の系譜を引き，諸預言者はアブラハム（アラビア語ではイブラーヒーム）の系譜を引いている．

　アブラハムは，今日のイラク南部にあるウルの出身とされ，シリア，パレスチナ，エジプト，アラビア半島を神の命によって放浪した．旧約聖書によれば，彼にはイサクとイシュマエルという息子がおり，前者の子孫がイスラエルの民となった．聖書は彼らの物語が主であり，後者の子孫はアラビア半島でアラブ人となったと記載がある程度にすぎない．後者をめぐる伝承は，当事者であるアラブ人の間で継承されていた．

　それによれば，アブラハム（イブラーヒーム）は息子イシュマエル（イスマー

---

[1] 砂漠は砂沙漠の意なので，土沙漠・岩沙漠を含む上位概念の「沙漠」をもちいる．

イール)(以下では2人ともカッコ内のアラビア語名で呼ぶことにする)とその母を連れてヒジャーズ地方にいたり,カアバ聖殿を建立した.この地が後にマッカ(メッカ)として知られるようになる.イブラーヒームが去った後,イスマーイールはアラブ部族の娘と結婚し,そこから今日につながるアラブ人の系譜が始まったという.このような物語は,現代人にとってはさほど意味があるようにみえないかもしれないが,その背景には「原初性」を重視する考え方があり,それは現代のイスラーム復興にも受け継がれている.

マッカはイブラーヒームの時代に水源が発見されたとされ,それによって居住可能となったが,その水源は農業を興すほどの水量がなかった.570年ころにムハンマドが誕生したとき,マッカには彼の所属するクライシュ族が住んでいたが,生態環境的な制約のためもあり,その生業は商業であった.彼らの商業は,マッカがアラブ人共通の巡礼地であるカアバ聖殿を有する利点を生かした半島内の交易と,長距離のキャラバン交易であった.

彼らは,北方のシリアへの「夏の旅」,南方のイエメンへの「冬の旅」によって,インド洋交易圏と地中海地域を陸路で結ぶ交易を行っていた.香料などのインドからの産品をアラビア半島東南端のイエメンに運ぶインド洋交易は,季節風(モンスーン)を利用するものであった.モンスーンは季節を意味するアラビア語の「マウスィム」(mawsim)を語源とする(家島1990: 106).風向きが変わる季節になると,イエメンの港で地中海地方から運ばれてきた金銀などの産品がインドに向けて船積みされた.

マッカの交易が栄えたのは,シルクロードの西端でペルシアから地中海に抜けるルートが,当時のサーサーン朝とビザンツ帝国の抗争でさびれたためとされる.マッカが商業都市であったことは,イスラームに都市的な性格を与えることになった.イスラームは,M. ヴェーバー(Max Weber)がかつて誤解したような「遊牧戦士の宗教」ではない(Turner＝香西ほか訳1994: 48).

マッカ商人が隊商にもちいたのは,ラクダである.ラクダは「沙漠の船」とも言われ,乾燥地域でも生き延びることができ,大きな荷駄を運ぶことができる.彼らの隊商の規模を推察させる620年代の記録がある.それによれば,シリアから帰還する隊商が,ラクダ1,000頭に5万ディナールの荷財を載せていたという(医王2004: 9-10).ラクダは1頭につき150 kg程度の積

荷を積めるから，ざっと見積もって1,000頭で150 tということになる．積荷は商品だけではないとしても，膨大な量である．隊商貿易は途中での危険も高くハイリスク・ハイリターンであったが，成功すれば利益率100%という効率のよい貿易であった．

　商人であれ，遊牧民や農民であれ，6-7世紀のアラブ社会は部族を単位としていた．中央政府はないため，部族は生存と安全保障のための基本単位でもあった．これが部族主義を生み，互いに系譜の尊卑を競っていた．クライシュ族は，血統のよさを誇っていた．また，商業の成功によって，マッカには富貴を尊び，貧者や弱者をしいたげる風潮が広まっていた．宗教的には，木・石や彫像などを偶像として崇拝する多神教であった．

　610年ごろ，ムハンマドは唯一神の召命を受けたとして，預言者としての活動を開始した．イスラームの教えは，神の唯一性，人間の平等を訴えると同時に，契約の任意性や双方に利益をもたらす合意を重視するなど，商業的合理性に裏打ちされた倫理を説くものであった．これは部族的血統や富者を重んじる当時のマッカの価値体系と正面から対立したため，ムハンマドと数少ない弟子たちは迫害され，622年に北方のマディーナに移住することになった．これが歴史的な転換点――イスラームにとっても，人類史にとっても――となった．

　ここでイスラーム共同体と国家が樹立され，ムハンマドは10年のうちにアラビア半島をイスラームの旗の下に統一した．これによって，今日に続くイスラーム世界とその文明の原型が成立した．

2-2　イスラーム的パラダイムの特質

　前節で述べたようなイスラーム文明が，どのような特質を有しているのか，とくに現代におけるイスラーム復興につながる固有性とは何か，瞥見してみよう．

　第一は，「三項連関」である．これは，定住型の文明が都市と農村を基盤としているのに対して，イスラーム文明が都市性・農耕性と合わせて，遊牧文化を取り込み，これらの三項を連関させる文明の型をつくりだしたことを

意味している（小杉 2009a）．遊牧文化は移動を特性としており，定住地における農耕や都市にみられるような剰余の蓄積や建設をともなわない．移動時に持ち運べるものが所有財産の基本であり，「持ち運べる財産」のなかには，家畜や装身具のほかに言語も含まれる．定住文明における言語が発展し増殖するのに比べると，遊牧文化の言語は原初性を保ち，いわば「時を超える」点に特徴がある．そのような言語の特性は，「永遠の神の言葉」を「誦まれるもの／読まれるもの」という名の聖典（クルアーン）のかたちにしたイスラームの教義に取り込まれている．今日まで聖典が7世紀のアラビア語を保っていることは，いわば言語が14世紀の時を超える作用となっている（小杉 2009c）．

　この聖典に立脚するイスラーム法は，法学者による解釈を基礎とするが，法の適用範囲が国家の領土ではなく（＝属地的ではなく），イスラームへの帰属が基盤となる（属人的である）点に特徴がある．この帰属がもともと信条によるという意味では，人間の主体的な選択が法のあり方にも影響力をもつ．イスラーム世界では，属人的な原則はイスラーム以外の宗教にもあてはまり，各宗教がそれぞれの宗教法によって信徒を規制してきたため，当人が宗教を変更すれば適用される法も変わるということが起きた．歴史的なイスラーム王朝は，属人的な原理を前提として，イスラーム法によって国家を運営してきた．近代になるとイスラーム王朝が消滅し，国民国家が各地に導入されたが，それでも属地的ではないイスラームの法規定は近代国家の制定法に対抗する力をもち，現代においてイスラーム法が復活する素地が生まれた．

　イスラーム文明は一神教を基盤とする世界観を基に，自然の摂理を「創造における神の慣行」として探究するイスラーム科学を生み出した．インドやギリシア，古代オリエントの先行文明から科学的知見を吸収して，8-15世紀には高度なイスラーム文明が展開された．その影響は西洋に及び，ルネサンスを用意する働きをした．現代においてイスラーム文明の復興をめざす潮流は，これを現代的に再現しようとしている．

　商業都市マッカで生まれたイスラームには，元来，商業的な論理が内包されているが，イスラーム帝国が成立すると，商業的な合理性に立脚した社会や国際的な貿易ネットワークが誕生した．イスラーム法は，それを支える法

的な諸制度を生成する働きをした．その後イスラームが東南アジアやアフリカに広まったのは，商業ネットワークの貢献によるものとされる．近年のイスラーム経済を媒介とするイスラーム世界の復活には，宗教と経済を結びつけるイスラームの特徴がよくあらわれている．

3 現代における「中東」の成立と産油国の勃興

3-1 列強の領土争奪戦と「中東」の生成

16世紀初頭には，イスラーム世界は三帝国が鼎立する時代に入った．東から，南アジアのムガル朝，イランのサファヴィー朝，西アジアからバルカン半島を版図とするオスマン朝である．ヨーロッパの国々にとって，三帝国の西端に位置し境界を接しているオスマン朝は，軍事的な脅威であると同時に，是非とも通商関係を結びたい経済大国であった．ビザンツ帝国の継承国家として発展したオスマン朝は，ヨーロッパの国としても重きをなしていた．ヴェネツィア，フランス，イギリスなどは競って，貿易上の特恵を得てオスマン朝との関係を深めた．

ところが，18世紀を過ぎるといずれも西洋列強の圧迫を受けるようになった．19世紀半ばにムガル朝の命脈が尽き，南アジアがイギリスの支配下に入ると「英領インド」が成立した．これに対して，18世紀末からカージャール朝が支配するようになったイラン（およびペルシア湾一帯）とオスマン朝の版図では，それぞれ列強の侵略と覇権争いが続いた．

列強にとってオスマン朝を解体し，その版図を互いの間でいかに分割するかは，世界分割競争のなかでも最も重要な戦いの一つであった．西欧から見て「東方」に位置するものとして，列強はオスマン朝分割のアジェンダを「東方問題」と呼んだ．東方問題が地域名として呼ばれる場合には「近東」となる．このように列強が覇権を争うアリーナが19世紀後半に，西欧からの距離によって「近東」「中東」と呼ばれるようになったのである．

さらに遠方のアジアが「極東」と呼ばれるが，あらためて述べるまでもな

く,「近 (near)」「中 (middle)」「極 (＝遠方 far)」という区分は,地理的には全くバランスを欠いている．近東と中東が隣り合わせである一方,極東までの間に広大な南アジアから東南アジアが広がっているからである．南アジアはすでに英領インドとなり,東南アジアも「東インド」の一部としてオランダとイギリスの支配が確立していたため,「近東」のような地域名称は必要ではなかった．要するに,これらの命名は,たんにヨーロッパ中心主義的な地理感覚を示しているのではなく,植民地分割競争の位相を示している．

そのため,20世紀に入って,バルカン半島の諸国はヨーロッパの一部として独立を遂げ,オスマン朝の解体も最終段階に入り,イランを分割する英露の勢力圏が明確になってくると,近東と中東を分ける意味がなくなった．両者を合わせて「中近東」と呼ばれるようになったのは,自然のなりゆきであった．まもなく第二次世界大戦に際して,この一帯からドイツの軍事的プレゼンスを駆逐するために連合国が「中東司令部」を設置すると,中近東を中東と呼ぶことが通常となった．さらに戦後は,国連がこの名称を一般的な地理的呼称として採用すると,近東と極東との関連を失ったまま,今日の「中東」が成立した．

このような経緯から明らかなように,西欧の植民地分割によってイスラーム世界が解体される過程で「中東」が誕生したことは,この地域が近代的な世界システムに統合され,世界を覆う資本主義のなかに組み込まれたことを意味している．そのプロセスにおいて,イスラーム王朝がほとんど消滅したのみならず,伝統的なイスラーム経済とその制度をはじめとして,イスラーム社会に固有なシステムの大半が失われていくことになった (小杉 1998)．伝統的なイスラーム科学技術は生存基盤と有機的に結びついて運営されていたが,それも近代的な科学技術によって置き換えられていった．

3-2 中東の産油地帯の成立

イギリスにとって中東の支配領域は,主として「インドへの道」として防衛すべきものであったが,インドとパキスタンの独立 (1947年) によって,その意義は急速に薄れた．1956年に,エジプトで成立してまもない革命政

権は，スエズ運河の国有化を断行した．スエズ運河は，地中海とインド洋を結び，ヨーロッパとアジアをつなぐ生命線であるから，イギリスは国有化をゆるさず，フランス，イスラエルとともにエジプトに侵攻した．彼らは軍事的には成功したものの，あまりにもあからさまな植民地主義はもはや国際社会の許すところとはならず，米国をはじめとする批判を浴びて，撤退せざるを得なかった．政治的勝利を得たエジプトのナセル大統領は，アラブのみならず，折から独立闘争が高揚していたアジア・アフリカの英雄となった．

　1956年のスエズ動乱＝第二次中東戦争は，旧い植民地主義の退場と，新しい自由貿易主義の優位を雄弁に語る事件であった．自由貿易に基づく世界経済にとって，新たに主要な血液となったのは石油である．中東は，原油の埋蔵地域として，戦略的要地となった．

　世界的な原油埋蔵をみると，その大半がイスラーム世界の中核地域にある．20世紀初頭に世界の原油生産のほぼ半分を占めていたのは，アゼルバイジャンであった．カスピ海のバクー油田は，今日でも大きな意義を有している．ロシア／ソ連の支配下のイスラーム地域は20世紀になって「中東」と分離されたが，もともとはイラン，イラクの現国境で切れていたわけではない．実際，バクー油田は9世紀のアッバース朝史までさかのぼる．「バクー油田は早い時期にムスリムによって商業規模で開発され，885年にカリフ，ムータディドがダルバンドの住民に油泉収入を下賜したことが報告されている」(al-Hassan and Hill＝多田ほか訳 1999: 193)．

　旧ソ連領のイスラーム地域を除いたとしても，今日の中東・北アフリカには，非常に多量の原油が埋蔵されており，湾岸地域に属するイラン，イラク，湾岸協力会議加盟6ヵ国を合わせると世界の原油の確認埋蔵量の60％を超え，天然ガスでも世界の確認埋蔵量の半分近くに達する．

　湾岸諸国で比較的早く原油が発見されたのは，イランの1908年である．第一次世界大戦が終わると，イラクで1927年，バハレーンで1932年，サウディアラビア，クウェートで1938年，カタルで1939年と商業レベルでの石油の発見が続き，次々と湾岸の産油国が誕生した．

　第二次世界大戦後になると，1948年にはサウディアラビアで現在にいたるまで世界最大のガワール油田が発見された．あまりに広大な地域に広がっ

449

ているため，最初は単一の油田であることがわからないほどであった．1962年には隣接するアブダビ，オマーンでも石油が見つかった．北アフリカのアラブ諸国でも，1958年にアルジェリア，翌年にリビアが続いた．

　安価な石油を工業の主要なエネルギー資源にもちいる「エネルギー革命」は，石炭・石油・天然ガスなどの化石エネルギー利用に基づく「化石資源世界経済」を急速に進展させた．20世紀をつうじて，自動車と航空機による交通革命が劇的に進行し，ガソリンやジェット燃料の原料である原油の重要性も増した．

　このような世界経済の発展にともなって，産油国の役割も重要なものとなったが，1970年代に入るまでは，その立場は受動的なものであった．油田の開発も生産・精製・販売も，先進国の石油会社（いわゆる石油メジャー）が行い，価格決定権も彼らの手に握られていた．

　それに対する産油国の「反抗」を考えるためには，アラブ民族主義について瞥見しておく必要がある．本節は「中東」の成立を，列強の世界分割の一環であるかのように述べたが，それは物事の一面にすぎない．外からの侵略，経済的な浸透，植民地支配などは，必ず地域の側の抵抗を生み，外からの支配力と現地の政治・経済的諸力との間で摩擦が生じる．列強が自分たちの間だけで自由に世界を分割できるのであれば，おそらく「中東」すら成立しなかったであろう．ある地域が成立するということは，地域の分割・従属へと作用する世界システムの諸力と，内部から自己統合を遂げようとする地域の諸力が対立・拮抗・競合し，その歴史的な一つの結果として，ある名称をもった地域が誕生することを意味している．

　それらの諸力は，ある地域が成立してからも働くため，地域を固定的で非歴史的なものと考えることもできない．現に，冷戦の終焉とソ連の解体によって，中東，中央アジア，南アジアの境界は，それ以前と比べてはるかに流動的なものとなっている．また，近年のグローバル化は，地域経済からみれば新たな統合と従属を進めるものであろう．

3-3　アラブ民族主義からアラブ連帯へ

　イスラーム世界が分割され，自決権を失いながら近代的な世界システムに統合され，各地でイスラーム的なシステムが解体ないしは機能不全に陥っていくなかで，植民地主義の浸透に抵抗し，地域を再統合しようとする思潮がいくつもあらわれた．さまざまな領域を「祖国」として主張する民族主義が生まれたが，そのなかでも中東において大きな力をもったのは，アラブ民族主義であった．その成功因の一つは，イスラーム文明が生み出した「文化資産」を動員する力が，他の民族主義に勝っていたためと考えられる（小杉 2006: 274-276）．

　イスラーム国家としてのオスマン朝は，イスラーム的原理に立脚して宗教を優位としたうえで多宗教的な社会をつくったが，それは同時に多民族・多言語の社会であった．それが解体していくなかで，トルコ語を軸に「トルコ人」，アラビア語を軸に「アラブ人」を構想し，宗教横断的に民族形成を進める動きが生まれた（鈴木 1993）．トルコ民族主義は，第一次世界大戦に敗北したオスマン朝の版図からアナトリア（小アジア）を中心にして，国民国家としてのトルコ共和国を成立させるのに成功した．アラブ民族主義は，これに少し遅れて，オスマン朝のアラブ領が次々と列強の支配下に入る過程で，大きく伸び上がってきた．

　第二次世界大戦が終わると，すでに独立していたアラブ諸国がアラブ連盟（アラブ諸国家連盟）を設立し，まだ英仏伊の支配下にあった諸地域を解放することを望んだ．「アラビア語を母語とする者はすべてアラブ人」という定式が確立したのは，50年代のことであった．アラブ連盟の専門機関で活動したサーティウ・フスリー（Sāṭi' Fal-Huṣrī, 1968年没）などが，この定式化に大いに貢献した（Cleveland 1971）．

　アラブ民族主義の高揚には，パレスチナ問題が大きく関わっている．第一次世界大戦の後，イギリスの支配下（委任統治領という名の植民地）に入ったパレスチナでは，イギリスに後援されたユダヤ入植が盛んになり，アラブ人による反対運動が盛り上がった．しかし，1948年に一方的にイギリスが撤退すると，ユダヤ移民たちによるイスラエル建国宣言が出され，それを阻止

すべく開戦したアラブ諸国はほとんどの戦線で敗北した.

　この結果，イスラエルが成立し，パレスチナ人たちの祖国は失われた．これをパレスチナ人は「ナクバ（大破局）」と呼んでいる．これはアラブ人全体にとっても，破局的事態であった．この敗北を前線で経験し，「無能で腐敗した王政にこそ責任がある」と痛感した１人が，後に自由将校団を率いてエジプト革命の英雄となるナセル大佐であった．

　アラブ民族主義は，腐敗した王政を連続革命によって打倒し，新しい共和国を連ねてアラブ統一を果たし，アラブ人の団結によってパレスチナを解放する，というビジョンに基づいている．アラブの王政は，52年のエジプト，58年のイラク，62年の北イエメンと続けて打倒され，54年にはアルジェリアで反仏の祖国解放闘争が開始され,南イエメンでも独立闘争が激しくなった.

　湾岸／アラビア半島の諸国は，サウディアラビア，北イエメンを除いてイギリスの勢力圏にあった．今日では保守的な君主制がずっと続いてきた印象を与えるが，70年代までは，「ドファール解放戦線」「被占領地アラビア半島解放戦線」に代表されるような反植民地組織がいくつもあった．南北イエメンも民族主義による運動が盛んな地で，62年の北イエメンの革命に続き，67年には南イエメンが独立を果たした．後者は，民族主義からさらに左傾化し，70-80年代にはアラブ世界唯一のマルクス主義政権が成立することになった（Halliday＝岩永ほか訳 1978）．

　とはいえ君主国が，このような事態を看過し，次第に倒されるのを座して待っていたわけではない．60年代は，共和革命の波に抗い，いかに生き延びるかが，サウディアラビアやヨルダンといった君主制国家の最大の課題となった．

　転機は，1967年に訪れた．第三次中東戦争が，イスラエルの電撃的な奇襲で始まり，エジプトをはじめとするアラブ側諸国は，屈辱的な敗北を喫した．イスラーム第三の聖地を含む東エルサレムもイスラエルの占領下に入った．これによって，共和革命を推進する急進派は，革命をアラブ諸国に広めるよりも，イスラエルに占領された国土を奪回することに力を注がなくてはならなくなった．エジプトも連続アラブ共和革命の夢を捨て，君主制の国々と和解することになった．そして，対イスラエル戦争を優先課題とする「ア

ラブの大義」体制が成立した.

アラブの大義とは,パレスチナ問題を世界に認知させてその解決を図ることであり,67年戦争の占領地からイスラエルを撤退させることである.このために,共和国も君主国も,互いの体制打倒を諦めて連帯することになった.したがって,「アラブの連帯」とは,連続共和革命による「アラブ統一」を否定するものであった.「連帯」と「統一」は,似て非なるものである.

3-4 産油国の勃興

アラブの連帯を基礎として,73年の第四次中東戦争が戦われた.エジプトはシナイ戦線で善戦し,シリアも占領下のゴラン高原の回復をめざした.戦場の帰趨は痛み分けの様相であったが,イスラエル不敗の神話が打ち砕かれたという点では,アラブ側の得点が高いかもしれない.しかし,それ以上に重要なのは,アラブ石油輸出国機構(OAPEC)が連帯の石油戦略を発動し,世界経済を石油危機が襲い,産油国が勃興したことであった.

石油戦略によって直接的な打撃を受けた国には,オランダや米国のみならず,それまでアラブとの友好を信じていた日本も含まれた.経済関係がどれほど友好的でも,政治的には友人ではない,という主張を突きつけられた日本は,その後急速にパレスチナ問題と中東和平の理解を深めることになった.73-74年にかけて,石油危機の影響で,それまで続いていた戦後日本の「奇跡の高度成長」は停止し,電力使用制限令が出されて,大都市でも夜は暗い街が出現した.

その後の日本は,エネルギー節約型の技術開発に励み,省エネ技術では先端的な位置につくことになった.日本は,もともと相対的にエネルギー節約型の経済発展を遂げていた(小堀2011)が,それがさらに進む結果が生まれた.このことは,生存基盤を持続させる観点からみて,有意義な結果と言える.

石油戦略の発動は,政治的な目的とは別に,産油国が自分たちの資源について主権を回復するための行動でもあった.石油輸出国機構(OPEC)はそのことを目的として1960年9月に結成されたが,60年代は欧米の石油会社(石油メジャー)の力が強く,産油国の主張にもかかわらず,油価はむしろメ

ジャーによって引き下げられていた.

　OPEC に帰属するアラブ産油国が別途結成したアラブ石油輸出国機構 (OAPEC) は, アラブ連帯の政治的目的のために石油戦略を発動した. 彼らと協働することによって OPEC は, 73 年には原油価格の値上げに成功した. 四倍増となった石油価格は, 世界経済を襲い, とくに石油のない途上国は厳しい苦境に陥った. 第三世界のなかには資源のない「第四世界」がある, と言われるようになった.

　石油危機によって, 産油国が勃興した. 20 世紀後半における世界経済のなかには, いくつか画期があるが, これはその一つであろう. 世界経済に死活的に重要なエネルギー資源を握る石油カルテルの成功によって, 先進国から途上国への巨大な資本移動が生じた. この後, モノカルチャー経済の発展を目論む途上国が, 同じようなカルテルを試みるが, 成功した例はない. 産油国の成功は, エネルギー革命によって化石資源が世界経済の血液となっていたからこそあり得たもので, 死活的な重要性のない商品でこれを模倣することは不可能であった.

　産油国の勃興とオイルダラーの出現があったのと同じ時期に, 日本の工業製品の欧米への輸出, それにともなう貿易黒字の累積が始まっていた. 日本が蓄積する資本は, その相当部分が, 石油代金として産油国に流れた. 欧米の先進国は, 日本へ流出する資本を補うために, 産油国に兵器を輸出する政策をとった. ここに, 三者の間の三角関係が成立した (杉原 2008, 2010). この関係は 21 世紀に入るまで続いてきた. 中東における紛争の継続と軍拡競争は, この構図と決して無縁のものではない.

　「湾岸」とは, 歴史的には「ペルシア湾」一帯を指す. ペルシア / イランは, 古代から地域大国を生む場所 —— 筆者の言う「文明の重心」の一つ (小杉 2011: 28-33) —— で, それに対してペルシア湾のアラビア半島側にはさほど重要な王朝も産業もなかった. アラビア半島が歴史的に重要なのは, 紅海側 (聖地を擁するヒジャーズ地方) であって, 東部地域ではない. その意味では, 湾岸がペルシア湾の名で知られてきたのは当然と言える. ところが, 20 世紀に入って産油地域が勃興すると, アラビア半島側も重要性をもつようになった.

「アラビア湾」という呼称を唱えたのは，60年代のエジプトのナセル政権である．当時のイランが親イスラエル（＝反アラブ）であるのに対して，アラブ民族主義の立場から地域名称の変更を主張した．そのころは，湾岸のアラブ諸国はまだ独立前であった．湾岸に独立した産油国が出そろうのは71年である．新たに独立した首長国は，その直後に「アラブ連帯」の石油戦略を発動する側に回ることになった．

石油危機による油価上昇の恩恵は，すべての産油国に及んだ．石油戦略に反対していた王政時代のイランも同様である．その結果，1963年に開始された「白色革命」以来，上からの近代化と脱イスラーム化を推進していたパフラヴィー朝は，オイルダラーを注いで西洋的近代化をいっそう推し進め，まもなくイスラーム革命を招くことになる．世界はこの革命によって，第二次石油危機に見舞われ，油価はさらに上昇した．

オイルダラーに依存した経済発展という点では，アラブ産油国はいずれも類似の道を歩んだ．それなりに大きな人口を抱えるイラン，イラクとは異なり，人口稀少なGCC諸国の場合は，オイルダラーへの依存と外国人労働者の流入が非常に大きなものとなった．アラブの非産油国は，そのような産油国に労働力を輸出することで，オイルダラーを環流させるようになった．このような相互依存関係を，かつてM. H. カー（Malcolm H. Kerr）とE. S. ヤースィーン（El Sayed Yassin）は「アラブ新秩序」と名づけた（Kerr and Yassin 1982）．

産油国の経済は，地下に埋蔵されている化石資源から生まれる富に拠っている．しかし，このエネルギー資源をどれだけ掘り出すべきかは，国内事情にはよらない．彼らは自分たちで開発計画を立て，それに必要な資金を得るために採掘を企画するわけではない．もともと，石油の開発は先進国の石油メジャーに採掘権を与えることで進められた．エネルギー革命も，先進国における工業発展とそれに対する安価な化石資源の供給がもたらしたもので，産油国の経済発展のためになされたわけではない．

石油からの収入を「不労収入」とみて，これらの国々を「レンティア国家」としてその政治経済を分析する立場がある（松尾2010）．国家の大きな役割は，この「不労所得」をいかに国民に分配するかであり，それによって支配

も正当化される．このような見方は，国民国家が国民経済を発展させることを正常とみて，それ以外の経済のかたちを不整合なものとみる前提を内包している．レンティア国家論の分析が有効な面もあるが，グローバルな経済を一体的なものとしてみると，エネルギー資源の供給地が自立した経済とならないのは理の当然であろう．

80年代には，オイル・グラット（供給過剰）が生じ，産油国の財政が危機に陥ることもあった．また，1990-91年には，イラクのクウェート占領に端を発する湾岸危機・湾岸戦争が起き，湾岸諸国は多額の戦費負担を余儀なくされた．このような曲折はあるが，2000年代になると再び原油価格の高騰が起き，産油国には多くの余剰資金が蓄積された．

総体として，70年代以降，各国でオイルダラーをもちいた開発計画が進み，湾岸の経済開発は大きく進んだ．インフラも整備され，石油関連の産業化が進展した．開発戦略の一つは「脱石油」であり，化石資源を多用する産業構造が限界を迎えた場合にそなえることが，重要な目標とされる．またその一方で，原油価格の高騰は非産油国の経済を圧迫するものであり，非産油国では代替エネルギーへの志向が強まった．さらに90年代以降，地球温暖化が国際的に深刻な問題とされるようになり，化石資源をもちいないエネルギー政策も希求されるようになった．

このようなさまざまな要因から，産油国および近隣の他のアラブ諸国にとって，石油への依存を脱し，脱石油時代の発展戦略を構想することは，大きな課題となってきた．

4 イスラーム復興 —— 属人性原理の現代的再編成

4-1 突如として生じたイスラーム復興

イスラームが政治や社会，経済の諸分野において再登場する現象を，「イスラーム復興」と呼ぶ．筆者は，それを推進しようとする思想的・社会的な運動を「イスラーム復興運動」と名づけて，その実証的な分析に30年にわ

たって取り組んできた．

　イスラーム復興の最初の劇的な顕在化は，1978年から始まったイランでの反王制運動であり，その結果としての翌年2月の革命とイスラーム共和制の樹立であった．王政による流血の弾圧にもかかわらず，何十万人という非武装の市民がデモを続ける様子は世界を驚愕させたが，さらにその指導者として，黒いターバンを被った高齢の法学者ホメイニーが姿を現すと，その驚愕はいっそう強まった．

　ホメイニーは新生革命国家の最高指導者の地位に就き，自らが唱えてきた「法学者の監督」論に基づくイスラーム国家の運営を行った（冨田2003）．イスラーム法の原則を体現した「イラン・イスラーム共和国憲法」が79年11月に国民投票で承認され，「現代におけるイスラーム国家」が国際政治の現実として確立された．

　革命後のイランは，経済のイスラーム化をも進めたが，この分野は政治よりも錯綜した動きをみせた．政治におけるイスラームのあり方は，革命運動の巨大なベクトルと指導者ホメイニーのイニシアティブで方向性が定まったが，経済面では政策決定は直線的には進まなかった．イスラーム法の原則を現代的な経済にどのように適用するかはきわめて新しい課題であり，法学者の間でも意見がしばしば対立した．今日のイランは，イスラーム経済を国全体で実践していることになっているが，現代において純粋な一国経済があり得ない以上，イラン式のイスラーム経済にはおのずと限界がある．

　しかし，イスラームの現代化，現代社会のイスラーム化という困難な試みにおいて，イランが先駆的な試行と提案を続けてきたことは，疑いを入れない．イスラーム復興にとって，イランの存在は非常に大きな意味をもっている．

　イラン革命によってイスラーム復興が顕在化したとき，世界は驚愕した．マスメディアやその読者・視聴者たちが困惑しただけではなく，研究者たちの議論も非常に錯綜し，混乱した様相をみせた．中東地域研究者も国際政治学者も，ほとんどが予期せぬ事態に，的外れな論評を展開した．それまで社会科学において優勢であった，近代化とともに世俗化が進むとする世俗化論のパラダイムから言えば，宗教復興は「時代錯誤」か，その国／地域の特殊性なり時代的な特異性に還元されるべきであろう．

とくに，欧米の研究者にとって，イスラーム復興が「反近代」と思われたのは，政治と宗教を結びつける考え方であった．政教一致や「神の主権」は前近代的／反近代的であり，国民主権の原理に反する —— ゆえに，このような国家は存在すべきではない，と含意される —— という論評がなされた．実際，革命イランは短命であろう，としばしば予測された．

そのような議論が覆ったのは，中東全体で，さらにイスラーム世界で広くイスラーム復興の現象が目撃されるようになったからであった．そのため，イラン特異論や一時的現象説では立ちゆかなくなり，このような現象を説明する一般名称として「原理主義（ファンダメンタリズム）」の語がもちいられるようになった．

原理主義は，もともとは20世紀に起きた北米のキリスト教（プロテスタント）の運動を転用した比喩的な表現であり，地域の実態を描くうえでは学術的に不適当な語法である．ただ，「原理主義」という言葉に込められた非難，批判のトーンは，従来の国際政治や近代国家，近代的な経済発展の通念に反する「イスラーム復興」に対する「異質感」や「脅威」のパーセプションをよく示すものであった．

イスラーム復興が提示する非近代的なパラダイムは，第1–2節で述べたイスラーム文明の特質と関連させて述べるならば，次の四点の特徴をもっている．

第一に，イスラーム文明は，都市性・農業性・遊牧文化の「三項連関」によって，「時を超える言語」を聖典の主要な特性とした．これは，聖典であるクルアーンの文言が現代でも有効性をもっており，その文言の解釈によって，現代的な社会を構築しうる（構築すべき）という理念とその実践をもたらす．これを，近代的な進歩・発展史観から「時代錯誤」的とみることは可能であるが，むしろ「時を超える教え」に立脚したイスラーム革命やイスラーム金融が現実となっていることも認める必要がある．

そのような政治や経済の動きは，第二点であるイスラーム法の再生と結びついている．イスラーム法には，聖典の文言を法源とし，法学者の解釈によって法規定が生まれるという特徴をもつが，それ以上に法の属人性が重要であろう．法学者による「法曹法（あるいは学説法）」としての側面は，個々の国家がイスラーム法の規定を制定法に取り込むならば，近代国家とは必ずしも

矛盾しない．しかし，法が国家の領土ではなく，人間の属性によって適用される —— イスラーム法はどこにいても，すべてのムスリムに適用される —— という原則が，「属地性」に依拠する近代法と大きな違いをみせる．属人的であることは，国家の支配から独立して法が規範性をもつと同時に，そのような法が超域的に国境を越えて広がりうることを意味する．

たとえば，イスラーム金融は湾岸や東南アジアで大きく発展してきたが，金融をめぐるイスラーム法の規定は，個別の国にではなく国境を越える法学者ネットワークによって規制されている．ある地域でのイスラーム法の議論は，他の地域でも参照されるし，他地域の顧客にも影響を与えるため，相互に影響を与えあう．つまり，法の属人性は，法のグローバル性にもつながっているのである．イスラーム復興によって「イスラーム世界」の存在が強化されるのは，これも一因となっている．

第三に，イスラームがもつ商業的な合理性が挙げられる．もともと商業都市で生まれたイスラームは，国際的な商業ネットワークをつくり上げ，前近代においても世界の一体化に寄与してきた．この特徴によって，イスラームはつねに経済活動と密接に結びついてきた．現代においても，経済を宗教とは関わりのない「俗世」として遠ざけることなく，さまざまなかたちでのイスラーム経済をつうじて深くコミットしている．宗教が現代的な複雑な経済に関与することは容易ではなく，それには大きな困難もともなっているが，宗教から政治や経済，科学などを分離する近代的な志向性から言えば，ここには非常に新しい代替案が埋め込まれている．たとえばイスラーム経済において社会的責任投資（SRI）を重視する研究がなされているが，人間が経済的合理性と利益追求に反してまで倫理にしたがうかという難題に対して，イスラーム経済は一つの解答を用意している．どれほど発展した現代経済であろうとも，経済活動そのものが倫理性を内在させている（させなければならない）というのが，その基本的な構想だからである（Sairally 2007, 2011）．

最後に，一神教的な世界観とそれに基づく科学の発展がある．これは，前近代において 8-15 世紀の先進的なイスラーム科学の時代を生み出した．はたしてそれを現代において再生しうるか，安易な答えは許されないが，少なくとも宗教と科学をめぐるイスラーム的な「文理融合」論が提起されている

ことは特筆に値する（小杉 2007）．

次にこれらの特質をもった現代的な試行としてのイスラーム金融について，みてみよう．

4-2　イスラーム金融の進展

イスラーム世界が近代資本主義の経済システムに統合されるようになったのは，19世紀以降である．たとえば，オスマン朝が外債の発行に踏み切ったのが1854年，イギリス資本がオスマン銀行を設立したのが56年，これにフランス資本・現地資本が加わってオスマン帝国銀行となったのが63年である．イランでは，89年にペルシア帝国銀行が設立された．イランの国立銀行であるにもかかわらず，イギリス人によってイギリス海外銀行として設立された．このような流れをみると，中東への列強の浸透ぶりがよくわかる．

伝統的なイスラーム経済では，リバー（利子）をもちいないかたちで金融が行われていた．そこでは，事業者に対する直接投資や第三者（金融機関）をとおさない貸与が主流であった．かつて，イスラーム経済史家のウドヴィッチは，これを「銀行家なしの金融システム」と呼んだ（Udovitch 1979）．

そこでは，きわめて高度な経済システムが構築され，さまざまな契約制度が活用されていたにもかかわらず，株式会社をつくることはなかった．このことは，イタリアで株式会社の原型（コンメンダ）がつくられたのはイスラーム世界の契約方式の影響，という指摘（Udovitch 1962）を考えると不思議であろう．なぜ，イスラーム法が「法人」を認めなかったのかについては，その意義を解明するための学術的な議論は十分深まっていない．仮説として，財の所有に関する「直接的責任」の概念を提起することはできる．

イスラーム法の根底には，経済行為における自己責任の概念がある．これは，宗教的信条としての終末の日の審判における「決済」という観念と結びついている．そこでは，善行も悪行もすべて個人の責任で，誰一人他人の行為の責任を問われることはない．このような観念から，人間は自分が何をしているか知っているべきである，という原則が導き出される．経済行為についても，同様である．擬似的な人格をもつ法人をつくって自分とは別なその

人格に財の運用を任せると，そこで何が行われているかわからなくなる可能性が生じる．現代の株主訴訟であれば経営者の責任の有無を問うことが可能であるが，イスラーム法では財の所有者が「（資金が何に使われているか）知らなかったので，責任はない」という事態は許されない．とすれば，そのような無責任が生じる可能性をもつならば，法人について懐疑が生まれるのも当然であろう．

しかし，19世紀から20世紀にかけて，利子をもちいる西洋式の銀行がイスラーム世界の各地に浸透する一方，株式会社も広く普及するようになった．直接責任の観念から「法人」が構想されなかったとしても，これは聖典で明示的に禁じられているわけではない．それに対して，リバーはクルアーンの章句で明確に禁じられているため，二つの問題への対応は異なるものとなった．

イスラーム経済にとって深刻な「リバー（利子）」の問題をもう少し詳しくみてみよう．クルアーンには「アッラーは商売をお許しになり，リバーを禁じた」（雌牛章275節）とあり，これは非常に明確なかたちで財の運用者の責任を問うものであった．近代的な銀行システムが中東に浸透すると，20世紀初頭からエジプトなどで，預貯金の利子が「イスラーム法で禁じられているリバーではないか」という疑問がしばしば提起された．しかし，近代的な経済システムを拒否することはできず，20世紀前半には，リバーは高利を指すという見解が優勢であった．

利子を取らない金融がどのようにして可能かという点で，画期的だったのは1951年に提起された「損益分配」方式である（小杉・長岡2010: 58）．これは，イスラーム法における「ムダーラバ契約」を活用して可能になるとされた．ムダーラバ契約は，ムハンマド時代のマッカでキャラバン貿易にもちいられており，資金提供者と事業者がリスクをともに負担して協業する方式であった．当時のキャラバン貿易は，旅程における危険（過酷な環境や他部族による襲撃など）が高かったが，成功すると収益も莫大であった．この方式では，失敗した場合は資金提供者も事業者も損失（資金の喪失と事業の失敗）を負担し，利益をあげた場合はあらかじめ決めた比率でそれを両者が分配する．

しかし，この方式を近代的な金融システムに活用するにしても，十分な資金がなければ事業は成立しない．50-60年代のパキスタンやエジプトで行わ

れた試行は，どちらもローカルなものであった．73年の第四次中東戦争にともなう石油ショックで産油国が勃興したことは，イスラーム経済のための新しい資金の誕生とイスラーム金融の国際化の始まりを意味した．

　1975年にドバイ・イスラーム銀行，77年にはクウェート・ファイナンス・ハウス，エジプトとスーダンのファイサル・イスラーム銀行，78年にはヨルダン・イスラーム銀行，79年にはバハレーン・イスラーム銀行と，イスラーム銀行の設立があいついだ（石田 1987）．これは政治面でも顕在化しつつあったイスラーム復興の経済版とみることもできる．当時は「無利子銀行」「無利子金融」という表現は，ある種の言語矛盾であると理解された．英国のBBC放送がイスラーム銀行を「ブードゥー経済（呪術的経済）」と呼んだのは，そのような理解（あるいは無理解）をよく示している．あるいは，「利子を手数料と読み替えるだけ」というシニカルな論評もあった．

　しかし，80年代の一時的後退などを経て，90年代に入るとイスラーム金融は一気に世界的な広がりをみせるようになった．湾岸アラブ諸国の経済が拡大・安定したことも一因であるし，もう一つのイスラーム金融センターとしての東南アジアにおいて，81年以降のマレーシアでマハティール政権が大きな経済成長とイスラーム化を推進したことも大きな役割を果たした．

　イスラーム金融の成功は，従来型の金融機関（たとえばシティバンクやエジプト銀行）がイスラーム金融部門を設けるようになったことにも示されている．イスラーム銀行の成功は，それまで非イスラーム的な銀行を忌避していた新規顧客を開拓したためであった（Al-Omar and Abdul-Haq 1996）．それを見た従来型の銀行が，銀行本体は利子をもちいているにしても，無利子の部門を別途設けるようになった（これを「イスラミック・ウィンドウ」と呼ぶ）．最初は金融業界で冷笑を浴びた「リバーなき金融」がイスラーム的な経済活動を喜ぶ新規の顧客を開拓することに成功したため，一般の銀行もその市場に参入したのであった．

　21世紀に入ると，新規市場としての「イスラーム金融」は拡大を続け，イスラーム金融機関（イスラーム的な金融商品や保険を扱う会社）は，世界の55ヵ国以上に広がり，その数も650を超えるようになった．イスラーム銀行はいずれも，禁じられているリバーは高利にかぎらずすべての利子を含む，

という立場をとってきた．これは利子を扱う銀行に対する比較優位を得る戦略の面もあるにしても，顧客や多くのイスラーム法学者の支持を得て，今日では現代法学において定説としてほぼ確立している（長岡 2011）．

4-3　ポスト資本主義への眺望

すでに述べたように，1970 年代の二次にわたる石油危機は，産油国にとっての「石油ブーム」を生み，いわゆる湾岸産油国の勃興を生んだ．石油に対する依存は，「独自の発展径路」を生んだとも言えるが，実態としては，世界経済の需要に応じた供給と過剰なオイルダラーの流入による特異な産油国経済と，それと補完関係をなす中東／イスラーム世界の非産油国からの労働供給をつくりだした．このような状態に基づく中東アラブ諸国の権威主義的な体制は，80 年代以降，2011 年に顕在化する「アラブ民衆革命」の時期まで強固に続いた．

その一方で，60 年代末から始まったイスラーム復興によって，かつてのイスラーム的なシステムを再構築する試みもみられるようになった．とくにそれが顕著だったイスラーム経済の分野では，石油ブームによる豊富な資金の影響もあって，イスラーム金融が 90 年代以降大きく発展した．

イスラーム経済の理念や制度には，属人性原理への回帰という側面から，人間の生活世界と密接につながった経済活動を取り戻そうとする契機がみられる．私たちの関心事から言えば，それは生存基盤の持続性の確保につながっている．具体的な面からは，(1) リバーの禁止にみられる「公正」や「公平性」の確保，(2) ザカート（貧困者のための義務的喜捨）にみられる私有財産に本来的に内在するものとしての社会的責任，(3) 実物とリンケされた契約の諸形態に示される実体経済の重視，(4) 経済活動における倫理性と個人責任の強調，などの特徴が指摘される．そして，これらはいずれも (5) 教経統合論（小杉 2001）に基づく社会・経済観に基盤を置いている．すなわち倫理が政治・経済・社会の運用と密接に結びついているような世界観・人間観である．生存基盤を持続させるような発展径路を構想するときに，このような経済の考え方が世界の一角で力を得ているという事実は，大きな示唆を与える．

イスラーム経済を，ムスリムたちだけの，あるいはイスラーム世界だけの文化的な現象とみるならば，それはローカルな価値観に即した経済活動の一つであり，イスラーム世界の境界を越えた意味をもつものではない．しかし，実際にそれだけではないことが論じられる日が来た．2008年にいわゆる「リーマン・ショック」(2008年9月のリーマン・ブラザーズの破綻とそれに続く国際的な金融危機) が世界経済を襲い，1929年の大恐慌以来の危機が叫ばれたときである．

　この世界的な経済危機は，金融経済のグローバル化が進展した後に，米国における「サブプライムローン」問題が発端となって生じた．サブプライムローンは米国の住宅ブームに乗って，従来であれば信用度の低い顧客に住宅ローンを貸し出すものであるため，それが住宅ブームをさらに押し上げる効果をもった．住宅バブルが続いているかぎり問題はないが，バブルがはじけると，きわめて広範囲な危機が生じた．とくに金融工学の発展によって，サブプライムローンが細分化され加工されて他の金融商品に織り込まれて世界中に売られたことから，リーマン・ショックに端を発する世界的な経済危機では，不良債権がどこまで連鎖的につながっているのかわからない事態を招いた．

　イスラーム諸国はこの危機において比較的被害が少なく，とくにイスラーム金融に関わる部門はほとんど影響を受けなかった．土地への過剰な投資によってドバイが一時的に危機に陥ったのが，世界的な金融危機が波及した最大の例であった (2010年11月)．とはいえ，各国におけるイスラーム金融はまだ比率が低く，世界的な金融危機から生じた世界経済の後退によって甚大な被害を受けたイスラーム国もあった．イスラーム的な観点から言えば，この危機は二重三重に許容しがたいものと考えられる．世界的な金融が利子に基づいている点は，古くからイスラーム経済が批判してきたところであるが，低所得者層 (サブプライムローンの対象者) をいわば借金漬けにして元利を要求する商法，負債を金融商品に加工して売買すること (イスラーム法の主流の見解では負債は売買できない)，しかも巧妙にそれが隠されていたこと，さらに，利子を前提とする金融が実物経済をはるかに上回って世界を支配しており，その失敗が世界中を経済危機に巻き込んだことが，大きな問題とされた．

　イスラーム経済にはさまざまな要素がみられるが，イスラーム金融の分析

から，長岡慎介は「実物経済に埋め込まれた金融」というテーゼを提起している．イスラームにおいては人間社会の実態的な経済から遊離した経済活動を回避しようとする，というのである．たとえば，スクーク (*sukuk*) は「イスラーム債」と訳されることが多いが，国債・社債などと異なり，イスラーム金融では債務だけに依拠した融資はあり得ない．実際には，スクークは何らかの実物（建物や不動産）の売買のかたちで資金を提供するもので，長岡は「イスラーム型証券」と呼ぶべきと主張している（長岡 2011）．

イスラーム経済論が主張するように，実物経済にリンクして金融が機能するのであれば，2008 年に生じたような世界危機はあり得ない．経済である以上，危機も破綻もあるにしても，責任と帰結がより明確なものとなるであろう．イスラーム経済論を 40 年にわたって牽引してきた 1 人である M. U. チャプラ (Muhammad Umer Chapra) は，世界の金融は「債務に基盤を置くのではなく，資産に基盤を置くべき」(Chapra 2009) と述べている．

少なくとも，実物経済の 10 倍に及ぶ金融経済が世界を支配して，その影響が経済水準の低い人々を苦しめる状態は，なんらかのかたちで解消ないしは抜本的に改善される必要がある．それなくては，アジア，アフリカにおける生存基盤の維持も，持続型の発展径路もあり得ない．イスラーム経済がより公正な経済を求めるのは，イスラーム的価値観に立脚する倫理的な主張であるだけではない．イスラーム諸国はほとんどがいわゆる途上国であり，しかもその平均的な経済水準は GDP ベースでみれば途上国の平均よりも低い（畑中 2000）．その一方で，生存基盤指数からみれば，十分に高い可能性をもつ国々も少なくない（生存基盤指数の詳細は，本講座第 5 巻を参照）．経済的に実現可能な発展のためにも，より公正な経済システムを求めることには現実的な意味が大いにあるのである．

今日のイスラーム金融は，正と負の両面をもっている．エネルギー革命に付随して産油国が勃興したことは，化石資源とその過剰な消費に依存する世界経済の一環として負の面をもつが，それによってイスラーム経済の実験が可能になったことは正の面であろう．国境を越え，国民国家システムを超えうる属人性がここに再生していることは正の面であるが，それを運用している国々がいまだに主権国家の枠内にあって，たとえばアラブのなかでも産油

国と非産油国の間で激しい格差が続いていることは負の側面であろう．90年代以降のイスラーム金融の発展には，グローバル経済の金融化の波に乗った側面もあり，それは負の側面に違いない．しかし，それによって金融資本主義に対するクリティークが成立し，また自らの成功に自信をつけて，ポスト資本主義のパラダイムを主張しはじめたことは正の側面に数えることができるであろう．

　イスラーム復興は，資本主義と社会主義が対峙する冷戦時代に始まり，社会主義が敗北した後に，さらにイスラーム金融を発展させてきた．冷戦時代には第三の道になるには規模と実力が小さすぎ，冷戦後のグローバル化時代にも，いまだ小さな批判勢力の位置にあるにすぎない．しかし，これを小さくマイナーな実体とみるか，萌芽が大きく育ったと評価するかは判断の分かれるところである．

　イスラーム復興が顕在化しはじめてから，わずかに40年も経っていない．イスラーム金融にしても商業的な銀行が設立されてから，同じような年月しか過ぎていない．その間に，パラダイム転換への寄与を期待しうるところまで成長したことは大きな意義をもっている．

5　おわりに ── 熱帯型パラダイムへの寄与

　リーマン・ショックに端を発する世界経済の危機は，現在の資本主義が深刻な状況にあることを示した．さらに，2011年3月には東日本大震災が起き，地震と津波による被害のみならず，チェルノブイリに匹敵するような原子力発電所事故も引き起こされた．同じ年の暮れには，地球温暖化防止のための国際協力の象徴である「京都議定書」の次の枠組づくりが不成功に終わり，地球全体を危機に陥れるような重大な問題に対しても容易に合意できない国際社会の不健全な現状が浮き彫りとなった．一言で言えば，温帯型パラダイムに立脚する巨大な近代文明の危機が次々と発現するのに対して，パラダイム転換の試みがそれに対応するだけの力をもっていないのが現状である．

　そのようななかで，何よりも必要なことは温帯型パラダイムに対するクリ

ティークと新しいパラダイムへ向けたコンセプトの提起という知的な貢献であり，その実現可能性を示すような事例の発掘であろう．そこにおいて，「熱帯型」の生存基盤持続型の発展径路を新パラダイムとして提案することに大きな意義がある．その認識のもとで，本章では，熱帯乾燥域の文明の史的展開と現在の試行のなかに，熱帯型パラダイムに寄与しうるどのような要素が見いだせるか，検討を行った．

そのなかで特筆すべきことは，1970年代から現在にいたるイスラーム金融の実験であった．イスラーム的な経済では，聖典に盛り込まれた倫理規定を前提として，利子を否定し，実物経済と結びついた金融を推進する．今日の資本主義経済のなかで「無利子金融」の実験を発動させたのは，属人性に立脚するイスラーム法が，国家の支配力とは独立した規範性をもって法に服すべき個々人に働きかけるという性質によるものであった．イスラーム法の固有な性格がイスラームの生まれた西アジア / 中東の生態環境と相関していること，しかもそれが熱帯乾燥域の生態環境を超える普遍性をもつ文明となったことも，本章で論じた．

中東地域，とりわけ湾岸地域は地下に埋蔵する化石資源が豊富な地域で，エネルギー革命と石油危機の結果，産油国が勃興した．産油国経済そのものは，温帯型パラダイムによる世界的な経済発展と結びついて実現したものであるが，その資本が「無利子金融」の原資を提供するものとなった．利子を否定する金融システム構築の試みは，資本主義そのものへの挑戦であり，温帯型パラダイムを超えるための試行として大きな意義をもっている．社会的な倫理から遊離した経済活動が問題を生む一方，宗教が倫理を強調するのは当然であるが，イスラーム経済は倫理性と利益の追求を合わせて実現しようとする点で独自性を発揮している．

イスラーム経済以外の事例にも本章で触れたが，パラダイム転換を実現するためにも，熱帯乾燥域の文明と密接に結びついたさまざまなイスラーム的実験に十分着目し，そのなかから大きな可能性を見いだし，新しいパラダイムを豊かにするために活用していきたい．

参考文献

Asutay, M. 2007. "A Political Economy Approach to Islamic Economics: Systemic Understanding for an Alternative Economic System", *Kyoto Bulletin of Islamic Area Studies*, 1(2): 3-18.

Chapra, M. U. 2009. *The Global Financial Crisis: Some Suggestions for Reform of the Global Financial Architecture in the Light of Islamic Finance*, Center for Islamic Area Studies at Kyoto University.

Chibli, M. 1993. *The Renewal of Islamic Law: Muhammad Baqer as-Sadr, Najaf and the Shi'i International*, Cambridge: Cambridge University Press.

Cleveland, W. L. 1971. *The Making of an Arab Nationalist: Ottomanism and Arabism in the Life and Thought of Sati al-Husri*, Princeton: Princeton University Press.

Dawisha, A. 2003. *Arab Nationalism in the Twentieth Century: From Triumph to Despair*, Princeton: Princeton University Press.

Halliday, F. 1975. *Arabia without Sultans: A Political Survey of Instability in the Arab World*, London: Vintage Books（岩永博・菊池弘・伏見楚代子訳『現代アラビア —— 石油王国とその周辺』法政大学出版局，1978 年）.

長谷川榮一 2009.『石油をめぐる国々の角逐 —— 通貨・安全保障・エネルギー』ミネルヴァ書房.

al-Hassan, A. Y. and D. R. Hill 1992. *Islamic Technology: An Illustrated History* [1st edition], Cambridge University Press（多田博一・原隆一・斎藤美津子訳，大東文化大学国際関係学部現代アジア研究所監修『イスラム技術の歴史』平凡社，1999 年）.

畑中美樹 2000.「経済のグローバル化とイスラーム世界」小杉泰編『21 世紀の国際社会とイスラーム世界』日本国際問題研究所.

—— 2008.『オイルマネー』講談社現代新書.

Hodgson, M. G. S. 1974. *The Venture of Islam*, 3 vols, Chicago: University of Chicago Press.

医王秀行 2004.「メッカ貿易再考」『東京女学館大学紀要』1: 1-18.

石田進 1987.『イスラーム銀行・金融機関の活動状況』国際大学大学院国際関係学研究科.

—— 1985.『激動の湾岸世界 —— 石油危機から 10 年』御茶の水書房.

—— 2003.『ペルシァ・アラビア湾諸国間の領土紛争の研究』三省堂.

石田進編 1994.『中央アジア・旧ソ連イスラーム諸国の読み方』ダイヤモンド社.

伊東俊太郎 2006.『12 世紀ルネサンス』講談社.

小堀聡 2011.『日本のエネルギー革命 —— 資源小国の近現代』名古屋大学出版会.

小杉泰 1998.『イスラーム世界』(21 世紀の世界政治 5) 筑摩書房.

—— 2001.「イスラームの『教経統合論』—— イスラーム法と経済の関係をめぐって」『アジア・アフリカ地域研究』1: 81-94.

—— 2006.『現代イスラーム世界論』名古屋大学出版会.

—— 2007.「イスラーム世界における文理融合論 ——『宗教と科学』の関係をめぐる考察」『イスラーム世界研究』1(2): 123-147.

—— 2009a.「イスラーム文明の形成とその固有性をめぐって」『比較文明』24: 21-47.

—— 2009b.「国際政治の中のイスラームと宗教」日本国際政治学会編『地域から見た国

際政治』(日本の国際政治学 3) 有斐閣, 137-156 頁.
——— 2009c.『「クルアーン」── 語りかけるイスラーム』岩波書店.
——— 2011.『イスラーム ── 文明と国家の形成』京都大学学術出版会.
小杉泰・長岡慎介 2010.『イスラーム銀行 ── 金融と国際経済』山川出版社.
Kerr, M. H. and E. S. Yassin (eds) 1982. *Rich and Poor States in the Middle East: Egypt and the New Arab Order*, Boulder: Westview Press.
松尾昌樹 2010.『湾岸産油国 ── レンティア国家のゆくえ』講談社選書メチエ.
長岡慎介 2011.『イスラーム金融論』名古屋大学出版会.
中岡三益 1991.『アラブ近現代史 ── 社会と経済』岩波書店.
al-Omar, F. and M. Abdul-Haq 1996. *Islamic Banking: Theory, Practice and Challenges*, Karachi and London: Oxford University Press and Zed Books.
Rashed, R. 1984. *Entre Arithmétique et Algèbre: Recherches sur l'Histoire des mathématiques arabes*, Paris: Société d'Édition Les Belles Lettres (三村太郎訳『アラビア数学の展開』東京大学出版会, 2004 年).
Ray, N. D. 1995. *Arab Islamic Banking and the Renewal of Islamic Law*, London: Graham and Trotman.
杉原薫 2008.「東アジア・中東・世界経済 ── オイル・トライアングルと国際経済秩序」『イスラーム世界研究』2(1): 69-91.
——— 2010.「中東軍事紛争の世界経済的文脈 ── 石油・兵器・資金の循環とその帰結」長崎暢子・清水耕介編『紛争解決 ── 暴力と非暴力』ミネルヴァ書房, 235-280 頁.
鈴木董 1993.『イスラムの家からバベルの塔へ ── オスマン帝国における諸民族の統合と共存』リブロポート.
Sairally, S. 2007. "Community Development Financial Institutions: Lessons in Social Banking for the Islamic Financial Industry", *Kyoto Bulletin of Islamic Area Studies*, 1(2): 19-37.
——— 2011. *Best Practices in Socially Responsible Finance: Lessons for the Islamic Financial Industry from Leading Socially Responsible Financial Institutions in the UK*, Center for Islamic Area Studies at Kyoto University.
Saleh, N. A. 1986. *Unlawful Gain and Legitimate Profit in Islamic Law: Riba, Gharar, and Islamic Banking*, Cambridge: Cambridge University Press.
富田健次 2003.『革命のイスラーム ── ホメイニーとハータミー』小松久男・小杉泰編『現代イスラーム思想と政治運動』東京大学出版会, 117-138 頁.
Turner, B. S. 1974. *Weber and Islam. A Critical Study*, London: Routledge and Kegan Paul (香西純一・筑紫建彦・樋口辰雄訳『ウェーバーとイスラーム[新版]』第三書館, 1994 年).
Turner, H. R. 1997. *Science in Medieval Islam: An Illustrated Introduction*, Austin: University of Texas Press (久保儀明訳『図説 科学で読むイスラム文化』青土社, 2001 年).
Udovitch, A. L. 1962. "At the Origins of the Western Commenda: Islam, Israel, Byzantium?", *Speculum*, 37(1): 198-207.
——— 1979. "Bankers without Banks: Commerce, Banking, and Society in the Islamic World in the Middle Ages", in Center for Medieval and Renaissance Studies, University of California,

Los Angeles (ed.), *The Dawn of Modern Banking*, New Haven: Yale University Press, 255-273.
――― (ed.) 1981. *The Islamic Middle East, 700-1900: Studies in Economic and Social History*, Princeton: Darwin Press.
家島彦一 1990.「ダウ船とインド洋海域世界」柴田三千雄ほか編『生活の技術　生産の技術』(シリーズ世界史への問い 2) 岩波書店, 105-128 頁.
吉村慎太郎 2005.『イラン・イスラーム体制とは何か ―― 革命・戦争・改革の歴史から』書肆心水.

終　章

多様性のなかの平等
—— 生存基盤の思想の深化に向けて ——

田　辺　明　生

1 はじめに

　人間のなすあらゆる学問の目的は，世界に対する人間の関係を探究することにある，と筆者たちは考えている．現在，地球環境問題が緊急性をもって私たちに知の問い直しを迫るなかで，人間とは何か，世界（宇宙）とは何か，そして人間は生きる環境たる世界といかなる関係を結ぶべきなのかを改めて考え直す必要がある．そこで考察の要をなすのは，人間の〈生存〉だ．

　生存とは何か．生存とは，個体としての生命を維持し，さらに集団また種としての再生産をなしていくことであり，これをつうじて，物質的かつ精神的な〈生のかたち〉を動的に継承していくことだ．個体の生死は，より大きな「生のつながり」のなかにおいてはじめて意味をもつ（速水 2009; 田辺 2010b）．

　そして，〈生存基盤〉という概念は，人間の生存を中心において，それを支える環境世界のあり方を問うための枠組である．生存という観点から見たとき，人間と世界は二つの異なるものではない．それは「主体–環境」という一つのユニットを形成するものだ（Bateson＝佐藤訳 2000）．

　生きるということは，人間が他の人間，動植物，風，土，水，熱など ——

つまり環境 —— と相互行為・相互作用をなしながら，生のかたちを維持・継承していくということである．つまり他（多）との関わりあいこそが生存の過程であり，人間と環境の応答的なつながりこそが生存の基盤をなす．

　人間における生のかたち —— 生き方と言い換えてもよいだろう —— は，生の物質的次元，生物的次元，社会的次元，精神的次元を，自我意識に基づく知性をつうじて統合し組み立てることによって成立している（cf. Legendre＝西谷監訳 2003）．ここでいう自我意識に基づく知性とは，自己存在の諸次元の全体を反照的にモニターしながら，ことばとものの相互作用のなかで自らの生を実践的に処していく力である．それは，ことばという「分割と連関」の論理によって自己および環境を秩序づけて理解すると同時に，世界における身体経験をつうじてことばによる秩序づけを新たに更新していく能力を含む．

　人間社会の〈生存秩序〉を根底で支えているのは，人々の間で共有されたことばづかいにおける，この分割と連関の象徴機能である．これにより人間は，自己と他者を区別しながら関係づけ，また，世界のさまざまな生物やものを分類し連関づける．何をいかに食べるのか，誰とセックスするのか，どの子どもを育てるのか，などのサブシステンス的な生の基本をなす所作，自分は誰の子であり，どの集団と場所に属するのか，という生の系譜的位置づけ（アイデンティティ），そして，どういう資源を誰がいかに利用できるのかという生産と分配にかかる，生のポリティカルエコノミーなどは，いずれもこうした生存秩序に支えられており，人間はそれに基づいた相互作用のネットワークのなかに生きている．別の観点から言えば，こうしたサブシステンス，アイデンティティ，ポリティカルエコノミーの三つの生存秩序は相互的に調和しなければならない．

　私たちの生存基盤が脅かされているのは，こうした人間の生のかたちそして生存秩序自体がおかしくなっているからだ．つまり，自己と環境を秩序づける分割と連関の論理，人間と環境のつながり方がいびつなものになっているからにほかならない．これはたんに人間社会の倫理の問題ではない．現代において人間の行為は，人間圏のレベルを超えて生命圏および地球圏に大きな影響を及ぼしている．世界に対する人間の関係をもう一度根底から問わな

終章　多様性のなかの平等

くてはならないゆえんである．

　こうしたなかで私たちは「自己の存在の条件」を包括的に再検討する必要がある．人間は「人間の条件」として，自らが生きる環境において「自然のものであれ人工的なものであれ，すべてのものを自己の存続の条件にするように条件づけられた存在である」(Arendt=志水訳 1994: 237)．そして，「人間はつねに彼自身を探求しているもの ── その存在の各瞬間に，自己の存在の条件を，検査し検討しなければならないものだと言明される．この検討する行為に，人間の生活にたいする個の批判的態度に，人生の真の価値がある」(Cassirer=宮崎訳 1997: 8)．生の物質的次元，生物的次元，社会的次元，精神的次元のすべてにおいて，自らの存在の条件をみつめ直すこと，これが生存基盤を問うということである．

　本章では，人間と環境の関係性のネットワークをいかに持続型の生存基盤とすることができるか，その条件について考察する．人間の生存秩序をなす分割と連関の論理は，ともすれば，自己中心主義 ── たとえば，男性，成人，市民，自民族，人間を主体とする ── におちいり，他者 ── 女性，子ども，高齢者，労働者，他民族，動植物，非生物 ── を自己の繁栄のための道具やじゃまものとしがちである．そうして手段化されあるいは排除された他者は，それ自身の生のかたちを奪われていく．

　しかし，生存を中心に置くとすれば，女性，子ども，高齢者，労働者，他民族などはもちろん尊重されるべき生きる主体であるし，私たちの生が，動植物や非生物の自然を含むそうした多様なる他者との応答的な相互交換・相互作用で成り立っているからには，これらの他者の抑圧は私たちの生存基盤を脆弱化し，生のあり方自体を貧しいものとしてしまう．近代世界は，そうした他者の存在やその抑圧と暴力の事実　　女性による再生産労働〔シャドウワーク〕，貧困にあえぐ人々，差別されるマイノリティ，食肉とされる動物，伐採される森，掘り返される山，など枚挙にいとまがない ── をできるだけ公共の場から隠蔽し，見ないふりをしてきた．だがグローバル化のなかで，自分自身の生とこれらの他者の存在のつながりが可視化され，自らの生き方あるいは生存秩序自体がこうした抑圧とゆがみをもたらしてきたことが明らかになってきた今，それを等閑視することはもはやできない．昨今の地球環境問題は，こ

うした自己中心主義に基づく現行の生存秩序が，他者を抑圧するだけでなく，自らの生存基盤をも危うくすることをはっきりと告げている．これは，人間の生存を支えてきたあらゆるものたちの，最も根底からのいわば最後通告である[1]．

　私たちの生につながるあらゆる存在の固有性（単独性）――その存在のかたちのかけがえのなさ――を承認・尊重し，自己と環境の豊かな相互関係を築いていくことが，私たち自身の生存基盤を持続的なものとするために求められる．そこでは，生存のネットワークのなかにある諸々の存在の，多様性と平等性をいかに両立するかが重要な鍵となるだろう．つまり「多様性のなかの平等」こそが生存秩序を統合的に支えるものではないかと筆者たちは考える．しかし諸存在が多なるものとして差異を有していながら，一つのものとして等しいというのはどういうことであろうか．以下では，この意味を探求していくことにより，生存秩序を刷新し生存基盤を再構築していくための力の源泉に接近することを試みたい．

2 人権と人間開発を再考する

2-1 生存権という考え方

　まず私たちの生存秩序がいかに構築されているのかを考えるために，現在の法律で定められている「生存権」という考え方を検討してみよう．日本では，日本国憲法第 25 条第 1 項において，国民の「健康で文化的な最低限度の生活を営む権利」，すなわち生存権が保障されている．この，生存することが国民の権利である，というのはどういうことを意味しているのだろうか．
　歴史的に振り返ると，生存権という考え方は，西欧において近世から近代

---

[1] これまで，抑圧され周辺化されてきた側からの異議申し立ては，フェミニズム（女性），社会主義（労働者），動物愛護運動，自然保護運動などというかたちで行われてきた．しかし現在，こうしたイッシューごとの主義や運動だけではもはや間に合わない．生存秩序を根本から見直す必要が生じている．それは近代的な法・政治・経済・社会制度の抜本的な再検討とならざるを得ず，今後，数十年（あるいは数世紀）の私たちの知的課題となるだろう．

にかけて構築されてきた枠組である[2]．中世西欧において人々の生存は，まず血縁・地縁の共同体的関係のなかで保障されるべきものであり，そこから外れたものには教会による慈善事業が施されていた．しかし16世紀ごろより絶対王政の成立やエンクロージャー（私有のための共有地の囲い込み）などによって中世的共同体社会が崩壊すると，頼るところのない多数の貧民たちが登場することになる．こうして貧民は主要な社会問題となり，そこに国家が介入していかざるを得なくなった．

イギリスでは，16世紀の救貧立法（1531年法，1547年法）そして17世紀の「エリザベス救貧法」（1601年）において，貧民のうち労働能力のない者について国家が公的な救済措置を定めた．ここから徐々に，救済を受ける権利は発展し，20世紀には社会保障の権利化へと進んでいく．1919年のドイツのワイマール憲法において，最低生活の保障という「生存権」は初めて憲法に明文化された．成文憲法のないイギリスでも，20世紀初頭に，社会保険制度・年金制度・救貧法制度が整備され，社会保障の権利が実質的に認められた．そして戦後になって，イギリスでは福祉国家体制が確立し，生存権は制度的にも定着していくことになる．世界各地にも生存権の考え方は普及し，それは，1948年の世界人権宣言をはじめ，日本を含む各国憲法において規定されるにいたった．

こうしてみると，近代的な生存権は，個人が人間的に生きる最低限度の保障を国家に求めることができる権利であるということができる．生存権は，人間の生得的な普遍的権利という擬制にのっとっているものの，その内容はあくまで，国家の構成員たる国民が有する権利であり，その権利を有するのは社会生態関係から切り離され独立した個人である．

生存権は，教育を受ける権利や勤労権や団結権などとともに社会権と呼ばれる．社会権は，国家からの自由（不作為の請求）を根本とする自由権とは異なり，個人が国家に対して人間的に生きる諸条件の確保のための措置を要求（作為の請求）できる権利であるとされる．経済活動の自由と私的所有権を基盤とする近代市民社会においては，自由権・財産権が人権思想の根幹にすえ

---

[2] 生存権の歴史については伊藤 (2007) におもに依拠した．

られていたが，それだけでは実現されなかった人間の人間らしい生活を保障するための処方を，社会権は国家に求めたわけである．

　ただ自由権と社会権という古典的な区別は相対的なものであることが近年指摘されている（伊藤 2007: 31）．自由で活発な政治経済活動を保障するには，国家は医療や教育を含むさまざまな制度やインフラを整備することが求められるし，一方，人間が生存を確保し社会的生活を送っていくにあたっても，国家の不当な介入からの自由は要請される．自由権と社会権のいずれにおいても，個人の自律的な生を焦点において，それぞれの個人が自らの有する可能性を発揮できる環境を整えることが，国家に要請されているわけである．

2-2　生存権から生存基盤へ ── 人間開発と潜在能力を支えるもの

　現在，大きな影響力をもつ A. K. セン（Amartya K. Sen）の「人間開発」の考え方は，生存権の理念の向かう方向性をより積極的に推進したものといえよう．人間開発においては，行為主体としての個人に着目して，その「潜在能力」（ケイパビリティ）の発展につとめようとする．潜在能力とは，衣食住，健康，教育，社会参加などのさまざまな機能を選択利用できる自由のことをさす．人間開発の理念を提唱したセンの「自由としての開発」（development as freedom）ということばは，個々人が潜在能力を身につけることにより，誰もが自分の人生を自分で選択してつくっていく自由を獲得する，という開発の目標を高らかに宣言したものである（Sen = 石塚訳 2000）．

　功利主義（公益主義，utilitarianism）の考え方が幸福の総量（あるいは選好充足）の最大化を目指すのに対して，センの思想は，自由への個人の権利およびそれを守る国家の役割を重視するリベラリズムの伝統に属する．功利主義を批判しリベラリズムの復権を果たした J. ロールズ（John Rawls）は，社会契約論の読みかえをつうじ，社会を暮らしの改善のための共同の企てとして捉え直して，自由と平等の接合可能性を示した（Rawls = 川本ほか訳 2010）．ただロールズが社会的基本財（権利，機会，所得，自尊の社会的基礎など）の平等を説いたのに対し，センは，これだけでは多様な人々の潜在能力の保障はできないと批判する（Sen = 石塚訳 2000）．人間開発においては，たんに所得や

終章　多様性のなかの平等

機会の平等が問題とされるのではなく，人間存在の多様性 ―― 年齢，ジェンダー，障害，気質など ―― に留意しそれぞれのニーズに配慮したうえで，個々人それぞれが，実際に衣食住を賄い，教育や医療を受け，社会生活に参加する潜在能力を得ることが重視される．センの人間開発の考え方は，リベラリズム的な人権の理念に基本的に立脚しながら，国家が個人の自由をじゃましないとか，権利の欠如を国家が保障するとかいうだけではなく，さらにはロールズのように基本財の平等を説くだけでもなく，多様な個々の人間がそれぞれ自分のより豊かな人生を追求できるための実質的な条件を整備するという課題を，より積極的かつ普遍的にめざすことを求めるものである．

　人間開発が，個人の権利を重視するリベラリズムの伝統に則ったものであることを認識することは重要であろう．経済指標一辺倒であった旧来の開発の考え方に対して，人間開発が，潜在能力アプローチから，1人当たり所得に加えて，健康，教育などに注目したことは画期的な意味をもつ．人権の観点，とくに生存権的なそれを開発分野にもたらしたことにより，開発の目標をより人間的なものにしたことはたしかだ．さらにセンはそうした潜在能力が実現するための社会的文脈（エンタイトルメント）そして社会的行動原理（共感やコミットメント）に注目する（Sen＝大庭・川本訳 1989）．人間開発は，西欧由来の法システムとそれに基づく個人の権利という理念に立脚しつつ，個々人の多様性そして社会的・地域的な文脈をも視野に収めながら，個々人の可能性を十全に開花するための条件整備を探究した．これらの意味で，センの貢献は大きい．

　筆者たちは，リベラリズムにおける個人の自由の価値，そして，それをより実質的なものとしようとする人間開発の理念に同意する．センの指摘するとおり，個々人が自らの生を構築していく潜在能力を確保することは，人間の自由のための条件として重要である．ただしそのうえで，そうした人間の自由を支えるさらに根底的な価値として，生存という理念，そして，生存を支えるより広い関係性，つまり生存基盤へと視野を広げていくことを提唱したい（本講座第5巻序章）．

　人間開発は上述したとおり，基本的に公共圏における個人の自由に関わる理念である．しかし公共圏は，親密圏という人間のサブシステンス（衣食住）

477

とアイデンティティ（生の系譜）そして再生産（性と育児）を担う領域に支えられている．親密圏は，生存という観点からすれば，人間にとってより根底的であり，公共圏の成立基盤となるものである．またさらには，公共圏と親密圏を含む人間圏を支えているのは地球圏と生命圏という生態環境である．人間圏は生態環境との相互作用のなかではじめて存続しうる．私たちは，人間の自由の基盤となるものとして，公共圏にくわえて，親密圏そして地球生命圏を視野に入れていく必要があるだろう．

しかるに，公共圏における個人の自由を最優先の課題としてきた近代の生存秩序において，親密圏そして地球生命圏は，それ自体が価値をもつものとしてではなく，公共圏の効率と効用の向上のための手段として扱われてきた．そしてさらには，個人の自由そして潜在能力という，本来は個々人の自律的な創造性の発揮の条件となるはずのものも，公共圏の管理と運営の論理のなかに埋没しているようにみえる．

国際機関や国家などによる現実の開発実践においては，人間開発指数は行政管理のための数値となり，結局，人間開発という枠組も，1人当たりGNPを上げ，識字率を上げ，平均余命を上げるというテクノクラシー的な管理技術の営みに還元されてしまっている．また現在の地球環境問題は人間開発という考え方の視野の外にある．それらは人間開発という理念の問題ではなく開発機関の問題であり，環境のことはまた別に考えればよい（たとえば「持続的な人間開発」を考えればよいのだ），という意見もありうるだろう．しかし筆者は，開発実践の管理技術化そして環境問題の等閑視という状況には，人間開発がよってたつところの近代リベラリズム的な生存秩序自体がもつ限界があらわれているように思われる．このことをより詳しく検討してみよう．

2-3 近代の生存秩序としての客観的合理性 ── その効用と限界

近代生存秩序の根幹の一つに人権という理念がある．人権は，人間の普遍的で生得的な権利とされるが，それはあくまで理念であり，その歴史的なあらわれは，17世紀くらいの西欧における主権国家と実定法の成立および，

終章　多様性のなかの平等

権利主体としての個人という擬制(フィクション)の誕生とともにある．こうした擬制を実質的な制度として支えたのが，主権国家と法体系であった[3]．そして西欧近代の国家と法の基盤にあるのは，世俗的な因果性原理に基づく客観的合理性の言説である．

そもそも人間の生存秩序を根底で支えているのは，世界に対する人間の関係についての全体的な知の体系 —— 言説・技術・制度 —— である．どの社会も，人間の生と再生産を支えるそれぞれのやり方を実践的な知の体系として有している．多くの文化・文明において，こうした知の体系を伝統的に担ったのが「宗教」と呼ばれるものであった．より正確にいうと，西欧近代の世俗的な合理性にたった言説体系（これが近代学術と呼ばれるものである）は，合理的自己とは異なる「過去」や「他文化」における，存在論的な根拠を措定した生存秩序の体系を「宗教」と呼んだのだ．ただし伝統社会におけるそれは，近代的な意味での狭い宗教 —— 形而上に関わる個人の信仰 —— にとどまるものではなく，生と再生産の秩序の全体を担うむしろ広い意味での「法」とも呼べるものであった．伝統社会における「法＝宗教」は，生存秩序の根拠たる存在（神，絶対真理，自然，祖先など）を措定し，そのもとに，世界および人間の根源的な成り立ち，そして世界と人間の関係を規範的に定立した[4]．そうした法＝宗教的な生存秩序のもとに，伝統社会は自らの生活を慣習づけ，生と再生産を遂げてきたのであった．

しかし近代国家は，宗教を国家から切り離したうえで，世界の根源的な根拠を公共的に問おうとすることを禁止し，それは形而上的な信仰の問題として公共領域から外部化した．これが世俗化といわれる．ここにおいて法学は神学から明確に分離された[5]．自律的な個人の権利と義務を律するのは，公に確立された法 —— 典型的にはテキスト化された実定法 —— のみであり，

---

3) 法の擬制性は，法学者自身が認め，積極的に論じてきたことである（来栖1999；村上2000）．
4) このことはヒンドゥー教におけるダルマ（法，正義），またイスラームにおけるシャリーア（法）を想起すればわかりやすいだろう．
5) P. ルジャンドル（Pierre Legendre）によると，法学の神学からの分離の契機は，12世紀のヨーロッパにおけるローマ法の再発見にさかのぼる．それは，法テキストという真理の解釈に基づく，教会の権威から自律的な国家の体系化への道を用意したのであった．ルジャンドル（Legendre＝西谷監訳2003）はこれを「解釈者革命」と呼ぶ．

479

客観的な証拠をもって証明可能な因果律がその法と権利の世界を支配した．こうして公共領域では世俗的な実証主義と科学主義が支配し，外部的な根拠を問わない技術的装置としての法システムが誕生したのであった[6]．

近代社会はさらに，外の自然（生命圏および地球圏）と内の自然（人間の身体の相互作用からなる性と再生産の親密領域）を公共の場から排除し，公共領域は市民[7]による人間理性の論理だけが支配する場所とした．外の自然は市民社会に生活資源を提供するところ，内の自然は市民の身体（労働力および人口）の再生産を担うところとされ，公共領域に従属させられた．また個人は，地縁や血縁からなる共同体的紐帯から切り離され，自律的な主体として扱われることになった．

近代の国家およびその法体系は，神や自然や共同体という伝統的な生存秩序の基盤を外に放り出し，自らの根拠を世俗化・非自然化・個人化された限定的な世界のなかでつくりあげようとしたわけである．このために採用されたのが，「社会契約」という擬制(フィクション)であった．現代の国民国家およびデモクラシーの基礎をなす社会契約論において，近代的な生存秩序の根拠は，個人と国家との間の契約に置かれることとなった．人々は契約によって国家を生み出し，一方，各人は国家によって個人主体(サブジェクト)として生み出される．つまり契約という擬制によって構築された「仮想空間」の効果として，近代国家および個人主体は措定される（村上 1997: 第Ⅴ章）．この国家と個人の相互構築的な仮想空間の秩序体系から，ノイズとなる自然と生命は排除された．逆に言えば，近代の個人はここに，神，自然，共同体から疎外されたのだ．この疎外そして国家への（による）従属＝主体化(サブジェクト)を，近代は「自由」と呼ぶ[8]．

[6) 法哲学の分野において，法実証主義に対しては，古典的には自然法論（法内容の正当性の根拠を実定法の外——自然——に求める）が対置されてきたほか，現在にいたるまでそれを超克しようとするさまざまな試みがある（cf. 井上 2003）．ただし現実世界では，法実証主義に基づく法実務の技術化・専門化はますます進んでいるといわざるを得ない．

7) 近代における「市民社会 civil society」ということばは，「文明 civilization」を想起させるものであるが，それは，そこに生きる個人が迷信（宗教）や野蛮（自然）や束縛（共同体）から自由であることの自己中心主義的な宣言を刻印している．

8) 人間（市民）の生存秩序から神，自然，共同体を外部化したことが，人間の近代的自由の基盤である．というのは，近代的自由の立場からすると，これらは人間を条件づけ，個人の自由を限定するものだからだ．

終章　多様性のなかの平等

　こうして，客観的合理性を根幹とする知の体系としての，近代世界の生存秩序は構築された．その枠組みを提供するのは主権国家および実定法であり，そのなかで公共的な主体性を有するのは「普遍的」人権を有する個人のみであった．ただしその人権の「普遍性」は，主権国家のなかの市民社会でのみ通用するもので，じつは，神からも自然からも共同体からもそして他の国家からも切り離されたきわめて限定的なものであったことは確認しておきたい．近代世界では，サブシステンス的な生と再生産の過程や，それを支える自然や親密領域，さらには世界の存在論的な根拠は，公共的な生存秩序から不可視のものとされたのだ．

　近代において支配的な原理となった科学の客観的合理性によって，公共領域は，効率と効用をめざす管理と運営の場となる[9]．そこでは，外部化・客体化された自然を，いかに効率的に開発し生産性を上げてより豊かな消費を可能にするかということが課題となった．そしてもう一つの開発の対象となったのが内なる自然である人間の身体であった．20世紀に入ると，技術的な運営管理の論理は個々人の健康や教育にも及ぶようになった．これは近代国家の富国強兵のために，労働者そして軍人としての，健康で教育ある国民の生産と再生産が必要となった事情と関連している．近代国家は国民人口を自らの手段として資源化したわけだ[10]．

　20世紀に生存権が制度化されたのは，平等権の進展というだけでなく，じつはこうした背景があってのことであった[11]．さらにいえば，今日，人間

---

[9] 現代社会は技術的で実務的な管理運営の場となった．そこで自然科学や社会科学といった学問は，それに奉仕する専門技術的な知の体系となり，一方，人文科学という人間文化の成り立ちそのものを問うはずの学問は役立たずの烙印を押されることとなった．なおここでは，合理性や効率や効用という概念自体がわるいといっているのではない．それらの概念の射程が，歴史的に形成された公共圏における，きわめて狭い領域に限定されていることの問題性を指摘しているだけだ．生存基盤持続型発展という新たな領域において再定義された合理性や効率や効用を私たちは必要としている．

[10] そもそもが生存秩序の一端を担う機関であったはずの国家が，近代に入って，生と再生産を，経済生産と行政管理（そして戦争遂行）に従属させたことは厳しく批判されねばならない．生存をもう一度社会の中心にすえ，人間社会と外の自然および内の自然とのつながりを，また生存秩序の根拠そのものを問うことが必要となるだろう．

[11] 日本においても，戦時の総動員体制のもとで国民健康保険制度などが整備されていった．こうした国家的な「1940年体制」（野口 1995）を，市場原理の方向へと大きく転換しようとしたのが，1980年代に始まり90年代後半より加速したいわゆる構造改革である．

開発の必要性が広く受け入れられているのも，健康な労働者というだけでなく，教育を受け創造力をもった働き手が，知識経済の進展のなかで重要になっているという状況と結びついている．こうして私たちは，生の意味も世界の根拠も公には問うことなく，ひたすら自然と人口を管理・開発しようとしているわけである．

人間開発の論理が近代リベラリズム的な生存秩序を踏襲している以上，その開発実務が没価値的な技術適用として管理運営化していくことには，じつは構造的な理由がある．人間開発で想定されている「人間」なるものは，神や自然や共同体とのつながりを失い，アトム化した個人のことだ．その人間観は思いのほか狭い．近代市民社会が，神や自然や共同体からの自由を求めたこと，そこには歴史的にもっともな理由がある．だが現在，私たちは，個人の生存を支える根底をより広く地球生命圏や親密圏とのつながりにおいて見直し，個人の自由の意味を，そのつながりのあり方自体をそうしたつながりのなかで再構築する行為主体性（エージェンシー）の発揮として考え直す必要があるのではないだろうか．

センの人間開発の考えが，近代世界において，人間が自分の生き方を探究する条件を実質的に確保するために大きく貢献したことは事実だ．だが，その枠組みは，世俗化・非自然化・個人化された近代的な生存秩序そのものを問い直すものとまではなっていない．私たちはもっと先に進まなければならない．

3 人間的な生とは ── 関係性の豊かさへ

3-1 生のかたちと生存秩序

そのためには，そもそも人間の生存とはいかなるものかをもう一度考える必要があるだろう．生存の本質は生のかたちを維持・継承することにある．そして生のかたちの本質は，自己が他者世界に対してどのような姿（顔）であらわれ，どのように接するのか，ということであり，人間は実践的な知性をつうじて，自己の世界との関係を自らの生き方として組み立てる．とすれ

ば,生存を理解するにあたって鍵となるのは,自律した個人の属性(性善説とか性悪説など)ではなく,生きる主体が世界へと働きかけるそのかたちのあり方 —— 生き方 —— とそこから生じる関係性にこそあるといえないだろうか.

そして生存秩序とは,人間と人間,そして人間と世界の関係性を,ことばとものの相互作用をつうじて律することである.人間は多様なる他者(人間,生物,非生物)との共同の生を生き,そのなかで自己と社会生態的環境との関係を律して,生のネットワークの全体を持続的に再生産していくすべを,さまざまな風土のなかでさまざまなかたちにおいて実現してきた[12].「人間はポリス的動物である」というアリストテレスのことばは,人間が環境との有機的な関係性のなかで生きながら,その秩序を,ことばをつうじて共同的につくる存在であるという,人間的生存の基本的なあり方を指し示している[13].

とすれば,人間の生存基盤を向上させるためには,個人の潜在能力を高めるだけでなく,私たちの生のかたちそしてその集合的な生存秩序のあり方を再検討することをつうじて,人間と人間そして人間と自然のつながりのあり方自体をより豊かなものにしていくことが求められるであろう.またそこにおいては,近代が意識的に目をそらしてきた,人間と世界の存在論的根拠についても,その基底から問い直すことが必要となる[14].そのためには,自律的な個人の集合という限定された公共領域や市民社会へのとらわれを超えて,ローカル,リージョナル,グローバルなさまざまなレベルにおいて,それぞれ固有の風土と歴史に支えられた生のつながりのあり方 —— 生存基盤のあり方 —— の全体を理解し,そのうえに立ってさらに新たなつながりの可能性を想像し,実現していく力が必要となる.これは,たんに読み書きの能力などで測られるものではなく,身体をもって実際に他者や自然とつなが

---

[12] 人間が生きる場を理解し,それをより豊かなものにすることは,すべての学問の課題でもあったはずだ.法・政治・経済はたんなる紛争解決や権力闘争や効率性向上の問題ではなく,生と再生産をなす相互行為の全体がいかにあるべきかを処する学問である.

[13] 「いまの世に,以前にもまして求められながら不足しているもの —— それは,……さまざまなまじわりや共感を招く力をもったことばではないだろうか」という横山俊夫のことば(横山 2012: ii)に筆者は共感する.

[14] この関連で,持続可能性(sustainability)の問題を考えるためには,超越論的観点が必要であるという木村武史の指摘は重要である(木村 2008).

り，そこでやりとりをするなかで，つまりともに生きるなかで涵養されるセンスであり，多数で多様な相手の立場に立ってものを考えるというだけでなく，相手の有する潜在的な複数性ひいては自己と相手の関係性の新たなる可能性を感得し，そのネットワークの総体 —— つまり生存秩序 —— を再構築することのできるような，実践的な「ケアする知性」である．

　生存のつながりのなかで，自己をめぐる環境とより豊かな関係性をつくっていき，自己自身の幸福をも増進していくということ，これはいかにして可能なのだろうか．人間は，ポリス的動物であり，他者とのつながりのなかで共同の生をつくっていくことで，自らの生をより豊かで深いものにする生物的・文化的能力を発達させてきた．この能力を十全に発揮することが人間の人間らしい生き方なのだと筆者は考える．ではその人間的な生とはいかなるものか．

3-2　人間とは —— 自己と「同じようなもの」をめぐる問いの絶えざる更新

　まず，人間とは何か，をもう一度問わなくてはならない[15]．この問題についてはさまざまな議論があるが，道具，言語，二足歩行など何かある属性をもって，人間の範囲を定義するのは困難だ．他の動物にもこれらの属性を発見できないわけではないからである．

　ここでは船曳建夫にならって，人間は「人間のようなもの」である，としたい（船曳 1997）．つまり人間とは，人間が自分と同じようなものとして共感できる範囲にあるものたちである．ただし人類史上のなかで，この範囲がどんどん揺らぎ変化してきたことは，異民族との出会い，フェミニズムの登場，脳死判定の問題，サイボーグの可能性，などを想起するだけで明らかだろう．とくに近現代の科学技術時代において，どこまでを人間として認めるべきかという問いは，動物と人間の連続性，先端医療による身体の操作可能性の増大，機械による人間の拡張，などによって大きく揺らいでいる．

　また，自分とある意味で「同じようなもの」という共感の範囲は，「人間

15）地球圏・生命圏の歴史における人間存在の位置づけについては，本書第4章を参照のこと．

のようなもの」を超えて，生命圏，地球圏のさまざまな存在に及ぶ．動物，植物，岩，雲にまで人は親しみを感じうる．さらには山，川そして海，空に人間を超えた偉大なる存在を感じ，畏敬の念を覚えることもあるだろう．こうした場合には，それらの生物や非生物が，自分と同じようなかたちで生きるものではないことを認識しながらも，こちらが向こうに働きかけるだけでなく，向こうがこちらに働きかけてくる存在であるということを認めている．そこには相手の他者性や差異性と同時にその独自の人格(ペルソナ)と行為主体性を認めたうえでの相互作用が成立する．それを支えているのは，後に詳述するように，〈存在の平等〉への気づきである[16]．

　私たちは，歴史上，人間とは何か，世界と人間の関係はいかにあるべきかという問いを発しつつ，それを生存秩序というかたちで構築してきた．そして，歴史の展開のなかで新たな経験をつみかさねながら，人間のようなものの範囲，そして，人間と世界のさまざまな存在との間の関係について，その生存秩序をつねに更新してきたのである．

　人間が，世界のあらゆる存在に対して，他者性や差異性を認知すると同時に，自分と「同じようなもの」としての人格と行為主体性を認めて共感できるということ，存在の平等を感得できるということは，とても大事な能力であると私には思われる．その能力においてこそ，人間は，自然を含む他者を手段としてのみ扱い，自己の直接的な欲望を果たそうとするのではなく，その欲望の方向性を変え，他者との間で相互的な関係性を構築する喜びを得るという可能性を有しているからである．

3-3　自我と共感 ── 人間の社会性／共同性の基盤

　人間が他者に共感するというのはどういうことか．それは自我意識をもつ人間個体が，他の個体や集団に対して，その存在が自分と同じようにかけが

---

16) 煎本孝のいう，人間と人間そして人間と自然の「初原的同一性」は，ここでいう〈存在の平等〉に等しい（煎本 2010）．また T. インゴールド（Tim Ingold）は，人間と動物には「存在論的な同等性」（ontological equivalence）があり，それぞれの存在が固有の視点を有することを主張する（Ingold 2000: 51）．筆者はこうした存在論的な同等性あるいは平等性をすべての生物と非生物へと広げて考えたい．

えのないものであり，それが自分という存在とつながっているということを認め，その認識のうえにそれに働きかけるということである．つまり，他者の他者性や差異性を認識すると同時に，それでも，「自分が在るように相手も在るのだ」，ということを，自己との相互性と連続性において実践的に認めることだ．こうした自我意識と共感の能力は，類人猿そしてとくに人類に発達してみられる特性である．

　生命圏は基本的に遺伝子の共生系としてあり，この視点からは諸個体は遺伝子の乗り物にすぎない（Dawkins＝日高ほか訳 1991）．ここには個体のかけがえのなさは存在しない．しかし種に社会性が生じたとき，個体の直接的な生殖能力（遺伝子の伝え手としての能力）以外のさまざまな資質が，他の個体の生存と繁殖を助けるというかたちで，進化論的な存在根拠を獲得する．これは，他個体たちから別のある個体に対する評価基準の多次元化を結果し，個体のユニークなかけがえのなさ（主体性）の評価の基盤となる（真木 2008）．このような評価の多次元性が有効に作動するのは，学習能力と社会性（群居性）がある場合で，これは哺乳類に最もあてはまる．そのなかで，人類は最も先鋭的なかたちで，強固な自我の主体性を確立するにいたった．

　人間の自我は，遺伝子から相対的に独立した自らの生きる目的を設定しうる．そうした生きる目的において，人間の個体は自己中心的に向かうこともできるし，また，他の個体の生存を助けるというかたちで脱自己中心的に向かうこともできる（真木 2008）．こうした意味で，自我を有する人間は，自己と他者の関係性を自らの働きかけによって構築するという自由を有している．

　自我をもつにいたった人間たちの社会性を支えているのは，「自制と同調」である（山極 1997）．社会的存在たる人間の人間らしい行動とは，自分の欲望をどこまでも満たそうとすることにあるのではなく，自分の一次的な欲望（食や性に対するそれ）をいったん自制して（括弧に入れて），他者の欲望（ニーズ）に共感，同調，配慮し，その欲望の対象を分け与えたり交換したりすることによって，それを自己と他者の関係性の構築のためにもちいることにある（大澤 1995: 259）．

　たとえば食の分配．チンパンジーが劣位者に乞われて初めて食物を分け与えるのに対して，人間は最初から食を集団で分配することを前提として生産

活動を行っている（山極1994）．食の分配を前提することによって，人間は，生産と再生産の場を分離することが可能になり，生産のための移動をしながら同時にある程度定住的な再生産の場をつくることができるようになった．

そして性については，婚姻制度によってそれを公には家族のなかに閉じ込めると同時に,夫婦以外の家族の性関係をインセストタブーによって禁止し，集団間の女（あるいは男）の交換を可能にした（Lévi-Strauss＝馬淵・田島監訳1977-78）．ここに家族が成立するとともに，家族・親族の諸単位は婚姻ネットワークをつうじてより広い集団の社会性へと開かれていく．

山極は，「家族と集団生活の両立は，ヒトが食を集団に開放し，性を家族のなかに閉じ込めることによって実現した」と指摘している（山際2007: 231）．人間は一般的に，多くと一緒に食べ，2人で隠れてセックスをする．そのための食の分配と性のネットワークであり，これにより人間の家族と社会は成立している．そしてさらに，食と性の集団的な分配と交換を前提できることにより，人間社会は，地域の生態・社会に応じた分業と協力のいろいろなかたち，そして，移動と定住のさまざまな組み合わせをつくりあげていくことができるようになった．地域ごとの人間のさまざまな家族と社会のあり方は，人間文化の多様性を示すと同時に，その普遍的な環境適応の仕組みを示すものでもある．

3-4　地球大のコンヴィヴィアリティ

社会性の基盤となる，欲望の自制と他者へのケアを，人間（そして類人猿）が行うのはなぜか．それは，原理としての互酬性に基づくということもできるが，行為主体の側に着目するならば，そうした相互的なやりとりが歓びや快の感情をもたらす行動だからだといったほうがよい（山極1994, 1997）．人間はさまざまな存在との分かちあいと共存をつうじて，豊かさや楽しさを経験できる．そしてその分かちあいと共存の楽しさの基盤には，対象への一次的な欲望をいったん括弧に入れたうえで，より深い歓びを生む関係性を構築するという二次的な（より高次の）欲望に向けて，自分の行為を選択できる人間の自由がある．

こうした他者との相互作用における歓びと快の感覚は，人間同士との間だけでなく，動植物や非生物の自然との間でも感じるものだ．真木悠介が指摘するごとく，「われわれの経験することのできる生の歓喜は，性であれ，子供の「かわいさ」であれ，花の彩色，森の喧騒に包囲されてあることであれ，いつも他者から〈作用されてあること〉の歓びである」（真木 2008: 147，強調原文）．働きかけられ，そして，こちらから働きかけること，その相互作用のなかで，私たちは生の深い歓びを感じる．このとき，私たちの自我の堅い殻はほどけ，自己と他者（動植物や山川を含む）との関係性のなかで，何ほどか他者に浸透されてあること，そして自己の何ほどかを相手にさしだすことの豊かさと歓びを経験する．人間は自己と環境の間のそうした相互的なやりとりのなかで，自己の欲望をより豊かな関係性の構築に向けるという生の可能性を有している．

　自己中心性と脱自己中心性の双方の可能性をもつのが人間であるが，それらは排他的に矛盾するものであるというよりも，他者のケアをつうじた自己の歓びの増進というかたちで，一方が他方を織り込んだ複雑な関係にある．そうした自我と共感の織りなす生のつながりのなかで，人間は，自らの生のかたちを他者との関係において構築していく．そこにおいて人間は，自己と異なる他者を自己の欲望達成の手段とすることもできれば，自分と同じように在るものと認めて相互性の歓びを追求することもできる．そして他者の差異性と多様性は，自己の世界への態度に応じて，承認と受容を迫るうとましいものともなれば，互いの存在を歓びあうためにこのましいポジティブな資源にもなる．

　近代の生存秩序は，自然状態にある人間の諸個体が社会契約をなして国家を成立せしめたという擬制(フィクション)に立つ．T. ホッブズ（Thomas Hobbes）は自然状態にある人間は，「万人の万人にたいする戦い」を結果せざるを得ないので，人間社会はそうした状態を防ぐために国家からそれぞれの権利を守ってもらうために契約をしたという（Hobbes＝水田訳 1992）．ホッブズ的人間観に前提されてあるのは，前国家状態における個人のエゴイズムである．他方，J.-J. ルソー（Jean-Jacques Rousseau）は，そもそも自然状態にある人間は自律的で自由かつ平等であったのが，技術・制度の発展によって不平等が生じたため，

全体の公共的福祉をめざすために社会契約をなした，と論じる（Rousseau＝本田・平岡訳 1954, 1972）．ルソー的人間観においては，自然人は自由・平等たる独立の個人である．ホッブズとルソーの人間観は大きく異なるが，まず個人を措定し，その属性を論じようとするところでは共通している（佐川 2011）．

しかし人間は，まず個人としてあるのではなく，他者との関係性のなかで人間 —— 人と人の間にある存在こそ人間だ —— となる．人間は，進化論的な基盤のもとに，エゴイズムと自由をもちうる強烈な自我とともに，他の個体の固有のかけがえのなさを尊重し多様性を歓びあう能力をも与えられ，その可能性を文化的にさまざまに展開してきた．社会の基盤として人間の個体性と自律性を前提とし，その個体の自由と権利を大事にしようとしたのが近代世界であったとしたら，これからの私たちは，そうした個体が，他者とのつながりのなかで個体性と自律性をもつからこそ，自他の相互変容をともなうより深い生の歓びを探究することができるという，関係論的な人間の可能性に注目することも必要であろう．そもそも人間の個我性が成立し社会的な意義をもつようになったのは他者との関係においてであり，個我性の価値は他者とのつながりにおいてこそ発揮され深められる．筆者たちは，人間の個体性と自律性の価値を認めつつ，それがより十全に発揮できる文脈を探究するために，関係論的な視座に立つことを提唱する[17]．

人間圏の多様性は個体のレベルでの多様性を基盤としており，それは遺伝子レベルあるいは種レベルでの多様性を根幹とする生命圏の多様性とは異なる固有の意味がある．また，共生についても，遺伝子の共生系である生命圏のシンバイオシスと異なり，人間圏のコンヴィヴィアリティは，個体のそれぞれのかけがえのない存在を尊重し歓びあうような多元的共生だ（cf. 井上・名和田・桂木 1992; 川本 2008）．

そしてさらに，人間が有する共感と相互作用そして生存秩序の構築の能力

---

[17] 政治哲学におけるリベラル−コミュニタリアン論争は，人間の自律性（個我性）と共同性（関係性）が補完的な関係にあることを私たちに認識させた（井上 1999; 辻 2002）．本章はこの共同性（関係性）の視点を，人間と人間の間にとどまらず，生物や非生物との間にまで広げて考えようとしている．

は，人間圏を超えて生命圏や地球圏にまで及びうる．つまり人間は，自己の働きの全体をモニターする自我意識をもった存在として，生存圏全体を共感と知をもって捉えることができる．こうして人間は，人間圏における多様な生の様式だけでなく，生命圏や地球圏を構成する多様なる存在に対して尊重と配慮をなし，他者や動植物や山川といった諸存在との相互的なケアをつうじた交歓のなかで，生のネットワークを再構築する可能性を有している．ここに，かぎられた公共圏における権利や効用のみではなく，共感とケアの相互作用を基盤として，地球大のコンヴィヴィアリティのなかで生存基盤を持続していくための鍵があるように思われる[18]．

　このように考えると，地球環境問題について，人間の欲望を優先するか，それとも環境を優先するか，といった枠組みで問題がしばしば設定されることについても再考が必要であろう．ここにはホッブズ的社会契約論と同型の，人間のエゴイズムについての前提があるからだ．現状では，この枠組みのなかで，エゴイズムに限界を設けつつエゴイズムを利用してニーズを満たそうとする制度（例：温暖化ガス排出権取引制度）や，エゴイズムをかなえつつ環境を持続的なものとする技術（例：バイオマテリアル，バイオエネルギー）が検討されている．こうした試みはむろんわるいことではない．ただ生産と分配というかぎられた領域を前提としたうえで権利と効用を考える，近代的生存秩序の枠組内で解決策を模索することには自ずから限界があるのではないか．

　そもそも人間の欲望が，個我の一次的な欲望を超えて，自然を含む他者と

---

[18] 井上達夫（1986）は，人間のコンヴィヴィアリティについて，多様な利害と価値観をもつ人々が互いに相手を自律的人格として尊重し配慮し合う作法によって成り立つものとし，こうした共生の作法を「正義」だとする．井上の立場は，「他者への自由」というリベラリズムにあり（井上 1999），これは，公共圏における人間の権利を根幹とするものである．筆者たちは井上のいう「共生の作法」を承認するとともに，その視野を，親密圏や自然を含めた人間のコンヴィヴィアルな生の可能性へと広げることを提案したい．井上は，法と正義が固有の限界をもつことを認める（井上 2003: 32）．しかしそうであるなら，生存圏における地球大のコンヴィヴィアリティについて真剣に検討せざるをえない今，伝統社会における「法＝宗教」的な生存秩序がそもそもはより広い射程を備えていたことを考え合わせると，現状の法と正義のよってたつ限定的な公共圏の前提自体を再考せざるをえないのではないだろうか．近代リベラリズムの現代的可能性を探究しようとする井上の試みは傾聴に値するものの，現代社会はさらに根本的な生存秩序の改変を必要としているように，筆者には思える．

つながる二次的な欲望をも含んでいるとすると，エゴイズムの前提を問い直し，人間が他者や自然とつながろうとする欲望をいかにポジティブな方向に導いて，生存圏全体を持続的なものにすることができるかという，より総体的な問いをたてる必要があるだろう．つまり現在の地球環境問題および貧困・格差の社会問題は，たんなる技術制度的な問題ではなく，生存秩序という人間文化（言説，価値，技術，制度）をいかに新たに構築するかという課題なのである．

4 温帯パラダイムから熱帯パラダイムへ

4-1 自然と親密圏をどうとり込むか ── 生存基盤持続型発展へ

　持続性の問題を考えるために，ここで環境保護思想の歴史を振り返っておこう．環境保護思想においては，20世紀の初頭より，守るべきは，自然の根源的な価値か，それとも，人間が利用するための自然か，という対立があった．自然の美と尊厳を「保存」(conservation)するのか，そうではなく，自然を「保全」(preservation)しながら利用するのか，ということである．世界の各地で1960-70年代には反資本・反開発的な環境主義運動が活発化したが，1980年からは持続的開発という枠組みが主流となった．これはいわば「自然の保護」から「開発の保護」へとトレンドが替わったことを意味している (Sachs – 川村　村井訳 2003: 109)．こうした「環境か開発か」という問題の枠組みは現在にまで続いている．

　しかし「保存と保全」そして「環境と開発」はそれぞれほんとうに対立するものであろうか．じつは，自然をそのままに保存するという考え方も，あるいは自然を保全しながら利用するという考え方も，どちらも自然を自律した客体と考えている点で等しい．それは自然を，私たちの生きる環境として，つまり人間との相互作用にある生存基盤として捉えていない．自然を客体化したうえで，そのあるべき本質 ── 尊厳か資源か ── を決定しようとする本質主義におちいるのではなく，人間と環境の相互作用を根本に考察するな

らば，保全と保存は本来的には対立しない．つまり自然の美と尊厳を守りつつ，自然を利用することは可能なはずである．自然への敬意・ケアと自然の利用は双方成り立ちうるのだ[19]．

　持続的開発という概念を確立したといわれる『地球の未来を守るために（原題：*Our Common Future*)』（ブルントラント委員会報告書）は，「持続的な開発とは，将来世代の欲求を充たしつつ，現代の世代の欲求も満足させるような開発をいう」のであり，そのためには「大気，水，その他自然への好ましくない影響を最小限に抑制し，生態系の全体的な保全を図ることが必要である」とする（環境と開発に関する世界委員会 1987: 66)．つまり，未来世代の利益を守るために，自然生態系を保護し，開発を持続的なものとするということが趣旨である．

　ここで自然生態系の保護がされなければならないのは，それ自体に価値があるからではなく，あるいは，人間と自然の豊かな関係を築くためでもなく，未来世代が自分たちの欲求を満たすという利益を守らなくてはならないからである．この観点からは，自然は人間の欲求を満たすための手段でしかない．その手段たる資源を現在の世代が使い果たしてしまわないように，そしてまたその基盤たる自然生態系を危険にさらさないように，と気をつけながら開発を永続的にすすめよう，と持続的開発は言っているようだ．

　持続的開発という枠組において，自然は人間社会から外部化され手段化されたままである．持続的開発という，この一見新しい考え方においても，生産の効用と効率が支配する公共圏を中心とし，自然と親密圏を外部化・手段化するという，近代の生存秩序の枠組みは強固に存続している．持続的開発において持続するべきとされるのは，依然，人間の欲求を満たすための生産である[20]．

---

[19] ディープ・エコロジーのように，すべての存在は生存のための平等な権利を有するという考え方は，人間社会の独立した主体の「権利」というカテゴリーを自然に適用したものであり，限界がある．

[20] 地球温暖化問題を考えるにあたって，自然をシンク（汚水槽）にたとえ，そこにどのくらいの汚水（温暖化ガス）を誰が流せるかという問題として論じようとする語り口がしばしばみられる（例：Singer＝山内・樫則訳 2005)．P. シンガー（Peter Singer）の論は排出権について人口一人当たりの平等な割り当てを主張するものであり，公正の徹底については評価できる．ただ，ここで問題なのは，地球温暖化問題が国際政治の問題に還元されてしまっており，人間と自然の関係に

それに対して，ここで提唱する生存基盤持続型発展において，持続すべきはむしろ生存基盤だ[21]．そして生存基盤の持続性を確保したうえで，さらに，人間のより豊かな生活 ── 発展 ── を実現していこうとする．これが，筆者の理解する，生存基盤持続型発展の基本的な考え方である．

これはいかに可能なのか．そのためには，まずこれまでの開発が効用と効率という生産の論理にたった自然利用をすすめてきたのに対して，むしろ自然の論理に立った自然利用をすすめる必要がある．つまり，自然の論理を生産の都合に合わせて統御しようとするのではなく，むしろ自然の論理を十分に理解したうえで，その動きに内在する自然のポテンシャルを最大限に生かすように人間側から働きかけその力と可能性を利用させてもらい，さらにその存在を生の豊かさと歓びの源とできるような，人間環境関係をつくるということである．循環し再生する自然の論理を生かしつつ，そこから私たちのニーズを満たす資源とエネルギーを引き出せるような技術と制度をつくり，さらに人間と環境の相互性のなかで自然の多様なる存在とのコンヴィヴィアリティをつくっていけるならば，開発と環境保護を対立するものとして考える必要はなくなる．そこでは生存基盤の持続性にたった生の豊かさが実現するはずだ．

4-2　熱帯の自然とどうつきあうか ── 余剰性と多元性

地球環境の持続可能性は，資源利用を自然の再生産能力の範囲内で行うこと，そして，排出は自然浄化の範囲内で行うことによって成立するといわれる．言い換えると，「枯渇型資源への依存からの脱却と廃棄物累積の回避」である（加藤 2005: 28）．このこと自体が間違っているわけではない．しかしこれは，自然を生産と廃棄のための資源として捉えるものであり，資源の希

ついてこうした枠組みではきちんと議論できないということだ．国際的な排出権の問題を論じるにはシンクという比喩がつごうよいのだろうが，こうした論の立てかた自体に，筆者は違和感をおぼえざるを得ない．そこでは，自然の限界には意識的であるが，自然を外部化し，開発の手段（あるいはごみため）とするような，生産中心的な生存秩序が温存されているからである．

[21) この意味で，沖大幹が示した「sustainable development（持続的開発）から sustainability development（持続性の構築）へ」という方向性は正しい（沖 2008: 11）．

少性という観点に立って,その管理運営を考えるという発想のうえに立つものであることは,確認しておく必要がある.それは自然を外部化・客体化し,統御と管理の対象としてきた,従来の生存秩序に基づく考え方であり,ここでいう「温帯パラダイム」のうえに立つものである.

温帯パラダイムは,ある程度安定して予測可能な自然環境を前提として,それを技術的に統御することで利用しようとする.また客体化した自然を,安定的にそこにある分割可能な資源とみなし,その希少性によって価値を判断する.そして,その価値ある資源を所有し利用するわけだ.これは温帯という地域特性のうえに立って,近代に確立したパラダイムであるが,地球環境問題などによってその限界が問われている[22].

一方,熱帯においては,自然の動きはしばしば予測不可能で偶発性と極端さに満ちている.多くの地域で,たとえば雨はいつ降るのかわからないし,その量も多すぎたり少なすぎたりする.洪水や干ばつが発生することもしばしばである.また感染症や害虫による被害もよくある.このような熱帯の自然は,温帯におけるそれのように予測と統御をもって利用できるものではない.その圧倒的な力の前では,人間側が自然の論理のほうにしたがわざるを得ないのだ.いつかははっきりとはわからないが自然の恵みがあって資源を利用できるときがきたときにすぐに対応しなければならないし,反対に自然の動きが脅威となって生存基盤をゆるがすときにはそれにも対処しなければならない.熱帯は環境が厳しいという言い方もできるが,反面,熱と水の量や生物多様性などを考えると自然のポテンシャリティは高く,その動きにうまく乗って利用することができれば,恩恵は大きいということでもある.

熱帯パラダイムは,こうした自然の偶発性に満ちた動きに合わせて,その動き自体に内在する力を利用しようとする.ここでは,自然は利用されるべき客体としての資源というよりも,それ自体が人格と行為主体性を有する存在であり,人間による生産と再生産のサブシステンス過程において,間主体的な相互交渉をなす相手である.自然資源は,循環のなかで偶発的にあらわれるもので,それに対しては社会全体として柔軟に対応・対処する必要があ

---

[22] ただし温帯のなかでも地域ごとに異なる「複数発展径路」(杉原 2010b) があったし,そこのなかでの人間と自然の関係もそれぞれ異なるものである (本書第9章).

る．熱帯において，自然はいわばつねに驚きに満ちたものである．同じものの法則的な反復はない．つまり地球環境の持続可能性は，熱帯パラダイムによるならば，資源の希少性への対処によってではなく，自然の偶発性と極端さにうまく対応し，そのポテンシャリティを最大限に生かせるような技術・技法を獲得することによってこそ可能となる．

　ただし熱帯といっても，それが湿潤地域か乾燥地域かで人間との関係性は大きく異なる(杉原 2010a: 18-20; 本書第2章)．熱帯雨林などの湿潤地域はバイオマスや生物多様性という観点から大きな資源としての可能性を秘めているが，大規模な人口扶養力はない．居住地という点からみると，むしろ乾燥と湿潤が適度に混じり合っている地域(サバンナ，オアシス，モンスーン地域，半乾燥の河川地帯など)が適している．さらに多様な自然資源の利用という観点からみると，森林，平地，丘陵山地，河川や湖などの異なった生態地域が隣接してあることがのぞましい．南アジアは歴史的に大きな人口扶養力を保持してきたが，その理由の一端は，南アジアにおいては乾燥と湿潤また多様な生態地域が隣接して存在することにあるだろう．熱帯の可能性を考える際には，熱帯のなかの多様性とそれらのつながりに注意を向け，再生可能資源の供給の場としての熱帯と，人口扶養の場としての熱帯という二つの側面に着目したうえで，それらをいかにグローバルに最適なかたちで組み合わせるかを考察する必要があるだろう．

　筆者は自身の研究を，インド社会への歴史人類学的アプローチから出発した．ここで筆者のフィールドであるインド・オリッサの事例をみよう．インドにおいては，自然は母なる女神の力（シャクティ）のあらわれであり，女神そのものでもある．母なる女神の子どもたちである人間は，母が慈悲深くあるよう，最終的には祈るしかない．すべては女神の意志によるからだ．雨季の始まる前に，農民たちは雨を降らせてくれるように女神に捧げものをして祈る．雨はいつどのくらい降るかわからないという偶発性があるからこそ，それは神からの恩寵として人にあらわれる．インドの農村に暮らす人々にとって，降雨は当たり前にある物理現象ではなく，神の意志という人間にとっては不可知の力の働きである．自然現象は神からの人間へのメッセージであり働きかけである．人間は，自然によって生かされてあることを認識し，圧倒的な力を

もつ自然に対して謙虚さとともに祈りと捧げものをつうじて働きかけようとする．ここにはお互いの人格と行為主体性を認めた人間と自然の相互作用がある．

　人知を超えた自然の動きにはどう対処していけばいいのだろうか．熱帯に発達してきた対処法の一つが，人間と自然の関係に，いわば余剰性の「あそび」（多重性，よい意味でのリダンダンシー）をもうけることである．

　インド・オリッサ農村では，乾季が終わって雨季に入るころ，雨が降ったらすぐに耕作や種まきなどを終えなければならない．それから収穫期までいくつかの場面で仕事を集中的にこなさなければならない農繁期に入る．いつどのくらい雨が降るかわからないだけでなく，そうした仕事を適切なときになすためには，労働力の一時的な集中投下が必要である．世帯内の労働力だけでは足りない．しかしだからといって多くの農業労働者をつねに雇用しておくわけにはいかない．降水はモンスーンによって季節限定的であり，農業労働力が必要でない時期も長いからだ．また年次的にコンスタントな量の降水が期待できない以上，労働力や資本を土地に大量投入する集約的な農業も合理的ではない．投資資本を回収できない可能性が高いからだ（脇村 2009）．

　ではどうしていたか．18世紀のインドの農村社会は，奉仕カースト民（掃除人，床屋，労務人など）や職人カースト民（大工，壺屋，鍛冶屋など）を余剰労働力として多数抱えていた．彼らは農閑期においては自分たちの専門の仕事をそれぞれこなしていたが，いざ農繁期となると農業に従事したのであった．これは社会の側で，必要なときに農業に従事できる余剰労働者を保持しておくという，自然の変動に対処する工夫であった．逆にいえば，18世紀のインド社会においては，こうした社会的工夫により，時期集中的な農業による高い労働生産性を維持できており，こうした一時的な需要に対応できる余剰労働者を養う余裕が地域社会にあったということである．

　また自然の偶発性に対応するためのもう一つの「あそび」が，多様な生業であった．18世紀インドにおいて，人々が営む生業は，現在よりはるかに多様であった（Washbrook 1988: 80）．たとえばオリッサでは，水田耕作地における米作に加えて，焼畑における棉花およびシコクビエなどのミレットの栽培，荒蕪地での放牧による牛，水牛，羊，山羊などの家畜飼育，そして森

林における狩猟および植物や小動物の採集が，地域の全体的な経済活動において重要な位置を占めていた．さらにこれに加えて，サービス業や手工業そして商業，軍事，宗教活動などに携わる多くの集団が存在していた．

これはさまざまな自然資源を多元的な社会集団が多様なかたちで利用し，さらに社会全体が分配と交換をつうじてそれらを享受することができたということであり（Gadgil and Guha 1992: 207），また自然の変動に対応して，多重的なセーフティネットが存在していたということでもある．多様な生態環境，多様な生業，多様な社会集団の近接的なつながりが，18世紀インドのしぶとい豊かさを支えていたのだ．

4-3 多様性を活かす —— 参加と分有

18世紀インドにおいて，奉仕カースト民や職人カースト民は，農業労働への需要がないときには，それぞれ自分の専門職に従事していた．自然の動きは季節性と偶発性が高いが，そのもたらしうる実りは豊かであり，その変動に共同体全体として対応することで，食料の生産活動に直接従事する時間は限定的でありながら，人々の生存を確保できたのであった．こうして生まれた余剰によって，多元的な知識や技術をもつ多様な社会集団を地域社会に抱えることが可能になっていた．地域共同体の分業と分配を律する「職分権体制」のもと，戦士，会計，書記，司祭，大工，壺屋，鍛冶屋，掃除人，床屋など，それぞれのカースト集団は，国家あるいは共同体のために自らの職分を果たし，地域の生産物から一定の割合の取り分を得ていた（田辺 2010a）．

これは，人間と自然の相互作用の結果を，たんに生存を維持することにもちいるのではなく，あるいはモノやカネのかたちで貯めるのではなく，その余剰を多元的な知識や技術といったソフトウェアのかたちで社会的に蓄積するしくみであった．共同体内の分業と分配によって，さまざまな社会集団が地域社会に支えられながら，それぞれの専門的な知識や技能の継承と発展に従事した．これによって社会全体として，多元的で専門的な知識・技術を保持し，社会の豊かさを向上しようとしたわけである．インド社会に特徴的な社会的・文化的な多様性はこうして発展した．こうしたしくみは，地球圏の

操作による「工学的適応」(灌漑など)とも,生命圏の操作による「農学的適応」(品種改良など)とも異なり,人間圏の操作によって環境に適応するいわば「社会学的適応」であったといえよう[23]。

ただし社会学的適応は人間圏に負荷をかけるものであることを忘れてはならない。諸カースト集団が保有していた職分権において,その取り分には大きな格差があった。18世紀のインド社会において,経済社会的な階層性と宗教儀礼的なヒエラルヒーがあったということは明白である。しかし注目すべきは,下層民であっても,全体からの取り分を保障されることにより,生存基盤が確保されていたということだ。作物の出来は降水量の変動や災害の有無などによって年ごとに違うが,一定額の地代を取るのと比べ,一定割合の取り分が保障されているシステムにおいては,出来高の変動というリスクを共同体全体で吸収することができた。また18世紀のインドにおいては,土地に比して耕作民が不足しており,インド洋交易によって経済が潤い,労働需要が大きかったこともあって,19世紀以降に比べると下層民の実質賃金はかなり高く,生活はより安定していたといわれる。18世紀は「不可触民」にとっての黄金時代であったとさえいわれるほどだ (Washbrook 1993: 73; 脇村 2009)。

また,この職分権体制は,18世紀当時のインド洋交易の存在と補完的な役割を果たしていたことも注目される。18世紀においてインドは,当時の主要貿易品目であった綿布の世界第一の輸出国であった。多くの綿布がベンガルや南インドからヨーロッパに向かった。そのなかで原料の棉花を育て,棉すきを行い,そこから綿糸を紡いだのは女性や低カーストの人たちであった。綿布のインド洋交易という広いネットワークのなかで,後背地の村落の女性や低カーストの人がその経済活動に参加し,そこから利益の分配を受けるシステムがあったわけだ。

そして綿布を織っていた織工たちや,交易に携わった商人たちは,多くの場合,地域社会での職分権をもっていなかったが,地域社会に対して高額な税金をしはらっていた。つまり,インド洋交易のビジネスから得たもうけの

---

[23]「農学的適応」「工学的適応」については,石井 (1975, 1977) を参照。

一部を地域社会に還元していた．こうしたかたちで，地域社会の職分権体制と職人・商人が従事するインド洋交易は補完的に展開していた．

18世紀の近世の国家の行政の発展とも，この職分権体制は結びついていた．近世国家の行政技術の発展により，職分権体制の詳細が記録され，王国は職分権をつうじて末端の社会を管理した．こうした行政の合理性の進展と，取り分を基盤とした職分権体制とは矛盾するものではなく，むしろ補完的に発展した．

このようにカーストという多元的な社会集団を基礎とした分業と分配の社会制度は，たんに差別と不平等のシステムではなく，さまざまな社会集団が固有性を保ちつつ生存する場所と機会を確保する制度でもあった．それはまた近世的な政治経済の発展とも補完的に機能していた．

インド社会に差別や抑圧の側面はたしかにあったが，同時に，そこには他者の存在を承認する，〈存在の平等〉という原理が，社会の多元的共生を支えていたと筆者は考えている．〈地位のヒエラルヒー〉と〈権力の中心性〉という原理が権威と支配の構造を支えていたとすれば，そこにはもう一つ存在の平等という原理があり，それが他者の生存の価値を相互的に認めるというかたちで多様性の尊重と協力を確保してきたのではないだろうか．

この存在の平等という原理は，哲学や宗教学の領域においては，インド文化を特徴づけるものとしてこれまでおそらく一番重視されてきたものだった．古くはヴェーダンタ哲学の「汝はそれ（ブラフマン）なり」「我は梵（ブラフマン）なり」ということばがある．これは，汝が梵であり，我も梵であるということは，すべての人の本質は梵であり，存在論的には平等である，ということにほかならない．さらにこれは，すべての生きとし生けるものそして非生物さえもが，どれも存在論的なレベルにおいては等しい，本質を同じくするということである．こうした思想は，たとえば「誰の心にも仏さまがいらっしゃる」という私たちにも親しい言い方にみられるとおり，仏教をつうじて日本も受け入れている[24]．

---

24) 上村 (2007) が指摘するごとく，それはまず，如来蔵思想 ―― すべての人に如来たる可能性があるとする考え方 ―― として日本に入り，さらに本覚思想 ―― われわれには本来清浄な悟りの智慧がそなわっているとする考え方 ―― へと発展したのであった．

18世紀インド・オリッサの地域社会における職分権体制は，所有権に基づく生産のシステムとは大きく異なる．所有という人間と自然の関係は，法的には財産権の自由に基づくが，それは個人の主体性を認めると同時に，所有される自然を客体としてみるものである．さらに財産権の自由は，所有物に対する個人の排他的な権利を認める．また近代の生産システムは，未来の目的に合わせて現在を加工していくという企図を基盤とし，同質的な価値基準をもたらす．未来の利益をめざして，人やものは効率性という一つの基準で統合されるわけである．

　これに対して，ここでみた職分権体制は，所有権と効率性の論理ではなく，多元的な社会集団の「参加と分有」が基盤となっていることが注目される．これは，多様な人々がともに生きていくための場所とエンタイトルメント（権原）を相互的に確保するというだけではなく，人間と自然の関わりあいにおいて，その相互作用から生まれる多様な可能性を状況に合わせて最大限に生かそうとする熱帯の自然との共生の一つのかたちでもある．

　もちろん現時点からみるならば，18世紀インドにおいて社会経済的エンタイトルメントはあっても，政治的なエンフランチャイズメント（参加決定権）が大多数に与えられていなかったことは民主主義の観点から看過できない．また差別や不平等は容認できないものである．しかし，ここで私たちが学ぶべきは，多様なるものとのつながりと交流から豊かさを実現しようとするスタンスであろう．

　相手が人間だろうと自然だろうと，それを統御し手段となすことによって自分の一時的な欲望をかなえようとするのではなく，むしろ相手の固有性と行為主体性を尊重することによって，自らの欲望の方向性をその相手とのより豊かな共存と交流の可能性に向けようとすること．そして偶発的で多様なるものとのあそびをもった多重的な関係性を築くことによって，関係性における多元的な可能性を探究し，またいざというときのリスクにもそなえておくこと．こうしたスタンスによって，自己と他者そして人間と自然の新たなつながりのなかで，新たな自己 ── オルタナティブな自己と世界の関係性 ── を発見する可能性が開ける．これは，多様なる他者や自然と生きる場を分かちあうことによって生まれる，関係のなかの豊かさである．

終章　多様性のなかの平等

4-4　植民地化，そしてポストコロニアルへ ── 自律と所有

インドは植民地支配のもとで土地の私有権が設定され，職分権体制は崩壊することとなる．社会経済の原理は，「参加と分配」から「自律と所有」にとってかわられた．これは，抑圧を受けていた下層民にとっては，自律的な主体性を確立するという新たなチャンスが与えられた部分もある（柳澤1991）．ただ私有権の設定は，強者にとっての自由も意味した．オリッサでは，下層民は無理やり土地を売らされ，多くの場合どんどん土地を失っていった．さらに，職分権による取り分はなくなったうえに，農業労働者として過酷な条件のもとに地主階級に従属させられることとなった．

18世紀において多様な生業をもっていた諸カースト集団は，19世紀に入るとだんだんと農業化，農民化していった．これは植民地経済のなかで，インドが第一次産品国になっていくという状況と関わっている．商品経済の発展とともに，農村での商品作物の栽培により多くの人が従事するようになり，生業の多様性は大幅に失われ，手工業品の生産も限定的となった．これは産業革命（工業化）を経たイギリスから多くのテキスタイルが輸入されるようになったという事情もある．

人間の自然に対する関わり方も，制度変更によって大きく変わった．植民地国家はたとえば川の堤防によって水流を完全に統御しようとした．これは従来の，過剰な水は肥沃な土壌とともに周囲の耕地に徐々に浸透させていくという氾濫農耕のやり方とは大きく異なるものであった．堤防による治水によって，洪水の回数は減ったものの塩害が広がり，また統御不能の際の洪水の被害は甚大なものとなった．さらに土地私有権と地税設定にともない，小作人からは一定額の地代が徴収されるようになり，災害の際には農民たちはより大きな苦しみを味わうようになった（d'Souza 2006）．

また自律的な経営者となった農民たちは，ため池などの共同の灌漑施設に頼ることなく，それぞれが水資源を確保するために個人井戸を掘るようになった．南インドのタミル地方などにおいては，過剰な個人井戸灌漑による循環性を無視した水利用によって，下流域における水資源確保が困難となっている（Sato and Duraiyappa 2011）．

501

ただし，1947年の独立後の農業集約化そして1970年代からの「緑の革命」によって，農民たちが熱帯特有の環境制約からある程度解放され，その後の経済成長もあり，安定的な生活が可能になってきたことも事実である（黒崎2010）．緑の革命が，地下水資源に依存するものであり，また揚水エネルギーを化石資源に依存するものであるという意味でその限界は明白である一方，それがインド農村の生活環境において大きなブレークスルーであったことも間違いない（藤田2002; Roy 2007）．

　農業生産性の向上によって，食料生産の全体量をまかなうということ自体は現代インドにおいて達成されているといってよい（黒崎2010）．人口増加のペースに食料生産増加のペースは十分についていっているようだ．むしろ現在の課題は，たとえば水資源や鉱物資源を誰がどのように使い，その結果を誰がどれだけ享受するのかをめぐる，自然資源のポリティクスであるように思われる（本講座第3巻第12章）[25]．それは，環境持続性の問題であると同時に，政治経済社会的な不平等の問題に関わる．より一般的には自然との関係においてどのような発展のかたちを目指し，いかなる政治経済社会をつくっていこうとするのかという開発のポリティクスの問題である．

　資源と開発をめぐるこうした新たな問題は，現代インドにかぎったことではなく，広く熱帯地域において浮上している[26]．この課題において私たちは，熱帯の自然の偶発性と極端さという特性を最大限に生かし，その恩恵をより

---

[25] 現在の自然資源のポリティクスは，資源の所有や分配をめぐる政治学（簡単にいうと資源のとりあい）だけではなく，稀少かつ多義的な資源をいかに利用するのかという，資源利用をめぐる技術や制度のあり方自体を政治的な議論と駆け引きの対象とするような，新たな政治の状況をも含んでいる．従来の政治においては，技術や制度のあり方は専門家（科学者，エコノミスト，法律家，官僚など）にまかされており，そうした所与の技術・制度を前提に，諸集団の代表が資源分配をめぐる利害対立を調整・妥協するという構図があった．しかし，現在あらわれつつある新たな資源のポリティクスにおいては，いかなる技術や制度をもって，どのように資源を確保・加工・分配・使用・廃棄するのか，という資源利用の方向性および全プロセスのありかたが政治的な問題として議論・交渉されるにいたっている．ここでは，政治過程と科学技術および制度設計は異なった別の領域に属するものではなく，むしろ，密接に互いを参照し内包している状態にあるといえよう．別言すれば，技術・制度はきわめて政治化し，また政治は技術・制度をその主要な対象としつつある．こうした状況は東京電力福島第一原子力発電所事故の後の世界においてとくに顕わになってきている．

[26] ヒマーラヤの水資源をめぐる技術と政治については本書第7章を，化石資源をめぐる問題については第5章および第12章を，資源アクセスと脆弱性の関わりについては第13章を参照のこと．

多くの人が享受できるような新たな技術・制度を構築していくことが必要になるだろう．

人間と人間そして人間と自然の関係性をめぐる技術と制度を考えるにあたって，客観的合理性と関主体的配慮は対立するものであるよりも，むしろ補完的なものである．ところが，独立後のポストコロニアル・インドにおいては，植民地期につくられた統治機構（政府，裁判所，警察など），土地所有および儀礼的ヒエラルヒーと連動した階層的社会構造，そして植民地主義的な認識枠組み ── インドは差別と格差に満ちており近代化による合理化が必要といった考え方 ── など，植民地的な構造は多くの側面で継続し，そこにおいて，近代国家の客観的合理性を推進するべきか，在来社会の共同態的な徳を奨励するべきかをめぐって，二つの思想的な流れが対立したままの状態が長く続いていた（Bardhan 1998; Nandy 2006: 283）．

現在必要とされるのは，こうした「自律性か共同性か」そして「合理性か徳か」を排他的な二分法として捉え，どちらかを選択しなければならないと考えるような植民地的な発想を超えて，より総合的な知をつくりあげていくことである．ポストコロニアル状況の超克は世界全体にとっての課題であり，それは熱帯についての私たちの知的認識を革新することをともなうはずだ（本書第 12 章）．

4-5 新たな生存秩序のための知とは ── 植民地主義を超えて

人間の「自律性と共同性」そして「合理性と徳」はなぜ架橋されねばならないのだろうか．

個々の人間は，関係性・共同性のなかに在ると同時に，それぞれが固有のかけがえのない存在として，自らの生を探究する自律的な存在でもある．さまざまな位置にある人間がもつ多様な視点は，生きる環境の偶発的な状況に対応しつつ，関わるすべてのもののポテンシャリティを生かすような制度や技術を開発していくうえで有用だ．そしてそうした多様な視点が生かされるためには，それらがただ単独にあるのではだめで，全体のネットワークのなかに参加し，他者とのつながりのなかに場所を得ることが必要である．

また合理性は人間と環境の持続性にとって必要不可欠である．非合理的なものが持続することはあり得ない．しかしその合理性がたとえば生産効率性という限定的な視野に立つものであれば，それは一部の主体の特定の目的達成にとってはよきものであっても，全体の持続性にとってはのぞましくない．共同態的な徳とは，自らの一時的な欲望を直接にかなえようとするのではなく，自らの行為がより広範囲に及ぼす影響をおもんばかって行為を選択することである．そこには，たんに自制（我慢）のみではなく，他者のニーズに共感，同調，配慮することによって，自己と他者のより豊かな関係性を構築しようとする，より高次の欲望を満たすための自己の探究がある．そしてその自己探求は，自己に関わるすべての存在の多元的な立場と視点に配慮することによってこそ，より深いものへとなりうる．さらに他者への配慮に基づく行為が実際に全体の関係性にとってよきものであるためには，多元的な視点を総合した合理的な判断が必要である．このように考えると，自律性と共同性，また合理性と徳は相対立するものではなく，むしろ相互補完的でどちらも必要なものであることがわかる．

　より一般的にいうならば，「客観的合理性」と「間主体的配慮」は，人間がよりよい生存基盤を構築していくためにどちらも大切な知のかたちである．前者は，主体が目的を達成するための合理的かつ客観的な知であり，後者は，自己と環境の間主体的な関係性に働きかける相互作用的で相互変容的な知である．また前者は，私たちの生存圏全体をみわたすグローバルで科学的な視点とつながるものであり，後者はそれぞれの行為主体の生きる場所からその環境をみようとするローカルな生活世界を軸にすえた世界の見方につながるものだ．

　それぞれの知のかたちは，グローバルとローカル，普遍性と固有性，一貫性と多義性，客観性と間主体性，規則性と偶発性というどちらも必要なふたつの側面を捉えるのに有効である．こうした知の二つの側面を統合し架橋していくことこそ，たんなるローカリズムや伝統主義に陥らず，また他者や自然を一方的に統御・支配しようとする植民地主義的発想を超えて，人間の生存基盤を持続的に充実せしめるための知的営為の課題である．

　客観的合理性と間主体的配慮という二つの知のかたちを，その行為的側面

表終-1　知の四形態

	客観的合理性	間主体的配慮
行為的側面	技術知	実践知
認識的側面	概念知	想像力

出典：筆者作成.

と認識的側面に分けるならば，前者の行為の側面は「技術知」，認識の側面は「概念知」として，また後者の行為の側面は「実践知」，認識の側面は「想像力」として整理することができるだろう（表終-1）．17世紀の科学革命以降，機械論的な世界観のもとで数式的な法則の発見をめざす定量的な科学が目指されるようになってから（山本 2007），技術知と概念知についてはおもに自然科学・社会科学の領域で大きな発展をとげてきたが，実践知や想像力については，その公共的な重要性が十分に認知されてこなかったように思う．

だが，生存基盤を全体的に問い直す必要がある現在，私たちは，世界の根拠を問い直すと同時に，人間は世界といかなる関係をもち，環境世界にいかに働きかけるべきかという根本的な問いに戻らざるを得ない．その際，在地の生活世界に継承されてきた実践知の潜在力を正しく認識し，さらに他者の存在や視点への人文的な想像力＝構想力を鍛え上げ，間主体的な配慮に基づく知を，科学的な客観的合理性の知と架橋し結びつけていくことは，人間の生存基盤を学術的に問うていくうえで不可欠である．

5　多様性のなかの平等／平等のなかの多様性
――〈存在の賑わい〉のために

5-1　存在の平等と多自然主義

客観的合理性と間主体的配慮という知の二つのかたちは，人間が世界に対する根幹的な二つの態度でもある．それは自己と他者の間に差異をみるかそれとも同一性をみるか，ということだ．前述したように，人間の人間たるゆ

えんは，自我意識をもって他者との差異を認識すると同時に，他者（人間と非人間を含む）に自分と同じような人格と行為主体性を認めて共感する力にある．

　差異を認めながら共感することをつうじて生のつながりをつくっていく能力こそが，人間性の基盤である．そしてそれが，人間が人間として，宇宙との関係を創造的につくっていける根拠でもある．その基底にあるのは，人間も動植物も非生物も，かたちのあらわれは異なりながら，その存在——伝統的な言い方にならうならば「霊（スピリット）」といってもよい——のレベルにおいては同一で等しい，という〈存在の平等〉という原理だ．これは，インド思想との関連ですでに述べたが，ヒンドゥー教や仏教にかぎったものではなく，人類の宇宙認識の根幹をなす宗教的・神話的世界観として各地にみられるものである．そこにあるのは，宇宙のすべての諸存在に人格と行為主体性を認め，相互的な対称性のなかで対話をなそうとする態度である．その根底には，存在論的にはすべてはつながった一つのものであるという認識がある．

　ここには，一つの自然について文化によって多数の見方があるという「多文化主義」(multiculturalism) ではなく，むしろ一つの精神（霊的実在）が多数の自然のかたち（人格的顕現）をとってあらわれるという「多自然主義」(multinaturalism) がある (De Castro 1998; Latour 2004)．これによると，宇宙には人間と非人間を含む多様な自然のかたち (natures) があり，それらの相互作用としてこの生きる世界は成り立っている．こうした考え方は，人間主体と自然客体を截然と分けるような，従来の近代的な存在論を再考し，科学技術や政治経済を含む現実的な生存秩序そのもののあり方を問いなおすことを，私たちに迫るものである．

　ただし多自然主義の考え方はいわゆる伝統社会にのみあるだけではない．現代科学の主要な実践は，人間の理性ですべての自然原理 (the nature) を一貫的に説明しようとすることよりも，自然のさまざまな固有のあらわれ (natures) を明らかにし，そこに内包される複数で多元的な可能性を掘り起こすことにあるのではなかろうか．近代科学の公式のイデオロギーは，自然を社会から分離された対象として，そのあり方を直接的かつ客観的に明らかにすることを目的であるかのように語るが，B. ラトゥール (Bruno Latour) が指

摘するごとく，実際の科学の営みは，さまざまな実験器具や観察道具さらには研究室や学会などという，社会的な人工物や制度の媒介を経て初めて可能となっている (Latour 1993)．また自然の姿をそのままあらわすことは人間には不可能であり，数値や数式また図像やモデルといった社会的表現をつうじてのみ，私たちは多様な自然の一端を代理表象できる．科学者が実際にしていること，そしてより意識的になすべきことは，そうした自然のさまざまなあらわれ —— 動植物，山，川，森，海など —— の固有の声に耳を傾け，それらの諸存在の可能性を顕わにして，社会へと伝えることだ (Latour 2004)．

現在の地球環境問題は，こうした多様なる自然（そして人間）の声を聴き取る科学的技芸 (scientific art) を，諸存在への実際的な配慮をなす政治的技芸 (political art) へと結びつけることが必要なことを私たちに告げている．人間の生存基盤の持続性こそが政治経済の中心的課題になりつつある今，多様なる自然の声を，多様なる人間の声とともに，私たちの「生存のデモクラシー」へと反映させることは必要不可欠である．ここに科学と社会そして生態と政治は結びつく（田辺 2010b）．

5-2 多様性の意味を再考する —— 地球圏・生命圏・人間圏に照らして

生存基盤持続型発展のためには，諸存在のあらわれの多様性（それぞれの固有の差異）を認めながら，同時に，根源的なレベルでの存在の平等に即した共感と配慮をつうじて，それぞれの最善の可能性をひきだせるような生の関係性をつくっていくことが必要となってくる．これは，温帯パラダイムにおけるように，人間の側が生態環境を一方向的に統御しようとするのではなく，むしろ人間と生態環境との相互作用のなかで，生態環境の側の論理を十全に理解したうえで，そのポテンシャリティを最大限に生かそうとする，熱帯パラダイムに基づくといってよいだろう．

多様性の意味を考えるにあたっては，地球圏と生命圏と人間圏のそれぞれの圏の論理が異なる以上，それぞれの圏における多様性の生み出され方も異なることに留意する必要がある．地球圏における多様性は，物質・エネルギーの循環と分布がさまざまな理由によって非均質的になる過程で生じてい

く．これは地域的・空間的な差異である．一方，生命圏における多様性は，進化をつうじて生物種が分化していく過程で生じるものだ．それは，それぞれの種が，生態環境のなかに多義的な諸側面を発見し，それに適応することをつうじて，自らのニッチを築いていくことでもある．

　人間は，生物学的な適応の範囲を超えて，人間と環境の関係を可塑的に再構築できるという文化的な能力を有する．すでに述べたように，生命圏の論理において，多様性に意味があるのは種のレベルであって，遺伝子の乗り物にすぎない個体にはかけがえのなさは存在しない．対して，人間圏においては，それぞれの個体のユニークな資質が評価の対象となる．人間圏においてはじめて，個体レベルの多様性そしてそれぞれの個体のクリエイティビティに意味と重要性が付与された．

　また人間圏においては，文化社会集団ごとの多様性も発展した．現生人類は約10万年前にアフリカを出てから，生態環境の異なる諸地域に進出していったが，それは，人間の諸集団が，空間的・地域的に，地球生命圏の多元的な環境に適応していく過程でもあった（今村 2010）．

　さらにこうした諸集団が移動し出会うなかで，多様な諸文化や諸社会の間の多元的共生という課題が諸地域においてあらわれる．それに対して，地域ごとの回答を与えていったのが文明という理念と制度の枠組であったということができよう．文明は，諸文化・社会の多様性の価値を承認しつつ，同時に，そうした多様性を統合しうる普遍的な枠組みを提示しようとするものであった．こうした視点からは，地域あるいは文明は，同質性をもたせるものであるよりも，むしろ多様なるものが相互作用を行う場としてあった（川田 1997）．

　こうしてみると，人間圏における多様性は，諸個体，諸文化・社会，そして，諸文明，という少なくとも三つのレベルの多様性を考えなくてはならない．さらにはそれらのレベル内外の相互的な接触と交渉による新たな多様性の創出も起こっている．

　人間文化は，地球圏，生命圏，人間圏におけるこうしたさまざまなレベルの多様性——地域，生物種，個体，文化・社会，文明など——を，共有されたことばづかいによる「分割と連関」のロジックをもって，生存秩序とし

て統合する．そしてそのロジックは，しばしば宗教や政治のイデオロギーとして，さまざまな理念や制度 ── たとえば寺院や王権などという媒介装置 ── をともなって制度化していく．ことばとものの相互作用がこうしてパターン的に配置され，それ固有の力と方向性を有していくなかで，人間圏における諸個人の生き方そして諸文化や諸文明は，地球圏と生命圏と関わりつつもそれらの論理を超えて自己創造（オートポイエーシス）の固有の径路をつくりだしていくのである．

　私たちが生存秩序を再検討する必要があるのは，そうした人間圏の論理がいわば暴走し，地球圏と生命圏と不調和を起こしているからだ．多様なるものを秩序化する作用は，人間圏において不可欠であるが，それはしばしば自己中心主義に陥りやすく，他者や自然を周縁化する．そうした傾向性を修正し，諸存在の間の相互応答的な関係性を再構築するために参照されるべきであり，実際に人類史において参照されてきたのが，「平等」という理念である（本講座第3巻第7章）．多様性のなかに平等を見いだすことによってこそ，私たちは生存圏における関係性のあり方にオルタナティブを発見していくスペースを確保できるのである．

　ここで，多様にあらわれる諸存在が平等であるというのは，いかなる意味においてであろうか．それは，そのかたちのあらわれそのものにおいてではありえない．現象においては，すべてのものは差異をもつ．生存圏における平等は，むしろそうした差異を尊重しながら，それでも自他がどこかで「同じようなもの」であるという共感を基底に，そのあらわれに応じた尊重と配慮をわけへだてなく行うということではなかろうか．つまり，生存圏においては，間主体的な相互作用における「配慮の平等」が基底的な価値としてある．

　そして「配慮の平等」のさらに根源にあるのが，現象の内奥の〈存在〉というレベルにおいてすべてのものはつながった一なるものであるという〈存在の平等〉である．存在の平等の認知があってはじめて，自他の関係性において，それぞれの多様なるあらわれを尊重・配慮するという，配慮の平等が可能になる．これは一つの世界観であり，コミットメントである．

　人間が生きるにあたって，地球圏の諸存在（山，川，海，空，大地など）に対する介入と撹乱は避けられない．そうした意味で暴力は不可避である．し

かし人間による介入が地球圏の秩序自体を壊してはならないことは誰もが同意するだろう．地球圏の，動態的な循環の論理を理解したうえで，その論理の許容範囲のなかで地球圏を生存基盤として利用させてもらうことが必要である．地球圏の諸存在に，人間と同じだけの権利の平等があるとするのは無理があるが，地球圏の循環の論理のなかでそれらのすべてが固有の位置と役割をもっている以上，それらに対する配慮の平等があってしかるべきだ．

生命圏において，個々の生命は配慮の平等の対象となるが，同時に，私たちの生命過程において他の生物のいのちをいただくことは不可避である．そうした相互作用のなかでは，個々の生命への尊重と配慮が必要であるとともに，種のレベルに対する特別な配慮が必要となる．ある生物種が失われることは，人間の力では回復不可能なかたちで生物多様性ひいては生存基盤の質が落ちることを意味するからだ．なお地球圏あるいは生命圏が破壊されれば人間圏も維持不可能という意味では，地球圏および生命圏は人間圏と完全に対等（平等）な重要性をもつといえよう．

他方，人間圏においては，存在の平等という根底的な価値については，地球圏および生命圏と変わらないものの，個々の人間の生存への配慮は，地球生命圏における諸存在に対するものと比べてずっとより高いものが求められてきた．これは，人間圏において，個体レベルのかけがえのなさが承認されていることと関連している．

ただ歴史的にみるならば，個々の人間の生存に対する配慮の平等性は，多くの社会で，社会経済的なヒエラルヒーや政治的な権力構造の存在と矛盾するものではなかった[27]．分業がある程度進んで複雑化した社会では，特定の地位や役割を与えることで，その個人や集団の生存を保障するというかたちが一般的にみられる[28]．それは上述の18世紀インドの「不可触民」の位置づけをみても理解できるだろう．

地位や役割が分化した社会の生存秩序においては，各個人の生存や各社会

---

[27] ただし，個々人への配慮の平等を強く要請する，たとえばサブサハラ・アフリカ社会のような平等主義社会も存在する．

[28] 長い人類史においてみるならば，個体の生存への配慮は，家族・親族あるいは諸集団の維持継承への配慮にまさるものではなかった．そうした文脈でたとえば間引きなどが行われてきたのであった．

集団の維持への一定の配慮はあったものの，それらの間の不平等や格差もつくりだされてきた．

近代の公共圏において「権利の平等」が唱えられたことは，その意味で画期的な意味を有する．「権利の平等」は，公共資源への平等なアクセス（「機会の平等」）や基本的諸自由への平等な権利（「市民権の平等」）を，すべての個人に適用しようとするものである．これによって，個人の権利は，人と人の関係性に依存するものではなく，非人格的・公共的な制度として発展していった．こうした権利の平等の公共的な制度化が，諸個人の潜在能力を高めるにあたって望ましいものであることは言うまでもない．

ただし人間の「権利の平等」は，独立した個人の集合という市民社会の擬制のうえに成り立つことは留意しておく必要がある．そこでは個人と個人の同等性が強調されるあまり，個体間の差異に対する配慮が欠けがちであるだけでなく，個体は関係性のなかの結節点としてあるということを忘れがちである．しかし個体の自律的でかけがえのない生が可能になるのは，それを支える周囲の環境，つまり人と人および人と自然の相互依存的な関係性があってのことだ．

生存という位相でみるならば，権利や機会の平等だけではなく，それぞれに異なるニーズに対応した多様性への配慮が重要である．それはたとえば，乳幼児や老人のように公共圏での役割がきわめてかぎられた存在のことを考えれば明らかであろう．つまり，人間圏においては，権利の平等という価値と制度よりも，個体の多様性を基礎にした配慮の平等という価値およびそれを支える関係性のほうがより基底的であり，前者は後者によって支えられている．これは親密圏が，公共圏のより根底的な成立基盤であることとパラレルである．

人間圏ひいては生存圏における平等については，公共圏における個人の権利の平等だけではなく，個体や集団そしてあらゆる諸存在の多様性への配慮の平等が，これからの多元的共生と生存基盤持続型発展にとって大事である．生命圏において多様な種の間のつながりによる生態系が重要であるように，人間圏は文化によって歴史的につくられてきた文化的・生態的な多様性

を継承しさらに発展させることが求められる[29]．そして何よりも，生存圏全体において，根源的な存在の平等に基づいた多様なる他者への尊重と配慮を自他の関係性のなかで充実していくことが，地球社会の持続的な豊饒化に資するだろう．

5-3 多元的な声を活かす —— ヴァナキュラー・デモクラシー

以上のことから，生存基盤が持続的であるとは，すべての諸存在が，平等な配慮と尊重をその多様なるかたちに応じて享受できる条件が整うということだといえるだろう[30]．

現在ある生存秩序には，さまざまな自己中心性が残存している．それを一度に解消するのは難しい．歴史と法は，つねに強者によってつくられる．だが生存秩序はより多元的な存在の参加と分有によって変えることができるし，変えていかねばならない．筆者たちの考えるパラダイム転換は，生産効率性を目的とする対象統御という温帯中心的な観点から負の価値づけを与えられていた，熱帯の多自然の偶発性や極端さを含む力や動きのポテンシャリティ，そして西欧市民の規格的イメージから周縁化されていた多様な人間存在の潜在的可能性を掘り起こし，生存圏を構成する多元的な諸存在の間により豊かな生存のネットワークを築き上げることだ．そのためには，現存の生存秩序において十分な配慮を与えられてこなかった諸存在，語る声をもたない人や生物やものの苦しみと痛みに共感する想像力を鍛えることが必要だ．

世界各地の風土に即したヴァナキュラーな生活世界において，私たちは，身体による環境への認知と働きかけをつうじて，多様なる諸存在 —— 空気，水，大地，バクテリア，動植物など —— とのつながりのなかに生きている．

---

29) 人間が生態的な多様性の増進に積極的に寄与する例としては，重田（2004）を参照のこと．
30) シンガーが指摘するとおり，必要なのは，「機会の平等」ではなく，それぞれの存在の条件に応じた「配慮の平等」だろう（Singer＝山内・塚崎訳 1999: 45）．ただしシンガーは，平等な配慮を受けるのは，痛みや苦しみの意識のある有情の存在にかぎっており，その他の自然環境については，私たちの生存や美意識のために保護するべきという立場をとっている．しかし配慮を受けるべきは，有情の生物にかぎらず，私たちの生存圏を構成するすべての諸存在ではなかろうか．またシンガーのたつ功利主義が，自律的な主体たる個体の選好充足の最大化を目指すのに対し，本論は，間主体的な相互交流がもたらす豊かさに注目している．

終章　多様性のなかの平等

　しかしグローバルガバナンスや国家統治の公共的な表象・代理秩序からは，生存圏にあるそうした多元的な存在は多くの場合，抜け落ちてしまう．現存の国家デモクラシーにおいては，国民のうちの成人[31]が自らを表象・代理する権利を与えられているが，実際の支配的な表象・代理秩序において，社会的な弱者（サバルタン）だけでなく，現存の政治＝科学の枠組みでそもそも主体性を否定されている非人間は，声をもたない．人間のみならず生物と非生物を含む多元的な諸存在が承認と配慮を得て生のつながりのなかに参加と分有を享受するようなヴァナキュラーな生活の場と，公共的な表象・代理秩序たるデモクラシーを媒介することが必要だ．そしてその媒介をつうじて，私たちの生存秩序の不断の再編を可能にするようなしくみを整えていけないだろうか[32]．生存のデモクラシーは，生活の場の多様なる自然と人間の声を，強靭な柔軟性をもって全体的な生存秩序へと組みこんでいく〈ヴァナキュラー・デモクラシー〉として構想されうるだろう．

　現存の生存秩序において周縁化されている諸存在，そうした境界的な存在こそが私たちの生存秩序をより持続的なものへと新たに再編する希望を与えてくれる．その希望を現実のものにしていくために，私たちは周辺化された他者への想像力をまず磨かなくてはならないだろう．「希望なき人々のためにのみ，希望は私たちに与えられている」のだから (Benjamin＝浅井編訳・久保訳 1972: 184; 三原 2006: 156)．

---

31) 日本国においては，未成年および「精神上の障害により事理を弁識する能力を欠く」成年被後見人は，参政権をもたない．他の国と同様，子ども，精神障害者　外国人，非人間は政治の場から排除されている．
32) シンガーは「倫理的にものごとを見るということは，われわれが自分の内側に向う関心を超越し，可能な限り客観的な観点に自分を同化させる —— シジウィクにならっていえば，「宇宙の観点」に同化させる —— 一つの方法なのである．宇宙の観点とは，高い見地からものごとを見ることである」と言う (Singer＝山内・塚崎訳 1999: 398)．こうした努力が必要な一方で，そうした客観的で一般的な環境倫理をつくろうとすることの困難と危険を認識することも大事であろう．まず必要なのは現場で感じて考える力であり，また多様な視点や価値を相互交渉させうるような場である (桑子 2009)．そのためには，そうした多様な視点や意見の交流・交渉・交換を可能にするための制度が必要だ．そこには，成人だけでなく，子ども，動植物や，その他の多自然の視点も何らかのかたちで表象代理してあるいは参加してもらって含めていく必要がある．

513

5-4 存在の賑わいへ

　生存のデモクラシーのために存在の平等という原理は不可欠である．生存圏にあるあらゆる存在への平等な配慮をもたらすためには，すべての存在論的な同一性を基底とした共感が必要だからだ．しかし同時に，すべての存在が平等であるといえるのは，そこに，多様なる存在の開かれた関係性の可能性があるときだけであることにも注意しておかねばならない．別様なる関係の可能性が開かれず，それぞれの部分が全体との関係のもとに定義されてしまうとすれば，それは全体主義(ファシズム)に陥ってしまう．

　あらゆる諸存在は，その霊(スピリット)において絶対平等でありながら，そのかたちの人格的(ペルソナ)なあらわれにおいて多様なる差異を有する．さらに，そうした多様なる個体は，それぞれ他の個体とのつながりにおいて自らのかたちを保持しつつ，同時に，現状とは異なる他の関係性を自らの環境との間に築きうる可能性を有する存在でもある．別の言い方をすれば，すべての諸存在は固有のかたちを有する現実態であるのみならず，さらなる多様性・複数性を内包した将来的な可能態でもある．

　温帯パラダイムが企図した未来のために現在を統御しようとするとすれば，新たな熱帯パラダイムは多様なる存在の可能性を未来に向かって開放するものである．そうした将来への「開かれ」は，多様性のなかの平等，すなわち〈多〉なる現象に〈一〉なる存在を認めることによってこそ生まれ，またそうした多様なるものの相互交流によるさらなる多様性の豊饒化によってこそ可能となる．

　この世の多様なるあらわれは，すべてがつながっており，それらはかたちのうえで区別されはしても，すべて等しく，存在論的に一つである．つまりそこには〈存在の平等〉がある．ただしそうした存在の平等は，多様なる諸存在の響きあいのうちにこそ，一つの交響(シンフォニー)としてうかびあがるものである．多なるものたちは，一なる存在の多様なるしかし共鳴した響きとしてあるのだ．

　　開かれてあることは，一義性の本質的な特徴だ．……そこでのみ「すべては平等だ！」そして「すべては回帰する！」という叫びがこだまする．しかし，この「すべては

平等だ」そして「すべては回帰する」ということは，差異の極限に達したときにのみいえることだ．幾千の声をもつ多様なるものの全体のためのひとつの同じ声，すべての水滴のためのひとつの同じ海，すべての存在者のためのひとつの存在の賑わい (clameur de l'Être, clamour of Being) がある．それぞれの存在者，それぞれの水滴，それぞれの声が過剰の状態に達したという条件のもとに（ドゥルーズ 1992: 450　適宜改訳，強調引用者）[33]．

多の交響は，一なる存在への賛歌だ．そうした〈存在の賑わい〉にこそ，存在の平等はうかびあがる．そして諸存在（存在者）の差異と同時に本質の一性を認めあい，それぞれのあらわれ，その固有性（かけがえのなさ）への尊重と配慮があるとき，そのつながりは，多様性のさらなる響きあいというよりいっそうの賑わいを生んでいくことになる．

現在必要なのは，人間の「権利の平等」を公共圏において実現することだけではなく，あらわれの差異と多様性を前提としたうえでの「配慮の平等」を生存圏全体において徹底することではないだろうか．これこそが持続的生存基盤への鍵となる．そして，異なるものたちへの平等な配慮，それを可能にするのは，存在の平等を基盤として，人間が諸存在に共感しケアする力である．

人間圏の多元的共生，生命圏の生物多様性，地球圏の多様な環境というさまざまな次元の賑わいを持続的に維持するだけでなく，これらの三つの圏が接合する生存圏において，人間，生物，非生物のより豊かなつながりが可能にする存在の賑わいを可能にしていくためには，〈多様性のなかの平等〉と〈平等のなかの多様性〉を観取し，その知を自己と他者の相互関係に実践的に適用していくことが求められる[34]．それによってこそ，諸存在はあまねく

[33) 三原芳秋氏は，「存在の平等」という考え方と，G. ドゥルーズ (Gilles Deleuze) の「存在の一義性と名の多数性」という考え方が深くつながっていることを指摘し，ドゥルーズは，〈多〉の過剰を称揚しているだけでなく，それをつうじて存在の〈一〉性への賛歌をうかびあがらせていることをご教示くださった．なおドゥルーズについては，松嶋健氏および箭内匡氏（箭内 1995 など）からも多くを学んだ．記してお礼を申し上げたい．

34) 「生の諸様式の雑然たる賑わい」（川本 2008: 11; cf. 井上・名和田・桂木 1992: 26）と「生き物たちの賑わい」（岸 1996: 141）に加えて，「人と自然がともにあるからこそ生まれる賑わい」によって，生きものと人がともにはぐくむ豊かさが可能になるという，福永真弓の指摘に筆者は共感する（福永 2009: 106; cf. 川本 2008: 9-11, 82-83）．ただし人間圏と生命圏の交流だけでなく，地球圏の多様な環境による賑わいと，そうした地球生命圏の多自然と人がともにはぐくむ豊かさもここに付け加えたい．

その異なるかたちに応じた平等な配慮と尊重を得られていくだろう．

　こうした新たな生存秩序を，人間は，差異を認めながら共感しケアするという能力をつうじて構築し，その関係性のなかで自己のより深い歓びを探究することができる．そこに生存基盤持続型発展の可能性はある．

参考文献

Arendt, H. 1958. *The Human Condition*, Chicago: University of Chicago Press（志水速雄訳『人間の条件』ちくま学芸文庫，1994年）．

Bardhan, P. 1998. "The State against Society: The Great Divide in Indian Social Science Discourse", in S. Bose and A. Jalal (eds), *Nationalism, Democracy and Development: State and Politics in India*, New Delhi: Oxford University Press.

Bateson, G. 1972. *Steps to an Ecology of Mind*, New York: Ballantine Books（佐藤良明訳『精神の生態学［改訂第2版］』新思索社，2000年）．

Benjamin, W. 1924/25. "Goethes Wahlverwandtschaften", *Neue Deutsche Beiträge*,（「ゲーテの親和力」浅井健二郎編訳・久保哲司訳『ベンヤミン・コレクション1　近代の意味』ちくま書房，1972年）．

Cassirer, E. 2006 [1944]. *An Essay on Man: An Introduction to a Philosophy of Human Culture*, Hamburg: Felix Meiner Verlag（宮城音弥訳『人間 ── シンボルを操るもの』岩波文庫，1997年）．

de Castro, E. V. 1998. "Cosmological Deixis and Amerindian Perspectivism", *Journal of the Royal Anthropological Institute*, 4(3): 469–488.

Dawkins, R. 1976. *The Selfish Gene*, New York: Oxford University Press（日高敏隆・遠藤彰・岸由二・羽田節子・垂水雄二訳『利己的な遺伝子』紀伊國屋書店，1991年）．

Deleuze, G. 1968. *Différence et répétition* [5th edition], Paris: Presses universitaires de France（財津理訳『差異と反復』河出書房新社，1992年）．

藤田幸一 2002.「インド農業論 ── 技術・政策・構造変化」絵所秀紀編『現代南アジア第2巻　経済自由化のゆくえ』東京大学出版会，97-119頁．

福永真弓 2009.「精神・豊かさ ── 生きものと人がともに育む豊かさ」鬼頭秀一・福永真弓編『環境倫理学』東京大学出版会，92-107頁．

船曳建夫 1997.「序　人間とは何か／人間のようなもの」船曳建夫編『岩波講座　文化人類学第1巻　新たな人間の発見』岩波書店，1-27頁．

Hobbes, T. 2010 [1651]. *Leviathan* [revised edtion], Broadview Press（水田洋訳『リヴァイアサン』第1-4巻，岩波文庫，1992年）．

Gadgil, M. and R. Guha 1992. *This Fissured Land: An Ecological History of India*, New Delhi: Oxford University Press.

今村薫 2010.「〈特集〉人類史の空間論的再構築 ── 移動，出会い，コンフリクト：序 ── 人類史再構築の必要性」『文化人類学』74(4): 513-516.

Ingold, T. 2000. *The Perception of the Environment: Essays on Livelihood, Dwelling and Skill*, New York: Routledge.
井上達夫 1986.『共生の作法 ―― 会話としての正義』創文社.
―― 1999.『他者への自由 ―― 公共性の哲学としてのリベラリズム』創文社.
―― 2003.『法という企て』東京大学出版会.
井上達夫・名和田是彦・桂木隆夫 1992.「《人間が豊かな共生社会》をめざして」井上達夫・名和田是彦・桂木隆夫編『共生への冒険』毎日新聞社, 7-35 頁.
煎本孝 2010.「人類の進化と北方適応」『文化人類学』74(4): 541-565.
石井米雄 1975.「歴史と稲作」『タイ国 ―― ひとつの稲作社会』創文社.
―― 1977.『インドシナ文明の世界』講談社.
伊藤周平 2007.『権利・市場・社会保障 ―― 生存権の危機から再構築へ』青木書店.
加藤尚武 2005.『新環境倫理学のすすめ』丸善ライブラリー.
川本隆史 2008.『哲学塾 ―― 共生から』岩波書店.
川田順造 1997.「文化と地域 ―― 歴史研究の新しい視座を求めて」濱下武志・辛島昇編『地域の世界史第 1 巻 地域史とは何か』山川出版社.
木村武史 2008.「サステイナビリティ構築に向けて ―― 試されている知識と富の価値」木村武史編『千年持続学の構築』東信堂, 134-148 頁.
岸由二 1996.『自然へのまなざし ―― ナチュラリストたちの大地』紀伊国屋書店.
黒崎卓 2010.「インド，パキスタン，バングラデシュにおける長期農業成長」『経済研究』61(2): 168-189.
来栖三郎 1999.『法とフィクション』東京大学出版会.
桑子敏雄 2009.「制御から管理へ」鬼頭秀一・福永真弓編『環境倫理学』東京大学出版会, 255-268 頁.
Legendre, P. 1999. *Sur la question dogmatique en Occident: aspects théoriques*, Paris: Fayard(西谷修監訳，嘉戸一将ほか訳『ドグマ人類学総説 ―― 西洋のドグマ的諸問題』平凡社, 2003 年).
Latour, B. 1993. *We Have Never Been Modern*, Cambridge, Mass: Harvard University Press.
―― 2004. *Politics of Nature: How to Bring the Sciences into Democracy*, trans. by C. Porter, Cambridge, Mass.: Harvard University Press.
Lévi-Strauss, C. 1949. *Les structures élémentaires de la parenté*, Paris: Presses universitaires de France(馬淵東一・田島節夫監訳，花崎皋平ほか訳『親族の基本構造』番町書房, 1977-78 年).
真木悠介 2008.『自我の起源 ―― 愛とエゴイズムの動物社会学』岩波現代文庫.
三原芳秋 2006.「ニオベーの涙 ―― バトラーとベンヤミンに関するメモランダム」『現代思想』34(12): 152-157.
Nandy, A. 2006. "Democratic Culture and Images of the State: India's Unending Ambivalence", in M. Kimura and A. Tanabe (eds), *The State in India: Past and Present*, New Delhi: Oxford University Press, pp. 282-301.
野口悠紀雄 1995.『1940 年体制 ―― さらば「戦時経済」』東洋経済新報社.

沖大幹 2008.「21世紀の千年持続学」木村武史編『千年持続学の構築』東信堂.
大澤真幸 1995.「社会性の起源（承前）」『現代思想』23(2): 255-268.
Rawls, J. 1971 [revised edition, 1999]. *A Theory of Justice*, Cambridge, Mass.: Harvard University Press（川本隆史ほか訳『正義論』紀伊國屋書店，2010年）.
Rousseau, J.-J. 1755. *Discours sur l'origine et les fondements de l'inégalité parmi les hommes*（本田喜代治・平岡昇訳『人間不平等起源論』岩波文庫，1972年）.
―― 1762. *Du contrat social*（桑原武夫・前川貞次郎訳『社会契約論』岩波文庫，1954年）.
Roy, T. 2007. "A Delayed Revolution: Environment and Agrarian Change in India", *Oxford Review of Economic Policy*, 23(2): 239.
Sachs, W. 2000. *Planet Dialectics: Explorations in Environment and Development*, London: Zed Books（川村久美子・村井章子訳『地球文明の未来学 ―― 脱開発へのシナリオと私たちの実践』新評論，2003年）.
佐川徹 2011.『暴力と歓待の民族誌 ―― 東アフリカ牧畜社会の戦争と平和』昭和堂.
Sato, T. and P. R. Duraiyappa 2011. "The Effects of Expansion of Private Wells on Rural Livelihood in Tank Intensive Watersheds: A Case Study in Upper Gundar River Basin, Tamil Nadu", *Southeast Asian Studies*, 49(1): 124-150.
Sen, A. K. 1982. *Choice, Welfare and Measurement*, Oxford: Basil Blackwell（大庭健・川本隆史訳『合理的な愚か者 ―― 経済学＝倫理学的探究』勁草書房，1989年）.
―― 1992. *Inequality Reexamined*, Oxford: Clarendon Press（池本幸生・野上裕生・佐藤仁訳『不平等の再検討 ―― 潜在能力と自由』岩波書店，1999年）.
―― 1999. *Development as Freedom*, Oxford: Oxford University Press（石塚雅彦訳『自由と経済開発』日本経済新聞社，2000年）.
重田眞義 2004.「エチオピア起源の作物"エンセーテ"の多様性を守る人々の営み」『遺伝』58(5): 80-84.
Singer, P. 1979. *Practical Ethics*, Cambridge: Cambridge University Press（山内友三郎・塚崎智訳『実践の倫理［新版］』昭和堂，1999年）.
―― 2002. *One World: The Ethics of Globalization* [2nd edition], New Haven: Yale University Press（山内友三郎・樫則章訳『グローバリゼーションの倫理学』昭和堂，2005年）.
d'Souza, R. 2006. *Drowned and Dammed: Colonial Capitalism, and Flood Control in Eastern India*, New Delhi: Oxford University Press.
杉原薫 2010a.「持続型生存基盤パラダイムとは何か」杉原薫・川井秀一・河野泰之・田辺明生編『地球圏・生命圏・人間圏 ―― 持続的な生存基盤を求めて』京都大学学術出版会，1-22頁.
―― 2010b.「グローバル・ヒストリーと複数発展径路」杉原薫・川井秀一・河野泰之・田辺明生編『地球圏・生命圏・人間圏 ―― 持続的な生存基盤を求めて』京都大学学術出版会，27-58頁.
田辺明生 2010a.『カーストと平等性 ―― インド社会の歴史人類学』東京大学出版会.
―― 2010b.「生存基盤の思想 ―― 連鎖的生命と行為主体性」杉原薫・川井秀一・河野泰之・田辺明生編『地球圏・生命圏・人間圏 ―― 持続的な生存基盤を求めて』京都大

学学術出版会，365-393 頁．
辻康夫 2002．「共同体」福田有広・谷口将紀編『デモクラシーの政治学』東京大学出版会，144-161 頁．
上村勝彦 2007．『バガヴァッド・ギーターの世界 —— ヒンドゥー教の救済』ちくま学芸文庫．
Washbrook, D. 1993. "Land and Labour in Late Eighteenth-Century South India: The Golden Age of Pariah?", in P. Robb (ed.), *Dalit Movements and the Meanings of Labour in India*, New Delhi, Oxford University Press.
山極寿一 1994．『家族の起源 —— 父性の登場』東京大学出版会．
—— 1997．「ヒトはいつから人間であったのか」船曳建夫編『岩波講座文化人類学第1巻 新たな人間の発見』岩波書店，31-60 頁．
—— 2007．「ヒトの社会性とは何か」山極寿一編『ヒトの科学第1巻 ヒトはどのようにしてつくられたか』岩波書店，181-232 頁．
山本義隆 2007．『16 世紀文化革命 1』みすず書房．
柳澤悠 1991．『南インド社会経済史研究 —— 下層民の自立と農村社会の変容』東京大学出版会．
横山俊夫 2012．「序 —— ことばの力と文明化」横山俊夫編『ことばの力 —— あらたな文明を求めて』京都大学学術出版会，i-viii 頁．
World Commission on Environment and Development 1987. *Our Common Future*, Oxford: Oxford University Press（大来佐武郎監修，環境庁国際環境問題研究会訳『地球の未来を守るために』福武書店，1987 年）．

謝辞

　本講座は，京都大学グローバル COE プログラム「生存基盤持続型の発展を目指す地域研究拠点」（平成 19-23 年度，代表 杉原薫）の成果です．この間，多くの方からの知的貢献に支えられて，文系諸科学と理系諸科学を交響させ，フィールドワークと理論研究を統合することにより，21 世紀を見通したアカデミック・パラダイムの創出を目指してきました．本学東南アジア研究所，大学院アジア・アフリカ地域研究研究科，地域研究統合情報センター，生存圏研究所，人文科学研究所，生存基盤科学研究ユニット，大学院農学研究科および大学院工学研究科の教員，研究員，大学院生の方々のみならず，国内外の研究者の方々からいただいたアイディアや助言が，すべての巻および章に埋め込まれています．お名前を挙げることは差し控えさせていただきますが，厚く御礼申し上げます．また，今後も，持続型生存基盤研究の深化，発展を温かく見守っていただきますよう，心よりお願い申し上げます．

　なお，本講座の出版に際しては，京都大学学術出版会の鈴木哲也氏と斎藤至氏に献身的なご助言やご協力をいただきました．また，本間咲来氏には丹念に編集をコーディネートしていただきました．深く感謝します．

編者一同

[編者紹介]

杉原　薫（すぎはら　かおる）［序章，第 5 章］

京都大学東南アジア研究所教授．京都大学グローバル COE プログラム「生存基盤持続型の発展を目指す地域研究拠点」拠点リーダー．専攻：近代経済史．
京都大学経済学部卒．東京大学大学院経済学研究科博士課程修了．経済学博士．大阪市立大学経済学部助教授，ロンドン大学東洋アフリカ学院歴史学部上級講師，大阪大学大学院経済学研究科教授を経て現職．主要著作に，『アジア間貿易の形成と構造』(ミネルヴァ書房，1996 年)，『アジア太平洋経済圏の興隆』(大阪大学出版会，2003 年)，*Japan, China and the Growth of the Asian International Economy, 1850-1949* (編，Oxford University Press, 2005)，『地球圏・生命圏・人間圏 —— 持続的な生存基盤を求めて』(共編，京都大学学術出版会，2010 年)．

脇村　孝平（わきむら　こうへい）［第 2 章，第 12 章］

大阪市立大学大学院経済学研究科教授．専攻：アジア経済史．
大阪市立大学経済学部卒，インド・デリー大学デリー・スクール・オブ・エコノミクス博士課程留学，大阪市立大学大学院経済学研究科博士後期課程単位取得退学．経済学博士．大阪市立大学経済学部助手，助教授，ロンドン大学東洋アフリカ学院在外研究員を経て現職．主要著作に，『飢饉・疫病・植民地統治 —— 開発の中の英領インド』(名古屋大学出版会，2002 年)，『帝国とアジア —— 長期の 19 世紀』(共編著，世界思想社，2009 年)『ワークショップ社会経済史』(共著，ナカニシヤ出版，2010 年)．

藤田　幸一（ふじた　こういち）［第 8 章］

京都大学東南アジア研究所教授．専攻：アジア農業・農村開発論．
東京大学農学部農業経済学科卒，東京大学大学院農学研究科修士課程修了．農学博士．農林水産省農業総合研究所研究員，東京大学農学部助教授，京都大学東南アジア研究所助教授を経て現職．JICA 長期専門家としてバングラデシュ（1992-94），ミャンマー（2001-02）に滞在．主要著作に，『バングラデシュ 農村開発のなかの階層変動』(京都大学学術出版会，2005 年)，『ミャンマー以降経済の変容』(編著，アジア経済研究所，2005 年)，"Worlds Apart: Peasants in Japan and Agricultural Laborers in Bangladesh", *International Journal of South Asian Studies*, 2.

田辺　明生（たなべ　あきお）［終章］

京都大学大学院アジア・アフリカ地域研究研究科教授，同研究科附属現代インド研究センター長．専攻：歴史人類学，南アジア地域研究．
東京大学法学部卒業，東京大学大学院総合文化研究科博士課程退学．博士（学術）．東京外国語大学アジア・アフリカ言語文化研究所助手，京都大学人文科学研究所助教授などを経て現職．主要著作に，*The State in India: Past and Present*（共編，Oxford University Press, 2006），『南アジア社会を学ぶ人のために』（共編，世界思想社，2010 年），『カーストと平等性 —— インド社会の歴史人類学』（東京大学出版会，2010 年，国際開発研究・大来賞，発展途上国研究奨励賞）．

［著者紹介］（執筆順）

アルフレッド・W・クロスビー（Alfred W. Crosby）［第 1 章］

テキサス大学オースティン校名誉教授．専攻：環境史．
主要著作に，*The Columbian Exchange: Biological and Cultural Consequences of 1492* (Greenwood, 1972), *Ecological Imperialism: The Biological Expansion of Europe, 900–1900* (Cambridge University Press, 1986. 佐々木昭夫訳『ヨーロッパ帝国主義の謎 —— エコロジーから見た 10〜20 世紀』岩波書店，1998 年)，*The Measure of Reality: Quantification and Western Society, 1250–1600* (Cambridge University Press, 1997. 小沢千重子訳『数量化革命 —— ヨーロッパ覇権をもたらした世界観の誕生』紀伊國屋書店，2003 年)，*Throwing Fire: Projectile Technology Through History* (Cambridge University Press, 2002. 小沢千重子訳『飛び道具の人類史 —— 火を投げるサルが宇宙を飛ぶまで』紀伊國屋書店，2006 年)，*Children of the Sun: A History of Humanity's Unappeasable Appetite for Energy* (W. W. Norton, 2006).

斎藤　修（さいとう　おさむ）［第 3 章］

一橋大学名誉教授．専攻：比較経済史・歴史人口学．
慶應義塾大学経済学部卒，経済学博士．慶應義塾大学経済学部助教授，一橋大学経済研究所助教授，教授を経て現職．主要著作に，『比較史の遠近法』(NTT 出版，1997 年)，『比較経済発展論』(岩波書店，2008 年)，"Historical Demography: Achievements and Prospects", *Population Studies*, 50(3), "The Frequency of Famines as Demographic Correctives in the Japanese Past", *Famine Demography* (Oxford University Press, 2002).

松林　公蔵（まつばやし　こうぞう）［第 4 章］

京都大学東南アジア研究所教授．専攻：フィールド医学，老年医学，神経内科学．
京都大学医学部卒．医学博士．浜松労災病院神経内科・医員，天理よろづ相談所病院神経内科・医員，京大神経内科・医員，高知医科大学老年病科・助手，講師，助教授を経て現職．主要著作に，『長寿伝説の里』（共編，高知新聞社，1992 年），『インカの里びと』（共編，高知新聞社，1995 年），『登山の医学ハンドブック』（杏林書院，2009 年）『生老病死のエコロジー・チベット・ヒマラヤに生きる』（共著，昭和堂，2011 年）．

田中　耕司（たなか　こうじ）［第 6 章］

京都大学学術研究支援室・次世代研究者育成センター特任教授．専攻：東南アジア地域研究（熱帯環境利用論）．
京都大学大学院農学研究科博士課程中退．京都大学農学部／東南アジア研究センター助手・助教授・教授，同東南アジア研究所／地域研究統合情報センター教授を経て，2010 年京都大学を停年により退職．主要著作に，『稲のアジア史』（共編著，小学館，1987 年），『講座 文明と環境第 10 巻 海と文明』（共編著，朝倉書店，1995 年），『講座 人間と環境 第 3 巻 自然と結ぶ ——「農」にみる多様性』（編著，昭和堂，2000 年），『講座「帝国」日本の学知 第 7 巻 実学としての科学技術』（編著，岩波書店，2006 年）．

ケネス・ポメランツ（Kenneth Pomeranz）［第 7 章］

カリフォルニア大学アーバイン校教授．専攻：中国史，環境史．
主要著作に，*The Making of a Hinterland: State, Society, and Economy in Inland North China, 1853-1937* (University of California Press, 1993), *The World that Trade Created: Society, Culture and the World Economy, 1400 to the Present* (M. E. Sharpe, 1999), *The Great Divergence: China, Europe, and the Making of the Modern World Economy* (Princeton University Press, 2000), *The Environment and World History*（編，University of California Press, 2009）．

甲山　治（こうざん　おさむ）［第 7 章翻訳］

京都大学東南アジア研究所准教授．専攻：水文学，土木工学．
京都大学工学部卒，京都大学大学院工学研究科博士課程修了．博士（工学）．山梨大学工学部研究員，京都大学防災研究所研究員，京都大学東南アジア研究所特定助教を経て現職．

石坂　晋哉（いしざか　しんや）［第 7 章翻訳］

京都大学大学院アジア・アフリカ地域研究研究科客員研究員，人間文化研究機構地域研究推進センター研究員．専攻：南アジア地域研究，環境社会学．
国際基督教大学教養学部卒，弘前大学大学院人文社会科学研究科修士課程修了，京都大学大学院アジア・アフリカ地域研究研究科博士課程修了．博士（地域研究）．

大鎌　邦雄（おおかま　くにお）［第 9 章］

東北大学名誉教授．専攻：日本農業史，農業経済学．
北海道大学農学部卒，北海道大学大学院農学研究科博士課程単位取得退学．博士（農学）．農林水産省農業総合研究所研究員，東北大学大学院農学研究科教授を定年退職．主要著作に，『行政村の執行体制と集落』（日本経済評論社，1994 年），『戦後日本の食料・農業・農村　第 1 巻　戦時体制期』（共著，農林統計協会，2003 年），『日本とアジアの農業集落』（共著，清文堂，2009 年）．

生方　史数（うぶかた　ふみかず）［第 10 章］

岡山大学大学院環境学研究科准教授．専攻：資源経済学，生態政治学．
京都大学農学部卒，京都大学大学院農学研究科博士課程修了．博士（農学）．日本学術振興会特別研究員，東南アジア研究所特定助教を経て現職．主要著作に，『熱帯アジアの人々と森林管理制度』（共編著，人文書院，2010 年），主要論文に，"Forest Sustainability and the Free Trade of Forest Products: Cases from Southeast Asia", *Ecological Economics*, 50(1-2)（共著），「プランテーションと農家林業の狭間で ── タイにおけるパルプ産業のジレンマ」『アジア研究』5(2)，「コモンズにおける集合行為の 2 つの解釈とその相互補完性」『国際開発研究』16(1)．

岩本　純明（いわもと　のりあき）［第 11 章］

東京農業大学教授．専攻：日本農業史（近現代）．
東京大学農学部卒，東京大学大学院農学系研究科博士課程単位取得退学．農学博士．鹿児島大学農学部助教授，東京大学大学院農学・生命科学研究科教授を経て現職．主要著作に，『戦後日本の食料・農業・農村 ── 戦後改革・経済復興期 I』（共編著，農林統計協会，2010 年），主要論文に，「戦後日本の農地慣行と農地規範」『20 世紀日本の農民と農村』（東京大学出版会，2006 年），「林野資源管理と村落共同体 ── 国有林野経営と地元利用」『日

本とアジアの農業集落 —— 組織と機能』(清文堂, 2009 年).

籠谷　直人（かごたに　なおと）[第 12 章]

京都大学人文科学研究所, 大学院地球環境学堂教授. 専攻：アジア経済史.
大阪市立大学経済学部卒, 一橋大学大学院経済学研究科博士後期課程研究指導認定退学.
経済学博士. 愛知学泉大学経営学部講師, 名古屋市立大学経済学部助教授を経て現職。主要著作に,『アジア国際通商秩序と近代日本』(名古屋大学出版会, 2000 年).

島田　周平（しまだ　しゅうへい）[第 13 章]

京都大学大学院アジア・アフリカ地域研究研究科教授. 専攻：アフリカ地域研究, 人文地理学.
東北大学理学部卒. 理学博士. アジア経済研究所調査研究員, 東北大学理学部助教授, 立教大学文学部助教授・教授, 東北大学大学院理学研究科教授, 京都大学大学院人間・環境学研究科教授を経て現職. 主要著作に,『地域間対立の地域構造 —— ナイジェリアの地域問題』(大明堂, 1992 年),『アフリカ 可能性を生きる農民』(京都大学学術出版会, 2007 年),『現代アフリカ農村 —— 変化を読む地域研究の試み』(古今書院, 2007 年).

小杉　泰（こすぎ　やすし）[第 14 章]

京都大学大学院アジア・アフリカ地域研究研究科教授 (持続型生存基盤論担当・同附属イスラーム地域研究センター長). 専攻：イスラーム学, 中東地域研究, 比較政治学, 国際関係学, 比較文明学.
エジプト国立アズハル大学イスラーム学部卒. 博士 (法学). 国際大学中東研究所主任研究員, 英国ケンブリッジ大学中東研究センター客員研究員, 国際大学大学院 (国際関係学研究科) 教授などを経て現職. 主要著作に,『現代中東とイスラーム政治』(昭和堂, 1994 年),『ムハンマド —— イスラームの源流をたずねて』(山川出版社, 2002 年),『現代イスラーム世界論』(名古屋大学出版会, 2006 年),『「クルアーン」—— 語りかけるイスラーム』(岩波書店, 2009 年),『イスラーム 文明と国家の形成』(京都大学学術出版会, 2011 年).

索　引

[数字・アルファベット]
3大穀類　146, 188-189, 209
C_3植物　188-190
C_4植物　188-190
MMD（複数政党民主主義運動）　422-424

[あ行]
アイデンティティ　311, 330, 472, 478
浅香末起　403-408
アジア　8, 11, 75, 132, 138, 156, 168, 187, 391-392, 417, 447, 465　→モンスーン・アジア
　アジア稲作圏　23, 146, 147, 185-188, 192, 193, 203, 208-210
　モンスーン・アジア　11, 21-26, 147, 186, 191, 271-273, 279, 281, 285-288, 292-294, 298-299, 377
　モンスーン・アジア型発展径路　272, 273, 285, 293, 297
アフリカ　8, 11, 39, 44, 53, 62, 118-120, 168-170, 242, 287, 360, 399, 412, 417, 439, 449, 508, 510
アラビア半島　65, 271, 439, 440, 442-445, 452, 454
アラブ　444, 449-453, 465
　アラブ新秩序　455
　アラブ民族主義　450-452, 455
　アラブ連帯　451, 454-455
アラブ石油輸出国機構（OAPEC）　157, 453-454
「家」/ イエ　309-318, 328
　「家」の永続　310-311
イエメン　171, 444, 452
育成林業　355, 359, 364-365, 379-380
移住コスト　61
イスラーム　13, 26, 439-441, 444, 479
　イスラーム金融　26, 442, 458-460, 462-467

イスラーム経済　26, 384, 442, 447-448, 454, 457, 459-465, 467
イスラーム世界　13, 26, 384-385, 445-449, 458-461, 463
イスラーム復興　439, 441-442, 444-445, 456-459, 462, 463, 466
イスラーム文明　26, 439-442, 445-446, 451, 458
イスラーム法　446, 457-461, 463-464, 467
委託林　319, 374-376, 379
遺伝子　110-111, 113, 116, 122, 126, 128, 132, 133, 140, 486, 489, 508
遺伝的適応　109, 117, 120, 126, 128, 133, 139　→文化的適応
井戸　220, 236, 238, 419, 501
　管井戸　221, 239, 285
意図の債務不履行　290
移民　11, 19, 44, 50, 72, 146, 195, 406-407, 451　→移住，移動
イラク　41, 171, 442-443, 449, 452, 455, 456
イラン　73, 171, 174, 442, 447, 449, 454-455, 457-458, 460　→ペルシア
入会地　313-315, 320, 351
入会林野　364, 369, 376
インド　11-13, 50, 66, 71, 165, 172, 178, 187, 215-216, 235-238, 241-244, 246, 248, 256, 271, 276, 283, 336-337, 388, 396-399, 440, 448, 495-503　→南アジア
インマス計画　201-203
ヴァナキュラー　512-513
営農体系研究　207
栄養　40, 66, 90, 94, 101-103, 116, 120, 122-123, 125, 185, 204, 253, 281
　栄養研究　397-398
疫病　9-11, 13-16, 66, 71, 73, 111, 117, 123, 124, 129, 277, 283, 388, 396　→感染症
エジプト　41, 43, 70, 396, 443, 448-449,

529

452-453, 455, 461-462
エネルギー　4, 17, 34, 101, 149, 229, 450, 490, 493, 502　→太陽エネルギー，化石資源（化石エネルギー），バイオマス・エネルギー
　エネルギー革命　58, 120, 153, 168, 450, 454-455, 465, 467
　エネルギー集約度　20-21, 146, 155-161, 176, 180
　エネルギー節約型発展径路　→発展径路
　エネルギー転換　15, 152, 177, 180
　エネルギー・バランス　83, 90, 101
　太陽エネルギー　ii, 4, 6, 10, 30, 35, 43-47, 49, 54, 56, 58, 60, 64, 74
エンタイトルメント　415, 477, 500　→権原
オイルダラー　454-456, 463
オイル・トライアングル　161-163, 177
温帯　2, 7-9, 22, 58, 74, 150, 164, 189-191, 193, 333-335, 377, 387-388, 412, 494
　温帯（型）パラダイム　24, 269, 384, 466-467, 491, 494, 507, 514

[か行]
カースト　12, 276, 290, 496-499　→職分権体制
開発　62, 75-76, 165-166, 216, 224, 230, 252, 276, 341, 347-348, 399, 408, 441, 476
　開発コスト　61, 66, 72, 75
　持続的開発　491-493
　人間開発　i, 6, 178, 474, 476-478, 482
開発主義　20, 166
科学的林業　333-335, 344, 351, 354
家業・家産・家名　308, 311-312, 317, 326, 328, 330　→「家」/イエ
過剰な死　416, 427, 429, 432, 434
化石エネルギー　ii, 21, 146, 151-152, 156, 159, 174-178, 298, 450
化石資源　i, 15, 150, 156, 166, 454-456, 465, 502　→脱化石資源化
　化石資源世界経済　17, 19, 24, 26, 146, 150, 164, 168, 450
化石燃料　17-18, 30, 35, 44-46, 58, 74, 154, 159, 164, 247
ガンガー川　235, 243, 257
灌漑　14, 42, 69, 75, 194, 197, 220, 223-225, 236-241, 246, 259, 285, 320, 369, 396, 430, 498, 501
環境　6, 14, 17, 41, 64, 129, 151, 207, 218, 226, 229, 247, 255, 287, 308, 394, 412, 441, 471-473, 491, 514
　環境決定論　394, 397, 400, 408
　環境保護　254, 491, 493
　環境問題　177, 227, 333, 412, 473, 478, 490, 494, 507
　環境劣化　3, 18, 146, 151, 160, 163-164, 168, 175, 180
感染症　6, 9, 25, 40, 65, 72, 90, 97-99, 102-104, 123, 125, 129-130, 132, 138, 397, 400, 412, 494　→疫病
乾燥　10, 42, 58, 67, 71-72, 75, 120, 234, 495
　乾燥地域（乾燥地帯）　8-10, 26, 66, 69-70, 73, 187, 237, 242, 247, 268, 271, 439, 443-444, 495
　半乾燥　3, 9, 30, 42, 55, 59, 62, 64-66, 71, 187, 287, 412, 495
干ばつ　66, 68, 185, 221, 421, 494
飢饉　16, 66, 123, 185, 220, 277, 283, 396, 398, 405
気候変動　11, 15, 67, 116, 216, 229, 246, 256-257　→地球温暖化
技術移転　147, 180, 193, 209, 286, 335
技術革新　19, 23, 44, 146, 153, 155, 158, 161, 272, 286, 288, 293, 379
希少性　494-495
季節風　257, 404, 406, 444　→モンスーン
規範意識　304, 330
共感　210, 477, 483-486, 488-490, 504, 506, 509, 512, 514-515
共生　ii, 3, 7, 9, 12, 60, 116, 127, 208, 210, 486, 489, 500, 508, 515
　シンバイオシス　489
　コンヴィヴィアリティ　489-490, 493
行政村　319-321
共同耕作　418, 427-429, 432-435
共同体（共同態）　274, 279-280, 290,

530

304-306, 312, 322, 327-330, 375, 445, 480-482, 497-498
　共同体的関係　304, 317, 475, 480
金融自由化　288, 291-292
勤勉革命　14, 20, 274, 282, 286, 291, 311
偶発(性)　257, 384, 494-497, 502-504, 512
グルー, P.　399-402, 408
ケア　ii, 132, 139, 484, 487-490, 492, 515
　——の実践　6
継起的展開　420, 435
ケイパビリティ　476　→潜在能力
径路依存性　1, 24-25, 268
ゲノム　119, 128, 141
兼業化　293, 326, 328, 330　→混住化
言説　349, 388, 422, 479
　開発の——　349, 408, 411
　(客観的)合理性の——　479
　疾病の——　390
　専制の——　391
　貧困の——　396, 415-416
　豊饒の——　388-391
権利　27, 185, 276-277, 306, 308, 318, 336, 338-340, 342, 347-349, 369, 374-376, 424, 474-480, 488-490, 500, 511, 513, 515
黄河　46, 95, 219, 226-228, 236, 245, 255
旧石器時代　37-40
　後期——　37-40
公共圏　i-ii, 27, 477-478, 490, 492, 511, 515　→親密圏
合計出生率(TFR)　→出生率
工業化　ii, 1, 3, 9, 15, 18-21, 23, 146, 154-160, 163-164, 166, 168, 177-178, 180, 191, 206, 268, 272-273, 282-283, 286-288, 293, 396, 407, 409-411, 501
高血圧　125, 128, 131-133, 138
光合成　34, 115-116
　最大光合成能力　189-190
高収量性品種　198, 201-203, 284
高度有機経済　15, 150, 152
穀物　40, 42, 44, 68-70, 101-102, 185, 220, 225, 237, 242　→3大穀類
国有化　339-340, 347, 349, 354, 449

国有林　319, 346
　国有林野特別経営事業　361-362, 369, 371-380
　国有林野法　371, 374
小作争議　304, 322-323
小作調停制度　323
古病理学的指標　90, 97, 122
婚姻　110, 487
コンヴィヴィアリティ　489-490, 493　→共生
混住化　326-328　→兼業化

[さ行]
最大光合成能力　189-190
サウディアラビア　449-452
作付体系研究　207
サバンナ　9-10, 35, 53-55, 59-60, 62, 64-66, 119, 495
サブシステンス　472, 477, 481, 494
サラワク　338-339, 348-350, 353, 355
サルウィン川　229, 248-250, 255
産業革命　i, 2, 16-17, 19, 24, 44-46, 48-50, 123-125, 146, 150, 268, 272, 282, 501　→工業化
産業組合　289-290, 292, 304, 319-321
三峡ダム　216, 227, 228, 231-233, 253-255
ザンビア　171, 296, 384, 417, 420-421
産油国　157, 174, 450, 453-456, 465, 467
　湾岸産油国　449, 463
山林局　370, 378
自我　472, 485-486, 488-490, 506
資源集約的　16, 19, 146, 158, 163, 176
自己拘束的規制　325, 327
自制　486-487, 504
持続的開発　→開発
湿潤　8, 58, 75, 495
　湿潤熱帯　9-10, 30, 53, 55-56, 58, 60, 62, 65, 71, 75-76
自治村落　20, 23, 274, 282, 286, 289-291, 304-305, 310, 312-330
　——の小農維持機能　323-324
疾病　ii, 31, 57, 60, 72, 74-75, 103, 117, 123, 126, 128-132, 277, 387, 390, 395-396,

531

398, 400 →病気
資本集約的　14, 19, 146, 153, 155, 158, 163, 230
社会契約　476, 480 488-490
社会性　6-7, 485-487
シャッファー，L.　13
シャム　334, 338-340, 342-343, 348, 355
ジャワ　167, 200, 278-280, 341, 355, 404-406
　ジャワ島　196-198, 277-278, 285, 337, 355, 404
自由　200, 318, 324, 340, 475-478, 480, 486-490, 500, 511　→平等
（経済的）自由化　209, 288, 291-293, 411, 429, 449　→金融自由化
宗教　26, 276, 440-441, 444-447, 451, 457, 459-460, 467, 479-480, 490, 497-499, 506, 509
出生率　10, 38, 43, 79-87, 91-94
　合計出生率（TFR）　86-88, 93, 101, 294
出生力　81, 87, 92, 99, 104
　——の近接要因　83, 100
　狩猟採集民と農耕民の——　91
寿命　25, 125, 132, 135, 139
　平均寿命　25, 84-85, 87, 90-93, 124, 131-132, 134
狩猟　35, 38, 64, 88, 497　→採集狩猟
　狩猟採集　2, 3, 6, 9-10, 59-60, 64, 68, 79-81, 84, 86-88, 90, 94, 96, 98-100, 121-123, 339
馴化　392-394
蒸気機関　34, 47-50, 150, 152
小規模金融　→マイクロクレジット
少子高齢化　132, 294, 297
小人口世界　277, 337, 339
小農　193, 209, 238, 274, 304, 308-310, 316
　小農社会　23, 269, 274-275, 277, 280, 282, 286, 303-304, 328-330, 350-351
　——の自立　309-310, 316
初期人類　51, 53-54, 59　→人類
食　276, 476-477, 486-487, 497
職分権体制　269, 275-277, 497-501　→カースト

植民地　19, 50, 61-62, 66, 164-165, 194-197, 199-200, 237, 278, 283, 287, 290, 334, 337, 341, 348, 403, 406, 410, 451
　植民地主義　75, 410, 449, 451, 503-504　→脱植民地化
諸国山川掟　364
自律　501, 503
進化　4, 31, 35, 59, 69, 109-111, 114-116, 120-123, 132, 139-141, 268, 486, 489, 508
人口　11, 18, 25, 49, 72, 85, 123, 131, 151, 177, 191, 424, 455, 480-482
　人口圧力　39, 81, 98, 274, 277, 282
　人口増加　9, 11, 13-15, 43-44, 49, 79-81, 88, 93, 102, 124, 132, 165-166, 175, 180, 191, 200, 278, 303, 350, 364, 367, 400, 502
　人口転換　10, 31, 79-83, 86, 91, 93, 99, 102, 104
新石器革命　30-31, 79-82, 95-96, 102, 104　→農業革命
新石器時代　34, 39, 43, 82, 85, 95, 98, 101
新石器人口転換　82-83, 86, 91, 93, 97, 104　→人口転換
シンバイオシス　489　→共生
親密圏　ii, 7, 26, 477, 482, 490-492　→公共圏
森林　14, 118-120, 149, 157, 202, 333, 359, 379, 422, 495　→委託林，保安林，民有林
　——管理　24, 333-336, 343, 347, 350-355, 359, 363, 366, 372, 376, 378, 380
　——警察　372, 424
　——荒廃　363-367, 370-371, 377, 379
　——破壊　41, 333, 335, 422, 424
　——伐採　3, 8, 18, 42, 146, 165, 353
　——犯罪　366-369, 372
森林法　367, 370-372
人類　1, 4, 111-112, 140, 149, 486　→ヒト
　人類世（anthropocene）　34, 43
　現生——　ii, 1, 25, 53, 64, 79, 112, 120, 508
　初期——　51, 53, 59, 64, 69, 119

索　引

スマトラ　8, 198, 278, 404, 406-407
生活習慣病　125, 129, 135, 138-139
生活水準　i, 3, 5-6, 13, 51, 104, 146, 222, 286
生活の質　135, 294, 297-298
生計　80-81, 253, 341, 406-407, 417, 419-420
精耕細作　204
生産性志向型発展径路　→発展径路
脆弱性　26, 216, 384-385, 415-420, 430, 434-436, 502
生存　6-7
生存基盤　5-6
　——確保型発展径路　11
　——持続型発展径路　21, 185
　——の思想　26-27, 471
生存基盤指数　6, 465
生存権　7, 474-477, 481
生存圏　1-4
　地域生存圏　21, 24, 154, 159, 166, 168
　熱帯生存圏　1, 3, 7-9, 26, 146-147, 150-151, 164, 168, 181
「西電東送」計画　230
生物多様性　4-5, 17, 56, 63, 76, 109, 116, 149, 207, 210, 234, 247, 494-495, 515
生命圏　1-4
西洋型発展径路　→発展径路
世界農業遺産　210
石炭　16-17, 19, 44-49, 146, 150-156, 160, 229-231, 450
石油　17, 44, 150, 153, 251, 348, 449, 463　→オイルダラー, オイル・トライアングル
　石油メジャー　450, 453, 455
　石油輸出国機構（OPEC）　157, 453, 454
石油危機　22, 157, 161, 163, 176, 453-455, 463, 467
施業案　373, 377-378
セン, A.　476-477, 482
潜在能力　476-478, 483, 511　→ケイパビリティ
専制　388-389, 391
総合防除技術　207
総再生産率（GRR）　91
造林　346, 365, 372-374, 377-379

村落一円支配　307, 329

[た行]

タイ　96, 167, 249, 286, 294, 346-349, 404, 411　→シャム
第一次産品輸出経済　8, 30, 164, 177, 403
第一次的自然　401, 408, 411　→第二次的自然
対外的な交渉機能　304, 310
大規模ダム建設プロジェクト　230
大東亜共栄圏　402, 404, 406-408
第二次的自然　401　→第一次的自然
大分岐　19, 21
太陽エネルギー　ii, 4, 6, 10, 30, 35, 43-47, 54, 56, 58, 60, 64, 67, 73-74, 149, 175, 412
タウンヤ造林　345-347, 352, 355
　タウンヤ造林法　344, 347
多元（性）　493, 497, 499, 504, 506, 508, 512-513, 515
多産多死　10, 13, 31, 79, 82, 83, 86, 99, 104
脱化石資源化　159, 176　→化石資源
脱植民地化　150, 166, 397-399, 401, 410
多様（性）　2, 8, 36, 82, 96, 198, 205, 304, 328-329, 339, 405, 416, 419, 474, 483, 489, 485, 499, 506-508, 514-515
　生物多様性　4-5, 17, 56, 63, 76, 109, 116, 149, 207, 210, 234, 247, 494-495, 515
ダンボ　419, 427
チーク　334, 342-346, 348
地域生存圏　→生存圏
地下水　42, 216, 219-221, 224, 227, 237-239, 242, 419, 502
地球温暖化　i, 5, 18, 157, 218, 246, 257, 456, 466, 492　→気候変動
地球圏　1, 4, 480
地表水　219
チベット　22-23, 216-218, 227-230, 233-234, 236, 246-248, 250, 271
中産中死　10, 13, 31, 71, 99
中東　26, 41, 55, 154, 242, 440
　——の成立　447-450
長江　216-217, 219, 226-229, 234, 236, 249,

533

253 →揚子江
調理 3, 9, 17, 36, 47, 177-178
賃耕 432-434
定住 10, 31, 40, 50, 72, 79, 92, 96-98, 395, 440, 445, 487
　定住農耕（定着農耕） 3, 11, 81, 88, 90, 99-104
適応 10, 22, 25-26, 60, 109, 113-114, 117, 119-121, 126-128, 130, 132-133, 139, 140, 205-206, 282, 298, 308, 314, 316, 335, 343-344, 352, 354, 392-393, 416, 487, 498　→遺伝的適応，文化的適応
泥炭 45-46
デモクラシー 480, 507, 512-514　→民主主義
点滴灌漑 223-225, 237　→灌漑
伝統社会 272-273, 275-279, 286, 293-294, 296, 298, 479, 490, 506
ドイツ林学 376-380
動物 4, 9, 15, 34-38, 40, 45, 61, 64-66, 72, 76, 112, 116, 120, 122-123, 126-129, 134, 138, 376, 390, 397, 473, 483-485
　大型動物 3, 37-38, 40, 51
東洋的専制 390-391
糖尿病 128, 132-133, 138-139
時計 4, 111-112, 127-128

[な行]
南進 403
　南進論 402
「南水北調」計画 226, 235, 257
南洋 402-404, 408
ニューコメン，T. 48
入植 104, 126, 135, 198, 202, 346, 422, 424, 433
人間 11, 24, 36, 38-39, 41, 43, 45, 47, 50, 55-56, 60-61, 64, 70, 72, 101, 104, 111-112, 117, 123-124, 126, 130-134, 136, 139, 168, 228, 233, 241, 249, 334, 336, 339, 354, 384, 391-394, 399-401, 415, 441, 445-446, 459-460, 463, 471, 473-475, 479-480, 483-488, 491-497, 500-501, 503-506, 513, 516

人間開発　→開発
人間圏 i, iii, 1-6, 8-10, 17-18, 21, 23, 26-27, 30-31, 76, 109, 113, 122, 128, 140-141, 146, 159, 165, 193, 208, 211, 412, 472, 478, 489-490, 498, 507-511, 515
熱機関 45, 47
熱帯 ii, 2, 4, 11-13, 18, 22-23, 25, 35, 54, 118, 120, 149, 166-167, 180, 186-187, 189-193, 195-196, 200-201, 203, 207-209, 334, 343, 354, 385, 391, 409, 439, 496, 500, 502-503, 512
　熱帯医学 75, 396-398, 411
　熱帯雨林 8-9, 53, 55-62, 65, 76, 121, 412, 495
　熱帯性 74-75, 248, 254, 411-412
　熱帯生存圏 1, 3, 7-9, 26, 146-147, 150-151, 164, 168, 181
　熱帯認識 8, 26, 384, 387-388, 390, 392-394, 396-403, 408, 410-412
　熱帯パラダイム 269, 494-495, 507, 514
　熱帯病 8, 76, 135-136, 397
　熱帯文明の北漸 13
　乾燥亜熱帯 10, 30, 55, 65-66, 68, 70-71, 73-74
　湿潤熱帯 9-10, 30, 55-56, 58, 60, 62, 65, 75-76
　半乾燥熱帯 30, 55, 59, 62, 64-67, 412
農業 14, 18, 23, 30, 39-40, 42-43, 79, 81, 87, 102, 104, 110, 121-122, 126, 132-133, 147, 164, 180, 186, 188, 193, 200, 206-211, 216, 220-223, 226, 237, 240, 247, 252-253, 268, 272, 281, 283, 287-288, 294, 298, 307, 320, 326, 336, 341, 350, 396, 400, 404, 425, 427, 444, 496　→複合的集約農業
　農業革命 10-11, 24, 123, 140　→新石器革命
　農業問題 293, 330
農耕 14, 39-41, 59-60, 64-65, 67-70, 72, 74, 80-81, 87-88, 90-96, 98-102, 122-123, 310, 440, 446
　稲作農耕 11
　サバンナ農耕文化 64, 66

定住農耕（定着農耕） 3, 11, 81, 88, 90, 99-104
焼畑農耕 60-61, 87-88, 91-92

[は行]

バイオマス 17-18, 35, 44-47, 149, 495
　バイオマス・エネルギー 146, 150-151, 153, 156, 164, 168-169, 172, 174-178, 181
　バイオマス社会 8, 146, 151-152, 164, 169, 181
伐採権 341, 343-344
発電 178, 216, 231, 245, 249, 253, 256
発展径路 1-2, 12, 14, 18, 20, 22, 146, 151-152, 154, 156-159, 161, 166, 192-193, 287-288
　エネルギー節約型発展径路 160
　生産性志向型発展径路 15-17, 21, 24
　生存基盤確保型発展径路 11, 24, 384
　生存基盤持続型発展径路 21, 25, 439, 467
　西洋型発展径路 3, 13, 19
　東アジア型発展径路 3, 13
　南アジア型発展径路 12
　モンスーン・アジア型発展径路 268, 272-273, 281, 285, 293, 297
パレスチナ 443, 452
　パレスチナ問題 451, 453
火 2, 9, 30, 35-37, 43, 48, 50, 74, 114, 120, 134, 137, 149
光呼吸 189
光飽和点 189
ヒト 36-39, 80-81, 90, 97, 102-104, 109-110, 119, 121-123, 127, 128, 139, 487 →人類
東アジア型発展径路 3, 13 →発展径路
ビマス計画 201-203
非木材林産物 334, 336, 342, 351
氷河の減少 37, 246, 257
病気 6, 14, 76, 124-125, 130-131, 391, 397 →疾病
平等(性) 26-27, 309, 314, 321, 326, 429, 445, 474, 476-477, 485, 488-489, 499, 506-507, 509-512, 514-516

ビルマ 278, 338-339, 342, 344-347, 355 →ミャンマー
貧困 200, 282, 399, 415, 473
複合的集約農業 205
部分林 319, 365, 374-376, 379
ブラフマプトラ川 229, 235, 243, 246, 250, 257
ブリコラージュ 416, 434
フロンティア 23, 230, 274, 277, 282, 308, 349, 363
　フロンティア社会 337, 351
　開拓フロンティア 337, 339, 350
文化的適応 10, 25, 498, 508 →遺伝的適応
文明 8, 13, 22, 41, 67, 80, 150, 272, 439-441, 508
平均寿命 25, 84-85, 87, 90-93, 124, 131-132, 134
平均身長 40, 83, 90, 94-99, 103
平均余命 82, 478
　15歳時平均余命 84, 99
ペルシア 442-444, 447, 454, 460 →イラン
ベルニエ, F. 390-391
保安林 372-373
法 7, 244, 313, 367-369, 409, 446, 477-480
　イスラーム法 446, 457-461, 463-464, 467
豊饒 10, 30, 57, 60-62, 65, 74, 388, 390-392, 512, 514
蓬莱米 196, 204
牧畜 10, 14, 64, 80, 91, 95, 102, 110, 122, 400, 443
ボズラップ, E. 81, 91, 104, 282
ホップス, T. 488, 490
母乳哺育 10, 100, 104
哺乳類 35, 51, 64, 117, 486
ポメランツ, K. 19
ポリティカル・エコロジー 415

[ま行]

マイクロクレジット 289, 291-292
マクニール, W. H. 13, 30, 55, 57-58, 74, 103, 123
マラリア 8, 61, 65-66, 71-72, 75, 129, 135,

535

239, 394, 396-398, 400-401
マルサス，T. R.　99, 101
マレー半島　404, 406-407
ミクロ寄生　9-10, 25, 30, 55, 57-58, 60-62, 65-66, 70, 72-75, 150
緑の革命　23, 147, 192, 196, 198-205, 207-209, 238, 284-285, 287-288, 291, 411, 502
水　4, 6, 10, 22, 215, 218, 363, 419, 443, 471, 512
　水資源　23, 58, 147, 216, 218-219, 223, 228-229, 231, 235, 244-245, 249, 256-258, 318, 412, 501-502
　水不足　9, 215, 219, 221-223, 226, 235, 239-240, 258
南アジア　11, 55, 66, 146-147, 174-175, 188, 229, 336, 387, 402, 408-410, 495
南アジア型発展径路　12　→発展径路
ミャンマー　234, 248-251, 255, 346　→ビルマ
民主主義　7, 200, 500　→デモクラシー
民有林　365, 367, 371, 380
村請制　277, 304, 309, 313-316
メコン川　229, 249-255
モンスーン　257, 394, 444, 495-496　→季節風
モンスーン・アジア　11, 21-26, 147, 186, 191, 271-273, 279, 281, 285-288, 292-294, 298-299, 377
　モンスーン・アジア型発展径路　→発展径路
　――の生態的まとまり　22-25

[や行]

焼畑　60, 87, 91-92, 190, 195, 339, 341, 344, 347, 350-352, 364, 400, 496

焼畑民　87-88, 333-334, 352
有効積算気温　189, 191
遊牧　69, 247, 443
　遊牧性　440
　遊牧文化　440, 445, 458
要水量　23, 189-191
揚子江　14, 226, 285　→長江
余剰(性)　67, 70, 122, 220, 239, 242, 407, 456, 496-497

[ら行]

リグリー，E. A.　16
利子　292, 309, 430-431, 441, 460-462, 464, 467
リバー　460-463
理蕃政策　195
リベラリズム　476-478, 482
流動性　337, 339, 341, 349
領域化　416-417, 435
林学　333-334, 377-378
　ドイツ林学　376-377, 379-380
林業　24, 333-336, 343-345
　林業技術　343, 351-351, 354, 359, 373, 377
　育成林業（育林林業）　355, 359, 364-365, 379-380
　吉野林業　351, 365, 378-379
林野官民有区分　371
ルイス，W. A.　179-180
ルソー，J.-J.　488
霊長類　118-119, 126, 141
レンティア国家　455-456
老化　31, 116-117, 122, 131-132, 139
労働集約的　14-16, 19, 147, 158, 163, 286, 306, 308, 310, 320
労働集約型工業化　19-20, 177, 286

(講座 生存基盤論 1)
歴史のなかの熱帯生存圏 —— 温帯パラダイムを超えて
©K. Sugihara, K. Wakimura, K. Fujita, A. Tanabe 2012

平成 24 (2012) 年 5 月 25 日　初版第一刷発行

編　者　　杉　原　　　薫
　　　　　脇　村　孝　平
　　　　　藤　田　幸　一
　　　　　田　辺　明　生

発行人　　檜　山　爲次郎

発行所
京都大学学術出版会
京都市左京区吉田近衛町69番地
京都大学吉田南構内（〒606-8315）
電　話（075）761-6182
ＦＡＸ（075）761-6190
Ｕ Ｒ Ｌ　http://www.kyoto-up.or.jp
振　替　01000-8-64677

ISBN978-4-87698-202-8
Printed in Japan

印刷・製本　㈱クイックス
定価はカバーに表示してあります

本書のコピー，スキャン，デジタル化等の無断複製は著作権法上での例外を除き禁じられています。本書を代行業者等の第三者に依頼してスキャンやデジタル化することは，たとえ個人や家庭内での利用でも著作権法違反です。